昨非庵日纂译注·一集

王立东◎著

（上）

齐鲁书社

滨州学院学术著作出版基金及
滨州学院中国语言文学一流学科建设经费资助

前　言

《昨非庵日纂》的编纂者为郑瑄。郑瑄(约1602—1646),字汉奉,又字鸿逵,明末福建侯官(今福州)人,天启四年(1624)举人,崇祯四年(1631)进士。崇祯朝曾任南京户部郎中、嘉兴知府、应天巡抚等职,南明唐王朱聿键隆武时期官拜工部尚书。除《昨非庵日纂》外,郑瑄还著有《抚吴疏草》四卷,今不传。《昨非庵日纂》在四部分类中属于子部杂家杂纂类,为郑瑄的读书札记,因其书斋名"昨非庵"("昨非"取义于陶潜《归去来兮辞》"觉今是而昨非"),故命名为《昨非庵日纂》。《昨非庵日纂》内容广泛驳杂,涵盖儒、释、道及民间信仰等方面。该书分宦泽、冰操、种德、敦本、诒谋、坦游、颐真、静观、惜福、汪度、广慈、口德、内省、守雌、解纷、悔过、方便、径地、韬颖、冥果二十门类,每类前各有卷首题记。全书有一集、二集、三集各二十卷,共六十卷。

《昨非庵日纂》问世后,在明末清初知识界深受欢迎。晚明时,有书商为追求利润,曾伪托陈继儒所作,盗印为《福寿全书》。清初时,南洙源(崇祯十年进士)将一集、二集合并改版,并命新名为《镜人集》,在自序中对此书推崇备至。据韩国的《内阁访书录》《大畜观书目》及北京大学严绍璗教授的《日藏汉籍善本目录》,韩国和日本现在都保存有历史上流传下来的《昨非庵日纂》的多种版本,表明历史上韩国和日本的知识界也相当关注《昨非庵日纂》。这足以说明《昨非庵日纂》有广泛的影响力。

目前《昨非庵日纂》常见的版本有四个:上海古籍出版社于2002年出版的《续修四库全书》编委会编的《昨非庵日纂》,系影印明崇祯刊本，收录最为齐全，是目前所能见到的最好版本。北京图书馆出版社于1996年出版的《昨非庵日纂》，也系影印明崇祯刊本，但三集第一版残损不全，且缺少最后四卷。第三个本子是上海进步书局于1940年印行的《昨非庵日纂》。这个本子是进步书局印行的丛书《笔记小说大观》的子书，因此也被称为《笔记小说大观》本。该版本系石印，印刷质量不高，字迹有些模糊。后来，广陵古籍刻印社在20世纪80年代用排印与影印相结合的办法予以重印出版。该版本著录为二十卷，将一集与二集相同门类的内容合而为一，实则四十卷，缺少三集的二十卷与三集前祁彪佳的序文。第四个本子是中州古籍出版社于1993年出版的《昨非庵日纂文白对照全译》（上、下册，以下简称"对照本"）。这个本子是目前唯一的整理本，也是最易见到的本子。可惜，这个本子也存在一些问题，表现在以下几个方面：首先，整理者选了最不应该选的《笔记小说大观》本为底本。由上文介绍可知，相对于前两个本子，《笔记小说大观》本最不完整。而且，对照本对《笔记小说大观》本的内容又做了删减，其中就包括郑瑄自序在内的十二篇序言。如此一来，其学术价值大打折扣。其次，郑瑄所纂内容，衍夺错漏之处不少，而对照本没有进行校勘。最后，对照本书出众人之手，缺少协作。该版本除策划者外，主编及注译人员多达13人。13人有分工，但协作不够，主要表现是体例杂乱多样，似没有统一的标准。给每则文字拟的题目花样繁多，或白话，或文言，或文白间杂，不一而足；出注的条目多寡不一，比如"颐真"和"静观"这两个门类下的四卷中只出25条注释，有太多的地方当注而未注；译注者的水平参差不齐，工作态度亦有差异。总之，对照本的整理质量不高，整理者少有建设性的意见，甚至，对原文的标点、注释、翻译错误层现错出。有感于此，笔者重新整理《昨非庵日纂》，成此《昨非庵日纂译注》。

本书以《续修四库全书》本《昨非庵日纂》为底本，主要做了以下几个方面的工作：

(一)校勘

清代史学家王鸣盛在《十七史商榷自序》中说："尝谓好著书不如多读书，欲读书必先精校书，校之未精而遽读，恐读亦多误矣。"作者对底本的各则文字进行严格仔细的校勘，单《昨非庵日纂·一集》就出校勘记三百余条。校勘主要侧重四个方面：第一，校正知识性错误。由于不察，郑瑄收录时承袭了前人的失误，包括人物的名字、人物所处的时代、著作名称等。对这类知识性错误主要依据正史及郑瑄采编时所依据原始文本予以纠正。第二，说明采编失误。郑瑄在摘录时，多非原文摘录，而是进行了编辑剪裁。由于苟且省简、疏忽大意等原因，出现了扞格难通、文意突兀、前后龃龉等问题。这就要找出郑瑄依据的原始资料，予以说明。第三，校出称代所指内容。郑瑄采编文段时大多不注出处，且对文段里面的代词"余""予""我"等常不加变通予以录入，这会让人误认文本是郑瑄原创，因此需要校出这类代词之所指，明其所以。由于不少内容采自口耳相传的民间故事、谚语格言，且经剪辑加工，大大增加了此项工作的难度。尽管困难，也只得勉力为之。实在难以查出，就付诸阙疑，不强作解人。第四，对手民误植予以校正。对这类问题要参看《昨非庵日纂》的其他版本及郑瑄抄录的原始资料，并适当进行理校，予以说明。第五，说明窜入内容。编纂者郑瑄不慎或不察，在编录文字时窜入其他内容，或原本是两则文字，录入时并为一则。对这一类问题要仔细比对郑瑄所抄录的原始文字，且要看看窜入文字出自哪里。

(二)加注

加注是《昨非庵日纂译注》的一项核心工作。笔者对底本所录包括各卷卷首题记、各集序言(共十二篇)在内的所有内容进行注释,单《昨非庵日纂·一集》就出注三千五百余条。注释主要包括以下几个方面:第一,注释人物。对每则文字所涉及的主要人物(人们熟知的除外)出注,大致注出人物的字号、籍贯、生活时代、居官任职情况等。这类注释主要起按图索骥的作用,如果有人对某则文字感兴趣,可以按照注释去查阅相关资料,因此力求简洁,不求周备。第二,注出典故的来历出处。第三,对少见的难以理解的词语出注。第四,对难以识认的生僻字出注。第五,有时为文段背景出注。

(三)标注句读

标注句读是古籍整理的重要内容。唐人李济翁在《资暇集》中说:"学识何如观点书。"这说明加句读不是容易事。笔者对《昨非庵日纂》三集所收录的4158则文字加注标点,同时对十二篇序,以及二十门类的卷首题记与《日纂凡例》加注标点。

(四)为各则文字命名

《昨非庵日纂》共收录4158则文字,其中一集收1194则,二集收1334则,三集收1630则。郑瑄收录时没有给各则文字题名,这不便于称说及征引。今笔者为每则文字命名。命名的原则之一是要能概括每则文字的主要内容,注重简洁明快;二是题名本身要追求典雅,故全用文言。有不少则文字属于清言小品,有的还是联语形式,题名难以全面概括内容,只得勉为其难。

(五)翻译

笔者对《昨非庵日纂》的序文、卷首题记及正文的绝大多数文字都进行了翻译,以此使《昨非庵日纂》有更多的受众,从而起到更大的社会作用。这也是当年郑瑄编写《昨非庵日纂》的主要用意所在,以期不辜负郑瑄"扶颓俗,醒凡心,以此起教化而正人心"的初衷。翻译的时候,以直译为标准,为求通达,又辅以意译。

《昨非庵日纂译注》的意义体现在以下几个方面:1. 社会价

值。郑瑄在纂录《昨非庵日纂》时就有"扶颓俗，醒凡心，以此起教化而正人心"的初衷。子目"宦泽"和"冰操"的内容，可概括为"理民之术"和"为官心术"两大类，可看成是当时的官箴，对今天的廉政建设及优化官场生态都有积极的镜鉴作用；子目"种德""敦本""口德""内省""悔过""方便""惜福"这几类对修养品德，维护稳定的社会秩序，建立公序良俗，改良世道人心，都能起到积极而有效的作用；子目"诒谋"可为家庭教育提供优质资粮；子目"静观""守雌""解纷""韬颖"可让人更好地认识社会人生，获取智慧应世的间接经验；子目"颐真""坦游""汪度""广慈"则可作为让人保持身心健康、从容处世的良方。《昨非庵日纂译注》力图襄助这些社会功能的实现。2. 文献价值。《昨非庵日纂》记录了大量的文化信息，自问世后，就受到广泛关注。在清代文人笔记中曾有所引用，比如褚人获的《万历野获编》；大量的研究文章，特别是有关养生保健、风水地理领域的，广泛征引了《昨非庵日纂》的内容。《昨非庵日纂译注》力图为相关研究提供一个优良的信息平台。3. 语言资料库价值。《昨非庵日纂》涉及内容宏阔繁富、包容万象，本身就是一个巨大的语料库，有不可低估的研究价值，而《昨非庵日纂译注》可以成为进入这个语料库大门的锁钥，成为学海扬帆之筏。

本书为《昨非庵日纂译注》的一集，二集、三集将会相继出版。古籍整理本身就是一项艰苦而繁难的工作，加之《昨非庵日纂》内容宏阔繁富、包容万象，因此在整理过程中颇感腹笥空疏。其解说不当、引证失据，至或荒诞悠谬之处，深知难免，恳请海内外方家和读者诸君不吝赐教，以匡正失误。

王立东

二〇一七年九月于滨州学院

目　录

冰操卷之二

种德卷之三

敦本卷之四

诒谋卷之五

坦游卷之六

颐真卷之七

静观卷之八

惜福卷之九

汪度卷之十

广慈卷之十一

口德卷之十二

内省卷之十三

守雌卷之十四

解纷卷之十五

悔过卷之十六

方便卷之十七

径地卷之十八

韬颖卷之十九

冥果卷之二十

凡 例

一、《昨非庵日纂译注》依据的底本是上海古籍出版社 2002 年版《续修四库全书》影印明崇祯刊本。为观其全貌，在《昨非庵日纂译注・一集》前，仿北京图书馆出版社 1996 年版《昨非庵日纂》，附录二十门类之卷首语。

二、《昨非庵日纂译注》为全文译注。为与一集保持一致，二集、三集每卷卷首依然附录卷首语，为免重复，不再加译注。

三、正文校勘处，以圆括号加汉字数字如（一）（二）等标注。校勘过的词语如需要解释，就在校勘条目内予以注释，不再单列注释条目。

四、正文注释处，用带圆圈的阿拉伯数字标注。对已注释过的人物，如重复出现，非必要，不另出注。

五、原则上对每则正文均进行翻译。如原文太过直白，则翻译省略。如原文为韵文，为避免把韵文翻译得支离破碎，丧失美感，一般不予翻译，而代以多加注释的形式。郑瑄采编时偶把两则文字误为一则，遇到此种情况，译文分两段。

卷首题记

宦 泽

每见史册内颠连，窗下几烦擘划。事权在握，可任入井频呼。思到汉唐间晚季，枕上如切溺焚，痛毒亲尝，得谓嘘枯非我？古之仁人，一事定太平，一念生白骨，一语奏肤功，不得谓异人任也。纂宦泽第一。

冰 操

钱布薰心之场，节傲峨眉绝顶冰，溽暑不销，一片严凝透骨；品高昆冈千仞玉，纤埃弗染，连城温润无瑕。昔岳武穆有言，文臣不爱钱，天下太平。噫！微斯人，吾谁与归？纂冰操第二。

种 德

胸次是良田，广植善根，百尺莲台随地建；心头饶谷种，多飞法雨，大千金界自中生。虽势有偏全，未必触水尽波；乃心无慈忍，所能印川皆月耳。纂种德第三。

敦 本

身不托空桑，自家佛不供养及时，迨至废蓼莪而已晚。性岂甘燃豆同根生？不滋培置力，能无歌蝉蟹以生惭？古人急象贤，施干蛊，咏棠棣，赋鹡鸰。每一开函，泫然泪下。纂敦本第四。

诒 谋

粉壁璇题居停主，曾有几时？五更灯火为孙谋，谁来褫夺？

铜山金穴，田舍翁终无百世；半亩心田承祖泽，那个坠倾？昔贤谓积书以遗，犹非远计。顾令纳邪长傲，甘舐犊以忝厥先猷乎？纂诒谋第五。

坦　游

惊涛骇浪，贾竖色变，渔父视若安澜；峭壁悬岩，行客车回，樵夫步同平地。噫！忘机以游，鸥鸟且自亲人，从未有褊衷而怒飘瓦者。纂坦游第六。

颐　真

心如朗月连天，净养到后，名缰利锁，欲海爱河，总还乌有先生；性似寒潭止水，同悟来时，玉洞金丹，交梨火枣，不借白衣童子。昔黄帝内视三月而道成，家有真金，无用飧霞饵药也。纂颐真第七。

静　观

金张谢而许史乘，转盼无不销冰雪；卫霍炎而窦田冷，回头皆倏换沧桑。予齿夺角，丰足杀翼。吾子枉费机心，此公只凭记性。纂静观第八。

惜　福

殿上刻耕夫，一箸半餐，念夏畦几番挥汗；屏中绘织女，寸缣尺帛，思寒窗无数抛梭。昔人示俭有草，戒侈有铭，无非为此身留余地。勿谓布被皆诈也。纂惜福第九。

汪　度

淆弗浊，澄弗清，纳斯世入山薮，奚止容卿百辈？喜不形，怒不见，等此身如蕉鹿，任他过客频来。倘唾面愧娄公，呕茵惭丙相，天下事其可浅衷办耶？纂汪度第十。

广　慈

广厦卜欢娱，曾念露宿风飧之苦？华堂供宴笑，谁怜釜中砧上之呼？彼厮丐性岂殊？人乃虱虮，原是佛子，恤孤问疾，渡蚁济蛇，其在吾胞吾与者乎？纂广慈第十一。

口　德

攻隐慝，造蜚谣，舌底逞龙泉，须防鬼瞷；诋潜修，扬中冓，腹间藏蜂虿，自取数穷。彼一语兴戎，曷如片言挟纩？吾辈当浑默精深，勿徒效仰天之唾也。纂口德第十二。

内　省

千圣示心灯，三省九思，教我津中觅岸。寸腔悬胆镜，畏衾羞影，尽人衣里藏珠。刻刻提防，念念返照，过于闪电中天，何止闻钟清夜！纂内省第十三。

守　雌

时事如半局残棋，妄斗雌雄，局更何分胜负？世途直一场幻梦，强争头角，醒后那见输赢？裤下兴刘，卧薪返越，《易》所以戒触藩也。为腹不为目，犹龙氏其我师乎？纂守雌第十四。

解　纷

争桑起二国之兵，衅以挑而成巨；受爵致斯亡之祸，事无激而不乖。彼憸人乐败利灾，唯端正息争排难。或缨冠救斗，或微言解颐，要使毒焰肝肠化作清凉世界，其造福非鲜浅也。纂解纷第十五。

悔 过

勿谓镜无鸾,垢去依然鸾在;共知月有兔,云开仍见兔肥。昔阿罗汉半出绿林,而大豪杰曾班蛟虎。乃知放刀成佛,只在念头一转间。慎无以一眚弃终身也。纂悔过第十六。

方 便

路逢险处,为人辟一步周行,便觉天空海阔;遇到穷时,使我留三分抚恤,自然理顺情安。盖甘苦唯易地周知,而痛痒以设身立见。有能广开便门,随见莲生火宅。纂方便第十七。

径 地

此心开百代之祥,金锁玉钩,岂必问平阪于马鬣?寸地造无疆之福,牛眠龙角,何尝恃推步于鸡丸?从来智营力竞,谁甘以尺土让人?而陵谷忽迁,丰碑频琢,造物若留以有待也。人其清夜一扪心乎!纂径地第十八。

韬 颖

踏层冰而伺禁城晓漏,何如红日三竿频梦烟霞来往?冒炎日而候贵客寒暄,曾似村醪一斗任他宦海风波?山色水光,炉烟茗碗,野老渔翁,倘得以闲身,作此中主人,其视刀尖恬蜜者何若?纂韬颖第十九。

冥 果

果报影投形,种兰得香,布棘得刺,定盘星爽过几分?功曹声应响,恶沦诸趣,善证菩提,明镜台放着谁氏?即身前身后,或俟片时;而造福造业,不磨永劫。所愿乘风破浪者牢定柁竿,普告勒马临崖人急收缰勒。纂冥果第二十。

序 一

自三代[①]以下者，天下不胜哼哼[②]矣。一窍日凿，浑沌且不能保七日之有[③]，而况标季[④]乎？故今世之仁人君子蒿目[⑤]而忧世之患，剞洒[⑥]拯救，诚非余食赘行以中物忌[⑦]也。盖钩绳规矩削性者，不可语于正；绳约胶漆侵德者，不可语于固[⑧]。所以古之人深过脔卷伧囊而乱天下[⑨]者职此[⑩]。试维其道，莫若揭德性之情，使天下无失常然之朴，放风而动，总德而立[⑪]，而后庶几[⑫]哉！

郑罷伯[⑬]一麾出守[⑭]，政闷闷而民淳淳[⑮]，知无欲也。然简发数米，窃窃无足济世[⑯]者弗之取，有所以振之，俾目击而道存[⑰]在乎排缵[⑱]。夫簿书填委[⑲]，犹证向今故，宁惟是大知观于远近，掇而不跂[⑳]，扶进[㉑]之功殆莽乎[㉒]大荒兮其未央[㉓]也。昔老庄之言(一)曰"太上[㉔]立德，其次立言"，与语仁义忠信恭俭推让为修为，平世之士[㉕]教诲学者之所好此物此志也。方今圣人在上，弘敷[㉖]经术。靡非曲折呴俞[㉗]，以慰天下之心。得是集，助其引翼[㉘]，步亦步，趋亦趋，断未有瞠若乎其后者[㉙]。行填填，视颠颠[㉚]，企于吾身，亲见之矣。语[㉛]不云乎，"与善人居，如入芝兰之室，久而不闻其香，即与之化"，何也？同于德者，德亦乐得之[㉜]；同于性者，性亦乐得之。无他，常然已耳。故知善救人者无弃人，善救物者无弃物。若夫求马唐肆[㉝]、扣盆拊瓶[㉞]之徒，如轮扁之释推凿(二)而上[㉟]，师金之眯刍狗于前[36]，非善读书者，尤非善读书以善救世者。余将张口而不能嚕[37]矣。

蜀昌元[38]喻思恂[39]题于抚署[40]之忠敬堂

【校勘】

（一）老庄之言：并非老庄之言，此乃喻思恂记忆失误。后面的话出自《左传·襄公二十四年》："太上有立德，其次有立功，其次有立言。虽久不废，此之谓不朽。"

（二）推凿：当为"椎凿"之误，因形近致讹。椎凿，指槌子和凿子。

【注释】

①三代：指夏、商、周三朝。 ②哼（tūn）哼：形容恳切教导。③一窍……之有：语出《庄子·应帝王》，"南海之帝为倏，北海之帝为忽，中央之帝为浑沌。倏与忽时相与遇于浑沌之地，浑沌待之甚善。倏与忽谋报浑沌之德，曰：'人皆有七窍以视听食息，此独无有，尝试凿之。'日凿一窍，七日而浑沌死"。 ④标季：末季，末期。 ⑤蒿目：极目远望。语出《庄子·骈拇》："今世之仁人，蒿目而忧世之患。" ⑥刳洒（xǐ）：割除并清洗。洒，古同"洗"，洗涤。 ⑦余食赘行以中物忌：吃剩的食物，身上的赘疣，来招致别人的厌恶。行，通"形"。语出《道德经》第二十四章："余食赘行，物或恶之，故有道者不处。" ⑧钩绳规矩……不可语于固：语出《庄子·骈拇》，"且夫待钩绳规矩而正者，是削其性者也；待绳约胶漆而固者，是侵其德者也"。大意：况且依靠曲尺、墨线、圆规、角尺而端正事物形态的，这是损伤事物本性的做法；依靠绳索胶漆而使事物粘固的，这是伤害事物天然禀赋的做法。 ⑨脔卷伧囊而乱天下：语出《庄子·在宥》，"天下将不安其性命之情，之八者，乃始脔卷獊囊而乱天下也"。大意是：天下人不想安定自然赋予的真情和本性，这八种做法，就会成为拳曲

不伸、扰攘纷争的因素而迷乱天下了。脔卷，拳曲而不舒展的样子。伧囊，通"抢攘"，扰攘纷争的样子。 ⑩职此：由于这个。职，由于。 ⑪使天下……总德而立：语出《庄子·天运》，"吾子使天下无失其朴，吾子亦放风而动，总德而立矣"。大意：您要使天下不丧失其本性，您自己要像风一样顺化而行，执性而立。常然，自然之性，常态。吾子，谈话时对对方的亲切称呼，相当于您、先生之类。朴，本性，本来状态。放，作仿解，仿效之意。总德，执守自性。 ⑫庶几：差不多，近似。 ⑬郑郡伯：指《昨非庵日纂》编纂者郑瑄。郡，同"郡"。郡伯，明清时对知府的称谓。时郑瑄任嘉兴知府。 ⑭一麾出守：这里指京官出任地方官。 ⑮政闷闷而民淳淳：语出《道德经》第五十八章"其政闷闷，其民淳淳"。闷闷，昏昏昧昧的状态，有宽厚的意思。淳淳，又作"沌沌"，淳朴厚道的意思。 ⑯简发……济世：语出《庄子·庚桑楚》，"简发而栉，数米而炊，窃窃乎又何足以济世哉！"大意：选择头发来梳理，点数米粒来烹煮，计较于区区小事又怎么能够有益于世呢！窃窃，明察的样子。 ⑰目击而道存：语出《庄子·田子方》，"若夫人者，目击而道存矣，亦不可以容声矣"。大意：像这样的人，用眼睛一看而知大道存之于身，也不用再言语了。此指眼光一接触便知"道"之所在。 ⑱排缵(zuǎn)：编排。 ⑲簿书填委：官署中的文书簿册纷集堆积。此代指政务繁忙。填委，纷集堆积。⑳证向今故……掇而不跂(qǐ)：语出《庄子·秋水》，"是故大知观于远近，故小而不寡，大而不多，知量无穷；证向今故，故遥而不闷，掇而不跂"。大意：所以有大智慧的人观察远处和近处的一切事物，不因其小而视之为少，不因其大而视之为多，这就是深明物量没有穷尽；证明古与今都一样，故而对遥远的古事不感暗昧，对就近之事也知其有不可求之理。大知，大智之人，领悟大道的圣人。证向今故，证明古与今都是一样的。向，明。故，作"古"

解。遥而不闷,对遥远的古事不感到暗昧。掇而不跂,就近之事也有不可求之理。掇,拾取,指相距很近,随手可取。跂,与企同,求也。 ㉑扶进:扶助促进。 ㉒莽乎:广大的样子。 ㉓大荒兮其未央:广远无边。 ㉔太上:最上等的。 ㉕平世之士:以天下太平为己任的人。 ㉖弘敷:大力传播宣扬。 ㉗呴(xǔ)俞:亦作"呴谕"或"呴喻",化育教导。 ㉘引翼:引导扶持。 ㉙步亦步……其后者:语出《庄子·田子方》,"颜渊问于仲尼曰:'夫子步亦步,夫子趋亦趋,夫子驰亦驰;夫子奔逸绝尘,而回瞠若乎后矣!'"大意:颜回问孔子,"老师慢走,我也慢走,老师急走,我也急走,老师快跑,我也快跑;但老师如果一溜烟地飞奔,那我只好眼巴巴地远远落在后面了!"断,一定,绝对。瞠若,瞪眼睛的样子。 ㉚行填填,视颠颠:语出《庄子·马蹄》,"故至德之世,其行填填,其视颠颠"。大意:所以上古人类天性保留最完善的时代,人们的行动总是那么持重自然,人们的目光又是那么专一而无所顾盼。填填,稳重的样子。颠颠,专一的样子。 ㉛语:指《孔子家语》。 ㉜同于德者,德亦乐得之:语出《道德经》第二十三章。大意:合乎德的人,道就会使之有德。 ㉝求马唐肆:到不是停马处去找马。比喻在什么也没有的地方寻求自己所需的东西。唐,原指无壁之屋,引申为空的。肆,铺子,这里指卖马的地方。语出《庄子·田子方》:"彼已尽矣,而女求之以为有,是求马于唐肆也。" ㉞扣盆拊瓶:语出《淮南子·精神训》,"今夫穷鄙之社也,叩盆拊瓴,相和而歌,自以为乐矣。尝试为之击建鼓,撞巨钟,乃性仍仍然,知其盆瓴之足羞也"。大意:如今那些穷乡僻壤的地方祭祀社神,当地人敲盆击瓶而奏乐,相和而歌,自娱自乐。反过来,如果为这些人敲起大鼓、撞击大钟,他们就会感到不自在而茫然万分,并会认为自己所敲击的盆瓶是如此微不足道、丢人现眼。 ㉟轮扁之释推凿而上:语出《庄子·天道》,"桓公读书于堂上，轮扁斫轮于堂下，释椎凿而上，问桓公曰：'敢问公之所读者，何言邪？'公曰：'圣人之言也。'曰：'圣人在乎？'公曰：'已死矣。'曰：'然则君之所读者，古人之糟魄已夫！'"轮扁，春秋时齐国有名的造车工匠。　㊱师金之眯（mì）刍狗于前：语出《庄子·天运》，"师金曰：'夫刍狗之未陈也，盛以箧衍，巾以文绣，尸祝齐戒以将之。及其已陈也，行者践其首脊，苏者取而爨之而已。将复取而盛以箧衍，巾以文绣，游居寝卧其下，彼不得梦，必且数眯焉。'"大意：师金说，"用草扎成的狗还没有用于祭祀，一定会用竹制的箱笼来装着，用绣有图纹的饰物来盖着，祭祀主持人斋戒后迎送着。等到它已用于祭祀，路人踩踏它的头颅和脊背，割草的人捡回去用于烧火煮饭罢了；想要再次取来用于祭祀而拿竹筐装着它，拿绣有图纹的饰物盖着它，游乐居处于主人的身旁，即使它不做噩梦，也会一次又一次地感受到梦魇似的压抑"。师金，庄子虚拟人名。刍狗，用草扎成的狗，古人祭祀时，用作祭物。眯，梦魇，梦中为鬼物惊扰。　㊲噜（xié）：合拢嘴。形容由于过度惊诧连嘴都合不拢的神态。　㊳昌元：古县名，今重庆荣昌。㊴喻思恂：字醒拙，号川石，荣昌人，崇祯朝曾任浙江巡抚，后被南明政权委为兵部尚书。　㊵抚署：巡抚公署。

【译文】

自夏、商、周三代以下，天下恳切教导的话不胜其烦。对于上古的浑沌来说，一天为其凿一窍，等用七天凿完七窍，它的生命就不能保有了，何况是后世呢？所以当今世上的仁人君子高瞻远瞩，为时代担忧，想洗涤挽救人心，实在不是招致别人厌恶的吃剩的食物、身上多余的赘疣。靠曲尺、墨线、圆规、角尺来侵削事物本性的人，不可以和他谈匡正之道；依靠绳索胶漆来伤害事物天然禀赋的人，不可以跟他谈牢固之道。所以古人深深地责备迷乱天下的花样繁多、扰攘纷争的行政措施，正是出于这个原因。努力维持治理之道，关键要使天下不丧失其朴素的本性，要像风一样顺化而行，执性而立，这样就差不多了！

嘉兴太守郑瑄自由京官出任地方官以来，行政清简，而治下百姓淳朴，可见他的治理之道崇尚清净无为。这样，选择头发来梳理，点数米粒来烹煮，计较于区区小事的苛察之道他不采用，一心想启发教导百姓，让百姓看看自己编纂的书籍便知大道的存在。郑瑄虽然政务繁忙，还是想证明古与今都是一样的，相信有大智慧的人观察古今一切事物，认为浅近的事也有不可求之理。他的做法对于扶助促进人心向善可说是功效大到无边无际了。从前道家（实则是儒家）的观点认为"太上立德，其次立言"，将仁义、忠信、恭俭、推让作为修养的内容，这都是出于以天下太平为己任的人教导别人的做法和用心。现在皇上（指崇祯皇帝）在上，大力传播宣扬儒家经术，无不是尽力化育百姓，来安慰天下人心。得到这部《昨非庵日纂》，帮助引导扶持，使百姓向善人善行学习，不甘落后。百姓的行动持重自然，目光精诚专一，自己就会看到这种情形。《孔子家语》上不是说过吗，"与好人住在一起，就像进入种有香花香草的房间，住久了闻不到香味，因为香味与其化为一体了"。和品德好的人在一起，容易养成好品德；和性情好的人在一起，也容易形成好性情。没有别的原因，事物的常态罢了。擅长挽救人的人，不抛弃人；擅长利用物的人，不抛弃物。至于读书不得法，没有见识，只读书中的糟粕、泥古不化的人，不是擅长读书的人，尤其不是通过好好读书来挽救世道人心的人。对于这样的人我会吃惊得合不拢嘴巴。

蜀昌元喻思恂题于抚署之忠敬堂

序　二

郑子汉奉《昨非日纂》成，亟示余。余受读之，既曰："此郑子之书而天下后世德行之门也夫！"夫古先王教明道行，诗书礼乐为人经[①]，中正仁义为人行。上育其民，士厉其俗，罔弗若也。世下而经行不迪[②]，民乃用[③]戾。大人先生[④]其能以善及人者，譬如卿云[⑤]瑞露[⑥]之以时见，而器车[⑦]海观[⑧]之不世出也。况夫一行作吏[⑨]，簿书短其目力，钱谷乱其心志，则又以宇内之人心为迯[⑩]，不及计者邪？呜呼！天下其奚由以治也？

余近观世变，窃以为内外之讧㵾[⑪]不足定而无教化为大忧，食货[⑫]刑狱琐细不足诘[⑬]而人心之褊靡[⑭]险竞[⑮]为至虑。无教化则不顺伦，而觏[⑯]史册未有之悖事，人心褊靡险竞则不审自立，不知止足[⑰]而为一日无关名教之小人。故郑子之书不可不读也。郑子视事南庾[⑱]，箩扒概量[⑲]，日不暇给，能于此中便以千秋百世之人心为己任。其识量[⑳]可谓远矣。二十类具在，扶颓俗，醒凡心，以此起教化而正人心，庚庚[㉑]乎易知而易行也！诗书礼乐求其所验，中正仁义取其可表[㉒]，盖无若斯所载之为明矣。故郑子修其谦，以为是今古之成文吾则纂之，而余断以为是郑子之书，而天下后世德行之门也。

余以甲子之役[㉓]得郑子，已知其有安治天下之材。今其夙夜秉蹇[㉔]又若此，然则郑子之壮猷[㉕]伊始称是以行之，余之为世变而忧之虑之者，得郑子而可以大匡[㉖]矣。郑子之友有光衷颜子[27]者,其《迪吉录》[28]诸书与郑子同旨而异目,训诫末俗[29],深厚惟均。余也亦得以一日长[30]序而行之。今颜子以兼经登用于明时[31]矣。然则余何文文[32]在二子焉尔[33]!

鹿城[34]友生[35]顾锡畴[36]题

【注释】

①人经:谓做人行事的规范。 ②不迪:不遵循。 ③用:因。 ④大人先生:旧时指有身份有地位的人。有时带讽刺意味。 ⑤卿云:即庆云。一种彩云,古人视为祥瑞。 ⑥瑞露:象征吉祥之露,甘露。 ⑦器车:古代认为是盛世出现的祥瑞之物。《礼记·礼运》:“天降膏露,地出醴泉,山出器车。” ⑧海观:海上观音。 ⑨一行作吏:一经做了官。 ⑩逖(tì):远。 ⑪讧奰(bì):混乱纷扰。 ⑫食货:古代用以称国家财政经济。 ⑬诘:整治。 ⑭褊靡:狭隘颓废。 ⑮险竞:险恶争竞。 ⑯觏:遇到。 ⑰止足:谓凡事知止知足,不要贪得无厌。语出《老子》第四十四章:“知足不辱,知止不殆,可以长久。” ⑱视事南庾:指担任南京户部度支使。 ⑲箩扒概量:对粮食过筛晾晒称量等。箩,过筛。扒,聚拢或摊开。概量,本指概(用来刮平斗斛的器具)和斗斛等量器,此指用量器来确定谷物的多少。 ⑳识量:识见与度量。 ㉑庚庚:形容有成果的样子。 ㉒表:表率,榜样。 ㉓甲子之役:指天启四年(1624)顾锡畴典试福建。 ㉔秉塞:“秉心塞渊”的简称,持心笃厚诚实,见识深远。语出《诗经·鄘风·定之方中》:“匪直也人,秉心塞渊。” ㉕壮猷:宏大的谋略。 ㉖大匡:大的挽救。 ㉗光束颜子:即颜茂猷,字壮其,又字光束,号完璧居士,福建漳州人,明末儒家思想家。 ㉘《迪吉录》:晚明思想家颜茂猷所著的劝善书。 ㉙末俗:指平庸的人。 ㉚一日长:年龄大一些的客气说法。语出《论语·先进》:“以吾一日长乎尔,毋吾以也。” ㉛颜子以兼经登用于明

时:《明史·选举志》记载,崇祯甲戌会试,举人颜茂猷通作五经文,帝许送内帘,中副榜,特赐进士,以其名另为一行,刻于试录第一名之前。兼经,五经题兼作,违反科举常规要求。明时,指政治清明的时代,古时常用以称颂本朝。　㉜文文:谓崇尚礼文仪节。㉝焉尔:语气词,相当于“而已”。　㉞鹿城:江苏昆山的别称,春秋时期吴王寿梦曾在这里豢鹿狩猎,故又名鹿城。　㉟友生:指师长对门生自称的谦词。明天启四年,顾锡畴典试福建,郑瑄是年考中举人,故有如此之称。　㊱顾锡畴:字九畴,号瑞屏,今江苏昆山人,万历朝进士,南明福王时任礼部尚书。

【译文】

郑汉奉(郑瑄字汉奉)编辑的《昨非庵日纂》成书,急忙拿来给我看。我拜读后说:“这可看作是郑瑄的著作,可作为后世修习德行的门径啊!”古代的先王教导民众确立德行,以诗书礼乐作为为人处世的规范,把中正仁义作为立人处世的品德。在上位者化育百姓,读书人改善风俗,没有不想这样的。后世不遵循为人处世的规范与立人处世的品德,民众因此多有暴戾之事。大人先生能用善行教化百姓的就如同祥云瑞露偶或出现,就像器车、海上观音一样世间罕见。何况一旦做官,公文使其目光短浅,钱粮使其心智烦乱,就把教化天下的人心当作远务,从而来不及考虑的人呢?唉!如此天下怎么会太平呢?

我近来看世道的变化,私下认为内外混乱纷争,不能够安定,没有教化是大的忧患;经济刑法的事务琐碎苛细,不能够整治,而人心狭隘颓废险恶争竞最值得忧虑。没有教化就不遵守伦理,只看到史册当中不曾记载的悖逆之事,心地狭隘颓废险恶争竞,不看重自立其德,就不能知止知足,而做一时无关名声和教化的小人。所以郑瑄的书不可以不读。郑瑄自从任南京户部度支使以来,对粮食进行过筛晾晒称量,忙得每天没有空闲。能在繁忙的公务中,把教化千秋百代的人心作为己任,他的见识和度量可算远大了。《昨非庵日纂》二十类用意都在扶正颓败的风俗，惊醒凡俗的良心，用这个来教化端正人心，易知易行，定会卓有成效啊！从诗书礼乐中寻求那些应验的，中正仁义中选取可以做表率的，大概没有比得上《昨非庵日纂》所记载的明显了。所以郑瑄秉持谦虚的态度，认为这是今古现成的文章，自己只是编纂了一下。而我断然认为这就是郑瑄的书，可以作为天下后世修习德行的门径。

我在甲子年典试福建时得以结识郑瑄，已经了解他有安定治理天下的才华。现在他日夜持心笃厚诚实，见识深远，其宏大的谋略开始与此相称而行，我所担忧和顾虑的世情变化也可以凭借他获得大的挽救了。郑瑄的朋友颜光衷写的《迪吉录》等书与郑瑄用意相同，只是条目不同罢了，对世道人心改良的深厚作用是一样的。我因为年长一点而为郑瑄的书作序宣扬。现在颜光衷凭借兼通数经的才能已经被朝廷录用，既然这样，我又何必在两人间侈谈崇尚礼文仪节的话呢！

鹿城友生顾锡畴题

序　三

范文素[1]自从仕未尝释卷，人或勉之。文素曰："昔有异人，尝与吾言，他日必当大任。苟如此言，无学术何以处之？"甚哉，斯言之闳达[2]也！士人一顶进贤[3]，不知者谓黄叶[4]，谓叩门砖子，读书之债已矣。试问伏轼[5]受事[6]以来，入性命[7]，出事功，千径万波[8]，披离[9]震灼[10]，毕竟得力知在何处？其间有得有失。再披往帙，龟鉴[11]早悬，乃始悔未极群书，恨古人见我晚也。人人称然而事遇辄已。其所艳称该博[12]，惟扢拾[13]幽异[14]，灾诸梨枣[15]，如《搜神》[16]《杂俎》[17]《辍耕》[18]诸录，诞繁[19]辨诡[20]，云资谈柄[21]，犹可以适于用若鞶帨[22]。

然同年[23]郑汉奉氏，腹笥[24]行秘[25]，文誉夙胫四方。辛未[26]夏初，余两人寓于燕之萧寺[27]，披帷人在，手自删营。及与商略[28]挽邃[29]，无不以砥砺名行为务，余已知其致力在此。视曹陪庾[30]，饬藻凛然[31]，鸿雁无嗷[32]，鼠雀无耗[33]。行突之不黔[34]，时告而图书呻哦之外，园不暇窥[35]。寄余《昨非庵日纂》廿卷，远亟征序。余益仪汉奉之情深而见越[36]也。夫使汉奉索句于钟阜[37]虎怪，定能扼逸流[38]，徽[39]压元白[40]而倒之耶！与蠹鱼[41]争食秘冢[42]，洗剔[43]奇画[44]，若佶屈敖牙[45]者，绠修以汲[46]，当复赤帜别坛[47]。汉奉固以无益而不出乎此也。汉奉非言其所言，正言其所行。言其所言虽汉奉之言，而皆古人之言；言其所行，虽古人之行而实汉奉之行。昔人不云乎，读千卷不如行得一字。然则兹编也，汉奉现身说法可矣。

年社弟许豸顿首题于虎畼之清涤堂㊽

【注释】

①范文素：即范质，字文素，大名宗城（今河北邢台威县、广宗县一带）人，五代后周时期至北宋初年宰相。　②闳达：才识宏富通达。　③进贤：即进贤冠，也叫梁冠，古时朝见皇帝时戴的一种礼帽。原为儒者所戴，唐时百官皆用。　④黄叶：枯黄的树叶。比喻过时的东西。　⑤伏轼：原指俯身靠在车前的横木上。后多用以指乘车。此处指出仕。　⑥受事：指接受职事。　⑦性命：中国古代哲学范畴，指万物的天赋和禀受。这里指品德修养。⑧千径万波：千万条道路。波，水路。　⑨披离：散乱貌。　⑩震灼：影响大，威势盛。　⑪龟鉴：也说“龟镜”。龟可以卜吉凶，镜可以比美丑，故以喻借镜前事。鉴，镜子。　⑫艳称该博：羡慕并赞美学问见识广博。艳，羡慕。该，古通“赅”，完备。　⑬扢（gǔ）拾：选取。扢，取。　⑭幽异：神奇怪异之事。　⑮灾诸梨枣：从前印书用梨木或枣木刻板，祸害了梨树与枣树。形容滥刻无用不好的书。也用于出版印刷自己著作的自谦之词。⑯《搜神》：即《搜神记》，属于志怪小说集，作者为东晋史学家干宝。　⑰《杂俎》：即《酉阳杂俎》，作者为唐代的段成式。所记有仙佛鬼怪、人事以至动物、植物、酒食、寺庙等，分类编录。⑱《辍耕》：即《南村辍耕录》，有关元朝史事的笔记，为元末明初人陶宗仪著。　⑲诞繁：荒诞繁琐。　⑳辨诡：巧言邪说。辨，通“辩”。　㉑云资谈柄：有助于人拿来做谈笑资料。云，虚词，无实意。　㉒鞶（pán）帨（shuì）：腰带和佩巾，代指饰物。　㉓同年：科举时代称同榜或同一年考中者。　㉔腹笥：腹中所记之书和所有的学问。笥，书箱。语出《后汉书·边韶传》：“边为姓，孝为字，腹便便，五经笥。”　㉕行秘：“行秘书”的简称。“行秘书”为唐太宗对虞世南的美称。唐朝刘餗（sù）《隋唐嘉话》卷中：“太

宗尝出行，有司请载副书以从，上曰：'不须。虞世南在此，行秘书也。'"后用以泛称博闻强记的人。　㉖辛未：明思宗崇祯四年(1631)，郑瑄与许豸都是在这一年考中进士。　㉗萧寺：唐朝李肇《唐国史补》卷中载，"梁武帝造寺，令萧子云飞白大书'萧'字，至今一'萧'字存焉"。后因称佛寺为萧寺。　㉘商略：商量讨论。　㉙挽邃：交往深入。　㉚视曹陪庾：指任南京户部度支使。视曹，亲自处理曹务。庾，粮仓。　㉛饬藻凛然：严厉整顿。饬藻，整顿。　㉜鸿雁无嗷：指没有嗷嗷待哺流离失所的饥民。语出自《诗·小雅·鸿雁》："鸿雁于飞，哀鸣嗷嗷。维此哲人，谓我劬劳。"　㉝雀鼠无耗：指正税外没有加征之粮。语出《梁书·张率传》："在新安，遣家僮载米三千石还吴宅。既至，遂耗太半。率问其故，答曰：'雀鼠耗也。'率笑而言曰：'壮哉，雀鼠！'"　㉞行突之不黔：每至一地，烟囱尚未熏黑，又到别处去了。形容事情繁忙。突，烟囱。　㉟园不暇窥：即目不窥园。窥，观赏。园，花园。典出《汉书·董仲舒传》。原指汉代董仲舒专心治学，三年都无暇观赏花园中的景致。后用以比喻专心致志，埋头钻研，不为外事分心。　㊱见越：见识超俗。　㊲钟阜：指神话传说中地处极北、气候苦寒的钟山。《文选·任彦昇〈为范尚书让吏部封侯第一表〉》："关外一区，怅望钟阜。"李善注引许慎曰："钟山北陆，无日之地。"　㊳逸流：有诗名的士大夫。　㊴徽：指美好的名声。　㊵元白：中唐诗人元稹、白居易的并称。　㊶蠹鱼：书虫。　㊷秘冢：指古代的典籍。　㊸洗剔：修整，整治。　㊹奇画：犹奇谋。　㊺佶屈敖牙：形容文字艰涩生僻、拗口难懂。佶屈，曲折，不顺畅。敖牙，即聱牙，拗嘴，不顺口。　㊻绠修以汲：用长长的井绳去汲水，形容轻而易举。　㊼赤帜别坛：独树一帜，喻自成一家。　㊽年社弟许豸顿首题于虎嘐之清涤堂：年社弟，科举时代同年考中并且是同乡的人之间的互称。许豸，明末侯官

（今福州一带）人，字玉史，崇祯辛未进士（与郑瑄同年），官至浙江学政。顿首，磕头，叩头下拜，常用于书信、名帖中的敬辞。虎疁（liú），今苏州浒墅关。清涤堂，许豸的读书堂堂号。

【译文】

范质走上仕途以来，不曾放下书卷，有人勉励他，他说："从前有个奇异的人对我说，我将来会承担大任，如果真像他说的，没有学术怎么来承担大任呢？"太厉害了，这话说得宏富通达！读书人一旦戴上进贤冠（指入仕为官），没有见识的人就会认为此时读书已成为过时的黄叶，是敲门的砖头，读书的债务已经了了。尝试问一下，自当官任事以来，对内修养品德，对外建立功业，在众多纷繁的途径中你知道最得力有效的在哪里吗？那些路径中有得有失，再打开旧籍，发现龟镜早挂在那里了，才后悔未得以看尽群书，遗憾与古人相见太晚。人人称道，然而真的遇到事就作罢了。他们羡慕并赞美学问见识广博，但也只是择取神奇怪异的事刻印成书，就像《搜神记》《酉阳杂俎》《南村辍耕录》众书，充斥了荒诞繁琐的巧言邪说，拿来做谈笑资料，用作点缀修饰还是可以的。

可是，我的同年郑汉奉学识广博，文名早就远播四方。崇祯辛未年夏初，我们两人同住在北京的佛寺。一天我进门掀开帷帘，发现他在那里亲手编辑，随着与他谈话交往的深入，知道他无时无刻不致力于砥砺名声德行。他任南京户部度支使时，严厉整顿，使得所辖区域没有嗷嗷待哺的饥民，没有额外增加的赋税。在繁忙的政务中，时或告诉我在公务之余除吟咏读书外，目不窥园。他寄给我《昨非庵日纂》二十卷，向远方的我急求序文，我更加心仪郑瑄情真意切、见识脱俗。假使郑瑄去创作奇妙的诗歌，定能超越有诗名的士大夫，美好的名声定能压住像元稹、白居易那样的人，并且使其倾倒！假如他去钻研修治那佶屈聱牙的古籍，凭他突出的才干，定能轻松地在学界独树一帜。然而郑瑄本来就认为做这些事对改善世道人心没有好处，所以不去做。郑瑄不是言其所言，而是言其所行。

郑瑄所说的话,虽然是他的话,其实也是古人的话;他所说的事,虽然是古人所做的事,其实也是郑瑄所做的事。古人不是说过吗,读千万卷书不如践行一个字。既然这样,那么把这部《昨非庵日纂》看作是郑瑄的现身说法也是可以的。

年社弟许豸顿首题于虎畷之清涤堂

序　四

儒[①]丁丑[②]正八十矣。少而失教，长而失学，伥伥然[③]如无烛而夜行也。每照镜叹曰："吾其讫于此乎？"已读《昨非庵日纂》而叹郑大夫乃我导师耳。郑大夫汉奉自辛未起家，视庾陪京，出守嘉郡，卓然端冕[④]而有德威，不肯为钱谷簿书所埋没，俯而读，仰而思，有得辄拾片牋[⑤]手署之，以资学古。入官之助自古豪杰必有老者为之师，如张留侯之黄石公[⑥]，曹平阳之盖公[⑦]，诸葛武侯之庞德公[⑧]，皆庞眉黄发[⑨]，明炳几先[⑩]，所谓逐麋鹿搏虎豹则不足，而定犹豫决嫌疑则有余也。若欲寻昨人于今人中，舍此焉往？惜其一行作吏，唯舆台[⑪]幕客之与俱。下床履地[⑫]，诖误[⑬]初不及微尘，而久之积愆[⑭]崇于丘山深于坑堑。虽吞刀刮肠，洗以纯灰三百斛，嗟何及矣！坐无导师，势必至卤莽杜撰。

有志者莫若退而索之于书。凡平生尤悔不必待夜气清明，亦不必待旁人指摘，而读书既多，即纤悉瑕疵照胆[⑮]可以自见。但俊辨[⑯]高才生[⑰]强半入于花草[⑱]，能言之言而非关系世教立言[⑲]之言也。立言如郑大夫，读书不大畜[⑳]不休，不贯串不休，不提醒人心不休，不历历见之行事不休，若蜂酿花，若医采药，若妇绩麻[㉑]。凝水为冰，即可泮[㉒]冰而为水；放拳为手，即可握手而为拳。张弛合辟运之于四通八达之衢，沛如[㉓]矣。夫圯上[㉔]、胶西[㉕]、鹿门[㉖]诸老人与郑大夫日对于昨非庵[㉗]中，步步趋趋而心形不与之俱肃，神情不与之俱化，有是理乎？嗟嗟，日往月来，天道也；送往迎来，人情也。田窦之客朝聚而暮散[28]，不必怪也；孔门之弟子三盈而三虚[29]，亦不足讶也。乃魏武遗令于铜雀[30]，李太尉痛戒于平泉[31]，腐儒袭前辈之陈言，年少翻先朝之故局，孙兴公[32]云"今日之迹明复陈矣"[33]，奈何哉？试拈郑大夫《昨非庵日纂》读之，岂惟救时克乱之豪杰？且将弘悟而得道焉。故乐为之序。

华亭野史[34]陈继儒顿首撰

【注释】

①儒：即陈继儒，字仲醇，号眉公，华亭（今上海松江）人，晚明著名文学家、书画家。　②丁丑：明崇祯十年（1637）。　③伥伥然：无所适从貌。　④端冕：玄衣和大冠。古代帝王、贵族的礼服。此指官员。端，玄端之服。冕，大冠。　⑤牕：乃"牐（tī）"之误，牌子。　⑥张留侯之黄石公：《史记·留侯世家》称黄石公避秦世之乱，隐居东海下邳。其时张良因谋刺秦始皇不果，亡匿下邳，于下邳桥上遇到黄石公。黄石公三试张良后，授与《太公兵法》，临别有言："十三年孺子见我济北，穀城山下黄石即我矣。"⑦曹平阳之盖公：《汉书·曹参传》，"参之相齐，齐七十城。天下初定，悼惠王富于春秋，参尽召长老诸先生，问所以安集百姓。而齐故诸儒以百数，言人人殊，参未知所定。闻胶西有盖公，善治黄老言，使人厚币请之。既见盖公，盖公为言'治道贵清静而民自定'，推此类具言之。参于是避正堂，舍盖公焉"。曹平阳，指西汉开国功臣平阳侯曹参。　⑧诸葛武侯之庞德公：庞德公，荆州襄阳人，东汉末年名士、隐士。庞德公与当时徐庶、司马徽、诸葛亮、庞统等人交往密切。庞德公曾称诸葛亮为"卧龙"，被誉为知人。对诸葛亮早年影响较大，并得到诸葛亮的敬重。武侯，指诸葛亮侯爵武乡侯的简称。　⑨庞眉黄发：眉斑白，头发黄。指老人。⑩明炳几（jī）先：对先兆看得明白。几先，先兆。　⑪舆台：古代

十等人中两个低微等级的名称。舆为第六等，台为第十等，泛指操贱役者。此指差役。 ⑫下床履地：此指上任伊始。 ⑬诖(guà)误：欺误，贻误。 ⑭积愆(qiān)：积累的过失。 ⑮照胆：相传秦咸阳宫中有大方镜，能照见五脏病患。女子有邪心者，以此镜照之，可见胆张心动。后因以“照胆”为典，极言明镜可鉴。 ⑯俊辨：辩才杰出。 ⑰生：通“性”。 ⑱花草：此指诗词的创作。 ⑲立言：树立精要可传的言论，亦指著书立说。 ⑳大畜：《易》卦名，彖曰：“刚上而尚贤，能止健，大正也。不家食吉，养贤也。”后因用为延揽贤士之典。此指向贤士学习。 ㉑绩麻：搓麻成线。 ㉒泮(pàn)：融解。 ㉓沛如：充裕的样子。 ㉔圯(yí)上：指黄石公，张良与黄石公相会于下邳圯上(桥上)，故圯上可代指黄石公。 ㉕胶西：指辅佐曹参的盖公，因盖公是胶西人，故可称代。 ㉖鹿门：此指庞德公。庞德公曾隐居鹿门山，故可代称。 ㉗昨非庵：郑瑄读书堂名。 ㉘田窦之客朝聚而暮散：典出《史记·魏其武安侯列传》，魏其(jī)侯窦婴，喜宾客，诸游士宾客争归魏其侯。武安侯田蚡，新用事(掌权)为相。武安侯以王太后亲幸，数言事多效，天下士趋利者，皆去魏其，归武安。 ㉙孔门之弟子三盈而三虚：语出《论衡·讲瑞》，“少正卯在鲁，与孔子并。孔子之门三盈三虚，唯颜渊不去，颜渊独知孔子圣也”。后世一般用“三盈三虚”来形容不坚固的师生关系。 ㉚魏武遗令于铜雀：曹操《遗令》云，“吾婢妾与伎人皆勤苦，使著铜雀台，善待之。于台堂上安六尺床，施穗帐，朝晡上脯糒之属。月旦、十五日，自朝至午，辄向帐中作伎乐。汝等时时登铜雀台，望吾西陵墓田。余香可分与诸夫人，不命祭。诸舍中无所为，可学作组履卖也”。铜雀，即铜雀台，位于今河北邯郸临漳县城西南。魏武，即魏武帝曹操，曹操的谥号为“武”。 ㉛李太尉痛戒于平泉：中唐宰相李德裕著有《平泉山居诫子孙记》。

平泉，即平泉山居，李德裕在洛阳附近的别墅名。 ㉜孙兴公：即孙绰，字兴公，东晋中都（今山西平遥）人，为廷尉卿，领著作郎，是参加王羲之兰亭修禊的诗人和书法家。 ㉝今日之迹明复陈矣：语出孙绰《兰亭集后序》，“乐与时去，悲亦系之。往复推移，新故相换。今日之迹，明复陈矣”。 ㉞华亭野史：陈继儒的自号。

【译文】

我陈继儒到丁丑年正好八十岁。我年少时没有得到很好的教育，长大后没有好好学习，无所适从，就像没有烛火走夜路一样。常常照镜子感叹：“我这辈子大概也就这样了吗？”读完《昨非庵日纂》，我就赞叹说郑瑄大夫是我的导师。郑瑄大夫自辛未年考中进士起家，任南京户部度支使，出官为嘉兴太守。他是卓异的官员，有德行威望，不肯被赋税钱粮及冗繁的文书所埋没，埋头读书，仰头思考，心有所得就亲手记录下来，来帮助学习古人的嘉言懿行。自古以来的豪杰之士，一定会有老者帮助他做官理事，就像留侯张良之有黄石公，平阳侯曹参之有盖公，武乡侯诸葛亮之有庞德公。这些人都年龄老迈，能明察征兆，是所说的追赶麋鹿、搏击虎豹有所不足，而解决疑难问题绰有余力的人。如果在今人当中找这样的老者，不选郑瑄还能选谁呢？可惜的是，有人一旦做官，只和差役幕僚在一起。上任伊始，他们的贻误比微尘还小，可是时间一长，积累的贻误过失就比山丘还高，比坑沟还深，即使是吞刀刮肠，用三百斛纯白的石灰来清洗，也只能嗟叹无可奈何。因无导师，势必会导致鲁莽行事，任意胡来。

有志向的官员，退身到书籍当中寻求帮助。大凡平生的过失和悔恨不必等到夜气清明之时，也不必等到旁人批评指出之时，而读书一多，即使是细微的缺点错误都可以自己看得非常清楚。只是辩才杰出、才华高妙、生性坚强的人有一半去从事诗词创作，能说可说的话都是与改善世道人心无关系的话。像郑瑄大夫读书，如果不能学到先贤的嘉言懿行，就不停止；如果不能融会贯通，就不停止；如果不能对世道人心有所警醒，就不停止；如果不能把从书中所学到的东西清楚地体现在自己的行为中，就不停止。这就像蜜蜂采花酿蜜，就像医生采药治病，就像妇女搓麻成线。把水冻成冰，也可以把冰融化为水；把拳头放成手掌，也可以把手掌握成拳头：紧张与松弛、张开与闭合，运用在四通八达的通衢，是很轻松自如的了。黄石公、盖公、庞德公众位老人和郑瑄大夫每天在昨非庵中相面对，亦步亦趋，郑瑄的思想行为不和他们一样整肃，神情不与他们化为一体，有这种道理吗？唉，日往月来，这是天道；送往迎来，这是人情。对田蚡、窦婴的门客早晨聚集，晚上离散，不必奇怪；对孔门弟子三盈而三虚，也不必惊讶。魏武帝曹操在铜雀台有《遗令》，太尉李德裕著有《平泉山居诫子孙记》。迂腐的儒生抄袭前辈的陈言，年少的书生翻新前朝的旧事。能对孙兴公说过的“今日之迹，明复陈矣”有什么办法呢？试着读一下郑瑄大夫的《昨非庵日纂》，就可以看出，郑瑄大夫哪里只是拯救时难、平定世乱的豪杰之士呢？他还是改良世风、开悟人心的得道之士！所以我很高兴为他作序。

华亭野史陈继儒顿首撰

序　五

李延平[①]先生有云："读书者知其所言莫非吾事，而即吾身以求之，则凡圣贤所至而吾所未至者，皆可勉而进矣。"此论最为切实。我辈读古人书，所学何事？内以为身心性命，外以为天下国家，舍此皆糠秕[②]也。苟其书不足以资体用[③]之学，是书负学者；苟学者不以体用求之于书，是学者负书。古风既邈，时习滋浇[④]，求所谓两不相负者而戛戛乎[⑤]其难之。又况实以其言求之于身而勉圣贤之所至乎哉？

余读鸿逵[⑥]郑使君[⑦]《昨非庵日纂》两集而不胜嘉叹焉。夫昨亦何穷，使君之意盖未有今是也！以是之心读书则读愈多而圣贤愈远，切磋琢磨[⑧]皆非局[⑨]也。人日处于非之中不自觉，于是转迷谬为矜骄，转矜骄为忿忮[⑩]。古今来刻意厉行之士不少，而究至于败名损德者大约皆从是之心生也。使君司庾[⑪]庾治，守嘉[⑫]嘉治，今分藩越东[⑬]越治。使君亦焉得有昨非哉？是即延平先生所谓"知其所言莫非吾事，而即吾身以求之"者也。今其书具在，语不取奥，事不取奇；止取其切近于身心性命，实实可见诸施行，举而措之天下国家者。每见当世学人摘新标异，组织为文而究于实用了无关涉，煌[⑭]窃惑焉。今试净几焚香，夷心静气，取使君书讽诵数则，有欣然若鼓者，有歉然若负者，有恧然[⑮]面发赤者，有瞿然矢席[⑯]不自容于天地者。屋漏[⑰]即在大庭，鸡鸣[⑱]不必平旦[⑲]。奇莫奇于此，奥莫奥于此。彼新声艳采[20]不过惊炫耳目,能使人至是哉?使君以之澡心[21]育德,即以之善世淑人[22]。昔高皇帝命国子生兼读刘向《说苑》[23],以其有关世教。是书也,岂特与《说苑》埒[24]哉?吾愿读是书者口诵心惟,孰为已能,孰为来能,孰为可能,孰为不可能,不以其已能可能者自矜,而以其未能不可能者自勉,则使君立言之意庶几与延平先生俱不朽矣。

崇祯庚辰闰正月通家治生余煌题于凤山阡之庐[25]

【注释】

①李延平:即李侗,字愿中,世号延平先生,两宋之际南剑州剑浦(今福建南平)人,著名理学家。 ②糠秕:在打谷或加工过程中从种子上分离出来的皮或壳。比喻琐碎的事或没有价值的东西。 ③体用:中国哲学的一对范畴,指本体和作用。一般认为,"体"是最根本的、内在的、本质的,"用"是"体"的外在表现。此处"体"是指品德修养,"用"是指建功立业。 ④浇:浇薄,(人情、风俗)刻薄,不淳厚。 ⑤戛戛乎:形容困难费力的样子。 ⑥鸿逵:郑瑄字汉奉,又字鸿逵。 ⑦使君:汉代称呼太守刺史,汉以后用做对州郡长官的尊称,这里指知府。 ⑧切磋琢磨:比喻互相商量研究,学习长处,纠正缺点。古代把骨头加工成器物叫"切",把象牙加工成器物叫"磋",把玉加工成器物叫"琢",把石头加工成器物叫"磨"。 ⑨局:局限。 ⑩忿忮(zhì):亦作"忿鸷",残忍凶狠。 ⑪司庾:指任南京户部度支使。庾,谷仓。 ⑫守嘉:指任嘉兴知府。 ⑬分藩越东:指任浙江副使。 ⑭煌:即余煌,字武贞,浙江会稽人,天启五年(1625)状元。明思宗吊死煤山后,鲁王任命余煌为兵部尚书,隆武二年(1646)六月,余煌壮烈殉国。 ⑮恧(nǜ)然:惭愧貌。 ⑯矢席:同"失席",离开席位。形容惊惧、惊讶。 ⑰屋漏:古代室内西北隅施设小帐,安藏神主,为人所不见的地方,称作"屋漏"。《诗·大雅·抑》:

“相在尔室，尚不愧于屋漏。”毛传：“西北隅谓之屋漏。”郑玄笺：“屋，小帐也；漏，隐也。”后即用以泛指屋之深暗处。　⑱鸡鸣：古时十二时辰之一，相当于今凌晨一时至三时。　⑲平旦：古时十二时辰之一，相当于今凌晨三时至五时。　⑳新声艳采：此指标新立异的不关世道人心的浮华作品。　㉑澡心：指去除内心杂念。　㉒善世淑人：引导世俗向善，引导世人向善。　㉓《说苑》：又名《新苑》，西汉后期学者刘向所编古代杂史小说集。　㉔埒（liè）：等同。　㉕崇祯庚辰闰正月通家治生余煌题于凤山阡之庐：崇祯庚辰，即崇祯十三年（1640）。通家，世代交好。治生，旧时部属对长官或旅外官吏对原籍长官的自称，始于明代。凤山，今浙江余姚凤山。阡之庐，即墓庐，墓旁之屋。古人为守父母、师长之丧，筑室墓旁，居其中以守墓。

【译文】

延平先生李侗说：“读书人把圣贤的道理无不看成自己该做到的事，进而踏实地去实行，那么凡是圣贤做到而自己没有做到的，就都可以勉力做到。”这观点最为切合实际。我们读书人所学的是什么事？向内是为了品德修养，向外是为天下国家而建立功业。除掉这个，就都是没有价值的东西。如果读的书不能够有助于修养品德和建功立业，那么这是书对不起读者；如果读者不从书中去求取修养品德和建功立业的资助，那么这是读者对不起所读的书。古人的风尚已经邈远难寻，现在的风气更加浇薄。读者不负于书，书不负于读者，要求得这样两不相负是多么困难啊！又何况把从读书中得来的道理反求于自身而勉励自己达到圣贤的境界呢？

我读了郑瑄知府所编的《昨非庵日纂》两集后，十分赞叹。“昨”也哪里有穷尽，郑使君的用意大概不曾有今是（对，正确）啊！以自以为是的居心读书，那么读得越多却离圣贤越远，切磋琢磨的功夫都不是用在向圣贤学习上。人每天处在错误之中却不能自我省悟，在这种情况下转迷乱错误为夸耀骄傲，转夸耀骄傲为残忍凶狠。古往今来刻意砥砺品行的人有不少，可是最终至于名声败坏、德行颓损的大约都是从自以为是的居心生成的。郑瑄使君担任度支使，本职做得好；担任嘉兴知府，地方治理得好；担任浙江副使，辖区大治。郑使君哪里又有昨非呢？这就是延平先生李侗所说的“知其所言莫非吾事，而即吾身以求之”啊！现在他的书就在这里，不用深奥的语言，不取奇异的事例，只选取那些与品德修养切实相关，可以对齐家治国平天下有用的事例。常常看到当代的学者摘取新异的材料写成文章，最终与实用一点关系都没有，对此我余煌私下里感到困惑。现在尝试擦净几案，焚上香料，平心静气，拿郑瑄使君的书来读上几则故事，有时就像被鼓舞而内心高兴，有时又像对不起别人而心生惭愧，有时又因有惭愧之情而脸红，有时又非常吃惊离开席位觉得自己不被天地所容。隐秘之处的行为就像在大庭广众之中，黑夜之中的行为与白天没有什么两样。没有什么比这个更奇异，没有什么比这个更奥妙。标新立异、不关世道人心的浮华作品不过惊炫人的耳目罢了，能让人达到这地步吗？郑瑄使君用他的书来去除内心杂念、培育德行，就是劝化世道人心向善了。从前高皇帝（指明太祖朱元璋）命国子监的监生兼读刘向的《说苑》，因为《说苑》有关世道人心的教化。这部《昨非庵日纂》哪里只是与《说苑》相对等呢？我希望读这部书的人，嘴里念，心里想，哪些已经做到，哪些还没有做到，哪些可以做到，哪些不可以做到，不以自己已经做到和可以做到的事自我夸耀，而以还没有做到和不可能做到的事来自我勉励，那么郑瑄使君编书的用意差不多就与延平先生李侗一起永垂不朽了。

崇祯庚辰闰正月通家治生余煌题于凤山阡之庐

自　序

自昔雄奇颖异之士,学靡所不探,识靡所不穷。笔可为家[①],墨可为池[②],门可为龙[③],舟可为仙[④]。风流标韵[⑤],阔步横睨[⑥],而于寸掬[⑦]灵明,反茫不为较勘[⑧]。二六时[⑨]中,凡服官[⑩]齐家[⑪]、禔躬[⑫]接物[⑬]、调神[⑭]塞兑[⑮]、理明质幽种种,对勘荡轶[⑯],不知凡几。始则不知其非,自以为是;既则知其非而姑任焉;久则途径日熟,且以是为非,以非为是,而望溟适越[⑰],怅岐路其何之;认主作奴,里衣珠而行乞。嗟乎,日展转[⑱]于非中而谁一悟也?

予赋性莽,趋事[⑲]每过锐,以故履错[⑳]恒多,然旋错旋悔,知非一念犹幸未甚泯没。视事南庾,凡酷焰严冻无刻不奔走筛晒之场,睛几枯而腕几脱,而吾鼎[㉑]自爱,一书一琴而外,厨烟屡绝。每当萧然[㉒]岑寂之时,辄欣欣自幸曰:“此政[㉓]吾辈做工夫时节也。”横搜典籍,旁逮稗野,以至名公之训诫,时贤之著述,其中懿行嘉言,芳规覆辙,睹记不一,反而自镜,皆己事之韦弦[㉔]。因采其得失攸关者编为二有十类,曰《昨非庵日纂》。

夫乌之黑不以染,鹄之白不以洗,钢石之坚不以炼,姜桂之辛不以和:此至是无非得于性者也。金非锻不精,剑非磨不铦,马非调不良,虎非养不驯:此夌[㉕]非得是澡于习者也?习与时更,性随习转,晷移刻换,睫异瞬殊。今视昔,后视今,每一回光[26]，恍然如昨。倘不痛自猛省而饰非自文，何异冒雨而疾行、闻雷而掩耳？若犹是知其非而旋去焉旋留焉，此如以石压草，石去草生，非根仍盘踞而未已，固予所对卷而猛然汗下者也。

而或者曰："此皆习闻习见者耳。曷不搜其新奇可喜者，以竦听闻？"予曰："《拾遗记》[27]、石鼓文[28]、《山海经》[29]、岣嵝撰碑[30]非不玄也，课[31]事或远。刘向《传仙》[32]，张华《博物》[33]，邹衍谈天[34]，任昉《述异》[35]，非不富也，反己或支。夫尚鞶帨不尚躬行，非予志也。"或又曰："若然则录其可法而传者足耳，乃善否[36]杂陈，将无薰莸并器[37]？"余曰："而未瞻岳氏之祠乎？范武穆以泥，而铸桧卨[38]且以金，后世之欲存桧卨更甚于欲存武穆耳。"夫溪流之澄映也，上可镜须发，下可数游鳞，寸苔拳石，纤毫莫遁。提吾清夜之灵，而法戒陈于前，罪福儆于后，有不肃然惧翻然惺[39]者，必读《陈情》《出师》二表而不下泪者耳。蘧大夫[40]五十知四十九年之非；赵清献[41]每夕焚香告天，不可告者不敢为。昔贤省心砥行孳孳[42]不及[43]若此。使余而知昨之为非也，余则益矣；使余而令非之犹昨也，余滋惧矣。虽然即使非不能遽[44]异于昨，而何可使昨不知为非也？若谓昨非而今是焉，则余岂敢？

昨非庵居士郑瑄汉奉甫[45]题于白下[46]公署

【注释】

①笔可为冢：即"笔冢"。书法家埋藏废笔的处所。唐代李肇《唐国史补》卷中："长沙僧怀素好草书，自言得草圣三昧，弃笔堆积，埋于山下，号曰'笔冢'。" ②墨可为池：即"墨池"，洗笔砚的池子。著名书法家如汉代的张芝、晋朝的王羲之等，均有"墨池"传说著称后世。 ③门可为龙：即"龙门"，科举试场的正门，

借指科举会试。会试中式为登龙门。 ④舟可为仙:即“仙舟”。典出《后汉书·郭太传》:“郭太字林宗,太原界休人也。……后归乡里,衣冠诸儒送至河上,车数千两。林宗唯与李膺同舟而济,众宾望之,以为神仙焉。”此指美好的仪表风度。 ⑤标韵:风韵,韵致。 ⑥横睨:傲视。 ⑦寸掬:指人心。 ⑧较勘:即校勘,本指对同一书籍用不同的版本和有关资料加以比较核对,以考订其文字的异同和正误。此指认真讲求。 ⑨二六时:中国古代用十二地支记昼夜十二时辰,即子、丑、寅、卯、辰、巳、午、未、申、酉、戌、亥。昼夜各六个时辰,故称“二六时”。 ⑩服官:做官。 ⑪齐家:治家。 ⑫褆(zhī)躬:修身。 ⑬接物:与人交往。 ⑭调神:调养心神。 ⑮塞兑:《丘祖秘传大丹直指》曰,“塞兑者,口开神气散,故塞之也”。兑者,口也,悦也。塞其兑,降其心也。所有开口的地方都要封锁,不向外漏。 ⑯荡轶:同“荡佚”,放纵,不受约束。 ⑰望溟适越:本想去北海,却去了南方的越地。指做事弄错了方向。溟,北海。 ⑱展转:同“辗转”。 ⑲趋事:办事。 ⑳履错:犯错误。 ㉑鼎:正。 ㉒萧然:空寂的样子。 ㉓政:通“正”。 ㉔韦弦:典出《韩非子·观行》,“西门豹之性急,故佩韦以自缓;董安于之心缓,故佩弦以自急”。后用以比喻外界的启迪和教益。韦,牛皮绳。弦,弓弦。㉕芟(shān):除去,铲除。 ㉖回光:回顾。 ㉗《拾遗记》:又名《拾遗录》,或《王子年拾遗记》,古代神话志怪小说集。作者东晋王嘉,字子年,陇西安阳(今甘肃渭源)人。 ㉘石鼓文:秦刻石文字,因其刻石外形似鼓而得名。发现于唐初,共十枚,高约三尺,径约二尺,分别刻有大篆四言诗一首,共十首,计七百一十八字。内容最早被认为是记叙周宣王出猎的场面,故又称“猎碣”。㉙《山海经》:中国先秦古籍。一般认为主要记述的是古代神话、地理、物产、巫术、宗教、古史、医药、民俗、民族等方面的内容。

㉚岣(gǒu)嵝(lǒu)撰碑:即岣嵝碑,原刻于湖南衡山岣嵝峰,故称岣嵝碑。相传此碑为颂扬夏禹遗迹,亦被称为“禹碑”“禹王碑”“禹功德碑”。 ㉛课:考核。 ㉜刘向《传仙》:即《列仙传》,记载了赤松子(神农时雨师)等七十一则神仙故事。旧题刘向撰,应系伪托。 ㉝张华《博物》:即《博物志》,中国古代神话志怪小说集。西晋张华编撰,分类记载异境奇物、古代琐闻杂事及神仙方术等。 ㉞邹衍谈天:典出《史记·孟子荀卿列传》,“驺衍之术迂大而闳辩;奭也文具难施……故齐人颂曰:‘谈天衍,雕龙奭……’” ㉟任昉《述异》:即任昉所著《述异记》。任昉,字彦昇,小字阿堆,乐安博昌(今山东寿光)人,南朝梁文学家。 ㊱善否(pǐ):好坏。 ㊲薰(xūn)莸(yóu)并器:指香草与臭草收藏在同一容器内。比喻好人与坏人共处。 ㊳桧卨(xiè):指秦桧和万俟卨。万(mò)俟(qí)卨,字元忠(一作元中),开封阳武县(今河南原阳)人,南宋初年陷害岳飞的奸臣。 ㊴惺:醒悟。 ㊵蘧(qú)大夫:即蘧瑗(yuàn),字伯玉,谥成子,春秋时期卫国(今河南卫辉)大夫,封“先贤”,奉祀于孔庙东庑第一位。

㊶赵清献:即赵抃(biàn),字阅道,号知非子,衢州西安(今浙江衢州)人,北宋名臣,谥号为清献。 ㊷孳孳:同“孜孜”,努力不懈貌。 ㊸不及:指“学如不及”的省略。学习好像追赶什么,总怕赶不上。形容学习勤奋,进取心强,又形容做事情的迫切心情。典出《论语·泰伯》,“子曰:‘学如不及,犹恐失之。’” ㊹遽(jù):立刻,马上。 ㊺甫:古代在男子名字下加的美称,后指人的表字,亦作“父”。 ㊻白下:古地名,在今南京市西北。唐移金陵县于此,改名白下县,后因用为南京的别称。

【译文】

从前雄伟奇特、聪颖卓异的人才,没有什么学问不探求,没有什么知识不穷究。用坏的笔可以埋成冢,洗笔砚的水可以聚为池,可以高中科举,可以提升风度。他们风度潇洒,阔步傲视,对于内心的修养反而茫茫然不甚在意。一天之中,凡做官、治家、修身、接物、调养心神、塞兑降心、处理显务、查清暗事这种种情形,不甚上心,不受约束,不知有多少。开始不知道自己有过失,自以为是;进而知道自己有过错,却姑且放任;时间一长,一天天习惯这样的做法,甚至把对的当成错的,把错的当成对的,南辕北辙,面对岔路,茫然无措,不知如何走;把主人当成奴才,穿着饰有珠宝的衣服却前去讨饭。唉,每天辗转于错误之中,而谁来提醒自己呢?

我生性鲁莽,做事常常失于激进,所以犯错很多。可是随错随悔,知道自己错误的念头幸而还没有完全泯灭。任南京户部度支使以来,凡是酷热严寒之时,时时奔走在筛晒粮食的场所,眼睛几近枯干,手臂几近脱落,可我正洁身自爱,身边一琴一书而外,经常连饭都吃不上。每当萧条冷落的时候,就欣欣然自我庆幸说:"这正是我们这类人加强修养的时节。"广泛地查阅典籍,旁考稗官野史,以至于名人的训诫,当时有才之士的著作,其中好的行为,好的言论,成功的经验,失败的教训,看到后记下来不少,反观自己,都是启迪和教益。于是选取与得失有关系的编为二十类,叫《昨非庵日纂》。

乌鸦的黑不是染的,鸿鹄的白不是洗的,钢石的硬不是炼的,姜桂的辣不是调和的:达到这样子无不是得于天性。金子不锻炼不会精纯,宝剑不磨砺不会锋利,马匹不调教不优良,老虎不调养不驯顺:这些东西改掉了本性,难道不是积习的影响造成的吗?习性随着时间而发生变化,本性随积习而改变。时间一点点变化,看到的情况也会时时不一样。现在看过去,今后看现在,每一回顾,就像是昨天的事一样。如果不深深地猛然反省,却自我文过饰非,与冒雨疾行和闻雷掩耳有什么不同呢?如果像这样,知道自己的错误而让错误一会儿去一会儿留,这就像石头压住了草,拿开石头草又长了出来,错误的根源仍然盘踞在心间而没有被消除,这正是我对着书本猛然反省而惭愧流汗的原因。

可有人说:“这都是常见到、听到的罢了,为什么不搜集那些新奇的事来悚动人们的听闻呢?”我回答说:“《拾遗记》、石鼓文、《山海经》、岣嵝撰碑,不是不玄妙,考察起来,事情或许太邈远。刘向著《列仙传》,张华著《博物志》,邹衍谈天行,任昉著《述异记》,不是不丰富,反求自己,或许支离破碎。崇尚修饰,不崇尚躬行,不是我的用意。”又有人说:“像这样,那么收录那些可供取法和流传的就够了,可是你的书竟然善恶杂陈,或许把香草与臭草都收藏在同一容器中了吧?”我回答说:“你没有看到岳飞的祠堂吗?那里用泥塑成岳飞像,却用金属铸成秦桧、万俟卨的样子,后世是想把秦桧、万俟卨保存得比岳飞更久远罢了。”澄澈溪流映照东西,上可以照出人的须发,下可以看到游动的鱼儿,一点儿苔藓,小小的石头,一丝一毫都逃不过。夜晚清静时,拿我的心灵去效法或警惕陈列在前面的善恶之事,清醒地看到福佑惩罚就在后边,有不神情庄重而心生害怕、突然醒悟的,一定是读《陈情表》《出师表》不会流泪的不孝不忠之人。蘧伯玉大夫五十岁时知道之前的四十九年都是错的,清献公赵抃每天晚上焚香告天,不可告诉上天的事就不敢去做。前贤像这样反省内心、砥砺品行,勤勉不休,生怕赶不上前人。假如我知道昨天是不对的,我就有很大的收益了;假使我今天犯的错误就像昨天的错误,我就更加害怕了。虽然不能使今天的错误马上与昨天的错误有所不同,可是怎么可以使昨天没有认识到错误呢?若说昨天错误,而今天正确,我怎敢这样认为?

昨非庵居士郑瑄汉奉甫题于白下公署

日纂凡例

兹编事不炫奇僻，语不求绮奥，取其有关世教伦常，修德释回[①]，足当迷津一筏[②]者，即习闻习睹，不妨录存。

孔孟道德，夔稷[③]经纶[④]，揭日月而行[⑤]者，已史不胜书，只就往哲前修[⑥]中择其吾侪可学而至可勉而及者，奉为型典[⑦]。

历代典册、时贤著述，或行可为师，或言堪作佩[⑧]者，随展随阅，随阅随抄，以故有先秦于周，后汉于晋，甚而先今于古者，位置不拘世序[⑨]。

每类中孅慝[⑩]并列，法戒[⑪]兼存，佩兰[⑫]借石[⑬]，两路夹攻，无非欲人思省灵光[⑭]，无可闪遁处。

管窥蠡测[⑮]，耳目疏庸[⑯]，其于身世出处[⑰]，天人问学之故，何啻[⑱]九牛一毛；海内名公搜览所穷，届耳目所亲尝，嘉言美行，凡可以扶颓俗、醒凡心者，不拘古昔近代，笥[⑲]中定多秘箓[⑳]，无吝邮示，以嗣[㉑]续刻。

古闽[㉒]郑瑄汉奉甫谨识[㉓]

【注释】

①释回：去除邪僻。回，邪僻。　②迷津一筏：帮人渡过找不到出口的津渡的竹筏。　③夔稷：传说中舜时主管音乐的夔和主管农事的后稷的并称。此借指贤臣。　④经纶：整理丝缕、理出丝绪和编丝成绳，统称经纶。引申为筹划治理国家大事。　⑤揭日月而行：举着太阳和月亮走路，比喻显赫的样子。典出《庄

子·山木》:"直木先伐,甘井先竭。子其意者饰知以惊愚,修身以明污,昭昭乎如揭日月而行,故不免也。" ⑥前修:前贤。⑦型典:榜样。 ⑧佩:系在衣带上的装饰品。此指表率。⑨世序:时代次序。 ⑩媺(měi)慝(tè):美丑,善恶。媺,古同"美",颜色好。慝,邪恶。 ⑪法戒:效法好的,警戒坏的。⑫佩兰:佩戴兰花,指效法好的。 ⑬借石:"借石攻玉"的略语,此指警戒坏的。 ⑭灵光:佛道指人的良善的本性。谓在万念俱寂的时候,良善的本性会发出光耀。 ⑮管窥蠡(lí)测:从竹管里看天,用瓢测量海水。比喻对事物的观察和了解很狭窄,很片面。管,竹管。蠡,贝壳做的瓢。 ⑯疏庸:疏懒。 ⑰出处(chǔ),古指出仕及退隐。 ⑱何啻(chì):岂止。 ⑲笥:书箱。⑳秘箓:不为人所知的书籍。 ㉑嗣:接续。 ㉒古闽:古闽国的简称。指福建。 ㉓谨识(zhì):郑重记叙。

【译文】

略。

宦泽卷之一

每见史册内颠连①,窗下几烦擘划②。事权在握,可任人井频呼。思到汉唐间晚季,枕上如切溺焚,痡毒③亲尝,得谓嘘枯④非我?古之仁人,一事定太平,一念生白骨,一语奏肤功⑤,不得谓异人任也。纂宦泽⑥第一。

【注释】

①颠连:接连不断。 ②擘划:谋划,经营。 ③痡(pū)毒:犹毒害。 ④嘘枯:比喻拯绝扶危。 ⑤奏肤功:取得大功。奏,取得。肤,大。 ⑥宦泽:做官留下的恩泽。

【译文】

常常看到官员为给百姓留下德泽而在窗下煞费苦心谋划的事迹史不绝书。大权在握,(稍有不慎)就可使人陷入频频呼救的危险境地。想到汉唐晚期(百姓遭受的灾难),虽然安卧枕上,对百姓身陷水深火热的痛苦却感同身受,痛苦亲自尝遍,能说拯绝扶危不是我的责任吗?古代的仁人志士,一件事可以安定太平,一个念头可以给人生机,一句话可以建大功,不能说那不是我所能干的(意为自己也应与古之仁人相同)。纂宦泽第一。

史弼强项

史弼①为平原相,诏举钩党。诸郡承旨,株至数百,唯弼无所上。诏责曰:"青州六郡,其五有党,平原何理而得独无?"弼曰:"先王疆理(一)天下,画界分境,水土异齐,风俗异尚。他郡自有,平原自无,胡可相比?若承望上司,诬陷良善,平原之民,户可为党。相有死而已,所不能也。"

【校勘】

(一)彊理:乃"疆理"之误,因形近致讹。疆理,划界,治理。语本《诗·小雅·信南山》:"我疆我理,南东其亩。"

【注释】

①史弼:字公谦,东汉陈留郡考城(今河南民权)人。少年好学,节操高尚,官至平原相、河东太守。

【译文】

史弼出任平原相时,朝廷下诏,检举与党人有关联的人。各郡奉命,株连至数百人,只有史弼没有检举一人。朝廷下诏责问史弼:"青州六个郡,其中五个郡有党人,有什么道理说唯独平原郡没有党人呢?"史弼说:"先王划界治理天下,政区划分界线,水土不同,风俗各异。其他郡本有,平原郡本无,怎能相比并?如果迎合上司的意旨,诬陷好人,平原郡的人,家家都可以有党人。我平原相不过一死罢了,决不能这样做。"

全义治洛

唐张全义①治东都,明察,人不能欺,而为政宽简。出见田畴美者,辄下马,与僚佐共观之,召田主,劳以酒食;有蚕麦善收者,或亲至其家,悉呼老幼,赐以茶彩衣物。民间言:"张公不喜声伎,见之未尝笑;独见佳麦良茧则笑耳。"有田荒秽者,则集众杖之;或诉以乏人牛,乃召其邻里,责使助之。由是邻里有无相助,比户②丰实,遂成富庶焉。

【注释】

①张全义:字国维,濮州临濮(今山东鄄城)人,晚唐官员,后

在后梁、后唐为官。 ②比户：家家户户。

【译文】

张全义治理东都洛阳时，精明聪察，没有人能欺瞒他，而他施政宽容简约。张公外出看到耕作得好的农田，就下马，与僚属一起观赏，叫来田主，用酒食慰劳；了解到谁家蚕养得好，麦种得好，有时亲自到这家来，召集全家老小，赐给他们茶叶、彩绸、衣物。民间百姓说："张公不喜好音乐女色，听到音乐见到女色不曾笑过；只有见到丰收的麦子和好的蚕茧才有笑容。"如果谁的田地荒芜了，张公就当众打棍子责备他。有人诉说缺乏人手与耕牛，张公就招来邻里，责成邻里给予帮助。从此，邻里有无相助，家家户户富足殷实，洛阳一带就成了富庶的地区。

宓子贱重持世

齐人攻鲁，由单父①。单父父老请曰："麦已熟矣，请任民出获，可以益粮，且不资寇。"三请而宓子②不许，俄而齐寇攘麦。季孙使人让之，宓子蹙然曰："今兹无麦，明年可树。若使不耕者获，是使民乐有寇也。其创必数世不息。"季孙闻而愧曰："地若可入，吾岂忍见宓子哉？于救世似迂，于持世甚大。"

【注释】

①单(shàn)父(fǔ)：春秋鲁国邑名，故址在今山东单县南。②宓子：对宓子贱的尊称。春秋时鲁国人，名不齐，字子贱，孔子弟子，曾为单父宰，弹琴而治，为后世儒家所称道。

【译文】

齐国攻打鲁国，取道单父。单父父老请求说："麦子已经成熟了，请准许百姓出城把麦子收割回来，这样不仅能够增加贮备，而且不会留给入侵的齐人。"父老再三请求，宓子贱都没有答应。不久，入侵的齐人把这些麦子全部抢走了。季孙派人责备宓子贱。宓子贱忧愁不悦地说:"今年没有收到麦子,明年可以再种。让不耕种的人反而收获,这样会使百姓乐于齐人的入侵。这种创伤必几代都不能治愈。"季孙听后惭愧地说:"地如果可以钻进去的话,我又怎么忍心见宓子贱呢?宓子贱的做法对于挽救世事来说迂腐,对长治久安来说却意义甚大。"

措置芦荻税

虞允文[①]知太平州。旧制,民举子[②],必纳添丁钱,岁额百万。贫不能纳者,生子皆溺死。允文恻然,为措芦荻税,以补添丁钱。百姓鼓舞,生子皆举,户口日增。

【注释】

①虞允文:字彬父,隆州仁寿(今四川仁寿)人,南宋大臣,抗金名将。 ②举子:生育子女。

【译文】

虞允文到太平州做知州。依照旧规,百姓生育子女,一定得向政府缴纳添丁钱,每年数额是几百万。不能缴纳的贫穷人家,生下孩子就溺死。虞允文对此感到非常悲痛,于是设置芦荻税,拿芦荻税的收入来补添丁钱。百姓得到了鼓励,生下的孩子都养育起来,人口一天天得以增加。

智对复唐

武后革唐为周,废中宗为庐陵王,以豫王旦为皇嗣。狄仁杰力争之。后怒,罢议。他日又问曰:"朕常梦双陆[①]不胜,何也?"仁杰对曰:"双陆不胜,无子也。天其儆陛下乎?且姑侄与母子孰亲？陛下立子，则万岁后庙食无穷；未闻侄为天子而祔②姑于庙者也。”后意稍寤。张易之尝问自安之计，仁杰曰：“惟劝迎庐陵王可以免祸。”二张③果乘间为太后言，由是召还庐陵王④。

【注释】

①双陆：古代博戏用具，是一种棋类游戏，棋子的移动以掷骰子的点数决定，首位把所有棋子移离棋盘的玩者可获得胜利。②祔（fù）：祭名。原指古代帝王在宗庙内将后死者神位附于先祖旁而祭祀。泛指配享、附祭。③二张：武则天的两个面首张易之和张昌宗。④庐陵王：即唐中宗李显，即位不久被母后武则天废为庐陵王，后二度为帝。

【译文】

皇太后武则天革唐命为周，废中宗（李显）为庐陵王，以豫王李旦为皇嗣。狄仁杰竭力坚持自己的意见。武后发怒，罢了廷议。他日武则天又问：“朕经常梦到打双陆不胜，这是什么征兆呢？”狄仁杰回答说：“双陆不胜，是无子的缘故。上天恐怕是以此来警诫陛下吧？况且姑侄与母子哪一种关系更亲近呢？陛下立儿子为太子的话，您千秋万岁后（死的婉辞）可以永久享受太庙祭祀，没听说过侄子做天子会把姑母的神位放到太庙里一块儿祭祀的。”武后渐渐醒悟过来。张易之曾经向狄仁杰问自我保全的办法，狄仁杰说：“只有劝说陛下迎回庐陵王才可以免除祸患。”二张果然乘机劝武则天迎回庐陵王，武则天因此把庐陵王李显召回了长安。

汲黯直言

汉武帝时，黯①为谒者②。值河内失火，使视之。还报曰：“家人失火，屋比延烧，不足忧也。臣过河南，贫人伤水旱万余家,或父子相食,已矫制持节发仓粟以赈之。请伏罪。”上贤而释之。匈奴王降汉,发车迎之。贷民马,不具,上怒,欲斩长安令。黯曰:“令无罪,独斩臣黯,民乃肯出马。且匈奴畔③主降汉,何至罢④中国以事之乎?”上默然。

【注释】

①黯:即汲黯,字长孺,西汉河南濮阳人,汉武帝时敢于直言进谏的诤臣。 ②谒者:官名,始置于春秋战国时,秦汉因之,掌宾赞受事,即为天子传达。 ③畔:通“叛”。 ④罢:通“疲”。

【译文】

汉武帝时,汲黯做谒者。遇上河内郡发生了火灾,皇上派汲黯去视察。他回来报告说:“那里普通人家不慎失火,由于住房密集,火势便蔓延开去,不值得忧虑。我路过河南郡时,眼见饱受水旱灾害之苦的贫民多达万余家,有的竟至于父子相食。我就凭所持的符节,假传您的命令,散发了河南郡官仓的储粮,赈济灾民。请陛下降罪。”皇上认为汲黯贤良,免了他的罪。匈奴浑邪王率部众降汉,朝廷征发车辆前去迎运。官府向百姓借马匹,马匹无法凑齐,皇上大怒,要杀长安县令。汲黯说:“长安县令没有罪,只有杀了我汲黯,百姓才肯献出马匹。况且匈奴人背叛自己的君主来投降汉朝,朝廷怎能让中原的百姓疲于奔命地去侍奉他们呢?”皇上沉默无言。

治郡无囚

宋世良①守清河郡,遇赦,无一囚,率群吏拜诏而已。狱户生桃,蓬蒿亦满,衙中虚寂,谓之“神门”。

【注释】

①宋世良:字元友,南北朝时期北魏广平人,拜清河太守,有惠政。

【译文】

宋世良做清河郡太守时，遇到大赦，可郡内的监狱里没有一个囚犯，只是率领众官吏跪拜皇帝的赦免诏书而已。监狱门边长了桃树，也生满了蓬蒿，衙中清虚寂静，被称为“神门”。

不苟一日之闲

张子韶[①]佥书镇军判官[②]，在佥厅究心吏事，胥曹建白，不能有所欺。尝大书于壁曰：“此身苟一日之闲，百姓罹无涯之苦。”

【注释】

①张子韶：名九成，号无垢居士，南宋钱塘人，曾授镇东军佥判，明于听断。 ②佥书镇军判官：为签书镇东军判官厅公事的简称，简称佥判，为幕职，协助长官处理政务及文书案牍。佥书，官名，负责掌管办理军事文书事宜，本作“签署”，宋人因避英宗（赵曙）讳而改作“签书”。

【译文】

张子韶做镇东军佥书判官时，在佥判厅专心研究吏事，胥吏们在提建议或陈述主张时，不能欺骗他。他曾经在墙壁上写下这样的话：“此身如果一日偷闲，百姓就会遭受无边的苦难。”

禁税沙田

宋孝宗时近习梁俊彦，请税淮民沙田，以助军饷，上喜行之。叶子昂[①]为相，奏曰：“沙田乃江水出没之地，水激东则沙涨于西，水激西则沙涨于东，百姓于沙涨之东西而田焉，未可为常也。且辛巳兵兴[②]，两淮田租并复[③]，至今未征，况沙田乎?”上大悟,即诏罢之。子昂退至中书,令人逮俊彦,责曰:“汝言利求进,万一淮民怨咨,为国生事,虽斩汝万段,岂足塞责!”俊彦惶汗,免冠谢,久乃释之。

【注释】

①叶子昂:即叶颙,字子昂,南宋兴化仙游(今属福建莆田)人,为人清介,仕至宰相。 ②辛巳兵兴:指宋高宗绍兴三十一年(1161),金人大举入侵。 ③复:免除。

【译文】

宋孝宗时,幸臣梁俊彦上书请求向两淮百姓的沙田征税,以此来帮助军饷供给,皇上对此很高兴,要予以采纳。当时叶子昂为宰相,上奏道:“沙田处于江水出没之地,江水在东边受到阻遏,沙子就会在西边堆积,江水在西边受到阻遏,沙田就会在东边堆积。百姓随着东西沙堆的出现而种田,不可以像常规的田那样来收税。况且辛巳起兵以来,两淮的田租一并免除,到现在还没有开征,何况是沙田呢?”孝宗大悟,当即打消了这个念头。叶子昂退朝后回到中书省,让人把梁俊彦抓来,责备道:“你想通过让国家获取所谓的利益来求得皇上提拔,可是万一两淮百姓嗟叹怨恨,生出事端,即使把你碎尸万段,也难以抵偿罪责!”梁俊彦惶恐流汗,免冠谢罪,叶子昂过了好长时间才放了他。

为官三“不”

朱胜[①]知吴郡事[②],廉静寡欲,勤政爱人。尝曰:“吏书贪,吾词不付房;隶卒贪,吾不妄行杖;狱卒贪,吾不轻系囚。”

【注释】

①朱胜:明朝浙江金华人,曾任苏州知府七年,后超迁江南左布政使。 ②知吴郡事:做苏州知府。

【译文】

朱胜做苏州知州时，清廉简静，恬淡少欲，勤政爱民。曾经说过这样的话："书吏贪婪，我文状不轻易交付文房；差役贪婪，我不乱行杖罚；狱卒贪婪，我不轻易关押囚犯。"

青苗法之鉴戒

王安石有青苗者，田未熟而贷钱，田已熟而收利。彼尝行于一邑，甚善。然犹躬通下情，随其愿与不愿也。至当国，遂欲概行天下，而守令者又阿重臣意旨，以多散钱多得利为称职，不问贫富缓急强与之。且寄权人役，出纳之际，轻重为奸，而民遂怨咨载道。国脉日削，宋因以乱。夫安石自家廉俭，实欲为国兴利，但太(一)立法而必行之。又身居尊位，不知下情，坚持至死。居官者可不虚谦审物，乃以善心行恶事哉！

【校勘】

(一)太：此字后当夺"急"字。

【译文】

王安石实行过青苗法，具体措施是：庄稼未熟时官府借钱给百姓，庄稼成熟后官府收回本金及利息。王安石曾经在一个县施行过青苗法，效果很好。即便这样，他还是要求施行官员须通晓民情，向不向官府借钱要遵从百姓自己的意愿。等到王安石做了宰相，就想普遍推行青苗法。而太守县令等地方官员又阿谀迎合宰相的心意，把多放本钱多得利息作为称职的标准，这让他们不问贫富缓急硬要借钱给百姓。况且把权力托付给役吏，役吏在出纳之际，颠倒轻重为非作歹，于是百姓怨声载道。国家的命脉一天天被削弱，由此导致了宋朝的混乱。王安石自己清廉节俭，实在是想为国家兴利，只是持法太急切而且志在必行。又加上身居尊位，不知下情,固执至死。做官的人如果不谦虚地审查外物,就会用善心做下坏事啊!

拒毁桥梁

宋道州推官①吴辅②,会蛮獠③骚动。郡僚欲毁桥梁以便城守。辅曰:"自桥而南,皆吾民也。安可先弃民以求自全耶?"闻者壮其言,而寇卒不至。

【注释】

①道州推官:道州,雅称"莲城",位于湖南南部,与两广毗邻。推官,位次于判官,掌书记、推勾狱讼之事。 ②吴辅:字鼎臣,号怡轩,北宋仁宗至神宗时期南剑州剑浦县普安里(今福建南平)人。 ③蛮獠:旧时对南方少数民族的泛称。

【译文】

北宋吴辅做道州推官时,正赶上当地土著百姓骚动叛乱。郡里的僚属想拆毁桥梁以便于防守城池,吴辅说:"自桥而南,都是我治下百姓。怎么可以先抛弃百姓来求得自我保全呢?"听到吴辅发言的人认为他的话讲得有气势,而叛乱的人最终也没有过来。

雪冤不居功

钱若水①为同州②推官。有富民失女奴,父母讼于州,委之录参③。录参旧与富民有求不获,遂劾富民父子共杀,诬服。具申覆核无异,独若水迟疑。录参骂曰:"汝得贿欲出之乎?"若水笑曰:"父子皆坐重辟,岂不容某熟察?"一日,若水诣州所,屏人告曰:"某密访女奴,今得之矣。"知州遂引富民父子,破械纵之。泣谢曰:"非使君,某灭门矣。"知州曰:"此推官之赐，非我也。”富人诣若水谢，闭门不纳，富人绕垣而哭。归饭万僧[4]，为若水寿。知州以若水雪冤功多，欲上奏，若水辞曰：“止欲报冤，非图爵赏。万一敷奏，在某固好，于录参何如？”知州叹服。录参知之，诣若水叩头谢罪。

【注释】

①钱若水：字澹成，一字长卿，河南新安人，宋初官员，官终邓州观察使、并代经略使、知并州事。为人有器识，能断大事。谥宣靖。 ②同州：治所在今渭南市大荔县。 ③录参：录事参军的简称，职能主要在勾检文书和监察方面，除举弹官吏善恶外，监察范围还扩展到经济、司法方面。录事参军为府州僚佐之核心人物。 ④饭万僧：向许多和尚布施斋饭，佛教信仰者通过布施僧侣修善祈福的行为。

【译文】

钱若水做同州推官。当时，同州有个富贵人家丢失了女奴，女奴的父母到州里告状，州里把这案子交给录事参军审理。录事参军先前有求于这富人，而富人没有答应其请求，于是录事参军便断定富人父子一块儿把女奴杀了。富人父子含冤服罪。具文申报，复核没有异议，只有钱若水独自怀疑。录事参军骂道：“你得了富人父子的贿赂，想把他们放出来吗？”钱若水笑着说：“父子都犯了死罪，难道不容我仔细审察吗？”一天，钱若水到知州那里，屏退众人，对知州说：“我秘密地寻访那女奴，现在找到她了。”知州于是带来富人父子，打开刑具，释放了他们。富人流泪谢知州说：“假如没有使君（太守的别称，此指知州），我家就被灭门了。”知州说：“这是推官的恩赐，不是我做的。”富人到钱若水那里谢恩，若水闭门不见，那个富人就绕墙而哭。回家后，许斋万僧，为钱若水祈求福寿。知州认为若水洗雪冤案功劳大，想上奏朝廷，钱若水拒绝说：“我只想着洗雪冤案，并非图谋爵位赏赐。万一陈奏，在我来说，固然是好事，对于录事参军来说怎么样呢?”知州对钱若水的话表示赞叹佩服。录事参军知道后,到钱若水那里叩头谢罪。

出俸巧赈

宋郑刚中①为温州通判②,岁饥民流,乃出俸劝粜。守曰:“恐实惠不及饥者。”答曰:“已有措置。”乃以万钱每钱押一字,夜出坊巷,遇饥者给一钱,戒曰:“勿拭去押字,翌日凭钱给米。”饥者无遗。

【注释】

①郑刚中:字亨仲,婺州金华人,南宋初年入仕,累官至四川宣抚副使。 ②通判:宋初始于诸州府设置,即共同处理政务之意,地位略次于州府长官,但握有连署州府公事和监察官吏的实权,号称监州。

【译文】

南宋郑刚中做温州通判时,正赶上荒年,百姓流亡,于是郑刚中献出俸禄,鼓励富户卖出粮食。知州说:“恐怕实惠到不了饥民那里。”郑刚中回答说:“已经安排好了。”于是让差役带着每枚写有一字的铜钱万枚,在夜里到坊间街巷,遇到饥饿者就给一枚铜钱,告诫说:“不要把钱上写的字弄掉,天亮后凭着这枚铜钱官府会发给粮食。”最终没有漏下的饥民。

盛吉泣狱

盛吉①为廷尉②,决狱无冤滞。每至冬(一),罪囚当断,妻执烛,吉持丹笔,夫妻相对垂泣。妻语吉曰:“君为天下执法,不可使人滥罪,殃及子孙。”视事十二年,世称平恕。

【校勘】

(一)冬:据唐徐坚《初学记·刑罚》引谢承《后汉书》,此字后夺一"节"字。冬节:即冬至,古时冬至钩决犯人。

【注释】

①盛吉:字君达,东汉会稽人,官至廷尉。 ②廷尉:秦汉时掌管刑狱的高官,为九卿之一。

【译文】

盛吉做廷尉时,断案没有冤屈滞留的情况。每当冬至钩决死刑犯时,妻子为他举烛(怕光线黑暗误判),盛吉手执红笔,夫妻相对垂泪。妻子提醒他:"你为天下执法,不可滥入人罪,以免殃及子孙。"盛吉担任廷尉十二年,天下称他断案公平宽仁。

西门豹治邺

西门豹为邺①令。邺三老②、廷掾③岁敛民钱,为河伯娶妇。巫视良家女好者即聘取。洗沐,张绛帷,浮河而没。俗言:"不为河伯娶妇,水来漂溺。"豹欲变其俗,乃曰:"至期吾亦往送。"豹至河上。官属、豪长、父老皆会。豹曰:"呼妇来,视其好丑。"妇至,豹曰:"是女不好,烦巫妪入报河伯,更为求之。"即令吏抱巫妪投河中。有顷,曰:"何久也?"复以巫弟子投河中,凡三。豹曰:"是皆女子也,不能白事,烦三老入白之。"复投河中。豹簪笔④,立待良久曰:"彼皆不来,奈何?"复欲使廷掾、豪长趣⑤之,皆叩头流血。豹曰:"河伯(一)留客之久,可皆罢去。"自此,吏民惊恐,不敢言为河伯娶妇矣。豹因开其河为十二渠,以溉田。

【校勘】

（一）河伯：据《史记·滑稽列传》，此两字之前夺一“状”字，估计之意。

【注释】

①邺：古地名，在今河北临漳县西、河南安阳市北一带。②三老：古代掌管教化的乡官。③廷掾：县令的属官，负责处理案件。④簪笔：古时行礼时的冠饰，谓插笔于冠，以备书写，古代帝王近臣、书吏及士大夫均有此装束。⑤趣：通“促”，催促。

【译文】

西门豹在邺地为县令。邺地的三老、廷掾每年向百姓敛钱，为河伯娶媳妇。巫婆看到长得美的良家女子就聘娶为河伯的媳妇。对聘娶的女子进行沐浴，放到搭起的黑红色的帷帐当中，然后让聘娶的女子漂浮在河面上，最后沉到水里淹死。当地民众传言：“如果不为河伯娶媳妇，大水就会来漂没淹死百姓。”西门豹想改变那风俗，于是说：“到了为河伯娶媳妇的日子，我也去送新妇。”到了日子，西门豹来到河岸上，官府属吏、地方豪强、父老百姓都会集在一起。西门豹说：“把新妇叫来，看她长得美还是丑。”新妇到了，西门豹说：“这个女子不美，麻烦巫婆到水里去回复河伯，要另寻美妇。”说完就命令小吏抱起巫婆扔到河中。过了一会儿，西门豹说：“为什么这么长时间不回来？”又把巫婆的弟子扔到河中，总共扔了三人。西门豹说：“这都是女人，不能把事情说明白，麻烦三老入水对河伯说明白。”又把三老投到了河中，西门豹冠上插着笔，等了好久说：“他们都不回来，怎么办呢？”又要让廷掾、豪长入水催促一下，廷掾、豪长都磕头，磕得头流出了血。西门豹说：“（估计）河伯留客太久了，你们都散了，回去吧。”从此以后，官吏百姓又惊又怕，不敢再说为河伯娶妇了。西门豹就开凿河岸，修成十二条渠，用来灌溉邺地的田地。

纵贩私盐

张咏[①]知杭州，属[②]岁歉，民多私鬻盐以自给。咏捕犯者数百，悉宽罚而遣之。官属以请，咏曰："钱塘十万家，饥者十八九，苟不以盐自活，一旦为盗，则患深矣。"

【注释】

①张咏：字复之，自号乖崖，濮州鄄城（今属山东）人，累擢枢密直学士，宋真宗时官至礼部尚书，诗文俱佳。 ②属：适逢。

【译文】

张咏任杭州知州时，适逢荒年，有很多百姓靠私自卖盐来活命。捕获数百个犯法的人，张咏全都减轻刑罚然后遣散他们。部下请求严厉制裁，张咏说："杭州有十万户民众，受饥挨饿的人占十分之八九，如果不靠卖私盐来活命，一旦做起强盗，那就酿成大的祸患了。"

贾父所生

东汉贾彪[①]为新息[②]长，民贫多不举子。时城南有盗劫人者，北有妇人杀子者，彪出案验。掾吏欲引南，彪怒曰："贼寇害人，此则常理；母子相残，逆天违道。"遂北行，按致其罪。数年间，人养子者以千数，曰："此贾父所生也。"

【注释】

①贾彪：字伟节，颍川郡定陵（今河南舞阳）人，东汉太学生领袖，曾任新息县令。 ②新息：古县名，治所在今河南息县西南。

【译文】

东汉贾彪做新息县令时，贫困的百姓多不养育孩子。当时，城南有强盗抢劫人的事，城北有妇人杀自己孩子的事，贾彪出来查验。

属官想把贾彪带到城南，贾彪发怒说："贼寇害人，这是常理；母亲残害孩子，却违背天理。"于是先前往城北，查验清楚，给杀孩子的妇女判了罪。几年间，百姓养育了几千孩子，百姓说："这些孩子都是赖贾父救活的。"

易于挽纤

唐何易于为益昌令，刺史崔朴泛舟春游，出益昌。索百姓挽纤，易于自为引舟。朴惊问状，易于曰："方春，百姓不耕即桑。惟易于无事，可以代劳。"刺史不安，乃以骑去。

【译文】

唐朝何易于做益昌县令时，刺史崔朴曾经泛舟春游，路过益昌。船到时，崔朴下令索要民夫拉纤，何易于就亲自拉纤。崔朴惊问情况，何易于说："现在正是春天，百姓不是忙着春耕，就是忙着采桑喂蚕。只有我易于现在没什么事干，可以代劳。"刺史心有不安，就骑马离开了。

王烈教诱

王烈①器业过人，善教诱。乡里有盗牛者，主得之，盗请罪，曰："刑戮是甘，乞不使王彦方知也。"烈闻而使人遗布一端。或问故，烈曰："盗惧吾闻，是有耻心，故与布以劝为善也。"后有老父遗剑于路，一人见而守之。至暮，老父还寻得剑，怪之，以事告烈。烈使推求，乃先盗牛者也。诸有争讼曲直，将质于烈，或至涂而反，或望庐而还，皆相推以直，不敢使烈闻。

【注释】

①王烈：字彦方，青州平原人，东汉末年名士。《先贤行状》

说他："通识达道，秉义不回。"

【译文】

王烈器度宽宏，学业精深，善于教诲。乡里有人偷牛，被牛的主人捉住，偷牛贼请求惩罚，说："我甘愿受刑，只求不要让王烈知道。"王烈听说后让人送给他一匹布。有人询问送布的原因，王烈说："偷牛贼害怕我听到他的过失，表明他还有羞耻心，所以送给他布，就是鼓励他从善。"后来，有一位老人将佩剑丢失在路上，一位行人看到后，便守在旁边。到了傍晚，老人回来，找到了丢失的剑，大为惊奇，便把这件事告诉王烈。王烈派人调查，原来看守剑的人就是从前那个偷牛贼。民间发生争执后，去请王烈裁决，有的才走到半路就回去，有的只看到他的住宅就回去，都说对方占理，而不愿让王烈知道他们有纠纷。

设身以处地

针芒刺手，茨棘伤足，举体痛楚。刑惨百倍于此，可以喜怒施之乎？虎豹在前，坑阱在后，号呼求救。狱犴[①]何异于此，可使无辜坐之乎？己欲安居，则不当扰民之居；己欲丰财，则不当朘[②]民之财。

【注释】

①狱犴（àn）：监狱。　②朘（juān）：剥削。

【译文】

用针芒刺手，以荆棘刺脚，全身都会感到疼痛。用刑比这个更残酷，怎么可以凭自己的喜怒行事呢？猛虎烈豹在前面，深坑陷阱在后面，百般呼号救命。身陷囹圄跟这个有何不同？怎么能让无罪之人坐牢呢？自己想安居，就不应当扰乱百姓的生活；自己想富有，就不应剥夺百姓的财物。

以尸诬赖

人命关天，诬赖一节，极为惨酷。下辈恃此放刁，至奴仆胁主人，顽佃梗业主，妻妾制夫长。一有不虞，则乡族乘而攘臂①，缙绅因而磨牙。抢家私，辱妇女。缚尸灌汁，以求贿赂，则有子激死母（一），妻气杀夫。恃多男②为赖死之根，指富家为甘脆③之货（二），则有虐尸烧骨，踏门破屋。贫冤对④袖手旁观，富亲戚遭殃坐罪。种种未易殚述。世之官长，独谓尸场一检，足以辨冤称快，而孰知鱼糜肉烂，鲸吞虎噬，已至此也！此弊不革，不惟启人自杀，且令父子兄弟以死为利。暴尸灭法，揣其情由，与手刃无异。今既难概置不理，但严诬告加等之法：凡药死缢死投水死，而不即首明者，拟⑤问如律；其系亲人逼死，以为图赖之本者，勘明重处；有乘乱索骗，冒认挟打者，严究号令。庶亲戚无利死之心，风俗无搬抢之害（三）。其保全不既多乎？

【校勘】

（一）死母：此则采编自《太上感应篇》。据此当为“母死”之误。

（二）货：据《太上感应篇》，当为“质”之讹，凭借之意。

（三）害：据《太上感应篇》，当为“恶”之讹。

【注释】

①攘臂：捋起衣袖，伸出胳膊，常形容激奋貌。 ②多男：儿子多。 ③甘脆：味美的食品，此处代指富裕的好日子。 ④冤对：冤家对头。 ⑤拟：等同。

【译文】

人命关天，借人命行诬赖一事，后果凄惨严酷。下人凭借人命耍无赖，甚至有奴仆要挟主人，顽劣的佃户跟田主作梗，妻妾挟制丈夫。一旦有意外变故，同乡族人乘机为之奋激，官员为之费尽唇舌。抢夺家财，侮辱妇女。捆缚尸体，灌以汤汁，来求钱财，就有儿子暴怒导致母亲自杀，妻子愤怒以致杀死丈夫。依仗儿子多为赖死的根本，把指认富家（为杀人凶手）当作过上好日子的凭借，就有人自己虐尸烧骨，借以冲到无辜者门上闹事，毁人房产。穷冤家袖手旁观，其富亲戚则因连坐而获罪。凡此种种，难以尽述。而世上的官员们只认为尸场一检验，就能够辨明冤屈，大快人心了。可是有谁知道世风就像鱼腐肉烂，鲸吞虎噬，已经败坏到了这地步呢！如果这个弊端不革除，不只启人自杀，而且让父子兄弟以死为讹诈取利的手段，虐尸灭法。揣测其实情缘由，与亲手杀人没有不同。现在，既然难以一律置之不理，只有用罪加一等的方法严惩以死诬告：凡是服毒而死、上吊而死、投水而死，其家人不立即向官府陈明实情的，等同杀人，按律问罪；如果是被亲人逼死而被当作诬赖借口的，查明后从重处罚；有乘乱索骗，冒认尸体，要挟打人的，下令严厉追究。希望死者亲戚没有借死者渔利的想法，没有搬抢尸体借以讹诈的恶俗。那保全的人数不已很多了吗？

自家犬吠

梁徐勉[①]为三公，武帝委以国事。每月三两次归家，家畜犬见吠之。勉叹曰："吾忧国忘家，以致如是！"

【注释】

①徐勉：字修仁，东海郯（今山东郯城）人，南朝梁文学家，官至中书令。

【译文】

梁代的徐勉位居三公，梁武帝把国事委托给他。徐勉每月回家才两三次,家里养的狗见他回来就吠叫。徐勉感叹说:“我为国事忧劳忘了家室,以至于像这样!”

行政不扰民

宋汪待举①知处州②,为政曲尽下情。民有争讼,呼之使前,面定曲直,不以属吏。百姓以诗颂之曰:“官舍却如僧舍静,吏人浑似野人闲。”

【注释】

①汪待举:字怀忠,衢州人,南宋绍兴年间曾在福建莆田、浙江丽水等地做过知州。 ②处州:浙江丽水的古称。

【译文】

宋代的汪待举做处州知州,为政深悉下情。老百姓有争执诉讼,汪待举把他们叫到跟前,当面为他们判定曲直,不假手下级属吏。百姓称颂说:“官署反而如僧房一样寂静,吏人简直像田夫一样悠闲。”

求多不求贱

赵清献公知越州,两浙①旱蝗,米价踊贵,饥死相望。诸州皆榜衢路,禁人增米价。公独榜通衢,令有米者增价粜之。于是米商辐辏,米价更贱。凡物多则贱,少则贵。不求贱而求多,真晓人也。

【注释】

①两浙:指的是浙东和浙西。浙江省以富春江为界分为浙东、浙西。

【译文】

清献公赵抃出任越州知州时,两浙遭受旱灾蝗灾,米价飞涨,饿死的人到处都是。各州都在通衢贴出告示，严禁卖米者抬高米价。只有赵抃在通衢贴出告示，让有米者抬高价格出售。于是米商聚集而来，米价也随之降低了。大凡东西多了，价钱就会低；少了，就会贵。不求价低而求物多，真是通晓事理的人。

遗民有家

咸宁大司徒①雍公泰②巡盐两淮③，见灶丁贫而鳏者几二千人。比及二年，具与完室。既去，淮人咏曰："客边④检橐⑤浑无砚⑥，海上⑦遗民尽有家。"又曰："了却四十(一)儿女愿，春风解缆去朝天。"

【校勘】

(一)十：当为"千"之误。

【注释】

①大司徒：户部尚书的别称。　②雍公泰：即雍泰，字世隆，别号正庵，明朝陕西咸宁县(今陕西西安)人，官至南京户部尚书。　③两淮：地理概念，一解为"淮南""淮北"之合称，泛指今日苏皖两省淮河南北的地方，是纵向概念；一解为"淮东""淮西"之合称，分别指代苏皖两省江淮之间的地方，是横向概念。就江苏来说，"淮南"的范围大致和"淮东"重合。　④客边：犹客中。⑤检橐：检查行囊。　⑥无砚：《宋史·包拯传》记载，"徙知端州，迁殿中丞。端土产砚，前守缘贡率取数十倍以遗权贵。拯命制者才足贡数，岁满不持一砚归"。后世以"无砚"为从政廉洁的代名词。　⑦海上：海边。

【译文】

咸宁户部尚书雍泰早年做两淮巡盐御史时，看到贫穷的煮盐丁壮鳏居的近两千人。等过了两年，雍泰使他们都拥有了家庭。他离任后，两淮百姓歌颂他说："客边检橐浑无砚，海上遗民尽有家。"又歌颂说："了却四千儿女愿，春风解缆去朝天。"

虚心明察

官府簿书如麻，下情阻隔。或乘其聪明，或乘其火气，或乘其忙错，种种皆能枉人。及文案既定，则有明知枉而无如何者矣。昔彭惠安韶①，居官立身，无愧古人，只误杀一孝子，遂至不振。甚矣，居官之难也！其难其慎，政②不在依违③二三，而在虚心观察。

【注释】

①彭惠安韶：即彭韶，字凤仪，明代莆田（今属福建）人，官至刑部尚书，谥惠安。　②政：通"正"。　③依违：迟疑，斟酌。

【译文】

官府文书如麻，下情层层阻隔。有时仗着自己聪明，有时因为脾气火爆，有时因为忙中出错，种种情况都能冤枉人。等到文书已经下达，即使明明知道案情冤枉，也没办法了。从前，惠安公彭韶居官立身，无愧于古人，只因误杀一孝子，于是衰微不振。当官太难了！那困难的地方，那需要小心的地方，不在斟酌再三，而在虚心明察。

何须犯他百姓

杨德幹①为万年令。高宗朝有宦官恃宠，放鹞不避人(一)禾稼。德幹杖之二十，悉拔去鹞头。宦者涕泣袒背以示帝，帝曰："情②知此汉狞，何须犯他百姓？"

【校勘】

（一）人：此为避唐太宗李世民讳而改"民"为"人"。

【注释】

①杨德干:"初唐四杰"之一杨炯伯祖杨虔威的儿子,唐高宗末年历任泽州、齐州、汴州、相州四州刺史,治理政事有威严之称,州人为此传说:"宁食三斗蒜,不逢杨德干。" ②情:实。

【译文】

杨德干为万年县(今属西安)县令。唐高宗在位时,有一宦官依仗皇帝的宠幸,放鹞鹰(打猎)践踏百姓的庄稼。杨德干把这宦官打了二十杖,把鹞鹰的脑袋都拔下来。宦官流着泪袒露背部给高宗皇帝看,皇帝说:"实知这人凶悍,你为什么一定要去冒犯他的百姓?"

不辱斯文

王安期[①]作东海郡,吏录[②]一犯夜[③]人来。王问:"何处来?"云:"从师家授书还,不觉日晚。"王曰:"鞭挞宁越[④]以立威名,恐非致理[⑤]之本。"使吏送令归家。

【注释】

①王安期:即王承,字安期,太原晋阳(今山西太原)人,东晋初年的名士,爵封蓝田侯。 ②录:拘捕。 ③犯夜:触犯夜行禁令。《晋律》禁止夜间通行。 ④宁越:人名,这里代指读书人。《吕氏春秋》载:"宁越,中牟之鄙人也。苦耕稼之劳,谓其友曰:'何为而可以免此苦也?'其友曰:'莫如学。学三十岁则可以达矣。'宁越曰:'请以十五岁。人将休,吾将不敢休;人将卧,吾将不敢卧。'十五岁而周威公师之。" ⑤致理:致治,获得太平。理,太平。

【译文】

王安期任东海郡内史时,差役抓了一个犯宵禁的人来。王安期审问他:"从哪里来?"那人回答:"从老师家学完功课回来,没想到时间晚了。”王安期听后说：“鞭打宁越那样的读书人来树立威名，恐怕不是获得太平的根本办法。”便派差役送他回家。

巧护芍陂

安丰芍陂孙叔敖①所创，为南北渠，溉田万顷。民因旱，多侵耕其间，雨水溢则盗决之，遂失灌溉之利。李若谷②知寿春，下令陂决不得起兵夫，独调濒陂之民，使之完筑。自是无盗决者。

【注释】

①孙叔敖：春秋时期楚国名相。　②李若谷：字少渊，徐州丰（今丰县）人，宋仁宗时官至资政殿大学士、吏部侍郎，以太子少傅致仕，谥号康靖。

【译文】

安丰（今安徽寿县西南）的芍陂，是孙叔敖创建的。芍陂南北各建有引水渠，可灌溉万顷田地。有百姓趁天旱（水浅）之时，多侵占水道，种植庄稼，等到雨水聚集满溢之时，就盗挖堤坝（以便排水），于是失掉了芍陂的灌溉之利。李若谷任寿春（今安徽寿县）县令，下令陂渠决口时不再征调兵丁和（外地）民夫，只调集芍陂岸边的百姓使其修补好堤漏。从此没有盗挖陂渠堤坝的人了。

假山乃血山

宋姚坦①为益王②府翊善③。王尝作假山，召僚属置酒观之。众皆褒美，坦独俯首不观，谏曰：“但见血山，安得假山？”王惊问，对曰：“臣在田舍时，见州县督税，父子兄弟鞭笞苦楚，流血满身。此假山皆民租税所出，非血山而何？”有以坦言告太宗者,上曰:“伤民如此,何以山为?”亟命毁之。

【注释】

①姚坦:曹州人,北宋前期大臣,以直言敢谏著称,数为太宗皇帝称赏。 ②益王:宋太宗第五子赵元杰的王爵。 ③翊善:官名,于亲王府置之,掌侍从讲授。

【译文】

姚坦担任益王府翊善。益王曾经造假山,摆下酒宴召集其幕僚来观赏。众位僚属都对假山进行褒扬赞美,唯独姚坦俯首不看,进谏说:“我只见到血山,哪里是假山?”益王惊问其中缘故,姚坦说:“我在乡间的时候,看见州县催讨租税,父子兄弟被鞭笞,遭受苦楚,遍体流血。这座假山都是用百姓的租税建成,不是血山又是什么呢?”有人把姚坦的话告诉了太宗皇帝,皇帝说:“这样伤害百姓,要什么假山呢?”赶紧下令把假山毁掉。

仲淹救荒

吴中[①]大饥,范文正公纵民竞渡,太守日宴湖上。自春至夏,居民空巷出游。又召诸佛寺大兴土木,又新廒仓吏舍,日役千夫。监司[②]劾杭州不恤荒政,嬉游无节。公乃条叙所以宴游兴造之故,皆欲发有余之财,以惠贫民也。由是两浙间惟杭民不流徙。

【注释】

①吴中:今江苏吴中一带,亦泛指苏州一带。 ②监司:有监察州县之权的地方长官的简称。宋转运使、转运副使、转运判官与提点刑狱、提举常平皆有监察辖区官吏之责,统称监司。

【译文】

吴中闹大饥荒,太守文正公范仲淹(范仲淹谥号为文正)却听任百姓赛船，他自己每天在湖边举行宴会。从春天到夏天，百姓万人空巷出来游玩。又号召众佛寺大兴土木，同时翻新仓廪库房和官吏房舍，每天雇佣上千人。监司弹劾杭州地方长官不注重救荒事务，游玩无度。范仲淹于是上书条陈宴游兴造的缘故，都是想要征发社会余财来惠及贫穷百姓。因此，两浙一带，只有杭州的百姓没有流浪迁徙。

惩妇敦俗

杨志坚①学(一)而贫，妻索书求离，志坚以诗送之。妻因持诗，诣官请牒。时颜鲁公为内史②，以其败坏风俗，决二十，任改嫁。因怜志坚清贫，赠绢及布米，署为军官，令远近知悉。于是江左十数年，莫有敢弃其夫者。

【校勘】

(一)学：此则采编自明代万历年间的《刘氏鸿书》。据此，“学”字前夺一“嗜”字。

【注释】

①杨志坚：唐代宗大历年间诗人，抚州(今江西临川)人，其《送妻》一诗后世流传。　②颜鲁公为内史：鲁郡公颜真卿做抚州刺史。颜真卿，唐代著名政治家、书法家。代宗时封鲁郡公，人称“颜鲁公”。内史，此为刺史的古称。

【译文】

杨志坚嗜学而家贫，他的妻子向他索要休书要求离婚，杨志坚写诗送别妻子。杨妻就拿着杨志坚写的诗到官府请求办理离婚文书。当时颜鲁公做抚州刺史，认为她败坏风俗，判决打她二十杖，任凭她改嫁。由于同情杨志坚清贫，颜真卿向他赠送了绢以及粮食，安排他做军官，让远近的人都知道。从此江南十几年间，没有谁敢抛弃自己的丈夫。

下钻百窦

凡奸猾吏胥[①]，不利无事。无事，则法行令熟，何所生衅[②]？故往往以为国兴利之说，怂谀官长。而增丁核饷及税亩丈量，种种而起。上开一孔，下钻百窦。纳贿一身，丛谤上人[③]。城郭富家，犹能支吾；若山谷僻陋，目不识文告，耳不辨官音，舌不解[④]敷陈，见里长则面色青黄，望公门则心胆战惊，稍有桀骜，皆得望风索骗。于是狱讼日滋，愁怨日积，而太平索然尽矣。吁，岂无有心人而坐此者哉？

【注释】

①吏胥：地方官府中掌管簿书案牍的小吏。 ②生衅：生出事端。 ③上人：官长。 ④解：能。

【译文】

大凡奸诈狡猾的吏胥，如果太平无事，就不能获利。太平无事，官府就按常规的法令来行事，奸诈狡猾的吏胥如何能制造获利的事端呢？所以，他们常常用为国兴利的说法怂恿阿谀官长。于是，增加丁役、核准钱粮以及税亩丈量的种种事端就生发出来。官长开启一项事情，他们就百般钻营。他们自己受贿，致使官长蒙受滚滚骂名。城市里的富户，还能够勉强支撑；至于山谷间见识僻陋的百姓，看不懂官府的文告，听不明白官长的话语，不能向官府陈述自己的遭遇，见到里长就害怕得变了脸色，远远地看到衙门就胆战心惊，稍微有不驯顺的吏胥就能够望风索取贿赂，骗取财物。这样诉讼案件一天天地增多，愁苦怨恨一天天地累加，而太平日子就完全没有了。唉，难道就没有有心人对这种情况管管吗？

仁心理政

王质[①]尝摄江陵府[②]事。或诉民约婚后期，民言贫无赀以办，故违约。质问费几何，出私钱予之。吏捕盗人衣者，盗叩头曰："平生不为盗，迫饥寒至此。"质命取衣衣之，遣去。

【注释】

①王质：字子野，王旦之侄，北宋莘县（今属山东）人，《宋史》有传。 ②江陵府：辖地相当今湖北荆州、枝江、潜江、荆门、当阳部分地区。

【译文】

王质曾经代理过江陵府知府。当时，有人起诉有百姓违背婚约未按时娶妻，被告说家境贫穷，没有钱财举办婚礼，所以才违背婚约。王质问被告举办婚礼需要多少钱，然后拿出个人的钱帮助其完婚。衙役抓到一个偷衣服的人，审问时，偷衣人对王质叩头说："一辈子不曾做贼，为饥寒所逼才偷衣服。"王质命人拿衣服给他穿上，然后把他打发走了。

劝止投劾

熙宁中，新法方行，州县骚然。邵康节[①]闲居林下，门生故旧仕宦者皆欲投劾[②]而归，以书问康节，答曰："正贤者所当尽力之时。新法固严，能宽一分，则民受一分之赐矣，投劾而去何益？"

【注释】

①邵康节：即邵雍，字尧夫，范阳人，北宋著名理学家，谥号为康节。 ②投劾：呈递弹劾自己的状文，古代弃官的一种方式。

【译文】

宋神宗熙宁年间，王安石的新法大力推行时，地方州县一片骚乱。邵雍正隐居山林，一些做官的门生旧友，都想自举罪状辞官回乡，写信问邵雍的看法，邵雍回答说："现在正是贤德之人应当尽力的时候。新法固然严苛,但能宽松一分,百姓就能得一分好处,辞职而去对百姓有什么好处呢?"

不废民意

鲜于侁[①]为利州路[②]转运副使[③],部民不请青苗钱[④]。王安石遣吏诘之,侁曰:"青苗之法,愿取则与;民自不愿,岂能强之?"东坡称侁"上不害法,中不废亲,下不伤民",以为"三难"。仕途当以为法。

【注释】

①鲜于侁(shēn):字子骏,四川阆中人,举进士,累官至集贤修撰。 ②利州路:中国宋元时代行政区划,相当于今之四川绵阳市梓潼县、平武县,巴中市、广元市和陕西的汉中市等区域。③转运副使:转运使的副职。宋代的转运使除掌握一路或数路财赋外,还兼领考察地方官吏、维持治安、清点刑狱、举贤荐能等职责。 ④青苗钱:宋时王安石立法,当青黄不接之际,官府贷钱于民,纳息二分。

【译文】

鲜于侁担任利州路转运副使时,他所管辖的百姓不申请青苗钱。王安石派官吏前往质问责难,鲜于侁回答说:"青苗法规定,愿意申请的百姓就贷给他;百姓自己不愿意,又怎么能勉强他们呢?"苏轼称赞鲜于侁"对上不妨害法令施行,居中可以照顾到亲人,对下又不伤害百姓",认为这是"三难"。做官的人都应该以他为榜样。

真宰相之言

张士逊[①]转运江西,见王旦[②]求教。旦曰:"朝廷榷利[③]至矣。”士逊遵其言，不求羡利，人称士逊识大体。薛奎[④]发运[⑤]江淮辞行，旦无他语，但云：“东南民力竭矣。”奎退，叹曰：“真宰相之言也。”

【注释】

①张士逊：字顺之，阴城（今湖北老河口）人，北宋淳化三年（992）进士，官至集贤殿大学士，封邓国公。 ②王旦：字子明，大名莘县（今属山东聊城）人，北宋名相。 ③榷利：官府对某些物资实行专卖以增加财政收入。 ④薛奎：字宿艺，绛州正平（今山西新绛）人，性格刚毅笃正，不与人苟合，为政严敏清正，善解民疾，注重教化民风，北宋一时名臣。 ⑤发运：做转运使。

【译文】

张士逊接到做江西转运使的命令后，去向宰相王旦辞行且求教。王旦说：“朝廷的榷利已达到极点了。”士逊遵照王旦的话去做，不求取过多的利润，大家都说士逊识大体。薛奎接到做江淮转运使的命令后向王旦辞行，王旦没有其他的话，只是说：“东南百姓财力已竭尽了。”薛奎退下，赞叹说：“这真是宰相该说的话。”

全活弃儿

叶梦得[①]在武昌，岁值水灾，京西尤甚，浮殍[②]自唐、邓入境，不可胜计，令尽发常平所储以赈。惟遗弃孩儿，无由得[(一)]之。询左右曰：“民间无子者，何不收畜？”曰：“患既长或来识认。”叶阅法例：凡伤灾遗弃小儿，父母不得复取。遂作空券数千，具载本法，即给内外厢界保伍[③]，凡得儿者，皆使自明所从来，书券给之，官为籍记。凡全活三千八百人。

【校勘】

（一）得：据冯梦龙《智囊》，当为“处”之误。

【注释】

①叶梦得：字少蕴，号石林居士，吴县（今属江苏）人，北宋时进士，徽宗时官至翰林学士，高宗时授户部尚书，学识渊博。②殍：饿死的人。 ③内外厢界保伍：城乡内外的保长、伍长。

【译文】

叶梦得在武昌为官时，有一年正逢水灾，京西路（今鄂西北、豫西南）一带特别严重，从唐州（今河南唐河）、邓州（今河南邓州）漂来的饿死的人不可胜数。叶石林命令发放常平仓所储藏的粮食来救济灾民，但很多被遗弃的小孩不知该如何妥善处理。叶梦得询问身边的人："民间没有孩子的人为什么不收养呢？"身边的人回答说："担心养大以后有亲生父母来认领回去。"叶梦得翻阅旧法例：凡是因为灾害而被遗弃的小孩，亲生父母不能再认领回去。于是制作数千份空白契券，详细说明这条法令，当即发给城内外乡里之间的保长伍长，凡是领养到小孩的，都让他们自己说明从哪里得来的，书写契券发给他们，并由官府登记在户籍里。如此一来，总共保全救活了三千八百个遭遗弃的小孩。

谏止株连

魏主[①]以有罪徙边者多逋亡，乃制一人逋亡，阖门充役。光州刺史崔挺[②]谏曰："一人有罪，延及阖门，则司马牛[③]受桓魋[④]之罚，柳下惠[⑤]婴盗跖[⑥]之诛。岂不哀哉？"魏主从之。

【注释】

①魏主：此指魏孝文帝，原名拓跋宏，后改名元宏，杰出的政治改革家。 ②光州刺史崔挺：光州，今河南东部潢川一带。刺史，西汉时始置，开始时为中央派往地方的监察官，后来演变为地方军事行政长官。崔挺，字双根，博陵安平（今属河北）人，北魏

官员，死后朝廷赠他为辅国将军、幽州刺史，谥号景。 ③司马牛：孔子的弟子，复姓司马，名耕，一名犁，字子牛，宋国（今河南商丘）人，相传为宋国大夫桓魋（tuí）的弟弟。 ④桓魋：又称向魋，春秋时期宋国人，任宋国司马，掌控宋国兵权，宋桓公的后代，深受宋景公宠爱，是危害宋国的大夫。 ⑤柳下惠：原名展获，字禽，谥号惠，后人尊其为“柳下惠”或“和圣柳下惠”。 ⑥盗跖：《庄子·盗跖》载，跖为鲁国大夫展禽（柳下惠）之弟，“从卒九千人，横行天下，侵暴诸侯，穴室枢户，驱人牛马，取人妇女，贪得忘亲，不顾父母兄弟，不祭先祖”。

【译文】

北魏孝文帝因为流放到边远地方的罪犯多有逃亡，就制定法令，规定凡一人逃亡，全家人充当劳役。光州刺史崔挺上书，劝谏说：“如果一人有罪而株连全家，那么司马牛就要因其兄桓魋而受到惩处，柳下惠也会因其弟盗跖而牵连被杀。难道不悲哀吗！”最终孝文帝听从了崔挺的意见。

智保城池

绍兴中，虏趋京，所过城邑，欲立取之。会天大寒，城池大冻。虏借冰梯城，不攻而入。张魏公[①]在大名，闻之。先弛濠[②]鱼之禁，人争出鱼[③]，冰不得合。虏至城下，睥睨久之，叹息而去。

【注释】

①张魏公：即张浚，字德远，世称紫岩先生，汉州绵竹（今属四川）人，南宋抗金名将，爵封魏国公。 ②濠：护城河。 ③鱼：“渔”的古字，捕鱼。

【译文】

南宋绍兴年间，金人进逼京城，他们所经过的城邑，都想立即攻占。这时正赶上天气非常寒冷，护城河都已经结冰，金人凭借凝结的冰层装上梯子就可以攀城，因此不用强攻就能进入城中。魏国公张浚在大名，听说金人用这种方式来攻占城邑，就下令放宽了原先禁止百姓在护城河中捕鱼的命令，于是百姓们争相凿冰捕鱼，护城河的冰层始终没有办法冻结。金人来到城下，窥视了很久，只好叹气离开。

治县奇术

傅僧祐①及子琰、琰子翙为令，并著奇绩。时云："诸傅有《治县谱》，相传不以示人。"刘玄明②甚有吏能，历建康、山阴令，政为天下第一。傅翙代为山阴，问玄明曰："愿以旧政告新令尹。"答曰："我有奇术，卿家谱所不载，唯日食一升饭，而不饮酒，此第一策。"

【注释】

①傅僧祐：南朝刘宋官员，有吏才，两为山阴令，甚有能名。②刘玄明：临淮（今江苏泗洪）人，南朝刘宋官员，曾为山阴令，政绩卓著。

【译文】

傅僧祐和他的儿子傅琰、孙子傅翙（huì）都做过县令，都有显著奇特的政绩。当时人们说："傅家几代人有《治县谱》，只是家里人相传，不让外人看。"当时刘玄明很有为官才能，历任建康令、山阴令，政绩为天下第一。傅翙代替刘玄明做山阴令，请教刘玄明说："希望您把治理山阴的经验告诉我这新到的县令。"刘玄明回答说："我有奇术，您家的《治县谱》上没有记载，每天只是吃一升饭而不饮酒，这是最好的办法。"

缓征民赋

唐韦温①为陕虢观察使，当输租而麦未熟。吏白督之，温曰："使民货②田中穗以供赋，可乎？"为缓期而赋办。

【注释】

①韦温：字弘育，唐朝京兆万年（今属陕西西安）人，赠工部尚书，谥曰孝。 ②货：卖。

【译文】

唐朝的韦温做陕（今河南陕县）虢（今河南灵宝）观察使时，百姓应当缴纳租赋，可是麦子尚未成熟。主管的吏员向他报告应督促百姓缴纳租赋，韦温说："让百姓卖掉田中麦穗来缴纳租赋，可以吗？"韦温让百姓缓期缴纳，最后租赋征收工作顺利完成。

萧结批符

五代萧结①令祁阳，不畏强御。方暮春时，有州符下，取竞渡船，刺史将临观。结怒，批其符曰："秧开五叶，蚕长三眠②，人皆忙迫，划甚闲船？"守惭而止。

【注释】

①萧结：庐陵（今江西吉安）人，后周时任祁阳（今属湖南）县令。 ②三眠：蚕初生至成蛹，蜕皮三四次。蜕皮时不食不动，呈睡眠状态。第三次蜕皮谓之三眠。

【译文】

五代时，萧结曾经在祁阳做县令，不畏强梁。暮春时节，州里有命令下达，要征用竞渡的船只，以便刺史前来观看。萧结发怒，在那命令上批复说："秧苗刚散开五个叶片，蚕虫正处于三眠时期，人们都忙得不可开交，划什么闲船呢？"太守惭愧，就废止了这事。

凡事只怕待

当官(一)先以暴怒为戒。事有不可，当详处①之，必无不中。若先暴怒，只能自害，不能害人。前辈常言凡事只怕待。待者，详处之谓。盖详处之，则思虑自出，人不能中伤也。

【校勘】

（一）当官：据吕本中《官箴》，当为“当官者”之苟简，夺“者”字。

【注释】

①详处：审慎处理。

【译文】

当官的人，应首先把暴怒当作警戒的事。遇到难以办理的事，应当审慎处理它，这就一定不会处置失当。如果先暴怒了，只能危害自己，不能危害对手。前辈常常说大凡事情只怕待。待，就是说的审慎处理。大概审慎处理事情，就会想出巧妙的主意，别人就不能中伤自己了。

仁心息讼

叶公南岩①刺蒲时，有群哄②者诉于州。一人流血被面，脑几裂。公见恻然，时家有刀疮药，公入内，自捣药，令舁至幕廨，委谨厚廨子及幕官，曰：“善视，勿令伤风。此人死，汝辈责也。”其家人不令前。乃略加审核，收仇家于狱而释其余。友人问故，公曰：“凡人争斗无好气，此人不即救，死矣。此人死，即偿命一人，寡人之妻，孤人之子，又干证③连系，不止一人破家。此人愈，特一斗殴罪耳。且人情欲讼胜，虽骨肉亦甘心焉,吾所以不令其家人相近也。"未几,人愈而讼遂息。保全数十人焉。

【注释】

①叶公南岩:即叶留余,号南岩,明朝上饶人,官至知州。②哄:争斗。 ③干证:与讼案有关的证人。

【译文】

叶南岩任蒲州(今山西运城永济一带)知州时,有打群架的人到州里告状。其中,有一个人血流满面,脑袋几乎被打开了花,快死了。叶公见状,很是悲悯,当时他家正好有刀疮药,他就进内室,亲自捣药,命令人把伤者抬到官署,交给谨慎厚道的衙役和幕僚,对他们说:"你们要好好看护他,不要让他得破伤风。如果这个人死了,就是你们的责任。"伤者的家属也不让进去看。于是将案情略加审问调查,将仇家凶手关到狱中,把其余的人都放了。叶公的朋友问他为何这样处理,叶公说:"凡是与人争斗的都心怀怨气,此人若不及时抢救,就会死掉。此人一死,就得有一人偿命,而这偿命者的妻子就会成为寡妇,子女就会成为孤儿,再加上与案件有关的证人也会受到牵连,那就不止一个人的家庭会被破坏了。这个人伤好了,那就只不过是一件斗殴案件罢了。而且人之常情,都想把官司打赢,即使牺牲了自己的至亲骨肉也心甘情愿。这是我不让他家属靠近他的原因。"不久,受伤的人痊愈了,一场官司得以平息。叶公保全了数十人。

藏匿海图

天顺中,朝廷好宝玩,命中贵至兵部,查王三保①至西洋水程。时刘大夏②为郎,项尚书公忠③令都吏④检故牒,刘先检得,匿之,都吏检不得。项诘曰:"署中牍焉得失?"刘笑曰:"昔下西洋，费钱谷数十万，军民死者亦万计，此一时弊政。牍即存，尚立毁之，以拔其根，犹追究其有无耶？”项耸然，再揖而谢，指其位曰：“公达国体，此不久属公矣。”

【注释】

①王三保：即王景弘，福建漳平人，明初宦官，航海家郑和的得力助手。 ②刘大夏：字时雍，号东山，明朝湖广华容（今属湖南）人，官至兵部尚书，与王恕、马文升合称“弘治三君子”，谥号忠宣。 ③项尚书公忠：即尚书项忠。项忠，字荩臣，嘉兴（今浙江嘉兴）人，明朝正统七年（1442）进士，官至尚书，追授太子太保，谥号襄毅。 ④都吏：主管某项职能或承担某项任务的掾史。

【译文】

明朝天顺（明英宗朱祁镇年号）年间，英宗爱好搜集奇珍异宝，命宦官到兵部查看王三保下西洋之时的航海路线图。当时刘大夏任兵部郎中，兵部尚书项忠命令都吏查阅旧的公文档案。刘大夏先找到，便偷偷藏了起来，都吏怎么找也找不到。项忠质问都吏说：“官署中的旧公文怎么会遗失呢？”刘大夏笑着说：“三保太监下西洋，花费钱粮几十万，军民为此而死的也有几万，这是当时朝政的一大弊端，文件即使还在，也应该立即毁掉，来拔除祸根，现在还要追究它有没有吗？”项忠很吃惊，两次作揖道歉，指着自己的座位说：“先生通达大体，这个位子不久就属于先生了。”

智存米粮

己巳之难[①]，达虏[②]将犯京城，声言欲据通州仓。举朝仓皇无措，议者欲遣人举火烧仓，恐敌之因粮于我也。时周文襄公忱[③]适在京，因建议令各卫军预支半年粮，令其往取。于是肩负者踵接，不数日，京师顿实，而通州仓为之一空。

【注释】

①己巳之难：指发生于明正统十四年(1449)，明英宗朱祁镇北征瓦剌在土木堡的惨败事变，也称土木堡之变。 ②达虏：即鞑虏，此指蒙古的瓦剌部。 ③周文襄公忱：即文襄公周忱。周忱，字恂如，号双崖，江西吉水人，明朝前期名臣，以善理财知名，累官工部尚书，谥号文襄。

【译文】

己巳之难的时候，瓦剌将犯京城，声言想要占领通州粮仓。朝廷官员全都仓皇无措，议事的官员担心粮食被敌人占有，打算派人放火烧掉通州粮仓。当时文襄公周忱正好在京城，建议命令各卫所的士兵预支半年军粮，命令他们前去支取。于是肩扛背背粮食的士兵在道路上络绎不绝。不几天，京城粮储就充实了，而通州粮仓为此全空。

对奏质讷

刘昆①令江陵，值火灾，向火叩头，天辄降雨止风。迁弘农太守，崤黾②道乡(一)多虎，行旅不通。昆为政三年，虎皆负子渡河。帝异之，征为光禄勋。问曰："前在江陵，反风灭火；后守弘农，虎北渡河。何德政而致是？"昆对曰："偶然耳。"帝叹曰："此长者之言。"顾命书诸策。

【校勘】

(一)乡：据《后汉书·儒林传》，"乡"当为衍字。

【注释】

①刘昆：字桓公，东汉陈留东昏(今河南兰考)人，经学家，曾任弘农太守。 ②崤黾：亦作"崤渑"，今河南灵宝一带。

【译文】

刘昆任江陵(今湖北荆州)令的时候,(有一回)遇上火灾,就向火叩头,老天爷就下起了雨,停息了风。刘昆升为弘农郡太守后,弘农境内的崤渑一带路途上多有老虎,商旅不能通行。刘昆在弘农为政三年,老虎都背负虎仔渡黄河而去。光武帝认为这是奇异的,征召他做光禄勋。光武帝问他说:“你以前在江陵做县令的时候,能使风向反吹(致雨)灭火;后来做弘农太守,老虎就向北渡黄河而去。是怎样的德政达到这地步?”刘昆回答说:“偶然罢了。”光武帝赞叹说:“这是有德行人的话。”光武帝回头叫人把这话写到典册上。

将将之体

都御史韩公雍①征大藤峡,出(一)令五鼓战。将领闻贼已觉,恐迟失事,二更即发,大破之。公赏其功而问以违令之罪。军法当斩,乃具闻②请释,曰:“万一不用命而败,奈何?”人谓公得将将③之体。

【校勘】

(一)出:此则抄自明人陈沂的《畜德录》。据此,“出”字后夺“兵”字。

【注释】

①都御史韩公雍:即都御史韩雍,字永熙,明代长洲(今江苏苏州)人,正统年间进士,有良好的官声,曾镇压过广西大藤峡一带瑶、壮各族的起义,谥号为襄毅。 ②具闻:详细地向朝廷汇报。 ③将将:统帅将领。

【译文】

都御史韩雍征伐大藤峡(位于今广西桂平城区西北约8公里的黔江下游),出兵作战,下令五鼓开战。有将领听到叛贼已经觉察,恐怕晚了事情会失败,就二更天出发,把叛贼打得大败。韩雍奖赏了他的战功,同时又追究其违反军令之罪。违反军令按军法应当杀头,韩雍就详细地向朝廷汇报,请求宽释该将领,说:“万一不听军令失败了,怎么办呢?”人们认为韩雍懂得统率将领的规矩。

平心为政

张南轩[①]曰:“为政须先平心。不平其心,虽好事亦错。如抑强扶弱,岂非好事?往往只这里错。须如明镜然,妍自妍,丑自丑,何预吾事?若先以其人为丑,则相次见此人无往而非丑矣。”

【注释】

①张南轩:即张栻,字敬夫,号南轩,学者称南轩先生,谥曰宣,后世又称张宣公,南宋汉州绵竹(今四川绵竹)人,中兴名相张浚之子。

【译文】

张南轩说:“处理政务必须先放平心态。如果不能放平心态,即使是好事也会办成错事。像抑强扶弱,难道不是好事?可是往往错就出在这里。心态必须像明镜一样,照出美者本来的美,丑者本来的丑,和我心里想的有什么相干呢?如果心里先认为那人是丑的,那么,相继观察这个人,无论看什么方面都觉得这人丑了。”

贵有益于物

君子处世,贵有益于物耳,不徒高谈虚论,左琴右书,以费人君禄位也。吾[(一)]见文学之士,品藻[①]古今,若指诸掌;试用,多无所济。居承平之世,不知有丧乱之祸;处庙堂之安,不知有战阵之急;保俸禄之资,不知有稼穑之苦;肆吏民之上,不知有劳役之勤②。故难以应世经务。

【校勘】

(一)吾:此则采编自《颜氏家训·涉务》,故当代指颜之推。

【注释】

①品藻:品评,鉴定。 ②勤:辛苦。

【译文】

君子处世,贵在对别人有补益罢了。不只是有高妙的言谈、虚浮的议论,左边放着琴,右边放着书,来浪费君主的俸禄和官位。我看见世间有些读书人,品评鉴定古今,就像指之于掌般轻易;可一试用,却多无所补益。生在太平时代,不知有丧国乱民的灾祸;安居朝堂之上,不知有打仗布阵的急务;安保俸禄资产,不知有种作和收割的劳苦;纵恣在吏民之上,不知有劳役的辛苦。所以难以应对时世、处理事务。

不辞获罪

明道先生①摄邑。盛夏塘堤大决,法当言之府,府禀于漕②,然后计工调役,非月余不能兴作。先生曰:"如是,苗稿(一)矣!民将何食?救民获罪,所不辞也。"遂发民塞之,岁得大熟。

【校勘】

(一)稿:当为"槁"之误。

【注释】

①明道先生:即程颢,字伯淳,北宋大儒,理学家、教育家,人称明道先生。 ②漕:指漕运司。漕运司,管理催征税赋、出纳钱粮、办理上供以及漕运等事的官署。

【译文】

明道先生代理县令。盛夏堤坝严重决口，按法令应当报告知府，知府禀报漕运司，然后计算工程，调拨民夫，没有一个多月是不能开工的。先生说："如果这样，禾苗早就枯萎了！老百姓将吃什么？为救百姓而获罪，我在所不辞。"于是征集百姓，把决口堵上，这一年获得了大丰收。

赈灾济民

富弼①镇青州，适河决，八州之民，奔入京东②。公劝民出粟十余万斛，随处贮之，以济殍者。且括③公私闲舍十余万区，散处其人，使便薪水④。明年麦熟，计远近受粮使归。活者五十余万。

【注释】

①富弼：字彦国，洛阳人，北宋名相。　②京东：即京东路。京东路，北宋设置的十五个路级行政区划之一，治所在青州，辖区约为山东大部，河南东部，江苏、安徽各一小部分。　③括：搜求征集。　④薪水：柴和水，借指生活必需品。此处指日常生活。

【译文】

富弼镇守青州。适逢黄河决口，八个州的百姓奔入京东路。富弼鼓励京东路百姓献出十多万斛粮食，随处存放，来赈济饥饿的灾民。富弼还搜求征集空闲的公私房屋十多万处，分给灾民居住，方便灾民生活。第二年麦子成熟后，按灾民家乡距离京东路的远近，分给他们粮食，让他们回家乡。富弼救活的百姓有五十多万。

虞诩平贼

朝歌贼数千，屯聚连年。及虞诩①为朝歌长，设三科募壮士:攻劫者为上,偷盗者次之,不事家业者为下。收百余人,悉贳[2]其罪,使诱贼劫掠。乃伏兵待之,遂杀贼数百。又潜遣能缝者,佣作贼衣,以采[3]缝其裾。有出市里者,吏辄禽[4]之,贼由是骇散。咸称神明。

【注释】

①虞诩:字升卿,小字定安,陈国武平县(今河南鹿邑西北)人,东汉时期名将,曾任朝歌县长。 ②贳(shì):宽纵,赦免。 ③采:通“彩”,此指色彩鲜艳的线。 ④禽:通“擒”,擒获。

【译文】

朝歌县(今河南淇县)反叛的人,连年屯聚。等到虞诩做朝歌县长后,他设三科来募求壮士:那些攻击掠夺的人为上等,偷盗的人为次等,不管理家业的人为下等。募集到一百多人,虞诩全部赦免了他们的罪责,派他们诱使叛贼劫掠。虞诩事先埋伏下士兵等待叛贼,于是杀死叛贼数百人。虞诩又秘密地派遣裁缝去给叛贼做衣服,让裁缝用彩线缝合衣服的前后襟。穿着这样衣服的叛贼一出现,就被官兵擒获,叛贼因此惊骇逃散。人们都称虞诩神奇英明。

妥置胡客

自河陇没于吐蕃[1],西域使在长安者,归路既绝,人马皆仰给鸿胪[2]。委府县供之,市肆为疲。李泌[3]知胡客久长安者,皆有妻子,买田宅,乃命检括[4]有田宅者四千人,皆停其给。胡客诣诉,泌曰:“此皆从来宰相之过,岂有外国使者留数十年不听归乎?今当假道回纥[5]遣归,不愿者令自陈授职给俸为唐臣。人生不乘时展用,乃终身客死耶?”于是胡客无一愿归者。泌皆分领神策[6]两军,为散兵马[7]或押衙[8],余皆为卒旅。鸿胪所给，才十余人，岁省度支[9]五十万。

【注释】

①吐蕃(bō)：唐代西方的少数民族，聚居在青藏高原，信奉佛教。 ②鸿胪：即鸿胪寺。唐代的鸿胪寺是朝廷主管外事接待、民族事务及凶丧之仪的机关。 ③李泌(bì)：字长源，京兆(今陕西西安)人，唐朝中期著名道家学者、政治家，历仕玄宗、肃宗、代宗、德宗四朝，封邺县侯，世称李邺侯。 ④检括：查察，清查。 ⑤回纥：我国古代西北方少数民族名兼国名。 ⑥神策：即神策军，唐禁军名之一，一般由宦官统领，并归禁中定制，分左右厢，衣粮优厚，势居诸禁军上，唐亡始废。 ⑦散兵马：即散兵马使。散兵马使是管理军队中供差役而非正式编制的兵士的武职，没有统率军队的实权。 ⑧押衙：职官名，唐宋时管理仪仗侍卫的小武官。 ⑨度支：规划计算经费开支。

【译文】

自从河陇(古代指河西与陇右，相当今甘肃西部地区)被吐蕃侵占之后，羁留长安的西域使者，归途被断绝，人马所需都仰仗鸿胪寺供给。鸿胪寺委派长安府所属的各县供给，各县的店铺因此而萧条。李泌知道久居长安的胡人在长安都有妻子儿女，买下了田宅，于是命令清查，查到有田产的胡人有四千，于是把他们的供给全给停了。胡客到官府诉明情况，李泌对他们说："这都是原先宰相的过错。哪里有外国的使者羁留长安几十年不让回国的呢？现在应当借道回纥打发你们归国，不愿意回去的可以向政府说明情况，要求政府授给官职发给俸禄做唐朝的臣子。人生不把握时机施展才用，竟然要这样过一辈子客死他乡吗？"结果没有一个胡客愿意回去。李泌便将他们分配在神策军左右厢，做散兵马使或押衙，其余的人都编为士兵。此后，鸿胪寺所供给的仅十多人，每年节省开支五十万。

严惩邓通

申屠嘉[①]为相，邓通[②]方爱幸。嘉见通在上旁，有倨意。罢朝，乃坐府中，檄召通。通恐，入言上。上曰："汝第往，吾当使人召若。"通诣府，免冠徒跣以谢。嘉责曰："朝廷者，高皇帝之朝廷也。通小臣，不敬戏殿上。"令推斩之。通顿首出血，不解。上度嘉已困通，使使持节召通，而谢丞相曰："此吾弄臣[③]，君释之。"通既至，为上泣曰："丞相几杀臣。"

【注释】

①申屠嘉：复姓申屠，名嘉，梁国睢阳（今河南商丘）人，西汉开国功臣，出将入相，为人刚毅正直。 ②邓通：西汉蜀郡南安（今属四川）人，汉文帝男宠。 ③弄臣：帝王亲近狎玩之臣。

【译文】

申屠嘉做宰相时，邓通正被汉文帝亲近宠幸。申屠嘉看见邓通在皇帝身边，有傲慢之意。散朝后，申屠嘉就坐在相府中，发檄文召邓通到相府。邓通恐惧，入宫对皇帝说明情况。皇上说："你只管前去，我会派人召回你的。"邓通进入丞相府，摘掉帽子，光着脚，来谢罪。申屠嘉斥责他说："朝廷，是高祖皇帝的朝廷。你邓通只是卑微的臣子，竟然在宫殿上大不敬。"下令把邓通推出斩首。邓通向申屠嘉磕头至于出血，也不能获得饶恕。皇上估计申屠嘉已困住了邓通，就派使者拿着符节召回邓通，并让使者代自己向丞相求情说："这是我的亲近狎玩之臣，你放了他吧。"邓通回到皇宫，对皇帝哭着说："丞相差点杀了我。"

仁心理狱

袁安[①]为楚郡守，楚王英[②]谋逆，下郡覆考。英连及数千人,吏案急,自诬死者甚众。安到郡,不入府,先往案狱。理其无明验者,条上出之。府丞[3]掾史[4]皆叩头争,以为阿附反虏,法与同罪,不可。安曰:“如有不合,太守自当坐之,不以相及也。”遂分别具奏。帝感悟,即报许,得出者四百余家。

【注释】

①袁安:字邵公,一作“召公”,汝南汝阳(今河南商水西南)人,东汉大臣,政号严明,断狱公平。　②楚王英:即东汉楚王刘英,为东汉光武帝和许美人所生,后因为图谋取代汉明帝被废去王位,而后自杀。　③府丞:太守的属官。　④掾史:汉以后中央及各州县皆置掾史,分曹治事,多由长官自行辟举。唐宋以后,掾史之名渐移于胥吏。

【译文】

袁安做楚郡(今江苏徐州一带)太守时,楚王刘英谋反,此事交楚郡复核审理。刘英牵连到数千人,办案人员追查十分急迫,被查人员自相诬陷,冤死的人很多。袁安到郡后,不进太守的府邸,先去审查案件,查出那些没有确凿证据的犯人,分条上奏释放他们。府丞、掾史都叩头力争,认为这是阿顺附和反叛之人,在法律上是同罪,不可以这样做。袁安说:“如果不符合实情,我自当获罪,不会连累你们。”于是分别情况详细上奏。皇帝感动醒悟了,立即批复同意,得以出狱的有四百多家。

计里种槐

西魏韦孝宽[1]为雍州刺史。先是,路侧一里置一土堠[2],经雨辄毁。孝宽当堠处勒植槐树,既免修复,又便行旅。宇文泰[3]叹曰:“岂得一州独尔?”于是令诸州夹道皆计里种树。

【注释】

①韦孝宽：即韦叔裕，字孝宽，以字行世，京兆杜陵（今陕西西安南）人，西魏、北周杰出的军事家、战略家，谥号襄。 ②土堠（hòu）：古代记里程的土堆。 ③宇文泰：代郡武川（今内蒙古武川西）人，鲜卑族，南北朝时期杰出的军事家、改革家，西魏的实际掌权者，亦是北周政权的奠基者。

【译文】

西魏韦孝宽任雍州（相当于现在陕西关中地区、甘肃部分、青海东北部以及宁夏部分地方）刺史。之前，雍州道路旁每一里设立一个计里土台，一下雨土台就被冲毁。韦孝宽于是下令在当置土台的地方种槐树，这样，既免于修复土台，又方便行人旅客。后来宇文泰见了，赞叹道："哪能只有一州这样做呢？"于是下令各州沿道路两侧计算道路的里程，并种树为记。

护粮移营

裴行俭①为行军总管②。先是，嗣业③馈粮，数为虏掠。行俭因诈为粮车三百乘，车伏壮士五辈，赍陌刀④劲弩，以羸兵挽进，又伏精兵踵其后。虏果掠车，羸兵走险，贼解鞍牧马。方取粮车中，而壮士突出，伏兵至，杀获几尽。自是粮车无敢近者。大军次单于北，暮立营已毕，行俭更命徙营高冈。吏白："士皆安堵⑤，不可动。"不听，促徙之。比夜，风雨暴至，前营所水深丈余。众叹服，因问何以知之，行俭曰："自今第如我节制，毋问我所以知也。"

【注释】

①裴行俭：绛州闻喜（今山西闻喜一带）人，唐高宗时名将。②行军总管：隋及唐初有行军总管、行军大总管，为出征时的军队

主帅。 ③嗣业：即萧嗣业，唐朝将领，累官鸿胪卿，兼单于都护府长史。 ④陌刀：中国隋唐时代长柄刀的一种，步兵所持，盖古之断马剑。 ⑤安堵：安居。

【译文】

裴行俭做行军总管。之前，唐将萧嗣业运送粮食的时候多次被敌人抢劫。裴行俭于是伪装了三百辆运粮车，车内埋伏五类壮士，壮士都带着陌刀和劲弩，用瘦弱的士兵拉车，又在后面埋伏精兵。敌人果然来抢劫粮车，瘦弱的士兵向难走的地方逃跑，敌人解下马鞍牧马。敌人正从粮车上卸粮，埋伏的壮士突然冲出，这时后面的伏兵也赶到了，劫粮的敌人几乎被一网打尽。从此，粮车没有人敢接近。大军临时驻营单于的北部，晚上，已经立好营盘，裴行俭却另下命令把营盘移到高冈之处。军吏说："士兵都已经安营住下，不可移动营盘。"裴行俭不听，催促士兵移动营盘。等到夜里，风雨突然来临，先前安营的地方水深一丈多。众人都赞叹佩服，问他怎么知道会有大雨，裴行俭说："从今往后，只管听从我指挥，不要问我是怎么知道的。"

过石得泉

延安东北有故宽州，种世衡①请因其废垒筑城为备。世衡董役②，胆勇过人，与兵民暴露数月，且战且城。然处险无泉，议不可守。凿地百五十尺，始至石，工徒拱手曰："是不可井矣。"世衡曰："过石而下，将无泉邪？尔其屑而出之，凡一畚，偿尔百金。"工复致力，过石数重，泉果沛发。朝廷因署为"青涧城"焉。

【注释】

①种世衡：字仲平，洛阳人，大儒种放之侄，北宋抗击西夏的

名将。 ②董役：监督劳作。董，监督管理。

【译文】

延安城东北有旧的宽州城（今陕西安塞王窑乡一带），种世衡请示借助宽州废弃的城垒，筑成新城作为防御西夏的工事。种世衡监督劳作，胆识勇气过人，与士兵百姓野外露天几个月，一边作战一边筑城。此城地处险要，却没有泉水，众人议论不可坚守。工人们凿地深达一百五十尺，仍只见石块，于是拱手说："这地方不可能打出水井。"种世衡说："越过这层石块往下，该不会没有泉水吧？你们可以把石块凿成碎屑运出去，每挖够一畚碎石屑，赏你们百金。"工人们又努力去挖掘，穿过几层石块，泉水果然充沛涌出。朝廷因此将这座城命名为"青涧城"。

仁政得报

王濬①为巴郡太守，郡边吴境。兵士苦役，生男多不肯养。濬乃严其例条，宽其徭课②，其产育者皆与休复③。及发兵伐吴，先前在巴郡所全育者，皆堪供军矣。其父母戒之曰："王府君④生尔，尔必勉之，无爱死也。"

【注释】

①王濬（jùn）：字士治，弘农郡湖县（今河南灵宝西）人，西晋时期破吴名将。 ②徭课：徭役和赋税。课，古代的一种赋税。③休复：免除徭役。 ④府君：汉代对郡相、太守的尊称，后仍沿用。

【译文】

王濬任巴郡（今重庆一带）太守，此郡与吴国接壤。由于兵士苦于战争徭役，百姓生了男孩多不愿养育。王濬制定了严格的法规条款，宽减徭役赋税，生育者都可免除徭役。等到发兵伐吴的时候，王濬先前在巴郡所保全的孩子,都能够在军队里服徭役供应军需。他们的父母告诫他们说:“王太守让你们活了下来,你们一定要努力干,不要吝惜生命。”

雪夜袭蔡州

李愬①雪夜入蔡州,取吴元济②。夜半至悬瓠城③,雪甚。城旁皆鹅鹜池,愬令击之,以乱军声。登城,杀门者,开关,留持柝④传夜自如。黎明入驻元济外宅。吏白城陷,元济尚不信,曰:“是洄曲子弟来索褚衣⑤尔。”及闻号令曰“常侍⑥传语”,始惊。登牙城⑦,田进诚⑧兵薄之。元济请罪,槛送京师。二万众皆降,愬不戮一人。其为贼执事帐内厨厩厮役,悉用其旧。乃屯兵鞠场⑨,以俟裴度⑩。度至,愬以櫜鞬⑪见。度将避之,愬曰:“此方废上下分久矣,请因示之。”度以宰相礼受愬谒,蔡人耸观。

【注释】

①李愬:字元直,洮州临潭(今属甘肃)人,唐代中期名将,有谋略。　②吴元济:沧州清池(今河北沧州东南)人,唐宪宗时藩镇的割据者。　③悬瓠城:古城名。以城北汝水屈曲如垂瓠,故名。在今河南汝南,隋唐为蔡州治所。　④柝:古代巡夜打更用的梆子。　⑤褚衣:丝绵衣服。　⑥常侍:此处是左散骑常侍的简称。李愬担任过左散骑常侍。唐代的左散骑常侍,隶属门下省,掌规讽过失、侍从顾问。　⑦牙城:护卫之城。指专门防护节度使衙门的小城。　⑧田进诚:李愬部将。　⑨鞠场:古代蹴鞠场地,为平坦大广场,三面矮墙,一面为殿、亭、楼、台,可作看台。⑩裴度:字中立,河东闻喜(今山西闻喜东北)人,唐代中期杰出

的政治家、文学家,曾督统诸将平定淮西吴元济的叛乱。 ⑪櫜(gāo)鞬(jiān):本来是古代藏箭和弓的器具,此指櫜鞬服。櫜鞬服是一种戎服。节度使以櫜鞬服见朝廷使臣,是将自己的身份降低为武将,从而有敬重朝廷的意义。节度使以櫜鞬服见宰相,也具有这种意义。

【译文】

李愬雪夜袭击蔡州(今河南汝南一带),攻取吴元济。夜半到达悬瓠城,雪下得非常大。城旁都是鹅鸭池,李愬让士兵击打鹅鸭,以使鹅鸭发出的声音掩饰住军队行动的声音。士兵登上城墙,杀死守门者,打开门闩,留下持柝人像没事儿一样巡夜。黎明时分,李愬入驻吴元济的外宅。吏员向吴元济报告说城被攻陷,吴元济还不相信,说:"这是洄曲(古地名,在今河南漯河市沙河与澧河会流处,沙河于此洄曲,故名)子弟兵来索要绵衣罢了。"等到听到号令说"常侍传话"时,吴元济才大惊。吴元济率众登上牙城,田进诚的军队已逼近。吴元济请罪,李愬用槛车把他押送京城。吴元济的两万部下都投降了,李愬没有杀一人。那些吴元济帐内的侍从、厨师、马夫及其他干杂事的服役人员,原职留用。然后屯兵鞠场,来等待裴度。裴度到达后,李愬着櫜鞬服谒见。裴度要回避,李愬说:"这个地方废止上下尊卑的礼仪好久了,请趁机给他们演示一下。"裴度以宰相的身份接受李愬谒见,蔡州百姓耸立观礼。

仁活死囚

狄仁杰[①]为豫州刺史,时越王[②]兵败,支党二千人皆论死[③]。仁杰释其械,密疏曰:"臣欲有所陈,似为逆人申理;不言,且累陛下钦恤[④]意。表成复毁,自不能定。然此皆非本恶,诖误[⑤]至此。"有诏悉谪边戍。囚出宁州,父老迎劳曰:"狄使君[⑥]活汝邪!”相与哭碑下,斋三日,乃去。

【注释】

①狄仁杰:字怀英,并州太原(今山西太原)人,唐代政治家。②越王:唐太宗第八子越王李贞。越王李贞起兵反对武则天称制,以匡复唐室,兵败自杀。 ③论死:判死罪。 ④钦恤:语本《尚书·舜典》“钦哉钦哉,惟刑之恤哉”,指对刑戮之事谨慎恤悯。钦,恭敬谨慎。 ⑤诖误:贻误,连累。 ⑥使君:汉时称刺史为使君。后世也用来尊称州郡长官。

【译文】

狄仁杰任豫州(今河南汝南)刺史,当时越王兵败,党羽两千人判死罪。仁杰除掉了他们的刑具,秘密地上奏:“臣想有所陈奏,又似乎在替叛逆的人说理;不说,将连累陛下对刑戮之事谨慎恤悯的心意。奏章写好又毁掉,我拿不定主意。这些人都不是本意要作乱,而是被连累成这样的。”有诏令下达,这些人全都被贬谪戍边。他们被押解出宁州(今甘肃宁县)时,父老乡亲迎接并慰劳他们说:“是狄使君使你们活下来的啊!”于是,他们一起在功德碑下哭泣,为狄仁杰斋戒三日(祈福)后才离开宁州。

不言旧恩

宣帝[①]生数月,以皇曾孙坐卫太子[②]事系。丙吉[③]择谨厚女徒保养。后望气者言狱中有天子气,武帝诏系狱者概杀之。内谒者[④]到狱,吉闭门不纳,曰:“皇曾孙在。”曾孙病危者屡,吉加致医药,以私财给其衣食。宣帝即位,吉绝口不道前恩,故朝廷莫能明其功。及霍氏诛,掖廷[⑤]宫婢自陈有阿保[⑥]之功。上亲见问,然后知吉有旧恩而不言,大贤之,封为博陵侯[(一)]。

【校勘】

(一)博陵侯:《汉书》为博阳侯。

【注释】

①宣帝:汉宣帝刘询,原名刘病已,汉武帝刘彻曾孙,戾太子刘据之孙。因巫蛊之祸,襁褓中的刘询曾下狱。 ②卫太子:汉武帝刘彻嫡长子刘据,因生母为卫皇后,故称卫太子。刘据之孙刘询继位后,追谥刘据曰"戾",以表其冤屈,故又称为"戾太子"。③丙吉:字少卿,鲁国(今属山东)人,西汉名臣,汉宣帝时官至宰相,谥曰定侯,为麒麟阁十一功臣之一。 ④谒者:官名,春秋战国时国君左右掌传达等事的近侍已用此称,秦、汉属郎中令(汉改光禄勋)。 ⑤掖廷:即永巷。宫中旁舍,宫女居住的地方,由掖廷令管理。 ⑥阿保:保护抚养。

【译文】

宣帝刚生下几个月,因皇曾孙的身份受卫太子事件牵连被收监关押。丙吉挑选谨慎厚道的女犯人保护养育皇曾孙。望气者说长安监狱中有天子之气,汉武帝就下诏把狱中犯人一律杀掉。内廷谒者赶到监狱,丙吉紧闭大门,不让谒者进来,并说:"皇曾孙在这里。"皇曾孙多次病危,丙吉请医用药,并用自己的钱财供给他衣食。自从刘询做了皇帝,丙吉绝口不提以前自己对皇帝有恩,所以朝廷上没有谁能知晓丙吉的功劳。等到霍光家族被诛灭后,掖廷有婢女自陈对皇帝有保护抚养的功劳。皇帝亲自接见并询问这位婢女,而后才知丙吉对自己有恩却不说,因此认为丙吉是大贤人,封他为博阳侯。

极言辑暴

宣徽[①]五坊小使[②],按鹰犬畿甸[③],所在暴横。至张网罗于民家门首及井，不令出入汲水，曰："惊我供奉鸟雀。"又群聚酒家，肆情饮啖。将去，留蛇一箧，诫之曰："吾以此致供奉鸟雀，可善饲，无使饥渴。"主人赂而谢之，方肯携去。元和④初，故态未绝。借裴度极言于宪宗，暴横始辑，道路以安。

【注释】

①宣徽：即宣徽院，唐后期设置的官署，有南北二院，以宦官充宣徽使与副使，无固定职掌。 ②五坊小使：唐代为皇帝经管雕、鹘、鹰、鹞、狗五坊的使者，隶属宦官主持的宣徽院。 ③畿甸：指京都及其附近地区。 ④元和：唐宪宗李纯的年号。

【译文】

宣徽院的五坊小使到京城附近地区检阅宫廷的鹰犬行猎，所到之处，暴虐蛮横。甚至用网罩在平民家门前和井口，不许住户出入打水，说："会惊走了我们向皇家供奉的鸟雀。"还成群结伙到酒店，纵情吃喝。临走，留下一箱蛇，并警告店家说："我们用这些蛇诱至向皇家供奉的鸟雀，要好好喂养这些蛇，不得让它们受渴挨饿。"店家赠送财物并说好话，小使们才肯将蛇箱带走。到元和初年，小使们的惯常恶行始终不能根绝。由于裴度向宪宗极其恳切地进谏，五坊小使的暴虐强横才得以收敛，京城附近地方才获安宁。

大事不糊涂

宋太宗疾大渐，内侍王继恩①忌太子②英明，谋立楚王元佐③。及崩，李皇后命继恩召吕端④，端知有变，即绐继恩，使入书阁检太宗先赐墨诏，遂锁⑤之而入。后曰："宫车宴驾，立长为顺。"端曰："帝立太子正为今日，岂可遽违命邪？"真宗既立，垂帘引见群臣。端平立殿下，不拜，请卷帘，升殿审视，然后降阶，率群臣拜呼万岁。

【注释】

①王继恩：陕州陕县（今属河南）人，为内侍行首，为宋太宗所宠遇。 ②太子：宋太宗第三子赵恒，初名赵德昌，后改名元休、元侃，后来的宋真宗。 ③元佐：即赵元佐，字惟吉，初名赵德崇，宋太宗长子，曾被封为楚王。 ④吕端：字易直，幽州安次（今廊坊安次）人，北宋名相，谥号正惠。 ⑤鐍：古同“锁”。

【译文】

宋太宗的病情危重，宦官王继恩畏惧皇太子英明，密谋立楚王赵元佐。等到宋太宗驾崩，李皇后让王继恩把吕端叫来，吕端感觉有变故，于是就欺骗王继恩，让他到书阁内检寻太宗先前赐下的墨诏，趁机把他锁在书阁内，然后才去见李皇后。皇后说：“皇帝已经晏驾，应立皇长子为皇帝，顺理成章。”吕端说：“先帝立太子正是为了今天，怎能突然违抗先皇遗命呢？”宋真宗登基后，垂帘引见诸位大臣，吕端直立在殿下，不参拜，请求皇上卷帘，上殿仔细查看无误，然后走下台阶，率领群臣跪拜，山呼万岁。

明察释僧

向敏中①在西京，有僧暮过村求宿，主人不许，权宿主人门外。夜有盗逾墙，扶一妇人，囊衣而出。僧念：“不为主人所纳，今主家亡妇及财，必执我。”因亡去，忽堕眢井②，则妇人已为盗杀在井中矣。主人搜得之，执诣县。僧不能辨(一)，自诬服。狱成言府，府皆平允，独敏中以赃不获致疑。密使吏出访，吏食村店。店妪闻属府差，问僧狱何如，吏绐曰：“已笞死矣。”妪曰：“今获贼何如？”曰：“已误决狱，虽获贼亦不问也。”妪曰：“言之无伤矣。此妇实村中少年某所杀也。”吏就掩捕③获之。案问具服，并得赃，僧始得出。

【校勘】

(一)辨:当为“辩”之误。

【注释】

①向敏中:字常之,开封(今河南开封)人,北宋真宗时宰相,谥号文简。 ②眢(yuān)井:干枯的井,废井。 ③掩捕:趁机捕捉。

【译文】

向敏中任职西京(北宋时西京为洛阳)时,有个和尚傍晚路经一村落向屋主请求借住一宿,被拒绝,和尚只好暂且栖身屋主大门外。夜里和尚看见有贼人翻墙,扶着一个女人,身上提着包袱逃出。和尚心想:“屋主拒绝我入屋借宿,现在发现女人跑了,财物也不见了,一定会抓我。”于是逃离,匆忙中坠入一眼枯井中,坠井后,发现那妇人已被强盗杀死在井中了。屋主果然搜到和尚,把他扭送进县里。和尚不能为自己辩白,只好屈招。案子审好后呈送府里,府里认为案子审得公平允当,只有向敏中认为赃物遗失非常可疑。向敏中派密探到各地访查。密探走进村落中一家小吃店吃饭,老板娘听说他是府里来的差役,就问他和尚杀人的案子怎么样了。密探骗她说:“和尚已被打死了。”老板娘问:“如果现在抓到真凶会怎么样呢?”密探说:“这件案子已错判,即使抓到真凶也不追究了。”老板娘说:“这样,说出真凶来,就没有什么妨碍了。那女人实际上是村子里某年轻人杀的。”于是,差役趁机抓捕了真凶。一审问,具名认罪,并找到了赃物,和尚才得以释放。

不惧洪水

王尊①为东郡太守,河水泛,浸瓠子金堤②,老弱奔走。尊亲执圭璧,祀水神,请以身填金堤,因止宿堤上。吏民数万争叩头止尊,尊终不去。及水盛堤坏,吏民皆奔走,唯一主簿泣在尊旁。立不动,而水波渐却。

【注释】

①王尊,字子赣,涿郡高阳(今河北高阳)人,西汉末年著名大臣。 ②瓠子金堤:河南滑县一带的一段黄河大堤,历史上黄河曾于此处决口。

【译文】

王尊做东郡(今河南濮阳一带)太守时,黄河水泛滥,淹没了瓠子金堤,年老体弱的百姓奔逃。王尊亲自拿着玉圭玉璧,向水神祝祷,请求用身体堵金堤缺口,于是晚上住在堤坝上。官吏百姓几万人争着磕头请求王尊离开,王尊终究不肯离开。等到大水冲毁堤坝,官吏百姓全都奔跑,只有一个主簿在王尊旁边哭。王尊站立不动,后来洪水渐渐回落。

拔茶植桑

张咏知崇阳县,民以茶为业。咏曰:"茶利厚,官将榷①之。"命民拔茶植桑,民始以为苦。其后榷茶,他县皆失业,而崇阳之桑岁至为绢百万匹云。

【注释】

①榷:征税。

【译文】

张咏任崇阳县(今湖北崇阳)知县时,县民大都以种茶为业。张咏对百姓说:"茶叶利润高,朝廷正打算征税。"于是命令百姓拔掉茶树,改种桑树,百姓深以为苦。后来官方征收茶税,邻近其他县的百姓都失业,而崇阳县的桑树可以使百姓每年得绢百万匹。

擅发常平

秦中①饥，范纯仁②擅发常平③粟赈之。僚属咸请待奏报而后发，纯仁曰："报至无及矣！"果有诏遣使按视。民(一)欢曰："公活我，我安忍累公？"昼夜输纳常平，迨使者至，已无所负矣。

【校勘】

（一）民：据《宋史·范纯仁传》，此字前夺"会秋大稔"四字，致后文"欢"字无照应。

【注释】

①秦中：指今陕西中部平原地区，因春秋战国地属秦国而得名，也称关中。 ②范纯仁：字尧夫，范仲淹次子，谥忠宣，北宋名臣，人称"布衣宰相"。 ③常平：即常平仓，中国古代政府为调节粮价，储粮备荒以供应官需民食而设置的粮仓。主要做法是在市场粮价低的时候，适当提高粮价大量收购；而在市场粮价高的时候，适当降低价格出售。

【译文】

秦中地区闹饥荒，范纯仁要擅自拿常平仓的粮食赈灾。他的僚属都请求等待朝廷批复后再开仓，范纯仁说："等到批复下来就来不及了！"后来果然有诏书派遣使臣来核查。正值秋天大丰收，老百姓高兴地说："范公救活了我们，我们怎么能忍心牵累范公呢？"百姓昼夜不停地往常平仓输送粮食，等到使者到来时，已经无所欠负了。

煮豆破敌

刘锜①之破金人也，戒甲士人带一竹筒，其中实以煮豆，入阵则割弃竹筒，狼藉其豆。虏马闻豆，争低头食。又多为竹筒所滚，脚下不得(一)，以故士马俱毙。

【校勘】

(一)得:据宋朝黎靖德编《朱子语类》卷一百三十六,此字后夺一“地”字。

【注释】

①刘锜:南宋抗金将领,字信叔,秦州成纪(今甘肃天水)人,谥为武穆。

【译文】

刘锜在攻打金人时,命令士兵每人携带一个竹筒,筒中装满煮好的豆子,冲入金兵阵地后就割开筒口,使竹筒中的豆子撒得到处都是。金兵的战马饿了,闻到豆香,就低头吃豆。竹筒滚滑,战马立地不稳,因此战马连同金兵都摔倒被杀。

改征商税

陆九渊①知荆门军②,荆门两县置垒,藏库空竭,调度倚办商税。先是,日差使臣伺商人于门,检货给引,务③唯据引入税,出门又覆视,官收无几而出入之费已多。禁物亦或通行。商苦,多由僻途,务入日缩。九渊罢去之,即日揭示,俾④径至务。是日税立增。

【注释】

①陆九渊:字子静,号象山,抚州金溪(今属江西)人,书斋名“存斋”,故世人称存斋先生。南宋著名理学家、思想家和教育家,为宋明两代“心学”的开山之祖。 ②军:即军州,宋代设置的相当于州一级行政地方,一般设置于军事要地。 ③务:旧时收税的关卡。 ④俾(bǐ):使。

【译文】

陆九渊任荆门军(今湖北荆门、当阳一带)知州时,在荆门军下属的两个县设置了军事营垒，致使官府物资储备空竭，活动开支靠征收商税。在此之前，官府每天派人在城门外等候商人，检查商人的货物，发给路引，税务机关凭路引收税，出城门时又要复查。官府收入没有多少，花销却不少。官府的禁卖物品有时也得以通行。商人为此苦恼，多走偏僻的小路，税务机关的收入一天天减少。陆九渊把先前的规定都废除掉，并于当天张榜公告，让商人直接到税务机关交税。这一天的税收立刻增加了。

良吏标准

欧阳修曰："治民如治病。有一等医人，仆马鲜明，进退中度，案医书，述病证，口辨如倾，而病者服药不效；一贫医，无仆马，举止生疏，不能应对，然病儿服药即效。治民之吏犹是也，但民称便即为良吏矣。"

【译文】

欧阳修说："治理百姓就如同治病。有一类医生，仆从坐骑鲜明，进退符合规矩，征引医书，讲述病证，滔滔不绝，可是病人服了他开的药，不见效；也有一类穷医生，没有仆从坐骑，举止也不大老练，不能应对自如，可是病人服了他开的药马上见效。治理百姓的官员就如同这穷医生，只要百姓称赞的就是好官。"

冰操卷之二

钱布①薰心之场,节傲峨眉绝顶冰,溽暑不销,一片严凝②透骨;品高昆冈③千仞玉,纤埃弗染,连城温润无瑕。昔岳武穆④有言,文臣不爱钱,天下太平(一)。噫!微斯人,吾谁与归?纂冰操⑤第二。

【校勘】

(一)文臣不爱钱,天下太平:《宋史·岳飞传》载,"或问天下何时太平,飞曰:'文臣不爱钱,武臣不惜死,天下太平矣!'"此处夺"武臣不惜死"五字。

【注释】

①钱布:钱币。布,古代一种铲形的货币。　②严凝:严寒。③昆冈:即昆仑山。　④武穆:南宋抗金名将岳飞的谥号。⑤冰操:高尚纯洁的操守。

【译文】

钱财熏心的场所,节操能傲视峨眉山顶一片严寒透骨的冰雪,这冰雪溽暑之时也不融化;品德能高过昆仑山上价值连城、温润无瑕的美玉,这美玉纤尘不染。从前岳武穆说过,文臣不爱钱,天下太平。哎!假如没有这类人,我和谁同路呢?纂冰操第二。

四知太守

杨震①孤贫好学,称"关西孔子"。大将军邓骘②举之,累(一)刺史、郡守。门生③王密怀金夜馈。震以"四知"④辞,密愧而出。震子孙蔬食步行,或劝令开产,震曰:"使后世称清白吏子孙,所遗不既厚乎?"

【校勘】

(一)累:据《后汉书·杨震列传》,此字后夺一"迁"字。

【注释】

①杨震:字伯起,弘农华阴(今陕西华阴东)人,东汉时期名臣。 ②邓骘(zhì):字昭伯,南阳新野(今河南新野南)人,东汉时期外戚、将领,太傅邓禹之孙、和熹皇后邓绥之兄。 ③门生:东汉时指再传弟子。宋欧阳修《〈集古录〉跋尾·后汉孔宙碑阴题名》:"其亲授业者为弟子,转相传授者为门生。"科举考试及第者对主考官亦自称"门生"。 ④四知:亦作"四知金"。《后汉书·杨震列传》:"当之郡,道经昌邑,故所举荆州茂才王密为昌邑令,谒见,至夜怀金十斤以遗震。震曰:'故人知君,君不知故人,何也?'密曰:'暮夜无知者。'震曰:'天知,神知,我知,子知。何谓无知!'密愧而出。"后多用"四知"指廉洁自持、不受非义馈赠的典故。

【译文】

杨震幼年丧父,家境贫寒,好学不倦,后来被称为"关西孔子"。大将军邓骘推举了他,后来杨震官至刺史、太守。门生王密夜里怀揣金子馈赠,杨震以"四知"为由拒绝,王密惭愧退出。杨震子孙吃蔬菜(无肉食),徒步走路(无车坐),有人劝杨震为子孙置办产业,杨震说:"让后代被称为清白官吏的子孙,这份遗产不是已经很优厚了吗?"

清操弥厉

吴隐之①刺广州山海郡。二十里许,有泉曰"贪泉",言饮者必贪也。隐之径酌饮之,赋诗曰:"古人云此水,一饮(一)怀千金。试使夷齐[②]饮，终当不易心。”清操弥厉，归无余赀。为尚书，迁太仆[③]，以竹篷为屏风，家人并日而食，晏如[④]也。尝嫁女，只牵一犬出卖，萧然无营。

【校勘】

（一）饮：《晋书·良吏列传》作“歃”。

【注释】

①吴隐之：字处默，东晋濮阳鄄城（今属山东）人，曾任广州刺史等职，官至度支尚书，著名廉吏。 ②夷齐：伯夷与叔齐，商朝末年两个著名的高洁之士。 ③太仆：秦汉时主管皇帝车辆、马匹之官，后逐渐转为专管官府畜牧事务。 ④晏如：安宁，恬适。

【译文】

吴隐之到依山靠海的广州一带做刺史。离广州大约二十里，有一眼泉水被称为“贪泉”，传说人只要一喝，就一定会贪污。吴隐之径直取贪泉的水饮用，并作诗说：“古人云此水，一饮怀千金。试使夷齐饮，终当不易心。”此后，他清廉的节操更加突出，卸任回去的时候没有余资。做到（度支）尚书，升任太仆，拿竹篷做屏风，家里人只能两天吃一天的饭，吴隐之却很恬适。吴隐之曾经嫁女儿，也只是牵一条狗出去卖，陪嫁简陋，没有置办什么。

怀慎清俭

卢怀慎[①]清俭，不营产业。虽隆贵，得禄赐散亲故辄尽，妻子犹然寒饿也。既属疾[②]，宋璟[③]等候之，见弊[（一）]箦单席，门不具帷箔[④]。风雨至，举席自障。日晏，食蒸豆二器、酒数杯而别。及治丧，家无留储，老苍头请自鬻以举丧。明年，帝校猎鄠杜[⑤]间，望见慎宅，环堵[⑥]庳[⑦]陋，若有行营者。驰使问焉，报曰怀慎大祥⑧也。帝泫然为罢猎，赐缣帛。过其墓，碑表⑨未能立，停跸流涕（二），令苏颋⑩为文，帝自书之。

【校勘】

（一）弊：据《新唐书·卢怀慎传》，当为"敝"之误。

（二）涕：《新唐书·卢怀慎传》后有"诏官为立碑"五字。

【注释】

①卢怀慎：滑州灵昌（今河南滑县）人，唐玄宗时官至宰相，著名廉吏。 ②属疾：生病。 ③宋璟：字广平，邢州南和（今河北南和）人，唐玄宗时官至宰相，与姚崇齐名。 ④帷箔：帷幕和帘子。 ⑤鄠（hù）杜：都城长安附近的鄠县与杜陵。 ⑥环堵：四周环着每面一丈见方的土墙，形容狭小、简陋的居室。 ⑦庳（bì）：矮。 ⑧大祥：古时父母丧后两周年（即第二十五个月）举行的祭礼。 ⑨碑表：墓碑。 ⑩苏颋（tǐng）：字廷硕，唐朝京兆武功（今陕西武功）人，唐玄宗时官拜紫微侍郎、同紫微黄门平章事。

【译文】

卢怀慎清廉俭朴，不经营产业。虽然地位尊贵，但得到的俸禄和赏赐都散给了亲朋故旧，妻子儿女尚且受冻挨饿。生病后，宋璟等人来探视，见铺的席子单薄而破旧、门上没有帷幕和帘子。有风雨刮来，便举起席子遮挡自己。天晚了，宋璟等人只吃了两盆蒸豆，饮几杯酒就告别离去。到办丧事时，家里没有留下积蓄，老仆人请求卖掉自己来为主人办丧事。第二年，玄宗皇帝在鄠杜间打猎，望见卢怀慎宅第狭小低矮简陋，家人像在办什么事，就派人驰马前往询问。打探之人回来报告说，是举办卢怀慎的大祥祭祀。玄宗潸然泪下，停止了打猎，并赐绢帛。经过卢怀慎的墓地时，墓碑尚未能树立，玄宗停下车驾流泪，特令苏颋草拟碑文，玄宗亲自书写。

石璞罢宴

石璞①历官四十余年,清介如一日。乡人有为典史②归者,璞往省之,几上陈银器列金杯十余。璞问曰:“汝宦几年?”曰:“未满考③。”曰:“胡归乎?”曰:“刁民讼吾贪,夺职。”璞曰:“嗟夫!使我治汝,汝安得归哉?”拂衣出。

【注释】

①石璞:字仲玉,临漳(今属河北邯郸)人,明英宗朝官至兵部尚书。 ②典史:未入流的小官,主要负责缉捕和监狱。 ③满考:谓已达到考查官吏政绩的一定期限。一般三年为一考查期。

【译文】

石璞为官四十多年,清廉正直如一日。有个做典史的同乡落职还乡,石璞前去看望他,看到几案上陈列的银器金杯有十多件。石璞问道:“你做了几年的官?”那人说:“没满一考。”石璞说:“为什么(不做官)回乡呢?”回答说:“刁民诬告我贪污,被削了职。”石璞说道:“唉!要是我来惩治你,你还能还乡吗?”说完拂袖而去。

继宗胜伯起

杨继宗①守嘉兴。去日,张宁②送之曰:“杨伯起清白著闻,犹有金可却,公治郡,始终无一足敢暮夜及门者。”

【注释】

①杨继宗:字承芳,阳城(今属山西)人,明代清官中的佼佼者。 ②张宁:字靖之,号方洲,一作“芳洲”,海盐(今属浙江)人,明朝中期大臣,能诗画、善书法。

【译文】

杨继宗做嘉兴知府。离任那天,张宁送他说:“杨伯起(东汉名臣杨震字伯起)以清白著名,尚且有赠金可拒绝,你治理嘉兴,始终没有一个人敢趁夜色到您门上(赠金)。”

渊材谑富

彭渊材①游京十余年,家饘②不给,以书召归。布囊皆封绊,亲知庆曰:“可脱冻馁矣!”渊材喜见须眉,曰:“吾富可埒③国!”既开囊,乃李廷珪④墨一块,文与可⑤墨竹一枝,欧阳公《五代史》草藁⑥一巨束。

【注释】

①彭渊材:名几,字渊材,新昌(今江西宜春)人,北宋名士。②饘(zhān):稠粥。 ③埒(liè):等同。 ④李廷珪:五代时南唐易水(今河北易县)人。造墨名家。其所制墨,北宋以来推为第一。 ⑤文与可:名同,字与可,号笑笑居士、笑笑先生,人称石室先生,北宋梓州永泰(今属四川绵阳)人,著名画家、诗人。⑥藁:此同“稿”。

【译文】

彭渊材游历京城十多年,家里穷得连稠粥都喝不上,(家人)写信把他找回来。他带回一个捆扎得很紧的布袋子,亲朋庆贺说:“可以(凭借这个)摆脱受冻挨饿了。”彭渊材也满脸高兴,说:“我富可敌国。”打开布袋子后,竟然是一块李廷珪墨、一枝文与可墨竹、一大捆欧阳修写的《五代史》草稿。

自奉俭约

杨诚斋①退休南溪,数椽②仅蔽风雨,长须赤脚③才三四人。徐灵晖④赠诗云:“清得门如水,贫惟带有金⑤。”

【注释】

①杨诚斋：名万里，字廷秀，号诚斋，吉州吉水（今江西吉水）人，南宋杰出诗人。 ②数椽：几间屋。 ③长须赤脚：此指男仆和女仆。韩愈《寄卢仝》有句："玉川先生洛城里，破屋数间而已矣。一奴长须不裹头，一婢赤脚老无齿。" ④徐灵晖：名照，字道晖，一字灵晖，自号山民，永嘉（今浙江温州）人，南宋著名诗人，为"永嘉四灵"之一。 ⑤带有金：即金带，金饰的腰带。

【译文】

杨万里退休住在南溪（今福建南平），几间房屋仅遮蔽风雨，男女仆从才三四人。徐灵晖赠诗说："清得门如水，贫惟带有金。"

陆家郁林石

唐陆龟蒙①家姑苏，门有一巨石。乃远祖续（一）为郁林守，罢归无装，舟空难以越海，乃取一石以压舟，人号"郁林石"。

【校勘】

（一）续：按"续"为"绩"之误。此是指陆绩。陆绩，字公纪，三国时吴郡吴县（今江苏苏州）人，曾做过郁林太守。

【注释】

①陆龟蒙：字鲁望，号天随子、江湖散人，姑苏（今江苏苏州）人，唐代文学家。

【译文】

唐朝陆龟蒙家在姑苏，门前有块巨石。这是远祖陆绩曾经做郁林郡（辖今广西大部分）太守，离任时，没有装资，船空难以越海，用来压船的，人们把这石头称为"郁林石"。

凌冲还砚

宋凌冲①知含山县，一毫不妄取。秩满②，归装有一砚，冲视之曰："非吾来时物。"命还之。

【注释】

①凌冲：北宋吴县（今属江苏）人，宝元（宋仁宗年号）进士，少负才名，被王安石目为奇才，熙宁中任含山知县。 ②秩满：任期已满。

【译文】

北宋的凌冲做含山县（今属安徽）知县，一丝一毫的财务也不胡乱占有。任满离职时，归装当中有块砚台，凌冲看看说："这不是我来时带的东西。"派人送还。

去时犹似到时贫

宋张之才①知阳城县，清谨爱民。及去任，《辞汤庙②》诗云："一官来此四经春，不愧苍天不愧民。神道有灵应信我，去时犹似到时贫。"

【注释】

①张之才：北宋人，曾在山西阳城做县令四年，与著名词人贺铸同时，贺铸曾写有《赠张之才》诗。 ②汤庙：祭祀商汤王的庙。

【译文】

北宋的张之才到阳城县做知县，清廉谨慎，关爱百姓。等到离任时，他写的《辞汤庙》诗说："一官来此四经春，不愧苍天不愧民。神道有灵应信我，去时犹似到时贫。"

麦饭却饷

齐刘怀惠(一)为齐郡①太守。有饷新米一斛②者,刘出麦饭示之曰:“食有余,幸不烦此。”

【校勘】

(一)刘怀惠:据《南齐书》为“刘怀蔚”之误。刘怀蔚,字彦泰,为齐高帝心腹,著名的清廉之吏。

【注释】

①齐郡:南朝萧齐政权设置的侨郡(中国古代一种特殊的行政区划,是原有领土沦陷后在他地建立的侨制机构),郡治在瓜步(今江苏六合)。 ②斛(hú):中国旧量器名,亦是容量单位,一斛本为十斗,后来改为五斗。

【译文】

南齐刘怀蔚做齐郡太守。有人向他赠送一斛新下来的米,怀蔚拿出麦饭给他看说:“吃的东西还有余,幸而不用麻烦您送新米。”

甄彬还金

梁甄彬①尝以一束纻就长沙寺库质钱。后赎纻还,于纻中得五两金。彬送还,僧惊以金半酬之。彬坚不受,曰:“五月披羊裘而负薪,岂拾遗金者②耶?”

【注释】

①甄彬:南北朝齐梁间中山(今河北定县)人,做过南齐的郫县(今属成都)县令。 ②五月披羊裘而负薪,岂拾遗金者:语见黄姬水《贫士传》:“披裘公者,吴人也。延陵(今常州)季子(即季札,春秋时吴王寿梦第四子)出游,见路有遗金。公当夏五月,披羊裘负薪而过之,季子呼公取焉。公投镰于地,瞑目拂手而言曰:

‘子何居之高而视之下，貌之君子而言之野也。吾五月披裘而负薪，岂取遗金者哉？’季子知其为贤者，请问姓字。公曰：‘吾子皮相之士，何足语姓字也！’遂去。”

【译文】

梁朝甄彬用一束苎麻布到长沙寺库抵押换了一些钱用。后来他把苎麻布赎回，在苎麻布里有五两金子。甄彬将金子送还，管事的和尚非常吃惊，愿意拿一半金子酬谢他。甄彬坚决不肯接受，说：“五月天气仍然穿着羊皮袄背柴草的人，难道是拾遗金的人吗？”

曾子拒邑

曾子①衣敝衣以耕于野，鲁君使人往致邑焉，曰：“请以此修衣。”曾子不受。使者曰：“不求自献，奚为不受？”曾子曰：“参闻受人者畏人，予人者骄人。纵子不我骄也，我能勿畏乎？”

【注释】

①曾子：名参，字子舆，春秋末期鲁国南武城（今属山东）人，孔子高足，被后世尊奉为“宗圣”。

【译文】

曾子穿着破旧的衣服在田野里耕地，鲁国国君派人送给他一块封地，说：“请先生用来置办衣服吧。”曾子不接受。使者说：“这不是先生向人索取的，是国君主动给你的，为什么不接受？”曾子说：“我曾参听说接受别人馈赠的人就会害怕馈赠者，给了人家东西的人，就会对接受东西的人显露骄傲的神色。即使国君不对我显露骄傲的神色，我能不因此害怕他吗？”

却马还金

张奂①击南匈奴左薁鞬②等，破降之。羌豪遗奂马二十匹，金鐻③八枚。奂以酒酹④地，曰："使马如羊，不以入厩；使金如粟，不以入怀。"悉还之。

【注释】

①张奂：字然明，敦煌渊泉人（今甘肃瓜州县东）人，东汉时期名将、学者。 ②薁（yù）鞬（jiān）：匈奴贵族的封号。 ③鐻（jù）：古代一种像钟的乐器。 ④酹（lèi）：把酒洒在地上表示祭奠或起誓。

【译文】

张奂攻击南匈奴薁鞬等部，打败了他们，迫使他们投降了。羌族首领赠送给张奂二十匹马，八枚金鐻。张奂把酒浇到地上起誓，说："即使马像羊一样多，我也不会把它们收入马厩；即使金器像谷粒一样多，我也不会把它们收入怀中。"把马和金鐻都还了回去。

思光居处

张思光①给假东出。世祖②问："卿住在何处？"答曰："臣陆处无屋，舟居非水。"后日上以问其从兄思曼③，思曼曰："融近东出，未有居止，权牵小船，于岸上住。"

【注释】

①张思光：即张融，字思光，吴郡（今江苏苏州）人，南朝齐文学家、书法家。 ②世祖：南朝齐武帝萧赜（zé）的庙号。 ③思曼：即张绪，字思曼，吴郡吴县（今苏州）人，官至南齐中书郎。

【译文】

张思光被朝廷准假到东方去。（回来后，）世祖问："爱卿路上住在什么地方?”张思光回答说:“我住在陆上却没有房屋,住在船上,不在水上。”后来有一天,皇上拿这话来问张思光的堂兄张思曼,思曼说:“张融近来向东方去,没有住处,权且拉一小船,在岸上住。”

无地起楼台相公

寇莱公[①]出入宰相三十年,不营私第。处士[②]魏野[③]赠诗曰:“有官居鼎鼐[④],无地起楼台。”公南迁时,北使至内宴,历视诸宰执[⑤],语译者曰:“孰是无地起楼台相公?”

【注释】

①寇莱公:即寇准,字平仲,华州下邽(今陕西渭南)人,北宋著名宰相、诗人,爵封莱国公,谥忠愍,故后人多称寇莱公或寇忠愍。 ②处士:有才学而隐居不做官的人。 ③魏野:字仲先,号草堂居士,原为蜀地人,后迁居陕州(今河南陕县),北宋诗人。④鼎鼐(nài):比喻宰相的职位。因古代宰相治理天下,揆度百事,就如同在鼎中调味一般,故称为“鼎鼐”。鼐,大鼎。 ⑤宰执:掌政的高官,一般指宰相。

【译文】

寇莱公做官三十年,两次做宰相,不置办个人宅邸。隐士魏野赠诗说:“有官居鼎鼐,无地起楼台。”寇准被贬到南方时,北方辽国的使臣到朝中,在宴会上,遍视各位执政的高官,对翻译的人说:“谁是无地起楼台宰相?”

一钱太守

东汉刘宠[①]为会稽太守。桓帝[②]延熹[③]中,征为将作大匠[④]。有父老数人庞眉皓发[⑤],从山谷间出,人赍百钱以送宠,曰:“他守时吏发求民间,至夜不绝。明府下车以来,犬不夜吠,民不识吏。今闻弃去,故自扶送。”宠曰:“吾政何能及公言耶?勤苦父老!”为人选一大钱受之。梁东阳太守谢谖[⑥],秩满去官,人送钱一万,止留一百,答曰:“数多刘宠,更以为愧。”

【注释】

①刘宠:字祖荣,东莱牟平(今山东烟台牟平)人,东汉著名廉吏。 ②桓帝:即汉桓帝刘志。 ③延熹:汉桓帝刘志的第六个年号。 ④将作大匠:职掌宫室、宗庙、陵寝等土木营建的官名。 ⑤庞眉皓发:眉毛黑白杂色,头发雪白。形容老人相貌。庞,同“厐”,杂色。皓,洁白。 ⑥谢谖:陈郡阳夏(今河南太康)人,南朝梁时官居东阳(郡治在今金华婺城)太守。

【译文】

东汉刘宠做会稽(郡治在今浙江绍兴城区)太守。桓帝延熹年间,刘宠被征召为将作大匠。有几个眉毛黑白杂色、头发雪白的百姓从山谷里走来,每人带了一百个钱来送给刘宠,说道:“其他郡守在任时,派官吏到民间不停征求东西,到夜里都不停止。自您上任以来,百姓晚上听不到狗叫,不认识官吏。如今知道您要离去,所以我们相互搀扶着来送您。”刘宠说:“我的政绩哪里有你们说的那样好啊?让你们辛苦了!”为不拂父老盛情,刘宠收了每人一个大钱。南梁的东阳太守谢谖任满离职时,百姓送钱一万,他只留下百钱,回复说:“我取的钱数比刘宠多了,很是惭愧。”

取芋偿值

宋[(一)]何随[①]为安汉令。去官时,巴土饥,送吏取民芋以自给,随即以绵系其处偿直。后民视芋见绵,相与语曰:“闻何安汉清廉,必此人也。”

【校勘】

(一)宋:考《华阳国志》,何随为三国及西晋初期时人。

【注释】

①何随:字季业,蜀郡郫(今属四川成都)人,蜀汉时做过安汉(今四川南充)令,晋武帝太康年间曾任江阳(治所在今泸州)太守。

【译文】

蜀汉时何随做安汉县县令。离职时,巴蜀一带闹饥荒,护送何随的小吏以(道路旁)百姓的芋头充饥。何随就用丝绵系在取芋头处来偿还芋头的价值。百姓到地里看芋头时发现丝绵,相互说:"听说安汉何县令为官清廉,一定是此人。"

嗜鱼拒鱼

公仪休①相鲁。客有遗鱼者,休不受。客曰:"闻君嗜鱼,何故不受?"休曰:"以嗜鱼,故不受也。今为相,能自给鱼;若受鱼而免,谁复给我鱼者?"

【注释】

①公仪休:春秋时期鲁国的博士,凭才学优异做过鲁国国相。

【译文】

公仪休做鲁国国相。有位客人送鱼给他,公仪休不接受。客人说:"听说您极爱吃鱼,为什么不接受呢?"公仪休回答说:"正因为极爱吃鱼,所以才不能接受。现在我做国相,自己还买得起鱼吃;如果收下你的鱼而被罢免了相位,谁还供给我鱼吃呢?"

不动赠金

宋太祖(一)闻中丞①刘温叟②清介,遣吏赐以钱五百千。

叟受，封于西舍。次年重午，送角黍、纨扇，所遣吏即前送钱者，见西舍封识宛然[③]。

【校勘】

（一）宋太祖：查《宋史》，送刘温叟钱物的不是宋太祖，而是太祖朝被封为晋王的赵光义（后来的太宗皇帝）。刘温叟不动用晋王送来的钱可能更多的是出于政治上谨慎的考量。

【注释】

①中丞：此处是指御史中丞。 ②刘温叟：字永龄，河南洛阳人，历仕后唐、后晋、后汉、后周、北宋五朝，官至御史中丞，在朝中身居要职，素以清廉著称。 ③封识（zhì）宛然：封装的记号还是原来那个样子，形容没有动过。识，记号，标识。

【译文】

宋太宗赵光义当初任晋王时，听说刘温叟清廉正直，派吏人赐钱五十万。刘温叟接受下来，封存放在西舍中。第二年端午节，赵光义又派人送去角黍、纨扇，所派的人正好是以前送钱的人，他看见西舍的钱封记还像当初一样。

系丝于梁

鬲令袁毅贿朝臣以营誉。尝遗山涛[①]丝百斤，涛不欲为异，受之，纳于梁上。后毅事发，涛于梁上取丝付吏。丝已数年，尘埃黄黑，封印如初。

【注释】

①山涛：字巨源，河内怀县（今河南武陟西）人，三国曹魏及西晋时期名士，“竹林七贤”之一。

【译文】

鬲县（治今山东平原北）县令袁毅贿赂朝臣谋取声誉。他曾经送给山涛百斤丝，山涛不想表现得与众不同，就接受了，把丝拴到梁上。后来，袁毅的事情败露了，山涛从梁上把丝取下交给办案的官员。丝已经保存了好多年，上面满布黄黑色的尘埃，封印完好无损。

无敢馈赠

顾常侍①清介特操。为廷尉正②时，冬服单薄，寺卿③蔡子度(一)谓人曰："我欲解身上繻(二)与顾郎，恐顾郎难衣食者。"竟不敢遗之。

【校勘】

(一)蔡子度：据《梁书》，当为蔡法度之误。蔡法度，南朝济阳(今河南兰考)人，梁武帝时任尚书删定郎，制定律令。

(二)繻：据《南史·顾协传》，当为"襦"之讹。

【注释】

①顾常侍：即顾协，字正礼，南朝吴郡吴县(今江苏苏州)人，梁时官至员外散骑常侍，谥为温子。　②廷尉正：掌议狱，正科条。　③寺卿：九寺大卿的简称。汉称太常、光禄勋、卫尉、太仆、廷尉、大鸿胪、宗正、大司农、少府的长官为九寺大卿，以后各朝名称略有不同。亦泛指显官。此处是指廷尉。

【译文】

顾常侍清廉正直，品行突出。他做廷尉正时，冬天穿的衣服很单薄，廷尉蔡法度对人说："我愿把身上的短袄脱下来送给顾郎，又恐怕顾郎难为送衣服送食物的人。"最终蔡法度也没敢把短袄送给他。

俭约自奉

北魏高允①拜中书令②，历事五帝，出入三省③五十年。魏主幸其第,惟草屋数间,布被缊袍,厨中盐菜而已。赐以粟帛,拜其子悦为郡守,允固辞。帝重允,常称为“令公④”,而不名。

【注释】

①高允:字伯恭,渤海蓨(tiáo)县(今河北景县)人,南北朝时期北魏大臣,著名文学家。 ②中书令:中书省之长官,属于宰相职。该职务清贵华重,常用有文学才望者担任。 ③三省:中书省、门下省和尚书省,分别负责起草诏书、审核诏书和执行政令。三省长官相当于宰相。 ④令公:对中书令的尊称,中唐以后,节度使累加中书令、尚书令,使用渐滥,皆以令公称之。

【译文】

北魏高允官拜中书令,曾经侍奉过五位皇帝,做官五十年,多次做宰相。魏主幸临高允家,看到只有几间草屋,布制的被子,麻絮做的袍子,厨房中只有盐菜罢了。皇帝赐给他粮食和锦缎,让他的儿子高悦做郡守,高允坚决推辞。皇帝很尊重高允,常称他为“令公”,而不直呼其名。

谑舞嘲贪

商则①为廪丘尉,性廉,令丞多贪。因宴会舞,令丞舞皆动手,则但回身。令问故,则曰:“长官动手,赞府②亦动手,尉一个更动手,百姓何容活邪?”

【注释】

①商则:唐朝人,曾任廪丘(古县名,治所在今山东郓城)尉,曾在宴会上嘲令、丞之贪。《全唐诗》收其两句诗:“令丞俱动手,县尉止回身。” ②赞府:唐人对县丞的尊称,亦称“赞公”。

【译文】

商则当廪丘县尉,生性清廉,而县令县丞很贪婪。一次宴会时大家翩翩起舞，县令县丞都手舞足蹈，而商则仅仅转圈罢了。县令问缘故，商则回答说："县令动手，县丞也动手，一个尉又要动手的话，老百姓还能活吗？"

俭约超脱

刘公大夏自户部侍郎予告①归，构草堂傍先茔，读书其中，作《东山赋》以见志。平生不通请托，薄田仅供衣食。里邻或肆侵夺，任弗与争。公言："财货须务农服贾②，凡力得者获用；其余易致之物，终非己有，子孙视之亦不甚惜，况官货③悖入④者乎？"后起大司马，归仍居草堂，再著《东山后赋》。戴笠乘驴，往来山水间。

【注释】

①予告：带职休假。　②服贾（gǔ）：经商。　③官货：公家钱财。　④悖入：用不正当的手段取得财物。

【译文】

刘大夏从户部侍郎任上休假回家，在祖先的坟茔旁建了一所草堂，在其中读书，创作了《东山赋》来表明自己的心志。平生不为人以私事相嘱托，薄田仅够供给衣食。乡邻有人肆意侵夺刘大夏的田产，他由着他们去做，不与他们争斗。刘大夏说："钱财必须从务农经商而来，凡是出大力得来的钱财才受用；其余容易得到的东西终归不属于自己，子孙看待这些易得的东西也不会太爱惜，何况本来是公家的钱财而用不正当手段得来的呢？"后来，他被起用，任大司马，退休归家后，仍居先前的草堂，又创作了《东山后赋》。他戴着斗笠，乘着驴子，在山水间往返游玩。

农人自处

吴公琳[①]入吏部,以致仕[②]家居。上尝遣使察之,使者潜至公旁舍,见一农人坐小几,拔秧布田[③],貌甚端。使者问曰:“此有吴尚书,家何在?”公敛手对曰:“琳是也。”使白状,上重之,复召为原官。

【注释】

①吴公琳:即吴琳,公为尊称。吴琳,字孟阳,明朝黄冈(今属湖北)人,朱元璋时官至吏部尚书。 ②致仕:退休或辞职。③布田:插秧。

【译文】

吴琳进入吏部后,辞职家居。皇上(朱元璋)曾派人来察看他,使者悄悄地来到吴公家附近,看到一个农夫坐在小几上,拔苗插秧,样子很端庄。使者问道:“这附近有位吴尚书,他家在哪里啊?”吴公敛手作礼回答说:“我就是吴琳。”使者汇报了这事,皇上很敬重他,又召他官复原职。

淳朴率真

黄公卷[①]解绂[②]归,驱家众田作,与妻操杵臼,作饮食,躬荷而馌[③]之。尝假农具邻舍,邻舍欲舁送之。公曰:“假我具甚幸,奈何又妨汝务?”遂自肩如田。公性故孤介[④],而甚好客。客至座,已徐起临庖,服犊鼻衣治具[⑤]。治毕,乃盥手更衣出,率以为常。耿先生[⑥]一日偕周元孚[⑦]候公,公与纵谈名理[⑧],因及疆场时事,奋然有请缨[⑨]之志,移日不辍。已有婢从屏间禀曰:“烹鸡熟矣,请割。”时剧谈方适,公曰:“少需[⑩]。”如是者三，而公谈益剧，乃命婢曰："汝姑自割。"既供馔出，胾⑪肋狼藉，不为意也。先生退谓元孚曰："吾与子游羲皇⑫世矣！"相与嗟叹不置。

【注释】

①黄公卷：即黄卷，字景文，号万崖，麻城（今属湖北）人，生活在明朝嘉靖至万历间，曾做过陕西按察司副使。 ②解绂（fú）：解下印绶，指辞官。绂，指古代系印纽的丝绳。 ③馌（yè）：给在田间耕作的人送饭。 ④孤介：耿直方正，不随流俗。⑤治具：置办宴客所需的物品。 ⑥耿先生：即耿定向，黄安（今湖北红安）人，字在伦，号天台，万历时官至户部尚书，著名学者。⑦周元孚：即周宏禴（yuè），明代麻城（今属湖北）人。举万历二年甲戌进士，历官户部主事、顺天通判、尚宝司少卿（掌天子符印的官吏）、监察御史等。 ⑧名理：特指魏晋及其后清谈家辨析事物名和理的是非同异。 ⑨请缨：《汉书·终军传》载，汉武帝派遣终军出使南越，欲说服南越王归顺，终军自请"愿受长缨，必羁南越王而致之阙下"。缨，绳索。后因以"请缨"指投军杀敌。⑩少需：稍微等待。 ⑪胾（zì）：切成的大块肉。 ⑫羲皇：即伏羲，我国古代传说中的帝王。

【译文】

黄卷辞官归家，督促家里人种田，和妻子亲手持杵臼舂米，做饭，亲自挑着去田间送饭。黄卷曾经向邻居借农具，邻居想抬着给他送过去。黄卷说："借给我农具已很庆幸了，怎么能又耽误你的事呢？"于是自己把农具扛到田里。黄卷耿直方正，不随流俗，可是又非常好客。客人到了，入座后，黄卷慢慢起身到厨房，系上围裙置办宴客的菜肴。菜肴整治完毕，就洗手换衣服出来，这是常有的事。耿先生一天和周元孚一起来探望黄卷，黄卷非常高兴，尽兴谈论有关名理的学问，顺便谈到战场和时政的事，激动奋发，流露出主动投军请战的想法,谈了好久也不疲倦。已有婢女从屏风间报告说:“鸡已经炖熟了,请把鸡切开。”当时谈得畅快尽兴,黄卷说:“稍等一下。”像这样好多次,可黄卷谈得越发畅快,于是命令婢女说:“你姑且自己切吧。”等到把招待的饭菜拿出来,看到切的鸡肉块和鸡骨乱七八糟,黄卷也不放在心上。耿先生回去对周元孚说:“我和你今天有幸到伏羲(淳朴)的时代游玩了。”两人一起赞叹不已。

廉动宸听

轩輗①为浙江宪使②,四时一布袍,蔬食不厌。天顺③间,擢大司寇④,请告⑤陛辞⑥。上问公曰:“昔浙江廉使考满归家,仅二竹笼,是汝乎?”公顿首谢。

【注释】

①轩輗(ní):字惟行,明朝鹿邑(今河南鹿邑)人,官至刑部尚书、左都御史。 ②宪使:提刑按察使的简称,主管一省的刑名、诉讼事务。 ③天顺:明英宗朱祁镇经夺门之变二次登基后的年号。 ④大司寇:古代掌管司法和刑狱的大臣,后世经常称刑部尚书为大司寇。 ⑤请告:请求休假或退休。 ⑥陛辞:指朝官离开朝廷,上殿辞别皇帝。

【译文】

轩輗做浙江提刑按察使时,一年四季穿一件布袍,每天以素食充饥也不厌烦。天顺年间,被提拔为刑部尚书,轩輗因告假向皇帝辞行。皇帝问轩輗:“从前浙江有个廉洁的按察使任满回家,行李仅有两个竹笼,是你吗?”轩輗磕头谢恩。

廉比晏婴

晏婴①豚肩②不掩豆③,狐裘三十年,身处湫隘④,而待以举火者三百余家。范仲淹恩隆九族,遍及亲疏,而罢官之日,不能具还装,至鬻一罢⑤马以行。

【注释】

①晏婴:字仲,谥平,习惯上多称平仲,又称晏子,夷维(今山东高密一带)人,春秋时期著名政治家、思想家、外交家。 ②豚肩:猪脖子旁边前腿上边的部分。 ③豆:古代一种盛食物的器皿,形似高脚盘,或有盖,多陶制,也有青铜制或木制涂漆的。后世也作礼器。 ④湫(jiǎo)隘:低洼狭小。湫,又低又湿。⑤罢:通"疲"。

【译文】

(齐相)晏婴(祭祀时)豚肩盖不住豆,一领狐皮大衣穿了三十年,住的地方低洼狭小,可是靠晏婴俸禄烧火做饭的有三百多家。范仲淹恩德厚及九族,遍布亲疏,可是罢官的那天,穷得不能办理回家的行装,直到卖了一匹又老又瘦的马才得以成行。

廉直之官难为

房琯①、杨绾②、裴休③、李沆④、范仲淹、赵抃⑤、司马光虽为相,犹清约如寒士。今缙绅一登籍⑥转盼富盛,良田华屋,僮奴百千,习以为常。利厚官高,则是能品;寒俭有官,犹免姗笑;公廉肮脏⑦,官与利两丧,则称大拙。妻孥尤之,亲朋笑之,殆无以自托于乡里。自非天挺⑧孤标⑨,鲜不从风而靡矣。

【注释】

①房琯(guǎn):字次律,河南(治今河南洛阳)人,玄宗后期肃宗初期曾为宰相。 ②杨绾(wǎn):字公权,华州华阴(今陕西华阴)人,唐代宗时名相,谥号文简。 ③裴休:字公美,孟州济源(今属河南)人,唐宣宗时名相。 ④李沆:字太初,洺州肥

乡(今属河北)人,宋真宗时名相,谥号文靖,后世多称李文靖公。⑤赵抃:字阅道,号知非子,衢州西安(今浙江衢州)人,宋神宗时官至宰相,做过殿中侍御史,人称“铁面御史”。 ⑥登籍:又称“通籍”,指初做官,意谓朝中已有了名籍。 ⑦肮(kǎng)脏(zǎng):高亢刚直的样子。 ⑧天挺:天生卓越超拔。 ⑨孤标:风度格调出众。

【译文】

房琯、杨绾、裴休、李沆、范仲淹、赵抃、司马光虽然做宰相,尚且清廉节俭像是贫寒之士。现在的读书人一旦做官,转眼间就变得富有气派,拥有肥沃的田地、华美的房屋、千百的奴仆,这被看成是常事。获利丰厚,官职显赫,被认为是能干的人;贫素节俭保有官位,尚且免于被讥笑;公正廉洁、刚直不屈,官位和实利都没保住,就被认为是太笨拙。这样的官,连妻子儿女都责备,亲朋好友都嘲笑,几乎无法在家乡立身。如果不是天生的风度格调卓越超拔,少有不望风而倒的。

宰相常死于财货

诸葛孔明为相,惟城(一)都八百桑。唐元载①为相,及其败也,籍②其家,胡椒八百斛。呜呼!人以百年之身,天假以年,不过八十、九十,计其得志,不过三四十年而已。岂有三四十年之间能食胡椒八百斛之理?亦愚矣哉!自古居相位者,何尝死于饥寒?而常死于财货,可笑也!

【校勘】

(一)城:当为“成”之误。

【注释】

①元载:字公辅,凤翔府岐山(今属陕西)人,唐代宗时官至

宰相,因贪腐被赐死。 ②籍:造册登记。

【译文】

诸葛孔明做西蜀宰相,身后家产只有成都郊外的八百棵桑树。唐朝的元载做宰相,等到事败的时候,登记他的家产,光胡椒就有八百斛。唉!人活一辈子,老天让其长寿,不过八九十岁,其中得志的时日算起来不过三四十年罢了。难道有三四十年间能吃完八百斛胡椒的道理吗?也太愚蠢啦!自古做宰相的,何曾有因饥寒而死的?可是常有因贪婪财货而死的,可笑啊!

封还夏布

刘公球①事兄甚谨,同居合食,始终无闲言。从弟②玭为莆田令,奉夏布一匹。即日封还,贻书戒之曰:“守清白以光前人,此非所望于贤弟者。”其家法如此。

【注释】

①刘公球:即刘球,字廷振,安福(今属江西)人,明英宗时著名谏臣,有《两溪文集》传世。 ②从弟:唐宋以来一般指共祖父不共父亲而年幼于己的同辈男性,即现在所谓的堂弟。

【译文】

刘球侍奉兄长很是恭谨,同住同食,始终没有什么闲话。堂弟刘玭(pín)做莆田县令,送给他一匹夏布。刘球当日封好送还,写信告诫刘玭说:“应该守着清白的品格来给先人增光,送布匹这样的事并不是我期望贤弟做的。”他家的家法就是这样。

临终拒米

定庵曹先生①居广富林②,年九十四(一)。将终时,郡守孔公送米一石,使者失辞云:“太守敬老大人米不佳,责铺换送。”先生云:“平生不害百姓,今垂殁,乃以我故害百姓耶?”因手书辞云:“老夫不食三日矣,恐虚大人之赐,谨辞。”

【校勘】

(一)年九十四:曹时中生于明朝宣德七年(1432),卒于明正德十六年(1521),只活了九十岁。

【注释】

①定庵曹先生:即曹时中,初名节,以字行,号定庵,又号宜晚居士,明朝华亭(今上海松江)人,成化五年(1469)进士,官至浙江按察副使,以诗名,尤工书。 ②广富林:今上海市松江区方松街道广富林村。

【译文】

曹定庵先生住在广富林村,已经九十岁了。临终前,一位姓孔的知府送给他一担米。送米的人失言说:“知府敬送老大人的米不好,责令米铺换米。”曹先生说:“我平生不妨害百姓,现在快死了,竟然要因我的缘故妨害百姓吗?”于是写下拒绝的话:“我已经三天不能吃饭了,担心白费了大人的赏赐,我恭敬地将米退回。”

之彦释钱

李之彦[①]云:“尝玩‘錢’字,旁上着一‘戈’,下着一‘戈’,真杀人之物,而人不悟也。然则两戈争贝,岂非‘賤’乎?”

【注释】

①李之彦:号东谷,南宋永嘉(今浙江温州)人,有《东谷所见》一书传世。

【译文】

李之彦说:“曾经玩味‘錢’字,字的一边,上有一‘戈’字,下有一‘戈’字，真是杀人的东西，可是人们不醒悟。既然这样，那么两‘戈’争‘贝’，难道不是‘贱’字吗？”

举措之前明“三业”

举而措[①]之天下之民，谓之事业；举而措之一家之人，谓之产业；举而措之害天下之民以利一家之人，谓之冤业。以产业作事业，人怨之；以产业作冤业，天殛[②]之。

【注释】

①措：安放。　②殛(jí)：杀死。

【译文】

行为为天下百姓，这叫事业；行为为一家之人，这叫产业；祸害天下百姓来使一家之人获得好处，这叫冤业。为了产业而干事业，会招人怨；为了产业而干冤业，会遭天杀。

积德凝祥

钱癖者，只为子孙计久远，不知多少痴豪而灭门，多少清白而发迹。矧[①]福禄有数，多得不义之财，留冤债[②]与子孙偿，非福也。至于立庙祀，赡宗族，救穷亲，固是美事，然有欲速[③]尽美之心，则悖入必甚。何如积德凝祥、官久自富之为绵远哉？

【注释】

①矧(shěn)：何况。　②冤债：谓造孽必有报应，犹如欠债。③速：求取。

【译文】

有钱癖的人，只为子孙考虑长远，不知道有多少糊涂的富豪被灭门,有多少清白的人发迹。何况福禄是有天数的,多得不义之财,留下冤债让子孙来偿还,不是福分。至于建庙祭祀,赡养同宗族的人,救助贫穷的亲戚,本来是好事,可是求取让所有人赞美的心太盛,那不合理的收入必然很多。哪里赶得上行善积德、官运长久、家庭自富绵长悠远呢?

廙无赠帘

左丞相(一)李廙①,有清德。其妹,刘晏②妻也。晏方秉权,尝造廙,延至寝室。见其门帘甚敝,乃令人潜度广狭,以鹿竹(二)织成,加(三)缘饰,将以赠廙。三携至门,不敢发言而去。

【校勘】

(一)左丞相:据《唐国史补》载,李廙的官职是尚书左丞,而尚书左丞是丞相的佐贰官,并不是左丞相。

(二)鹿竹:据《唐国史补》,当为"粗竹"之误。

(三)加:据《唐国史补》,此处应为"不加",夺一"不"字。

【注释】

①李廙(yì):字敬叔,李唐宗室,祖籍陇西,唐肃宗、代宗时,官居道州(今湖南永州一带)刺史、给事中、尚书左丞等职,有清德。　②刘晏:字士安,曹州南华(今山东东明东北)人,唐玄宗、肃宗、代宗、德宗四朝长期担任财务要职,杰出的理财专家。

【译文】

尚书左丞李廙,有清廉的美德。他的妹妹是刘晏的妻子。刘晏当时正掌权,曾经到李廙宅拜访,李廙请他到室内坐。刘晏看到李廙的门帘十分破旧,就命令手下偷偷地测量门的长和宽,然后用没打磨过的竹子编成帘子,帘子的边缘不加修饰,准备把它送给李廙。刘晏多次带帘子去李廙家,都没敢提这件事就离开了。

清德绝人

杨诚斋司漕江东①，有俸给万缗②留库中，弃之而归。子东山③帅五羊，以俸钱七千缗代下户输租。其家短椽土阶，如田舍翁，三世无增饰。史良叔④守庐陵，官满来访，入门升堂，目之所见，无非可敬、可仰、可师法者，因命画工图之而去。

【注释】

①江东：即江南东路，中国宋朝的地方行政区之一，相当于今天江苏省、安徽省长江以南大多数土地，民间称为江东或江南，首府位于江宁府（今南京），为当时最繁荣的路之一。 ②缗（mín）：货币单位，指成串的铜钱，每串一千文。 ③东山：即杨长孺，字伯子，号东山，吉州吉水（今属江西）人，杨万里长子，南宋宁宗时曾做广东经略安抚使兼知广州。 ④史良叔：即史弥忠，字良叔，南宋鄞县（今宁波）人，官至提举福建常平茶盐。

【译文】

杨诚斋在江南东路主管漕运时，把万贯的俸禄留在官库中，分文未取就回了家。（他的儿子）杨东山在五羊城（今广州）做经略使时，拿七千贯钱的俸禄为贫寒的农户交租税。杨家房子简陋，台阶是土做的，就像乡巴佬，三代没有增建修饰房屋。史良叔做庐陵（今江西吉安）知州，任期结束时来访，进门登堂，所见无不是值得尊敬、值得敬仰、值得学习效法的，于是命令画工画下来带着离去。

镇俗移风

杨文贞（一）公绾拜相制下，士相贺于朝。御史中丞①崔宽②本豪侈，城南别墅池馆堂皇，为当时第一，即日遣人毁之；京兆尹③黎幹④出入驺驭⑤百数，省损才留十余骑；中书令⑥郭子仪⑦在邠州行营方大会,除书⑧至,音乐散五之四。他闻风靡然自化者,不可胜纪。

【校勘】

(一)文贞:据《新唐书》,杨绾的谥号为“文简”,并非“文贞”。

【注释】

①御史中丞:本来为御史大夫的次官,或称御史中执法,秩千石,隋唐时为监察官员的长官。 ②崔宽:贝州安平(今属河北)人,唐代宗时任御史中丞。 ③京兆尹:汉代本为三辅(治理京畿地区的三位官员,即京兆尹、左冯翊、右扶风)之一,后世习惯上用以称呼京师所在地行政长官。 ④黎幹:戎州(今四川宜宾)人,唐代宗时任京兆尹、兵部侍郎、刑部侍郎等职。 ⑤驺驭:驾驭车马的侍从。 ⑥中书令:隋唐时期为中书省之长官,属于宰相职。此为郭子仪加官,实则不预朝政。 ⑦郭子仪:唐朝名将,华州郑县(今陕西华县)人,官至兵部尚书、太尉兼中书令,曾出任天下兵马副元帅,封汾阳郡王,被德宗李适尊为“尚父”。⑧除书:拜官授职的文书。

【译文】

文简公杨绾拜相的诏书下达,朝士们相互在朝堂上庆贺。御史中丞崔宽生性喜欢豪华奢侈,他在长安城南的别墅池塘馆阁建得富丽堂皇,在当时数第一,杨绾在拜相的当天就派人去拆毁了这别墅;京兆尹黎幹出入的车马随从数百,为杨绾拜相减少到只剩下了十多个骑从;中书令郭子仪在邠州(治所在今陕西彬县)行营正大宴宾客,听说杨绾的任命书到了,立即把演奏音乐的人员裁减了五分之四。其他闻风由奢华向俭约自我转化的,多得记不过来。

不用无名钱

罗景伦(一)曰:“士大夫若爱一文,不值一文。”陈简斋①诗云:“从来有名士,不用无名②钱。”杨伯子东山③先生尝为予④言:“士大夫清廉,便是七分人了。”盖公忠仁明,皆自此生也。

【校勘】

(一)罗景伦:“伦”乃“纶”之误。罗景纶,即罗大经,字景纶,号儒林,又号鹤林,南宋吉州吉水(今属江西)人,著名学者,有笔记体著作《鹤林玉露》行世。因为古人的名与字总有内在的关系,“景纶”是对“大经”的解释,“景”与“大”相对,“纶”与“经”相对,而“伦”与“经”没有直接的关系。罗大经《鹤林玉露》卷十四:“士大夫若爱一文,不直一文。陈简斋诗云:‘从来有名士,不用无名钱。’”盖“纶”与“伦”因形近致误。

【注释】

①陈简斋:即陈与义,字去非,号简斋,洛阳(今属河南)人,北宋末南宋初诗人、词人。 ②无名:来路不正。 ③杨伯子东山:见《清德绝人》注释“东山”条。 ④予:此则采编自南宋罗大经的《鹤林玉露》,故当代指罗大经。

【译文】

罗景纶说:“士大夫若爱一文钱,就不值一文钱。”陈简斋有诗句说:“从来有名士,不用无名钱。”杨伯子东山先生曾经对我说:“士大夫清廉,便是七分人了。”大概公正、忠诚、仁慈、明达都由廉洁生发出来。

王琦固穷

佥事①王奇(一),居官清白,家无担石之储②,衣敝以纸补隙。大祲[3]，朝夕不给。冬暮大雪连旬，僵卧不能出门户，人有馈者，非故旧不受，故旧馈数，亦却之。

【校勘】

（一）王奇：据《蓬轩类记》，乃“王琦”之误。王琦，字文进，仁和（今浙江杭州一带）人，明英宗正统年间任山西按察佥事。

【注释】

①佥（qiān）事：明代为辅佐按察使、分领各项事务而设的属官，品级为正五品。其职责及人数不定，以具体所领事务为准，如有分领提学、驿传、清军、分巡、兵备等。 ②担石之储：指储粮很少。 ③大祲（jìn）：严重歉收，大饥荒。

【译文】

佥事王琦，居官清白，家里没有多少储备的粮食，衣服破了用纸来补。大荒之年，食物不能保障早晚供给。穷冬时节，大雪连下多天，王琦躺在家里，不能出门，有人赠送他衣食，赠送的人如果不是亲朋故旧，就不接受，即便是亲朋故旧，赠送的次数多了，王琦也拒绝。

敬则安贫

唐朱敬则[1]，为冉祖雍[2]诬奏，贬涪州刺史。既明其非罪，改庐州。代还[3]，无淮南一物，所乘止一马，子曹步从以归。

【注释】

①朱敬则：字少连，亳州永城（今河南永城）人，史学家，唐高宗时曾任右补阙，谥曰元。 ②冉祖雍：酉阳（今重庆东南部）人，本为基层小吏，用向权贵告密的阴险办法，谋得京官。唐中宗时，曾任侍御使、给事中、刑部侍郎、饶州刺史等职，人品恶劣。③代还：指朝臣出任外官者重新被调回朝廷任职。

【译文】

唐朝朱敬则，为官清白，被冉祖雍上奏诬告，贬为涪州（今四川涪陵）刺史。等到朝廷弄清他没有罪过之后，又改任庐州（治所在今合肥）刺史。朱敬则再次被召回朝廷时，没有带淮南一件东西，所乘坐的只有一匹马，孩子们都跟着他步行而回。

不立田园

张嘉贞[①]虽贵，不立田园。有劝之者，曰："吾尝相国矣，未死岂有饿忧？若以谴去，虽富田产，犹不能有也。"

【注释】

①张嘉贞：蒲州猗氏（今山西临猗）人，唐玄宗前期宰相，谥号恭肃。

【译文】

张嘉贞虽然地位尊贵，但不置办田产。有人劝他置办田产，他回答说："我曾经做过宰相，死前难道会担心饥饿吗？如果因有罪被罢免，即使富有田产，最终还是不能够拥有。"

枯鱼贺寿

赵司成永[①]，京师人。一日过鲁学士铎[②]邸，鲁公曰："公何之？"司成曰："忆今日为西涯[③]先生诞辰，将往寿也。"鲁公曰："吾当偕往，公以何为贽？"司成曰："帕二方。"公曰："吾贽亦应如之。"入启笥，索帕无有，踌躇良久，忆里中曾馈有枯鱼，令家人取之。家人报以食仅存其半，鲁公度家无他物，即以其半载与赵公俱往公所称祝。公烹鱼沽酒，以饮二公，欢甚，即事[④]唱和而罢。

【注释】

①赵司成永:即司成赵永。司成,国子监祭酒的别称。赵永,字尔锡,临淮(今安徽凤阳)人,弘治十五年(1502)进士,官编修,后为祭酒,升迁为南京礼部侍郎。 ②鲁学士铎:即学士鲁铎。学士,翰林学士。鲁铎,字振之,景陵(今湖北天门)人,弘治十五年会试第一,历编修、国子监司业、祭酒,谥文恪。 ③西涯:即李东阳,字宾之,号西涯,祖籍茶陵(今属湖南),官至首辅大学士,谥号文正。 ④即事:眼前的事。

【译文】

司成赵永是京城人。有一天他路过学士鲁铎府邸,鲁铎问他:“你要去哪里?”司成说:“我想起今天是西涯先生的生日,要去给他祝寿。”鲁铎说:“那我应该和你一起去,你带了什么礼物?”司成说:“两方手帕。”鲁铎说:“我的礼物也应是这样。”于是进屋打开箱子,没有找到手帕。苦想了半天,记起乡间人曾经赠送他鱼干,就叫家人去拿。家人回报说鱼干吃得仅剩一半了。鲁学士想了想家里也没有别的东西,就带着这一半鱼干和赵司成一起到西涯先生家祝寿。西涯先生炖了鱼买了酒来招待他们二人,喝得很开心,还就眼前的事作诗唱和,而后离去。

毛玠移风

毛玠①为吏部尚书,无敢好衣美食者。魏武②叹曰:“孤之法不如毛尚书令,使吏部用心如玠,风俗之易不难。”

【注释】

①毛玠:字孝先,东汉末期陈留平丘(今河南封丘)人,为官公正清俭。 ②魏武:即魏武帝曹操,“武”为曹操的谥号。

【译文】

毛玠做吏部尚书，官员没有敢穿华美的衣服吃奢侈的食物的。魏武帝赞叹说：“我的法律赶不上毛尚书的命令，假使吏部的人都像毛玠那样用心做事，改变风俗不难。”

不须陶胡奴米

王修龄①尝在东山，甚贫乏。陶胡奴②为乌程令，送一船米遗之。却，不肯取，直答语：“王修龄若饥，自当就谢仁祖③索食，不须陶胡奴米。”

【注释】

①王修龄：即王胡之，字修龄，东晋琅邪临沂（今山东临沂）人，历任吴兴太守、侍中、丹阳尹，颇有作为。　②陶胡奴：即陶范，胡奴为其小名，东晋名将陶侃之子，太元年间做过光禄勋。③谢仁祖：即谢尚，字仁祖，陈郡阳夏（今河南太康）人，东晋名士，曾官居镇西将军，又称“谢镇西”。

【译文】

王修龄曾经在东山（在今浙江上虞），很贫困。陶胡奴做乌程（今属浙江湖州）令，送给王修龄一船米。王修龄拒不肯受，径直回话说：“王修龄如果饥饿了，自然会到谢仁祖那里找吃的，不需要陶胡奴的米。”

清郎与清卿

袁聿修①为尚书郎②十年，未尝受斗酒之遗。尚书邢邵③每呼为“清郎”。及邵为兖州，聿修以太常少卿④巡省⑤，邵送白绸为信⑥，聿修不受。邵答曰：“弟昔作清郎，今日复作清卿矣。”

【注释】

①袁聿修：字叔德，北朝陈郡阳夏（今河南太康）人，历仕东魏、北齐、北周、隋，广有政声。 ②尚书郎：东汉之制，选拔孝廉中有才能者入尚书台，在皇帝左右处理政务，初入台称“守尚书郎中”，满一年称“尚书郎”，三年称“侍郎”。魏晋以后，尚书省分曹，各曹有侍郎、郎中等官，综理政务，通称为尚书郎。 ③邢邵：北朝魏、齐时无神论者、文学家，“邵”一作“劭”，字子才，河间鄚（mào，今河北任丘北）人，北齐时官至中书监，摄国子祭酒，授特进（官名，授列侯中有特殊地位者）。 ④太常少卿：北魏始置，北齐称太常寺少卿，为太常寺副长官，掌管宗庙祭祀。 ⑤巡省（xǐng）：巡行视察。 ⑥信：凭证、凭借。

【译文】

袁聿修任尚书郎十年，没有接受过别人一升酒的馈赠。尚书邢邵常称袁聿修为“清郎”。等到邢邵担任兖州刺史时，袁聿修以太常少卿出使巡察，邢邵派人送去白绸为友好的凭证。袁聿修退还白绸不受。邢邵回复说：“贤弟昔日为‘清郎’，今日又作‘清卿’了。”

不烦属下

魏孟康[①]为弘农太守，有所按行，皆预敕督邮[②]，不遣送迎探候。又不欲烦吏人，所在自刈马草，不宿传舍[③]，露宿树下。

【注释】

①孟康：字公休，三国时期魏国安平（今属河北）人，曾任渤海太守、中书令、中书监，封广陵亭侯，有《汉书音义》若干卷，《老子注》二卷。 ②督邮：督邮曹掾的简称，汉代各郡的重要属吏，代表太守督察县乡，宣达政令兼司法等。 ③传舍：古时供行人

休息住宿的处所。

【译文】

曹魏的孟康任弘农(今河南灵宝)太守时,每逢外出巡察,都要预先下令给督邮,不许各地官员派人迎送探望。又不想麻烦吏民,孟康每到一处都亲自割马草,途中不住公家的客店,而是露宿在大树下。

不受为宝

宋之野人①,耕而得玉,献之司城②子罕③,子罕不受。野人请曰:"此野人之宝也,愿相国赐而受之。"子罕曰:"子以玉为宝,我以不受为宝。"

【注释】

①野人:田野之民,农人。 ②司城:官名,同司空。春秋时宋国避武公之讳(宋武公名叫司空),改司空为司城。 ③子罕:即乐喜,子姓,乐氏,字子罕,春秋时期宋国贤臣,在宋平公时任司城。

【译文】

宋国有一个乡野农夫,在耕地时捡到了一块宝玉,便献给司城子罕,子罕不接受。农夫请求说:"这是我的宝物,希望丞相开恩将它收下。"子罕说:"你以玉为宝,我以不贪为宝。"

何充直言

王含①作庐江郡,甚贪浊。王敦②欲护其兄,故于众坐称其佳,谓庐江人士咸称之。时何充③为敦主簿,在坐正色曰:"充即庐江人,所闻异于此。"敦默然。

【注释】

①王含：东晋琅邪临沂（今山东临沂）人，字处弘，累迁征东将军，都督扬州、江西诸军事。 ②王敦：字处仲，东晋琅邪临沂（今山东临沂）人，东晋权臣。 ③何充：字次道，庐江灊（qián）县（今安徽霍山）人，东晋重臣。

【译文】

王含做庐江郡（治今安徽舒城）太守，极其贪婪。王敦想庇护自己的哥哥，便在大庭广众中称赞王含，说庐江人士都称赞他。当时何充任王敦的主簿，便在座位上正色说道："我就是庐江人，所听到的和您所说的不一样。"王敦沉默不语。

冉不受麦

范史云[①]遭党锢[②]，推鹿车[③]，载妻子，以捃[④]拾自资。儿尝拾得五斛麦，邻人尹台遗之一斛，嘱儿不得通。史云后知，即令并送六斛还尹，言麦已杂，誓不肯受。

【注释】

①范史云：即范冉，字史云，东汉陈留外黄（今河南民权县）人，东汉名士，古代廉吏典范。 ②党锢：东汉桓、灵二帝统治时期官僚士大夫因反对宦官专权而遭禁锢的政治事件。 ③鹿车：古代的一种小车。 ④捃（jùn）：拾取。

【译文】

范史云遭受党锢之祸，手推小车，载着妻小归乡，以捡拾维持生计。他的孩子曾经捡得五斛麦子，邻人尹台赠送一斛，并叮咛孩子不得对父亲讲。范史云知道后，马上责令将六斛麦子送还给尹台，说因为麦子已经混杂在一起了，坚决不肯接受。

无求于帝

潘师正①居嵩山逍遥谷。高宗召问所须，师正对曰："臣所须者，茂松清泉，山中不乏。"

【注释】

①潘师正：字子真，赵州赞皇（今河北赵县）人，初唐著名道士，在北方大力发展了茅山宗。

【译文】

潘师正住在嵩山逍遥谷。唐高宗李治召见他，问他需要什么，潘师正回答说："我所需要的是茂松和青泉，山中都不缺。"

不欲当人之惠

王悦之①少厉清操。为吏部郎，时邻省有会同②者，遗之饼一瓯，辞不受，曰："所费诚复小小，然少来不欲当人之惠。"

【注释】

①王悦之：字少明，南朝刘宋琅邪临沂（今属山东）人，晋右军将军王羲之曾孙，官至御史中丞。　②会同：朝见皇帝。

【译文】

王悦之年轻时就坚守清操。任吏部郎时，邻省有个朝见皇帝的人，送给他一瓯饼，王悦之推辞不收，说："饼的确值不了几个钱，但我从小就不愿受人的恩惠。"

孔觊辞米

孔觊①在都，弟道存为江夏内史②。时东土旱俭，都下③米贵，道存虑中丞贫乏，遣吏载五百(一)米饷之。中丞呼吏语曰:“我在彼三载,去之日不办有路粮。郎至未几,何缘得有此米?可载还。”吏白自古无有载米上水者,中丞不听,竟载还江夏。

【校勘】

(一)五百:当为“五百石”,“石”为夺字。

【注释】

①孔颉(yǐ):字思远,南朝刘宋会稽山阴(今浙江绍兴)人,官至御史中丞。 ②内史:诸侯国的地方行政长官。 ③都下:京都。

【译文】

孔颉在都城(今南京)任御史中丞,其弟道存任江夏(今属湖北)内史。当时东部地区因天旱而歉收,首都米价很贵,道存担心中丞缺粮,就派官吏用船送来五百石米。中丞对送米的官吏说:“我在江夏三年,离任时尚没有足够的粮食上路。道存去的时间不长,从哪儿弄来这么多米?可把米运回去。”官吏说自古没有载米逆江上行的,可中丞不听,最终只得将米运回江夏。

溟涬子为政

溟涬子为政,未尝受民一尺帛,食民一鸡子。以钱易笋,百钱当得笋十斤,守门者取十一斤。溟涬子召还卖笋者,而杖守门者。自后无贱直①买者矣。守藏吏告公费且竭,备已赀二十八金。溟涬子处偿之。或曰:“守藏吏先后盗千金伏法,而使君又偿之,彼不愈得志乎?”溟涬子曰:“吏盗官钱,自当伏法。我奈何以二十八金累吏?是使之亏损而取偿于盗也。”

【注释】

①直:通“值”。

【译文】

溟涬子(明末文学家屠隆的号)执政,未曾收过百姓一尺帛,吃过百姓一个鸡蛋。用钱买竹笋,一百个钱应买十斤,可是看门的人拿了十一斤,溟涬子马上叫回卖笋人,补付笋钱,同时杖打了看门人。从此,再也没有人敢贱价买东西了。看守仓库的官吏报告说公家的钱已经快用尽了,自己只得先垫上二十八金,溟涬子当即将钱偿还给他。有人说:"看守仓库的官员先后盗窃千金应伏法,可是您现在又支付钱给他,他不是更加得意了吗?"溟涬子说:"官吏盗窃公家的钱,自然应当伏法。我为什么要因为二十八金而连累他呢?如果不付给他钱,就会使他感觉到吃亏而以盗窃来补偿。"

廉信于妻

永乐间有人纳银于瓜,以馈刑部主事①刘宁者,宁妻安氏发而奏之。诏褒宁平日廉信于妻,妻能佐夫以义,特赐白金二百两,彩币②八表里③。

【注释】

①刑部主事:刑部司官中最低的一级,官阶为正六品。②币:用来做礼物的帛。 ③表里:衣服的面子与里子,泛指衣料。

【译文】

明成祖永乐年间,有个人将银子装在瓜中,送给刑部主事刘宁,刘宁的妻子安氏打开瓜后,马上向朝廷汇报。成祖下诏表彰刘宁平时能以廉正取信妻子,妻子能助夫行义,特意赏赐白银二百两,彩帛八表里。

天有眼与地无皮

福建廉使①陶垕仲②劾方伯③薛大方贪暴，大方诬讦垕仲。至京事白，大方得罪，诏垕仲还官。闽人迎拜语曰："陶使再来天有眼，薛公不去地无皮。"

【注释】

①廉使：提刑按察司使的简称。 ②陶垕(hòu)仲：明朝鄞(今浙江宁波)人，名铸，字垕仲，以字行，洪武中任监察御史，以正直敢言著称，后任福建按察司使。 ③方伯：本指诸侯之长，明清时期用作对布政使的称呼。

【译文】

福建提刑按察司使陶垕仲弹劾布政使薛大方贪暴，薛大方诬告陶垕仲。两人闹到京师，才使得真相大白，薛大方获罪，陶垕仲奉诏恢复原职。闽人夹道跪拜欢迎，说："陶使再来天有眼，薛公不去地无皮。"

自葺象房

吏科(一)陈谔①一日率同列奏事，忤旨落职，罚使修葺象房。同事者先毕工，降职去。谔贫不能倩人，乃躬自为之。值文皇②驾至，问治屋者谁也。谔前俯伏陈其故。上念谔戆③，且怜其贫，命复官。

【校勘】

(一)吏科：指吏科给事中。据《明史》当为刑科给事中。

【注释】

①陈谔：字克忠，番禺人，官至顺天府尹，为官严厉。 ②文皇：明成祖朱棣，文为谥号。 ③戆(zhuàng)：刚直。

【译文】

刑科给事中陈谔有一天领着众同僚向皇上奏事，因为触犯皇帝被免职，并受罚去修葺象房（养大象的地方）。同僚们先完工，被降职而去，只有陈谔因为太穷无力请人代劳，只好亲自动手干。正巧永乐皇帝车驾来到，问是谁在修葺房屋，陈谔走上前，伏地陈述了原委。皇上顾念他刚直，又怜悯他贫穷，让他官复原职。

离任留犊

汉时苗①为寿春令。初乘黄牸②车之任，岁余生一犊。及去，谓父老曰："是尔土所生，非我有也。"留之而去。

【注释】

①时苗：字德胄，东汉钜鹿（今河北平乡）人，官至典农中郎将。 ②牸（zì）：雌性牲畜。此指母牛。

【译文】

东汉的时苗任寿春（今安徽寿县）县令。当初，他上任时乘的是一辆由母黄牛拉的车，一年多后，母牛生了一头小牛犊。等到离任时，时苗对父老们说："这头牛是在你们的土地上生的，不能归我所有。"于是留下牛犊而去。

种德卷之三

胸次①是良田，广植善根，百尺莲台②随地建；心头饶谷种，多飞法雨③，大千金界④自中生。虽势有偏全，未必触水尽波；乃心无慈忍，所能印川皆月耳。纂种德第三。

【注释】

①胸次：胸间。亦指胸怀。 ②莲台：佛座。因为莲花圣洁，所以佛教取莲形为床座。 ③法雨：佛教称如来的教法如降甘露雨水，后来也用以形容高僧说法令人感动信服，能滋心田。 ④大千金界：此指佛性智慧。

【译文】

胸怀是良田，广泛培植善良的根苗，百尺的莲座就可以随地建起；心头多播慈悲的谷种，用爱的甘露去浇灌，佛性智慧自然会从心间生出。虽然形势有偏枯有全盛，未必触水都生波澜；可是心里没有慈忍，一切所得就像照在水中的月影罢了。纂种德第三。

德化上司

狄仁杰为并州法曹①，同府参军②郑崇质当使绝域。母老且病，仁杰曰："彼母如此，岂可复使有万里之忧？"诣长史③蔺仁基，请代行。仁基素与司马李孝廉不相协，因相谓曰："吾辈岂可不自愧乎！"遂相与辑睦。

【注释】

①法曹：古代司法机关或司法官员的称谓。 ②参军：此指

法曹参军，隋唐的法曹参军是对掌管一府刑律的官员的称谓。

③长史：唐朝亲王府、都护府、都督府、将帅（诸卫与出征将帅，不包括节度使）、州府（限于上、中州）设长史，品级高下视所属机构而异，从三品至七品不等，一般主管兵马。

【译文】

狄仁杰任职并（bīng）州（今山西太原一带）都督府法曹，同府法曹参军郑崇质应当出使到极遥远的地区。郑崇质的母亲年老又有病，狄仁杰说："他母亲的情况已经这样，怎么可以再让她有万里外的忧愁！"于是到长史蔺仁基那里，请求代替郑崇质承担出使的任务。蔺仁基一贯与司马李孝廉不和，两人不禁相互说："我们难道自己不感到羞愧吗？"于是两人就和睦相处了。

退屋焚券

苏东坡卜居①阳羡。士人邵民瞻为公买一宅，缗五百，公倾囊仅能偿之。卜吉将入居，夜与邵步月至村落，闻一妪哭甚哀。公与邵推扉入问故，妪言："吾有居传百年，子不肖，举以售人。数世旧居，一旦诀别，所以泣也。"坡怆然，问所在，即公以五百缗易者。因再三慰抚，曰："此居乃吾所售，不必深悲，当以还妪。"即命取屋券，对妪焚之。呼其子迎母还，不索其直。公遂还毗陵，不复买宅。

【注释】

①卜居：择地居住。

【译文】

苏东坡选择住在阳羡（今江苏宜兴）。读书人邵民瞻替东坡买了一栋房子，花了五百贯钱，东坡掏光所有积蓄也只能勉强偿付而已。选择好日子将要搬入新居，夜晚苏东坡和邵民瞻在月光下散步到一个村里，听到有一位老妇人哭得极其悲伤。苏东坡和邵民瞻推门进去，问她为什么哭得这么哀伤。老太太说："我家有一栋房子，已相传百年，儿子不成器，把这所宅子卖给了别人。几代人住的老屋，一下子失去，不能再见，这就是我痛哭的原因。"东坡为她感伤，问老屋在哪里，原来竟是他用五百贯钱买到的那所房子。于是东坡再三安慰老太太，对她说："您的房子就是我买的，您不必太难过，我会把这房子还给您。"于是就令人拿来屋契，当着老太太的面烧了，又叫她儿子迎接母亲回老屋去，连买房的五百贯钱也没讨要。苏东坡回到毗陵（今江苏常州），没有再买房子。

仁心埋蛇

孙叔敖[①]为婴儿时，出游还，忧而不食。母问故，泣对曰："偶见两头蛇，恐去死无日矣。"母曰："蛇安在？"曰："吾恐他人又见，已埋之矣。"母曰："汝不死矣，吾闻有阴德者天必报以福。"及长，为令尹，未治而国人信之。

【注释】

①孙叔敖：名敖，字孙叔，春秋时期楚国人，曾出任楚国令尹（楚国称宰相为令尹），司马迁《史记·循吏列传》列其为第一人。

【译文】

孙叔敖还是孩子时，出去游玩回来，很忧愁，不吃东西。母亲问他原因，他流泪说："我偶然看见了两头蛇，恐怕离死没有多少时间了。"母亲说："蛇在哪里？"孙叔敖回答说："我担心其他人再见到这条蛇，已经（把它杀死）埋了起来。"母亲说："你死不了，我听说有阴德的人老天会给他福报。"孙叔敖长大后，当了令尹，还没开始理事，国家的民众就信任他了。

罢宴助葬

范文正守邠州，暇日帅僚属登楼置酒。未发觞，见缞绖①数人营理葬具者。公亟令询之，乃寄居士人卒于邠，将出殡，赗敛棺椁②皆所未具。怃然，即彻③宴席，厚赒④给之，使毕其事。坐客感叹有泣下者。

【注释】

①缞(cuī)绖(dié)：丧服。　②赗(fèng)敛棺椁：送葬车马、装殓之物、内棺套棺。赗，送葬的车马。敛，通“殓”。③彻：撤除，撤去。　④赒(zhōu)：接济。

【译文】

范仲淹在邠(bīn)州(治所在今咸阳彬县)任职的时候，一日闲暇，率领下属登临楼阁，置办酒席。酒宴还没有开始的时候，看见几个人身穿丧服，打理葬礼用的东西。范公急忙命令下属去询问情况，告知是寄居邠州的异乡读书人死了，将要出殡，而办丧事所用的车马、殓服、棺椁等都没有置备，范公得知后很感伤，立即撤下酒席，优厚地接济了出殡的人，让他们把死者安葬好。在座的人都感动赞叹，有的甚至流下了眼泪。

仁心断狱

唐张道原(一)拜大理卿①，何稠②得罪，籍其家属，赐群臣。道原曰：“祸福无常，安可因己之泰③利人之否④，取其子女以为仆妾？岂仁者之心？”皆舍之，更资以衣食遣焉。

【校勘】

(一)张道原：据《新唐书》，“原”为“源”之误。张道源，名河，以字行世，唐朝并州祁(今山西祁县)人，官至大理卿，卒赠工部尚书,谥曰节。

【注释】

①大理卿:唐时为掌刑狱案件审理、官署大理寺的主官,从三品。 ②何稠:字桂林,益州郫(今属四川)人,北周至唐初著名工艺家、建筑家。 ③泰:好运气。 ④否(pǐ):坏运气。

【译文】

唐朝的张道源官拜大理卿时,何稠获罪,朝廷籍没了他的家人,把他的家人赏赐给群臣。张道源感叹道:“祸福是不定的,怎么可以凭借自己的好运气从别人的坏运气那里取利,拿人家的儿女作为仆从婢妾呢?这难道是仁慈者的用心吗?”于是把何稠的家属都放了,还资助他们衣食,把他们打发走。

于頔却婢

唐从事①崔郊②有婢端丽,郊尝私之。既贫鬻于连帅③于頔④家,郊思慕不已,因赠以诗曰:“公子王孙逐后尘,绿珠⑤垂泪滴罗巾。侯门一入深如海,从此萧郎⑥是路人。”有嫉郊者,写诗于于公座。公睹诗,召崔曰:“诗系公作耶?”命婢与生同归。

【注释】

①从事:汉以后三公及州郡长官皆自辟僚属,多以从事为称。宋代废除。 ②崔郊:唐朝元和间秀才,《全唐诗》中收录了他的一首《赠婢》诗。 ③连帅:古代十国诸侯之长。泛称地方高级长官。唐代多指观察使、按察使。 ④于頔(dí):字允元,河南(今河南洛阳)人,唐宪宗时官至宰相。 ⑤绿珠:西晋富豪石崇的宠妾,传说她“美而艳,善吹笛”。赵王司马伦手下的孙秀倚仗权势指名向石崇索取,遭到石崇拒绝。石崇因此被收下狱,绿珠

坠楼身死。 ⑥萧郎:诗词中习用语,泛指女子所爱恋的男子,此处是崔郊自谓。

【译文】

唐朝的从事崔郊有个天生丽质的婢女,崔郊很爱她。后来因家境贫穷把这个婢女卖给了连帅于頔,崔郊对这个女子思念不已,于是给她写了首诗:“公子王孙逐后尘,绿珠垂泪滴罗巾。侯门一入深如海,从此萧郎是路人。”有人嫉恨崔郊,就把这首诗写在于頔家的座位上。于頔看到诗,召见崔郊说:“诗是你作的吗?”问明情由后,就让那婢女与崔郊一起回家去了。

假资助葬

唐郭震[①]少年有大志,十六岁入太学。家送资钱四十万,适有丧服者叩门,自言五世未葬,愿假以治丧。震举以与之,亦不质其姓氏。

【注释】

①郭震:字元振,魏州贵乡(今河北大名)人,唐中宗时官至宰相。

【译文】

唐朝的郭震年轻时就有宏伟的志向,十六岁进入太学读书。家里送来资财四十万钱,恰好有穿丧服者敲门,自己说五代先人未能入土安葬,希望借钱来办理安葬的事。郭震把四十万钱全部给了他,连借钱人的姓名也不问一下。

退屋留邻

赵清献家于三衢[①],所居甚隘。弟侄以厚直易邻居。公不乐,曰:“吾与此翁三世为邻矣,忍弃之乎?”命亟还翁居而不追其直。

【注释】

①三衢:指今浙江衢州。因境有三衢山,故称。

【译文】

清献公赵抃(谥号为清献)家在衢州,居处狭窄,弟侄辈以高价买了邻居(老翁)的居所。赵抃不高兴,说:“我和这老翁三代人做邻居了,怎忍心离弃他呢?”命令赶快退还老翁的居所,却不追回房钱。

容留病妾

吴次鲁①年五十余,仅一子国彦,已受室。彦自念孱弱,欲父更举子,以为宗祧②计。请于母,母语次鲁。鲁曰:“贫家有子足矣,安用多为?”母子乃私罄衣饰余赢,置一妾。比入门,羸然病妇。医云不治,但亟卖,犹可得值。母子乃令原媒改遣,议已成。次鲁知之,曰:“我既为人误,安可复误他人?且此妾在吾家,犹可望生;一出吾门,万无生理。所得不过十金,安忍弃之?”竟留其妾,具实以告买者,还其直而去。妾自是病愈,平复如旧。

【注释】

①吴次鲁:即吴宗儒,字次鲁,号黄麓,晚号止耕,明朝休宁(今属安徽)人,有诗名。 ②宗祧(tiāo):家族相传的世系、宗嗣。祧,远祖的庙。

【译文】

吴次鲁五十几岁了,只有一个儿子吴国彦,已经娶妻。吴国彦自念身体孱弱,想要父亲再生一个儿子以便传宗接代。他把这个想法禀告母亲,母亲告诉吴次鲁。吴次鲁说:“贫穷人家有个儿子就足够了,何必再多要呢?”于是母子两人就私自变卖家中财物,给吴次鲁买了一个妾。一入门,才发现这妾是一位瘦弱有病的女子。医生说她的病没办法治好,只要快一点卖掉,尚不致亏本。母子命令原来那位媒人把那妾转卖他人,买卖已经谈好了。吴次鲁知道这件事后,说:“我既然被别人所误,怎可再贻误他人?况且,这妾留在我家,还有活下去的希望,一走出我家门,一定无法存活。我把她卖掉,只不过得到十两银子,怎么忍心抛弃她呢?”吴次鲁最终留下了那妾,把实情告诉买主,并把钱还给买主。那妾的病也一天天好起来,身体康复。

不忘行觞人

阴铿[①]与宾宴饮,见行觞者,举酒炙授之。众坐皆笑,铿曰:“吾侪终日酣饮,而执爵者不知其味,非人情也。”侯景[②]之乱,铿为贼禽,或救之得免,即前所行觞者。

【注释】

①阴铿:字子坚,武威姑臧(今甘肃武威)人,南北朝时期梁朝、陈朝著名诗人。 ②侯景:字万景,北魏怀朔镇(今内蒙古固阳西南)鲜卑化羯人,梁武帝时率部投降梁朝,后来叛乱被杀。

【译文】

阴铿与宾客宴饮,看到斟酒服侍的人,就把酒肉给他。在座的宾客都笑话阴铿,阴铿说:“我们这些人整天酣醉,可是斟酒人却不知酒肉的滋味,这不是人之常情。”等到侯景叛乱的时候,阴铿被叛贼擒获,有人把他救下来,得以免祸,救他的人就是先前斟酒的那个人。

卫护妇女

曹武惠王[①]讨蜀,初克成都,有获妇女者,悉闭一第,窍以度食，且戒左右曰：“是将进御，当密卫之。”洎事罢，访其亲还之；无者，备礼嫁之。

【注释】

①曹武惠王：即曹彬，字国华，真定灵寿（今属河北）人，北宋开国名将，谥号为武惠。

【译文】

武惠王曹彬讨伐西蜀时，刚攻下成都，有人俘获了一批妇女，曹彬把妇女们禁闭在一所房子里，通过墙上开的洞口送饮食，告诫身边的人说：“这些女子是要进献给皇上的，要秘密地保卫好。”等到蜀地平定后，曹彬派人寻访这些妇女的亲属，把她们送还；找不到亲属的，置办嫁妆把她们嫁人。

拒取嫁资

刘师文①明州(一)人，成都杨氏纳为婿。杨死数年方婚，既而谋归江南。妻晨起与母兄议事，师文窃窥，见其母兄立文书反覆再三，有不豫色。妻至，问故，曰：“父遗议，以田四十亩为嫁资，约铜钱二千缗。迩来多故，鬻之殆尽，今货居室之半，仅得千缗而已，适立券也。”刘曰：“岂有为婿而令人卖屋以畀者！”取券焚之，携妻竟(二)归。呜呼！今人有无嫁资而不纳其妇者，何相去远也！嫁娶责财，若偿宿负然，真夷狄之道，使贫家杀女，皆是故也。又则有翁婿相忤于讼者矣，姻娅②相对如仇者矣。安得如师文者以转移一世也？

【校勘】

(一)明州：今浙江宁波一带。据《宋史》，刘师文为龙游（今浙江衢州）人。

(二)竟:此则采编自刘宗周的《人类谱记》。据此,此字当为“径”之误。

【注释】

①刘师文:即刘甲,字师文,南宋淳熙二年(1175)进士,曾任度支郎中,迁枢密院检详兼国史院编修官、实录院检讨官。

②姻娅:也作“姻亚”。亲家和连襟,泛指姻亲。婿父称姻,两婿互称曰娅。

【译文】

刘师文是明州人,成都杨姓人家招赘他做女婿。杨翁死了几年后刘师文方才与杨家女儿成婚,婚后不久,刘师文谋划回江南老家。妻子早晨起来同母亲、兄长商量此事,刘师文私下察看,看到妻子的母亲、兄长立文书时再三反复,脸现不高兴的神色。妻子回来,刘师文问缘故,妻子回答说:“父亲的遗言,以四十亩田地作为我的嫁资,约合铜钱两千贯。近来家里多故,把那四十亩地卖得差不多了,现在卖掉房屋的一半,只得到一千贯钱罢了,刚才正好在写券契。”刘师文说:“哪有做人家的女婿却让人家卖房屋给他钱的!”当即把券契拿来烧掉,带着妻子径直回了江南老家。唉!现在有人因为女方拿不出嫁资就不娶妇的,这与刘师文的差距是多么大啊!嫁娶求财,就像是先前欠下的样子,这真是夷狄之人的做派,使贫穷人家杀死女孩,都是这样的缘故。又甚至有丈人女婿不和而打官司的,有亲家相对如仇敌的。哪里能够像刘师文一样来转变整个世上的风气呢?

行不昧义

魏子都(一)暮行,逢一书生心痛踣道左。子都下马抚摩,俄顷卒。囊有一卷素书①,十饼黄金。子都卖其二,办葬事,余枕其脑下，素书置其傍。后数年，有从子都问者。子都引至墓下，发棺，金书具在焉。

【校勘】

（一）魏子都：此则故事最早见于魏晋时期的《列异传》，原文为："故司隶校尉上党鲍宣字子都，少时举上计掾；于道中遇一书生，独行无伴，卒得心痛，子都下车为按摩，奄忽而卒。不知姓字，有素书一卷，银十饼，即卖一饼以殡殓，其余银以枕之，素书著腹上。哭之，谓曰：'若子灵魂有知，当令子家知子在此。今奉使命，不获久留。'遂辞而去。至京师，有骏马随之，人莫能得近，唯子都得近。子都归，行失道；遇一关内侯家，日暮住宿，见主人，呼奴通刺。奴出见马，入白侯曰：'外客盗骑昔所失骏马。'侯曰：'鲍子都上党高士，必应有语。'侯问曰：'君何以致此马？昔年无故失之。'子都曰：'昔年上计，遇一书生，卒死道中。'具述其事。侯乃惊愕曰：'此吾儿也！'侯迎丧开椁，视银书如所言。侯乃举家诣阙上荐，子都声名遂显。至子永孙昱，并为司隶。及其为公，皆乘骢马。故京师歌曰：'鲍氏骢，三入司隶再入公。马虽疲，行步工。'"从《列异传》看，主人公为西汉晚期的司隶校尉鲍宣。次见于唐朝李亢所编著的《独异志》，原文为："魏鲍子都，暮行于野，见一书生卒心痛。子都下马，为摩其心。有顷，书生卒。子都视其囊中，有素书一卷，金十饼，乃卖一饼，具葬书生，其余枕之头下，置素书于腹旁。后数年，子都于道上，有乘骢马者逐之。既及，以子都为盗，固问儿尸所在。子都具言，于是相随往。开墓，取儿尸归，见金九饼在头下，素书在腹旁，举家感子都之德义。由是声名大振。"从《独异志》看，主人公变成了魏鲍子都，弄错了时代。宋代的类书《太平广记》收录了《独异志》里的这则故事。郑瑄不知从何处见到此故事，主人公误成了魏子都，内容与《独异志》也有些许差异。总的来看，故事的主人公应为鲍宣。鲍宣，西汉末期大夫，字子都，渤海高城（今河北盐山东南）人，历官谏大夫、司隶校尉，死葬上党长子县（今属山西）。

【注释】

①素书：素指绢、帛一类的丝织物，古代曾以此为书写材料，故称写成的书籍为素书。

【译文】

汉朝的鲍子都傍晚行路，遇到一位书生，这书生心口疼痛倒在路旁。鲍子都下马为书生按摩，不一会儿，书生就死了。鲍子都看到书生的口袋里有一卷绢书和十个金饼，便卖了两个金饼，用所卖的钱将书生安葬了，并将剩下金饼枕到书生的头下，绢书放到书生的身边。几年以后，有人向鲍子都问起此事。鲍子都带领问讯的人来到书生墓前，挖开坟墓打开棺材，发现金饼绢书还在原处。

不以故人女为妾

元沈仲说[①]年四十，无子。妻为置一妾，姿色美丽。说询所自，知为范复初之女，父丧家贫而母鬻之者。仲说恻然泪下，语妻曰："此女之父，吴中名士，亦吾故人。岂忍以为妾？"即召其母令择婿，且为具奁遣之。

【注释】

①沈仲说（yuè）：即沈右，字仲说，号御斋，元朝吴（今江苏苏州）人，有诗名。

【译文】

元朝人沈仲说四十岁了，还没有儿子。妻子为他买了个小妾，这小妾姿色美丽。仲说询问她的家庭情况，知道她是范复初的女儿，父亲故去，家中贫穷，被母亲卖到这里。沈仲说感伤地流下眼泪，对妻子说："这女子的父亲是苏州名士，也是我的朋友，怎么能忍心让她做妾呢?”于是,就召见她的母亲,让她为女儿挑选夫婿,沈仲说还准备了嫁妆,把她嫁了出去。

慷慨济困

曾公亮[①]布衣游京师,闻旁舍泣声甚悲,诘之。旁舍生欲言而愧,久之,曰:“仆向用官钱若干,吏督急,莫偿,乃以女鬻商人,得钱四十万,行与父母诀,所以泣也。”公亮曰:“商人转迁不常,且无义,爱弛色衰,即弃为沟中瘠[②]矣;吾士人也,曷与我?”旁舍生曰:“君愈商人数倍,然已书券纳直,不可追矣。”公亮曰:“偿直索券,不可则讼于官。”即与四十万钱,约后三日以其女俟于水门之外。旁舍生如教,至期携女往。公亮舟行已三日矣。

【注释】

①曾公亮:字明仲,号乐正,泉州晋江(今福建泉州)人,北宋名相,封鲁国公,卒赠太师、中书令,配享英宗庙廷,赐谥宣靖。②沟中瘠:指因贫穷而困厄或死于沟壑的人。

【译文】

曾公亮为百姓时,游学京师,听到邻屋中哭声非常悲伤,就去询问。邻屋的书生想说又感到惭愧,过了好久,才说:“我以前挪用了公款若干,管公款的小吏急迫地催促还钱,没有办法偿还,只好把女儿卖给商人,得钱四十万,女儿即将和我们夫妻分别,所以哭得很悲伤。”曾公亮说:“商人居无定所,并且没有信义,姿容衰退,恩爱就减弱,就会被抛弃而死于沟壑;我是读书人,何不把女儿卖给我?”邻舍书生说:“您比那商人强好多倍,可是已经写了卖身契,也交了钱,没法追悔了。”曾公亮说:“把钱还给他,要回卖身契;不同意就去官府告状。”曾公亮当即给了他四十万钱,约定三天后带着他女儿在水门外等待。书生就按曾公亮指点的去做，到约定的日期带着女儿前往水门外。此时，曾公亮已经坐船离开三天了。

仁退棉值

南阳李文达①大父②，家种绵③花，载(一)湖湘④间。邸舍有三商议值三百两，交讫，邸忽失火烧罄。三商抱哭，欲自尽。李慰之曰："汝货未及舟，尚为我物。物失值存，我应还汝。汝失此资本，无以为生，我尚能力业。"即还其价。

【校勘】

(一)载：此则故事又见于明代张岱的《快园道古》。据此，"载"字后夺一"卖"字。

【注释】

①李文达：即李贤，字原德，明朝邓州(今属河南)人，曾任内阁首辅，谥号文达，人称李文达或李阁老。 ②大父：祖父。李贤的祖父为李威。 ③绵：通"棉"。 ④湖湘：洞庭湖与湘江之间的地区，泛指湖南。

【译文】

南阳李文达的祖父李威家种棉花，把收摘的棉花运到湖南去卖。客店里的三个商人给李威的棉花出三百两银子，交易已经完结。客店突然失火，把交易的棉花烧了个精光。三个商人抱头痛哭，想自杀。李威安慰他们说："你们买下的棉花还没有装船，还算是我的东西。棉花没有了，但银钱还在，我应该把银子还给你们。你们失掉了这本钱，没办法生活，我还能种棉为业。"当即就把卖棉花的钱还给了商人。

行善藏名

东汉梁商①常曰："多藏为子孙累。"所得俸钱及两宫赏赐，悉分与昆弟中外②。年凶谷贵，多有饥者，辄令苍头③以牛致米(一)及盐菜钱于四城门外，乞④贫民，不告以姓名。

【校勘】

(一)以牛致米：据《东观汉记》，当为"以车载米"之误。

【注释】

①梁商：字伯夏，东汉安定乌氏人，外戚，顺帝时官至大将军。②中外：同姓与异姓的亲族。 ③苍头：汉时仆役皆须以青巾作头饰，故称仆役为苍头。 ④乞：给人东西。

【译文】

东汉梁商常常说："多藏钱财会成为子孙的牵累。"他将所得俸禄及皇太后和皇帝的赏赐，全部分给了兄弟及同姓异姓亲族。荒年粮贵，多有饥饿的人，就命令仆从用车载着米及盐菜钱运到四城门外，送给贫困的百姓，却不把自己的姓名告诉他们。

雪寒送衲衣

朱冲①多买敝衣，择市妪之善缝纫者，成衲衣②数百。当大寒雪，尽以给冻者。

【注释】

①朱冲：字巨容，西晋南安(治今甘肃陇西东南)人，倡导礼让，能以德行感化百姓。 ②衲衣：补缀过的衣服，泛指旧衣服。

【译文】

朱冲买了很多破旧的衣服，选择市场上善于缝补的老妇人，补缀成几百件完整的旧衣。在非常寒冷的下雪天，把这些旧衣送给挨冻的人。

仁除暗签

司马君实新第。一日步行,见墙外暗埋竹签,问之,曰:"此非人行之地,将防盗也。"公曰:"吾箧中所有几何?且盗亦人也。"命去之。

【译文】

司马君实(司马光字君实)翻新了房屋。一天步行,司马光看见墙外暗埋竹签,过问这事,手下人说:"这不是人走的地方,要用来防备盗贼。"司马光说:"我箱子中有多少钱财可偷?况且盗贼也是人。"下令把竹签拔除。

刃器不可自随

魏公①一日至诸子读书堂,枕边有一剑,公问何用。仪公②云:"夜间以备缓急③。"公笑曰:"使汝果能击贼,贼死于此,何以处之?万一夺入贼手,汝不得为完人矣!"

【注释】

①魏公:即韩琦,字稚圭,自号赣叟,相州安阳(今属河南)人,北宋名相,封爵魏国公,谥忠献。 ②仪公:即韩忠彦,字师朴,韩琦长子,徽宗朝官居宰相,爵封仪国公。 ③缓急:偏义复词,"缓"无义。

【译文】

魏国公韩琦一天来到几个儿子的读书堂,(看到)枕边有一把宝剑,韩琦问枕边放剑有什么用。韩忠彦回答说:"夜里危急的时候用来防身。"韩琦笑着说:"假使你果真能与盗贼搏击,把盗贼杀死在这里,怎么办呢?万一宝剑被盗贼夺到手里,你就不能保全自己了!"

不负术者

范文正公少贫,依睢阳朱氏家,尝与一术者游。会术者病笃,呼公告曰:“吾善炼水银为白金,吾儿幼,不足以付,今以付子。”即以其方与其所成白金一斤纳公怀中,公方辞,而术者已绝。后十余年,公为谏官,术者子长,呼告之曰:“而父有神术,昔以汝尚幼,故俾我收之。今汝成立,当还汝。”出其方并白金授之,封识宛然。

【译文】

范文正(范仲淹谥号为文正)年少时贫困,依附睢阳(今河南商丘睢阳)一户姓朱的人家,曾经和一个术士交往。适逢那个术士病危了,那术士把范仲淹叫来,告诉他:“我善于把水银炼成白银,我的儿子年幼,不能把这个秘方交托给他,现在我把它托付给你。”于是把那秘方和炼成的一斤白银放在范仲淹怀中,范仲淹正想推辞,那个术士已经气绝而死。后来过了十几年,范仲淹当了谏官,当年那个术士的儿子也长大了,范仲淹把他叫来说:“你父亲有神奇的炼银之术,当年你年纪还小,所以就让我先保管。如今你已经长大,应当还给你。”于是就拿出那个秘方和白银一起交给术士之子,密封的标志完好如初。

不负胡商

李约[①]尝江行,与一商胡舟楫相次[②]。商胡病,固邀相见,托以二女,皆绝色,又遗一珠,约悉唯唯。及商胡死,财宝数万,约悉籍其数送官;而以二女求配。始殓商胡时,约自以夜光含之,人莫知也。后有亲属来理资财,约请官司发掘验之,夜光果在。其密行如此。

【注释】

①李约：唐朝宗室，字存博，官兵部员外郎，操行高尚，特精楷隶，并善画梅。 ②相次：依为次第，相继。

【译文】

李约曾坐船在江上航行，同一个胡商的船前后相继行驶。胡商病了，坚决把将李约请过船去相见。胡商把两个女儿托付给他，那两个女儿都长得异常美丽，胡商又交给他一枚夜明珠，李约全答应下来。等到胡商死了，遗留的财宝价值数万，李约把这些钱财登记造册，交给官府；又给胡商的两个女儿找了配偶。当初装殓胡商时，李约自己把那颗夜明珠放到胡商的嘴里含着，没有谁知道这件事。后来胡商的亲属来清理留下的资财，李约请来官府的人挖开坟墓检查，夜明珠果然还在。李约不为人知的德行就像这样。

赐靴福报

周武帝①微时，事汉隐帝②为孔目官③。见一小军跣足于雪中行，悯之，脱己靴赐焉。后帝奉命征契丹，在军中几危，得一小军救之，乃赐靴之人也。

【注释】

①周武帝：即郭威，字文仲，邢州尧山(今河北隆尧)人，五代时期后周王朝建立者，庙号为太祖，谥号武。 ②隐帝：即后汉隐帝刘承祐，沙陀族，后汉高祖刘知远之子，后汉最后一位皇帝，谥隐。 ③孔目官：旧时官府衙门里的高级吏人，掌管狱讼、账目、遣发等具体事务，始于唐代。

【译文】

后周武帝郭威身份卑微时，给后汉隐帝做孔目官。他曾看到一名小兵光脚在雪地里走路，很怜悯他，就把自己的靴子脱下来赐给他。后来郭威奉命征讨契丹，在战斗中几近危险，得一小兵救助，那小兵就是郭威赐给靴子的人。

助葬嫁女

宋查道①淳化中赴试，贫不能上，亲戚裒②钱三万遗之。道出滑州，过父友吕翁。家(一)贫无以葬，母将鬻女以襄③事。道倾囊与之，又嫁其女。

【校勘】

(一)家：据《宋史·查道传》，此字前夺"翁丧"二字，致使语意突兀，衔接不畅。

【注释】

①查(zhā)道：字湛然，北宋歙州休宁(今属安徽黄山)人，著名孝子，宋真宗时官至龙图阁待制。 ②裒(póu)：聚集。 ③襄：相助而成。

【译文】

北宋的查道于宋太宗淳化年间赴试，因贫穷没有盘缠进京，亲戚族人集资三万钱馈赠他。查道路过滑州(今河南安阳滑县)，前去拜见父亲的朋友吕翁。不巧吕翁已过世，吕家贫穷无钱下葬，吕翁的妻子将要卖掉自己的女儿来助葬。查道拿出口袋中所有的钱财给了吕翁的妻子办丧事，又帮助她嫁了女儿。

德化盗贼

孔寺丞①牧所居园圃近水，有夜涉水盗蔬果者。孔曰："晦夜涉水，或有陷溺。"即为制桥，盗惭不复渡。

【注释】

①寺丞:官署中的佐吏。

【译文】

寺丞孔牧住的园圃靠近河流,有人趁着夜色,蹚水过河来偷盗蔬菜瓜果。孔牧说:"夜晚光线昏暗,涉水者可能会陷入泥水中淹死。"他马上让人建造了一座桥,那些盗贼因此感到惭愧,不再渡河偷盗。

为子焚券

顾觊之[①]子绰私财甚丰,乡里士庶多负其债,觊之禁不能止。及为本郡,诱绰出诸券书一橱,觊之悉焚烧,宣语远近:"负三郎债,皆不须还。"

【注释】

①顾觊(jì)之:字伟仁,南朝吴县(今江苏苏州)人,南朝刘宋大臣,三任吴郡太守,卒时追赠镇军将军,谥号简子。

【译文】

顾觊之的儿子顾绰私人财富丰厚,乡里士人百姓大多欠他的债。顾觊之多次禁止他放债、讨债,却无效。等到顾觊之做了吴郡太守,诱骗顾绰拿出一大橱子债券,全都烧掉,并且在远近各处公告说:"欠我三儿子顾绰的债务,都不需要偿还了。"

二贤县令

江南有县令锺离君与邻县令许君结婚。钟离君女将出,买一婢从嫁。一日,婢执箕帚至堂前,熟视泣曰:"幼时我父于此地穴为球窝,导我戏剧[①]也。"钟离君曰:"汝父何人?"曰:

"父即前令,身死家破,流落民间。"令询实,以书抵许令,曰:"吾买婢得前令之女,怜而悲之。义不可久辱,当辍吾女嫁资,先为求婚。更俟一年,别为吾女营奁,以归君子,可乎?"许答曰:"蘧伯玉②耻独为君子,愿以前令女配吾子。君别求良媒,以嫁君子。"于是前令之女卒归许氏。

【注释】

①戏剧:玩耍。 ②蘧(qú)伯玉:即蘧瑗(yuàn),字伯玉。春秋时期卫国大夫,封"先贤",奉祀于孔庙东庑第一位。

【译文】

江南(指南唐)县令钟离某君和邻县县令许君结为儿女亲家。钟离君的女儿将要出嫁,买了一个婢女陪嫁。一天,买来的婢女拿着簸箕扫帚走到堂前,仔细看了看堂前的地哭泣说:"幼年时,我父亲在此地挖洞作为球窝,领我玩耍过。"钟离君问:"你父亲是什么人?"婢女回答说:"我父亲就是前任县令,他死后家败了,我流落到民间。"钟离县令通过打探获知确实如此,写信给许县令,说:"我买的婢女是前任县令的女儿,我同情她,为她悲伤。从道义上,不能让她久做婢女,应当停止置办我女儿的嫁妆,先为她找一个夫婿嫁了。再等一年,另为我女儿置办嫁妆,来嫁给你的儿子,可以吗?"许县令回信说:"蘧伯玉耻于独自做君子,希望把前任县令的女儿配给我的儿子。您再找好的媒人,嫁您的女儿。"于是前任县令的女儿最终嫁到了许家。

不忘少时之交

陆孟昭①送客出门,见丐者于道。熟视,令人引进,语夫人曰:"绝似吾少时友。"询姓名,果然。公即持其手曰:"子何贫至此耶?"遂令浴更衣,与共饮食者旬余。友感谢去,公亲送至一室,曰:“吾为子置此矣,器用俱备。”又(一)米十石,金十两,语之曰:“以此为生,毋浪费也。”

【校勘】

(一)又:此则采编自明朝郎瑛的《七修类稿》。据此,“又”字后夺一“遗”字。

【注释】

①陆孟昭:即陆昶,明朝太仓人,字孟昭,景泰二年(1451 年)进士,曾任刑部郎中,后擢为福建参政。

【译文】

陆孟昭送客出门,偶然在路上碰见一个乞丐。陆孟昭仔细端详乞丐,让人把他领进来,对夫人说:“这个人极像我小时候的朋友。”陆孟昭询问乞丐的姓名,果真是他的友人。陆孟昭握住乞丐的手说:“你怎么穷成这样了呢?”于是让乞丐沐浴,留他一块吃饭十多天。乞丐感谢万分,离去时,陆孟昭亲自送他到了一间房子,对他说:“我已经为你购置了这间房,室内的用具,都准备周全了。”又送了他十石米,十两金子,对他说:“你就依靠这个过活,别浪费了。”

化盗为良

曹州于令仪①,市井人也。长厚,家颇丰。一夕盗入,擒之,乃邻舍子也。令仪曰:“尔素寡过,何苦为盗?”因诘所欲,遂予十千以资衣食。又恐为逻者所获,留至明使去。盗感愧,卒为良民。

【注释】

①于令仪:此则采编自北宋王辟之的《渑水燕谈录》。据此,知其为北宋曹州(今山东菏泽)人,余不详。

【译文】

曹州于令仪，是个普通市民。他为人宽厚，家境富裕。一天晚上，有小偷进入他家行窃，抓住后一看，竟是邻人的儿子。令仪对他说："你平素少有过错，何苦去偷盗呢？"于令仪询问他的欲求，按他的欲求，给了他十千钱来资助他生活。又怕他被巡逻的人抓获，把他留到天亮才让他离开。小偷感动惭愧，最终成了良民。

避色如刀

浙有挥使①，延师训子。师病寒，令其子取被。母以卧被与之，误卷母鞋一只。病已还被，而鞋堕床下，师徒皆不及知。使来视疾，见鞋，疑妻与通。令婢诡以妻命邀之，己持刀伺其后。师问何事扣门，婢告以主母招。师怒曰："是何言欤？明辰②告主人罪尔。"使复强妻亲往，师固拒曰："某蒙东君延居西塾，敢以冥冥堕行哉？"门终不启。使怒稍辍，然疑终未释。明日，师辞去，使始释然，谢曰："先生真君子人也。"始述昨夕始末，谢其误。师后登第。

【注释】

①挥使：即指挥使，明朝的军事指挥职务，为卫所一级最高军事长官，秩正三品。 ②辰：通"晨"。

【译文】

浙江有一个指挥使，聘请了塾师来教导自己的孩子。塾师生寒疾，让学生去拿被子。母亲就让孩子把被子拿过去，孩子误把母亲的一只鞋子卷到了被子里。塾师的病好了，把被子还回，可是那鞋子掉到了塾师的床下，师徒两人当时都没有发现。指挥使来探望塾师的病情，看见了鞋子，怀疑妻子与塾师私通。指挥使让婢女谎称妻子的命令去邀请塾师，自己拿刀在婢女身后窥伺。塾师问婢女敲门有什么事,婢女回答说主母相招。塾师大怒说:“这是什么话?明天早晨告诉你主人,惩处你。”指挥使又强迫妻子亲自前去,塾师坚决拒绝说:“我承蒙家主聘我为塾师,怎敢在黑暗中败坏自己的品行呢?”门始终没有打开。指挥使的怒气渐渐小了,可是怀疑还没有彻底打消。第二天,塾师要求辞去教席,指挥使的疑心才完全消除,道歉说:“先生真是君子那般人物。”此时,指挥使才把昨天晚上事情的来龙去脉告诉塾师,并为他的错误谢罪。后来那塾师在科考时高中。

全琮救急

吴全琮[①]父柔为桂阳守,使琮赍米数千斛,至吴交易。琮皆赈士大夫之贫者,空船而返。柔怒,对曰:“愚以所市非急,而士大夫方有倒悬[②],故因便赈给,不及启也。”柔奇之。

【注释】

①全琮(cóng):字子璜,三国钱唐(今杭州)人,吴国右大司马、左军师。 ②倒悬:头向下、脚向上悬挂着。比喻极其艰难、危险的困境。

【译文】

吴国全琮的父亲全柔任桂阳太守时,曾经派全琮带了几千斛米到苏州做买卖。全琮把米赈济了贫穷的士大夫,空船而归。全柔大怒,全琮回答说:“我认为卖米并不是紧急的事,可是士大夫处境困苦危急,所以趁便赈济,没来得及禀报。”全柔听了,认为全琮非同一般。

埋骨助娶

高密东冈李昆[(一)]抚甘肃时,偶视都司[①]狱墙隈[②]白骨堆积,询之,乃远年罪人死者。公蹙然曰:"死已偿其罪矣,遗骸暴露何也?"遂于城外作义冢[3]埋之。肃地边夷,婚多论财。军贫未娶者,公查各卫得千余人,量给银布助之。后公还,送者携妻孥伏道而泣,皆昔之获配者。

【校勘】

(一)东冈李昆:据蔡副全《成县杜甫草堂历代诗碑考述》(《杜甫研究学刊》2009 年第 1 期),"冈"为"岗"之误。李昆,字承裕,号东岗,正德十年曾以副都御史巡抚甘肃,官至兵部侍郎。

【注释】

①都司:都指挥使司的简称,明代设立于地方的军事指挥机关。掌一方军政,统率其所辖卫所,属五军都督府而听从兵部调令。 ②墙隈:墙角。 ③义冢:旧时收埋无主尸骸的公用墓地。

【译文】

高密李昆任甘肃巡抚时,偶然看到都司监狱墙角白骨堆积,一经询问,才知道是早些年罪犯的遗骨。李昆面露不悦地说:"罪犯已死,就偿还罪责了,暴露遗骨是为什么呢?"于是在城外建了一座义冢来埋葬这些遗骨。甘肃与外族相邻,结婚多求取财物。有许多军人因为贫困未娶妻子,李昆查各个卫所总共有上千人,酌量给这些军人银钱和布匹帮助他们娶妻。后来李昆离任时,送行的人带着妻子儿女趴在路旁哭泣,这些都是当年因李昆帮助得以娶妻的人。

待物不苛

尚书张悦(一)操履[1]纯洁,虽自律严而待物[2]不苛。有为四川监司[3]者诣公请教。公曰:"川行甚险,州县小官携妻孥往者实以躯命博升斗之禄,脱[4]有不测,举家葬鱼腹矣。君辈幸毋以微罪而去其前程也。"闻者感服。

【校勘】

(一)张悦:“悦”乃“说”之误。张说,字道济,河南洛阳人,文学家,唐玄宗时名相。

【注释】

①操履:操守和行事。 ②物:他人,众人。 ③监司:有监察州县之权的地方长官的简称。 ④脱:如果。

【译文】

尚书张说操行纯洁,虽然对自己要求很严格,但对他人不苛求。有任四川监司的人赴任前来请教张说。张说对他说:“到四川的路很险恶,州县的小官带着妻子儿女前往赴任,实在是以身家性命为代价来博取微薄的俸禄,如果有不测,全家就会葬身鱼腹之中了。希望你们不要因一点小过错而断送了他们的前程。”听到这话的人无不感动佩服。

推己及人

陈眉公①云:“余二十年前,阎蓬头②许余学道,令读许真君③《太阳元精论》④。自是,即大暑能坐卧赤日中。来年(一)懒习此法,颇以炎蒸为苦。即敞堂匡池,高梧修竹,阴映翳然,往往移榻卷簟,迁徙不常,如绝无养者。内甚愧之。因思此时,田野耕耘,道涂推挽,其匍匐状,殆不可言。又思狱中人无宽闲澡浴之乐,而但增秽杂疫痢之苦。转视此等,又如天上人耳!京师每年奉明旨热审⑤,他未有行者。若得仁人君子,请定为例:末减者,清理一番;重囚在系者,务遣的当⑥幕官,扫囹圄,涤枷杻,以广圣主好生之仁;暑月无得滥受词,无得轻羁候⑦;不时吊⑧监簿,查囚数(二),以为治状高下。务使眼前火坑，化作清凉世界。此只在当路者念头动，舌头动，笔头动，一霎时耳！”

【校勘】

（一）来年：此则采编自陈继儒的《狂夫之言》卷五。据此，当为“年来”之误。年来，近年来。

（二）数：此字后夺“多寡”二字。

【注释】

①陈眉公：即陈继儒，字仲醇，号眉公、麋公，华亭（今上海松江）人，晚明文学家、书画家。　②阎蓬头：即阎希言，山西人，明朝中晚期著名道士，在茅山乾元观开创道教“阎祖派”。　③许真君：晋代道士许逊，字敬之，南昌（今属江西）人，著名道士，被尊为净明教教祖。真君，道教对神仙的尊称，亦泛称修行得道的人。　④《太阳元精论》：道教典籍《许真君石函记》里的一篇。⑤热审：明清时规定每年小满后十日起，至立秋前一日止，以天气炎热，凡流徒、笞杖，例从减等处理，称为“热审”。其制始于明永乐二年，初止决遣轻罪，命出狱听候。至成化时始有重罪矜疑，轻罪减等，枷号疏放诸例。　⑥的（dí）当：可靠，稳妥。　⑦羁候：拘留候审。　⑧吊：提取。

【译文】

陈眉公说：“二十年前，阎蓬头答应我学道，让我读许真君的《太阳元精论》。从此以后，即使是大暑天气，也能在烈日下坐卧。近年来，懒于修习此法，颇为暑天的炎热蒸腾而苦恼。即使在宽敞的堂屋里，方正的池塘边，高耸的梧桐下，修长的绿竹侧，树荫掩映遮蔽，也常常移走床榻卷走席子，不断变换地方，像是完全没有修道的人一样。我内心感到很惭愧。于是想到这个时候，田野里有人耕耘，道路上有人推车拉纤，他们苦苦挣命的样子，难以言说。又想到监狱里的犯人，住在狭窄的地方，不能享受洗浴的快乐，只能受肮脏污秽、瘟疫痢疾折磨之苦。看看这些人，我就像是生活在天上的人。京城里每年尊奉皇帝的明令实行热审，其他地方没有实行。如果有仁人君子，请把以下情况上奏订成惯例：将犯轻罪的人放出监狱，对于犯重罪被关押的，一定要找稳妥可靠的僚属打扫监狱，洗涤木枷、手铐等刑具，来发扬圣天子好生的仁德；暑月不得随意过多地受理诉状，不得轻易拘留候审；要时不时地调取监狱里的簿册，查看关押犯人的数目，并把这数目多少作为评判官员政绩高下的指标。这样就一定会把眼前火坑变成清凉世界。这只是掌权者念头一动，舌头一动，笔头一动，就可以做到的事，只需要极短的一点时间罢了！”

不卖的卢

庾公①乘马有的卢②，或语令卖去，庾云：“卖之必有买者，即复害其生(一)，宁可不安己而移于他人哉？昔孙叔敖杀两头蛇以为后人，古之美谈。效之，不亦达乎？”

【校勘】

(一)生：据《晋书·庾亮传》，当为“主”之误。

【注释】

①庾公：即庾亮，字元规，东晋颍川鄢陵(今河南鄢陵西北)人，曾任征西将军。 ②的卢：马名，额上有白色斑点的马，古人认为这种马妨主。

【译文】

庾亮骑的马中有一匹的卢，有人告诉他这马妨主，叫他把马卖掉。庾亮说：“卖了它，必定有买主，那就还要妨害那个买主，怎么可以因为对自己不利就嫁祸别人呢？从前孙叔敖为保护后来的人而杀死了两头蛇，这是古代的美谈。我学习他，不也很通达吗？”

恩义全建州

章仔钧[①]太傅妻练氏素有贤德，章得象[②]之高祖母也。太傅出兵，有二人得罪，欲斩之。练氏密使亡去。后二人俱奔南唐为将。攻建州，州破之时，太傅已死矣，练氏居建州。二将遣使以金帛遗练氏，且以一白旗授之，曰："吾将屠此城，夫人植旗于门，吾戒士卒勿犯也。"练氏返金帛并旗不受，曰："君幸思旧德，愿全此城之人；必欲屠之，吾家与众俱死耳，不愿独生。"二将感其言，遂罢。

【注释】

①章仔钧：字仲举，号彰良，晚唐五代时期浦城（今属福建）人。宋仁宗追封章仔钧为琅琊王。 ②章得象：字希言，北宋浦城人，宋仁宗朝宰相、诗人，谥文宪。

【译文】

章仔钧太傅的妻子练氏是章得象的高祖母，平素有贤明的德行。章仔钧出兵，有两个人获罪，将要处斩。练氏秘密地让两人逃跑。两个人跑到南唐，做了将领。后来，两个将领攻打建州（今福建建瓯），建州被攻破的时候，章仔钧已经死了，练氏住在建州城中。两个将领派人拿金帛赠送练氏，并且拿一面白色旗子给她，说："我们将要屠杀建州城的人，夫人可把旗子插在门前，我们告诫士兵见了旗子不要冒犯。"练氏返还金帛，也不接受旗子，说："你们幸而念及旧德，我希望你们保全这整座城池的人；一定要屠城的话，我宁可与众人一块去死，也不愿独自活下来。"两位将领被她的话感动，就放弃了屠城的想法。

得金不认

张知尝[(一)]在上庠[①]日，有白金十两，藏在箧中。同舍生伺公出,发箧取之。学官集同舍检索,因得其金。公曰:"非吾金也。"同舍生感激,夜袖以还。公知其贫,以半遗之。夫遗人以金,人所能也;仓卒得金不认,人所不能也。

【校勘】

(一)张知尝:据宋吴会撰《能改斋漫录》,"尝"应为"常"之误。张知常,即张根,字知常,北宋末期饶州德兴(今属江西)人,有清操。

【注释】

①上庠(xiáng):即太学。

【译文】

张知常在太学读书的时候,有十两白银,藏在箱子中。同宿舍的书生趁他出去的时候,打开箱子拿走了银子。学官集合住在一起的学生搜查,于是查到了丢失的银子。张知常却说:"这不是我的银子。"那个偷银子的同宿舍同学很感动,到晚上用袖子盛着银子来还给他。张知常知道这个人家里很贫穷,就拿这笔银子的一半送给他。赠给人银子,这是常人能够做到的;仓促之间发现自己丢失的银子却不认领,这是常人所不能做到的。

彰君之赐

晏平仲敝车羸马,桓子①以为隐君之赐。晏子曰:"自臣之贵,父族无不乘车者,母族无不足衣食者,妻族无冻馁者;齐国之士,待臣举火者三百余人。此为隐君之赐(一),彰君之赐乎?"

【校勘】

(一)赐:此则又见于钱公辅的《义田记》。据此,"赐"字后夺"乎"字。

【注释】

①桓子:即田无宇,妫(guī)姓,田氏,名无宇,谥号桓,故称田桓子,春秋时期齐国田氏家族首领之一。

【译文】

晏平仲(平仲为齐相晏婴的字)乘坐瘦马驾的破车,田桓子认为这是隐瞒君主的赏赐。晏子回答说:"自从我显贵后,父系亲族没有不坐车的人,母系亲族没有衣食不足的人,妻系亲族没有挨饿受冻的;齐国的士子,等待我接济而点火做饭的有三百多人。这是隐瞒君主的赏赐呢,还是彰明君主的赏赐呢?"

克己好施

杜正献[①]公自布衣至为相,衣服饮食无所加[②],虽妻子亦有常节。家故饶财,诸父拆产[(一)],公以所得悉与昆弟之贫者。俸禄所入,给宗族,赒人急难。至其归老,无屋以居,寓于南京驿舍者久之。

【校勘】

(一)拆产:此则采编自宋朝张镃的《仕学规范》,据此当为"析产"之误。析产,分家。"析"与"折"因形近致讹。

【注释】

①杜正献:即杜衍,字世昌,北宋大臣。越州山阴(今浙江绍兴)人,北宋仁宗朝官拜宰相,封祁国公,谥正献。 ②加:改变。

【译文】

杜衍从百姓到宰相,衣服饮食没有什么变化,即使是他的妻子儿女也有恒常不变的节操。家里本来广有财产,父辈分家,杜衍把自己所得财物全部给了生活贫困的兄弟。所领的俸禄,供给了同宗族人,救济了别人的急难。到他退休养老的时候没有房子居住,寄住在南京驿站的馆舍里好长时间。

教友之子

尹师鲁洙①以贬死，其子朴方襁褓。既长，韩魏公闻于朝，命官教之如子。朴少年有才，所为或过举，魏公挂师鲁之象(一)哭之。

【校勘】

(一)象：据刘宗周的《人谱类记》，当为“像”之讹。

【注释】

①尹师鲁洙：即尹洙，字师鲁，洛阳人，北宋散文家，世称河南先生。

【译文】

尹洙因贬官而死的时候，他的儿子尹朴还在襁褓之中。等尹朴稍大后，韩魏公（魏公为韩琦爵位）报告给朝廷，命令教官像教导自己的儿子一样教导他。尹朴年龄不大时就很有才华，有时尹朴做了错事，韩魏公就把尹师鲁的遗像挂起来，对着遗像哭泣。

不犯锱铢

徐孝祥①居吴江，隐居好学，布衣草履，泊如②也。一日，后园徐步，见树根一坎珊陷③。谛视，有石瓮。启之，皆白金也。亟掩之，一毫弗取，人无知者几三十年。值岁大歉，民不聊生。孝祥曰：“是物当出世耶！”乃启穴，日取数锭，收籴以散贫人，全活不可胜计，物尽乃已。女将适人，惟荆布遣之，而于藏中之物，锱铢④无犯。

【注释】

①徐孝祥：据元代高德基所撰《平江记事》，徐孝祥为明代吴江同里人，隐士。 ②泊如：恬淡无欲貌。如，词尾，无实义。③堋陷：同“坍陷”。 ④锱铢：旧制锱为一两的四分之一，铢为一两的二十四分之一。比喻极微小的数量。

【译文】

徐孝祥是吴江人，隐居好学，穿布衣草鞋，宁静淡泊。有一天，他在后园散步，发现树根下有一个塌陷的洞穴。仔细一看，那洞里有一石瓮。打开石瓮一看，里面全是白银。他急忙将它掩埋，没有拿取一丝一毫，几近三十年无人知道这事。后来碰上大饥荒，民不聊生。徐孝祥说：“该是那东西出世的时候了吧！”于是，他打开洞穴，每天拿出数锭白银，全用来买米散给贫穷人，保全救活的人不计其数，直到那些银子用完才作罢。当时，他的女儿要出嫁，他只给女儿准备了荆钗布裙，对瓮里藏的白银，没有动用分毫。

戴封仁厚

戴封[①]，字平仲。年十五，谒大学，师事东海申君。申君卒，送丧到东海，道经其家。父母以封当还，豫为娶妻。封暂过拜亲，不宿而去，仍还京师卒业。封后遇贼，财物悉被掠，唯余缣七匹，贼不知处，封追与之，曰：“知诸君乏，故并相送。”贼大惊曰：“此贤人也。”

【注释】

①戴封：字平仲，东汉济北刚（今山东宁阳）人，官至太常，操行高尚。

【译文】

戴封，字平仲。他十五岁到太学游学，拜东海郡（郡治郯县，其辖境大致相当于今山东临沂大部，江苏连云港、徐州东部一带）人申君为师。申君去世，戴封送丧到东海，途中要经过自己的家。戴封的父母以为戴封将要回来，就预先替他娶妻。戴封短暂回家拜见父母，没有住宿就走了，仍回到京师修完学业。戴封后来遇到强盗，财物全被掠夺，只留下七匹缣帛，强盗没有发现藏处，戴封就追上去送给他们，说："知道各位贫乏，所以一块儿送给你们。"强盗震惊地说："这是有贤德的人。"

不杀平贼

东川节度使杨师立①叛。高仁厚②围之，为书射城中，遗(一)其将士曰："仁厚不忍城中玉石俱焚，为诸君缓师十日，使诸君自成其功。若十日不送师立首者(二)，昼夜兼攻，城陷必矣。诸君图之！"数日，贼将杨君雄(三)大呼于众曰："天子诛元恶，他人无预也。"众呼万岁，大噪，突入府中，师立自杀。君雄挈其首出降，贼平。

【校勘】

（一）遗：据《资治通鉴》，当为"道"之误。道，通"导"，诱导。

（二）者：据《资治通鉴》，此字当为衍字。

（三）杨君雄：据《资治通鉴》，当为"郑君雄"之误。郑君雄，本杨师立部将，因功任遂州刺史，后反叛被杀。

【注释】

①杨师立：晚唐僖宗时期将军，初隶神策军，后任东川节度使，加同中书门下平章事荣衔，最后反叛朝廷，兵败自杀。 ②高仁厚：晚唐僖宗时期将军，曾与黄巢作战，平定东川节度使杨师立的叛乱后，为剑南东川节度使，后战死。唐昭宗乾宁年间，追赠司徒。

【译文】

东川(今四川东部和重庆)节度使杨师立背叛朝廷。高仁厚包围了杨师立(据守的梓州城),写了一封信用箭射入城中,对城内的将领士卒诱导说:“我高仁厚不忍心看到城内反叛的人和没有反叛的人不加区别都遭杀戮,暂缓进攻十天,让你们完成自己的功业(指投诚)。如果十天内不送出杨师立的脑袋,就不分白天黑夜轮番攻打,这城一定会被攻破。你们好好考虑!”过了几天,叛军将领郑君雄对众人大声疾呼:“天子要杀的是罪魁祸首,与别的人没有关系。”大家高呼万岁,大声呐喊,冲进杨师立府第,杨师立自杀身亡。郑君雄提着杨师立的头出来投降,反贼得以平定。

荒年焚券

隋李士谦①有粟数千石,以贷乡人。值年谷不登②,债家无以偿。士谦悉召债家,为设酒食,对之燔券,曰:“债了矣。”明年大熟,债家争来偿,拒之一不受。或曰:“子多阴德矣!”士谦曰:“人所不知,谓之阴德。今吾所为,皆子所知,何为阴德?”

【注释】

①李士谦:字子约,北朝末期及隋初赵郡平棘(今河北赵县)人,著名孝子,品质高洁。　②登:庄稼顺利成熟。

【译文】

李士谦有几千石粮食,拿来贷给同乡人。恰逢荒年,借贷人家无法偿还。士谦于是叫来所有的借债人,为他们摆设酒食,当着大家的面烧了借契,说:“欠债已经了结。”第二年大丰收,借债人家争着来偿还,士谦全都拒绝了。有人对李士谦说:“您的阴德多啊!”士谦说:“别人不知道的德行,才叫阴德。现在我所做的,你们都知道了,哪里算什么阴德?”

道有清德

冯道为人能刻苦俭约。当晋与梁夹河而军，道居军中，为一茅庵，不设床席，卧一束刍而已。所得俸禄与仆厮，同器饮食（一）。诸将有掠美女遗道者，道皆置别室，访其主而还之。居父丧，遇岁饥，悉出所有以周乡里，而退耕于野，躬自负薪。有荒其田不耕者，道夜潜往为之耕。

【校勘】

（一）食：《新五代史·冯道传》后有"意恬如也"四字。恬如，恬淡貌。如，词尾，无实义。

【译文】

冯道为人能刻苦耐劳，节俭朴素。当后晋和后梁临黄河驻军对阵时，冯道住在军队中，搭建一间茅草棚居住，不安设床和席子，就睡在一捆柴草上。所得俸禄与随从、仆人一起享用，与他们吃一样的伙食。有将领抢来美女送给他，冯道都另外找间屋子养着，找到她们家长后再送回去。为父亲守丧时，正逢大饥荒，他倾家财救济乡民，自己在田野里耕作，还亲自背柴。有人田地荒废而没有能力耕种，冯道就在夜里悄悄地去为其耕种。

独存平恕

武后置制狱①于丽景门②内，入是狱者非死不出，王弘义③戏呼为"例竟门④"。朝士人人自危，或因入朝密遭掩捕，每朝辄与家人诀曰："未知复相见否？"法官竞为深酷，唯司刑丞⑤徐有功⑥、杜景俭⑦独存平恕，被告者皆曰："遇来⑧、侯⑨必死，遇徐、杜必生。"

【注释】

①制狱:皇帝特命监禁罪人的狱所。 ②丽景门:据《唐两京城坊考》记载,东都皇城西面有两门,南曰丽景门,北曰宣辉门,是洛阳古城的西大门。 ③王弘义:冀州衡水(今属河北)人,凭告密起家,武周时官至侍御史,与来俊臣等同为著名酷吏。 ④例竟门:按惯例进去送死的门。 ⑤司刑丞:即大理丞,秩从六品上,大理寺的主官为大理寺卿,其次是大理寺少卿、大理寺寺正、大理寺丞,丞之职在正刑之轻重。 ⑥徐有功:名宏敏,字有功,唐洛州偃师(今河南偃师)人,官至司刑寺少卿,为武则天时期与酷吏斗争的一面旗帜,死后被武则天追赠为大理寺卿。 ⑦杜景俭:唐代冀州武邑(今属河北)人,官至司刑卿,为人正直敢言,执法平恕。 ⑧来:即来俊臣,雍州万年(今陕西西安)人,武则天执政时的著名酷吏。 ⑨侯:即侯思止,雍州醴泉(今陕西礼泉)人,唐朝和武周年间著名酷吏。

【译文】

皇后武则天在丽景门内设置了一所制狱,进入了这所监狱就没有活着出来的,王弘义开玩笑说丽景门为“例竟门”。朝臣们人人自危,有人因为看到有朝臣上朝时遭秘密逮捕,每当上朝前就与家人诀别说:“不知还能不能再见面?”当时的法官争着做苛酷的事,只有司刑丞徐有功、杜景俭执法公平宽仁,被告的人都说:“遇到来俊臣、侯思止必死,遇到徐有功、杜景俭必活。”

称疾戒杀

曹彬下江南,金陵受围凡三时,吴人樵采路绝。彬每缓师,冀李煜来归,使人谕之曰:“事势如此,所惜者一城生聚[①]。若能归命[②],策之上也。”城垂克,彬忽称疾不视事[③],诸将来问，彬曰："余疾非药石④能愈，惟须诸公诚心自誓，以克城日，不妄杀一人，则自愈矣。"诸公许诺，其(一)焚香为誓。明日，城陷。李煜既归，凯旋入见，刺⑤称"奉敕江南干事回"，其谦恭不伐又如此。

【校勘】

(一)其：据《宋史·曹彬传》，当为"共"之误。

【注释】

①生聚：百姓。 ②归命：归顺，投诚。 ③视事：旧时指官吏到职办公。 ④药石：药剂和砭石。泛指药物。 ⑤刺：名帖。

【译文】

曹彬攻打江南(指南唐)时，金陵被围总共长达三个季度，居民砍柴的路被断绝。曹彬常常缓攻，希望李煜能归降，并派人告诉他："事势已经这样，只可惜全城的百姓。如果你能投诚，真是上策。"城快要被攻克时，曹彬忽然称疾不处理军政事务，诸将都来探病，曹彬说："我的病不是药物能治好的，只要诸公诚心立誓，克城之日，不乱杀一人，我的病就会自动痊愈。"诸将答应下来，一起焚香立誓。第二天，金陵城被攻陷。李煜已经归顺，军队战胜归来，入宫朝见天子时，曹彬的名帖上自称"奉令到江南办事回来"，谦恭而不夸耀。

崔篆出囚

崔篆①当王莽时为建新大尹②，所至狱犴③填满。篆垂涕曰："陷人于阱，彼皆何罪而至此?"遂理出二千余人。掾吏叩头固争，篆曰："邾文公不以一人易其身④，君子谓之知命，如杀一大尹，赎二千人，盖所愿也。"遂称疾去。

【注释】

①崔篆：涿郡安平(今河北安平)人，约王莽建国前后在世，

曾不得已任建新大尹。 ②大尹：太守。 ③狱犴（àn）：牢狱。④邾文公不以一人易其身：见《左传·鲁文公十三年》，“邾文公卜迁于绎。史曰：‘利于民而不利于君。’邾子曰：‘苟利于民，孤之利也。天生民而树之君，以利之也。民既利矣，孤必与焉。’左右曰：‘命可长也，君何弗为？’邾子曰：‘命在养民。死之短长，时也。民苟利矣，迁也，吉莫如之！’遂迁于绎”。邾文公，名籧（qú）篨（chú），是春秋时期邾国比较有作为的国君之一，以德政著称。

【译文】

王莽改制的时候，崔篆任建新郡太守，巡视各县时看到牢狱里关满了犯人。崔篆流泪说：“陷民于陷阱当中，百姓何罪，致遭此苦难？”于是经过审理，放归两千多人。他的僚属叩头争辩，崔篆说：“邾文公不因为对个人不利而停止搬迁的命令，君子认为他懂得天命。如果杀了我太守一人而能救出两千人，我也情愿。”放走囚犯后，崔篆称病辞职离去。

慕义通信

赵鼎[①]为秦桧所害，得旨归葬。鼎之子汾护丧归葬衢州。守臣章杰[②]知中外士大夫是日皆携酒来会葬[③]，阴遣县尉翁蒙之[④]以搜私酿为名，欲驰往掩取之，以为奇货，而不知蒙之固正人也。蒙之急书片纸，走仆自后垣出，密以告汾，令尽焚箧中书以及弓刀之属。比官兵至，搜索悉无所得。鼎之一家赖以纾祸，蒙之力也。

【注释】

①赵鼎：字元镇，号得全居士，南宋解州闻喜（今山西闻喜）人，宋高宗时名相、词人，谥号忠简，孝宗时被追封丰国公。②章杰：北宋宰相章惇的孙子，南宋医药学家，官至广南东路转运

副使，与赵鼎有私怨。 ③会葬：参加葬礼，会合送葬。 ④翁蒙之：字子功，崇安（今福建武夷山市）人，历任常山尉、监登闻鼓院、司农寺丞。

【译文】

赵鼎被秦桧所害后，其家人获皇帝旨意带他回原籍安葬。赵鼎的儿子赵汾扶柩归葬衢州。衢州地方官章杰知道各地士大夫在下葬这天都会带着酒来参加葬礼，暗地里派县尉翁蒙之以检查私自酿酒为名，企图趁人不备获取赵鼎与亲朋故旧的来往信件，以此作为（讨好秦桧的）奇货，却不知道翁蒙之本来是正派人。翁蒙之赶紧写了一张纸条，派仆役从后墙跳出，去秘密告知赵汾，让他将箱子中的信件及弓刀之类东西焚毁。等官兵到了，搜查一无所获。赵鼎一家得以免除灾祸，多亏了翁蒙之的暗中相助。

仁葬理宗

元世祖①发宋诸陵，取其金宝，以诸帝遗骨瘗②于杭之故宫，筑浮屠③于其上以压④之。又截理宗⑤顶骨为西僧饮器，天下闻之，莫不伤心。太祖⑥叹息久之，谓危素⑦曰："宋南渡诸君无大失德，与元又非世仇，元既乘其弱取之，何乃复肆酷如是耶？"即命北平守将吴勉访顶骨所在，果得诸西僧庐中。命有司厝于京城之南。至是，绍兴府以《永穆陵⑧图》来献，遂敕葬于故陵。

【注释】

①元世祖：即元朝开国皇帝忽必烈。 ②瘗（yì）：掩埋，埋葬。 ③浮屠：也作"浮图"，佛教语，梵语 Buddha 的音译。此指佛塔。 ④压：以迷信的方法，镇服或驱避可能出现的灾祸，或致灾祸于人。 ⑤理宗：即宋理宗赵昀。 ⑥太祖：明太祖朱元璋，

太祖为其庙号。 ⑦危素:字太朴,号云林,金溪(今属江西)人,元末明初历史学家、文学家。 ⑧永穆陵:南宋理宗赵昀的陵墓,陵址位于今浙江绍兴。

【译文】

元世祖命人挖开南宋皇帝的陵墓,拿走了陵墓里面的金银宝物,把几位皇帝的遗骨埋在杭州南宋的故宫内,并在遗骨上建佛塔来压镇。又截取宋理宗的头盖骨做成西域僧人的饮酒器具,天下人听到后,没有不伤心的。太祖朱元璋听后,叹息了很久,对危素说:“宋南渡后的几位君主并无大的失德之处,与元朝又不是世代的仇敌,元朝已经乘其虚弱攻取了南宋,为什么还这样肆虐残暴呢?”于是命令北平守将吴勉寻找宋理宗头骨,果然在住在北平的西域僧人房舍中找到了。朱元璋下令将宋理宗头骨暂时安葬于京城之南。后来绍兴府进献《永穆陵图》,朱元璋又下诏将宋理宗头骨归葬永穆陵。

雨过补屋

郑建中①资镪②巨万,徙安陆城中,居人多舍客。每大雨,则戴(一)瓦以行,问有屋漏则补之。若客舍(二)自为之屋,亦为缮治。

【校勘】

(一)戴:据宋人王得臣《麈史》,为“载”之讹。

(二)客舍:据王得臣《麈史》,当为“舍客”之误。

【注释】

①郑建中:字常美,号启元,以子郑纾贵,赠屯田员外郎,北宋时人,文学家郑獬的祖父,祖籍宁都(今属江西),后移家安陆(今属湖北)。 ②资镪(qiǎng):钱财。

【译文】

北宋的郑建中广有家财，迁到安陆城中，安陆城中居民多是他家的房客。每当大雨过后，郑建中就载着瓦片在安陆城中巡行，问到有屋漏的人家就替他们修补房屋。至于舍客自建的房子，郑建中也为他们修补。

敦本卷之四

身不托空桑[①],自家佛[②]不供养及时,迨至废蓼莪[③]而已晚。性岂甘燃豆同根生[④]?不滋培置力,能无歌蝉蟹[⑤]以生惭?古人急象贤[⑥],施干蛊[⑦],咏棠棣[⑧],赋鹡鸰[⑨]。每一开函,泫然泪下。纂敦本[⑩]第四。

【注释】

①空桑:自空心桑树里生长出来。古代传说有一采桑女子,在空心桑树里拾得一个婴儿,长大后即商代政治家伊尹。后指非父母所生,来历不明者。　②自家佛:指父母。　③废蓼(lù)莪:《诗经·小雅·蓼莪》主旨是悼念父母恩德,抒发失去父母的孤苦和未能终养父母的遗憾,沉痛悲怆,凄恻动人。后以“废蓼莪”指未得孝养而已经去世的父母。　④燃豆同根生:语出曹植《七步诗》,“煮豆燃豆萁,豆在釜中泣。本是同根生,相煎何太急?”⑤蝉蟹:先秦古歌《成人歌》曰,“蚕则绩而蟹有匡。范(通‘蜂’)则冠而蝉有緌。兄则死而子皋为之衰(cuī)”。意为:蚕儿会吐丝,而螃蟹有筐子。蜂儿有帽子,而蝉儿有冠带子。是哥哥死了,却为地方长官穿孝衣。《成人歌》产生背景:成邑(古地名,约在今山东宁阳)有个人,他的哥哥死了却不愿为哥哥穿孝服,后来听说子皋将要来当邑宰,怕被怪罪,这才连忙穿上孝服。当地人就编了这首歌谣讽刺此人。此处用“蝉蟹”指兄弟不和睦。⑥象贤:谓能效法先人的贤德。象,效法。　⑦干蛊:“干父之蛊”的省略,典出《周易》,意谓儿子能继承父志,完成父亲未竟之业。干,承担,从事。蛊,事业。　⑧棠棣:《诗经·小雅·常棣》

篇,是周人宴会兄弟时,歌唱兄弟亲情的诗。“棠棣”也作“常棣”。后常用以指兄弟。 ⑨鹡鸰:《诗经·小雅·常棣》篇有“脊令在原,兄弟急难”,句意为鹡鸰困在原野,兄弟赶来救难。⑩敦本:使亲情笃厚。

【译文】

自身不是凭空而有的,自家父母不及时供养,等到父母去世时,再想孝养已是来不及了。本性难道甘心骨肉相残?如果对兄弟之间的情义不下大力气滋养培植,唱《成人歌》时能不心生惭愧?古人急于效法先贤,努力完成父辈未竟的事业,歌咏兄弟友爱,书写下兄弟有难守望相助的篇章。每当打开书,读这些篇章,总会泫然泪下。纂敦本第四。

孝感后母

王祥①事后母甚谨。家有一李树结子(一),母使守之。风雨忽至,祥抱树而泣。祥在别床眠,母往暗斫之。值祥私起,空斫得被。既还,知母憾之不已,因跪前请死。母于是感悟,爱如己子。

【校勘】

(一)结子:据《世说新语》,“结子”后夺“殊好”二字。

【注释】

①王祥:字休徵,琅邪临沂(今属山东)人,三国曹魏及西晋时大臣,王羲之的族曾祖父,著名孝子。

【译文】

王祥对待他的后母非常谦恭谨慎。他家有一棵李树,结的果实特别好,后母常常让他看守那棵树。有一次,王祥正看守李树,忽然起了风雨,王祥就抱着树哭泣。王祥在别的床上睡觉,后母准备暗中砍死王祥。恰逢那时王祥起床不在，后母空砍在被子上。王祥回来后，知道后母因为没能杀死他而遗憾不已，因而跪在后母面前请求一死。后母被王祥感动醒悟，爱护他如同自己的亲生儿子一般。

孔融幼女

孔北海①被收，时男方九岁，女才七岁，以幼弱得全。寄住他舍，主人遗以肉汁，男饮之，女曰："今日之祸，何能知肉味乎?"或言于曹操，收之，将加戮。女谓兄曰："若死而有知，得见父母，岂非至愿?"乃延颈就刑。

【注释】

①孔北海：即孔融，字文举，鲁国(治今山东曲阜)人，东汉文学家，"建安七子"之首，因官居北海国(治所在今山东昌乐西)相，故称孔北海。

【译文】

孔融被捕，当时他的儿子才九岁，女儿才七岁，因年幼弱小得以活命。两个孩子寄住在别人家里，主人给他们肉汤喝，男孩把肉汤喝了，女孩说："今天遭受这样的祸事，怎么能喝出肉的味道呢?"有人把这事告诉了曹操，曹操下令逮捕并杀了他们。女孩对哥哥说："如果死后有感知的话，就能够见到父母，这难道不是我们最大的愿望吗?"于是从容地接受死刑。

孝养叔父

燕泰肃王(一)，轻施厚费，常预借料钱①，多至数岁。仁宗②诏给者屡矣。御史沈邈③谓："不可以常典奉无厌之求。"上曰："御史误矣。太宗子八人，今惟王尔。先帝之弟，朕之叔父也。每恨不能尽天下以为养,数岁之禄,何足计焉?"

【校勘】

(一)燕泰肃王:乃"燕恭肃王"之误,即赵元俨,宋太宗第八子,宋仁宗朝追赠燕王,恭肃为谥号。"恭"字与"泰"字因形近致讹。

【注释】

①料钱:宋职官薪制中,除官俸外,另给的粮食或折换的钱。②仁宗:宋仁宗赵祯,真宗第六子,宋朝第四位皇帝。 ③沈邈:字子山,信州弋阳(今属江西)人,宋仁宗朝御史。

【译文】

宋朝燕恭肃王,轻易施舍,花费很多,提前支取料钱,多达几年。宋仁宗下旨供给他好多次了。御史沈邈说:"不可以拿常规外的支出来供应他没有满足的需求。"仁宗说:"御史错了!当年太宗皇帝有八个儿子,现在只剩下这一人了。他是先帝的弟弟,我的叔父。我常常恨不得把全天下的东西都拿来供养他,几年的俸禄又算得了什么呢?"

痛母断绵

朱百年①家贫,母以冬月亡,衣无绵絮,百年自此不衣绵帛。尝寒时就孔觊宿,衣悉夹布②,觊覆以卧具。百年初不知,既觉引去,谓思远③曰:"绵定奇温。"因流涕悲恸,思远亦为感泣。

【注释】

①朱百年:会稽山阴(今浙江绍兴)人,生活在东晋末至南朝萧齐之间,著名隐士、孝子。 ②夹布:布夹衣。 ③思远:孔觊的字。

【译文】

朱百年家境贫寒，母亲在冬天去世，连丝绵衣服都穿不上，从此以后，朱百年再不穿丝绵。朱百年曾经在严寒天气到孔颛家住宿，穿的全是布夹衣。孔颛拿丝绵被子给他盖上。朱百年最初不知道，等到醒来后把被子掀去，对孔颛说："丝绵絮果然特别温暖。"于是痛哭流涕，悲恸不已，孔颛也被他感动得流泪。

孝母贮焦饭

吴郡陈遗①母好食铛②底焦饭。遗作郡主簿，制一囊，每煮饭，辄贮焦饭遗母。后值孙恩③贼出④吴郡，袁崧⑤即日便征，遗已敛焦饭数斗，未展⑥归家，遂带以从军。战于沪渎⑦，败。军人窜山泽，多饥死，遗独以焦饭得活。人谓纯孝之报。

【注释】

①陈遗：吴郡人，生活在东晋末至南朝刘宋之间，年轻时曾做过小吏，著名孝子。 ②铛（chēng）：一种平底铁锅。 ③孙恩：字灵秀，琅邪郡（今属山东）人，东晋末期五斗米道道士和起义军首领，最后进攻临海失败，跳海自杀。 ④出：至，入。 ⑤袁崧：名一作"山松"，东晋陈郡阳夏（今河南太康）人，博学有文章，官居吴郡（今江苏苏州）太守。 ⑥未展：来不及。 ⑦沪渎：古水名，指吴淞江下游近海处一段（今黄浦江下游）。

【译文】

吴郡人陈遗的母亲喜欢吃锅巴。陈遗在郡里任主簿的时候，做了一个口袋，每逢煮饭，就把锅巴储存积攒起来，回家后，就送给母亲。后来恰逢孙恩叛贼侵入吴郡，袁崧马上要出兵征讨，这时陈遗已经积攒到几斗锅巴，来不及回家，便带着随军出征。双方在沪渎开战，袁崧被打败了。军队逃到山林沼泽中，大多数人都饿死了，只有陈遗依靠锅巴活了下来。当时的人认为这是他纯厚孝心所致的好报。

家世敦睦

氾毓①家世敦睦②。客居青州，逮毓七世，人号其家“儿无常父，衣无常主”。

【注释】

①氾(fán)毓：字稚春，魏晋时期济北卢县(今山东济南)人，有清操。 ②敦睦：指亲善和睦。

【译文】

氾毓家世代亲善和睦。他家客居青州，到氾毓已经是七代了，当时人赞誉他家“小孩都能得到父辈爱抚，以致分不清谁是小孩真正的父亲；衣服可以随便换穿，以致分不清衣服是谁的”。

躬亲服劳

李琼①娶妻有子，而移居母之室，夜常十余起。母每谕之曰：“汝年来筋力颇惫，盍求婢以侍我？”琼曰：“凡母所欲，不亲经手，意如有失。”其母遂不之强。以是家人无敢怠惰。

【注释】

①李琼：宋代杭州仁和(今属浙江)人，著名孝子，《宋史》有传。

【译文】

李琼娶妻有子，却移居在母亲卧房内(照顾母亲)，夜里常起来十余次服侍母亲。母亲常常告诉他：“你近些年来筋力疲惫，为什么不买个婢女来服侍我？”李琼说：“凡是母亲想要的，不亲自经手，心里总觉得有过失。”母亲也就不再勉强他。从此全家人服侍老人不敢懈怠懒惰。

寄鱼奉亲

巴郡杜孝①少失父,以至孝称。后在成都,母喜食生鱼,孝乃截大竹筒盛鱼二头,塞以草,投中流,咒曰:“我母必得此鱼。”后妇出汲,见筒触岸,取视有二鱼,笑曰:“此吾夫所记(一)也。”熟而进之。闻者叹异。

【校勘】

(一)记:据《锦绣万花谷》,“记”当为“寄”之误。

【注释】

①杜孝:南朝刘宋巴郡(治所在今重庆江北区)人,著名孝子。

【译文】

巴郡杜孝年幼时父亲去世,因极其孝顺被称道。后来杜孝到成都做事,因母亲喜欢吃鲜鱼,于是截取了一个大竹筒,里面放进两条鱼,竹筒两头用草塞住,投进江水里,祷告说:“我母亲一定会得到这鱼。”后来杜孝的妻子到江边取水,看到一个竹筒漂到岸边,取来一看,发现里面有两条鱼,高兴地说:“这是我丈夫寄回来的。”杜孝的妻子把鱼做熟了进献给婆母吃。听到这事的人都为之惊叹。

兄弟友爱偈

法昭禅师①偈②云:“同气连枝③各自荣,些些④言语莫伤情。一回相见一回老,能得几时为弟兄?”

【注释】

①法昭禅师：北宋僧人，能诗，曾与尹师鲁等有交往。 ②偈(jì)：佛经中的唱词。 ③同气连枝：比喻兄弟之亲，骨肉相连。④些些：少许，几分。

【译文】

法昭禅师说："兄弟虽各自过各自的日子，但骨肉相亲，不要因些微的言语伤害了骨肉之情。弟兄们一回相见老却一回，能做多长时间弟兄呢？"

孝不及丐

蔡京[①]专政，子攸[②]势与父轧，父子各立门户，攸别居赐第。一日诣京，遽握父手，为切脉状，曰："大人脉势舒缓，得无恙乎？"京曰："无之。"攸即辞去。客见，以问京。京曰："此儿欲以为吾疾而罢我耳。"越数日，果以鲁国公致仕。长州一丐儿，每诣沈孟渊[③]处请丐，所得多不食。沈异之，瞷[④]所往，至野岸，一舟虽陋颇洁，中有老母。丐出物陈母前，倾酒跪奉，伺母持杯方起，跳舞唱山歌嬉戏以娱母，常日如之。母死，丐不复见。夫攸亦人子，丐亦人子，与其为攸也父，孰若为丐也母哉？

【注释】

①蔡京：字元长，北宋徽宗时权相，兴化军仙游县(今福建仙游)人。 ②攸：蔡京长子，字居安，北宋徽宗、钦宗时曾任宰相。③沈孟渊：即沈澄，字孟渊，号萬庵，明代前期长州(今浙江长兴)人，能书善画。 ④瞷(jiàn)：窥视，偷看。

【译文】

蔡京专权，儿子蔡攸在势力上与他相互倾轧，父子各立门户，蔡攸另住在皇帝赐的宅第。一天,蔡攸到蔡京那里,急忙抓住父亲的手,做出切脉的样子,问道:“父亲大人的脉势舒缓,该不会有病吧?”蔡京回答说:“我没有病。”蔡攸随即告辞离去。客人看见,来问蔡京。蔡京说:“这个孩子想因我生病让皇帝罢免我罢了。”几天后,蔡京以鲁国公的身份退休。长州有一乞丐,常常到沈孟渊家附近乞讨,乞讨到的食物大都不吃。沈孟渊对这件事感到很奇怪,(就派人)偷偷跟随乞丐,到了野外河边,看到一叶破旧的小舟,但是很干净,有一个老妇人坐在里面。乞丐拿出储存的食物摆在母亲面前,斟满酒跪着献给母亲,等母亲酒杯刚举起的时候,他就跳舞唱山歌来愉悦母亲,天天这样。乞丐的母亲去世后,没有再看到乞丐。蔡攸是人子,乞丐也是人子,但做蔡攸的父亲,哪里赶得上做乞丐的母亲呢?

悌道乃孝道

王祥孝事继母,人所知也。祥弟览①,即继母所生,劳苦与祥俱。母以酒毒祥,览先取饮之,母惊覆酒。览娶妇亦与祥妇均服役,卒能调和母子如一。人知祥之孝,而不知览之悌乃所以为孝也。吕虔②有剑,相其文佩者至三公,以奉祥曰:“非君莫可当者。”祥薨,解以与览。后九代公卿。噫!使览而阿亲意,则象③耳,可为孝子乎?

【注释】

①览:即王览,字玄通,琅邪(今山东临沂)人,王羲之曾祖,曾入仕曹魏及西晋。 ②吕虔:字子恪,任城(今山东济宁东南)人,三国时期曹魏将领。 ③象:帝舜的同父异母弟,本性傲狠,常与母亲和父亲瞽叟想要寻机杀死舜。

【译文】

王祥孝顺继母,人所周知。王祥的弟弟王览,是继母所生,和王祥一样劳苦。王览的母亲想用毒酒毒死王祥,王览知道后就抢先拿毒酒来喝,他的母亲大惊,把毒酒夺来倒在地上。王览娶的妻子与王祥的妻子一同劳作,最终能调和得继母对王祥、王览一样看待。人们知道王祥的孝道,却不知正是王览的悌道成就了孝道。当时吕虔有一把剑,看那剑上的花纹,知道佩戴这把剑的人可以官至三公,吕虔就把这佩剑送给了王祥,并说:“此剑非您莫属。”王祥死的时候,把剑解下来送给了王览。后来,王家九代皆出公卿。唉!假使王览阿顺了母亲的心愿,那就像象罢了,怎么能够成为孝子呢?

待孝尤切

五刑①莫大不孝,王法诛之,冥律禁之。其特甚者,则有四等父母待孝尤切:曰老,曰病,曰鳏寡,曰贫乏。父母当壮盛,起居犹能自理;至龙钟鹄立②,扶杖易仆,寒夜苦寂,铁骨难挨;又如偏风③久病,坐卧不适,遗溲④丛秽,席荐可憎。子所难奉惟此时,亲所赖子亦惟此时。又如老境失耦⑤,寒暖谁问?丈夫犹可,嫠妇⑥奈何?就使儿孙满前,耦者耦,稚者稚,人人鼾睡去,个个乐事归。漏声长处不可问,枕边泪湿与谁同?有孝儿孙,颇娱晚景,不幸而母我者乘惯⑦撒泼,姑我者⑧横面阻绝,只护半点骨血,空博一世凄凉。又有抚字⑨财匮,婚娶力竭。健少年经营肥暖,老穷人搔首踌躇,望一味以垂涎,丐三餐而忍气。吁嗟!身从何来,而长养⑩若是?此数老,冤气尤足动天,子孙倍当行孝。劝化者,于斯更吃紧云。

【注释】

①五刑:奴隶制时代指墨(在脸上刺字并涂墨,亦称“黥”)、劓(yì,割掉鼻子)、剕(fèi,把脚砍掉)、宫(破坏生殖器)、大辟(杀

头）五种刑罚；封建制时代指笞、杖、徒（拘禁于一定场所，剥夺其自由，并强制劳动）、流（流放）、死五种刑罚。 ②鹄（hú）立：像鹄一样伸长脖子站立着，形容人引颈而望。 ③偏风：又称“偏枯”，即半身不遂。 ④遗溲（sōu）：小便失禁或排泄的小便。 ⑤耦：通“偶”。 ⑥嫠（lí）妇：寡妇。 ⑦惯：纵容，迁就。 ⑧姑我者：称我为婆母的人，即儿媳。姑，婆母。 ⑨抚字：抚养。 ⑩长养：此处为供养。

【译文】

在受五刑的罪过中，没有什么比不孝更大的了，对于不孝之罪，不仅王法要惩治，到了阴间也要禁绝。对以下四类急需孝养的父母不孝，罪过尤其深重：第一类是年老的，第二类是有病的，第三类是丧偶的，第四类是生活贫困的。父母还是壮盛之年时，起居还能自理；到了老年，行动不便，尤其渴望子女的帮助，手拄拐杖容易跌跤，寒冷的夜晚孤独寂寞，瘦骨支床，长夜难挨；又如身患偏枯，长久染病，坐卧都不舒适，屎尿肮脏一片，床席让人难以接近。子女难以侍奉就在这个时候，而父母最需要子女照顾也正在此时。又如年老失偶，有谁来嘘寒问暖？（这种孤独）男人还可以忍受，那寡居的老妇如何忍受？即便是儿孙满堂前，子孙们结婚的成双成对，年幼的有其父母关爱，人人都尽情安睡，各人有各人的快乐生活。漏声悠远，有谁知道寒夜的漫长，枕边老泪湿透有谁关心？有孝顺的儿孙让晚年颇感欣慰快乐，不幸那不孝之子借娇惯撒泼，那儿媳对儿子的孝行蛮横地阻挠，为了爱护子孙只得姑息纵容，空落得一世凄凉。又有一类是为了养育子女、为子女婚娶而耗尽家财的父母。健壮的年轻人很容易过上饱食暖衣的日子，又穷又老的人只能抓头皮徒唤奈何了，看到好吃的饭菜只得流口水，为了求得一日三餐只能忍气吞声。唉！自身是从哪里而来，供养父母竟然像这样？这几类父母，受了子女不孝的冤气，连老天也会动怒；对这样的父母，子孙应当加倍尽孝。劝导行善的人应当特别看重这个。

嫡庶均产

欧公池嫡母所生,两兄皆庶出。父以公属嫡欲厚之,公妻冯氏请于舅①曰:"嫡庶为父母服有差等②否?"舅曰无。冯曰:"均子也,服无差,产其可异乎?"舅大悦,从之。后累世簪缨③。

【注释】

①舅:公公。 ②差等:差别。 ③簪缨:古代达官贵人的冠饰,后遂借以指高官显宦。

【译文】

欧公池是父亲的正妻所生,两个哥哥都是父亲的妾所生。他父亲分家产时因欧公池是嫡子想多分一些给他,欧公池妻子冯氏就向公公请求说:"嫡子和庶子为父母服丧,有差别吗?"公公回答说没有差别。冯氏说:"嫡子庶子一样是公公的儿子,为父母服丧没有差别,难道分起家产来就可以有差别吗?"公公非常高兴,听从了冯氏的意见。欧公池后世几代人都是高官显宦。

退屋留值

张翁用川邦奇(一)公父也。公为学宪①时,厅仅二楹,上官过访不便。旁一楹,乃其叔居。叔有宿逋②愿售,公倍价买之,将重构焉。告于翁,翁知其倍(二)也,甚悦。已忽潸然泪下,曰:"吾想至日拆彼屋以竖我柱,其夫妇何以为情!"公恻然曰:"儿当还之。"遽抽身取券,翁曰:"其价计已偿人矣。"公曰:"并价不取可也。"翁欣然曰:"若然,慰我甚矣。"

【校勘】

(一)用川邦奇:乃"甬川邦奇"之误,即张邦奇,字常甫,号甬川，别号兀涯，鄞(今浙江宁波)人，谥文定，明世宗嘉靖时官至南京兵部尚书。

(二)倍：此字后省“价”字。

【注释】

①学宪：即提督学政，简称学政，俗称学台，主管一省教育科举的官员。 ②宿逋(bū)：指久欠的税赋或债务。

【译文】

张翁是甬川公张邦奇的父亲。张邦奇做学政时，家里的客厅仅有两间，上官来拜访时招待很是不方便。客厅旁边一间，是他叔父的住所。叔父有久欠的债务，愿意出售这间房还债，张邦奇用双倍的价钱买了下来，将要重新建房。张邦奇把这事告诉父亲，父亲知道他是用双倍的价钱买的，很高兴。不久，张父就潸然泪下，说：“我想到拆那房子建我们房子的时候，你叔父夫妇该是多么伤感！”张邦奇同情地说：“我应当把房子还给他。”在张邦奇抽身去拿房契时，张父说：“我估计那房钱已经还债了。”张邦奇就说：“那连房钱也不要了。”张父很高兴地说：“如果这样，对我来说是很大的安慰了。”

供养在家佛

侍郎梅溪王公①见人礼塔，呼而告之曰：“汝有在家佛，何不供养?”

【注释】

①梅溪王公：即王十朋，字龟龄，号梅溪，温州乐清(今属浙江)人，南宋著名爱国诗人。

【译文】

侍郎王十朋看到有人礼拜佛塔，把他叫过来，告诉他说：“你家里有佛(指父母)，为什么不供养呢?”

至孝至慈

崔沔①有至性②。母失明，倾家求医，不脱冠带奉者三十年。每美景良辰，必扶持宴笑，母忘其所苦也。母卒，瘠形吐血，茹素终身。爱兄姊几于母，慈甥侄甚于子。所得俸于奉蒸尝③赒亲族尽之，一不以自奉也。

【注释】

①崔沔：字善冲，京兆长安(今陕西西安)人，唐朝诗人，开元中官至太子宾客，谥曰孝。 ②至性：多指天赋卓绝的品性，如性情淳厚、刚正，至慈至孝等。 ③蒸尝：本指秋冬二祭，后泛指祭祀。

【译文】

崔沔有至孝至慈的天性。母亲失明，崔沔倾尽家产为母亲求医，不脱冠带奉养三十年。每当遇到良辰美景，必定会扶母亲宴饮欢笑，让母亲忘掉痛苦。母亲过世后，崔沔为之身体瘦弱吐血，终生吃素。崔沔像对待母亲那样爱护哥哥姐姐，对外甥侄子的慈爱也超过了儿子。所获俸禄都用来养亲祭祀、周济亲族，完全不用来自我享受。

苦心析箸

赵彦霄①与兄彦云同爨②十二年。彦云游浪废业，霄谏不听，遂求折箸(一)。未几，兄萧然，逋负盈门。除夕，霄置酒迎兄嫂，曰："弟无分爨意，以兄不节，敬为守先业之半，亦足给伏腊③，请归，仍主家政。"即取分券火之，付以管钥④；更出所蓄，偿诸负者。兄惭受而易辙焉。

【校勘】

(一)折箸：当为"析箸"之误。析箸，分家另过。

【注释】

①赵彦霄:据元代张光祖编《言行龟鉴》记载,赵彦霄为北宋后期温州人,著名孝友之人。 ②同爨(cuàn):同灶炊食,指同居,不分家。 ③伏腊:本指伏祭和腊祭之日,此借指生活或生活所需的物质资料。 ④管钥:钥匙。

【译文】

赵彦霄与兄彦云同居二十年。哥哥彦云纵情游乐不事家业,彦霄多次劝谏不听,于是请求分家另过。不久,彦云产业败尽,索债的人挤满了门前。除夕,彦霄摆下酒席,迎兄嫂来饮酒,说道:"我本来没有分家另过的意思,只因兄长用度不节,分家只是为兄长守住了一半祖业,也足够供给生活所需,请兄嫂回来,仍旧主持家事。"当即将分家券契烧了,把库房锁钥尽交兄嫂掌管;又拿出个人积蓄,偿清兄长的众多债务。兄长惭愧地接受了,完全改变了先前的做派。

孝亲友弟

薛包[①]好学笃行。父娶继母,憎包,分出。包日夜号泣,不得已,庐舍外,旦入洒扫。父母又逐之,乃庐里门,晨昏问安。积岁余,父母悟而命还。及父母亡,哀痛成疾。诸弟求异居,包不能止,任弟所欲[(一)]。奴婢引其老弱者,曰:"与我共事久,使令所熟也。"器物取其朽败者,曰:"我素所服食,身口所安也。"田产取其荒芜者,曰:"吾少时所治,意所恋也。"诸弟不能自立,致破家产,包复赈给。安帝闻其名,征拜侍中,不受,赐谷千石。

【校勘】

(一)欲:此字前夺"取"字。

【注释】

①薛包:东汉汝南人,汉安帝时著名孝友之人。

【译文】

薛包勤奋好学,品行纯厚。父亲娶了一个后妻,这后妻厌恶薛包,于是将他分出去居住。薛包日夜号哭,不离去,不得已,他就在父母住的房舍外边结庐而居,每天早晨都来给父母洒扫庭院。父母又把他赶走,于是他又在里巷门处结庐,早晚都去问安。过了一年多,父母终于感悟,将他叫回了家。到父母去世时,薛包哀痛成病。其弟要求分家另过,薛包劝止不了,任凭弟弟们选取想要的东西。薛包把年老奴婢都划归自己,说:"年老奴婢和我共事年久,我役使他们很熟悉了。"器物挑拣破旧的,说:"这些是我平素吃穿用过的,比较适合我的需要。"田地房屋拣取荒凉废顿的,说:"这是年轻时所经营打理的,心中系念不舍。"分居以后,弟弟们不善经营,致使家产耗费破败,薛包又拿自己所得财产来帮助其弟。汉安帝听到他的名声,就征召他,授他侍中的官职,被他拒绝,就赐给他一千石谷物。

惩妇敦俗

胡霆桂①为铅山主簿,时私醋之禁甚严。有妇诉其姑私酿者,霆桂诘曰:"汝事姑孝乎?"曰:"孝。"曰:"既孝,可代汝姑受责。"以私醋律笞之。政化大行。

【注释】

①胡霆桂:进贤(今属江西)人,南宋理宗年间曾任铅山县主簿。

【译文】

胡霆桂任铅山县主簿,当时禁止私家酿醋的命令十分严格。有一妇人告她婆婆私自酿醋,霆桂就质问那妇人:"你对婆婆孝顺吗?"妇人说:"孝顺。"霆桂便说:"既然你对婆婆很孝顺,那就代你婆婆受刑吧。"于是以其触犯私自酿醋律令为由,鞭打了那个妇人。从此以后,政策教化得以很好地施行。

不孝习成有四

不孝习成有四:一曰私[①]财。财入吾手,便为吾有;而在父母手者,又谓吾得有之也。财足则忘亲,财乏则觊亲,求财不得则怨亲。甚且以单父只子,而争财啰唣[②]者有矣;少长互推,而弃亲不养者有矣。不知身谁之身,我不带一财来,而褓哺无缺,以至今日,谁为者乎?二曰恋妻子。妻子习狎[③],而父母严重也。美味钱财,欲娱妻宠子;佳会良辰,欲拥妻抱子;而宁(一)亲之念遂微也。不思子为我子,而我为谁子?亲念我不顾,则我亦何赖有子哉?夫妻故(二)聚乐,然当呱呱[④]待哺时,岂解恋妻?即妻能拥我生活耶?辛勤字[⑤]我,指望有妇,得称成人,代劳贻燕[⑥],乃有妇而亲反不得有子耶?三曰嫖荡。欲火正炽,客(三)诱如狂,有倚庐伤心者,不解也;家业浪费,妇姑勃蹊[⑦],有激聒[⑧]诮让者,不辨也。怀子不寐,风雨凄长夜之魂;垂白无欢,菽水[⑨]冷半生之奉。吁嗟!狂兴几何,忍令有此?四曰争妒。天地之大,人犹有憾;父母之于众子也,情岂无偏?乃攘臂[⑩]争分,侧目夺宠,或兄弟而觭觤[⑪],或姊妹而计较;护短争长,分曹伐异,相谗蛊[⑫]而家道睽[⑬],积嗔喜[⑭]而孝情薄矣。此四者,人之常情,人(四)子不免,其流遂至大不孝。吁,可惕哉!

【校勘】

(一)宁:此则采编自《太上感应篇》,文字出入较大。当为"悦"。

(二)故:《太上感应篇》作"固"。

（三）客：当为“容”字之误。

（四）人：《太上感应篇》作“恐孝”。

【注释】

①私：爱，过于贪求。 ②啰唣（zào）：吵闹。 ③习狎：犹言亲近，熟悉。 ④呱（gū）呱：象声词，形容小儿哭声。此处借指婴儿。 ⑤字：养育。 ⑥贻燕：谓使子孙安逸。 ⑦勃蹊（xī）：亦作“勃磎”“勃豀”“勃溪”。指吵架，争斗。 ⑧激聒（guō）：谓絮语，烦琐之言。此处指争吵。 ⑨菽（shū）水：豆与水。指所食唯豆和水，形容生活清苦。常指晚辈对长辈的供养。 ⑩攘臂：捋起衣袖，伸出胳膊。常形容激奋貌。 ⑪觭（jī）觤（guǐ）：差异，不同。觭，两个角一向上一向下弯，不对称。觤，角不齐。 ⑫谗蛊：以恶言或诅咒等邪术加害于他人。 ⑬暌（kuí）：本指太阳落山，此指衰落。 ⑭嗔喜：生气或怒。偏义复词，“喜”无义。

【译文】

生成不孝有四个原因：一是贪爱钱财。钱财入我手，就算是我所拥有；而在父母手里的钱财，又认为自己能够拥有。钱财丰足时就把双亲忘掉，缺乏时就觊觎双亲的，求之不得，就怨恨双亲。甚至有单身父亲独生儿子为争夺财物而吵闹的；有兄弟互相推诿，抛弃双亲不奉养的。不知自身是怎么来的，我出生时不带一文钱来，而襁哺无缺才到了今天，这是谁的功劳呢？第二个原因是恋妻顾子。妻子儿女对我亲密无间，而父母对我则庄重严肃。有了美味钱财，先拿来娱妻宠子；逢良辰嘉会，也只想拥着妻子抱着孩子玩乐，于是取悦双亲的想法逐渐淡薄。没有想到孩子是自己的孩子，而自己是谁的孩子？若双亲指望我，我却置之不顾，那么我又凭什么能依赖自己的孩子呢？夫妻和美团圆本来是一家乐事，然而当我是婴儿呱呱待哺时，哪里知道爱恋妻子？是妻子照顾我活下来的吗？父母辛勤抚养我，指望我娶上媳妇，得以成人，替我劳累，想使子孙安逸快乐，竟然有了媳妇却使得双亲失掉了儿子的孝心吗？第三个原因是嫖娼荡产。淫欲似火烧得正旺，被姿容引诱得如痴如狂，可是父母在家里倚门而望，等儿子回来，淫心正盛的儿子却不理会；为了嫖荡把家产浪费，婆媳为此发生了冲突，吵闹指责的声音不绝于耳，他不能够分辨是非。妻子抱着小孩，彻夜难眠，屋外风雨交加，为他伤心落泪；鬓发已白的双亲，连后半辈子微薄的生活物资供养都因嫖荡而办不到。哎呀，这个淫荡意兴有多少，忍心到这种地步吗？第四个原因就是争妒。天地这么广大，还会有人埋怨老天不公平；父母对各个儿子，在感情上难道没有一点偏颇？可是兄弟之间很激奋地争夺家产，为争夺父母的宠爱怒目相向，有的兄弟觉得父母对待自己有差别(而心怀不平)，有的姐妹连细微的差别都要计较；袒护缺点，争个高下，兄弟姐妹间分帮拉派，攻击与自己意见不一致的，相互用恶言去毁谤对方，家道就逐渐衰落。心中的怒气积累起来，那孝顺的真情就淡薄了。以上四个原因是人之常情，难以避免，而其流荡开来，就会生成大不孝。唉，值得警惕呀！

家长尤当奉承

兴盛之家，长幼多和，盖所求皆遂，无相争也。破荡之家[①]，妻孥无过，家长每苛求，积郁无所泄，惟可施于妻子也。知此则父兄当保家，而子弟处此倍须孝敬矣。高年人[(一)]动静恍惚婴儿，喜得微利，喜受服食小惠，喜与孩童玩狎。子孙体此，不难尽致其欢。

【校勘】

(一)高年人：此三字后文字另为一则，与其前文字主题不一。这原本是采编自宋代袁采的《袁氏世范》当中相邻的两则文字，前一则文字的题目是《家长尤当奉承》，后一则文字的题目是《顺适老人意》。后人不察，误两则为一则。

【注释】

①破荡之家：破败荡产之家。

【译文】

兴旺鼎盛的家庭，长幼之间多能和睦相处，大概欲求都能满足，没有什么可争逐的。破败荡产的家庭，妻子儿女未有失误，但是一家之长每每有过于严厉的要求，积累的郁闷只能在妻子儿女面前宣泄。懂得这个道理，父兄就要承担起维持家庭和睦的责任，而子弟在这种情况下更需要倍加尊敬父兄。

老年人做事好像孩子一样，喜欢得到微小的利益，喜欢接受衣服饮食等小的恩惠，喜欢和孩子一块儿玩耍。子孙能体会到这个道理，就不难使老人快乐。

折箭教子

宋元嘉①中，吐谷浑②王阿柴有子二十人，疾病。命诸子各献一箭，以一箭授弟慕利延③，使折之，利延折之。又取十九箭使折之，利延不能折。乃谕之曰："汝曹知之乎？孤则易折，众则难摧。戮力同心，然后保国。"

【注释】

①元嘉：南朝宋文帝刘义隆的年号。 ②吐谷(yù)浑：亦称吐浑，中国古代西北民族及其所建国名。 ③慕利延：吐谷浑王国的第十一世可汗。

【译文】

南朝刘宋元嘉年间，有二十个儿子的吐谷浑王阿柴病重了。阿柴命令各个儿子每人献一支箭，拿出其中的一支箭给弟弟慕利延，让他折断这支箭,慕利延折断了它。阿柴又拿十九支箭让慕利延折断它们,慕利延不能把箭折断。阿柴告诉他们说:“你们知道吗?一支箭容易折断,聚集成众就难以折断了。你们应当同心协力,这样才能保卫国家。”

收舆谏父

原谷[1]有祖年老,父母厌憎,欲弃之。谷年十五,谏不从,作舆舁[2]祖弃于野,谷随,收舆归。父曰:“尔何收此凶具?”谷曰:“他日,父母老,不能更作此具,是以收之。”父感动,乃载祖归养。

【注释】

①原谷:不知何许人。此则故事又见于《太平御览》卷五百一十九,称引自《孝子传》。　②舁(yú):载。

【译文】

原谷的爷爷老了,原谷的父母很厌恶他,就想抛弃他。原谷此时十五岁,劝止父亲,但父亲不听从,做了一辆小推车,把爷爷载着扔到野外,原谷在后边跟着,把小推车带了回来。父亲问:“你为什么带回这个不吉利的东西?”原谷说:“等将来你们老了,我就不必另外做一辆,因此先收回来。”父亲听了很受触动,于是用车把爷爷载回来赡养。

力行义举

设义冢以葬宗族之无地者,立义祠以祭宗族之无后者,置义田以赡宗族之无养者,皆美事也。饶裕之家当力为之。

【译文】

设置义冢来安葬那些无坟地的族人,建立义祠来祭祀那些死去的没有后代的族人，购置义田来赡养那些无人供养的族人，这些都是好事。富裕的人家应当大力做这样的事。

孝行感从父

浙有孝子，事母有至性，薄业俱废以养母。其从父一日饮诸姻贵，馔甚腆[①]，呼孝子侍。孝子时时左右盼，伺宾所不顾，急摘诸甘脆裹纳袖中。酒酣，主人出金卮劝客，客不胜酒，卮置楼檐间，逃归。俄侍者报失卮，众客请扃户，令人袒搜，必得乃已。孝子扪袖中，至羞涩也，即谬曰："由我。"无何，逃客忆前卮，乃折简[②]以语主人。主人检得，急呼孝子至，孝子犹谬对如初。从父曰："痴儿，吾已得卮矣，何苦自诬？"孝子始以实告，泪淋漓下，曰："某苦不能勉奉母氏欢，而儿女态[③]若此。设令贵客把我袖，我且重为叔父羞，故宁尔尔。"从父大感悟，乃遍语前客曰："是子如是，吾不忍使孝子无以悦亲。"分产令终养焉。

【注释】

①腆：丰厚，美好。　②折简：此指写信。　③儿女态：儿女间表现的依恋、忸怩的情态。

【译文】

浙江有位孝子，侍奉母亲至真至孝，为供养母亲而耗尽了微薄的家业。一天，他的堂叔与几位身份高贵的姻亲饮宴，饭菜丰盛美好，叫孝子过来服侍。孝子时不时四下里张望，趁客人不注意，急忙把甘甜脆爽的菜肴裹起来放到衣袖中。酒喝到畅快的时候，主人拿出金杯劝客人饮酒。有位客人不胜酒力，把金酒杯藏在楼檐间，逃席回家了。不久侍者向主人报告金酒杯不见了。众宾客请求关上门脱光衣服搜索。那孝子摸着衣袖，极其羞涩，当即撒谎说："金酒杯由我拿走了。”不久,逃席的客人想起了金酒杯,就写信告诉主人金酒杯的所在。主人找到金酒杯后,急忙把孝子叫过来(问情况),孝子还是像原来那样撒谎。堂叔说:“傻孩子,我已找到酒杯了,何苦来诬陷自己呢?”孝子才以实情相告。孝子眼泪淌个不停,说:“我苦于贫穷不能勉力拿出好吃的东西供奉母亲,讨母亲欢心,才做出这样羞涩之事。假如让贵客抓住我的袖子,我将深深地让叔父蒙羞,所以宁可如此罢了。”堂叔很是感动,于是告诉先前饮酒的所有客人:“这孩子如此孝顺,我不忍心让他没有办法来取悦母亲。”并分给他家产,让他奉养母亲,以终其天年。

让田与兄

杜五郎①所居屋两间,前空地丈余,即为篱门,不出门者三十年。黎阳尉孙轸访,问其生计,对曰:“昔有阪田②,与兄同耕。追兄子娶妇,度不足赡,乃尽以与兄。而携妻子至此,僦屋③居之。与人择吉,医药(一),聊供饘粥④,有时不继云。”

【校勘】

(一)医药:此则采编自沈括《梦溪笔谈》卷九,与原文出入甚大。据此,当为“又卖一药”四字,由于苟简,致使不文。

【注释】

①杜五郎:北宋颍昌府阳翟县(今河南禹州)人,隐士。②阪(bǎn)田:高低不平、贫瘠不肥沃的土地。③僦屋:租赁房屋。④饘(zhān)粥:稠粥,泛指稀饭。

【译文】

杜五郎所居房屋仅有两间,屋前空地丈余外即篱笆门,他不出篱笆门三十年了。黎阳(今河南浚县)县尉孙轸曾拜访他,问他的谋生之道,杜五郎回答说:“从前有高低不平的瘦田,和兄长一同耕种。

等到兄长的儿子娶妇后，估计耕种所得不丰足了，就把田地都给了兄长。我就携妻带子来到这里，租屋居住。靠替人挑日子、行医卖药，勉强糊口，有时候连稀饭也供应不上。”

庐墓役犬

何宇新①母死，庐墓②。家无三尺童，畜一黄犬。三五日辄候墓所，每有所需，即书片纸系其颈，家人见之，具备系使负还。

【注释】

①何宇新：字子完，明朝博罗（今属广东）人，曾入南京国子监读书，著名孝子。　②庐墓：指古人于父母或师长死后，服丧期间在墓旁搭盖小屋居住，守护坟墓。

【译文】

何宇新的母亲死后，就在母亲墓旁搭盖小屋居住，守护坟墓。家里连童仆也没有，养了一只黄狗。这黄狗三五天就到墓旁等候，每当何宇新有需要的东西，就写一张纸条绑到黄狗的脖子上，让它带给家人。家人看到纸条，就准备好何宇新需要的东西，拴到黄狗背上，让它给何宇新背去。

家和致祥要诀

家不和，多因妇以言激夫。非丈夫有远识，则为其役而不觉。于是有骨肉至死不相往来者；有无子而不肯以犹子为后，有多子而不肯与其兄弟者；有不恤兄弟之贫，必欲供膳如一，宁弃亲而不顾，葬亲必欲均费，宁留丧而不恤者；有为小姑则谮嫂于母，为嫂妗①则谮姑于夫者，事难殚述。不知我既入人家，同谷同穴[2]，长与此家传世。待舅姑处，即是儿妇待我样子；待伯叔妯娌处，即是我儿妇相处家法。日与人亲厚，好恩情，岂不快活？赤面[3]相向，有甚佳趣？要不过忍些气，破些零钱而已。我饶人，人必知；一时不知，后亦自知。纵彼人不知，旁观诸亲感我盛德，无不周知，而彼亦终于知也。吁！和气致祥，刑于[4]之风，可少[5]哉？

【注释】

①嫂妗：女子称娘家哥哥的妻子为嫂，称娘家弟弟的妻子为妗。 ②同谷同穴：同生共死。谷，养，此指生。穴，墓穴，此处指死亡。 ③赤面：因发怒而脸红。 ④刑于：语出《诗经·大雅·思齐》："刑于寡妻，至于兄弟，以御于家邦。"此处为做榜样之义。 ⑤少：轻视。

【译文】

家庭不和睦，多是由妇人用言语刺激丈夫所导致。如果做丈夫的没有深远的见识，就会被妇人役使却不能够自我觉悟。于是有骨肉至亲到死不相往来的；有没有儿子却不肯立侄子为后的；有儿子众多却不肯把儿子过继给兄弟为后的；有不体恤兄弟贫穷，供养父母一定要一致，（兄弟做不到）宁可抛弃父母而不顾的；有安葬父母一定要平均出资，（兄弟做不到）宁可停止丧事的办理却不在意的；有做小姑子的在母亲面前谮毁嫂子，做嫂子弟妇的在各自的丈夫面前谮毁大姑子小姑子的，事情难以尽述。不知我已经嫁入丈夫家，就应该同生共死，为丈夫家留下传世的好家风。对待公婆处，就是儿媳对待我的榜样；对待叔伯妯娌处，就是我儿媳与人相处的家法。每天，以亲爱宽厚待人，喜欢对人施以恩情，难道不快活吗？怒气相向，有什么好意趣？大不过忍耐些闷气，破费些零钱罢了。我宽恕待人，人一定会知道；一时不知道，后来也会知道。即使那人不知道，旁观的众位亲属都会被我的好德行所感动，没有谁不知道，那个人最终也会知道的。唉！和气致生吉祥，做榜样的风尚怎么能够轻视呢？

轻信婢仆之言

家不和，多由妇构。其原又多出婢妾，盖彼辈愚贱无识，以言他人之短失为忠于主母。稍一听信，必日造虚妄，使主母与人深仇。而彼始扬扬得志，自昵[1]处于心腹也。惟仆隶亦然，主翁听信则族戚故旧皆失欢，而善良佃[2]仆反致谴责矣。

【注释】

①自昵：亲近自己。昵，亲近。 ②佃：向地主或官府租种土地的农民。

【译文】

家庭不和睦，多是由妇人造成的。那根源又多出于婢妾，大概这类人愚昧低贱又没有见识，认为说别人的缺点过失就是忠于主母。做主母的稍一听信，必然一天天地造成虚妄之事，这样使主母与人结下深仇。而那婢妾就以被主母亲近看成心腹开始洋洋得意。男性仆从也是这样，如果家主听信其虚妄之言，那族人亲戚朋友的情谊就会断绝，而善良的佃户仆从反而被谴责。

克己奉兄

祠部[1]尚书蔡廓[2]奉兄轨如父。家事大小，皆谘而后行。公禄赏赐，一皆入轨；有所资须，悉就典者[3]请焉。从武帝[4]在彭城，妻郗氏书求夏服，时轨为给事中。廓答书曰："知须夏服，计给事自应相供，无容别寄。"向使廓从妻言，乃乖离[5]之渐[6]也。

【注释】

①祠部：礼部。 ②蔡廓：字子度，济阳考城（今河南民权）人，南朝刘宋时官至礼部尚书。 ③典者：主管的人。 ④武帝：南朝宋开国皇帝刘裕的谥号。 ⑤乖离：抵触，背离。 ⑥渐：苗头，征兆。

【译文】

礼部尚书蔡廓侍奉兄长蔡轨如同父亲。家中的大小事情，蔡廓都是询问兄长以后再行动。蔡廓的俸禄和赏赐，全都交给蔡轨管理；需要花费，全都是到主管人那里去申请。他跟随武帝在彭城（今江苏徐州），妻子郗氏写信向他要夏服，当时是蔡轨做给事中。蔡廓写信说："知道你需要夏服，给事中自然会给你提供，我不能另外寄给你。"假如蔡廓听从了妻子的话，那将是兄弟之间产生背离之心的苗头。

义举全两子

秦母柴氏，秦闰夫继室也。生一子，与前妻一子俱幼。闰夫病且死，以前妻子嘱之。柴氏鞠育①无异心，辛勤纺绩，遣二子就学。至正中，有恶少杀张福家属者。福诉于官，连柴氏长子，法当诛。柴氏引次子诣官，泣诉曰："杀人者，吾次子，非长子也。"次子曰："我之罪可加于兄乎？"鞫之，至死不易辞。官反疑次子非柴所出，讯之他囚，始得其情。官义柴氏之行，叹曰："妻割爱以从夫言，子趋死以从母志，此天理人情之至也！"遂并二子俱释之。有司上其事，旌其门而复②其家。

【注释】

①鞠（jū）育：抚养，养育。 ②复：免除徭役。

【译文】

秦母柴氏，是秦闰夫继娶的妻子。柴氏生有一子，与秦闰夫前妻留下的儿子都年幼。秦闰夫重病，临死前把前妻所生之子托付给柴氏。柴氏养育前妻之子和亲生之子没有两样，辛勤纺线织布，让两个孩子上学。到了元惠宗至正年间，有恶少杀了张福家属。张福告官，这事牵连到了秦闰夫的长子，依律当判死刑。柴氏带着小儿子到官府去，哭诉说："杀人者是我的小儿子，不是我的长子。"小儿子说："我的罪过怎么能让兄长承担？"严刑审问，打得昏死过去也不改口。官府反而怀疑小儿子不是柴氏亲生，于是询问别的犯人，才知道实情。官员被柴氏的义举感动了，赞叹说："妻子舍弃亲子而不忘记丈夫的遗命，儿子宁死也要成全母亲的志向，这是天理人情的极致啊！"于是把两个儿子都释放了。主管官员把这件事奏报朝廷，朝廷旌表了秦家并且免除了秦家的徭役。

郑徐二难

"张氏二难"者，孟仁妻郑妙安，仲义妻徐妙员(一)也。徐富而郑贫，皆敦①义睦，贫者不谄，富者不骄。恒于一室纺绩，尺帛寸丝，不入私房②。徐父家时有所馈，必纳于姑，所用则请而取之，不问孰为己物也。郑归宁，徐乳其子；徐归宁，郑乳其子。不问孰为己子，虽诸儿亦不知其孰为己母也。家畜一猫一犬，猫为人所窃，犬取猫子乳之。人以为和气所感。太平间，表其门为"二难"。

【校勘】

(一)员：据《内则衍义》，当为"圆"之误。

【注释】

①敦：注重，崇尚。　②私房：旧时大家庭，弟兄同居，对各自

的住室称谓。

【译文】

“张氏二难”说的是张孟仁的妻子郑妙安与张仲义的妻子徐妙圆。徐妙圆娘家富有,而郑妙安娘家贫穷,妯娌俩都崇尚仁义和睦,娘家贫穷的郑妙安不谄媚,娘家富有的徐妙圆不骄傲。妯娌俩常常在一间房子里面纺纱织布,一点财物也不拿入自己的房间。徐妙圆娘家时常馈赠给她东西,她必送到婆婆那里去,用时向婆婆请示后再去拿,不问哪些财物是自己的。郑妙安回娘家时,徐妙圆就给郑妙安的孩子喂奶;徐妙圆回娘家时,郑妙安就给徐妙圆的孩子喂奶。妯娌俩不问哪一个是自己的儿子,总是一样看待,孩子们也不知究竟哪一个是自己的生母。家里养了一只猫和一条狗,猫被人家偷去了,那狗就来给小猫喂奶。人们认为这是郑妙安和徐妙圆两个人和气感化所致。太平年间,朝廷旌表张家为“二难”。

防仆妾妻子

《颜氏家训》①曰:“二亲既殁,兄弟相顾,当如形之与影,声之与响。爱先人之遗体②,惜己身之分气③,非兄弟何念哉?兄弟之际,异于他人,望深则易怨,地亲④则易狎(一)。譬犹居室,一穴即塞,一隙即涂,则无颓毁之虑;如雀鼠⑤不防(二),风雨不备(三),壁陷楹沦⑥,无可救矣。仆妾之为雀鼠,妻妾之为风雨,甚哉!”

【校勘】

(一)狎:据《颜氏家训》,当为“弭”之误。弭,平息。

(二)防:据《颜氏家训》,当为“恤”之改。恤,忧虑。

(三)备:据《颜氏家训》,当为“防”之改。

【注释】

①《颜氏家训》:南北朝时期著名文学家颜之推所著我国历史上第一部家训。 ②遗体:即亲生子。 ③分气:分得父母血气,此指兄弟。 ④地亲:地近情亲。 ⑤雀鼠:麻雀和老鼠。语出《诗·召南·行露》:“谁谓雀无角,何以穿我屋?……谁谓鼠无牙,何以穿我墉?” ⑥沦:没落,此指摧折。

【译文】

《颜氏家训》说:“双亲已经去世,留下兄弟相互照顾,应当像形体和影子、声音和回声一样亲密。关爱父母所生的人,顾惜与自身同分得父母血气的人,除了兄弟还能挂念谁呢?兄弟之间,与他人不一样,要求高就容易产生埋怨,而地近情亲就容易消除隔阂。譬如住的房屋,出现了一个漏洞就堵塞,出现了一条细缝就填补,那就不用担心倒塌;假如有了雀鼠也不忧虑,刮风下雨也不防备,那么就会墙崩柱摧,无从挽救。仆妾比那雀鼠,妻子比那风雨,怕还更厉害些吧!”

以子易弟

王密[①]上郡人也。尝与弟儁[②]、子元直[③]于凉州路中粮匮,密留儁、元直于途,乞丐民间。比还,儁为贼所掠,元直逃免。密乃将元直追贼,叩头求哀曰:“人情自爱其子,但此弟未生,家君见背,孤遗相长,以至于今,请以元直易儁。”贼相谓曰:“以子易弟,义之大也。”以儁、元直授密而去。密后亡,儁勺水不入口者七日。虽服丧期年[④],而心丧[⑤]六载。

【注释】

①王密:五胡十六国时期上郡(郡治在今陕西榆林一带)人。 ②儁:古同“俊”。 ③元直:本为“玄直”,避康熙皇帝玄烨讳而

改为“元”。④期(jī)年:满一周年。⑤心丧:指无服或释服后的深切悼念,有如守丧。

【译文】

王密是上郡人。他曾经与弟弟王儁、儿子王玄直在赶往凉州(今属甘肃)的道路中粮食匮乏,王密就把王儁、玄直留在路上,自己到路旁的村子里去乞讨。等到王密乞讨回来,王儁却被盗贼抢走了,而玄直逃脱了。王密于是拉着玄直追赶上盗贼,磕头哀求说:“爱自己的孩子是人之常情,只是我的这个弟弟还没有生下来,我父亲就去世了,作为孤儿的我和作为遗腹子的弟弟相依为命,直到今天,请允许我拿儿子玄直来换弟弟王儁。”盗贼相互说:“拿儿子来换弟弟,这是大义之事。”就把王儁、玄直交还王密后离去。后来王密去世,王儁哀伤得七天滴水未进。虽然王儁服一周年的丧,而服心丧达六年。

伪孝赵宣

陈蕃①为乐安太守。时有赵宣者,亲既葬而不闭埏襚(一),因居其中,行服二十余年,乡邑称孝,州郡皆以礼敦请。蕃就而访之,见其五子,皆自服中产,因大怒曰:“圣人制礼,贤者俯就,不肖者企及。故(二)祭不欲数,以其易黩故也。况乃寝宿冢藏,孕育其中乎!诳时惑众,莫此为甚。”遂致之罪。

【校勘】

(一)埏襚:据《后汉书·陈蕃列传》,当为“埏隧”之误。埏隧,墓道。

(二)故:据《后汉书·陈蕃列传》,当为“且”之妄改。

【注释】

①陈蕃:字仲举,汝南平舆(今属河南)人,东汉名臣。

【译文】

陈蕃任乐安郡(今属山东)太守。当时有个叫赵宣的人葬亲后却不闭墓道,自己住在里面,服丧二十多年,乡邑都称赞他的孝行,州郡以礼恳切请他出来做官。陈蕃就到他那里去拜访,得知赵宣的五个孩子都是居丧期间生的,于是大怒说:"圣人制礼,贤德的人可以轻松做到,不成器的人努力一下也可以做到。而且祭祀不要次数太多,太多了反而容易轻慢不敬。何况你睡在墓道中,在墓道中养育孩子呢!欺世盗名,迷惑群众,没有比这个更厉害的。"陈蕃于是治了他的罪。

至性冥通

阮孝绪[①]于钟山听讲,母忽有疾,兄弟欲召之。母曰:"孝绪至性冥通,必当自到。"果心惊而还。

【注释】

①阮孝绪:字士宗,南朝齐梁间陈留尉氏(今属河南)人,著名目录学家。

【译文】

阮孝绪在钟山听人讲学,母亲王氏忽然生病,哥哥、弟弟都想召回他。母亲说:"孝绪天性极孝,暗通神明,他一定会自己赶回来。"阮孝绪果然心里惊动而赶了回来。

姜妻笃孝

广汉姜诗[①]妻者,同郡庞盛之女也。诗事母至孝(一)。母好饮江水,水去舍六七里,妻常溯流而汲。后值风,不时得还,诗见母渴,责妻而遣之。妻乃寄止邻舍,昼夜纺绩,市珍羞[②],使邻母时时以意自遗其姑。久之,姑怪之,邻母具以对。姑感而惭，乃即呼还。诗有子，后因远汲溺死，妻恐姑哀伤，不敢言，而托以行学，一时不在。

【校勘】

(一)孝：此则又见于《后汉书·列女传》，后有“妻奉顺尤笃”五字。

【注释】

①姜诗：东汉广汉(今属四川)人，著名孝子。 ②羞：后来写作“馐”。

【译文】

广汉郡姜诗的妻子，是同郡庞盛的女儿。姜诗对待母亲非常孝顺。姜诗母亲喜好喝江里的水，取水的地方距离他们的房子有六七里路，姜诗的妻子经常逆流而上去取水。后来正好碰上大风，不能及时回家，姜诗见母亲很渴，便责备妻子并把她休掉。妻就寄住在邻居的房子里，昼夜纺织，用来购买美味佳肴，让邻居的母亲替自己送给姜诗的母亲。过了很长时间，姜诗的母亲感到奇怪，问邻居的母亲，邻母便把这个事情全部告诉她。姜诗的母亲感到惭愧，就叫姜诗的妻子回家来。姜诗有儿子，后来因为去远处取水溺死了，姜诗的妻子怕婆母感到哀伤，不敢和她说实话，而以外出求学暂时不在来推托。

弱龄护柩

殷陶①汝南人，年十二，遭父忧。有长蛇带其门，举家奔走，陶以丧柩在，独居庐不动。

【注释】

①殷陶：字仲子，东汉后期汝南(今属河南)人，著名孝子。

【译文】

殷陶是汝南人，十二岁时，遭遇父丧。有一天，一条长蛇像带子一样缠绕在门上,全家人飞奔逃跑,殷陶因为父亲的灵柩在,独自一人待在家里不动。

友爱弟兄

平王①为太子,制为长枕大衾,日与诸王卧起。于宫西南置楼,西曰花萼②相辉之楼,南曰勤政务本之楼。上时登楼,闻诸王作乐,则召升楼,相与同榻而坐。或就而幸之,赋诗燕饮,赐与金帛,极欢而罢。诸王日朝侧门,既归,即具乐欢宴③,或击球,或时斗鸡,驰逐鹰犬。所至,上辄遣使劳赐相踵也。世谓天子友爱,古无有者。

【注释】

①平王:唐玄宗李隆基即位前曾被他父亲唐睿宗李旦封为平王。 ②花萼:萼和花同生一枝,且有保护花瓣的作用,故后常以“花萼”喻兄弟或兄弟间和睦友爱的情谊。语出《诗·小雅·常棣》:“常棣之华,鄂不韡(wěi)韡。凡今之人,莫如兄弟。” ③欢宴:欢聚在一处叙谈饮酒吃饭。

【译文】

平王李隆基做太子时,制作了长长的枕头和宽大的被子,每天和兄弟们同卧同起。做了皇帝后,在皇宫西南建了两所楼,西边的叫花萼相辉楼,南边的叫勤政务本楼。皇帝有时登上这两座楼,听到众王演奏音乐,就召诸王上楼,和他们同坐一榻。有时就亲自到众王的府邸,一起赋诗饮酒吃饭,赏赐给他们金帛,极尽欢乐才散去。众王每天到宫殿的侧门朝见,回来后,就置备音乐欢聚在一处叙谈饮酒吃饭,有时打球,有时斗鸡,有时打猎。众王每到一处,皇帝就派太监前去慰劳赏赐。世人说:天子友爱弟兄,从古到今没有赶上当今皇上的。

天性至孝

张敷[①]生，母亡。数岁闻之，虽童蒙便有慕感之色。至十岁许，求母遗物，而散施已尽，惟得一画扇，乃缄录之。每至感思[②]，辄开笥流涕。

【注释】

①张敷：字景胤，南朝刘宋时期吴郡（今苏州）人，著名孝子。②感思：思念。

【译文】

张敷刚出生，母亲就死了。几岁时，张敷听说了母亲死的事，虽然还是个蒙昧的孩童，但脸上就表现出了思念伤感的神色。到十岁左右，张敷寻求母亲的遗物，可那遗物都施舍散尽了，只得到一柄画扇，就封藏起来。每到思念母亲的时候，张敷就打开箱子，对着画扇流泪。

不堕家风

司马暠[①]幼有至性。丁内艰[②]，水浆不入口。梁帝见暠羸瘦，谓其父子产曰："昨见罗儿，伤其憔悴，使人恻然，便是不堕家风，有子矣。"

【注释】

①司马暠：祖籍河内温县（今属河南），南朝梁、陈间文士，字文昇，小字罗儿，父亲子产是梁武帝萧衍的表兄。 ②丁内艰：即丁母忧，遭遇母亲的丧事。

【译文】

司马暠天性极孝。他遭遇母亲的丧事，几天水浆不入口。梁武帝看到司马暠身体瘦弱，就对他父亲子产说："昨天看见罗儿，见他面容憔悴,让人心生怜悯,他这样就是不败坏司马家孝顺的家风,司马家算是后继有人了。”

恶闻商臣弑父

太子弘①为武后长子。受《春秋左氏》于郭瑜②,至楚世子商臣弑其君③,喟而废卷曰:“圣人垂训,曷谓书此?”瑜曰:“圣人作《春秋》,要使恶名不得灭于后世耳。”弘曰:“然,所不忍闻也,愿读他书。”瑜拜曰:“里名胜母,曾参不入,殿下睿孝天性如此。臣闻安上治民,莫善于礼,请改受《礼》。”太子曰:“善。”

【注释】

①太子弘:太子李弘,唐高宗李治第五子,武则天长子,薨逝于太子位上。 ②郭瑜:关陇(关中和甘肃、宁夏一带)人,唐高宗时期任东宫官员。 ③楚世子商臣弑其君:指春秋时期,楚成王的太子商臣为夺取王位逼死父亲楚成王的事。

【译文】

太子李弘是皇后武则天的长子。他曾经向郭瑜学习《春秋左氏传》,当读到楚太子商臣弑君的事时,不禁合上书叹息说:“圣人训示后人,为什么要记载这种事?”郭瑜回答他:“孔子修订《春秋》,目的是要恶名不能在后世消失。”李弘说:“这是对的,但是我不忍心听到这样的事,请让我改读别的书吧。”郭瑜向他跪拜说:“里巷的名称有叫胜母的,孝子曾参就不进入,殿下天性聪睿孝顺就像这样。臣听说要安定上位、治理人民,没有什么超过礼制的了。请殿下改学《礼》吧。”李弘说:“好。”

自伤不能荣养

汉赵至(一)蚤起诵书，闻父耕叱牛声，释书而泣。师问之，答曰："自伤不能致荣华而使老父不免勤苦。"

【校勘】

(一)汉赵至：据《晋书》，赵至，字景真，为魏晋时代郡人，不当为汉朝人。

【译文】

魏晋时期的赵至早起背书，听到父亲耕田吆喝牛的声音，就把书扔到一边，哭起来。老师问他怎么回事，赵至回答说："我是为自己不能得来荣华富贵，从而让老父亲不免辛苦而感伤。"

兄弟争任罪

胡惟庸①既败，四方有仇怨告讦者，率指为胡党，坐重狱。及是，有诉郑湜兄弟交通惟庸者，湜兄弟六人，吏捕之急。诸兄弟欲(一)行，湜曰："弟在，其忍使诸兄罹刑律?"独诣吏请行。仲兄濂先有事京师，弟至，迎谓曰："吾家长，当任罪，弟无与焉。"湜曰："兄老，吾往辩之。万一不直，弟当服辜。"二人争入狱。太祖闻之，俱召至廷，劳勉之，谓近臣曰："有人如此，而肯从人为非耶?"即宥之，诏赐酒食，擢为参议，赐冠带袭身。

【校勘】

(一)欲：据薛应旂撰《宪章录》卷七，"欲"字前夺一"争"字。

【注释】

①胡惟庸：定远(今属安徽)人，明朝开国功臣，曾任中书省

丞相,因被疑叛乱,遭朱元璋处死。

【译文】

胡惟庸已经失败,天下有仇怨要告发的,都指责自己的仇人为胡党,这些人因牵连获重罪入狱。在这时,有人控告郑湜兄弟勾结胡惟庸,郑湜兄弟六人,相关官吏紧急抓捕他们。众兄弟争着想去认罪,郑湜说:“有我在,难道忍心让众位兄长遭受刑律的制裁吗?”于是独自请求跟着捕吏前行。之前,郑湜的二哥郑濂有事先到京城,郑湜到了京城,郑濂接着他说:“我是家长,应当承担处罚,跟你没有关系。”郑湜说:“哥哥年纪大了,我前去辩白。万一遭受不公正的对待,弟弟我应当承受罪责。”二人争相进入监狱。明太祖朱元璋听说了这事,在朝堂上召见他们,慰劳勉励他们,对近臣说:“有这样品德的人,却肯随从别人做坏事吗?”当即赦免了他们,下诏赏赐酒食,把他们提升为参议,并赏赐子孙可以世袭官职。

诒谋卷之五

粉壁璇题①居停主②，曾有几时？五更灯火为孙谋，谁来褫夺③？铜山金穴，田舍翁④终无百世；半亩心田承祖泽，那个坠倾？昔贤谓积书以遗，犹非远计。顾令纳邪长傲⑤，甘舐犊⑥以忝⑦厥⑧先猷⑨乎？纂诒谋⑩第五。

【注释】

①璇题：玉饰的椽头。璇，美玉。题，榱题，屋檐的椽头。②居停主：即居停主人，寄居之处的主人，指房东。③褫（chǐ）夺：剥夺。④田舍翁：庄稼汉，此指富翁。⑤长（zhǎng）傲：滋长傲气。⑥舐（shì）犊：母牛舔小牛表现对它爱护。比喻对子女的疼爱。⑦忝（tiǎn）：羞辱，愧对。⑧厥：代词，其。⑨先猷：先人的谋划。⑩诒（yí）谋：为子孙妥善谋划，使子孙安乐。诒，给与。

【译文】

雪白的墙壁，玉饰的椽头，这样好的房屋，房主能居住多长时间？经常为子孙谋划到五更时分，子孙的家业又是谁剥夺去的？占有藏铜的山、埋金的洞，可是终究没有百代的富翁；一点心田，承担祖先的恩泽，有哪个倾覆败落？从前的贤人认为积累书籍来传给子孙，这还不算久远的谋划。父母只是让子孙接纳邪恶，滋长傲气，甘心疼爱他们，不是反而愧对其先人的谋划吗？纂诒谋第五。

太宗教子

唐太宗谓侍臣曰："朕自立太子遇物则诲之。见其饭，则曰:‘汝知稼穑[①]艰难,则常有斯饭矣。’见其乘马,则曰:‘汝知其劳,不竭其力,则常得乘矣。’见其乘舟,则曰:‘水以载舟,亦以覆舟。’见其息于木下,则曰:‘木从绳则直,君从谏则圣。’”

【注释】

①稼穑:种植与收割,农事的总称。

【译文】

唐太宗对侍从的大臣们说:“我自立太子以来,遇到事物都要对他教诲晓谕。看见他吃饭,我就说:‘你懂得农事的艰难,才会常有这样的饭吃。’看到他骑马,我就说:‘你懂得马的劳苦,不用尽它的力气,就能长久骑乘。’看见他乘船,我就说:‘水能承载船,也能把船推翻。’看到他在树下休息,我就说:‘这树打上墨线就可以取直,做君主的能接受谏言就会圣明。’”

宝田杜氏

宋杜孟[①]游太学,因童贯[②]、蔡京用事,幡然[③]而归。尝训子孙曰:“忠孝,吾家之宝;经史,吾家之田。”时号为“宝田杜氏”。

【注释】

①杜孟:北宋普州(今四川安岳)人,官至尚书。 ②童贯:字道夫,一作“道辅”,开封人,北宋权宦,宋徽宗时“六贼”之一,性巧媚。 ③幡然:也作“翻然”,很快而彻底地(改变)。

【译文】

北宋的杜孟游学太学,因童贯、蔡京掌权,迅速果断辞归。他曾经教导子孙说:“忠孝,是我家的宝贝;经史,是我家的良田。”当时人号称为“宝田杜氏”。

疏广诒谋

广受①归，卖金置酒，与族戚娱乐。或劝为子孙立业，广曰："吾岂不念子孙哉？顾有旧田庐，令勤力其中，足供衣食。复增以赢(一)余，只教其惰耳！贤而多财，则损其志；愚而多财，则益其过。且富者，怨之府②也。吾既无以教子孙，不欲益其过而招怨。且此金者，以惠老臣耳。吾与族党共飨③，以尽余年，不亦可乎？"

【校勘】

(一)赢：此则又见于明代邵经邦撰《弘道录》卷四十四。当为"赢"之误。

【注释】

①广受：即疏广和疏受。疏广，字仲翁，西汉东海兰陵（今山东兰陵县西南）人，信奉黄老之学，官至太子太傅。疏受，疏广的侄子，信奉黄老之学，官至太子少傅，被称为贤大夫。 ②怨之府：即怨府，为大家怨恨所集中的对象。 ③飨：同"享"。

【译文】

疏广、疏受回到家乡以后，卖掉金子，置办酒席，和族人亲戚一起娱乐。有人劝说要为子孙立下基业，疏广说："我难道不顾念子孙吗？只是原本有旧田宅，让子孙在这些田宅里辛勤劳作，足够供应穿衣吃饭。如果再增加他们的财产而出现盈余，只不过让子孙怠惰罢了。贤明的人有过多财富，就会消磨自己的志向；愚昧的人有过多财富，就会增加他们的过失。再说富有的人，是众人怨恨的对象。我既然没有什么用来教导子孙的，就不打算增加他们的过失，又招致众人对他们的怨恨。另外，这金子是皇上赏赐给我用来养老的。我跟乡亲宗族共同分享这些恩赐，来度完我的余生，不也可以吗？"

惩子弭变

李景让①为浙西观察，因杖杀一左都押衙②，军中愤，欲为变。其母出坐厅事，立景让于庭，责之曰："天子付汝方面，岂得妄杀？万一致一方不宁，岂惟负天子，且愧先人矣！"命左右褫衣，欲挞其背。将佐皆泣拜为请，至久乃释，军中遂定。

【注释】

①李景让：唐朝并州文水（今山西文水）人，字后己，书法家，唐宣宗大中年间官至御史大夫。　②左都押衙：唐朝后期节度使为保护自己，挑选壮士当牙兵，分班坐在衙下，战时充当精锐。后来牙兵越来越多，就建牙城给他们居住。左右都押衙就是管理牙城和牙兵的官员。

【译文】

李景让出任浙西观察使时，因为用杖打死一名左都押衙，将士们感到愤恨不平，想发动兵变。李母由后室走到厅堂坐下，要李景让站在庭下，责备他说："天子把一方大权交付给你，怎能胡乱杀人呢？万一因此而导致一方变乱，难道不是辜负了天子，并且愧对先人！"李母命左右剥去儿子的官衣，要鞭打他的脊背。左右副将都哭泣跪拜为李景让求情，过了许久，李母才答应释放李景让，将士们激动的情绪也得以平定下来。

程母教子

程大中公晌（一）性宽而断。夫人谦顺自牧①，治家有法。不喜鞭扑奴婢，诸子或加呵责，必戒曰："贵贱虽殊，人则一也。"公或有怒，必为宽释；唯诸子有过，则不掩也。曰："子所以不肖，由母蔽过，而父不知耳。"

【校勘】

(一)程大中公晌:"晌"为"珦"(xiàng)之误,即太中大夫程珦,字伯温,北宋洛阳(今属河南)人,大儒程颢、程颐之父。

【注释】

①自牧:指自我调养,自我修养。

【译文】

太中大夫程珦生性宽仁而果断。他的夫人谦顺自养,治家有法。程夫人不喜欢鞭打奴仆婢女,有时孩子们对奴仆婢女稍有呵斥责骂,一定告诫说:"贵贱虽然不同,但一样都是人。"程珦有时发怒,程夫人一定说宽慰的话,使他消除怒气;只是孩子们有过错,一定不为他们掩饰。程夫人曾经说:"孩子之所以不成器,都是因为母亲掩饰孩子的错误,不使父亲知道罢了。"

居家四本

朱文公①居家四本:读书,起家之本;勤俭,治家之本;和顺,齐家②之本;循理,保家之本。

【注释】

①朱文公:即朱熹,因谥号为文,世称朱文公。 ②齐家:整治家政,使其家中成员亲爱和睦。

【译文】

略。

修习学问

《颜氏家训》曰:"士夫子弟耻农商,羞工伎,射既不能穿札①,笔则才记姓名。饱食醉肉(一),以此终年。或因世家余绪②,得一官半级,便自为足,全忘修学。及有吉凶大事,议论得失,蒙然张口,如坐云雾;公私宴集,谈古赋诗,塞默低头欠伸③而已。有识旁观,置身无地。何惜数年勤学,长受一生愧辱哉?”

【校勘】

(一)肉:据《颜氏家训》,当为“酒”之误。

【注释】

①札:铠甲上用皮革或金属制成的叶片。　②余绪:此指剩余的声望或财富。　③欠伸:指打呵欠,伸懒腰。

【译文】

《颜氏家训》上说:“士大夫子弟耻于从事农业和商业,又对学习手艺感到羞耻,射箭连一叶铠甲也射不穿,提起笔仅仅能写出自己的姓名。这些人整天酒足饭饱,这样来终了自己的一生。有的人依靠祖上的荫庇,得到一官半职,便自我满足,完全忘记修习研究学问。碰上吉凶大事,议论起得失来,就张口结舌,茫然无知,如同堕入云雾中一般;在公私宴会等场合,别人谈古论今,赋诗言志,他却像塞住了嘴一般,低着头不吭声,打呵欠、伸懒腰罢了。有见识的旁观者,都替他害臊,恨不得钻到地底下去。这些人为什么不愿意用几年时间勤奋学习,而使一辈子免受羞愧耻辱呢?”

司马光教侄

温公《与侄帖》:“近蒙圣恩,除门下侍郎,举朝忌者无数。而独以愚直处其间,如一黄叶在烈风中,几何不坠?是以受命以来,有惧无喜。汝辈当识此意,倍须谦恭退让,不得恃势,作不公不法,扰官司,凌小民,使乡人厌苦。则我祸皆起于汝辈,而汝辈亦不免也。”

【译文】

司马温公(司马光爵封温国公)《与侄帖》说:“近来蒙受圣恩,授官为门下侍郎(相当于副宰相),整个朝堂上嫉妒的人无数。而我以诚恳耿直的性情处于嫉妒的人之间,就像是烈风中的一片枯叶,能撑多长时间不坠落?因此接受任命以来,只有恐惧而没有喜悦。你们这辈人应当体会到我这心意,应该加倍谦恭退让,不得依仗权势,做不公正不合法的事,扰乱官司,欺凌百姓,使乡亲厌恶痛苦。那样做的话,我的灾祸就起源于你们,你们本身也不能免除灾祸。”

昶诫子侄

魏王昶①为书戒子侄曰:“郭伯益②好尚通达,敏而有智。得其人,重之如山;不得其人,忽之如草。吾爱之亲之,不愿儿子为之。北海徐伟长③不沽名,不苟得,澹然自守,惟道是务,有所是非,则托古人以见意。吾钦之重之,愿儿子师之。”

【注释】

①王昶:字文舒,太原郡晋阳县(今山西太原)人,曹魏将领。②郭伯益:即郭奕,字伯益,三国曹魏颍川阳翟(今河南禹州)人,为曹操谋士郭嘉之子。 ③徐伟长:即徐幹,字伟长,东汉末文学家、思想家,“建安七子”之一。

【译文】

曹魏的王昶写信告诫子侄说:“郭伯益喜好洞悉事理,聪敏而有智慧。如果他得到自以为不错的人,便把他们当成高山一般敬仰;如果他不认为是能人的,便把他们当成小草一样轻视。我关爱他亲近他,但不希望你们向他学习。北海(东汉郡治在今山东寿光)徐伟长,不沽名钓誉,不苟且取财,淡泊处世,自守品德,追求大道,即使他有所褒贬,也都假托古人之口来表现自己的心意。我钦佩他看重他,希望你们能向他学习。"

教子不苟取

唐李景让母郑氏性严明,早寡,家贫子幼,自教之。宅后墙陷,得钱盈船。母视之曰:"无劳而获,身之灾也。天如以先君余庆①矜②贫而赐之,则愿诸孤学问有成,此不敢取。"命掩焉。景让宦达,发已斑白,小有过,不免捶楚③。

【注释】

①余庆:遗及子孙的德泽。 ②矜(jīn):怜悯,怜惜。③捶楚:杖击或鞭打。

【译文】

李景让的母亲郑氏,性情严明。早年守寡,家道清贫,孩子们年幼,她就亲自教导。住房后面的墙塌陷,墙里露出的钱能装满一条船。郑氏看了看说:"不劳而获,是人生的灾难。上天如果因为我去世丈夫的德泽而可怜我们过得贫苦,赏赐给我们,那么希望这几个孤儿学有所成,这些钱不敢拿取。"于是叫人将钱埋掉。后来李景让官做得很大,头发已经花白了,小有过错,仍不能免除母亲的杖打。

不敢谩语

温公曰:"光幼时弄胡桃,女兄欲脱其皮,不得。女兄去,一婢以汤脱之。女兄来问,光曰:'自脱也。'先公适见之,呵曰:'小子何得谩语①!'光自是不敢谩语。"

【注释】

①谩语:说谎话。

【译文】

司马温公(司马光爵封温国公)曾经对人说:“我小的时候玩弄胡桃,我姐姐想要剥去胡桃皮,没有成功。姐姐走后,一个丫鬟用热水把胡桃皮剥去了。姐姐问我的时候,我却说:‘我自己剥的。’先父正好看到了,就呵斥我说:‘小孩子怎么敢说假话!’我从此以后不敢再说假话。”

诫子自抑

陈显达[①]为江州刺史,自以门寒位重,每迁官,常有愧惧之色,戒其子勿以富贵陵[②]人,诸子犹事豪侈。显达曰:“麈尾[③]蝇拂[④]是王谢[⑤]家物,汝不须捉此。”取而烧之。

【注释】

①陈显达:南北朝时期南齐名将,官至太尉,封鄱阳郡公。②陵:古同“凌”,侵犯,欺侮。 ③麈(zhǔ)尾:魏晋清谈家经常用来拂秽清暑、显示身份的一种道具。 ④蝇拂:驱蝇除尘的用具。也称拂尘。 ⑤王谢:六朝望族琅邪王氏与陈郡谢氏之合称,后成为显赫世家大族的代名词。

【译文】

陈显达为江州(今江西九江)刺史,认为自己出身寒门,却官位显要,每次升官时,他都有羞愧恐惧的表情,并且告诫他的儿子,不要依仗自己富贵尊荣而欺凌他人,但他的儿子们还是追求豪华奢侈。陈显达说:“麈尾、蝇拂,这些都是王家、谢家那样的人使用的东西,你们不应该拿这些东西。”说完,就把这些东西拿来烧掉了。

不可无学

《颜氏家训》云:“梁朝全盛之时,贵游子弟[①],多无学术。

熏衣剃面,傅粉施朱,驾长檐车[2],蹑高齿屐,从容出入,望若神仙。求第则雇人答策,公宴则假手赋诗。当尔之时,亦快士也。及离乱之后,朝市[3]迁革,铨衡[4]无曩日[5]之亲,当路非昔时之党。求之身而无所得,施之世而无所用。被褐而丧珠,失皮而露质。当尔之时,诚驽才也。"

【注释】

①贵游子弟:没有官职的贵族子弟。游,游闲,即无官职的。 ②长檐车:长辕的车,一说为车盖前檐向前伸出之车。 ③朝市:此指朝廷。 ④铨衡:考核、选拔(人才)。此指主管选拔官吏的部门长官。 ⑤曩(nǎng)日:往日,以前。

【译文】

《颜氏家训》说:"梁朝全盛时期,游闲的贵族子弟多数没有学问。讲究熏衣剃面,涂脂抹粉,驾着长檐车,踏着高齿屐,从容出入,看上去真好似神仙一般。到求取及第时,就雇人回答考试题目,要出席朝廷显贵的宴会,就请人帮助作文赋诗。在这种时候,也算得上是畅快惬意之士了。等到发生战乱流离后,朝廷变迁,执掌选拔人才之职的不再是从前的亲属,当道执政的官员也不再是当年的私党。求之自身一无所得,施之世事一无所用。身上披的是粗麻短衣,而肚里没有真才实学,外边失去虎皮的装饰,而内里露出绵羊的本质。在这种时候,实在是驽钝愚劣之才。"

托弟察子

唐李勣寝疾[1],谓弟弼曰:"我见房杜[2]平生勤苦,仅立门户,遭不肖子荡覆无余。吾以诸子付汝,谨察视之。有志气不伦,交游非类者,皆先挞[3]杀之,然后以闻。"

【注释】

①寝疾：病重。 ②房杜：唐太宗时期名相房玄龄、杜如晦。③挝(zhuā)：打，敲打。

【译文】

李勣病重，对他弟弟李弼说："我看着房玄龄、杜如晦平生勤苦，才能树立门户，但因有不成器儿子，家业废毁无余。我把孩子们托付给你，你要严肃监察他们。他们中有不像样子、结交不正之人的，都先打死，然后上报。"

谦抑子弟

王文正公旦[①]以俭约励子弟，使富贵不为骄侈。兄子睦欲求举进士，公曰："吾尝以太甚为惧，其可与寒士争进？"至其薨也，子素犹未官。

【注释】

①王文正公旦：即王旦，字子明，大名莘县(今属山东)人，北宋名相，谥号文正。

【译文】

文正公王旦用勤俭节约勉励子弟，使他们身处富贵却不骄纵奢侈。兄长的儿子王睦想要参加进士考试，王公说："我常常担心功名利禄太多了，怎么可以跟贫寒的读书人争抢进取的机会呢？"直到他去世，儿子王素仍然没有做官。

溺以小慈

养子弟如养芝兰，既积学以培之，又积善以润之。父子间不可溺小慈，自少律以严，绳以法[(一)]，则长无不肖之悔。

【校勘】

(一)法:此则又见于明代祁承㸁《澹生堂藏书约·读书训》,"法"作"礼"。

【译文】

养育子弟如同培养灵芝和兰花等香花一样,既要积累学问来培植他们,又要积累善行去滋养他们。父子间不可用小的关怀去溺爱,从孩子小时候就严格要求,用礼法来约束,那长大后就不会有孩子不成器的悔恨。

当众斥子

韩亿①知亳州,次子为西京判②,谒告省觐③。公喜,置酒召僚属,俾诸子隅坐④。忽问:"西京有疑狱奏谳⑤者,其详云何?"舍人⑥思之未得,遂索杖大诟曰:"汝倅贰⑦一府,事无巨细,皆当究心。大辟⑧尚不能记,则细务不举可知。"必欲挞之,众宾力解方已。

【注释】

①韩亿:字宗魏,开封雍丘(今河南杞县)人,北宋名臣,谥号忠献。 ②判:即通判,州郡官的副职,掌管粮运、农田、水利和诉讼等事项,对州府的长官有监察的责任。 ③谒告省(xǐng)觐(jìn):请假探望父母或其他尊长。谒告,请假。 ④隅坐:坐于席角旁。 ⑤奏谳(yàn):中国古代对案件复审的称谓。 ⑥舍人:宋元以来俗称显贵子弟。 ⑦倅(cuì)贰:副职官员。 ⑧大辟:古五刑之一,谓死刑。

【译文】

韩亿任亳州知州时,他的二儿子做西京(北宋时西京为洛阳)通判,请假来亳州探望他。韩亿很高兴,摆下酒席把僚属招来饮宴,让几个儿子坐在席角。席间，韩亿忽然问次子："西京有一桩疑案需要上奏复核，那详情是怎样的？"二公子没有想起来，韩亿于是找来棍杖大骂说："你吃朝廷俸禄，作为一府的副职，无论大事小事，都应当用心。死刑案件尚且记不住，其他的案件不用问就可以知道了。"韩亿要拿棍杖打他，众位宾客努力解劝才作罢。

查子弟宴饮

胡安国①子弟或出宴集，虽夜深不寝，以俟其归。验其醉否，且问所集何客，所论何事，有益无益，以是为常。

【注释】

①胡安国：又名胡迪，字康侯，号青山，谥号文定，学者称武夷先生，后世称胡文定公，建宁崇安（今属福建）人，北宋末南宋初学者。

【译文】

胡安国的子弟有时外出参加宴会，即使夜深了，胡安国也不睡，一定等外出宴饮之人回来。回来后，胡安国检查他是否喝醉，并且问一起集会的是什么人，宴会间谈论什么，有益还是无益，把这个当成是常事。

可畏不可恃

柳玭①戒子弟曰："凡门第高可畏不可恃也。立身有失，得罪重于他人，死无以见先人地下：此所可畏也。门高易骄，族盛招忌；懿行，人未之信，少有疵隙，众指乘焉：此所不可恃也。故膏梁(一)子弟，学加勤，行加励，仅得比他人尔。"

【校勘】

（一）梁：乃"粱"之误。

【注释】

①柳玭(pín):晚唐京兆华原(今属陕西)人,曾官拜御史大夫。

【译文】

柳玭告诫他的子弟说:"大凡门第高贵可畏惧却不可依仗。立身处世一旦有过失,获罪比他人要重,死了没有脸面见地下的先人:这是可畏惧的原因。门第高贵就容易产生骄纵之心,家族太盛就容易被人嫉妒;有美好的品行,别人不相信,稍微有点瑕疵,众人就指责并当作攻击的借口:这是不可依仗的原因。所以富贵人家的子弟,学习应该更加勤奋,品行应该更加砥砺,这样只和他人一样罢了。"

象山教家

陆象教家(一),每晨揖,三挝鼓①,子弟一人唱云:"听听听,劳我以生天理定,若还懒惰必饥寒。莫到饥寒方怨命,虚空自有神明听。"又唱云:"听听听,衣食生身天付定②。酒肉贪多折人寿,经营太甚违天命。"

【校勘】

(一)陆象教家:当为"陆象山教家",脱"山"。陆象山,即陆九渊。此则来源于《鹤林玉露》丙编"陆氏义门"条。

【注释】

①挝(zhuā)鼓:击鼓。　②天付定:上天早已安排好。

【译文】

陆象山教导家人,每天早晨相互行礼后,三通鼓罢,子弟当中有一人唱道:"听听听,劳我以生天理定,若还懒惰必饥寒。莫到饥寒方怨命,虚空自有神明听。"又唱道:"听听听,衣食生身天付定。酒肉贪多折人寿,经营太甚违天命。"

养蒙不欺

曾子之妻戏子以杀彘，而烹彘以实其戏；孟子之母欺子以啖肉，而买肉以明不欺。古人养蒙①之法如此。

【注释】

①养蒙：教养童蒙。

【译文】

曾子的妻子戏对儿子说杀猪吃肉，曾子果真把猪杀了吃肉来表明并非戏言；孟子的母亲随意对儿子说给他吃肉，就真买肉给他吃来表明不欺骗他。古人教养蒙昧孩童的方法就像这样。

不绝文种

裴晋公①常训其子云："凡吾辈但令文种②无绝，间有成功，致身万乘（一），则天也。"

【校勘】

（一）万乘（shèng）：据周密《齐东野语·书种文种》，本为"万乘之相"，脱"之相"二字。万乘之相，天子的宰相。

【注释】

①裴晋公：即裴度，裴度爵封晋国公。 ②文种：读书种子。

【译文】

裴晋公经常训导他的儿子说："大凡我们这辈人只要不让读书种子断绝，间或有成功，做到天子的宰相，那就是天意了。"

富贵之子宜谦抑

富贵纨裤之子，少而聪颖，援笔立赋，睥睨①千秋，心满气盈,已不胜肮脏[②]之习;而食客游士[③]又从而谀之,一文出,奴仆班杨[④],一诗成,伯仲李杜。夜郎[⑤]王何知汉大?富贵凌人而以才俊济之,角蛇翼虎,酿成淫毒[⑥],至覆国倾家而罔悔[⑦],反不如椎鲁[⑧]无文者之犹能自存也。余尝与贵豪言,见其纵衡飘忽[⑨],目无所不空,口无所不击,自三教[⑩]圣人而下,不能免椎詈[⑪]。又岸然[⑫]自谓手金刚杵[⑬],所当亡不碎者;而方盛有时名,双睫如炬,电光其舌,旁人虽欲与一语,捍[⑭]不得入。嗟乎,富贵之为害至此!余愿士大夫教子先坊[⑮]以礼义,教以谦抑,而后课[⑯]以艺文,责以古今[⑰],一事之能无轻奖,一语之俊无妄夸。是真能爱子弟者也。

【注释】

①睥(pì)睨(nì):斜着眼看,侧目而视,有厌恶或高傲之意。②肮(kǎng)脏(zǎng):高傲。 ③食客游士:门客和云游四方以谋生的文人。 ④班杨:班固和杨雄。班固,字孟坚,扶风安陵(今陕西咸阳东北)人,东汉著名史学家、文学家,著有《汉书》《两都赋》。杨雄,常作"扬雄",本姓杨,杨雄好奇,特自标新,易姓为扬,字子云,西汉著名辞赋家、学者,著有《甘泉赋》。 ⑤夜郎:汉代西南地区的一个小国。《史记·西南夷列传》:"滇王与汉使者言曰:'汉孰与我大?'及夜郎侯亦然。以道不通,故各以为一州主,不知汉广大。" ⑥淫毒:过度的祸害。 ⑦罔悔:无悔,不知悔改。 ⑧椎(chuí)鲁:愚钝,鲁钝。 ⑨飘忽:指变化莫测。⑩三教:此指儒、释(佛)、道三教。 ⑪椎詈(lì):击打责骂。⑫岸然:严正或高傲的样子。 ⑬金刚杵:又叫作宝杵、降魔杵等。原为古代印度之武器,由于质地坚固,能击破各种物质,故称金刚杵。佛教以此杵象征如来金刚智,用以破除愚痴妄想之内魔与外道诸魔障。 ⑭捍:抵御、辩护之意。 ⑮坊:古同"防",防

范。 ⑯课:督促完成指定的工作。 ⑰古今:古往今来的嘉言懿行。

【译文】

年轻的富贵纨绔子弟,聪明颖悟,拿起笔来,立刻写成文章,洋洋自得,以为自古以来的人都赶不上自己,骄傲自满,已经有无比高傲的习气;而且那些门客游士又附和阿谀他们,每写出一篇文章,就被奉承得远远压过班固和扬雄,每写出一首诗就被奉承得和李白、杜甫不相上下。他们就像自大的夜郎王,哪里知道汉朝的广大?富贵的身份本来致使他们容易欺凌别人,加上有才的门客游士帮助他们,就如同蛇生了犄角,虎长了翅膀,酿成深重的灾祸,至于国破家亡却不知道后悔,反而不如那些尚且能够自我保全的愚鲁没有文化之人。我曾经与富贵子弟交谈,发现他们说话夸夸其谈,变化莫测,目空一切,任意雌黄,自三教圣人以下,没有谁免于他们的抨击责骂。他们又高傲地认为手拿金刚杵,无坚不摧;而且那些名气正盛的,双目炯炯如火炬,舌锋犀利如星火,对旁人辩护的一句话也听不进去。唉,富贵的危害到了这地步啊!我希望士大夫教导孩子先要教导他们用礼义来防范高傲,教导他们待人接物要谦逊,督促他们学习文化典籍,要求他们学习古往今来的嘉言懿行。做好一件事情不要轻易奖赏他们,说出一句好话不要任意地夸奖他们。这样做的是真正爱护子弟的人。

知性重习晓变

奔车之上无仲尼,覆舟之下无伯夷[①],性之者也。孔子家儿不识骂,曾子家儿不识斗,习[②]之者也。丹朱[③]不应乏教,宁越[④]不闻被棰,语其变也。

【注释】

①奔车之上无仲尼,覆舟之下无伯夷:语出《韩非子·安

危》。大意为，飞奔颠簸的车子上不会有孔子这样的明智的圣人，将要倾覆的舟船上不会有伯夷这样的廉洁的高士。“奔车”“覆舟”，谓谋生艰难之乱世。 ②习：积习，指长久以来因环境影响而形成的习惯。 ③丹朱：上古部落联盟首领尧的长子。相传，因为丹朱不肖，尧禅位给了舜。 ④宁越：战国时中牟人。相传，他感到种田太辛苦，便问朋友说：“怎样才能免除种田的辛苦？”他的朋友说：“如果你能立志求学，苦读三十年，就不用再种田了。”他说：“别人休息的时候，我不休息；别人睡觉的时候，我不睡觉。我苦读十五年，应当有所成就。”他刻苦读书十五年，因为品学兼优，周威公就聘他为师，终于实现了他的志愿。（见《吕氏春秋·不苟论》）

【译文】

飞奔颠簸的车子上不会有孔子，将要倾覆的舟船上不会有伯夷，这是天性造成的。孔子家的孩子不知道骂人，曾子家的孩子不知道打斗，这是习惯造成的。像丹朱那样不肖的人不是缺乏家庭的教导，像宁越那样勤奋苦学的人也没有听说受到过棍棒的责打才努力的，这说的是变化。

姑息溺爱

北齐安德王延宗①幼为文宣②所养，甚爱之。年十二，犹骑置腹上，令溺己脐中，抱之曰：“可怜止有此一个。”封定州刺史，于上（一）大便，使人在下张口承之。后为周武帝③见擒，诬反，以椒塞口而死。芒山有盗临刑，母与诀，盗对母云：“愿一吮母乳，死且无憾。”母与乳，盗啮断乳头，血流母死。盗告刑者曰：“吾少也，盗一菜一薪，吾母见而喜之，以致有今日也。”呜呼，教子婴孩，岂虚语哉！

【校勘】

(一)上:据《北齐书·文襄六王列传》,此字前夺一“楼”字。

【注释】

①延宗:即高延宗,北齐宗室,北齐文襄帝高澄第五子,北齐文宣帝高洋之侄,曾被文宣帝封为安德王。 ②文宣:即南北朝时期北齐政权的开国皇帝高洋,文宣为高洋的谥号。 ③周武帝:北周武帝宇文邕,字祢罗突,鲜卑族,代郡武川(今属内蒙古)人,南北朝时期北周第三位皇帝,谥号为武。

【译文】

北齐安德王高延宗年幼时便由其叔父文宣帝高洋抚养,高洋非常喜欢他。当高延宗已经十二岁时,文宣帝还让他骑在自己的肚子上,甚至让他将尿撒在自己的肚脐中,文宣帝抱着高延宗说:“可惜只有这一个。”高延宗被封为定州刺史时,在楼上大便,让人在楼下张着口承接。高延宗后来被周武帝擒获,遭人诬陷谋反,以花椒塞口而死。芒山有个盗贼将要被处死,母亲与他诀别,盗贼对他母亲说:“我想要吮吸一下母亲的乳头,便死而无憾了。”母亲就让他吮吸,盗贼趁机咬断了乳头,母亲流血而死。盗贼告诉施刑的人说:“我小时候,偷一棵菜一根柴,我母亲见了十分开心,以致到了今天这地步。”唉,教育孩子要从幼儿就开始,难道是空话吗!

莫以《文选》教子

郑奕①尝以《文选》②教子,其兄曰:“何不教以《孝经》《论语》?免他学沈谢③,嘲风咏月④,污人行止⑤。”

【注释】

①郑奕:据《外史梼杌》载,为五代十国时期前蜀人。

②《文选》:又称《昭明文选》,是中国现存最早的一部诗文总集,由南朝梁武帝的长子萧统组织文人编选。 ③沈谢:南朝刘宋谢灵运与南朝梁沈约的并称,两人均为著名文学家。 ④嘲风咏月:以风月等为题材的空虚无聊作品。 ⑤行止:品行。

【译文】

郑奕用《文选》来教导儿子,他的哥哥说:"为什么不拿《孝经》《论语》来教导孩子?免得使他学沈约、谢灵运写些嘲风咏月的作品来侮辱人的品行。"

不学书画

唐太宗泛游春苑,爱奇鸟,阁内传呼画师阎立本①。应旨毕,退戒其子曰:"吾少读书属词②,今以丹青③躬厮役之务,辱莫大焉,尔宜深戒。"韦诞④奉帝命书匾,以笼盛之,辘轳而上,去地二十五丈,写竟,须眉尽白。戒子孙勿学此法。

【注释】

①阎立本:雍州万年(今陕西西安临潼)人,唐代著名画家,官至宰相。 ②属(zhǔ)词:谓连缀字句为文章,泛指写作。 ③丹青:丹和青是我国古代绘画常用的两种颜色,借指绘画。 ④韦诞:字仲将,京兆(今陕西西安)人,三国时曹魏著名书法家、制墨家,官至侍中。

【译文】

唐太宗春天在皇家园林里泛舟游乐,喜欢一只奇异的鸟,从阁内传呼画师阎立本(摩画下来)。阎立本应旨画完后,回来告诫他儿子说:"我年轻时读书写文章,现在因为擅长绘画亲自做仆役做的事,没有什么耻辱比这更大的,你们应该深以为戒。"韦诞奉皇帝的命令书写匾额,被装到笼子里,用辘轳运到离地二十五丈的高处书写,写完后,韦诞的胡须眉毛都白了。他告诫子孙不要学习这技艺。

夜半照子

犁牛[①]之子,山川不舍,犁牛以为不肖,山川以为肖也。为父者,令[(一)]人以肖,己为不肖,则父为何如人哉?厉人[②]夜半照子,惟恐其似己也,此一念能还自照矣。

【校勘】

(一)令:当为“今”字之误,“今”与“令”因形近致讹。

【注释】

①犁牛:毛色不纯正的牛。这种牛不能用来祭祀。《论语·雍也》:“子谓仲弓曰:‘犁牛之子骍(xīng)且角,虽欲勿用,山川其舍诸?’” ②厉人:指生恶疮的人。厉,同“癞”。《庄子·天地》:“厉之人夜半生其子,遽取火而视之,汲汲然唯恐其似己也。”

【译文】

杂毛牛所生之牛毛色纯正,用作牺牲来祭祀,山川之神不会因为那是杂毛牛所生而不接受,杂毛牛认为自己所生的毛色纯正的牛是不成器的,可山川之神却认为是成器的。做父亲的人,别人认为他的孩子成器,自己却认为孩子不成器,那么这样的父亲是怎样的人呢?生恶疮的人,半夜里拿灯火来照刚生下的孩子,神态紧张,唯恐孩子长得跟自己一样,从这一念头来看,生恶疮的人是有自知之明的。

延之教子

颜延之[①]儿竣[②]既贵重,权倾一朝。凡所资供,延之一无所受。常乘羸牛敝车，逢竣卤簿[③]，即屏往道侧。尝语竣曰："吾平生不喜见要人，今不幸见汝。"竣起大宅，延之谓曰："善为之，无令后人笑汝拙也。"

【注释】

①颜延之：字延年，东晋末期至南朝刘宋文学家，祖籍琅邪临沂（今属山东），文章之美，冠绝当时，与谢灵运并称"颜谢"。②竣：即颜竣，字士逊，颜延之的长子，为南朝刘宋孝武帝刘骏一朝的重臣。 ③卤簿：古代位尊者出行时扈从的仪仗队。

【译文】

颜延之的儿子颜竣地位已经尊贵，权倾一朝。凡是颜竣资助供给的东西，颜延之全都不接受。颜延之常常乘坐瘦牛拉的破车，碰上颜竣出行时扈从的仪仗队，就躲避在道旁。他曾经对颜竣说："我平生不喜欢看见权贵，现在不幸遇到了你。"颜竣建造豪华的住宅，颜延之对他说："你好自为之，不要让后世人笑话你拙笨。"

吃人打骂差遣

朱文公[①]与卓夫人[②]书云："闻尊意欲为五哥经营干官[③]差遣[④]，某窃谓不可。子弟生长富贵，本不知艰难，一旦仕宦，便为此官，无不傲慢纵恣，触事懵然。愚意营一稍在人下执事[⑤]，吃人打骂差遣，乃所以成就之。"

【注释】

①朱文公：即朱熹。南宋大儒朱熹谥号文，后世尊称其为朱文公。 ②卓夫人：南宋抗金名将、学者刘子羽的继室，封庆国夫人。 ③干官：古代掌均输（征收、买卖和运输货物）之官。④差遣：宋官员所任实际职务。唐后期，有时派官员以摄、判、知等名义主管不同事务。宋承唐制，加以发展，朝廷的台、省、寺、

监、院等机构皆官无定员，无专职，虽有官名而不任其职，非有特殊诏令，不管本机构事务，称寄禄官。另有差遣名义，分派官员主管各部门事务，地方长官亦由京朝官以差遣名义充任。 ⑤执事：有职守的基层官员。

【译文】

朱熹给卓夫人的信上说："听说你打算为五哥谋取掌管均输的实职，我私下里认为不可以。生长在富贵家的子弟，本来不知道艰难，一旦做官，就担任这样的要职，没有不傲慢纵情任性的，遇到实际的事务却懵然无知。我认为为他谋求一个稍在人下的基层职务，任凭人打骂差遣，反而是成就他的办法。"

教弟救子

刘宋徐湛之①，武帝②长女会稽公主③之子也。帝微时，贫甚，有衲布衣袄(一)，皆敬皇后④手作。帝既贵，以此衣付公主，曰："后世有骄奢者，以此示之。"及文帝⑤欲杀湛之，主以锦囊盛衲衣示上，曰："我母为汝父作此衲衣。今日有一顿饱饭，便欲杀我儿耶？"遂得免。

【校勘】

（一）衲布衣袄：据《南史·徐湛之传》，"袄"字后夺"等"字。衲布衣袄，打有若干补丁的短袄。

【注释】

①徐湛之：字孝源，东海郯（今山东郯城）人，南朝刘宋开国皇帝刘裕外孙，官至尚书仆射。 ②武帝：南朝宋武帝刘裕，字德舆，小名寄奴，祖籍彭城县（今属徐州），生于晋陵郡丹徒县，刘宋开国君主，谥号为武，庙号为高祖。 ③会稽公主：名刘兴弟，南朝宋高祖刘裕长女。 ④敬皇后：宋武帝刘裕结发妻子臧爱亲，

死后被刘裕追封为皇后，谥号为敬。 ⑤文帝：刘义隆，刘宋王朝第三位皇帝，刘裕第三子，年号元嘉，谥号为文，庙号太祖。

【译文】

南朝刘宋时期的徐湛之是宋武帝刘裕长女会稽公主的儿子。宋武帝身份卑微时，非常贫穷，有打有若干补丁的短袄等衣物，都是后来被追封敬皇后的臧爱亲亲手制作。刘裕富贵后，把衲袄交给长女会稽公主，说："后世子孙有骄纵奢侈的，拿这个给他看看。"等到宋文帝要杀徐湛之的时候，会稽公主用锦囊盛着衲袄给宋文帝看，说："这是我母亲为你父亲做的衲袄。今天有一顿饱饭吃了，就想残害我儿子吗？"于是徐湛之得以免罪。

清名遗子孙

柳世隆①盛事坟典②，安贫守分。张绪③曰："君当以清名遗子孙耶？"答曰："一身外何所须？子孙不才，将为争府④；如其才也，不如一经。"

【注释】

①柳世隆：字彦绪，河东解（今山西永济）人，南北朝时期宋、齐大臣。 ②坟典：指三坟、五典的并称，后转为古代典籍的通称。 ③张绪：字思曼，吴郡吴县（今苏州）人也，南朝时萧齐大臣。 ④争府：争夺集中的地方。

【译文】

柳世隆广泛涉猎古代典籍，安于贫困，坚守本分。张绪说："你要把清高的名声留给子孙吗？"柳世隆回答说："一身之外，还需要什么呢？如果子孙不成才，财富就会成为争夺集中的地方；如果子孙成才，财富赶不上一部经书。"

世禄家教

祝氏[①]训子有云:“忆昔吾兄弟丁[②]尔兄弟之年,方且顶斗笠,向赤日中采山灌圃,形容黧丑。吾十有九岁始受书,尔叔受书更后。吾两人夏无葛,冬无炉,朝夕不辍,以有今日。而尔兄弟乃得垂髫就傅,把旧书向北窗下披风而哦,免于樵圃之苦。是尔兄弟受享过吾兄弟远甚。而或劬勤[③]少避,可不可乎? 警吾言,勿等于过耳蚋也。”

【注释】

①祝氏:即祝世禄,字延之,江西德兴人,明神宗万历时期人,工诗,善草书。 ②丁:当,值。 ③劬(qú)勤:辛勤劳苦。

【译文】

祝世禄教导子孙有这样的话:“回忆当年我们兄弟俩,像你们兄弟这个年龄时,头戴斗笠,在烈日下砍柴浇园,晒得面目黝黑丑陋。我是十九岁时才读书,你叔叔读书更晚。当时我们俩夏天没有葛衣,冬天没有火炉,但是从早到晚不停努力,才有了今天的生活。你们兄弟才能够从幼龄就能跟随老师读书,手握书册面向北窗当风吟诵,免于砍柴浇园的辛苦。这样看来,你们兄弟的福气,超过我们兄弟太多了。有时候勤奋劳苦不够,应不应该呢? 把我的话当作警示,千万不要当作耳边蚊虫飞过的声音。”

慎娶富室之女

余[①]尝见取富室之女者,骄奢淫佚,动笑夫家之贫,务逞华靡,以图胜人。一切孝公姑,睦妯娌,惠臧获[②],置弗预闻。曾几何时,而奁橐俱罄,怨天尤人,噪扰万状。其夫虽沾余沫,而举动受制,笑啼不敢。至于愚昏沮丧,甘为人下而不辞者,未必不由此也。

【注释】

①余：指谢肇淛(zhè)。此一则抄自谢肇淛的《五杂组·事部》，文字有出入。谢肇淛，字在杭，明末福建长乐人，号武林、小草斋主人，晚号山水劳人，官至广西右布政使。 ②臧获：古代对奴婢的贱称。

【译文】

我曾经见到娶富家女子的，骄横奢侈、过度放荡，动不动就嘲笑夫家的贫穷，追求炫耀豪华奢侈，来图谋胜过别人。一切孝顺公婆，与妯娌和睦相处，厚待奴婢，这样的事都放置在一边，不参与，不了解。用不了多长时间，嫁资用尽，便怨天尤人，吵闹搅扰不休。她的丈夫虽然沾她娘家的光，可是行动因而受她制约，不敢表达自己的快乐和悲痛。至于那些愚钝昏昧，在妻子面前神气沮丧，甘为人下而不拒绝的，未必不是出自这一原因。

家教有素

陈了翁[①]日与家人会食，男女各为一席，食已，必举一话头，令家人答。一日问曰："并坐不横肱，何也？"孙女方七岁，答曰："恐妨同坐者。"

【注释】

①陈了翁：即陈瓘，字莹中，号了斋，北宋后期沙县(今属福建)人，著名谏官，因号了斋，被后世称了翁。

【译文】

陈了翁每天都与家人一起吃饭，男女分开各坐一桌，吃完饭，陈了翁一定会提一个问题，让家人回答。一天他问："和别人坐在一起不能把胳膊横摆，这是为什么呢？"他的孙女才七岁，回答说："担心妨碍坐在一起的人。”

贤者家法

寿昌胡彦[①]持家:子弟不得自打童仆,妇女不得自打婢妾;有过则告之家长,为之行遣[②];妇女擅打婢仆,则挞子弟。此贤者之家法也。

【注释】

①胡彦:字若俊,南宋浙江兰溪人。 ②行遣:处置,发落。

【译文】

寿昌(今属浙江)胡彦治家规定:子弟不得自打童仆,妇女不得自打婢妾;童仆婢妾有过错,就告诉家长,让家长来发落;妇女擅自打婢仆的,家长就打她的子弟。这是贤德之人的家法。

衰门因由

祖宗富贵自诗书中来,子孙享富贵则贱诗书矣;祖宗家业自勤俭中来,子孙得家业则忘勤俭矣。此所以多衰门也。戒之!

【译文】

祖宗的富贵是通过刻苦读书得来的,后代子孙安享富贵却不看重读书了;祖宗的家业是从勤俭持家而来,子孙继承了祖先的家业,却忘记勤俭持家了。这就是世间多衰落门庭的原因。千万不要这样啊!

犹为一艺

《颜氏家训》曰:“读书总[(一)]不能大成就,犹为一艺,得以自资。父兄不可常依,乡国[①]不可常保,一旦流离,无人庇荫,当自求诸身耳。"

【校勘】

(一)总:据《颜氏家训》,乃"纵"字之误。

【注释】

①乡国:家乡邦国。

【译文】

《颜氏家训》说:"读书即使不能有大成就,尚且算得上一种技艺,能够用来谋生。父亲兄长不能长期依靠,家乡邦国不能常保无事,一旦流离失所,没有人来庇护,就该自己设法谋生了。"

不为子关说

泰和罗文庄公[①]兄弟叔侄先后相继咸登高第。公由冢宰[②]归养,庭训[③]甚严。仲子谒选[④],乞书贻当路,图仕南方,以便省问[⑤]。公曰:"数字不足惜,惜认义命[⑥]二字欠确耳。平生训汝谓何,而有是言?"竟不与书。

【注释】

①罗文庄公:即罗钦顺,字允升,号整庵,泰和(今属江西)人,官至南京吏部尚书,是明朝中期著名哲学家,谥文庄。 ②冢宰:即太宰,吏部尚书的别称。 ③庭训:父亲对儿子的教诲。 ④谒选:官吏赴吏部应选。 ⑤省(xǐng)问:探望,问候。 ⑥义命:正道,天命。

【译文】

泰和的罗文庄公,兄弟叔侄相继在科考中获取高名。他从吏部尚书的职位上退休,还乡养老,对儿子的教育很严厉。他的二儿子即将赴吏部应选,请求他写信给当权者,希望自己能被派到南方当官,以便经常回家探望父母。罗文庄公说:“你要我写几个字,不值得吝惜,可惜的是,那样做就对‘义命’二字认不准了。平时,我是怎么教导你的,竟然会说出这种话呢?”罗文庄公最终没为儿子写信。

知止知足

《沈氏衷言》①有云:“吾尝茅茨②,而今大厦;吾昔仅一夫之田③,而今连数井之壤④;吾昔犹奔走衣食,而今则安享富厚;吾分已逾,吾又何求?惟知止知足,守理守法,以上培先德,下启后人,即神祐可延,家声不坠。若犹复贪得未已,竞进⑤不休:居已侈而犹恢,田已多而务广;强之鬻,不出其本心;与之直,不合乎公道;或逼债以倾人之产,或牵牛以蹊人之田⑥,或纵牙爪于通衢,或逞报复于私忿。诸如此类,犹自⑦多端。总之,我渔利,下人亦乘机以规利⑧;我行恶,下人更借势以助恶。乃遂使孤独鳏寡忍气吞声,道路里邻旁观侧目。顾犹且扬扬得意,自矜谋略。岂知神目如电,法网不疏?众指交加,不摧自仆。当斯之际,悖入不免悖出,多藏亦复厚亡。室虽广而不得宁居,田虽多而不能安享。累及妻孥,玷及祖父。欲益反损,欲进反却。得乎失乎?利乎害乎?”

【注释】

①《沈氏衷言》:指沈鲤的《垂涕衷言》(见于《亦玉堂稿》卷九)。沈鲤,归德府(今河南商丘)人,明神宗万历时期任礼部尚书、文渊阁大学士。此一则抄自《垂涕衷言》,但与原文有较大出入。　②茅茨:茅屋,泛指平民居所。　③一夫之田:指百亩之田。古制,一夫一妇,受田百亩,以养父母妻子。　④数井之壤:几千亩的土地。郑玄《周礼注》:“此畿内采地之制。九夫为井,

井者,方一里,九夫所治之田也。”据郑注,可推知一井之壤为九百亩。 ⑤竞进:贪婪争进。 ⑥牵牛以蹊人之田:即蹊田夺牛,因牛践踏了田,抢走人家的牛,比喻罪轻罚重。 ⑦犹自:尚且。⑧规利:谋取利益。

【译文】

沈鲤在《垂涕衷言》里说:“我从前住茅屋,而现在住大厦;我从前只有百亩土地,而现在有成片的几千亩土地;我从前为衣食奔波,现在却安享富裕。我所拥有的已经超过了我应该得到的,我还贪求什么呢?我从现在开始只有懂得适可而止、自我满足,坚守道理、遵循法令,以期望向上来说培育祖先留下的品德,向下来说为后人做表率,那样神灵的保佑就可以延续下去,家族美好的声望也不会衰颓。至于还要贪得无厌,争竞不止:居住的房子已经够奢侈了,还贪求更宽敞,耕种的田地已经够多了,还贪求更广阔;强买别人的东西,卖方卖东西不是出于本心;为买的东西付值,给的价钱却不公道;有时为逼债而让人倾家荡产,有时因为人家的牛践踏了自家田地的禾苗就夺走人家的牛,有时在大街上放纵爪牙为非作歹,有时为泄私愤图谋打击报复。诸如此类,名目尚且多样。总之,我追求利益,下人也乘机谋取利益;我做坏事,下人更借我的权势来助纣为虐。于是就使得鳏寡孤独之人忍气吞声,邻里旁观的人害怕得不敢正视。反而还得意扬扬,夸耀自己的谋略。哪里知道神目如电,法网难逃?千夫所指,不用推搡,自己就会跌倒。这个时候,用不正当的手段得来的财物不免于被别人用不正当的手段拿去,多收藏财物也会大量丧失财物。房子虽然宽敞却不能够安心居住,土地虽然广阔却不能安心享有。连累到妻子儿女,侮辱到父亲祖父。想有所补益,反而受了损失;想要进取,反而后退。是有所得呢,还是有所失呢?是有利呢,还是有害呢?”

治家严肃

柳公绰①治家严肃。晨省昏定②，子弟皆束带以见。遇饥岁，则诸子皆蔬食，曰："昔吾兄弟侍，先君为丹州刺史，以学业未成，不听食肉，吾不忍忘也。"姑姊妹侄有孤嫠③者，虽疏远，必为择婿嫁之，皆用刻木为妆奁，缬文④绢为资装。常言："必待资装丰备，何如嫁不失时？"

【注释】

①柳公绰：字宽，小字起之，唐代京兆华原（今陕西铜川）人，书法家，柳公权之兄。 ②晨省（xǐng）昏定：亦作"昏定晨省"，晚间服侍就寝，早上省视问安。旧时侍奉父母的日常礼节。省，探望、问候。 ③嫠（lí）：寡妇。 ④缬（xié）文：亦作"缬纹"，彩色花纹。

【译文】

柳公绰治家严谨整肃。晚间服侍就寝，早上省视问安，子弟必须穿戴整齐来见。遇到荒年，几个儿子就只能吃素食，他对儿子们说："从前我们兄弟侍奉做丹州（今陕西宜川）刺史的先父，先父因为我们兄弟学业未成，不允许我们吃肉，我不忍心忘记。"姑母、姐姐、妹妹以及侄女，有孤寡无力为女儿置办嫁妆的，即使关系疏远一些，一定为她们的女儿选择夫婿嫁出去，都是用木材刻成梳妆匣，用彩色花纹的丝绢做嫁妆。他常说："一定等到嫁妆丰足完备了再嫁女，哪里赶得上嫁女不失掉好的时机呢？"

须有"礼"字

闺门①之中少了个"礼"字，便自天翻地覆。百祸千殃，身亡家破，皆从此起。

【注释】

①闺门:古代称内室的门,此指家门。

【译文】

家门之中如果缺少了“礼”字,就会天翻地覆。各种各样的灾祸,自身衰亡,家庭败毁,都从这个生发出来。

爱子不均

《颜氏家训》曰:“爱子不均,古今通弊也。不知贤固可爱,愚亦可怜。有偏宠者,虽欲以厚之,实所以祸之。共叔[①]之死,母实为之。赵王[②]之戮,父实为之。刘表[③]之倾宗覆族,袁绍[④]之地裂兵亡,可为明鉴也。”

【注释】

①共(gōng)叔:即共叔段,姬姓,名段(一说名叔段),春秋时期郑国人,郑武公少子,郑庄公同母弟,母武姜。郑庄公即位后,共叔段受封京城,故称京城大叔。因郑庄公是难产而生,共叔段是顺产而生,所以其母武姜偏爱共叔段。共叔段后在武姜帮助下谋划作乱,郑庄公在共叔段未公开反叛之前,早已得知其图谋,等到共叔段起事时,郑庄公派兵攻打并击败共叔段,共叔段逃到共地,最终死在他国。 ②赵王:即赵王刘如意。汉高祖刘邦偏爱与戚姬所生的赵王刘如意,不喜欢他与吕后所生的太子刘盈。刘邦死后,赵王刘如意被吕后毒杀。 ③刘表:字景升,东汉末山阳高平(今山东鱼台)人,远支皇族。他偏爱后妻所生之子刘琮,不喜欢长子刘琦。 ④袁绍:字本初,汝南汝阳(今河南商水)人,东汉末年军阀。他偏爱少子袁尚,不喜欢长子袁谭、次子袁熙。

【译文】

《颜氏家训》说:“人们喜爱自己的孩子,不能够一视同仁,这是从古到今的通病。那才华出众的孩子，当然值得赏识喜爱；那愚蠢迟钝的孩子，也应该对他怜悯同情。有那偏宠孩子的人，虽然想以自己的爱厚待他，反而因此加害他。共叔段的死，实际就是他母亲偏爱造成的。赵王刘如意的被杀，实际是他父亲偏爱造成的。其他如刘表的宗族倾覆，袁绍的兵败地失，这些事例都可供借鉴。”

以五失诫子孙

柳玭述家训以戒子孙曰：“坏名灾己，辱先丧家，其失尤大者五：其一自求安逸，靡甘澹薄，不恤人言；其二不知儒术，不说古道，懵前经而不耻，论当世而解颐[①]，身既寡知，恶人有学；其三胜己厌之，佞己悦之，闻人善嫉之，闻人恶扬之，浸渍颇僻[②]，销刻德义，簪裾[③]徒在，厮养[④]何殊？其四好优游，嗜曲蘖，以衔杯为高致，以勤事为俗流，觉已难悔；其五急于名宦，昵近权要，一资半级，虽或得之，众怒群猜，鲜有存者。予见名门右族莫不由祖先忠孝勤俭以成立，莫不由子孙顽率奢傲以覆坠。成立难如升天，覆坠易于燎毛。言之痛心，尔宜刻骨。”

【注释】

①解颐：指笑得下巴脱落，形容人开怀而笑。颐，下巴。②颇僻：邪佞，不正。　③簪裾：古代显贵者的服饰，借指显贵。④厮养：仆役，供使役的人。

【译文】

柳玭讲述家训告诫子孙说：“败坏名声，使自身遭灾，辱没祖先，使家族衰亡，造成这恶果有五种危害极大的陋习：其一是自己追求安逸，不甘心淡泊，不在意别人的议论；其二是不懂得儒家之道，不能讲述古代圣贤的道理，对先贤的经籍懵懂无所知，也不觉得耻辱，却喜欢妄论当世时事，自己孤陋寡闻，却嫉妒别人有学问；其三是对超过自己的人表示厌恶,对讨好自己的人却非常喜欢,听到别人的善行,就嫉妒,听到别人的过失,就到处张扬,整个身心都被偏颇邪恶的思想和习惯浸泡了,侵蚀破坏仁义道德,空有显贵的身份,与仆役有什么两样呢?其四是游手好闲,嗜酒贪杯,以饮酒享乐为高贵雅致,视勤快做事为庸俗,怠惰成性,连自己觉悟了也难以悔改;其五是汲汲于大名官位,亲近讨好权贵显要,即使捞到一官半职,也会受到众人的怨恨和猜疑,很少有不垮台的。我看到名门大族没有哪一家不是靠祖先忠诚孝顺、勤劳节俭而获得成功,没有哪一家不是因子孙顽劣轻狂、奢侈骄纵而覆败衰亡。获得成功像登天一样困难,覆败衰亡像用火燎毛一样容易。说起这些话来,让人感到痛心,你们应该牢牢记住。”

荆公重蒙师

王荆公①教元泽②,求馆宾③,须博学善士。或谓:“发蒙何必尔?”曰:“先入者为之主。”

【注释】

①王荆公:即王安石,字介甫,号半山,临川(今江西抚州)人,北宋神宗时著名宰相、诗人,爵封荆国公,谥号文。 ②元泽:即王雱(pāng),字元泽,王安石之子,北宋文学家、学者。 ③馆宾:私塾教师。

【译文】

王荆公教育王元泽,聘请私塾教师,一定得是学问渊博、道德高尚的人。有人问:“启发蒙童,何必这样?”王荆公说:“先入为主。”

苏母教子

苏子瞻生十岁,而父洵宦学四方。母程氏尝读《东汉史》①至《范滂②传》,轼时侍侧,曰:“轼若为滂,夫人亦许之乎?”母曰:“汝能为滂,吾顾不能为滂母③邪?”

【注释】

①《东汉史》:即南朝范晔所写的《后汉书》。 ②范滂:字孟博,东汉汝南征羌(今河南漯河)人,著名的直臣、孝子,因疾恶如仇被宦官害死。 ③滂母:范滂的母亲深明大义,是母德的千古楷模。

【译文】

苏轼(字子瞻)十岁的时候,父亲苏洵游学做官在外。他母亲程氏读到《后汉书》里的《范滂传》,苏轼当时陪侍在母亲身边,说:“我苏轼如果做范滂那样的人,母亲也会答应我吗?”母亲说:“你能做范滂,我难道就不能做范滂的母亲吗?”

藏书跋语

杜暹①藏书皆自题跋②,曰:“清俸买来手自校,子孙读之知圣教,鬻及借人为不孝。”

【注释】

①杜暹(xiān):濮州濮阳(今河南濮阳)人,唐玄宗时宰相,谥号贞肃,后改谥贞孝。 ②题跋:题写跋语。跋,指写在书籍、字画、碑帖等后面的文字,内容多为品评、鉴赏、考订、记事等。

【译文】

杜暹收藏的书籍都亲自题写跋语,跋语说:“用干净的俸钱把书籍买来,亲手校勘,子孙读了校勘后的书籍就知道圣贤的教导,把书卖掉以及借给他人都是不孝。”

教孙恭谨

孙权召顾雍①父子及其孙谭②饮。谭时为选曹尚书③,见任贵重。是日,孙权饮极欢。谭醉,三起舞,舞又不止。雍内怒之。明日,召谭,呵责之,曰:"君王以含垢④为德,臣下以恭谨为节。何有舞不复止?虽为酒后,亦由恃恩。损吾家者必汝也!"

【注释】

①顾雍:字元叹,吴郡吴县(今江苏苏州)人,三国时吴国重臣。 ②谭:即顾谭,字子默,顾雍之孙,曾官居选曹尚书。③选曹尚书:列曹尚书之一,掌选拔官吏事。 ④含垢:包容污垢,指胸怀博大。

【译文】

孙权召集了顾雍父子及顾雍的孙子顾谭宴饮。顾谭当时任选曹尚书,位高权重。这天,孙权饮酒极其畅快。顾谭喝醉了,多次起舞,无法自止。顾雍对此心中发怒。第二天他召见顾谭,厉声斥责,说:"君王以含垢忍辱为美德,臣下以恭敬谨慎为节操。哪里有起舞不停止的?虽说是出于酒后,也是依仗帝王的恩德。败毁我家族的人必定是你!"

教子尽职

刘安世①初除谏官,入白母。母曰:"谏官,天子诤臣。汝父欲为而弗得,汝今幸得居此,当捐身以报国。若得罪流放,无问远近,吾当从汝。"故安世在职累廷争。或帝盛怒,则执简却立,伺怒稍解,复前抗辞。旁观者蓄缩②悚汗,咸目为"殿上虎"。

【注释】

①刘安世：字器之，号元城、读易老人，魏（今属河北）人，北宋后期大臣，以直谏闻名，被时人称之为“殿上虎”，谥号为忠定。②蓄缩：畏缩，退缩。

【译文】

刘安世当初被任命为谏官时，上堂告诉母亲。母亲说：“谏官是天子直言敢谏的臣子，你父亲一辈子想任此职，但未能如愿，你有幸任此官职，应当舍弃身家性命来报答国家。如果获罪遭受流放，不管流放地点有多远，我都会跟你走。”所以，刘安世在谏官任上多次向皇帝极力谏争。有时皇帝十分恼怒，他就握着手版退后一步站着，等到皇帝怒气渐消，又走上前激烈陈辞。旁边的侍臣们畏缩在一边，惊恐得淌汗，都把他看作“殿上虎”。

教子不苟求

王长史骞①，太尉俭②之子。骞至性凝简③，不狎④当世。尝语诸子曰：“吾家门户，所谓素族⑤，自可随流平进⑥，不须苟求。”

【注释】

①王长史骞：即长史王骞，字思寂，王俭之子，南朝齐梁时琅邪临沂人。长史，最早设于汉代，多为幕僚性质的官员。 ②太尉俭：即王俭，字仲宝，琅邪临沂人，东晋名相王导五世孙，南朝齐文学家、目录学家，齐太祖萧道成重臣。 ③凝简：庄重而朴实。④狎：亲近。 ⑤素族：累代世族。 ⑥平进：以次进而不越等。

【译文】

长史王骞是太尉王俭的儿子。他生性极其庄重而朴实，不与当时的人亲近。王骞曾经对儿子们说：“我王家是世人所说的累代世家大族，只管依照潮流按次序升迁，不需要苟且求取。”

方肉寸葱

楚王英[①]逆谋事发，株连以千计，吴郡太守尹兴[②]亦被株及。乃征兴及掾吏[③]五百余人诣廷尉[④]，考掠[⑤]死者大半。唯门下[⑥]陆续[⑦]、主簿梁鸿[(一)]、功曹[⑧]史驷勳备受五毒[⑨]，肌肉消烂，终无异辞。续母自吴来洛阳，作食以馈续。续虽见考，辞色不变，而偶对食，悲泣不自胜。狱使问故，续曰：“母来不得见，故悲耳。”问何以知之，续曰：“母截肉未尝不方，断葱以寸为度，故也。”使者以闻上，乃赦兴等。

【校勘】

（一）梁鸿：据《后汉书·独行列传》，“鸿”乃“宏”之误。梁宏，少隐海隅，有盛名，被吴郡太守尹兴征召为主簿。

【注释】

①楚王英：即东汉楚王刘英，为东汉光武帝和许美人所生，因图谋取代汉明帝被废去王位，而后自杀。 ②吴郡太守尹兴：据《后汉书·独行列传》，尹兴为会稽郡太守，因刘英案被株连，免罪释放后，终身不得为官。 ③掾(yuàn)吏：官府中辅助官吏的通称。掾，辅助。 ④廷尉：九卿之一，掌刑狱，秦汉至北齐主管司法的最高官吏。 ⑤考掠：拷打。 ⑥门下：即门下掾，汉代州郡长官自己选荐的属吏。因常居门下，故称。 ⑦陆续：字智初，会稽吴(今苏州)人。 ⑧功曹：亦称功曹吏，为郡守、县令的主要佐吏，主管考察记录业绩。 ⑨五毒：五种酷刑。

【译文】

楚王刘英谋反的事败露后，被株连的人有几千，会稽太守尹兴也被株连。于是，尹兴和他的属官五百多人被押送到洛阳廷尉狱，一半人被拷打致死。只有尹兴的门下掾陆续、主簿梁宏、功曹史驷勳受尽了各种酷刑，肌肉溃烂，始终没有说别的。陆续的母亲从吴地赶到京师洛阳，做好饭菜，让门卒转送陆续。陆续虽然被拷打，但说话时的神态与平时没有什么不同，只对着偶然出现的饭菜，悲伤流泪，不能自止。审讯他的人问他是什么缘故，陆续说："母亲来了，不得见面，所以才悲伤。"审讯他的人问他怎么知道母亲来了，陆续说："母亲所切的肉块，没有不方的，切的葱段以一寸为标准，我是根据这个知道的。"审讯的人把这事上报给皇帝，于是皇帝赦免了尹兴等人。

徐勉教子

徐勉①《戒子书》曰："吾清明门宅西边既施与宣武寺，不复方幅，常怪时人谓是我室。古往今来，豪富继踵，脱②其死矣，知是谁室？"

【注释】

①徐勉：字修仁，东海郯（今山东郯城）人，南朝梁文学家，官至中书令，谥简肃。 ②脱：如果。

【译文】

徐勉在《戒子书》中说："我在清明门一带的宅院，已割去西边施舍给宣武寺（建康城著名寺庙），院落不再方正，时常奇怪世人仍称这里是我的宅院。古往今来，（高门甲第）都为接踵而来的豪富之家所拥有，如果房主死了，后人知是谁家的房舍？"

坦游卷之六

惊涛骇浪，贾竖[①]色变，渔父视若安澜；峭壁悬岩，行客车回，樵夫步同平地。噫！忘机[②]以游，鸥鸟且自亲人，从未有褊衷[③]而怒飘瓦[④]者。纂坦游[⑤]第六。

【注释】

①贾(gǔ)竖：商人。　②忘机：思想纯朴，与人交往没有机心。《列子·黄帝》："海上之人有好沤鸟(即海鸥)者，每旦之海上从沤鸟游，沤鸟之至者百住而不止。其父曰：'吾闻沤鸟皆从汝游，汝取来，吾玩之。'明日之海上，沤鸟舞而不下也。"　③褊(biǎn)衷：褊狭的内心。　④飘瓦：被风吹落的瓦片，比喻外来的祸患。《庄子·达生》："虽有忮(zhì)心(忌恨之心)者，不怨飘瓦。"　⑤坦游：此指坦然处世，与人交往没有机心。

【译文】

面对惊涛骇浪，(患得患失的)商人吓得改变了脸色，(无欲无求的)渔夫却视为平静的水波；面对悬崖峭壁，(顾虑重重的)行客调转车头，(坦坦然然的)樵夫却视若平地。唉！没有机巧功利之心，连一块玩耍的鸥鸟尚且能够与人亲近，从来没有心胸狭隘的人怨恨无心打到自己的飘瓦。纂坦游第六。

至诚待人

唐时山东豪杰多杀长吏以应黑闼[①]。上下相猜，田留安[②]独坦然无疑。白事者皆令直入卧内，谓吏民曰："吾与尔曹为国御贼，固宜同心协力，必欲弃顺从逆，但斩吾首去。”吏民皆相戒曰：“田公推至诚待人，当竭死力报之。”卒收其用。

【注释】

①黑闼（tà）：即刘黑闼，贝州漳南（今河北漳南故城）人，隋末唐初割据势力，与唐朝多次交战，先败于秦王李世民之讨，后死于太子李建成之征。 ②田留安：隋末唐初临邑人，曾追随王世充，后归顺李世民，爵封道国公。

【译文】

唐初山东（此指太行山以东）豪杰有好多杀掉官吏来响应反叛的刘黑闼。当时，上下相互猜疑，只有魏州（今河北大名）总管田留安内心坦然，对人无所猜疑。田留安命令向他报告事情的人都可以径直进入他的卧室，并对官吏百姓说：“我和你们为国家抵御叛贼，本来应该同心协力，一定想背弃国家归顺叛贼，只管把我的头砍去。”官吏百姓都相互告诫说：“田公推至诚之心来待人，应当一起竭尽死力来报答他。”最终这些人都为田留安所用。

诚感朝恩

子仪[①]入朝，鱼朝恩[②]邀之游章敬寺[③]。元载[④]密使告子仪曰：“朝恩谋不利于公。”子仪不听。将士请束甲以从，子仪曰：“我国之大臣，彼无王命，安敢害我？若受命而来，汝曹欲何为？”乃从家僮数人而往。朝恩惊问故，子仪以所闻告，且曰：“恐烦公经营耳。”朝恩抚膺流涕曰：“非公长者，能无疑乎？”

【注释】

①子仪：即郭子仪，华州郑县（今陕西华县）人，祖籍山西太原，唐朝名将，平定安史之乱的重要将领，谥号忠武。 ②鱼朝恩：泸州（今属四川）人，唐肃宗时专权宦官，最后被宰相元载设

计缢死。 ③章敬寺：位于长安城通化门外，以为章敬太后（唐代宗生母）求冥福而得名。 ④元载：字公辅，凤翔府岐山（今属陕西）人，唐代宗时宰相，后因贪腐抄家被杀。

【译文】

郭子仪入朝，鱼朝恩邀请他去章敬寺游玩。元载就秘密派人告诉郭子仪说："鱼朝恩对你图谋不利。"郭子仪不听。将士们请求内穿甲衣跟从郭子仪前去。郭子仪说："我是国家的大臣，他没有天子的命令，哪里敢暗害我？如果他受皇命而来，你们想干什么呢？"于是郭子仪带了几名家僮前往章敬寺。鱼朝恩对他随从俭省感到惊奇，问原因。郭子仪将所听到的事告诉鱼朝恩，并且说："恐怕麻烦你张罗了。"鱼朝恩拍打胸脯流泪说："如果不是您这样的长者，能不怀疑我吗？"

第一快活世界

剖去胸中荆棘，以便人我往来，是天下第一件宽闲快活世界。

【译文】

将心中（自伤伤人）的荆棘剔除掉，以便我和别人（诚心）交往，这便是天下最令人舒畅欢喜的境界了。

选佛场与游仙乐

不作好，不作恶，随地是选佛之场①；应以马，应以牛②，到处有游仙③之乐。

【注释】

①选佛之场：指开堂、设戒、度僧等做佛事之地，亦泛指佛寺

禅堂。 ②应以马,应以牛:语出《荀子·不苟》,“故马鸣而马应之,牛鸣而牛应之,非知也,其势然也”。指没有心机,顺势而为。 ③游仙:比喻脱离尘俗,游心仙境。

【译文】

不刻意做好事,不刻意做坏事,那随地都是静修的禅堂;没有心机,顺势而为,那到处都是游心仙境般的快乐。

默饶忍休得自由

默默默,无限神仙从此得;饶[1]饶饶,千灾万祸一齐消;忍忍忍,债主冤家从此隐;休[2]休休,盖世功名不自由。

【注释】

①饶:宽容,饶恕。 ②休:罢手,放下。

【译文】

略。

六字经

太一[1]真人[2]曰:“予有经三部,共只六字,儒诵之成圣,道诵之成仙,释诵之成佛,但要体认[3]奉行。一字经曰‘忍’,二字经曰‘方便’,三字经曰‘依本分’。”

【注释】

①太一:也写作“太乙”,即道家所称的“道”。 ②真人:道家称存养本性或修真得道的人,亦泛称“成仙”之人。 ③体认:体察,认可。

【译文】

太一真人说:“我有三部经,总共只有六个字,儒生诵读可以成圣人，道士诵读可以成神仙，和尚诵读可以成佛祖，只是需要体察认同，认真实行。一字经是‘忍’，二字经是‘方便’，三字经是‘依本分’。”

德大事济需容忍

必有容，德乃大；必有忍，事乃济。一毫之咈[①]，即勃然怒；一事之违，即愤然发：是无涵养之力，薄福之人也。故曰：“觉人之诈，不形于言，有无限余味。”

【注释】

①咈：古同“拂”，违逆。

【译文】

必定要有宽容的雅量，道德才会广大；一定要能忍耐，事情才能成功。一点儿不如意，便立刻勃然大怒；一事不称心，就立即气愤感慨：这表示没有涵养的力量，同时也是福气浅薄的人。所以说：“发觉别人的奸诈，而不说出口，有无限的余味。”

留意面前与身后

面前的田地[①]要放得宽，使人无不平之叹；身后的惠泽要流得远，使人有不匮之思[②]。

【注释】

①田地：指心田，心胸。　②不匮之思：指永恒的思念。匮，缺乏。

【译文】

当下的心胸要存宽厚，使人无不平的怨言；死后的恩泽要流长远，使人有永不匮乏的思念。

意气温与肝肠冷

苦恼世上悲众生，意气须温；嗜欲场中对诸缘，肝肠欲冷。

【译文】

在痛苦的世上悲悯芸芸众生，要心存温暖；在嗜欲的场合面对种种因缘，须心肠冷淡。

精明浑厚

好丑太明，则物[①]不契；贤愚太明，则人不亲。士君子须是内精明而外浑厚，便好丑两得平，贤愚共受益，才是生成[②]的德量。

【注释】

①物：众人。　②生成：养育，成长。

【译文】

如果对于美好和丑陋分得太明白，那么众人就不会与自己太融洽；如果贤能和愚钝分得太明白，那么众人就不会与自己太接近。真正有修养的读书人应该是内里精细明察，而外表质朴敦厚，就能使美好的与丑恶的都觉得平允，贤能的与愚笨的共同得到利益，这才是长养万物的德行和气量。

养生四印

黄山谷[①]《赠张叔和》曰：“我提养生之四印[②]，君家所有更赠君。百战百胜不如一忍，万言万当不如一默。无可拣择眼界平，不藏秋毫心地直。”

【注释】

①黄山谷：即黄庭坚，字鲁直，自号山谷道人，晚号涪翁，洪州分宁（今江西修水）人，北宋诗人、词人、书法家，江西诗派开山之祖。　②四印：旧指四种修养身心之道。

【译文】

黄山谷《赠张叔和》说："我提出四种修养身心之道，可能你家已经拥有了，可我还是拿来再赠给你。百战百胜不如一个'忍'字，万言万当不如一个'默'字。对待人事无拣择，要有一个'平'字；不隐心迹，心地存一个'直'字。"

不坏头顶之塔

郝大通[①]坐桥下不语。小儿辈戏累瓦砖为塔于顶，嘱以勿坏，头竟不侧。

【注释】

①郝大通：名璘，字太古，号恬然子，自称太古道人，法名大通，南宋宁海（今山东牟平）人，后皈依全真教。曾于沃州桥下苦修六年，人称"不语先生"。

【译文】

郝大通坐在桥下静修，不说话。孩子们做游戏，在他的头顶上用砖石垒起了塔，嘱咐他不要把塔弄倒了，郝大通的头最终也不侧一下。

鹊有好邻

唐于鹄[①]《邻居》诗："巷僻邻家少，茅檐喜并居。蒸梨常共灶，浇薤[②]亦同渠。传[③]屐朝寻药，分灯[④]夜读书。虽然在城市，还得似樵渔。”

【注释】

①于鹄：唐朝大历、贞元间诗人，隐居汉阳，尝为诸府从事。②薤（xiè）：多年生草本植物，可作蔬菜食用。 ③传（chuán）：送。 ④分灯：谓借用他人灯烛余光以读书劳作。

【译文】

唐朝于鹄《邻居》诗说：“偏僻的街巷里邻居很少，跟邻居在茅檐下一块儿居住。蒸梨常用一个炉灶，浇薤也共用一条水渠。早晨邻居送来木屐一同去采药，夜晚共同读书分享同一盏灯火。虽然住在城市里，我们还过着像樵父和渔父一样的乡村生活。”

自生烦恼

乘舟而遇逆风，见扬舤者不无妒念。彼自①处顺，于我何关？我自处逆，于彼何与？究竟思之，都是自生烦恼。天下事大率类此。

【注释】

①自：本来。

【译文】

江上行船如果遇上逆风，见对面驶来顺风扬帆的船，于是心生妒念。但他本来行他的顺风船，和我有什么关系？我本来行我的逆风船，跟他有什么关系？到头想来，都是自生烦恼。天下事大抵像这个。

毒来慈受

昙藏师①遇蟒，长数丈，毒气炽然。侍者请避之，师曰：

"死可逃乎？彼以毒来，我以慈受。毒无实性，激发则起。慈苟无缘，冤亲一揆[②]。"言讫，蟒按首徐行，倏然不见。又有群盗至，师曰："茅舍有可意物，一任将去。"盗稽首[③]而散。

【注释】

①昙藏师：即南岳西园昙藏禅师，俗家姓杨，名弘农，唐朝华阴人，法号昙藏，住南岳衡山西园。 ②一揆(kuí)：一致的准则。③稽首：古代最隆重的拜礼，行礼时，施礼者屈膝跪地，左手按右手(掌心向内)，拱手于地，头也缓缓至于地，头至地须停留一段时间，手在膝前，头在手后。

【译文】

昙藏禅师遇到一条长几丈喷着浓烈毒气的蟒蛇。侍奉的人请禅师躲避这蟒蛇，禅师说："死亡难道可以逃避吗？它带着毒气来，我以慈爱迎接。毒气是没有实质的，受到激发就会增强。慈爱如果没有缘分，仇怨与亲爱一样对待。"话音刚落，那蟒蛇低下头慢慢爬行，很快就不见了。又有群盗来抢劫，昙藏禅师说："茅屋里有你们看得上的东西，全都任凭你们拿去。"群盗行稽首礼后纷纷散去。

闻谤戒怒

闻谤而不怒，虽谗焰薰天，如举火焚空，终将自息；闻谤而怒，虽巧心力辨，如春蚕作茧，自取缠绵。

【译文】

听到别人诽谤自己能不恼怒，那么即使诽谤的气焰熏天，就如同是举火烧天，火最后还是会自然消亡；如果听到别人诽谤自己就恼怒，那么即使费尽心思跟人辨解，像春蚕作茧一样，也是自取缠缚。

诚待光弼

郭子仪与李光弼[①]俱为安思顺[②]牙门将[③]，不相能，虽同席不交言。后仪代为将，弼恐见诛，乃跽请曰："死所甘心，但乞贷妻子。"子仪趋堂下，握其手曰："今国乱主辱，非公不能定，仆岂敢怀私忿哉？"因涕泣勉以忠义，荐为节度使，以捣贼，于是弼权日盛。同居将相，无纤毫猜忌。

【注释】

①李光弼：唐代营州柳城（今辽宁朝阳）人，契丹族，平定安史之乱重要将领，谥曰武穆。 ②安思顺：突厥族，西域安国人，唐玄宗时期著名藩将。 ③牙门将：副将。

【译文】

郭子仪初与李光弼同为安思顺副将的时候，二人很不和睦，即使坐在一起也不交谈。后来郭子仪代替安思顺做了大将，李光弼怕被郭子仪杀掉，就跪下向郭子仪请求说："我甘愿一死，只希望您饶恕我的妻子儿女。"郭子仪快步走下堂来，握住李光弼的手说："现在国家动乱，主上受辱，只有您能安定国家，我怎能怀有私心泄愤呢？"于是流着泪用忠诚大义来勉励李光弼，随后推荐他为节度使，来攻击叛贼，于是李光弼的权力一天天大起来。郭子仪与李光弼同居将相之位，没有一丝一毫的猜忌。

开福路与筑祸基

多栽桃李少栽荆，便是开条福路；不积诗书偏积玉，还如筑个祸基。

【译文】

多栽种（果实甜美的）桃树与李树，少栽种（带刺阻塞道路的）荆棘，这就是打通了一条通往幸福的道路；不积攒诗书，偏积攒金玉财宝，还像建了一个惹祸的根基。

好察非明与必胜非勇

好察非明，能察能不察之谓明；必胜非勇，能胜能不胜之谓勇。

【译文】

喜好明察秋毫不是真正的精明，能明察也能不去明察的，这才是真正的精明；一定都要打胜这不是真正的勇敢，能打胜也能不去打胜的才是真正的勇敢。

淡然洒脱

士处世，视富贵利禄，当如优伶之为参军①：方其据几正坐，群优拱而听命；戏罢则亦已矣。见纷华盛丽，当如老人之抚节物：当上元②、清明，少年昼夜出游，若恐不暇，灯收花暮，辄怅然移日③；老人则不然，未尝置欣戚于胸中也。睹金珠珍玩，当如小儿之弄戏剧：方杂然前陈，疑若可悦；即委之以去，了无④恋想。遭横逆⑤机阱⑥，当如醉人之受骂辱：耳无所闻，目无所见；酒醒之后，所以为我者自若也。

【注释】

①参军：即参军戏，中国古代戏曲形式，此指戏剧。 ②上元：即上元节，农历正月十五，也称元宵节。 ③移日：日影移动，表示时间很久。 ④了无：完全没有，一点也没有。 ⑤横逆：横流逆行，比喻强暴无理。 ⑥机阱：设有机关的捕兽陷阱，比喻险境或坑害人的圈套。

【译文】

读书人为人处世,看待富贵利禄,应像戏剧演员演戏一样:当他身凭几案,正襟危坐,众演员拱手而立听从他的命令;一出戏演完,一切也就结束了。见到豪华秾丽的场面,就如同老年人对待应时节的景物:拿元宵节、清明节来说,正当年轻力壮的人,昼夜出游,似乎唯恐时间不足,彩灯收了,鲜花凋零,就懊丧好长时间;老年人则不是这样,因不曾把欣喜、忧戚放在心上。而对黄金、珠宝、珍贵器物,应当如同儿童做游戏,当那些东西杂乱摆在面前时,看似喜欢的样子;应当立即丢下走开时,一点也不留恋。遇到强暴无理、设计陷害的事,应当如同醉酒之人遭到辱骂:支着耳朵什么也没听到,睁着眼睛什么都没看见;酒醒之后,我还是原来那副老样子。

真实受用处

见人有得意事,便当生忻喜心;见人有失意事,便当生怜悯心。皆自己真实受用处。忌成乐败,何预人事①?徒自坏心术耳。

【注释】

①人事:指仕途或事业等。

【译文】

看到别人有得意的事,就应当心生欢喜;看到别人有失意的事,就应当心生怜悯。这都是自己真实受益的地方。如果对别人的成功心生忌恨,对别人的失败心生快乐,对我的事业又有什么影响呢?白白自我败坏心术罢了。

知足而乐

有角求齿,则终身忧不如马,而不知已有触虎之资;有翼求足，则终身忧不如兽，而不知已有凌霄之乐。故凤不慕鹤，竹外无餐①；鹤不慕凤，得鱼而止。

【注释】

①竹外无餐：传说凤凰只吃竹实（竹子开花后结的果实）。《庄子 · 秋水》："夫鹓鸰发于南海，而飞于北海；非梧桐不止，非练实不食，非醴泉不饮。"鹓鸰，凤凰。练实，竹实。

【译文】

（牛）拥有了犄角，再要求拥有锋利的牙齿，那么就一辈子担忧赶不上马，却不知道自己已经有了触顶老虎的资本；（鸟）拥有了翅膀，再要求拥有飞奔的腿脚，那么就一辈子担忧不如兽，却不知自己有凌空飞翔的快乐。所以凤凰不羡慕仙鹤，竹实外一无所食；仙鹤也不羡慕凤凰，捕得鱼吃也就够了。

挂牌延客

胡存斋①折节②下士，宾至如归。南北士大夫经其地，无不愿见者。每患阍人③不为通，是日苟不出，即悬一牌于门，曰"胡存斋在家"。

【注释】

①胡存斋：即胡颐孙，号存斋，宋末元初江西人，做过元朝的泉府大卿（泉府司长官）。 ②折节：屈己下人。 ③阍（hūn）人：看门的人。

【译文】

胡存斋礼贤下士，宾客来到他家，就像回到自己家一样。所以南来北往的士大夫经过他家时，都愿意去拜访他。胡存斋担心看门人不给通报，这天如果不出门，就在家门口挂出一块牌子，上写"胡存斋在家"。

无意毁誉

人有才能,未必损我之才能;人有声名,未必压我之声名;人有富贵,未必妨我之富贵。人不胜我,固可相安;人或胜我,亦非夺我所有。即夺我所有,亦或其命应得之。操心毁坏,必得所欲后已,于汝安乎?

【译文】

别人有才能,不一定损伤我的才能;别人有名气,不一定压制住我的名气;别人有富贵,不一定妨害我的富贵。别人没有胜过我,本来可以相安无事;别人胜过我,也并非是夺取了我的东西。即使夺取了我所拥有的,也或许他命该得到。操心毁损,一定要得到所想要的才罢手,对你自己来说安心吗?

直道虚衷

世人破绽处,多从周旋处见①;指摘处,多从爱护处见;艰难处,多从贪恋处见。故涉世之方,惟有直道以事人,而虚衷以御物。

【注释】

①见:即"现"。

【译文】

世人的破绽之处,多从巧于应付之处显露出来;受人指摘之处,多从回护之处流露出来;艰难之处,多从贪恋之处流露出来。所以处世的方法,只有用正直之道来对待别人,用谦虚之心来驾驭外物。

责己安朝廷

唐时,盗发子仪父冢,捕之不获。人疑鱼朝恩修隙①。子仪入朝,朝廷忧其变。及上语及之,子仪流涕曰:“臣不能禁暴,军士多发人家。今日及此,乃天谴,非人事也。”朝廷乃安。

【注释】

①修隙:亦作“修郤”,报复旧日怨恨。

【译文】

唐朝时,有盗贼挖掘了郭子仪父亲的坟墓,官府抓捕盗墓贼却没有抓到。有人怀疑是鱼朝恩报复旧日仇怨所为。郭子仪入朝,朝廷担忧郭子仪会因此制造变故。等皇帝跟郭子仪说到盗墓一事时,郭子仪流泪说:“我不能禁止暴虐,手下的军士多次挖掘人家的坟墓。今天父墓被挖,是老天的惩罚,跟人事没有关系。”朝廷这才安下了心来。

处世妙术

有德即是有福,无机[1]即是无祸,因事即是处事,让人即是胜人。

【注释】

①机:心机,巧诈。

【译文】

有德行就是有福气,没有心机就是没有灾祸,顺应事情的发展就是处理事情,容让别人就是胜过别人。

宽缓有余裕

吕文靖[1]教马子山[2]云:“事不要做到十分。”子山初弗喻,其后语人云:“一生只用此一句不尽。”李若谷[3]教门生云:“清勤和缓。”门人曰:“清廉、勤瘁、和同[4]则闻命矣,缓安可为也?”李公云:“天下甚事不是忙后坏了?”

【注释】

①吕文靖:即吕夷简,字坦夫,寿州(治今安徽凤台)人,北宋仁宗时名相,谥号文靖。 ②马子山:即马仲甫,字子山,庐江人,北宋神宗时曾任度支判官。 ③李若谷:字子渊,北宋徐州丰(今属江苏)人,官至资政殿大学士,谥号康靖。 ④和同:和睦同心。

【译文】

吕文靖教导马子山说:“事情不要做到十分。”马子山当初没有明白,后来他对人说:“一辈子只这一句就受用不尽。”李若谷教导学生说:“做事要清廉、勤劳、和睦、宽缓。”学生说:“清廉、勤劳、和睦,我听从您的教导,至于宽缓,怎么能够奉行呢?”李若谷说:“天下什么事不是因匆忙弄坏的?”

忍过事堪喜

逆我者,只消①宁省②片时,便到顺境,方寸③寥廓矣。故少陵(一)诗云:“忍过事堪喜。”

【校勘】

(一)少陵:即杜甫。因杜甫自号少陵野老,故人称其为杜少陵。“忍过事堪喜”非杜甫诗句,乃杜牧《遣兴》诗中句。《遣兴》全诗为:“镜弄白髭须,如何作老夫?浮生长勿勿,儿小且呜呜。忍过事堪喜,泰来忧胜无。治平心径熟,不遣有穷途。”

【注释】

①只消:只需要。 ②宁省(xǐng):静下心来反省。 ③方寸:指人的内心。因人心只占方寸之地,故称。

【译文】

不顺心的时候,只需要片刻的宁静反省,就能到达心平气和的境界，内心世界就无比宽阔。所以杜牧有诗句说："事情忍受过去便值得高兴。"

攻恶教善须有度

攻人之恶毋太严，要思其堪受；教人之善毋过高，当使其可从。

【译文】

批评别人的缺点不要太严厉，要想想别人是否能够承受；教人家做善事，不要要求太高，要考虑别人是否能够做到。

教导诸葛恪

陆逊[1]筹无不中，尝谓诸葛恪[2]曰："在吾前者，吾必奉之同升；在吾下者，吾必扶持之。君今气陵其上，意蔑乎下，恐非安德之基也。"恪不听，卒见杀。

【注释】

①陆逊：本名陆议，字伯言，吴郡吴县（今江苏苏州）人。三国时期吴国大都督、丞相。　②诸葛恪：字元逊，琅邪阳都（今山东沂南）人，三国时期东吴权臣，诸葛亮之侄。

【译文】

陆逊所推测的事没有一件不应验。他曾经对诸葛恪说："地位在我之上的人，我一定尊重他，和他一块儿升迁；在我之下的人，我一定扶持他。如今您的气势欺压到地位在您之上的人，又轻视地位在您之下的人，恐怕不是立德的根基。"诸葛恪不听，最后果然被杀。

酒仙三昧与词客修罗

不善饮而喜人善饮，苏长公①深得酒仙三昧②；虽能诗而忌人能诗，隋炀帝③徒为词客修罗④。

【注释】

①苏长公：即苏轼，因其为苏洵长子，其诗文浑涵光芒，雄视百代，当时尊之为“长公”。 ②三昧：借指事物的要领，真谛。 ③隋炀帝：即杨广，华阴（今属陕西）人，隋朝第二位皇帝，“炀”为谥号。 ④修罗：佛教名词，亦作“阿修罗”，有异类之意。

【译文】

不擅长饮酒却喜欢别人擅长饮酒，苏轼深得酒仙真谛；虽然能写诗却嫉妒别人能写诗，隋炀帝空为词客异类。

安乐窝与行窝

邵雍①岁时②耕稼，仅给衣食。名其居曰“安乐窝”，因自号安乐先生。旦则焚香燕坐③，晡时④酌酒三四杯，微醺即已，兴至成诗自咏。出游城中，则乘小车，惟意所适。士大夫家识其车音，争相迎候，童稚皆欢，相谓曰：“安乐先生至也。”或留信宿⑤乃去。好事者别作屋，如雍所居，以俟其至，名曰“行窝”。

【注释】

①邵雍：字尧夫，生于范阳（今河北涿州），北宋著名学者，死后被赐谥康节。 ②岁时：每年一定的季节或时间。 ③燕坐：闲坐。 ④晡时：即申时，又名日餔、夕食等，相当于北京时间15时至17时。 ⑤信宿：连宿两夜。

【译文】

邵雍每年依据时节耕种收获，仅能维持吃穿用度。他为自己的宅院起名叫“安乐窝”，于是自己起个道号叫“安乐先生”。邵雍早上就焚香闲坐（思考问题），到晡时总要喝三四杯酒，微醉就不再喝了，兴起的时候就自己作诗吟咏。（春秋农闲时节）出游城中，出门就乘坐小车，随意前行。士大夫家听到他那独特熟悉的车音，争相迎候，连小孩子们都很欢愉，互相说：“安乐先生来了。”有时候留下连宿两夜才离开。有好事的人另在洛阳周边建了小屋，如同邵雍所居之屋，以方便他到来时居住，取名叫“行窝”。

太和元气为主

青天白日，和风庆云，不特人多喜色，即鸟鹊且有好音。若暴风怒雨，疾雷闪电，鸟亦投林，人亦闭户。乖戾之感，至于此乎！故君子以太和元气①为主。

【注释】

①太和元气：指平和愉悦的心理状态。

【译文】

天气晴朗，和风祥云，不只是人们多有欢喜之色，即便是鸟鹊尚且有好听的叫声。如果有狂风暴雨，疾雷闪电，鸟鹊也要投林归巢，人们也需关门闭户。暴戾不顺的感应，到了这地步啊！所以君子应当把常保平和愉悦的心理状态作为主要的修习目标。

莫立身于峻

颜之推云：“人足所履，不过数寸，然而咫尺之途，必颠蹶①何哉？为其傍无余地也。君子之立己，亦如之。”或问吕居仁[②]："天下归仁如何？"居仁作韵语答曰："面前径路无令窄，窄时无过客。无过客时径益荒，眼前满地生荆棘。"彼立己于峻，可以警矣。

【注释】

①颠蹶：颠仆，跌倒。 ②吕居仁：即吕本中，字居仁，世称东莱先生，祖籍莱州，宋朝寿州人，道学家。

【译文】

颜之推说："人脚所踩踏的地方，面积只不过有几寸，然而在咫尺宽的山路上行走，一定会摔下去，这是为什么呢？是因为人脚旁边没有余地的缘故。君子要在社会上立足，也是这个道理。"有人问吕居仁："天下怎样才能归于仁？"吕居仁作韵语回答说："面前径路无令窄，窄时无过客。无过客时径益荒，眼前满地生荆棘。"那些立身于险峻之地的人，值得警惕了。

宽着肚皮与放开眉眼

傅大士[①]云："宽着肚皮须忍辱，放开眉眼任从它。"

【注释】

①傅大士：姓傅名翕（xī），字玄风，号善慧，南朝东阳郡乌伤县（今浙江义乌）人。

【译文】

略。

敛怨导利

处世而欲人感恩，便为敛怨之道；遇事而为人除害，即是导利之机。

【译文】

处世时想着要得到别人的感激,这就是为自己聚敛怨恨的道路;遇到事情为别人消除祸患,这就是为自己收获利益的机遇。

启期自宽

孔子游泰山,见营启期(一)鹿裘带索①,抱琴而歌。问所为乐者何也,对曰:“万物唯人为贵,吾为人,一乐也;男尊女卑,吾为男,二乐也;人生有不见日月,不免襁褓②,吾年九十五矣,三乐也。贫,士之常;死,人之终。处常得(二)终,吾何忧哉?”孔子曰:“善哉!能自宽者也。”

【校勘】

(一)营启期:当为“荣启期”之误。《庄子》《淮南子》等书皆提到此人,盖为春秋时鲁国的隐者。

(二)得:据《列子·天瑞》,乃“待”之误。

【注释】

①鹿裘带索:穿鹿皮衣,用绳索做腰带。 ②不见日月,不免襁褓:谓尚未出生就死的胎儿,静死在襁褓中的婴孩。

【译文】

孔子出游到泰山,看见荣启期身穿鹿皮袄,腰系一条绳,一边弹琴,一边唱歌。孔子问他为什么这么快乐,荣启期回答:“天生万物,只有人最高贵,而我生而为人,这是第一值得快乐的;男尊女卑,我得以生为男人,这是第二值得快乐的;人的寿命有的短得死在娘肚里、死在襁褓中,而我已活到九十五岁了,这是第三值得快乐的。贫困,是读书人的常情;死亡,是人生的最终归宿。我安于贫困,等待死亡,还有什么可忧虑的呢?”孔子说:“好啊!荣启期真是能自我宽慰的人。”

恋与耐

沾泥带水之累，病根在一“恋”字；随方逐员①之妙，便宜在一“耐”字。

【注释】

①随方逐员：员，通“圆”。随方逐圆，指立身行事无定则。

【译文】

沾泥带水的劳累，病根在一个“恋”字；随方逐圆的奥妙，好处是在一个“耐”字。

养喜神与去杀机

甑甑子(一)每教人养喜神，止庵子①每教人去杀机。是二言，吾之师也。

【校勘】

(一)甑甑子：乃“甔(dān)甀(zhuì)子”之误。甔甀，瓦瓶。甔甀子，即吴国伦，字明卿，号川楼子、惟楚山人、南岳山人，武昌府兴国州(今湖北阳新)人，明代“后七子”之一。因家乡壶岭中有甔甀洞，故自号曰甔甀子，而其著作亦有《甔甀洞稿》《甔甀洞续稿》。

【注释】

①止庵子：即张洪，字宗海，号止庵，明代常熟人，曾任《永乐大典》副总裁官，有《归田稿》。

【译文】

甔甀子常常教导人培养平和欢喜的神情，止庵子常常教导去除杀人的凶恶念头。这两句话是我的老师。

损人利己与论长数短

天下事无不可做,惟戒夫利己损人;世间言无不可谈,但恶其论长数短。

【译文】

天下事没有什么不可以做,只有损人利己的事万不可做;世间的话没有什么不可以说,只是厌恶那对人说三道四的话。

不尽人之情

不尽人之情①,岂特平居时?即患难时求人救援,亦当常味此言。

【注释】

①不尽人之情:不超越人之常情,不要苛求他人到不堪忍受的痛苦程度。

【译文】

不超越人之常情,难道只是平常之时?就是患难时求人救援,也应当常常体味这句话。

荆棘无心

涉世应物①,有以横逆加我者,譬犹行草莽中,荆棘在衣,徐行缓解而已。彼荆棘亦何心哉?如是则方寸不劳,而怨可释。

【注释】

①物:众人,他人。

【译文】

身处世间，应对他人，遇到有对我蛮横无理的，就好像走在灌木草丛中一样，荆棘挂住了衣服，只能缓慢前行，慢慢地等待荆棘脱落就是了。那衣服上的荆棘，难道是存心如此吗？像这样想，内心就不会劳累，而仇怨也可化解。

难有体与难有礼

待富贵人，不难有礼而难有体①；待贫贱人，不难有恩而难有礼。

【注释】

①体：体面，体统。

【译文】

对待富贵的人，有礼貌不难而难于保留体面；对待贫贱的人，有恩惠不难而难于有礼貌。

淡与常

醲(一)肥辛甘非真味，真味只是淡；神奇卓异非至人，至人①只是常。

【校勘】

(一)醲：乃“酞”字之误。酞，浓郁。

【注释】

①至人：思想或道德修养最高超的人。

【译文】

浓郁、肥腻、辛辣、甘甜并不是纯正自然的口味，纯正自然的口味只是清淡；而神奇特异的人，也绝不是最高超的人，真正最高超的人只是平常样子。

厉俗矫世

管宁①避地辽东，庐山为室，避乱者多从之居。邻有牛暴田，宁为牵牛着凉处牧之，牛主大惭。里中男女共汲一井，争先有斗者。宁多买汲器，置井傍待之。既闻，乃各自悔责。

【注释】

①管宁：字幼安，北海朱虚（今山东安丘、临朐东南）人，东汉末年著名高士、学者。

【译文】

管宁到辽东避难，在山上修建了庐舍，躲避战乱的人多追随他居住。邻居家有头牛糟蹋了管宁田地里的庄稼，管宁把牛牵到荫凉的地方放牧，牛主人非常惭愧。里巷中的男女共同在一眼井中汲水，有为争先打水争斗的。管宁就买了很多汲水器具，放在井旁，等前来打水的人们取用。先前争斗的人听说后，都后悔自责。

子美高标与尧夫雅致

水流云在，想子美千载高标；月到风来，忆尧夫一时雅致。

【译文】

水东流，云飘飘，遥想杜子美（杜甫字子美）千年高雅的标格；朗月高悬，清风习习，追忆邵尧夫（北宋理学家邵雍字尧夫）一时清雅的兴致。

祛嫉致乐法门

径路窄处，留一步与人行；滋味浓的，减三分让人嗜。

【译文】

到路窄的地方，留一步给别人行走；滋味太浓时，减三分让别人品尝。

处小人之理

韩魏公曰："小人不可求远，三家村①中亦有一家，当求处之之理。知其为小人，以小人处之，更不可较；如较之，则自小(一)矣。"

【校勘】

(一)小：元代吴亮、许明奎所著《忍经》亦收录此则。据此，此字后夺一"人"字。

【注释】

①三家村：指人烟稀少、地处偏僻的小村庄。

【译文】

韩魏公(北宋韩琦爵封魏国公)说："小人是不可以求得远离的，三家村中就有一家是小人，应当探求与小人相处的方法。知道他是小人，就拿他当小人来对待，更不可和他计较；如果和他计较，那么自己就是小人了。"

无难处之人

《古今药石》①云："人好刚，吾以柔胜之；人用术，吾以诚感之；人使气，吾以理屈之：天下无难处之人矣。"

【注释】

①《古今药石》：明朝宋纁所辑。宋纁，字伯敬，号栗庵，河南商丘人，万历朝后期重臣。

【译文】

《古今药石》上说:“别人好刚强,我用柔弱胜过他;别人用权术,我用诚心来感化他;别人意气用事,我用道理来折服他:这样天下就没有难以相处的人了。”

诚感娑葛

郭元振①为安西大都护②,西突厥酋乌质勒款塞③愿和。元振即其牙帐④计事,会天雨雪,乌质勒已老,数拜伏,不胜寒冻,会罢即死。其子婆葛(一)以元振计杀其父,谋勒兵来袭。或劝元振夜遁,元振不听,坚卧营中。明日,素服往吊,道逢婆葛兵。婆葛不意元振自来,乃托言奉迎。振遂至其帐,修吊赠礼,哭之甚哀,留数十日为助丧事。婆葛感悦,更遣使献马五千、驼二百、牛羊十余万。

【校勘】

(一)婆葛:据《新唐书》《旧唐书》《资治通鉴》,乃为“娑葛”之误。

【注释】

①郭元振:名震,字元振,以字行世,魏州贵乡(今河北邯郸)人,唐朝名将、宰相。 ②安西大都护:安西大都护府军政首席长官。安西大都护府,唐朝管理西域的一个军政机构。 ③款塞:叩塞门,指异族诚意来到边界归顺,与“寇边”相对。 ④牙帐:中国古代边境少数民族匈奴、鲜卑、羌、铁勒、柔然、回纥、突厥、沙陀等的最高行政机构所在地。

【译文】

郭元振任安西大都护时,西突厥酋长乌质勒向唐朝提出议和。郭元振就到乌质勒的牙帐中与之谈判,正赶上天下大雪,乌质勒年事已高,又多次俯身下拜,经不住风寒,会谈结束后就死了。乌质勒的儿子娑葛认为是郭元振设计害死了乌质勒,打算率兵袭击郭元振。有人劝郭元振连夜逃走,郭元振没有听,而是从容不迫地安卧帐中。第二天,郭元振身穿素服前去吊唁,半路上遇到娑葛的士兵。娑葛没料到郭元振会来,托词说是来迎接他的。郭元振于是走进帐中,吊唁赠礼,哭得极为悲切。郭元振在那里住了几十天,帮助娑葛办理丧事。娑葛被郭元振的诚心打动,向唐朝派去使者,进献良马五千匹、骆驼二百头、牛羊十余万头。

从容和缓有余味

心诚色温,气和词婉,必能动人。若人未己知,不可急求其知;人未己合,不可急求其合。觉人之诈,不形于言,有无限余味。

【译文】

内心坦诚,脸色温和,神气和悦,言辞委婉,一定能打动别人。如果别人还不了解自己,不要急于求得别人了解;别人还未同意自己的意见,不要急于强求一致。心里明白别人欺诈,不说出来,就觉得有无限余味。

诚心纳叛

贼将徐廷光①据长春②城,马燧③挺身至城下见廷光,曰:“公等朔方④士,自禄山以来,功高天下,奈何弃之为族灭计?若从吾言,非止免祸,富贵可遂也。”廷光未对,燧曰:“尔谓吾欺耶?今不远数步,可射我。”披而示之腹。廷光感泣,一军皆流涕,遂率众降。

【注释】

①徐廷光:唐德宗时反叛的朔方节度使李怀光手下将领。②长春:即长春宫,唐朝行宫,《新唐书·地理志一》称,在同州府朝邑(今陕西大荔朝邑镇)。 ③马燧:字洵美,汝州郏城(今河南郏县)人,唐德宗朝名将,曾平定朔方节度使李怀光的叛乱,谥号庄武。 ④朔方:即朔方镇。唐代的朔方镇治所在灵州(今宁夏灵武)。

【译文】

反叛将领徐廷光率兵占据长春城,马燧亲自到城下见徐廷光,对他说:"你们朔方镇的官兵,自安禄山反叛以来,功高天下,为什么抛弃功勋,背叛皇上,走抄斩满门的路呢?如果听从我的话,不止免祸,还能得到富贵。"徐廷光没有回答,马燧又说:"你们认为我欺骗你们吗?现相距不到几步远,你们可以向我射箭!"于是掀开铠甲,把自己的肚腹展示给他们看。徐廷光感动得流泪,士兵们都流了泪,于是率领军士投降了马燧。

诚结敬德

尉迟敬德①、寻相②举介休降。秦王得敬德甚喜,以为统军,使将其旧众八千,与诸营相参,而并州果复。后寻相等复叛去,诸将疑尉迟敬德,囚之。秦王遽命释囚,引入卧内,与之金,曰:"丈夫意气相期,吾终不信谗言以害忠良;必欲去者,以此金相资,表一时共事之情也。"已而,秦王被王世充围,敬德翼之而出。

【注释】

①尉迟敬德:即尉迟恭,字敬德,朔州善阳(今山西朔城区)人,唐朝名将,官至右武候大将军,爵封鄂国公,凌烟阁二十四功

臣之一，谥号忠武。 ②寻相：隋朝末年刘武周的属将，战败降秦王李世民，后复叛。

【译文】

尉迟敬德、寻相献介休城（今属山西）投降。秦王（李世民登基前封秦王）得到尉迟敬德非常高兴，任命尉迟敬德为统军，并让他仍然统领八千旧部，和各营相杂在一起，而并州果然收复了。后来寻相等人反叛离去，唐军诸将怀疑尉迟敬德（也将叛乱），把他囚禁了起来。李世民马上下令释放尉迟敬德，把他带入卧室之中，赐给他金子，说："大丈夫意气相投，我不会相信谗言而害了忠良；如果您一定要走，我资助您这点金子，以表达一时共事之情。"不久，李世民被王世充军队包围，尉迟敬德护卫李世民冲出包围。

游世有余

困天下之智在愚，穷天下之辩在讷，服天下之勇在怯。少言不为人忌，少行不为人短，少智不为人劳，少能不为人役。人知"三在四少"，游世有余矣。

【译文】

困扰天下智慧的在于愚昧，穷尽天下雄辩的在于木讷，制服天下勇敢的在于怯懦。少说话不被人猜忌，少做事不被人指责，少智谋不被人劳累，少才能不被人役使。人懂得这"三在四少"，就可以轻松自在地处世了。

和光同尘

中常侍[①]张让[②]父死，归葬颍[(一)]川。虽一郡毕至，而名士无往者，陈寔[③]乃独往吊焉。后复诛党人，让感寔故，多所全宥。寔所活人者多也。

【校勘】

(一)颖:当为"颍"之误。

【注释】

①中常侍:西汉时皇帝近臣,给事左右,职掌顾问应对,当初是仅有虚衔的加官,东汉时中常侍已非加官,而成为有具体职掌的官职,多由宦官担任。　②张让:颍川(今河南禹县)人,东汉桓帝、灵帝权宦,曾任中常侍,封列侯。　③陈寔(shí):字仲弓,颍川人,东汉后期名士。

【译文】

中常侍张让的父亲死后,归葬颍川。虽然整个颍川郡的人都来参加葬礼,但是有名的读书人没有来的,只有陈寔前往吊唁。后来,宦官集团诛杀清流党人,张让出于感激陈寔的缘故,保全宽容了不少清流党人。陈寔保全救活的人很多。

移文全郡

郑綮①为庐州刺史,黄巢自岭表还,经淮南剽掠。綮移黄巢文牒,请无犯郡界。巢笑而从之,一郡独不被寇。罢郡,羸(一)钱千缗寄州帑②。后郡治数陷盗,终不肯犯郑使君寄库钱。

【校勘】

(一)羸:当为"赢"之误。

【注释】

①郑綮:字蕴武,晚唐荥阳(今属河南)人,累官至庐州刺史。②帑(tǎng):古时收藏钱财的府库。

【译文】

郑綮做庐州(今合肥)刺史时,黄巢的叛军从岭南回来,路过淮南抢劫。郑綮给黄巢送来文牒,请求不要冒犯郡界。黄巢笑了笑答应了,只有这一个郡没有被抢劫。郑綮离任时,把自己的千贯余钱放到官府的银库里。后来,郡治多次被盗贼抢劫,盗贼始终不肯抢郑綮寄存在官库里的钱。

事过心清凉

孔旻[①]曰:"怒气剧炎火(一),焚烧徒自伤。触来勿与竞,事过心清凉。"

【校勘】

(一)火:当为"炎"之误。

【注释】

①孔旻(mín):字宁极,北宋人。据王安石《孔处士墓志铭》,孔旻隐居汝州(今河南临汝),为人品质高尚,有修养。

【译文】

孔旻说:"炎炎怒火心中烧,只是徒自伤情。别人冒犯了自己,不要争竞,事情过后心底自然清凉。"

赤心待人

光武诛王郎[①],收文书,得吏人与郎交关[②]谤毁者数千章。光武不省,会诸将烧之,曰:"令反侧子自安。"击铜马贼,破降之。封其渠帅[③]为列侯,降者犹不自安。光武知其意,敕令各归营勒兵,乃自乘轻骑[④],案行部陈。降者更相[⑤]语曰:"萧王[⑥]推赤心置人腹中,安得不投死乎?"由是悉将降人分配诸将,众遂数十万,故关西号光武为"铜马帝"云。

【注释】

①王郎:本名王昌,河北邯郸人,王莽新朝末年群雄之一,割据河北。 ②交关:交往。 ③渠帅:魁首。 ④轻骑:单骑。 ⑤更相:相互。 ⑥萧王:平定河北后,更始帝刘玄封刘秀的爵号。

【译文】

光武帝刘秀诛杀王郎后,收缴文件,找到吏人与王郎交往毁谤自己的书信几千封。光武帝不看信件,会集众将当众焚烧,对众将说:“让内心不安的人安心。”刘秀的军队攻击铜马(今河北巨鹿一带)的叛贼,打败了他们,迫使他们投降。刘秀封他们的魁首为列侯,投降的人还是不安心。刘秀知道他们的心意,下令投降的各位将领各回本营统率旧部,然后独自骑马巡行各部军阵。投降的人相互说:“萧王刘秀推己赤诚之心置人腹中,怎能不为他效死力呢?”于是刘秀将所有投降的人分配给众将领,军队就达到几十万人,所以关西称刘秀为“铜马帝”。

诚结奴讹

种世衡徙知环州,有牛家族奴讹素崛①强,郊迎世衡。世衡与约明日当至其帐慰劳部落。是夕雪深三尺,左右劝不可往。世衡曰:“吾方以信结诸胡,可失期邪?”遂冒雪赴之。奴讹大惊曰:“吾世居此山,汉官无敢至者,公乃不我疑邪?”帅部落罗拜,皆感激心服。由是缘边诸城独环不增兵,不益粮,而武力自振。

【注释】

①崛:通“倔”。

【译文】

种世衡调到环州做知州，平时非常倔强的羌族牛家部落首领奴讹，到环州郊外迎接种世衡。种世衡和他约定，第二天会到他的帐幕去，慰劳他的部众。夜里，雪下得积有三尺深，左右侍从劝他不可前去。种世衡说："我正要以信义结交众胡人部落，怎能错过约定的日期？"于是，他冒着大雪赴约。到达以后，奴讹大为吃惊，说："我们世世代代住在这个山上，汉人的官员没有敢到这里来的，你竟然不疑心吗？"于是率领全部落的人向种世衡围圈跪拜，全部落人心悦诚服。从此，沿边各城，只有环州没有增兵，没有增粮，而武力声威很盛。

惺惺相惜

羊祜①与陆抗②相对，使命交通。抗常称祜之德量，虽乐毅③、诸葛孔明不能过。抗病，祜馈之药，抗即服之。人有止抗者，抗曰："岂有鸩人羊叔子邪？"

【注释】

①羊祜：字叔子，魏晋时期泰山南城人，著名战略家、政治家和文学家，西晋开国功臣。　②陆抗：字幼节，吴郡吴县（今江苏苏州）人，三国时期吴国名将。　③乐（yuè）毅：子姓，乐氏，名毅，中山灵寿（今河北灵寿西北）人，战国后期燕国名将。

【译文】

羊祜与陆抗两军对垒，双方使者来往沟通。陆抗经常称赞羊祜的德行器量，即使乐毅、诸葛亮（字孔明）也不能超过。陆抗曾经患病，羊祜送药给他，陆抗当即服用。有人劝陆抗不要服用，陆抗说："难道会有用毒药害人的羊叔子吗？"

事须耐烦

择之[①]劳先生[②]人事之繁，答曰："大凡事只得耐烦做将去，才起厌心便不得。"

【注释】

①择之：即林用中，字择之，号东屏，又号草堂，学者称草堂先生，南宋福州古田（今属福建）人，朱熹高足。 ②先生：指朱熹。此则抄自《朱子语类》。

【译文】

林用中因朱熹人事烦琐慰劳他，朱熹回答说："做事情都必须有耐心，如果生出一点厌烦的心理就做不成了。"

归恩属下

薛宣[①]为太守，得郡中吏民罪名，辄召告其县长吏，使自行罚，晓曰："府所以不自发举者，不欲代县治，夺贤令长名也。"长吏莫不喜惧，免冠谢宣归恩受戒者。

【注释】

①薛宣：字赣君，东海郯县（今山东郯城）人，西汉成帝时丞相，封高阳侯。

【译文】

薛宣得知郡中官吏和百姓的罪名，就招来并告知该县的令长，让其自行处罚，晓谕说："府里不自己揭发检举的原因是不想替代县里来治理，夺走贤良的令长的名声。"县里的长吏没有一个不是又欢喜又害怕，摘下帽子拜谢薛宣将恩德归给他们，并接受薛宣的训诫。

倜傥落魄

张齐贤[①]为布衣时，倜傥落魄[②]。有群盗攻劫，聚饮逆旅，居人惶恐窜匿。齐贤独径前揖之，曰："贱子贫困，欲就一饱。"盗曰："秀才肯自屈耶？"齐贤曰："盗者非龌龊儿[③]所为，皆世之英雄耳。"乃取大杯，满酌而饮；取豘[④]肩爪，分为数段啖之，势若狼虎。群盗相视咨叹曰："真宰相也！他日宰制天下，当念吾曹。"竟以金帛相遗，齐贤皆受不让，重负而返。

【注释】

①张齐贤：字师亮，曹州冤句（今山东菏泽南）人，北宋真宗时官至宰相，谥号文定。 ②落魄（tuò）：亦作"落拓"，率性豪放，不受拘束。 ③龌龊儿：窝囊废，没有本事的人。 ④豘：同"豚"。

【译文】

张齐贤还是个百姓的时候，生性洒脱，豪放不羁。有一伙强盗攻击掠夺，然后在旅店里面聚集饮酒，住店的人吓得连跑带躲。张齐贤独自直接走过去作了个揖，说："我穷人一个，想和各位一起吃个酒足饭饱。"强盗们说："秀才你肯委屈自己吗？"张齐贤说："强盗不是窝囊废所能干的，都是世上的英雄。"于是就拿了个大杯，倒满酒，一饮而尽，这样连喝三杯；又拿了个猪前腿蹄子，分成几段嚼着吃，狼吞虎咽。这群盗贼相互赞叹说："真是个做宰相的人才！将来统辖管理天下，要记得我们。"最终群盗都拿金钱绢帛赠给他，张齐贤都收下了，毫不推让，负载而归。

诚待间谍

虞允则[(一)]在军中得谍，释缚，厚遇之。谍言燕京大王遣来,因出所刺缘边金谷、兵马之数。允则曰:"若所谓谬矣。"呼主吏按籍书实数与之。谍请加缄印。因厚赐以金,纵还。未几,谍遽至,还所与数,缄印如故;反出彼中兵马、财力、地里①委曲实数以对。

【校勘】

(一)虞允则:据《宋史·列传第八十三》,乃为"李允则"之误。李允则,字垂范,北宋太原府盂县(今属山西阳泉)人,北宋前期守边名将。

【注释】

①地里:即地理,土地、山川等的环境形势。

【译文】

李允则在军中抓到一个间谍,给他解开绑绳,厚待了他。间谍说他是燕京大王派遣而来,还说出所刺探的边境地区钱粮赋税、军队兵马的数目。李允则说:"你所说的错了。"并叫主管的官吏查检簿册的实际数目给这个间谍。间谍请求对记录数目的文书钤印密封。李允则答应后,还赐给他金钱,放他回去。不久,那间谍就返回,交还先前所给他的有关数据,那密封及印戳还像原来一样;并且献出敌方兵马、财力、土地、山川的详尽真实数据来作为回报。

颐真卷之七

心如朗月连天,净养到后,名缰利锁,欲海爱河,总还乌有先生①;性似寒潭止水,同悟来时,玉洞②金丹③,交梨火枣④,不借白衣童子⑤。昔黄帝内视⑥三月而道成,家有真金⑦,无用飧霞饵药⑧也。纂颐真⑨第七。

【注释】

①乌有先生:虚拟的人名或事物,此指虚无。西汉司马相如《子虚赋》:"楚使子虚使于齐,王悉发车骑,与使者出畋。畋罢,子虚过姹乌有先生,亡是公存焉。" ②玉洞:道教语,指鼻孔。宋朝俞琰《席上腐谈》卷上:"鼻中气阳时在左,阴时在右,亥子之交,两鼻俱通。丹家谓'玉洞双开'是也。" ③金丹:古代方士炼金石为丹药,认为服之可以长生不老。 ④交梨火枣:道教经书中所说的仙果。典出《真诰·运象二》:"玉醴金浆,交梨火枣,此则腾飞之药,不比于金丹也。" ⑤白衣童子:特指送酒的人。南朝刘宋檀道鸾《续晋阳秋·恭帝》:"王宏为江州刺史,陶潜九月九日无酒,于宅边东篱下菊丛中摘盈把,坐其侧。未几,望见一白衣人至,乃刺史王宏送酒也。即便就酌而后归。" ⑥内视:又称内观,道教作为净心止念体道的方术。 ⑦真金:比喻由内观所得之道。 ⑧飧霞饵药:餐食日霞,服食药物。指修仙学道之术。⑨颐真:颐养真性。

【译文】

内心像天上朗洁的明月,净养到后来,绳索般纠缠困扰的名利,河海样无边沉迷的情欲,总归还是乌有先生;本性如寒潭不起波澜的静水,共同悟到来日,金洞双开,金丹炼成,服食仙果,不需凭借白衣童子(指饮酒)。从前,轩辕黄帝内视三月后得道,如果自家内观得道,不需要餐霞饵药学道修仙。纂颐真第七。

长生之药

人生百年为限,节护可至千岁,如膏之小炷①与大耳。人大言,我小语;人多烦,我少记;人悸怖②,我不怒。淡然无为,神气自满,此长生之药。

【注释】

①炷:灯芯。　②悸怖:心惊恐惧。

【译文】

人生不过百年,节制养护可至千岁,就像灯油中的灯芯小与大的不同。众人大声说话,我小语细声;众人多有烦恼,我少记烦恼;众人心惊恐惧,我不发怒。淡泊无为,神气自然充溢,这是长生不老的药物。

长寿三叟

有人见三叟年各百余,锄禾莠,拜问何以得此。上叟曰室内姬粗丑,二叟曰量腹接所受,下叟曰暮卧不覆首。要哉,言也!

【译文】

有人看到三位老翁都已一百多岁,还在挥锄除草,于是拜问他们获取长寿的原因。年龄最大的老翁说屋里女人太粗笨丑陋(意为不好女色),年龄次长的老翁说吃饭要有所节制,年龄最小的老翁说夜里睡觉不蒙头。这些话真是养生要言啊!

善自护持

余(一)观万物生老病死,为阴阳所摩①。如膏在鼎,火下熬之,斯须而干;如烛当风,摇摇然泪枯烬落,顷刻而灭;如断梗②在大海,前浪推之,后浪叠之,泛泛莫知所届。又况七情见戕,声色见伐,忧喜太极,思虑过劳。无百年之命而作千秋之期,坐膏火③之中而营天地之外,及血气衰而神明散,安得不速坏乎?

【校勘】

(一)余:此则采编自明朝屠隆的《冥寥子游》,故当代指屠隆。

【注释】

①摩:相摩相荡。 ②断梗:折断的苇梗。 ③膏火:灯火。膏,灯油。

【译文】

我看万物的生老病死,都是阴阳二气相摩相荡造成的。就像是鼎中的油,火在下面煎熬,一会儿油就干了;像当风的蜡烛,烛火在风中摇曳,烛泪流尽,灰烬飘落,烛火片刻就灭了;像折断的苇梗在大海上漂浮,前面的浪头把它向前推,后面的浪头又叠上来,漂漂荡荡不知漂浮到什么地方。又何况七情戕害我,声色攻伐我,忧虑欢喜过度,忧思焦虑过于劳苦。没有百年的寿命却有千年的打算,坐在灯火的照耀之下却经营天地之外的事情,等到血气衰退,精神耗散,怎么能不快速衰亡呢?

气海常温

柳公度①年八十九,或问之,曰:"吾不以脾胃暖冷物、熟生物,不以元气②佐喜怒③,气海④常温耳。"

【注释】

①柳公度:唐代京兆华原(今陕西铜川)人,柳公权堂兄弟,善养生。 ②元气:亦称“原气”,指人体维持组织、器官生理功能的基本物质与活动能力。 ③喜怒:此处指“七情”,即喜、怒、忧、思、悲、恐、惊。 ④气海:此不指穴位,指脾胃。

【译文】

柳公度八十九岁了,有人问长寿之道,他回答说:“我不拿脾胃来温暖消化生冷的食物,不以元气来使情绪失控,保持脾胃处于适当的温暖罢了。”

破除烦恼与见澈灵性

破除烦恼,二更山寺木鱼声;见澈性灵,一点云堂[①]优钵[②]影。

【注释】

①云堂:僧堂,僧众设斋吃饭和议事的地方。 ②优钵:佛教用语,也作优钵罗、乌钵罗、优钵剌,译为青莲花。

【译文】

聆听二更时山中寺庙的木鱼声,烦恼为之消失;看到佛堂里的青莲花,本性智慧就有了透彻的领悟。

辟谷咽津胜咽气

辟谷[①],咽津为上,咽气为次。咽津者,肾中之水上通舌底二窍,大有真味,如小儿咯乳[②],滚滚不止,虽酬应交际,而终日忘饥。若咽气则闭口住息,身心俱寂,然后可。此不可岁月效也。

【注释】

①辟(bì)谷：指不吃五谷以求成仙的一种道术。 ②咯(kǎ)乳：吐乳。

【译文】

修炼辟谷之术，咽津为上，咽气为下。咽津之时，肾中的水向上通达舌下的金津、玉液两个穴位，其中大有真味，就像婴儿吐乳，滚滚不停，虽然有应酬交往，可以整天忘掉饥饿。至于咽气，就得闭住嘴巴，屏住呼吸，身心都处于静寂状态，这样才可以做到。这是短期内难有效果的。

睡心先于睡眼

蔡季通[①]《睡诀》云："睡侧而屈，觉正而伸，早晚以时。先睡心，后睡眼。"晦庵谓未发之妙，不知本于《千金方》[②]，云："半醉酒，独自宿；软枕头，暖盖足；能息心，自瞑目。"

【注释】

①蔡季通：即蔡元定，字季通，学者称西山先生，建宁府建阳县(今属福建)人，南宋著名理学家、律吕学家、堪舆学家。②《千金方》：又称《备急千金要方》，唐朝孙思邈所著的中国最早的临床百科全书。

【译文】

蔡季通《睡诀》上说："睡眠要侧身而屈体，醒来后就躺正且伸直身体，睡眠和起床要按时；睡眠的时候要先睡心，然后再睡眼。"晦庵(朱熹号晦庵)说这话有发前人未发的奥妙，不知来源于《千金方》，《千金方》说过："喝酒喝到微醺的时候，独自睡眠；要用柔软的东西枕着头，用温暖的东西盖住脚；能静下心来，自然能闭上眼睛睡觉。"

好色促命

蝶交则粉退，蜂交则黄退。故词[①]云："蝶粉蜂黄浑[②]退了。"司空图[③]诗云："昨日流莺今日蝉，起来又是夕阳天。六龙飞辔[④]长相窘[⑤]，更忍乘危自着鞭。"杨诚斋戏色(一)者云："阎罗未曾相唤，子乃自求押到，何也？"

【校勘】

(一)色：此则采编自罗大经的《鹤林玉露》卷四。据此，此字前夺"好"字。

【注释】

①词：指周邦彦《满江红》词。 ②浑：全。 ③司空图：字表圣，自号知非子，又号耐辱居士，河中虞乡(今山西运城永济)人，晚唐诗人、诗论家。所引四句为其《狂题十八首》当中的句子。 ④六龙飞辔：即六龙御日，神话传说太阳每天从天上行走，是太阳乘坐在日车之上，由羲和驾驭着六条龙拖着这辆日车行走。 ⑤窘：逼迫。

【译文】

蝴蝶交配，翅膀上的粉屑就脱落了；蜜蜂交配，身上的黄色就退掉了。所以周邦彦有词句说："蝶粉蜂黄浑退了。"司空图有诗句说："昨日流莺今日蝉，起来又是夕阳天。六龙飞辔长相窘，更忍乘危自着鞭。"杨诚斋(杨万里号诚斋)对好色的人开玩笑说："阎罗王不曾叫你来，你竟然自己要求被押到阴间，这是为什么呢？"

思虑之害

思虑之害，甚于酒色。思虑多则心火上炎，火炎则肾水下涸，心肾不交，人理[①]绝矣。

【注释】

①人理：即人道，人存活的道理。或曰指性能力，一般用“不能人道”表示没有或丧失性能力。

【译文】

过度思虑的害处，比贪恋酒色还厉害。思虑过多，心火就旺盛；心火盛，肾水就干涸；心肾之气不相融，人存活的道理也就没有了。

毒生于浓

万病之毒，皆生于“浓”。浓于声色，生虚怯①病；浓于货利，生贪饕②病；浓于功业，生造作病；浓于名誉，生矫激③病。噫，“浓”之为毒甚矣！吾以一味药解此，曰“淡”。

【注释】

①虚怯：虚痨。　②贪饕（tāo）：贪得无厌。　③矫激：犹“诡激”。奇异偏激，违逆常情。

【译文】

世上各种毛病都来源于“浓”的毒害。对淫靡的音乐和女色看得太浓，就会有身体虚痨的毛病；对钱财看得太浓，就会有贪得无厌的毛病；对功业看得太浓，就会有虚构、捏造的毛病；对名誉看得太浓，就会有激切立异的毛病。唉，“浓”的毒害太厉害了！我用一味药可以解除“浓”的毒害，这味药是“淡”。

只怕觉迟

人谁能无欲？但始则淡薄，次则念虽起而不留，次则虽有念，如嚼蜡而无味，又次则弃念。斯为工夫耳。古箴曰：“不怕念起，只怕觉迟。”

【译文】

作为人,谁没有欲望呢? 只是开始的时候,欲望淡薄;继而欲望虽然产生,但不能持久;然后虽然有欲望,但味同嚼蜡了;最后,就放弃欲望了。这算是修养的功夫罢了。古代的箴言说:“不怕欲望产生,就怕觉悟太迟。”

能闲是福

了得[①]便非贫,身外黄金何足羡? 能闲即是福,世间白发不相饶。

【注释】

①了得:觉悟,看透。

【译文】

觉悟了就没有贫穷,作为身外之物的黄金哪里值得看重? 能清闲就是福气,世间的白发不曾饶过谁。

超尘脱俗与安身立命

从静中观物动,向闲处看人忙,才得超尘脱俗的趣味;遇忙处会偷闲,处闹中能取静,便是安身立命的工夫。

【译文】

从宁静当中观察外物的动向,从悠闲之处观看别人的忙碌,才能获得超尘脱俗的趣味;遇到繁忙的时候会偷闲,处于热闹当中能保持冷静,就是安身立命的功夫。

活地狱

无事而忧,对景不乐,即自家亦不知是何缘故。这便是一座活地狱,更说甚么铜床铁网、刀山剑树也?

【译文】

没事情的时候发愁,对着优美的景色不快乐,就是自己也不知是什么缘故。这就是一座活地狱,还说什么铜床铁网、刀山剑树呢?

多少箴

《多少箴》,不知何人所作。词云:"少饮酒,多餟①粥;多茹菜,少食肉;少开口,多闭目;多梳头,少洗浴;少群居,多独宿;多收书,少积玉②;少取名,多忍辱;多行善,少干禄③;便宜勿再往,好事不如无④。"

【注释】

①餟(chuò):古同"啜",吃,饮。 ②玉:比喻贵重的财物。 ③干(gān)禄:求取功名利禄。干,追求。 ④好事不如无:无事是真正的好事。

【译文】

略。

且奈我何

天薄我以福,吾厚吾德以迓①之;天劳我以形,吾逸吾心以补之;天厄②我以遇,吾亨③吾道以通之。

【注释】

①迓(yà):迎接,此指应对。 ②厄:本义为困厄,此指为难,迫害。 ③亨:使……畅达。

【译文】

上天不给我许多福分,我就培育深厚的德行去应对微薄的福分；上天使我的身体遭受劳苦，我就使内心逸乐来弥补；上天用际遇穷困来为难我，我就拓宽我的人生之道来打通困境。

知足偷闲得自在

莫言婚嫁蚤，婚嫁后，事不少；莫言僧道好，僧道后，心不了。惟有知足人，鼾鼾①直到晓；惟有偷闲人，憨憨②直到老。

【注释】

①鼾(hān)鼾：熟睡时打呼噜声。　②憨憨：形容憨厚老实。

【译文】

略。

肾间动气

肾间动气①，金丹大药②也。肾虽属水，然居子位。一阳生于子，即真火③也。至人④端坐闭目，静心存想，开肾窆(一)气，上蒸脾土，勿令下泄，脾土温和，中焦⑤自治。膈开能食，而生血气，荣卫⑥一身。人生根本，实系于此。

【校勘】

(一)窆：据宋代严用和《济生方》的论述，推测此字乃“之”字之误，《福寿全书》也收录了这段话，“窆”字之处正是“之”字。

【注释】

①肾间动气：又称生气(生发之气)之原，指两肾之间所藏的真气，是生命的本源。　②大药：道家对内丹和外丹的总称。③真火：即肾阳，是肾之温煦、推动、运动、兴奋和气化的一面，是肾生理功能的动力，也是人体生命活动力的源泉。　④至人：古时指具有很高的道德修养，超脱世俗，顺应自然而长寿的人，也归

于真人一类。 ⑤中焦:三焦之一,三焦的中部,指上腹部分。其主要功用是助脾胃,主腐熟水谷,泌糟粕,蒸津液,化精微,是血液营养生化的来源。 ⑥荣卫:荣,指血的循环;卫,指气的周流。荣气行于脉中,属阴;卫气行于脉外,属阳。荣卫二气散布全身,内外相贯,运行不已,对人体起着滋养和保卫作用。

【译文】

肾间的生发之气,就如同是给生命带来能量的灵丹妙药。肾就五行来说属水,可是就位置来说处于子位(中医指最基础的位置)。最根本的生发之气产生于子位,这生发之气就是肾阳。至人闭目端坐,静心澄虑,就能产生肾阳之气,肾阳之气向上蒸腾脾土(脾就五行来说属于土)之气,不要让肾阳之气下泄,脾土温煦,中焦自然平和安定。膈肌开放,食欲大增,就能产生血气,就能滋养保卫全身。人生命的根本实际上就在这里。

养生国手

省费医贫,弹琴医躁,安分医贪,量力医斗,参禅医想,独寐医淫,痛饮医愁,读书医俗:此之谓国手①。

【注释】

①国手:此指一国之中技艺最为出众的人。

【译文】

用节省开支医治贫穷,用抚琴医治急躁,用安分医治贪婪,用量力而行医治争斗,用参禅打坐医治妄想,用独宿医治淫欲,用畅快饮酒医治忧愁,用读书医治庸俗:能做到这样就是养生国手了。

随常最好

多疾病,则学道宜;多忧患,则学佛宜。以肉食,无公卿福;以血食[1],无圣贤德。然则何居而可?曰:"随常而已。"

【注释】

①血食:谓受享祭品。古代杀牲取血以祭,故称。

【译文】

多生疾病,那么学道是适宜的;多有忧患,那么学佛是适宜的。以食肉来说,缺少公卿的福气;以受享祭品来说,没有圣贤的德行。既然这样,那么怎样生活才可以呢?回答说:"保持平常心罢了。"

恬养一日之法

恬养一日之法:鸡鸣后醒睡,以两手呵气一二口,以出积毒。搓热,擦两鼻傍,及熨两目五七遍;更将两耳揉卷向前后五七遍;以两手抱脑,用中食二指弹脑后各二十四。左右耸身舒臂,作开弓势,五七遍后,以两股伸缩五七遍。叩齿,漱津满口,作三次以意送下,使五脏邪火不炎。少息。因寒温,酌衣服,起服平和健胃药数十丸。少顷,进薄粥一二瓯,压以蔬菜。起步房中,鼓腹行五六十步。或礼佛诵经,作西方事;或课儿业;或理家政。就事欢然,勿以小过动气。杖入园林,令园丁种植蔬菜,芟草灌花,采花插瓶,以供清玩。归室,闭目定神。午餐量腹而入,毋求厚味香燥之物,以烁[1]五内。食毕,饮清茶一杯,起行百步,以手摩脐,又转手摩肾堂,令热,使水土[2]运动。或就书室;或接客谈玄,毋论是非,毋谈权势;或共客享粉面一二物,啜清茗一杯,起送客行,或共步三二百步。归或昼眠,起或行吟古诗,以畅幽情,能琴者抚琴一二操[3]。时乎晚餐,量腹饥饱,饮酒三五杯,以和百脉。篝灯[4]冬月看诗,更阑始就寝。主人晏卧,可理家庭火盗生发。睡时当服消痰导滞药一剂；涌泉二穴，精气所生之地，常令童男稚女摩擦千遍；心头勿想过去未来人我恶事，惟以一善为念，令人不生恶梦；榻前时焚苍术⑤诸香，勿令秽污，以辟不祥。

【注释】

①烁：通“铄”，销熔。 ②水土：指肾脾，肾脏就五行来说属水，脾脏就五行来说属土。 ③操：琴曲。 ④篝（gōu）灯：外罩有竹笼的灯火。 ⑤苍术（zhú）：多年生草本植物，味芳香，能辟秽，民间每于夏历端午节用苍术与白芷在室内同燃，用以辟疫。

【译文】

恬淡安闲颐养一日的方法是：鸡鸣后便从睡梦中醒来，向两手呵气一两口，将夜间身体内积累的毒物排出。再将两手搓热，摩擦鼻子两翼，再按摩两眼五至七遍；再将两耳慢慢地向前、向后揉搓各五至七遍；用两手抱头，用中指和食指各叩弹后脑二十四下。向左右耸身舒臂，作开弓的样子各五至七遍，然后再将两大腿伸缩五至七遍。轻叩牙齿，使唾液满口，分三次按意念咽下，这样就使得五脏邪火不盛。稍微休息一下。根据天气，酌情穿衣服，起来服用药性平和的几十粒健胃药。过一会儿，喝一两碗薄粥，然后吃点蔬菜。起身走到房中，鼓腹走五六十步。或拜佛念经，做功德事；或者督促孩子的功课；或者处理家务。顺事而为，快乐和悦，不可因小的过失而动怒。扶杖到园林之中，让园丁种植蔬菜，锄草浇花，采些鲜花插入花瓶，作为书房清雅的摆设。回到屋里，闭目安神。午饭要量腹而食，不可贪吃油腻香燥的食物，以免伤了五脏。午饭后，饮清茶一杯，缓行百步，用双手按摩肚脐，再回手按摩肾部，使之发热，让肾脾间元气运动。散步归来，或者到书房读书，或者接待朋友，谈论玄妙的问题，但不要谈论是非，不要谈及权势；或者同朋友分享粉糕面点一两种，喝清茶一杯，然后起身步行送客，可共同步行二三百步。送友归来，有时睡会儿午觉，起来后可以行吟古诗，抒发内心幽微的情怀,会弹琴的也可弹上一两支曲子,这就到了晚饭时间。晚饭要量腹而食,饮三五杯酒,使百脉和畅。冬日的晚上,点上灯火读诗歌,读到深夜才就寝。家主晚睡些,打理家务,可以防止盗贼、火灾的发生。睡前应服用一剂消痰导滞药,双足足心的涌泉穴是精气所生之处,应常常让年幼男仆女婢按摩千遍;心中不要想过去、将来别人和我之间的烦心事,只有一个“善”字存心,才能使人不做噩梦;床榻前也应常焚燃苍术等香料,能使空气洁净,祛除灾疫。

昼寝有味

读书①已觉眉棱②重,就枕方欢骨节和。睡去不知天早晚,西窗残日已无多。

【注释】

①读书:此诗为宋朝吴地诗僧有规所作。 ②眉棱:生长眉毛的略微高起的部位,此指眼皮。

【译文】

略。

去忧享乐

眉上几分愁,且去观棋酌酒;心中多少乐,只来种竹浇花。

【译文】

略。

怡然长生之谷

荒壤悉付家奴,儿女悉付内政,斋内不衫不履,颓然①自废。禁予之足，闲予之目，舒予之额，宽予之腹，酒微饮而兴酣，书开函而少读：超然礼法之外，怡然长生之谷。

【注释】

①颓然：安闲舒适貌。

【译文】

荒地都交给奴婢去耕种，儿女之事都交给妻子去管理，在书斋内可不着衣衫，不穿鞋子，安闲舒适，不做事情。止息我的双脚，闭上我的眼睛，舒展我的眉头，放宽我的心情，稍微饮些酒而意兴酣畅，打开书册却不苦读：超然礼节法度之外，怡然自乐，这才是长生不老的食粮。

颠倒自戕贼

有酒方开颜[①]，无肉不举箸。颠倒自戕贼，拟将血肉补。弃却囊中金，反收路上土。不见富贵家，未死神先去。

【注释】

①有酒方开颜：此诗为北宋释怀深《拟寒山诗》第十七首。释怀深，号慈受，俗姓夏，寿春六安（今属安徽）人，北宋著名诗僧。

【译文】

有酒才高兴，没有肉就不吃饭。违背养生之道戕害了性命，却享用肉食来弥补。这就像抛弃了口袋里的金子，反而拣拾了路上的粪土。岂不见有些富贵人，形体还没有死亡，精神却早不存在了。

引年之道

林英[①]以引年致仕，如壮者。或问："何术至此？"英曰：

"但平生不会烦恼,明日无饭吃亦不忧。事至则遣之,适然不留胸中。"

【注释】

①林英:字希宾,一字希贤,北宋莆阳兴化军(今福建莆田)人,官至礼部尚书,谥文忠。

【译文】

林英因高龄告老还乡,形貌如壮年一般。有人问他:"有什么样的养生之道才会这样?"林英说:"只是从来不会烦恼,即使明天连饭都吃不上也不发愁。麻烦事来了就排遣掉,心情闲适,不闷在心里。"

雾行饮酒

有三人皆冒重雾行,一病一死一无恙。或问故,无恙者曰:"我饮酒,病者食,死者空腹。"

【译文】

有三个人都冒着浓雾行路,结果一人生病,一人死去,一人平安无事。有人问这是什么缘故,平安无事者说:"我行前喝了酒,生病的吃了饭,死去的是空腹。"

有逃席者

一友曰:"人生譬如一场筵席,饮酒多少不同,同时而散;欲事多少不同,同时而死。"予应曰:"独不见逃席者乎?"

【译文】

一位朋友说:"人生就如同一场宴席,饮酒的数量不一样,却是同时散席;欲望事情多少不同,却是同时死亡。"我答道:"难道没有见到过中途逃离宴席的人吗?"

神仙可了

口中言少，心头事少，肚中食少，自然睡少。依此四少，神仙可了①。

【注释】

①了：成就，完成。

【译文】

口中话要少说，心头事要少想，肚内饭食要少进，心情自在睡要少。做到了这四“少”，便可做得神仙。

做快活人

会做快活人，凡事莫生事；会做快活人，省事莫惹事；会做快活人，大事化小事；会做快活人，小事化无事。

【译文】

略。

长年须养胃

胃为水谷之海①，脾居中央，磨而消之，化为血气，以滋一身，灌五脏。故修生者不可不美饮食。非水陆毕备异品珍羞为美也，要在生冷勿食，粗硬勿食，勿强食，勿强饮。先饥而食，食不过饱；先渴而饮，饮不过多。以至食饐②而餲③、鱼馁④肉败等，皆损胃气，致疾伤生。欲希长年，此宜深戒。

【注释】

①水谷之海：水谷是水液和谷物等饮食的统称。胃是饮食物汇集并进行腐熟、消化之处，犹如百川汇聚入海。 ②饐（yì）：食

物腐败发臭。 ③餲(ài):食物经久而变味。 ④馁:指食物腐烂变质。

【译文】

胃是水谷之海,脾居人体中心,它们将食物消化之后,变成血气,滋养全身,润溉五脏,所以养生者不能不选择精美的饮食。但这里并不是说备足水里地上的珍馐佳肴才是美食,关键在于不要吃生冷粗硬的食物,不要强行吃饭,不强行饮水。饥饿了再吃饭,吃饭不能过量;渴了再饮,饮水不能过多。吃变味发臭的东西、腐烂的鱼、变质的肉等,都会损坏胃气,导致生病,损害生命。想要长寿,这些应该深深记取。

养胃妙方

一老人年七十三,壮如少者。人问所养,无他术,平生不习饮汤水耳。人日饮数升,吾日减数合①,只沾唇而已。脾胃恶湿,饮少胃强,气盛液行,自然不湿。或冒远行(一),亦不念水。可谓至言②不烦。

【校勘】

(一)冒远行:根据明代高濂的《遵生八笺 · 饮馔服食笺》,"冒"后夺一"热"字,当为"冒热远行"。

【注释】

①合(gě):中国市制容量单位,一升的十分之一。 ②至言:最美善的言论,最合宜的道理。

【译文】

一位七十三岁的老人,身体健壮得像年轻人一般。有人问他的养生之道,老人回答说没有别的办法,只是平生不常喝水而已。别人每天饮水数升,老人每天减少到数合,只是沾沾嘴唇而已。脾胃不习湿气,饮水少则胃气强盛,胃气强盛,则津液流通,自然不会有湿气。有时冒热远行,也不想喝水。这可说是简要的至理名言。

意守丹田

善摄生者,行住坐卧,一意不散,固守丹田。默运神气,冲透三关①,自然生精生气,形可壮,老可耐矣。

【注释】

①三关:气功术语,其说不一,一般指气沿督脉由下上行时遇到的三处较难通过的地方,即尾闾关、辘轳关(夹脊关)、玉枕关。

【译文】

擅长养生的人,行住坐卧,都使意念不散,固守在丹田穴中。默默把意念气息贯注,让其冲过三关,自然精气生成,身体强壮,长生难老。

修昆仑法

发宜多栉,齿宜多叩,液宜常咽,气宜清炼,手宜在面:此为修昆仑①之法。

【注释】

①昆仑:道家称头为"昆仑"。

【译文】

头发应该常梳理,牙齿应该多叩击,唾液应当常吞咽,元气应当清修,双手应当常摩脸面:这是保养头部的方法。

坐忘铭

《坐忘铭》(一)曰:"常默元气不伤,少思慧烛①内光,不怒百神②和畅,不恼心地清凉,不求无谄无媚,不执可圆可方,不贪便是富贵,不苟何惧公堂?”

【校勘】

(一)《坐忘铭》:此则抄自重阳祖师《坐忘铭》中前八句,第八句原文为“不苟何惧君王”。重阳祖师,即王重阳,南宋著名道士,是道教重要流派全真道的开宗者,原名中孚,字允卿,又名世雄,字德威,入道后改名王嚞,字知明,道号重阳子。

【注释】

①慧烛:佛教用语,即慧炬,谓无幽不照的智慧。 ②百神:此指人的全部精神。

【译文】

《坐忘铭》中说:“经常沉默可不伤元气,减少思虑可智慧显扬,不发怒可使精神和畅,没有烦恼就会心地清凉,没有贪求就不用谄媚,没有固执则会方圆随心,没有贪婪则是荣华富贵,无苟且行事怕什么对簿公堂?”

饥食困眠

或问慧海禅师①:“修道何功?”师曰:“饥来吃饭困来眠。”曰:“人皆如此,何得言功?”曰:“不同。他吃时不肯吃,百种须索;睡时不肯睡,千般计较。”

【注释】

①慧海禅师:即大珠慧海禅师,唐代高僧,出生于建州(今福建)朱姓家庭。

【译文】

有人问慧海禅师:“怎么做才会修道有成就?”慧海禅师说:“饿了吃饭,困了睡觉。”“人人都是这样,怎么能说就会有成就呢?”慧海禅师说："不一样。他该吃饭时不吃，有种种苛刻要求；该睡觉时不睡，有无数利害计较。"

雅不逾度

别业[①]是胜事，稍营恋亦市朝[②]；奇玩是雅事，稍贪痴亦商贾；杯酒是乐事，稍拘挛[③]亦苦海；花木是清事，稍拮据[④]亦业障[⑤]。

【注释】

①别业：与"旧业"或"第宅"相对而言，业主往往原有一处住宅，而后另营住宅，称为别业。称别业时，则是突出其园林气氛以区别于一般住宅，大体相当于今天的别墅。　②市朝：市场和朝廷，泛指争名逐利之所。　③拘挛：拘泥。　④拮据：辛劳操持。⑤业障：佛教指妨碍修行的罪恶。

【译文】

拥有别墅，当然是妙事，稍微经营眷恋则会变成争名逐利的场所；收集珍奇古玩是高雅的爱好，稍微贪恋，就会沾染商贾的习气；饮酒是快乐的事，稍微受其束缚也是无边苦海；种植花木是清雅的喜好，稍微操持劳苦，也会成为修行的障碍。

偶然者佳

世事惟偶然者最佳。偶有醇醪[①]，适心知聚首；偶有余钱，适书画来售；偶欲登涉，适伴侣相约：真乃快心事！

【注释】

①醇醪(láo)：味厚的美酒。

【译文】

世上的事只有偶然的才最妙。偶尔有味道醇厚的美酒，恰逢知心朋友相聚；偶尔有点闲钱，正好碰上来卖书画的；偶然想出门登山涉水去游玩，恰好朋友来约：这真是令人高兴的事！

四休安乐法

太医孙景初①号四休居士，云："粗茶淡饭饱即休，补破遮寒暖即休，三平四满(一)过即休，不贪不妒老即休。"山谷曰此安乐法也。四休家有三亩园，花木郁郁，客来煮茗，谈人间可喜事；或茗寒酒冷，宾主相忘，作诗遗僮，歌以侑酒茗。诗曰："太医诊得人间病，安乐延年万事休。"

【校勘】

(一)三平四满：此则抄自元代邹铉撰写的医学专著《寿亲养老新书》。《寿亲养老新书》里为"三平二满过即休"。"三平二满"，典出南宋陈叔方《颍川语小》卷下："俗言三平二满，盖三遇平，二遇满，皆平稳得过之日。""三平二满"即衣、食、住平平常常，满足于已有的名与位。

【注释】

①孙景初：即孙君昉，字景初，号四休居士，北宋人，曾做过太医。

【译文】

太医孙景初号四休居士，曾说："粗茶淡饭饱即休，补破遮寒暖即休，三平二满过即休，不贪不妒老即休。"黄山谷(黄庭坚号山谷)说这才是安享快乐的方法。四休居士家的三亩园中，花木郁郁葱葱，客人来访，煮茶相待，边喝边谈人间可喜之事；有时茶凉酒冷，客主都忘了时间，作诗交给歌僮，让其据诗歌唱，以助酒兴茶兴。有诗称赞孙太医："太医诊得人间病，安乐延年万事休。"

逆者难能

目观耳听，鼻息口气，大小便，俱从前降，顺也；反观内听，纳息缄舌，返精炼便，俱从后升，逆也。人人皆顺，能逆者有几？《易》曰"艮其背"①，其义玄矣。

【注释】

①艮其背：《易经》第五十二卦艮卦卦辞为"艮其背，不获其身。行其庭，不见其人，无咎"，大意为心不为外物所扰，止所当止，行所当行，自然会没有过失。

【译文】

眼看世界，耳听八方，鼻子嘴巴出的气息，大小便都从前面排出，这是顺势而为；反观自我，倾听心声，屏息闭口，返还精气，造就大小便，都是从后面升起，这是逆势而为。人人都是顺势而为，能逆势而为的有几个呢？《易经》卦辞说"艮其背"，那道理太玄妙了。

生尔处乃杀尔处

中牟有赵三翁，人问养生之道，答曰："生尔处①，乃杀尔处。"至言也。

【注释】

①生尔处：生你的地方，指女子阴户。

【译文】

中牟县有位赵三翁，别人问他养生之道，赵三翁答道："生你的地方，就是杀你的地方。"（意为戒淫欲，历来认为女子阴户有"能生人，能死人"的作用。）这真是至理名言。

偷闲行乐

每觅高僧投野寺，竹院松门，却得偷闲半日①；偶留佳客坐山房，园蔬家酝②，且来行乐一时。

【注释】

①偷闲半日：语出唐代诗人李涉《题鹤林寺壁》："终日昏昏醉梦间，忽闻春尽强登山。因过竹院逢僧话，偷得浮生半日闲。"

②酝：酿酒，亦指酒。

【译文】

常常为寻觅高僧投身山中小寺，翠竹满院，青松蔽门，却能偷闲半日；偶尔留好友住在寒舍，吃园蔬，饮家酿，暂且行乐一时。

五可五不可

懒可卧，不可风；静可坐，不可思；闷可对，不可独；劳可酒，不可食；醉可睡，不可淫。

【译文】

懒惰时可以躺卧，但不可当风；安静时可以打坐，但不可胡思乱想；烦闷时可以面对，但不可独自一人；劳累时可饮酒，但不可马上吃饭；酒醉时可以睡眠，但不可同房。

观鱼养童心

客喜养鱼，或笑曰："若有童心乎？"客曰："正以养吾童心也。每读倦凭栏静观，不觉尘火俱销。"

【译文】

客人喜欢养鱼，有人嘲笑说："难道你还有童心吗？"客人说："正是用养鱼来培养我的童心。常常读书困倦时,凭栏静观,不知不觉世俗的欲望都没有了。”

随分自断乐天诗

随宜[1]饮食聊充腹,取次[2]衣裘亦暖身。未必得年[3]非瘦薄,无妨长福[4]是单贫[5]。老龟岂羡牺牲饱,蟠木[6]宁争桃李春?随分自安心自断[7],是非何必问闲人?

【注释】

①随宜:随意,不经意。此则抄自白乐天《自咏》诗。 ②取次:随便,任意。 ③得年:长寿。 ④长福:长久的福分。 ⑤单贫:孤贫。 ⑥蟠木:弯曲的树木。 ⑦自断:判明后自做决断,做自己认为正确的事。

【译文】

随意饮食姑且充腹,随便穿衣也能暖身。瘦薄之身不一定不能长寿,不妨把孤贫看成是长久的福分。长寿的乌龟难道会羡慕能吃饱饭却终被杀死用来祭祀的牛羊,弯曲的树(因不成材不被伐而获长生)怎么会与桃李去争春呢?随分而行,自然安心,判明事情后自做决断,何必向不相关的闲人问是非之事呢?

物不足则心补

笥[1]空吾实以典籍,屋漏吾润以琴书,腹馁吾饱以义理,貌瘠吾肥以精神,体病吾医以阴德,子孙愚吾教以义方[2]。

【注释】

①笥(sì):一种盛饭食或衣物的竹器。 ②义方:指做人处世的正道。

【译文】

盛衣食的筐子空了，我用典籍来充实；房子漏了，我用弹琴、读书来弥补装饰；肚子饿了，我用道理来填饱；形貌瘦弱，我用精神来丰盈；身体有疾，我用阴德来医治；子孙愚昧，我用做人处世的正道教导他们。

明臣名联

郑尚书绅①告老，堂联云：“世多君子扶皇极②，天放闲人养太和③。”喻尚书茂坚④致仕，寿登九十三，堂联云：“帝赐闲身居畎亩⑤，天留老眼看儿孙。”翟中丞鹏⑥堂联云：“徒有寸丹悬帝阙⑦，竟无尺素达权门。”王中丞玑⑧堂联云：“偶尔谢上天富贵，归来作平地神仙。”又有“天上有人扶日月，山中容我老渔樵”之句。

【注释】

①郑尚书绅：即郑绅，号敬庵，明朝直隶涞水（今河北保定涞水）人，嘉靖朝官至工部尚书。 ②皇极：皇帝。 ③太和：即太和之气，指阴阳会合的冲淡平和之气。 ④喻尚书茂坚：即喻茂坚，字月梧，号心庵，重庆府荣昌县（今重庆荣昌）人，明朝法学家，著名廉吏，官至刑部尚书。 ⑤畎（quǎn）亩：田间。 ⑥翟中丞鹏：即翟鹏，字扶九，又字志南，号联峰，抚宁（今秦皇岛抚宁）人，官至兵部尚书。明、清两代常以副都御史或佥都御使出任巡抚，清代各省巡抚例兼右都御史衔，因此明、清巡抚也称中丞。因翟鹏曾任右佥都御史，巡抚宁夏，故称。 ⑦帝阙：皇城之门。 ⑧王中丞玑：即王玑，字在叔，晚年号在庵，衢州西安（今属浙江）人，右佥都御史。

【译文】

尚书郑绅告老还乡,堂上对联说:“世多君子扶皇极,天放闲人养太和。”尚书喻茂坚退休,寿高九十三岁,堂上对联说:“帝赐闲身居畎亩,天留老眼看儿孙。”中丞翟鹏的堂联说:“徒有寸丹悬帝阙,竟无尺素(书信)达权门。”中丞王玑的堂联说:“偶尔谢上天富贵,归来作平地神仙。”王玑还有“天上(指朝廷)有人扶日月(指帝王),山中有我老渔樵”之句。

境惟心造

暑中尝默坐澄心,闭目作水观,肌发漉漉,似有爽气。须臾触事,前境顿失。故知境惟心造也。

【译文】

炎热的暑天曾经静坐,以净内心,闭上眼睛,好像看见水来的样子,觉得肌体头发湿漉漉的,仿佛有凉爽之气扑面而来。不一会儿,遇上了世俗杂事,刚才的境界突然消失。因而明白境由心造。

从容和缓有余味

憨憨①无役老人怀,春日烘门晏始开。游衍②太平初试杖,安排③乐事且拈杯。世情花党④富家发,公道燕均贫户来。识字不多强不识,小轩聊与物追陪⑤。余(一)行年六十,万念俱灰,故赋此诗。

【校勘】

(一)余:当代指沈周。陈继儒《笔记》有载:“憨憨无役老人怀,春日烘门宴始开。游衍太平初试杖,安排乐事且拈杯。世情花党富家发,公道燕均贫户来。识字不多强不识,小轩聊与物追陪。余今年六十,凡事举在灰念中,但醉吟兀坐,饱饫(yù,畅饮)终日,以享太平而已,故赋此诗。沈周书。公六十,为癸卯。"沈周,字启南,号石田、白石翁、玉田生、有竹居主人等,长洲(今苏州)人,明朝画家,吴门画派的创始人。

【注释】

①憨憨:通"鼾鼾",熟睡时打呼噜声,此指睡得香甜的样子。②游衍:恣意游逛。 ③安排:打发。 ④党:偏袒,偏私。⑤追陪:追随,伴随。

【译文】

年老内心早已不为外物所役使,故能鼾鼾而睡,春天的太阳把大门都晒热了,很晚才起身。太平时代,可以恣情游玩,不妨扶杖随处走走,为打发乐事,自可小酌一杯。势利之花偏爱在富贵人家开放,公道之燕却连贫穷人家一样来筑巢。识字不多总比不识字强些,我的小车子暂且与他人的车子相追随。我快六十岁了,万念俱灰,所以写下这首诗。

境可心造

热不可除,而热恼①可除,秋在清凉台上;穷不可遣,而穷愁可遣,春生安乐窝中。

【注释】

①热恼:亦作"热脑",谓焦灼苦恼。

【译文】

炎热不能消除,但焦灼苦恼的燥热情绪可以消除,如此,凉爽的秋天便存在于清凉的心境之中了;贫穷不能打发,但为贫穷担忧的心思却是可以打发掉的,如此,温暖的春天便从安乐的心境之中生出。

贪色者戒

香粉①骷髅，脓血皮袋，步步促人见阎罗。及至四大分离②，不过凭棺长号数声而已；明朝泪干粉沪，又抱琵琶过别舟③矣。

【注释】

①香粉：代指美女。 ②四大分离：指死亡。四大是指地、水、火、风四种基本元素。人的身体像肌肉骨头等属于地，流动的像血液、津液等属于水，体温属于火，呼吸及体内的气属于风。人活着的时候，人的地、水、火、风是与外界的地、水、火、风连在一起的，死了则要分离。 ③抱琵琶过别舟：即别抱琵琶到别人的船上去了，指改嫁，亦指移情他人。

【译文】

娇艳的美女，到头来不过是一具骷髅，充满脓血的皮囊罢了，贪恋美色就会步步催人早去见阎王。等到自己死去，那女人也不过靠着棺材干嚎几声而已；他日擦干眼泪，涂上脂粉，又投身别人的怀抱中了。

学问得力处

俗情浓酽处，澹得下；俗情苦恼处，耐得下；俗情劳扰处，闲得下；俗情牵缠处，斩得下：斯为学问得力处。

【译文】

世情浓重之时，要能淡薄下来；俗情苦恼之时，要能忍耐下来；俗情纷扰之时，要能清闲下来；世情牵缠之时，要断除下来：这就是修养要紧的地方。

景物无常惟人处

景物何常？惟人所处耳。《诗》曰："风雨如晦，鸡鸣不已[①]。"原是极凄凉物事，一经点破，便作佳境。彼郁郁牢愁，出门有碍者，即春花秋月，未尝一伸眉头也。

【注释】

①风雨如晦，鸡鸣不已：出自《诗经·郑风·风雨》。本意为，风雨交加昏天地，窗外鸡鸣声不息。也比喻在黑暗的社会里不乏有识之士为国事民生奔走呼号。

【译文】

景物哪有恒定不变的？好坏取决于当时的心境罢了。《诗经》上说："风雨如晦，鸡鸣不已。"这原本是极其凄凉的景象，但一经高人点破，便成为极佳的境界。内心郁郁不乐，忧愁难脱，出门又遇麻烦，即使面对艳丽的春花和皎洁的秋月，眉头也难舒展一下。

岩老好睡

李岩老[①]好睡，众人食饱下棋，岩老辄就枕。阅数局，乃一展转，云："我始一局，君几局矣？"

【注释】

①李岩老：不详。此则编自苏轼《东坡志林·题李岩老》片段，据此可推测李岩老是北宋南岳衡山道士，与苏轼相善，"岩老"当是其字或号。

【译文】

宋代李岩老嗜睡，别人吃饱饭下棋消遣，李岩老倒头便睡。别人几局棋下完，李岩老才翻一下身，说道："我才睡了一觉，你们下几局了？"

无心得自在

未尝不重裘也，而有惧心，则股为之栗矣；未尝不列鼎[①]也，而有戒心，则食不下咽矣；未尝不茵[②]褥也，而有忧心，则达旦不寐矣。

【注释】

①列鼎：谓陈列置有盛馔的鼎器。 ②茵：褥子，床垫。

【译文】

未尝不穿厚毛皮衣，可是内心害怕，那么大腿就会因为害怕而发抖；未尝不列鼎而食，可是心存警戒，那吃到嘴里的食物也咽不下去；未尝不铺着厚厚的茵褥，可是心存忧愁，就会通宵不眠。

过后时作想

人能从欲怒过后时作想[①]，神自清，气自平。

【注释】

①作想：思索，设想。

【译文】

在情欲和愤怒就要发生时，如果人能用情欲和愤怒发生之后的状况去设想，那么精神自然会清朗，心气自然会平和。

冲淡平和康节诗

邵康节吟曰："年老逢春雨乍晴，雨晴况复近清明。天低宫殿初长日，风暖林园未啭莺。花似锦时高阁望，草如茵处小车行。东君[①]见赐何多也，况复人间久太平。"

【注释】

①东君：春神。

【译文】

邵康节（邵雍谥号康节）吟诗说："年老的我碰上春天雨后乍晴的天气，心情舒畅；何况雨晴后不久就是清明时节了。白昼渐长，地气上升，天空显得很低，而宫殿在天空的映衬下反而让人觉得更为高大；和煦的春风送来暖意，但还没有听到林园中黄莺婉转流利的歌唱。繁花似锦的时候登上阁楼，眺望远方迷人的景色，我的小车在绿草如茵处自在游衍。春神已经赐给人间如此多的美景，更何况又逢人间长久太平安乐的日子。"

养生三宝精气神

鹿养精，龟养气，鹤养神，那个先生传授？精为卫，气为舆，神为马，直由元始[①]周流。

【注释】

①元始：根本。

【译文】

鹿擅长养精，龟擅长养气，鹤擅长养神，这难道是哪个先生传授的吗？精为保卫，气为车子，神为马匹，人的生命原本就是如此回环运行的。

治眼疾古方

范宁[①]患目痛，就张湛[②]求方。湛嘲曰："古方，宋阳里子得术以授鲁东门伯，东门伯以授左丘明[③]，传及汉杜子夏[④]、郑康成[⑤]，魏高堂隆[⑥]，晋左太冲[⑦]。诸贤并有目疾，得此古方。

用省读书一，减思虑二，专内视[⑧]三，简外观四，旦晚起五，夜早眠六，凡六物，熬以神火，下以气蓰[⑨]，蕴于胸中七日，然后纳诸方寸[⑩]。近能数其目睫，远见墙壁之外。非但明目，乃亦延年。”

【注释】

①范宁：东晋经学家，官至豫章太守，有著作《春秋穀梁传集解》传世。 ②张湛：字处度，高平（郡治在今山东金乡）人，东晋玄学家、养生学家。 ③左丘明：春秋时期鲁国太史，著名史学家，著有《春秋左氏传》，相传为失明者。 ④杜子夏：即杜钦，字子夏，西汉晚期著名学者，一目偏盲。 ⑤郑康成：即郑玄，字康成，北海高密（今山东高密）人，东汉末年的著名经学大师，著作等身。 ⑥高堂隆：字升平，泰山平阳（今山东新泰）人，三国曹魏名臣、天文学家，晚年患有眼疾。 ⑦左太冲：即左思，字太冲，齐国临淄（今山东淄博）人，西晋著名文学家。 ⑧内视：又称内观。最早见于《列子·仲尼》：“务外游，不知务内观，外游者求备于物，内观者取足于身。” ⑨蓰：当为“簁”之误，“簁”古同“筛”。 ⑩方寸：即方寸之地，指心间，因人心仅居方寸之地，故称。

【译文】

范宁患眼睛疼痛的疾病，向张湛讨教治疗之方。张湛嘲谑说：“古代有一个治眼疾秘方，春秋时宋国阳里子得到这个秘方，把它传授给了鲁国的东门伯，东门伯传给了左丘明；后来传到汉代的杜子夏、郑康成，三国时魏国的高堂隆，最后传给西晋的左太冲。这些先贤都曾患有眼疾，用过这个秘方来治疗。少读书，是古方第一味药，减思虑是第二味药，专心向内反省是第三味药，减少对外观察是第四味药，早晨晚起是第五味药，夜里早睡是第六味药，总共就这六味药，用神火来煎熬，向下用气筛过，在胸中积蕴七天，然后放置于心间。用后近能数清眼睫毛,远能穿透墙壁。不只明目,还可以延年益寿。”

人中得名之由

唇之上,何以曰人中?若以为人身之中,则当在脐腹间。盖自此而上,目、耳、鼻皆双窍,自此而下,口及二便皆单窍,上三画阴,下三画阳,合成泰卦①也。

【注释】

①泰卦:《易经》六十四卦之第十一卦,卦象为坤上乾下,上部三个阴爻,下部三个阳爻。

【译文】

嘴唇之上的穴位为什么叫人中呢?假若是人身体的中心,应该在腹部肚脐处。大概自人中穴以上,眼睛、耳朵、鼻子都是双孔,自此以下,嘴巴及大小便二处都是单孔,上面三处为阴,下面三处为阳,组合成泰卦卦象。

官爵为他人

四十从政,五十悬车①,耳目未衰,筋力尚健。玩山水,酣文酒,以保天年足矣;乃桑榆②已逼,宦术弥浓,未尝享一日之乐,徒为仆妾图轻肥③、子孙作牛马耳。白乐天所谓“官爵(一)为他人”者,旨④哉,言也!

【校勘】

(一)爵:据白居易的《自感》诗,当为“职”之误。《自感》原诗为:“宴游寝食渐无味,杯酒管弦徒绕身。宾客欢娱僮仆饱,始知官职为他人。”

【注释】

①悬车:指致仕。古人致仕后家居,废车不用,故云。 ②桑榆:夕阳的余晖照在桑榆树梢上,借指落日余光处。常用来比喻晚景。 ③轻肥:语出《论语·雍也》中的"乘肥马,衣轻裘",代指富裕的生活。 ④旨:美好。

【译文】

四十岁时从政做官,五十岁时辞官回家,耳目尚且聪明,筋骨也还强健,游山玩水,沉酣于诗文美酒,来颐养天年就足够了。等到暮年相逼,做官的心思反而更加浓厚,没有享受一天的快乐,白白地为妻妾、仆从图谋富裕的生活资本,为子孙做牛马罢了。白乐天说的"官职为他人"的话,说得好啊!

半是悲哀半是愁

杜牧之诗:"把酒直须拚①酩酊,逢花莫惜暂淹留。假如三万六千日,半是悲哀半是愁。"

【注释】

①拚(pàn):舍弃,不顾惜。

【译文】

杜牧之(杜牧字牧之)有诗说:"端起酒杯饮酒就舍命喝他个酩酊大醉,碰上美丽的花朵就暂且逗留欣赏,不要吝惜时间。假如人能够活百岁也不过三万六千日,可这三万六千日也是一半悲哀一半忧愁。"

生人通患

祝石林①曰:"生人通患,发短心长。石火②易阴,河清难俟[3]。如欲住世出世，须是知机息机[4]。不与造化争权，造化权还之造化，即与儿孙种福。儿孙福付之儿孙，抽讨物外之闲身，夷犹[5]眼前之清事。寻花问月，两两三三；瀹茗[6]焚香，鱼鱼雅雅[7]；会不必约，礼不必文，诗不必工，弈不必胜。凡事只求日减，此心直与天游，不守庚申，都忘甲子。此亦尘世丹丘[8]，震旦[9]净土。”

【注释】

①祝石林：即祝世禄，字延之，号无功，又号石林，江西德兴人，一作鄱阳人，明代书法家。 ②石火：以石敲击，迸发出的火花，其闪现极为短暂。 ③河清难俟：很难等到黄河水清。比喻时间太长，难以等待。 ④知机息机：知晓机巧功利之心和熄灭机巧功利之心。机，指机心，机巧功利之心。 ⑤夷犹：轻松自得。 ⑥瀹（yuè）茗：煮茶。 ⑦鱼鱼雅雅：威仪整肃的样子。雅，乌鸦。鱼行成贯，鸦飞成阵，故名。 ⑧丹丘：传说中神仙所居之地。 ⑨震旦：古代印度人称中国。

【译文】

祝石林说：“世人有通病，生命短暂，但欲望太多。人的生命就像石头敲出的火容易熄灭，可那欲望的实现，就像等黄河水变清澈一样艰难。想要身居世俗世界或超脱世俗世界，必须知晓机巧功利之心和熄灭机巧功利之心。不能和命运相较量，命运的安排还给命运，就是给儿孙造福了。把儿孙之福还给儿孙，获取摆脱世情俗务之身，从容自得地做眼前快乐清雅之事：朋友三两为群，寻花问月；煮茶焚香，威仪整肃；聚会不必赴约，行礼不必讲究繁文缛节，作诗可以不讲究工巧，下棋不要求获胜。凡事都讲求清静无为，这心境只与天地精神相往来，忘记了岁月，不记得年龄。能这样，便得到了尘世间的仙境，中国的净土。”

怡然自足

康节诗云："老年躯体索温存，安乐窝中别有春。万事去心闲偃仰，四肢由我任舒伸。庭花盛处凉铺簟，檐雪飞时软布茵。谁道山翁拙于用，也能康济①自家身。"

【注释】

①康济：保养。

【译文】

邵康节有诗写道："人老了之后，身体衰弱，需要倍加关爱，安乐窝另有一番春光。世上万事早已置之度外，悠闲自得，偃仰随心；四肢也由我随意伸展。夏天，在庭院中鲜花盛开处铺上竹席乘凉；冬天，瑞雪纷飞时，则在檐下坐着松软的布垫赏雪。谁说我这个山间老汉拙于用世，不也能修养好自己的身心？"

简静之乐

韩魏公在相府时，家有女乐二十余辈。及崔夫人亡，一日尽厚遣之。同列多劝且留为暮年欢，公曰："所乐能几何？而常令人心劳，孰若吾简静①之乐也！"

【注释】

①简静：简约沉静。

【译文】

魏国公(韩琦爵封魏国公)韩琦做宰相时，家里有乐婢二十多人。崔夫人去世后，一天厚赐了她们，把她们都打发走了。同僚们好多劝他把乐婢留下来以作为晚年的娱乐，韩琦说："这欢乐又有多少呢？并且常常令人内心劳累，哪里比得上简约沉静的快乐啊！"

食粥养胃

张安道①每晨起，食粥一大碗。空腹胃虚，谷气便利，所补不细；又极柔腻，与肠腑相得，最为饮食之良。又吴子野②劝东坡食白粥云："能推陈致新，利膈养胃，饭无令少于面。"

【注释】

①张安道：名方平，北宋宋城（今河南商丘）人，累官太子少师，卒谥文定。 ②吴子野：名复古，字子野，号远游、麻田居士（山人），北宋揭阳（今属汕头）人。

【译文】

张安道每天早晨起床后，先饮一大碗粥。早晨空腹胃虚，食气便于通达，补益不小；又因粥极柔软细腻，与肠腑相融和，实在是好的食物。又有吴子野劝苏东坡吃白米粥时说："白米粥可以推陈出新，利膈养胃，吃饭时，进的粥不要少于面。"

不吃酒肉是福

洪州廉使①问马祖②曰："吃酒肉即是，不吃即是？"祖曰："若吃是中丞禄，不吃是中丞福。"

【注释】

①廉使：在唐代指观察使，实则皇帝的钦差大臣，其任务类似"巡按"，到各地去巡视调查地方官吏的廉政情况。 ②马祖：即马祖道一，唐代高僧，禅宗主要宗派洪州宗的祖师，俗姓马，又称道一、洪州道一、江西道一，谥号大寂禅师。

【译文】

洪州（今江西南昌附近）观察使问马祖道一："吃酒肉对，还是不吃对？"马祖道一说："如果吃那是中丞的俸禄，不吃则是中丞的福分。"

长生先戒性

《卫生歌》[①]云:“欲求长生先戒性,火不出兮神自定。木若去火不成灰,人能戒性还延命。”

【注释】

①《卫生歌》:唐朝名医孙思邈所作,此则之四句仅是片段。

【译文】

《卫生歌》说:“想要长生,就要戒除自己不好的性子(比如易怒),肝火不出自然心神安定。树木远离火焰就不会烧成灰烬,人如果能戒除不好的性子就能延长寿命。”

细嚼细咽

予[(一)]乡有老人,九十余矣,而啖气不减少年。予问以服饵之法,答曰:“吃食须细嚼细咽,以津液送之,然后精味散于脾,华色充肌;粗快则只为糟粕,填塞肠胃耳。”

【校勘】

(一)予:此则采编自明代田汝成的《西湖游览志余》,故当代指田汝成。

【译文】

我的家乡有位老人,九十多岁了,而饮食中气不弱于青年人。我问他饮食之法,老人说:“吃饭需要细嚼细咽,用唾液送下,这样,食物精华散布于脾脏,就会使脸色润泽,肌肤充实;咀嚼得粗糙,吃得太快,只是吃进一些糟粕,填塞肠胃罢了。”

暖外肾

刘几[①]善养生,年七十余,精神不衰,其术惟暖外肾[②]。其法以两手掬而暖之，默坐调息，两肾融液如泥，淪[3]入腰间。其法至妙。

【注释】

①刘几：字伯寿，号玉华庵主，北宋洛阳(今属河南)人，宋神宗时官至秘书监。 ②外肾：男性外生殖器中的睾丸。 ③淪(yuè)：浸渍。

【译文】

刘几擅长养生，已经七十余岁了，可是精神不衰惫，他的养生之术只是暖外肾。做法是用两手捧持住外肾(睾丸)，使其温暖，静坐调息，觉得两外肾间有融液如泥汤，浸渍到腰间。那方法极妙。

养生箴言四句

眼观心动，耳听神移，口谈气散。予(一)自约，日用[1]有四句云："善恶事都莫思量，出入息浑无[2]拘纵。常常倾耳凝空照，默默垂帘仔细观。"勤而行之，不知老之将至。

【校勘】

(一)予：此则采编自明代赵台鼎的《脉望》，故当代指赵台鼎。

【注释】

①日用：日常，平时。 ②浑无：完全没有。

【译文】

眼睛看到的东西能使人内心波动，耳朵听到的东西能使人精神转移，谈话过多使内气消散。我约束自己，日常有四句话说："善恶之事都不要用心思量，呼吸时完全不要拘束或放纵(即任凭自然)。常常倾耳凝神静听来自心地的声音，默默闭上眼睛来仔细反观自己的心灵。"勤奋地践行这四句话，不知衰老什么时候将要到来。

修行须清净

人若于日间闲言语省得一两句，闲人客省见得一两人，也济事；若浑身都在闹场中，如何得进？

【译文】

人如果平日闲言语少说少听一两句，闲人客少见一两人，就能成就事情；如果全身都在热闹场中，怎能有长进呢？

修行大端

每月弦望晦朔①，海水随为消长，亦如人身，每一日一夜，血气一朝于囟门。遇其朝时，即默默静坐，凝定神思，但闻血气自踵至顶，奔走凑理②。蔌蔌之声如群蚁相缘，五脏六腑，转动声响，内外相应，见乎四体，达于听官；久之，又徐徐散去，阒寂③无声。此亦修行之大端④也。

【注释】

①弦望晦朔：对月亮在一月里的各种形象的古称。弦，分上弦和下弦，上弦是农历每月初七、初八的月相，下弦是每月农历廿二、廿三的月相。望，农历每月十五的月相。晦，农历每月最后一天的月相。朔，农历每月初一的月相。　②凑理：亦作"腠理"，肌肉的纹理。　③阒(qù)寂：寂静，宁静。　④大端：要点，重要的头绪。

【译文】

农历每月的月亮会有弦望晦朔各种形象的变化，海水也会随之涨退，这也正如人身体一样，每一昼夜，血气总有一次像潮水一样到达囟门。当遇到血气像海水一样涨上来时，就默默静坐，凝神定思，只仿佛听见血气自脚后跟到头顶，奔走于肌肉纹理之间；蔌蔌作响的血气行进之声像一群蚂蚁相互攀缘。五脏六腑之中,也有转动的声音,内外相呼应,表现在四肢上,传到耳朵里;过了好久,血气又慢慢地散去,寂静无声。这也是修行的要点。

心动神疲

康仲俊(一)年八十六,极康宁。自言少时读《千字文》①有悟,谓"心动神疲"四字也。平生遇事,未尝动心,故老而不衰。

【校勘】

(一)康仲俊:此则抄自陆游的《老学庵笔记》卷四。据此,"康"乃"唐"之误,因形近而讹。唐仲俊是陆游表舅。

【注释】

①《千字文》:南朝萧梁时期周兴嗣编写的影响广远的蒙学读物。

【译文】

唐仲俊八十六岁了,身体极其健康安泰。自己说年轻时读《千字文》有感悟,感悟就是其中的"心动神疲"四字。所以他平生遇到事情,不曾动心,因此年老了身体不衰。

士大夫通患

《秋声赋》①云:"奈何思其力之所不及,忧其智之所不能,宜其渥然②丹者为槁木,黟然③黑者为星星。"此士大夫通患也。予(一)尝有多思多忧之患,方壮遽老,方老遽衰,坐此故耶?

【校勘】

(一)予:此则采编自明代赵台鼎的《脉望》,故当代指赵台鼎。

【注释】

①《秋声赋》：北宋文学家欧阳修写的辞赋类散文。 ②渥(wò)然：色泽红润貌。渥，沾湿，沾润。 ③黟(yī)然：黑貌。

【译文】

《秋声赋》中说："何况常常思考自己的力量所做不到的事情，忧虑自己的智慧所不能解决的问题，自然会使他色泽红润的容颜变得像枯木一样苍老，乌黑光亮的须发变得像星星一样白亮。"这是士大夫的通病。我曾患有多思多虑的毛病，正当壮年时很快变老，变老后又很快衰颓，不是因为这个缘故吗？

上界真人

心无机事，案有好书，饱食晏眠，时清体健：此是上界真人①。

【注释】

①真人：修行得道的人。

【译文】

心中无机巧之事，案头有好书，饱食晚起，时代清平，身体康健：这是仙界得道真人的生活。

广留余福

恩爱牵缠不自由①，利名萦绊几时休？放宽些子留余福，免致中年早白头。

【注释】

①恩爱牵缠不自由：此四句节选自唐代孙思邈的《卫生歌》。

【译文】

略。

随意自适

文潞公致仕归洛，入对时，年八十矣。神宗见其年力康强，问："卿摄生有道乎？"对曰："无他，臣但能随意自适，不以外物伤和气，不敢做过当事。"上以为名言。

【译文】

潞国公（文彦博爵封潞国公）文彦博辞官回洛阳，进宫辞别皇帝时，已经八十岁了。神宗看到他身体健康强壮，问道："爱卿养生有道吗？"他回答说："没有别的养生之术，臣只能随意自安，不因外物伤害了内心的平和之气，不敢做过分的事情。"神宗认为这是至理名言。

静观卷之八

金张①谢而许史②乘,转盼无不销冰雪;卫霍③炎而窦田④冷,回头皆倏换沧桑。予齿夺角(一),丰足杀翼。吾子⑤枉费机心,此公⑥只凭记性。纂静观第八。

【校勘】

(一)予齿夺角:语出《汉书·董仲舒传》,"予之齿者去其角,傅其翼者两其足"。据俞樾《群经平议》云:"角字之义,自来皆属兽言。《说文》角部:'角,兽角也。'其实角字本义当为鸟喙,《汉书·董仲舒传》:'予之齿者去其角,傅之翼者两其足。'此二句以鸟、兽对言。予之齿者去其角,谓兽有齿以啮,即不得有角以啄;傅之翼者两其足,谓鸟有两翼以飞,即不得有四足以走也。若以角为兽角,则牛、羊、麋、鹿之类有齿复有角者多矣,安得云'予之齿者去其角'乎?《文选·射雉赋》:'裂嗉破觜。'注曰:'觜,喙也。'觜为鸟喙,而其字从角,可知角字之义矣。"

【注释】

①金张:指对西汉大臣金日(mì)磾(dī)、张安世二人的并称。金张二氏子孙相继七世荣显,后因用为显宦的代称。 ②许史:汉宣帝皇后许平君娘家许家和汉宣帝外祖史家的并称,后借指权门贵戚。 ③卫霍:西汉武帝时名将卫青和霍去病的并称。④窦田:指汉景帝母亲窦太后的侄子窦婴和汉武帝母亲王太后同母异父弟田蚡的并称。 ⑤吾子:古时对人的尊称,可译为"您"。 ⑥此公:天公,老天爷。

【译文】

金家张家凋零了，而许家史家乘机崛起，这变化就像转瞬间冰雪消融一样快；卫青、霍去病得势，窦婴、田蚡却遭受了冷遇，回头猛地一看，前后差异之大就像沧海变桑田一般。老天是公平的，给予了利齿，就不会同时给予啄取东西的喙；给予了四条腿，就不会同时给予羽翼。您枉费心机，可天公对您的态度只凭记性（指老天有眼）。纂静观第八。

由天不由人

魏徵为仆射①，有二典事（一）之。徵适寝，二人窗下平章②。一曰："我官由此翁。"一曰："总由天上。"徵闻之，作书遣由此翁者送至侍郎处，云与此人好官。其人不知，出门心痛，转付由天上者送往。明日引注③，由天上者得留。徵问知故，叹曰："由天信不诬也！"

【校勘】

（一）典事：此指尚书省之属吏。此则故事最早见于唐朝张鷟《朝野佥载》卷六。《朝野佥载》开头的几句话是："魏徵为仆射，有二典事之长参，时徵方寝，二人窗下平章。"郑瑄在抄录这则故事时，把"典事"这个名词弄成了一个主谓结构的短语，省掉了"长参"二字。"典事之长"就是属吏的首领。参，谒见。

【注释】

①仆（pú）射（yè）：唐初的仆射相当于宰相。　②平章：品评，议论。　③引注：注录官籍。

【译文】

唐代魏徵为宰相时，有两个属吏的首领来拜见他，当时魏徵碰巧刚睡下，二人便在窗下议论。一个说："我的官位由这老翁决定。"

另一个说："总是由上天决定。"魏徵听到两个人的议论后，便写了一封书信，让说"我的官职由这老翁决定"的人送到侍郎那里，信里说让侍郎给此人好官做。这人并不知信的内容，出门后便感到一阵心痛，就把书信给说"总是上天决定"的人，让他送去。第二天注录官籍，说"总是上天决定"的人被授予官位。魏徵问知缘故后，感叹道："官位是由上天决定的确实不虚啊！"

晏子知命

崔杼①弑君，劫群臣盟于郭外，皆脱剑入。晏子(一)曰："可以回②求福乎？直刃摧之，曲兵钩之，婴不革矣。"杼将杀之，或劝免。趋出，仆夫将驰，婴抚其手曰："徐之！疾不必生，徐不必死。鹿生于山，命悬于厨，吾命有所制矣！"

【校勘】

(一)晏子：此则故事来自《晏子春秋》，由于苟简严重，致使此处衔接不畅。

【注释】

①崔杼：又称崔子、崔武子，春秋时齐国大夫，秉政二三十年，骄横异常，曾杀死齐庄公。　②回：邪道。

【译文】

崔杼杀了齐庄公，并将群臣劫持到外城，让群臣盟誓，群臣都得摘下佩剑才能进来。晏子说："可以用邪道来求福吗？用直的刀逼着我，用曲的兵器钩着我，也改变不了我晏婴的志向。"崔杼要杀晏婴，有人劝崔杼免晏婴一死。晏婴快步走出，上了车子，他的车夫要赶马快跑，晏子按着车夫的手说："慢慢赶！快了不一定就能活，慢了不一定就会死。鹿生活在山野里，它的生命掌握在厨师手上，如今我的生命由别人掌握着！"

何翅蚁垤

登高山，下观城市如蚁垤[①]，不知几许人往来奔走，如蜂酿蜜，如蝇争血。从高望之，真可一笑。山高于城市几何，已自如此；真仙在太虚，下视尘土，又何翅[②]蚁垤乎？

【注释】

①蚁垤（dié）：蚂蚁洞口的小土堆。 ②何翅：常作“何啻”，犹何止。

【译文】

登上高山，俯瞰城市，那城市就像蚂蚁洞口的小土堆，不知有多少人往来奔走，像闹嚷嚷的蜜蜂酿蜜，像乱哄哄苍蝇争食血液。从高处往下望，真让人好笑。山比城市才高出多少，就已经有这样的感受；神仙在太虚仙境，下观尘世，又何止于像蚂蚁洞口的小土堆呢？

彖有远识

杨国忠[①]为相，公卿皆颐指气使。或劝张彖[②]往谒，彖曰：“人倚泰山，吾谓冰山耳，日出失所恃也。”又曰：“此曹皆向火乞儿，火尽裂肤[③]沟中[④]矣。”

【注释】

①杨国忠：本名杨钊，唐朝蒲州永乐（今山西芮城西南）人，唐玄宗后期权奸。 ②张彖（tuàn）：陕州（今属河南）人，中过进士，曾做过华阴县尉，因不依附杨国忠而归隐。 ③裂肤：谓皮肤皲裂。形容极其寒冷。 ④沟中：即沟中瘠，因贫穷而困厄或死于沟壑的人。

【译文】

唐代杨国忠做宰相时，对公卿百官都颐指气使。有人劝张彖前往拜见杨国忠，张彖说："别人把他作为依靠的泰山，我认为他如一座冰山，太阳一出来融化了，就会失掉依靠。"张彖又说："这些人就像烤火的乞丐，火熄就会在沟壑之中冻死。"

四时仕宦

武后欲图革命，御史傅游艺①揣知之，帅百姓请改国号为周，立武氏七庙②。游艺期年而累迁，历衣青绿朱紫③，时人谓之"四时仕宦"。恰一周，有告其谋反者，下狱自杀。冷眼观之，四时殆谶语④也。

【注释】

①傅游艺：卫州汲（今属河南）人，因迎合武则天称帝，一年内由正九品县尉升至正三品的宰相。 ②七庙：本指四亲（高祖、曾祖、祖、父）庙、二祧（高祖的父和祖父）庙和始祖庙，后泛指帝王的宗庙。 ③青绿朱紫：唐代四种颜色官服，穿紫的官职最为尊贵，穿红的次之，穿绿的又次之，穿青的官职最为卑微。④谶（chèn）语：指将来会应验的话。

【译文】

武则天想篡位做皇帝，御史傅游艺揣摩到武则天的心思之后，率领百姓请求改国号为"周"，并要求以帝王规格建武氏祖庙。于是傅游艺一年内官职连连升迁，官服颜色由青而绿而朱而紫，当时人称他为"四时仕宦"。恰好一周年的功夫，有人告傅游艺谋反，傅游艺被抓到监狱里，自杀身亡。冷眼看来，"四时"之说大概是谶语。

不暇唱《渭城》

刘伯刍①所居巷有鬻饼者，过户必闻讴歌。召与万钱，令多其本,日取胡饼[②]偿之。后过户不闻声,呼问何故,曰:“本领既大,心计转粗,不暇唱《渭城》[③]矣。”

【注释】

①刘伯刍:字素芝,唐代洛川(今陕西洛川)人,累官刑部侍郎、左散骑常侍。 ②胡饼:即烧饼、炉饼,为西域各国日常食品,是典型的胡食。 ③《渭城》:即《渭城曲》,是一首广为传诵的以饯别为主题的名曲,或名《阳关曲》《阳关三叠》。

【译文】

刘伯刍居住的巷子里,有一个卖饼人,每当经过他的店铺门口时都可以听见他优美动听的歌声。刘伯刍就把卖饼人叫来,给他一万钱,让他增加本钱,自己每天到店里拿取胡饼作为抵偿。之后,路过饼店时再也听不到卖饼人的歌声了,刘伯刍问这是什么原因,卖饼者说:“买卖大了,清雅的心情转变为粗放,没有闲工夫唱《渭城曲》了。”

身亦弃物

人生举眼动步,无非爱着。一宿在外,已念其家,一仆未归,已忧其失,种种无不挂怀。大限到来,即有天大未了之事,只得抛去,虽此身亦弃物也。静言[①]思之,恍如一梦。

【注释】

①言:句中语气词,无实义。

【译文】

人生所作所为,无不是为了爱恋。偶尔一夜住宿在外,就难免挂念家庭,一个仆人没有回来,唯恐走失,种种情况无不牵挂于心。等到寿数已尽之时,即便是天大的事情未办完,只能抛去,就是自己也成为废弃之物。仔细地静下心来想一想,人生就好像是一场梦。

叶李赠词

贾似道①窜叶李②，及似道有罪，而叶李召用，相遇于道。李赠诗(一)曰："君来路，我归路，天理章章胡不悟？雷司户，崖司户③，客中④邂逅欠蒸羊⑤，聊赠一篇长短句。"

【校勘】

(一)赠诗：当为赠词。叶李赠贾师道的为一首题为《放还遇贾似道》、调寄《君来路》的词："余归路，君来路，天理昭昭胡不悟？公田关子(贾似道推行的公田法及币制改革)竟何如，子细思量真自误。雷州户，崖州户，人生会有相逢处。客中邂逅乏蒸羊，聊赠一篇长短句。"关子，宋代的票据、纸币。

【注释】

①贾似道：字师宪，号悦生、秋壑，南宋浙江天台人，宋理宗时权臣。 ②叶李：字太白，一字舜玉，号亦愚，南宋末期杭州人，在宋时受投降派打压，降元后受新朝重用。 ③雷司户，崖司户：雷司户，即雷州司户参军(宋朝各州置司户参军，掌户籍、赋税、仓库交纳等事)，当初权臣丁谓把寇准贬到雷州(今雷州半岛一带)做司户参军。崖司户，即崖州(今属海南)司户参军，后来丁谓被贬为崖州司户参军，比寇准贬得还远。 ④客中：谓旅居他乡或外国。 ⑤蒸羊：此用典。据《宋史·寇准传》载："及(寇)准贬未几，(丁)谓亦南窜，道雷州，准遣人以一蒸羊逆境上。谓欲见准，准拒绝之。闻家僮谋欲报仇者，乃杜门使纵博(纵情赌博)，毋得出，伺谓行远，乃罢。"

【译文】

贾似道流放了叶李，等到贾似道有罪也被流放后，而叶李被朝廷召回任用，二人在路上相遇。叶李赠贾似道一首词："你来的路，正是我回去的路，天理昭彰你为什么不醒悟呢？你我相逢，就像当年的雷州司户参军寇准、崖州司户参军丁谓在路上偶然遇见一样，寇准曾赠给丁谓蒸羊，我却没有蒸羊相赠，姑且写这样的一首词相赠吧。"

得财均分勿互图

有盗三人，发古冢获金。二人设计，令一人买饭，俟其至，推于崖下。一人置毒饭中，谋死二人，而享其资。饭至，一人堕崖，二人中毒，俱死。吁！使均分之，皆得享富；险贼①互图，并致凶死。世蹈此岂少哉？

【注释】

①贼：祸害。

【译文】

三个盗贼挖掘古墓得到了金银财宝。其中的两个人合计，让另一个人去买饭，等他回来，将其推下悬崖。买饭的人把毒药放在饭里，想把另外两人谋害致死，自己独享财宝。等饭买回来后，果真一人被推堕崖下，二人中毒，三人都死了。唉！如果三人平均分配，都能享福；险诈祸害互相图谋，反而都不得好死。世上做这种事的人还少吗？

人生忧患识字始

梅询①为翰林学士，一日书诏苦多，操觚②循阶而行。忽见一老卒卧日中，欠伸③甚适，梅叹曰："畅哉！"徐问曰："汝识字乎？"曰："不识。"梅曰："更快活也。"

【注释】

①梅询：字昌言，北宋宣州宣城（今属安徽）人，曾任翰林侍

读学士，颇受宋真宗看重。 ②觚（gū）：古代作书写用的木简。此指草稿。 ③欠伸：打呵欠，伸懒腰。

【译文】

宋朝梅询做翰林学士时，一天，因草拟很多诏书而苦恼，就拿着草稿沿台阶漫步。忽然看见一老人躺在太阳地里，打呵欠，伸懒腰，极其自在，于是感叹说："真舒服啊！"不久又问老人："你识字吗？"老人说："不识。"梅询说："那就更快活了。"

痴姨不痴

魏宦者符承祖[①]用事，亲姻争附以求利。从母[②]杨氏独否，尝谓祖之母曰："姊享一时之荣，不若妹有无忧之乐。"与以衣服，不受，曰："贫人美衣服，反招祸。"与以婢，则曰："家无食，不能饲也。"符氏内外号为"痴姨"。及祖败，有司执二姨到殿庭，其一姨伏法；魏王闻"痴姨"贫，特赦之。

【注释】

①符承祖：北魏孝文帝时宦官，略阳（今属陕西）人，官至辅国将军，后转礼部尚书。 ②从母：用来指称母亲的姐妹。

【译文】

北魏宦官符承祖当权，内亲外戚都依附讨好他，来谋求利益。只有姨母杨氏不这样做，曾经对符承祖的母亲说："姐姐你享一时的荣华富贵，不如妹妹我没有忧患快乐。"赠给她衣服，杨氏不收，说："穷人穿华美的衣服，反而会招来祸患。"送给她奴婢，杨氏就说："家中缺少粮食，管不起饭。"符家的内亲外戚都称她为"痴姨"。等到符承祖败落，有司把符承祖的另一位姨母和杨氏抓到宫殿，一个姨母被处死；魏王听说"痴姨"贫穷，特意赦免了她。

君子慎所从

孔子见罗雀者所得皆黄口小雀,问曰:“大雀不得,何也?”罗者曰:“大雀善惊,黄口贪食,黄口从大雀,则不得;大雀从黄口,亦不(一)得。”子顾弟子曰:“善惊远害,利食忘忧,自其心矣,而以所从为祸福。故君子慎所从。”

【校勘】

(一)不:此则采编自《孔子家语》。据此,当为“可”之误。

【译文】

孔子看见捕雀人所捕得的都是幼鸟,便问道:“大雀捕不到,这是为什么呢?”捕雀人答道:“大雀警惕性高,幼雀则贪吃,幼雀跟随大雀,就捕不到;大雀追随幼雀,也可以捕到。”孔子回头对弟子们说:“提高警惕就会避免危险,贪求食物、忘掉忧患,发自它们的内心,但所追随者决定了它们的祸福。所以君子要看重所追随的人。”

祛忧疑且忘得失

忧疑杯底弓蛇①,双眉且展;得失梦中蕉鹿(一),两脚空忙。

【校勘】

(一)蕉(qiáo)鹿:语出《列子·周穆王》,“郑人有薪于野者,遇骇鹿,御而击之,毙之。恐人见之也,遽而藏诸隍中,覆之以蕉,不胜其喜。俄而遗其所藏之处,遂以为梦焉”。蕉,通“樵”,柴火。后以“蕉鹿”指梦幻。

【注释】

①杯底弓蛇:即杯弓蛇影,将映在酒杯里的弓影误认为蛇。比喻因疑神疑鬼而引起恐惧。

【译文】

犹疑就像杯弓蛇影,暂且把双眉展开;得失就像梦中的蕉鹿,到头来往往两脚空自忙碌。

林下风味与泉下光景

仕途虽赫,常思林下①的风味,则权势之念自轻;世途纵艳,常思泉下②的光景,则利欲之心自淡。

【注释】

①林下:指山野隐居之处。 ②泉下:黄泉之下,指人死后埋葬之处。

【译文】

做官虽然地位显赫,常想想隐居山林的恬淡风味,那么对权势的贪恋之心自然就轻淡;处世纵然心态积极,常想想死亡之后的凄清光景,那么对利益的贪求之心自然淡薄。

智谋难与

始皇并六国,东游会稽渡江,谓子孙万世之固(一),不知项籍已窥其旁①,刘季起喟然之叹于咸阳②矣;曹操芟群雄,定海内,日夜伺鼎③,不知司马懿已入幕府矣。梁武帝杀东昏侯④,覆齐祚,而侯景⑤以是年生于汉北;唐太宗杀建成、元吉登位,而武后已生于并州;宣宗⑥之世无故而复河陇⑦,戎狄既衰,藩镇顺命,而朱温⑧生矣。冷念静观,智谋其得与乎?

【校勘】

(一)东游会稽渡江,谓子孙万世之固:此两句位置应互换。

【注释】

①项籍已窥其旁:《史记·项羽本纪》载,“秦始皇帝游会稽,渡浙江,梁(项羽的叔父项梁)与籍(项羽,名籍,字羽)俱观。籍曰:‘彼可取而代也。’” ②刘季起喟然之叹于咸阳:《史记·高祖本纪》载,“高祖常繇咸阳,纵观,观秦皇帝,喟然太息曰:‘嗟乎,大丈夫当如此也!’”刘季,即刘邦。“邦”为后取名,刘邦排行最小,故人称之为刘季。 ③鼎:借指帝王之位。 ④东昏侯:即南朝萧齐第六位皇帝萧宝卷,字智藏,后被近臣所害,年仅十九岁,被萧衍贬为东昏侯。 ⑤侯景:字万景,北魏怀朔镇(今内蒙古固阳南)鲜卑化羯人,先依附尔朱荣,后来投奔南朝萧梁政权,最后制造了反叛萧梁的“侯景之乱”。 ⑥宣宗:唐宣宗李忱,是唐朝后期较有作为的皇帝,被称为“小太宗”。 ⑦河陇:古代指河西与陇右。 ⑧朱温:又名朱全忠、朱晃,晚唐宋州砀山(今安徽砀山东)人,早年参加黄巢起义,后来废唐哀帝李柷(zhù),建立后梁,为后梁开国君主。

【译文】

秦始皇嬴政横扫六国,一统天下,宣称创立了可传之子孙万代的牢固基业,向东巡游会稽山(今浙江绍兴境内),再渡浙江,他哪里知道项羽已经在旁边窥伺他的帝位,刘邦在咸阳已经抒发了觊觎他的感叹;曹操荡平群雄,安定海内,日夜窥伺汉朝的帝位,哪曾想到司马懿已经走进他的幕府之中了。南朝梁武帝萧衍杀掉了东昏侯萧宝卷,夺取了南齐的江山社稷,而这一年后来叛乱的侯景在大漠之北出生了;唐太宗李世民玄武门之变中,杀兄李建成,杀弟李元吉,逼迫父皇李渊让位,而这时后来废唐为周的武则天已经出生在并州(今属山西)了;唐宣宗李忱时,国家少变故,收复河陇地区,四方少数民族势力衰减,无力窥伺中原,各路藩镇俯首帖耳,颠覆大唐江山的朱温这时来到人间。冷静想来,这些难道是凭着智力谋略可以掌控左右的吗?

自知安分

休怨我不如人，不如我者尚众；休夸我能胜人，胜如我者更多。

【译文】

不要埋怨我不如别人，世上不如我的人还有很多；不要夸耀我能胜过别人，胜过我的人更多。

儒冠拘系

谢承祐[①]游京师，见势利烜赫，怏怏不乐。归过宝云山中，见野凫饮啄沙岸，悠然自得。语人曰："人生如轻尘依弱草，乃以儒冠拘系，良可耻也。"

【注释】

①谢承祐：此则抄自敬虚子《小隐书》。据载，谢承祐为明代海阳人，隐士。

【译文】

谢承祐到京城去游玩，看见达官贵人声势盛大显赫，心里闷闷不乐。回来时路过宝云山，看见野鸭在河边饮水啄食，悠然自得。谢承祐对别人说："人生就像轻尘依靠弱草一般，竟然被一顶儒冠束缚了自己，实在可耻。"

逢旨取薄

宋太祖受周禅，朝班已定，未有禅诏。学士陶穀[①]出袖中，遂用之，然心薄其为人，终身不迁官。穀一子登第，帝曰："闻穀不善训子，何能登第？"令覆试之。逢旨而适取薄，陈平[②]所谓阴祸③也。薛文清④云:“天下事巧拙相半,未许有智力者争此。”

【注释】

①陶穀:本姓唐,后因避后晋石敬瑭讳而改姓陶,字秀实,邠州新平(今陕西彬县)人,入北宋后做翰林学士,才华富赡而德行有亏。 ②陈平:阳武(今河南原阳)人,西汉开国功臣,官至丞相,爵封曲逆侯,谥号献。 ③阴祸:冥冥之中将要受到的惩罚。《史记·陈丞相世家》载,“始陈平曰:‘我多阴谋,是道家之所禁。吾世即废,亦已矣,终不能复起,以吾多阴祸也。’” ④薛文清:即薛瑄,字德温,号敬轩,河津(今属山西)人,明代著名理学家、文学家,河东学派的创始人,世称“薛河东”,官至礼部尚书,谥号文清。

【译文】

宋太祖接受后周的禅让时,文武百官已排列两旁,还缺乏禅位诏书。后周翰林学士陶穀从袖中取出事先写成的诏书,于是太祖采用了,但从心里鄙薄他的为人,终身不给陶穀升官(考史书,不完全符合,只是不重用而已)。陶穀的儿子金榜题名,太祖说:“听说陶穀教子无方,他的儿子怎么能考中呢?”于是下令复试。逢迎太祖的旨意却恰好因这被太祖鄙薄,这正是陈平所说的阴祸。薛文清说:“天下的事情是机巧与愚拙相伴而成的,不允许太有智巧的人相争夺。”

得意浓时正好休

权在手时,弄风雨,撼山岳,自谓谁何①,岂知炭愈焰愈易灭?饶君颐指呼喝,尽是天地间轮流物事,借来使用;大限到时,依然只身。向时性气,只增来业②耳。故曰:“得意浓时正好休。”

【注释】

①谁何:谁能把我怎么样。 ②来业:佛教指来世的报应。

【译文】

大权在时,呼风唤雨,摧山倒岳,自认为谁能把我怎么样,难道不知道炭火烧得越旺越容易熄灭吗?尽管你颐指气使,对人呼来喝去,但权势都是天地间轮流不居的事物,借来暂用罢了;等到寿数已尽,依然独自一身。以前的使性任气,只是增加来世的罪业而已。所以说:"得意浓时正好罢手。"

临刑之言

李斯①临刑,顾其子曰:"吾欲与汝复牵黄犬,臂苍鹰,出上蔡东门,逐狡兔②,其可得乎?"

【注释】

①李斯:字通古,战国末期楚国上蔡(今河南上蔡)人,始皇帝丞相,书法家,后为赵高所忌,被腰斩于咸阳闹市,夷灭三族。②狡兔:灵活敏捷,善跑之兔。

【译文】

李斯临刑时,回头对儿子说:"我想同你一道再牵上黄狗,臂上架着苍鹰,出上蔡城东门,追逐灵活善跑的兔子,难道可以实现吗?"

红尘更深

小儿发愿云:"愿明月长圆如昼(一)。"余曰:"使人终无息期矣。诗不云乎,'白日若不落,红尘应更深'。①"

【校勘】

(一)愿明月长圆如昼:此则抄自陈继儒《岩栖幽事》,"小儿发愿云：'愿明月长圆，终日如昼。'余曰：'善哉！虽然，使人终无息肩期矣！于邺诗不云乎，"白日若不落，红尘应更深"。'"夺"于邺"二字。据《唐才子传》，于邺，字武陵，杜曲（今陕西西安）人。余，当指陈继儒。

【注释】

①白日若不落，红尘应更深：据《全唐诗》，此二句出自于武陵诗《东门路》，诗曰："东门车马路，此路在浮沉。白日若不落，红尘应更深。从来名利地，皆起是非心。所以青青草，年年生汉阴。"红尘，指世间的纷扰争竞。

【译文】

小儿许愿说："只愿明月永久圆满，整天像白昼一样。"我说："这样，让人最终没有休息的时间了！于邺不是有'白日若不落，红尘应更深'的诗句吗？"

勿营千岁

才忙今日，转盼已是明朝；一到今朝，昨日已成陈迹。算阎浮①之寿，谁登百年？生晷刻②之中，勿营千岁。

【注释】

①阎浮：亦称"阎浮提""南阎浮提"，为须弥山四方的四洲之一，即位于南方的赡部洲，上面生长许多赡部树。"阎浮"即"赡部"，一种树名。后泛指人间世界。　②晷（guǐ）刻：本指计时仪器日晷与刻漏。此处为片刻之意。

【译文】

刚刚忙过今天，转眼已是明天；今天一到，昨天就成为过去。算一算世间的寿命，谁能活到百岁？生命短暂，不要谋求太久远的事情。

不动一尘

物莫大天地日月，而子美云："日月笼中鸟，乾坤水上萍①。"事莫大揖逊②征诛③，而康节云："唐虞揖让三杯酒，汤武征诛一局棋④。"人能以此眼界吞吐六合⑤，事来沤生大海，事去影灭长空，自万变不动一尘⑥矣。

【注释】

①日月……上萍：见于杜甫《衡州送李大夫七丈勉赴广州》，诗曰："斧钺下青冥，楼船过洞庭。北风随爽气，南斗避文星。日月笼中鸟，乾坤水上萍。王孙丈人行，垂老见飘零。" ②揖逊：犹揖让，宾主相见的礼仪。此指和平禅让。 ③征诛：武力征伐，屠戮除灭。 ④唐虞揖……一局棋：出于邵雍诗《伊川击壤集卷之二十·首尾吟一百三十五首之一百一十五》，诗曰："尧夫非是爱吟诗，诗是尧夫可叹时。只被人间多用诈，遂令天下尽生疑。唐虞揖让三杯酒，汤武交争一局棋。小大不同而已矣，尧夫非是爱吟诗。" ⑤六合：天地及东南西北，整个宇宙的巨大空间。⑥一尘：一粒微尘，常喻事物的微小。

【译文】

物体没有什么大过天地太阳月亮的，然而杜甫（字子美）却说："日月就像笼中的鸟雀，天地如同水上的浮萍。"事情没有什么大过和平禅让和征伐诛灭的，然而邵雍却说："唐尧虞舜和平禅让不过是三杯酒的仪式，商汤王和周武王的征伐诛灭仅仅像一局棋的争斗。"人能够用这样的胸襟眼界看待天地四方，事情到来犹如浩瀚海洋里生成的浮泡，事情过去就像辽阔天空湮灭的影像，内心自然不为万般变化的事物撼动丝毫了。

五百扶瓮

有村人乘舟采薪，忽有数钱流下，寻至山半树边，有大瓮，钱满其中，而瓮少欹，故流出。于是推正，以石搘[①]之，先取五百以归，后率人再往，竟忘故处。夜梦人曰："钱有主，讵可妄取？向瓮欹，以五百雇尔正之耳。"

【注释】

①搘(zhī)：古同"支"，支撑。

【译文】

有一村民划船沿河砍柴，忽然发现有几枚铜钱顺流而下，就沿河寻到半山腰的一棵树边，发现一个盛满铜钱的大瓮，因为瓮稍稍倾斜，所以有少许钱流出。于是村民将瓮扶正，用石头支撑住，先取了五百回去，后来他领人再去取，最终忘了原来的地方。夜里有人托梦给他说："钱有主人，你怎能随便取用？先前瓮倾斜了，就用五百钱雇你扶正罢了。"

召客择人

唐嗣圣[①]中，禁屠杀。拾遗[②]张德生男，私杀羊会同僚。杜肃怀一餤上告。明日，太后谓德曰："卿生男何从得肉？"德叩头服罪。太后曰："自今召客，亦须择人。"出肃表示之，举朝欲唾其面。

【注释】

①嗣圣：唐中宗李显第一次在位时所用的唯一年号，使用时间两个月不到，时武则天掌实权。　②拾遗：唐代谏官名，职掌与左右补阙相同，同掌供奉讽谏、荐举人才。

【译文】

唐代嗣圣年间，禁止屠宰动物。拾遗张德生了儿子，就偷偷地杀了只羊邀同僚庆贺。杜肃怀里藏了一块肉，将此事上告。第二天，太后对张德说：“你生儿子庆祝用的肉怎么弄到的？”张德叩头表示认罪。太后又说：“今后招待客人，也要注意一下人选。”拿出杜肃告密的表章给张德看，所有朝臣都要唾弃杜肃。

居易《卜居》诗

白居易《卜居[1]》诗云：“莫嫌地窄林亭小，莫厌家贫活计[2]微。大有高门空锁宅，主人到老不曾归。”

【注释】

①卜居：择地居住。　②活计：生计，谋生的手段。

【译文】

白居易《卜居》诗中说：“不要嫌弃自家地方窄狭，园林、亭榭太小；不要厌弃自家的谋生手段微末。世上有很多高门空自锁闭，主人到老也不曾回来。”

阿堵有分限

有书生贫，居邻官库，因穴入而取钱。有金甲神叱曰：“汝要钱，可取尉迟公帖来。”书生访至铁冶所，有尉迟敬德蓬首而煅。书生乞钱五百贯，公怒曰：“安得钱？侮我耳。”生曰：“第赐一帖。”公笑而浪书与之。生持至库中，神览曰：“是也。”系梁上，命如数取钱。后敬德立殊功归里，敕赐钱一库。阅簿缺五百贯，将罪主者。忽于梁上得帖，视之乃打铁时书也。阿堵[1]有分限[2]若此。

【注释】

①阿堵：即阿堵物。阿堵，六朝及唐人常用的指称词，相当于这、这个。南朝宋刘义庆《世说新语·规箴》载：晋王衍嫉其妇贪浊，口未曾言钱字。妇欲试之，使婢以钱绕床，王衍晨起，即令婢曰："举却阿堵物。"后遂借指钱。 ②分(fèn)限：分定，命中注定。

【译文】

有个贫穷的书生，居所临近公家金库，趁机挖洞进入金库偷钱。有金甲神呵斥道："你想要钱，可以拿尉迟公帖子来。"书生找到了尉迟敬德（尉迟恭，字敬德，早年做过铁匠）的铁匠铺，只见他蓬头垢面正在打铁。书生向尉迟公要五百贯钱，尉迟公很恼怒："我哪有那么多钱？你是在侮辱我吧。"书生说："只要您赐给我一个帖子。"尉迟公笑了笑，随便写了帖子交给了书生。书生将帖子拿到金库里，金甲神看了看，说："这样就行。"说完将它拴在梁上，让书生取了五百贯。后来，尉迟公立下大功，荣归故里。皇帝下令赐一金库钱给他。尉迟公查看库钱账簿，发现少了五百贯，便要惩罚主管金库的人。忽然在梁上发现了那个帖子，仔细一看，原来是自己打铁时所写的那张。钱财也是命中注定。

天数难逃

郭璞[①]自为卦，知其凶终。尝脱一丝布袍与一少年，后遭王敦[②]之难，乃此人行刑。尝入厕，欲作法禳祸[③]，为人见而破坏。数不可逃如此。

【注释】

①郭璞：字景纯，河东闻喜（今属山西）人，两晋时期著名文学家、训诂学家，精于天文、历算、卜筮。 ②王敦：字处仲，琅邪

临沂(今山东临沂北)人,为东晋丞相王导的堂兄,曾与王导一同协助司马睿建立东晋政权,成为当时权臣,后发动的政变。③攘祸:祛除祸患。

【译文】

郭璞为自己算卦,知道自己将不得善终。郭璞曾经脱下自己的丝绸衣服给了一个青年人,后来郭璞要被王敦杀死,行刑的就是这个青年。郭璞曾经假装上厕所,想趁机作法,祛除灾难,不料被人发现而遭破坏。上天的命数真是不可逃脱。

知足而俭即福

美味八珍①,一饱外无加焉;美锦千袭,六尺躯不能胜也;广厦万间,容膝外皆空室也;秦娥越姬,列屋分房,终岁不能遍,遍且病瘘死矣;田连阡陌②,而埋骨一丘;金珠玳瑁③,不尽可为含④也。吾尝饮浊酒三杯,饭一盂,菜一箸,饱暖而嬉;从贵介⑤食鲜听瑟,归则腹膨膨,终夜不宁。夫有金沽酒⑥召客,夜燃兰膏⑦,歌白苎⑧,此豪奢之极也!客退而焚香读书,语燕⑨窥人,流萤度席,此清贵之至也。彼阿堵铜臭⑩,竟何为哉?尝见将相大臣,家累万(一)而惜一钱,经营以遗子孙,令子孙不检,不再传而汤沃雪⑪矣。如世世贤而师吾俭,子传孙,孙传曾玄,此田庐金帛,将竟属谁氏哉?

【校勘】

(一)万:据明代屠隆所著《鸿苞节录》,前夺一“千”字。

【注释】

①八珍:原指八种珍贵的食物,后来指八种稀有而珍贵的烹饪原料,其具体所指随时代和地域不同而不同。泛指珍稀而贵重

的食物。 ②田连阡陌:形容田地广阔,接连不断。阡陌,田间小路。 ③玳瑁:龟鳖目海龟科动物玳瑁背甲做成的名贵装饰品。④含:即含口,古时死者沐浴穿戴后,必须在口中放的东西。含口按其等级地位和贫富状况而定,可含金、银、珠、玉、铜乃至饭等。⑤贵介:指尊贵、富贵者。 ⑥沽酒:买酒。 ⑦兰膏:古代用泽兰子炼制的油脂,可以点灯。 ⑧白苎:古乐府有《白苎》曲,宋人借旧曲名另制词牌。 ⑨语燕:鸣叫的燕子。 ⑩铜臭(xiù):铜钱上的气味。常用"铜臭"来讽刺唯利是图、不重人情的人。⑪汤沃雪:"如汤沃雪"的省略。像热水浇雪一样,形容消失得非常快或问题非常容易解决。

【译文】

美味佳肴,吃饱后不能再吃;美锦做成的衣服上千套,凭自己六尺之躯怎么也穿不完;高楼广厦千间,容下自身之外全都空着;秦国、越国的美女,分房而居,一整年也睡不完,即使睡遍了,人也要生病委顿而死了;拥有广阔的大片田地,死后埋葬自己尸骨的不过一座坟丘;金银珠宝玳瑁,不可能全部充当含口。我曾经只喝三杯浊酒,吃一碗粗饭、一筷子菜,结果是吃饱穿暖,自在快乐;曾经跟随富贵之人吃美味,听音乐,回来后却肚子发胀,整夜不得安宁。有钱买酒招待客人,夜里点燃香烛,唱起《白苎》词,这样真是豪华奢侈到了极点!客人散场,焚香读书,呢喃的燕子窥人而过,点点萤火虫飞过座席,这又是多么清雅高贵的事情啊!至于那些散发铜臭的金钱,又有什么用呢?曾经见到过一些将相大臣,家财万贯而吝惜一文钱,苦心经营传给子孙,假如子孙不自我约束,传不了两次就像热水浇雪一样消失了。如果子孙世代有贤德并且学习我的节俭,儿子传给孙子,孙子传给曾孙,曾孙可以传给玄孙,这些田地、房屋、金钱、丝帛,将最终归于谁呢?

登城生羡道顿无

尝与高僧登城,望一大家,叹曰:"可惜蒲团上数十年坐来底[1],如此斫丧[2]尽了。"

【注释】

①底:同"的"。 ②斫丧:摧残,伤害。

【译文】

曾经和高僧一同登上城头,远远看见一富贵之家的宅院(而心生羡慕),高僧感叹道:"只可惜蒲团上几十年苦心修炼得来的,就这样摧残尽了。"

汾阳治第

郭汾阳治第,谓工人曰:"好筑墙,勿令不牢。"筑者释锤对曰:"数十年来,京城达官墙皆是某所筑。今某死某亡,某败某绝,人自改换,墙固无恙。"公闻而惕然动心,即日请老。噫!贤哉,工人之言!达哉,令公[1]之见也!

【注释】

①令公:对中书令的尊称。郭子仪曾做过中书令。

【译文】

汾阳王郭子仪修建宅院,对工匠说:"好好筑墙,不要不牢固。"筑墙者放下锤子说:"几十年来,京城中达官贵人家的墙,都是我筑的,现在有人没命了,有人逃亡了,有人衰败了,有人绝后了,房子主人不断变更,墙却没有问题。"郭子仪听后顿生警惕之心,当日上奏告老还乡。唉!工匠的话高明啊!郭令公的见识也是通达!

勿建精巧之宅

精巧愈甚,则(一)人瞰①之也愈急,是速其败也;价值愈高,则(二)人市之也愈难,是益其累也。况致富多不以道,速败自是常理。冷眼旁观,可为叹息。

【校勘】

(一)则:此则抄自明谢肇淛《五杂组·地部一》,后原有“失势之日”四字。

(二)则:据明谢肇淛《五杂组·地部一》,后原有“贫乏之日”四字。

【注释】

①瞰:窥看,此处有觊觎的意义,原文讲的是高官显贵不应该建造精美宅第的道理。

【译文】

(高官显贵)建造的房屋越精致巧妙,别人就觊觎得越紧,这是加速他的败亡;房子的价值越高,别人买起来就越难,这是增加他的负累。何况致富多是不正当的方法,快速败亡自然是常理。冷眼旁观,真是令人叹息。

受用一生与阅历一生

水到渠成,瓜熟蒂落,此八字受用一生;否极泰来①,福过灾生,此八字阅历一生。

【注释】

①否(pǐ)极泰来:逆境达到极点,就会向顺境转化。指坏运到了头好运就来了。

【译文】

水到渠成，瓜熟蒂落，这八个字可以受用一生；否极泰来，福过灾生，这八个字可以体察一生。

不治园第

范文正公在杭时，子弟以公有退志，请治园第为逸老地。公曰："年逾六十，来日有几？乃谋第圃，顾何时而居乎？吾患位高难退，不患退而无居也。西都士大夫，园林相望，为主人者莫得常游，而谁独障吾游者，岂有诸己而后为乐耶？"

【译文】

文正公范仲淹在杭州为官时，子弟认为他已心生退休之意，就请求他修建园林住宅作为养老之地。范仲淹说："我已年过六十，来日无多，现在谋划修建园林住宅，什么时候才能住呢？我现在担心的是官居高位退不下来，不担心退下来后没有住的地方。西京（北宋西京为洛阳）那些士大夫们在杭州建的园林到处都是，做主人的没有谁能够经常来游览，谁又能阻挡我在此游玩呢？难道非得我自己拥有了园林之后才欢乐吗？"

魏野寄诗

王旦从东封回，过陕，魏野①寄诗云："圣朝宰相年年出，公在中书十二秋。西祀东封②俱已了，好来相伴赤松③游。"旦袖此诗求退。寇准自永兴被召，野亦以诗送云："好去上天辞富贵，却来平地作神仙。"寇得诗不悦。后二年贬通州，每题前诗于窗，朝夕吟哦。

【注释】

①魏野：字仲先，号草堂居士，北宋诗人，原为蜀地人，后迁居陕州（今河南陕县）。 ②西祀东封：指宋真宗向东封禅泰山，后又抵山西汾阴（今山西万荣）祭祀后土地祇。 ③赤松：即赤松子，古代神话传说中的上古仙人。

【译文】

王旦随从真宗皇帝到泰山封禅回来，经过陕西，魏野寄诗给王旦说："圣朝宰相年年出，公在中书十二秋（指王旦做宰相十二年）。西祀东封俱已了，好来相伴赤松游。"王旦将此诗装在怀里，祈求告老退休。寇准自永兴被召回京城，魏野也送给他两句诗："好去上天辞富贵，却来平地作神仙。"寇准看了很不高兴，没过两年，寇准被贬通州，便常常将此诗写在窗前，朝夕吟诵。

富贵如逆旅

客有称富贵家者，答曰："富贵如何便称家也？富贵如以我为家，不应走向他家矣。富贵有时走向他家，是以我为逆旅[1]耳，我亦逆旅一客也。不如暂借一宿，经宿分手，空此旅舍还主人。"

【注释】

①逆旅：迎接客人的地方，即旅馆。逆，迎接。

【译文】

客人有自称是富贵家的，有人回答他说："富贵怎么能称家呢？富贵如果以我为家，就不应该走向别人家了。富贵有时走向别人家，这是把我当作了旅馆，我也是旅馆中的一个客人。不如暂且借住一晚，等天亮分手之后，把空下来的旅馆交还主人。"

墓穴待客

司空表圣①预为圹，故人来者，引置内对酌。人或难之，表圣曰："非止暂游此中，公何不广耶？"

【注释】

①司空表圣：即司空图，字表圣，自号知非子，又号耐辱居士，河中虞乡（今山西运城永济）人，晚唐诗人、诗论家。

【译文】

司空图预先为自己造了墓穴，有朋友到来，领他们到墓中对饮。有人责备他，司空图说："并非只是暂时在墓中停留（墓乃永息之地，则世上为暂住），您为什么不豁达呢？"

处世贵自适

大艑①如山，大航如云，乘长风而江行。宴坐啸歌，千里一息②，至快也。俄焉，风云四合，电雷怒布，舟师无人色，相与颠顿号呼，以祈免于蛟龙之吻。回顾岸旁渔艇，方且依徊③苇柳之间，浊酒自劳，醉卧舱底，看妇结网，稚子吹短笛，亦自适也。世途何莫不然？可以一悟。

【注释】

①艑（biàn）：大船。 ②千里一息：也作"一息千里"，喘一口气的工夫就行一千里路，形容速度极快。 ③依徊：此处意为安闲自在地航行。

【译文】

大艑、大航都是些如山、如云的大船，乘风破浪，沿江而行。船上的人可以安坐长啸歌吟，一会儿便在千里之外，这是极其畅快的。突然风云四起，电闪雷鸣，阴云密布，连驾船的也面无人色，船身颠簸不已，人们呼号哀鸣，祈求苍天保佑，免于葬身蛟龙之口。回看岸上的小渔船，正安闲自在地穿梭在芦苇、垂柳之间，渔夫正饮浊酒慰劳自己的辛苦，醉卧舱底，看妻子织渔网，看幼童吹短笛，也舒适快乐。处世为什么不是这样呢？可从中悟出点道理。

春梦婆

东坡谪昌化军，郊行遇雨，借农家箬笠戴之，着屐归。妇人小儿相随而笑，邑犬群吠。又尝负瓢歌野间，有老妇谓曰："内翰①昔富贵，今如一场春梦。"里人呼老妇为春梦婆。

【注释】

①内翰：唐宋称翰林为内翰。苏轼做过翰林学士。

【译文】

苏东坡被贬谪到昌化军（军为宋朝行政区划，昌化军在今海南儋州一带），在郊外旅行时遇雨，借农户家的斗笠戴上，穿上木屐回府。妇女儿童跟着他笑乐，城里的狗都大叫起来。苏东坡还曾背着酒瓢在田野里唱歌，有一个老妇人对他说："苏翰林从前富贵过，现在想来如一场春梦。"乡间人便称这位老妇为"春梦婆"。

沉酣世味

沈酣世味①，浑如酒蠁②寻酿；苦恋火坑，一似灯蛾赴焰。烂臭底一副皮袋③，说俊说美，名为粪里钻香；好险的两字功名，说富说贵，真是刀头餂④蜜。

【注释】

①世味：尘世生活中为人所追求的舒适物质享受，为人欣羡的社会地位，显赫的名声，等等。　②酒蠁（xiǎng）：酒醋上的一

种小飞虫。 ③皮袋:皮制的袋,常借喻人的躯体。 ④餂(tiǎn):古同“舔”。

【译文】

一味沉醉于世俗的欲求之中,完全像酒瓮寻找美酿;苦恋火坑,简直似飞蛾投火。极其臭秽的一副身躯,说俊俏说美丽,可称是从粪里面吸取香味(说的是沉溺于女色);好险的功名这两个字,说富裕说尊贵,真是在刀头上舔蜜罢了。

果遇悬棺

王果①谪雅州刺史,泊船岩下,仰视有一棺,临空半山。乃缘崖观之,得铭云:“欲堕不堕逢王果,五百年后重收我。”果叹曰:“吾谪雅州,固命也。”遂收窆而去。

【注释】

①王果:唐代咸宁(今湖北咸宁)人,曾任左卫将军,后贬为雅州(今四川雅安一带)刺史。

【译文】

王果被贬为雅州刺史时,将船停在岩石下,抬头看见一具棺材,悬在半山腰中。于是便爬上岩石仔细察看,见石上有铭文:“欲堕不堕逢王果,五百年后重收我。”王果感叹道:“我被贬雅州,看来是命中注定。”于是便将棺材安置好,离开了。

贩车必覆

天雨,迂夫①见饭车(一)息于高蹊者,指谓徒曰:“是车不久覆矣。”行数步,闻谨②声,顾其车已覆。徒曰:“何以知之?”迂夫曰:“以人事知之。夫天雨道泞,而蹊独不濡,又狭而高,是众人所趣也，而车不量力，专狭擅高，久留不去，以妨众欲，能无覆乎?”噫！祸固有巨于此(二)！

【校勘】

(一)饭车：此则出自司马光的《迂书·贩车》。据此，当为“贩车”之误。贩车，贩运货物的车子。

(二)此：《迂书·贩车》后原有“奚贩车之足云”。

【注释】

①迂夫：司马光的号。 ②讙：喧闹声。

【译文】

天下大雨，迂夫(司马光)看见一辆贩车停在高高的山道上，便指着车子对随从说：“这辆车一会儿要翻了。”没走几步，便听见喧闹声，回头一看那车子已翻倒路旁。随从问：“你凭什么知道要翻车呢?”迂夫说：“这是凭人之常情知道的。下雨天道路泥泞，只有山道干燥，可山道又狭窄又高险，众人都想从这山路上走，而车夫又不自量力，独占了这又狭窄又高险的山道，淹留不走，阻碍了众人行路，怎么能不翻车呢?”唉！祸患有比这更大的！

璟能预见

唐赵璟①为入蕃副使，既行，谓二张②曰：“前几里合有河，河边木下合有一官着骖(一)立。”既而果然。二张问何以知之，赵曰：“某年三十，已梦此行，亦不当怨时相③也。”

【校勘】

(一)着骖：据《嘉话录》“赵璟”条，此处为“树下合有一官人着惨服立”，可见“骖”乃“惨”之误，且夺“服”字。惨服，丧服。

【注释】

①赵璟：即赵憬，字退翁，渭州陇西(今属甘肃)人，唐德宗时

官至宰相。②二张：据《嘉话录》“赵璟”条，二张为张荐和张彧两位判官。③时相：指当时的宰相李泌。此次出使吐蕃为苦差，宰相李泌任命赵璟为出使吐蕃的副使。

【译文】

唐代赵璟任出使吐蕃的副使，上路后，他对张荐和张彧两位判官说：“往前几里应该有条河，河边树下应该站着一位身穿丧服的官人。”到了那里，果真这样。二张问赵璟怎么知道的，赵璟说：“我三十岁的时候，已经梦见这次出使，也不应当埋怨现在的宰相李泌。”

天必有说

非灾横祸(一)，世人常叹无因；分付安排，皇天必自有说。

【校勘】

(一)非灾横祸：当为“飞灾横祸”，指意外的、平白无故的灾祸。

【译文】

对意外的、平白无故的灾祸，世人常常感慨没有因由；其实所有部署安排，上天必定自有说法。

消气息机

鹬蚌相持①，兔犬共毙②，冷觑来令人猛气全消；鸥凫共浴，鹿豕同眠，闲观去使我机心顿息。

【注释】

①鹬蚌相持：即鹬蚌相争，语出《战国策·燕策》：“蚌方出曝，而鹬啄其肉，蚌合而钳其喙。鹬曰：‘今日不雨，明日不雨，即有死蚌！’蚌亦谓鹬曰：‘今日不出，明日不出，即有死鹬！’两者不肯相

舍，渔者得而并禽之。” ②兔犬共毙：语出《战国策·齐策》，“韩子卢者，天下之疾犬也。东郭逡(qūn)者，海内之狡兔也。韩子卢逐东郭逡，环山者三，腾山者五。兔极于前，犬废于后；犬兔俱罢，各死其处。田父见而获之，无劳倦之苦，而擅其功”。

【译文】

鹬蚌相互争持，兔犬共同毙命，冷眼观看使人争竞之气完全消失；鸥鸟野鸭共同戏水，麋鹿野猪一起睡眠，悠闲看来使我的机巧功利心思顿时止息。

信天缘与漫画

瀛水(一)有二鸟。一类鹄，色苍喙长，终日凝立水际不动，听鱼过取之，名曰“信天缘”；一类鹜，不问水腐泥沙，必奔走尽索，无一息休，名曰“谩画”。信天缘若无能者，乃与谩画均度一日，视谩画加壮。吁，可以人而不如鸟乎？

【校勘】

(一)瀛水：此则抄自洪迈的《容斋随笔》。《容斋随笔》开头是“瀛(今河北河间)莫(今河北任丘)二州之境，塘泊之上有禽二种”。郑瑄苟简为“瀛水有二鸟”，让人误认为瀛水乃一条河的名字。

【译文】

在瀛州和莫州的河塘湖泊上，生活着两种鸟。一种很像天鹅，全身灰白色，嘴很长，整天静立于水边，一动不动，有鱼从它身下经过时，它就用嘴将其捉住吃掉，它的名字叫“信天缘”。另一种很像水鸭，不管腐草中，还是泥沙里，到处寻找食物，四处奔走，直至找完为止，没有片刻休息，它的名字叫“谩画”。信天缘好像很平庸无能，竟然和谩画一样度过一天，其个头反比谩画更壮大。唉，人可以不如鸟吗？

郭进治第

宋郭进①建第，落成日列诸匠坐于子弟右，或谓不可。公指匠曰："此造屋者。"指子弟曰："此卖屋者，何得越序？"识者谓名言。

【注释】

①郭进：深州博野（今属河北）人，五代末年至北宋初年将领。

【译文】

北宋郭进建造房宅，落成日庆贺，他将众位工匠的座位安排在子弟们的座位之上，有人认为这不可以。郭进指着众位工匠说："这是造房子的人。"又指着子弟们说："这是卖房子的人，怎么能够超越了次序？"有见识的人认为这是名言。

绚烂不如平淡

王侯将相甲第如云，平旦开门，宾客拥入，日昃张宴；粉黛成行，道人过之，呵声雷鸣，不敢仰窥。后数十年又过之，则蔓草瓦砾，日冷风凄。放牛牧豕之场，皆畴昔歌舞地也。方其盛时，宁知今日？出郭，登丘陇，郁郁累累，王侯邪，厮养邪？英雄邪，騃子①邪？是乌可辨？吾(一)想生时争名射利，孰不规其所难图，而猎其所无益；一朝长寝，万虑俱寂。余尝宿官舍，送往迎来，不知更几主也；余尝阅朝籍②，去故登新，不知更几名也。水陆毕陈，始亦甚甘；及膨脝(二)滋苦，不如青蔬白饭，殊有余味。妖姬③娈童④，极妍尽态⑤，始亦甚乐；及兴尽生悲，不如焚香摊书，久而益远。

【校勘】

(一)吾:此则采编自明朝屠隆的《冥寥子游》,故当代指屠隆。

(二)膨脝:乃“膨脖(hēng)”之误,“脝”与“脖”因形近致误。膨脖,肚子鼓胀之病。

【注释】

①騃(ái)子:呆子,痴傻之人。 ②朝籍:在朝官吏的名册。 ③妖姬:美女。多指妖艳的侍女、婢妾。 ④娈童:为被猥亵的美少年之意,也作男妓解。 ⑤极妍尽态:即尽态极妍,仪态和丽质最充分地显示出来。

【译文】

王侯将相宅第豪华,繁盛如云,天亮时大门一开,宾客成群结队拥入,太阳西斜宴会才开始;美女成群,有人路过,差役喝令行人让路的声音大如雷鸣,吓得人们不敢抬头仰视。几十年之后,又经过这个地方,就发现荒草瓦砾,日冷风凄。放牛牧猪的场所,都是原来歌舞娱乐的地方。在其兴盛的时候,怎么知道有今天这副衰败的样子呢?到外城去,登上那众多的坟墓,谁知道哪里埋的是王侯,哪里是仆人?哪里又是英雄,哪里又是痴傻之人呢?这怎么可以分辨清楚呢?我想,他们活着的时候,争名逐利,谁不规划那难以图谋的目标,求取那实际上并没有多少用处的东西?等到一朝死去,各种欲念归于虚无。也曾住过官舍,迎来送往,那官舍不知道换了多少主人;我曾翻阅在朝官吏的名册,去旧名换新名,不知道更替了多少名字。山珍海味都摆上来,开始还觉得味道甜美;等到肚子鼓胀得无比痛苦,不如蔬菜米饭余味无穷。贪恋美女俊男极美的仪态和姿色,开始也很快乐;等到兴趣过后,就会生出悲哀,不如焚香静坐开卷读书所得到的快乐长久深远。

当不得真

鸣驺[①]呵殿[②]，歌儿挈傀儡于场中；揭地掀天[③]，童子弄形影于灯下。

【注释】

①鸣驺(zōu)：古代随从显贵出行并传呼喝道的骑卒。有时借指显贵。 ②呵殿：谓古代官员出行，仪卫前呵后殿，喝令行人让道。指此类仪仗队伍或随从人员。 ③揭地掀天：犹言翻天覆地。此处形容权势极大。

【译文】

权贵出行，驺卒前呵后殿，就像歌妓们在场中拿着木偶做戏；播弄翻天覆地的权势，就像是童子在灯下舞弄拳脚。

发解口占

邹智[①]年十六发解[②]。迎宴日，叹羡如堵墙[③]，智马上占云："龙泉山下一书生，偶占三巴[④]第一名。世上许多难了事，市儿[⑤]何用喜相惊？"

【注释】

①邹智：字汝愚，号立斋，又号秋囦(yuān，古同"渊")，明朝合州(今重庆合川)人，官至庶吉士，正直敢言。 ②发解(jiè)：明清时乡试考中举人第一名，也泛指乡试考中举人。 ③如堵墙：语出杜甫《莫相疑行》"集贤学士如堵墙，观我落笔中书堂"，指围观者密集众多，排列如墙。后多用以为典实。 ④三巴：古时巴郡、巴东、巴西的合称。相当于今四川嘉陵江和重庆綦江流域以东的大部。 ⑤市儿：指市井好利之徒或者市井少年。此处指世俗之人。

【译文】

邹智十六岁高中乡试第一名举人。在举行迎接宴会的日子，赞叹美慕的围观者密集众多，排列如墙。邹智骑在马上，口占一绝："龙泉山下一书生，偶占三巴第一名。世上许多难了事，市儿何用喜相惊？"

福尽沉沦

富贵天不甚惜，惟清福靳[①]焉。猾软之夫，终身福泽，肥羊美肫[②]，恣所厌饫[③]，体质日腴，屠肆[④]日近。清虚好修者，时加摧抑。名高则物败，道精则魔试。恶与福会，善与祸期。卒之，福尽遂致沉沦，道亨[⑤]终尔[⑥]超越，是造物微权[⑦]也。

【注释】

①靳(jìn)：吝惜。 ②肫(zhūn)：禽类的胃。 ③厌饫(yù)：吃饱，吃腻。 ④屠肆：屠宰场。 ⑤亨：通达。 ⑥终尔：犹"终焉"，最终。尔，词尾，无实义。 ⑦微权：暗中的权谋。

【译文】

上天不吝惜富贵，只吝惜清福。圆滑狡诈的人，终身享尽福泽，肥羊美肫，尽情享用，身体日渐丰腴，死亡之日却越来越近。清净无为长于修养的人，时常对自己施以挫折压抑。名声太高就会招致众人的败坏，道法精进就会引来魔鬼的检验。邪恶与幸福相会，良善与祸患同在。总之，福泽享尽会导致沉没沦落，道法悟通就能得到超越，这是造物主暗中的权谋。

弃袍得自在

刘生居衡岳。间之市，从人丐钱，则市盐酪归，尽则更出。

富人偶贻一袍，刘受而去。越数日，故褐如初。问之，云："吾几为子所累。吾尝日出，庵有门不掩；既归就寝，门亦不扃。自得袍后，不衣而出则系念，因而锁之；或夜出(一)则牢关焉。数日营营①不自适，因悟以一袍使方寸如此。脱以与人，此心坦然如初。吾几为子累矣。"

【校勘】

(一)出：乃"归"之误。此则最早见于宋代郭彖《睽车志》，原文作"或衣以出，夜归则牢关以备盗"。

【注释】

①营营：内心烦躁不安。

【译文】

刘生居住在南岳衡山。他间或到集市上去，向别人讨钱，买一些盐、奶酪等食物回去，吃完了再来。偶有一富人送给他一件袍子，刘生接受之后回山中去了。过了几天，刘生又像当初一样穿粗布衣。富人问他缘故，刘生说："我差一点被你所牵累。我过去白天出去，草庵虽有门但从没有关过；回来倒头便睡，连门也不用上闩。但自从得到这件长袍之后，不穿上它出来就老是挂念，因而将其锁起来；有时穿上它出去，夜里回来，就得将门关得牢牢的。连日来内心烦躁，很不舒适，于是明白这一件袍子使内心如此纷乱。把袍子脱下来给了别人，心中便坦然如初。我差点被你牵累了。"

天命不可逃

文帝梦欲升天，有黄头郎①推之，乃得升。后见邓通②，类梦中所见，遂幸之。或相通应饿死，帝曰："能富通者我也。"于是许通自铸钱。至景帝时被收，卒饿死。或相周亚夫③饿死，后下狱愤惋④不食而卒。通以天子富之，亚夫身为大将，而皆不免饿。命其可逃哉?

【注释】

①黄头郎:汉代掌管船舶行驶的吏员,后泛指船夫。《史记·佞幸列传》:"(邓通)以濯船为黄头郎。"裴骃《集解》:"徐广曰:'著黄帽也。'骃案:《汉书音义》曰'善濯船池中也。一说能持棹行船也。土,水之母,故施黄旄于船头,因以名其郎曰黄头郎'。"《汉书·佞幸传·邓通》引此文,颜师古注:"土胜水,其色黄,故刺船之郎皆著黄帽,因号曰黄头郎也。" ②邓通:蜀郡南安(今四川乐山)人,汉文帝男宠,因文帝准其铸钱,富甲天下。③周亚夫:沛县人,西汉时期的名将,平定吴楚七国之乱的统帅,后任丞相,被冤下狱,绝食自尽。 ④愤惋:愤恨。

【译文】

汉文帝做梦想要升天,有一黄头郎推了他一下,才得以升天。后来他看邓通像梦中所见的黄头郎,于是宠幸他。有相面人相邓通应贫饿致死,文帝说:"我能使邓通富厚。"于是,允许邓通自己铸钱。到汉景帝时,邓通被逮捕关押,最终饿死了。有相面者相周亚夫会饿死,后来周亚夫下狱,愤恨不平,绝食身亡。邓通是皇帝让他富厚,周亚夫身为大将,而都免不了饿死。天命难道是可以逃脱的吗?

事有定数

张延赏[①]节度西川,韦皋[②]以门婿被逐。后延赏乞休,而韦皋代其官。韩侂胄[③]治第,一贵戚方为木工,为之作室。后侂胄籍没[④],而木工居其第。

【注释】

①张延赏:原名宝符,蒲州猗氏(今山西临猗)人,唐德宗时官至宰相,谥号成肃。 ②韦皋:字城武,京兆万年(今陕西西

安)人,唐中期名臣。 ③韩侂(tuō)胄:字节夫,河南安阳人,南宋中期权臣、外戚。 ④籍没(mò):谓登记所有的财产,加以没收。

【译文】

张延赏为剑南西川节度使时,韦皋作为他的女婿却被他驱逐。后来张延赏辞官,而韦皋接替了张延赏的职位。韩侂胄建造宅院,一位贵戚当时做木工,替韩建房屋。后来韩侂胄家产被籍没,原先那位木工拥有了韩侂胄的宅院。

自在法门

为卑官则恨不享大位,及位高而颠踬[①]倾危[②],回想卑官而受清宁之福,天上矣。布衣粝食[③],妻子相保,则恨不富贵,一旦祸患及身,骨肉离散,回想布衣粝食,妻子相保时,天上矣。人聪明强健,则恨欲不称心,一朝疾病淹缠,呻吟痛苦,回想聪明强健,天上矣。古人云:"上方不足,下方有余,是自在法门也。"

【注释】

①颠踬(zhì):跌倒,比喻处境艰难困苦。 ②倾危:倾覆,倾侧危险。 ③粝(lì)食:粗恶的饭食。

【译文】

官位低时,就遗憾自己不能享有高位,等到官位高了,处境困苦危险,回想官位低时,可以享受清平、康宁之幸福,真是天上神仙过的日子。身着布衣,粗茶淡饭,妻子儿女相守,就遗憾自己没有富贵荣华,有了富贵荣华,一旦祸患临身,骨肉亲人离散,回想当初身着布衣,粗茶淡饭,妻子儿女相守,真是天上神仙过的日子。人在耳聪目明、身强体健之时,就遗憾欲望不能满足,等到欲望满足,一旦疾病长久缠身,呻吟痛苦,回想自己耳聪目明、身强体健时的生活,真是天上神仙过的日子。古人说过:“比上不足,比下有余,是快乐自在的途径。”

妻贤女慧

王章①为诸生②,病甚,无被,卧牛衣③中,向妻垂涕。妻呵曰:“朝廷贵人,谁逾仲卿者?今疾病困厄,不自励而涕,何鄙也!”后章至京兆,欲上封事④,妻又止之曰:“人当知足,独不念牛衣中涕泣时耶?”章不听,书上而下廷尉,妻子皆收。章女年可十二,夜起号哭曰:“平日狱上呼囚,数常至九,今八而止。我君素刚,先死者必君。”明日问之,章果死。

【注释】

①王章:字仲卿,泰山钜平(今山东泰安)人,西汉后期大臣,因直言敢谏遇害。 ②诸生:此指在太学读书的人。 ③牛衣:供牛御寒用的披盖物,如蓑衣之类。 ④封事:密封的奏章。古时臣下上书言事,防有泄漏,用皂囊封缄,故称。

【译文】

王章在太学读书时,病得厉害,没有衣被,只好卧在牛衣中御寒,面对妻子流泪。妻子呵斥他说:“朝廷的高官显贵,有谁超过仲卿你呢?现在疾病缠身,遭受困苦,不知道发愤反而哭泣,是多么没有见识啊!”后来王章做了京兆尹,想上弹劾权臣的奏章,妻子又劝阻他说:“人应当知足,难道不想想自己卧在牛衣中哭泣的情景吗?”王章不听劝,上奏章后不久就被交付廷尉审讯,妻子儿女都下狱。王章的女儿年龄十二岁左右,夜里起来号啕大哭,对母亲说:“平常监狱里提取囚犯,常常数到九,今天刚数到八就不喊了。我父亲素来刚直,肯定是他先死了。”第二天一问,王章果真死了。

听自然真个好

功名大小,天已安排了,何用百般机巧?荣枯喜辱休恼,开先谢蚤,此理人知少。万事筭[1]来由命,听自然真个好。荣枯得失,天已安排毕,何苦劳心力?得一日,过一日,泰来否极,机巧终何益?万事付之一笑,前程事暗如漆。

【注释】

①筭:同"算"。

【译文】

功绩名声的大小,上天早已安排好了,何必用尽心机去谋求呢?由昌盛变为衰败,由欢乐转向耻辱,对此不要心生埋怨,先盛开的花凋谢得也早,这个道理人们知道的很少。万事算来都是由天命决定,听任自然真是好。盛衰得失,上天已经安排妥当,何苦再费心力?过一天,算一天,坏到极点自然转好,何苦费心劳力呢?万事都付之一笑,前程黯淡如漆,谁人知道。

蝇营狗苟终无益

株守[1]终身,必不损吾命所有;蝇营狗逐[2],岂能增吾命所无?

【注释】

①株守:安守故常,不求进取。 ②蝇营狗逐:即蝇营狗苟,像苍蝇一样飞来飞去,像狗一样的苟且卑劣。比喻为了追逐名利,不择手段,到处钻营。

【译文】

终身安守本分,并不会损失掉我命中注定应有的东西;蝇营狗苟,四处钻营,哪里能增加我命中注定没有的东西?

恩仇乃损益之故

恩我为仇，仇我为恩。损益[1]之故，孰知其门严霜酷雪；草木怒生[2]，人自不见归德春明[3]。

【注释】

①损益：有害有利。　②怒生：生机勃勃。　③春明：春光明媚。

【译文】

视我为恩人的人会视我为仇人，视我为仇人的人也会视我为恩人。有害有利的缘故，谁知他用心如霜雪般冷酷；草木生机勃勃，没人看到草木感恩明媚的春光。

中峰老衲《咏雪》诗

中峰[1]老衲《咏雪》云："冻云四合雪漫漫，谁解[2]当机[3]作水看？只为眼中花未瞥，启窗犹看玉琅玕[4]。"

【注释】

①中峰：即明本禅师，元朝高僧，号中峰，法号智觉，西天目山住持，钱塘（今杭州）人。　②解：能够。　③当机：当时情景下。　④琅（láng）玕（gān）：本指圆润如珠的美玉。经常用来比喻美丽的竹子。诗中的"玉琅玕"是指为白雪覆盖的竹子。

【译文】

明本禅师《咏雪》诗说："天空冻云四布，大雪纷纷扬扬，这情景下谁能看出这雪本是水呀（意思是人多为表象迷惑，看不清事物的本质）。只因为眼中还没有看到鲜花绽放，那就打开窗户暂且欣赏雪中的竹子吧（领略当下得道之情味）。"

张允系钥

汉张允[①]家富而吝，不委妻子，自系众钥，声如环佩。郭威[②]入京师，允匿佛殿藻井[③]之上，板坏而坠，冻馁而卒。

【注释】

①张允：五代后汉镇州束鹿（今属河北）人，曾任后汉吏部侍郎。 ②郭威：邢州尧山（今河北隆尧）人，五代时期后周王朝建立者，庙号为太祖。 ③藻井：宫殿坛庙建筑中的室内顶棚的独特装饰部分。一般做成向上隆起的井状，周围饰以各种花藻井纹、雕刻和彩绘。多用在宫殿宝座、寺庙佛坛上方最重要部位。

【译文】

五代后汉张允家境富有而吝啬，什么财物都不交给妻子儿女，自己身上拴着众多的钥匙，走起路来发出玉环玉佩般的声响。郭威攻入后汉京城，张允藏在佛殿藻井上，因木板腐朽而坠落，冻饿而死。

万里长城笑始皇

秦皇能筑万里城，不能使秦作万世帝。万世之帝咸资秦万里之城，万里之城止护秦二世之帝。

【译文】

秦始皇能筑起万里长城，不能使秦朝拥有万世帝业。秦朝之后历代的皇帝都借助利用了万里长城，而万里长城只保护了秦的两代帝王。

作威与矫廉

乘势作威[①]者，如大人装鬼脸以骇小儿，背地则收下；因事矫廉者，如妓女当筵不肯举箸，回家则乱吞。

【注释】

①作威:随意惩罚别人。

【译文】

乘借权势随意惩罚人的人,就像大人扮鬼脸来吓唬小孩,背过脸去就把鬼脸收起来了;趁事假装廉洁的人,就像妓女在宴席上不肯举箸,而回家后狼吞虎咽一样。

园是主人身是客

赵尚书(一)家与常省元园相近,百计谋之。常立契,作诗于后,曰:“乾坤到处是吾亭,机械①从来未必真。覆雨翻云成底事②,清风明月冷看人。兰亭禊事③今非晋,桃洞神仙也笑秦④。园是主人人(二)是客,问君还有几年身?”

【校勘】

(一)赵尚书:此则又见于宋人洪迈的《夷坚志》。至于赵尚书、常省元为何许人,不得而知。

(二)人:《夷坚志》作“身”。

【注释】

①机械:机诈之心。　②底事:何事,什么事。　③兰亭禊(xì)事:此用典。《晋书·王羲之传》:“永和九年,岁在癸丑,暮春之初,会于会稽山阴之兰亭,修禊事也。”禊事,指三月上巳临水洗濯、袯除不祥的祭祀活动。　④桃洞神仙也笑秦:典出陶潜《桃花源记》。

【译文】

赵尚书家与常省元的花园离得很近,千方百计将常家花园变为己有。常省元立了卖园的契约,在契约的后面作了一首诗,诗曰:“乾坤到处是吾亭,机械从来未必真。覆雨翻云成底事,清风明月冷看人。兰亭禊事今非晋，桃洞神仙也笑秦。园是主人人是客，问君还有几年身？”

女色瞒人

女色多瞒人[①]，人惑总不见。龙麝[②]暗薰衣，脂粉且涂面。人呼为牡丹，佛说是花箭。射人入骨髓，死而不知怨。

【注释】

①女色多瞒人：此则抄自怀深禅师偈语。怀深禅师，北宋高僧，号慈受，俗姓夏，寿春六安（今属安徽）人。 ②龙麝：龙涎香和麝香两种香料。

【译文】

略。

悖入悖出

有蒋孝廉[①]，屡试不第，遂效垄断[②]之徒，执筹数缗，算入骨髓，虽至亲不拔一毛，不数年称高资[③]矣。钱神作祟，盗斯[④]劫之，申入寅出，罄卷一空。盗喜携资，缚牲载酒，赛愿[⑤]于小雷山神。山在湖中，断岸数十里，惟荒祠一区，群盗泊其下，悉登祭焉。祭毕，酣饮大醉，自恃逻兵莫能踪迹也。不虞舟师截缆以去，扬帆长往，盗醒觅舟不见。时值严冬，冻毙无一存者。夫蒋之财为盗积，盗之祸以祈来，舟人偃有之，亦不知所终也。螳螂捕蝉，雀并啄之，雀未下咽而弹射及矣。明眼一观，毛发为竖。

【注释】

①孝廉：原为汉武帝时设立的选拔官员的考试科目，本为

“孝顺亲长、廉能正直”的意思，明清时期成为对举人的雅称。②垄断：原指站在市集的高地上操纵贸易，后来泛指把持和独占。③高资：资财雄厚的富豪。 ④斯：句中语气词，无实义。 ⑤赛愿：祭神还愿。

【译文】

有个蒋孝廉，屡次考试均落榜，于是效法操纵贸易独买独卖之徒，拿着算盘，数着铜钱，精打细算到敲骨吸髓，即使是至亲也一毛不拔，没过几年工夫，成了资财雄厚的富豪。钱神爷作怪，盗贼洗劫了蒋家，申时（下午三点至五点）入，寅时（凌晨三点至五点）出，将其家产洗劫一空。盗贼们便高兴地携带劫来的钱财，捆着牺牲，带着美酒，要去祭祀小雷山神以还愿。山在湖中心，离岸数十里远，只有一座荒废的祠堂，盗贼们将船停靠在祠堂下面，全部登上小雷山去祠中祭祀。祭祀完毕，便喝酒作乐，喝得大醉，自恃巡逻的兵卒没法追寻他们的踪迹。不料驾船人却砍断缆绳，驾船扬帆远去，盗贼酒醒之后无法找到船只。当时正值寒冷的冬天，盗贼们全都冻死，无一人生存。蒋孝廉的资财是为盗贼们积累的，盗贼们的灾难是因为祭祀祈福带来的，驾船人很轻松地占有了，不知道最终结果如何。螳螂捕蝉，黄雀连螳螂带蝉一起啄食，但黄雀还没有来得及吞咽下去，已被弹丸射到了。明眼人看来，会为此惊得头发竖起。

养心歌

得岁月，延岁月(一)；得欢悦，且欢悦。万事乘除①总在天，何必愁肠千万结。金谷繁华眼里尘②，淮阴事业锋头血③；陶潜篱畔菊花黄④，范蠡湖边芦花白⑤。时来顽铁⑥有光辉，运去良金无艳色⑦；粗衣淡饭足家常，养得一生⑧一世拙⑨。

【校勘】

（一）得岁月，延岁月：此则采编自邵雍的《养心歌》。《养心歌》："得岁月，延岁月；得欢悦，且欢悦。万事乘除总在天，何必愁肠千百结？放心宽，莫量窄，古今兴废言何彻？金谷繁华眼里尘，淮阴事业锋头血。陶潜篱畔菊花黄，范蠡湖边芦絮白。临潼会上胆气豪，丹阳县里箫声绝。时来顽铁有光辉，运退黄金无艳色。逍遥且学圣贤心，到此方知滋味别。粗衣淡饭足家常，养得浮生一世拙。"不知郑瑄抄录时自己更改，抑或辗转抄自他人，录文较原文除少七句外，文字上亦逊色不少。

【注释】

①乘除：自然界中此消彼长的盛衰变化。 ②金谷繁华眼里尘：晋代富豪石崇在洛阳附近建有豪华别墅金谷园，在园里过着奢侈淫靡的生活。石崇后遭诬陷，夷三族。 ③淮阴事业锋头血："兴汉三杰"之一的韩信始封齐王，徙封楚王，后降封为淮阴侯，终因功劳太大被吕后杀死在未央宫的钟室。 ④陶潜篱畔菊花黄：东晋诗人陶潜辞官过贫困适意的隐居生活，其《饮酒》诗有"采菊东篱下，悠然见南山"之句。 ⑤范蠡湖边芦花白：春秋吴越争霸时期，范蠡是帮助越王勾践灭吴复仇的股肱之臣。功成后，范蠡知机隐退，泛舟五湖。 ⑥顽铁：坚硬的黑铁。 ⑦艳色：艳丽的色彩。 ⑧一生：当为"浮生"，以人生在世，虚浮不定，故称。 ⑨拙：质朴，厚重。

【译文】

略。

舍雅逐俗

称诗者，谭征戍羁旅则佳，谭王侯卿相则俗。绘画者，写柴门野店则清，写丹楹[1]绀殿[2]则秽。人去其清且佳者，求其俗且秽者，则物盖之也。

【注释】

①丹楹：用朱漆所涂之柱。　②绀(gàn)殿：佛寺。此指华美的宫殿。绀，稍微带红的黑色(黑红色)。

【译文】

评论诗的人，说描写征战戍守、羁留漂泊之情的是好诗，描写王侯将相生活的则是俗诗。绘画的人，描画柴门野店村野生活的被认为是清雅之作，描画华美宫殿奢侈生活的则为污浊之作。人舍弃了美好清雅之作，而去追求庸俗污浊之作，是物欲太盛蒙蔽了心灵。

长处即短处

海鱼有吐黑水上庇其身而游者，人因黑而渔之。嘻！扃锁[1]固，盗贼喜；用明者蔽，善敌者死。

【注释】

①扃锁：锁闭。

【译文】

海里有一种鱼，(遇险时)可以向上吐黑水并在其保护下游离逃脱，人们常常凭黑水将其捕获。唉！锁得越牢固，盗贼越高兴；擅长使用聪明的人就容易被蒙蔽，擅长攻击的人则容易被杀死。

欠了断心

地下无衣食之身，而临绝者犹勤嘱付；林下无冠裳之用，而既休者尚事[1]夸张。

【注释】

①事:从事,做。

【译文】

死去的人不用穿衣吃饭,而快要死的人还常常叮嘱为其准备;退居山林后,官职已无多少用处,但已致仕者还常常夸耀自己原先的官职之大。

汉世老人

汉老人富而啬,恶衣蔬食,卯起戌卧①,营敛无厌,而不肯轻用。有向之乞者,不得已入内取钱十。自堂而出,随步辄减,到外才余半,寻复②嘱云:"倾囊赡君,慎勿他说,相效而来。"后老人竟饿死。

【注释】

①卯起戌卧:早起晚睡。卯,即卯时,相当于早晨五点到七点。戌,即戌时,相当于晚上七点到九点。 ②寻复:相继。

【译文】

汉代有位老人富有却吝啬,衣食粗劣,早起晚睡,营求聚敛钱财,贪得无厌,但不轻易花钱。有人向他乞讨,老汉不得已到屋里取了十枚铜钱。从堂屋里出来时,走一步减去一枚,到门外只剩五枚了,还不断叮嘱乞讨者说:"我倾尽所有来周济你了,千万不要对别人说,否则其他乞讨者会学你前来乞讨。"后来老汉终究饥饿而死。

钓饵与机阱

非分之福,无故之获,非造物钓饵,即人世机阱①,切须猛省②。

【注释】

①机阱:设有机关的捕兽陷阱。比喻坑害人的圈套。 ②猛省:深刻反省。

【译文】

非分之福,无故之得,不是苍天设下的钓饵,就是人世安排的圈套,一定要深刻反省。

楚人习操舟

楚有习操舟者,其始折旋疾徐,惟舟师是听。聊试洲渚[①]间,所向皆如意,遂谓尽操舟之术,遽谢师。椎鼓[②]犯大险,乃四顾胆落,坠桨失柁[③]。召今日之危者,岂非前日之幸乎?

【注释】

①洲渚:水中的小块陆地。 ②椎(chuí)鼓:击鼓。 ③柁:同"舵"。

【译文】

楚国有一学习驾船技术的人,开始时学习掉头、转弯、速进、慢行等技术,完全听从教他驾船的师傅。姑且尝试在水中的小岛间穿行演习,能驾驶自如,于是认为已经完全掌握了驾船的技术,便匆忙地辞退师傅。击鼓径进,遇上险情,于是四顾茫然,胆战心惊,坠桨弃舵。招致现在危难的,难道不是先前的侥幸心理吗?

樊毅与王辅

《纪训存赏》[(一)]云:"前辈樊知县毅、王司训[①]辅,余少时聆其言。樊曰:'吾归囊资仅五千耳,金缯不及一千。'王曰:'勿谓学官贫,吾积俸并诸生馈遗[②],亦有六百金。'樊意恨六千为少，而王具喜六百为多。迨其后也，樊三子不相容，分异③。六千金买田筑室，悉与三子。子疑父有遗藏，辄不顾养。樊取田数亩，自衣食焉，未谷而粜，未丝而卖，门无五尺童，客至老婢供茶，恒戚戚焉愁；比卒，葬不成礼。今诸孙皆凌替不振。王四子，伯仲治生④，叔季居庠⑤，同居养父甚欢。暮年惟花竹为乐，客至留饮，尽欢乃已，无日不开口笑也。今子若孙皆置通显，家声骎骎⑥未艾。夫樊财十倍于王，而王受用顾十倍于樊，子孙贤不肖又不啻十倍。然则居官者身且不谋，况能谋子孙乎？静言思之，可以一悟。”

【校勘】

（一）《纪训存赏》：即《见闻纪训》，陈良谟撰。陈良谟，字忠夫，明朝安吉（今属浙江）人。此则故事郑瑄已做改编，与原文有不少出入。

【注释】

①司训：明清时县学教谕的别称。　②诸生馈遗（wèi）：秀才们的赠送的礼物。诸生，秀才。　③分异：分家另过。　④治生：经营家业，谋生计。　⑤庠（xiáng）：即学校，明清时期称州县官学为“邑庠”。在邑庠就读者为秀才，也成庠生。　⑥骎骎：马跑得很快的样子，喻事业名声等进展提升迅速。

【译文】

《纪训存赏》的一则故事说：“我年轻时曾聆听过知县樊毅、司训王辅两个前辈的谈话。樊毅说：‘我归装中只有五千贯钱，黄金和丝织品还不到一千。’王辅说：‘不要认为作学官清贫，我积攒的俸禄及秀才们的赠予，也有六百贯了。’樊毅嫌六千太少，而王辅心里高兴，认为六百就已经很多了。到后来，樊毅的三个儿子不和睦，分家另过。樊毅便用六千贯钱置买田地，建造宅院，全部分给了三个儿子。三个儿子还怀疑父亲私藏钱财，全都不看顾赡养他。樊毅要了几亩田地，自给衣食，日子困难得粮食、蚕丝还没收获就先卖出去，家里连个年幼的仆从也没有，客人来了只有一个年老的女婢端水沏茶，常常内心悲戚忧愁；到樊毅死时，连个像样的丧礼都没有。现在他的几个孙子都衰微不振。王辅有四个儿子，长子和次子经营家业，三子和小儿子是县学在读的秀才，和睦相处，共同赡养父亲，快乐无比。王辅晚年以养花、种竹为乐事，客人来了之后，留下对饮，尽兴才罢，每天笑口常开。现在子孙官位都非常显贵，家庭声望迅速提升，方兴未艾。樊毅的钱财十倍于王辅，但王辅的快乐受用又十倍于樊毅，而且子孙的成器不成器相差又不止十倍。既然这样，那么做官的人都不能为自己谋划，又怎么能为子孙谋划呢？细细想来，可以从中得到启发。”

折像散财

东汉折像①父为郁林守，多货财。像感多藏厚亡②之义，尽散资，周亲故，曰：“吾门殖财③日久，今势将衰，子又不才，墙隙而高，其崩必疾也。”智者服其识。

【注释】

①折（shé）像：字伯式，广汉雒（今属四川）人，信奉黄老之言。　②多藏厚亡：聚敛越多，损失越大。语本《老子》：“是故甚爱必大费，多藏必厚亡。”　③殖财：集聚钱财。

【译文】

东汉时，折像的父亲做郁林郡守，家中广有财产。折像有感于多藏厚亡的道理，便将家中的资财散尽，用来周济亲朋故友，说：“我家积累财产的时间已经很长了，现在从形势看将要衰落，子女又没有多大才能，就像是高高的墙壁有了裂缝，一定会很快倒塌。”智者很佩服折像的见识。

不如生前一杯酒

一杯酒留万世名，不如生前一杯酒①。身行乐耳，遑恤②其他？百年人做千年计(一)，至今谁是百年人？一棺戢③身，万事都已。

【校勘】

(一)千年计：据明朝陆绍珩《醉古堂剑扫》，当为“千古调”，意为千年的处置与安排。

【注释】

①不如生前一杯酒：语出《晋书·文苑列传·张翰》，“翰任心自适，不求当世。或谓之曰：‘卿乃可纵适一时，独不为身后名邪？’答曰：‘使我有身后名，不如即时一杯酒。’” ②遑恤：来不及顾及，哪里能顾及。 ③戢：收殓，收藏。

【译文】

生前的一杯酒与身后的万世名相比，身后的万世名不如生前的一杯酒。只要能自身享受快乐罢了，哪里能顾及其他？人活百年，要做千年的打算，但至今又有谁能活到百岁呢？一口棺材收殓后，一切事情都已完结。

徒多烦恼

若想钱而钱来，何故不想？若愁米而米至，人固当愁。晓起依旧贫穷，夜来徒多烦恼。

【译文】

如果想钱而钱来了，为什么不想呢？若正愁无米下锅而有了米，人人都应当发愁。可是早上起来依旧十分贫穷，夜里平白无故增加许多烦恼。

祸福自种

贪人之有，有则为人所贪；济人之无，无则为人所济。

【译文】

贪图别人的财物，自己拥有的财物就会被别人所贪图；别人没有财物时救济别人，等自己没有财物时就会被别人救济。

囊墨胜囊刺

卢杞①逢冯盛于道，各携一囊。杞发盛囊，只墨一枚。杞笑，盛正色曰："烽煤和针鱼脑(一)入金溪子②手中，录《离骚》古本，比公日提绫刺③三百为名利奴，当孰胜？"已而搜杞囊中，果有三百刺。

【校勘】

(一)烽煤和针鱼脑：此则抄自五代冯贽《云仙杂记》，原文此处为"天峰煤和针鱼脑"。可见"烽"乃"峰"之误，又对"天峰煤"苟省。"天峰煤""针鱼脑"均为墨的品种。

【注释】

①卢杞：字子良，滑州灵昌（今河南滑县西南）人，唐德宗时官至宰相。 ②金溪子：估计为书生冯盛的号。 ③绫刺：即绫纹刺，带有吴绫纹的名片。刺，古时称名帖、名片。

【译文】

卢杞在路上碰见了书生冯盛，二人各带了一只口袋。卢杞翻了翻冯盛的口袋，发现里面只有一枚墨锭。卢杞耻笑他，冯盛正色说道："天峰煤和针鱼脑到我手中，用来抄写古本《离骚》，比起你整天拿着三百张绫纹刺（去巴结权贵），做名利的奴隶，谁更好呢？"说完翻了一下卢杞的口袋，里面果真有三百张名帖。

苏掖置房

苏掖[①]仕至监司[②],家富而啬。每置产,吝不与直,争一文至失色,尤喜乘人窘急。尝置别墅,与售者反覆甚苦,其子在傍曰:“大人可增少金,吾辈他日卖,亦得善价。”

【注释】

①苏掖:据《宋稗类钞》载,苏掖为宋朝常州人,官至监司。②监司:有监察州县之权的地方长官简称。宋转运使、转运副使、转运判官与提点刑狱、提举常平皆有监察辖区官吏之责,统称监司。

【译文】

苏掖官至监司,家境富有却极吝啬。每次置办家产,极其吝啬,不给售者高价钱,常常为争一文钱与人翻脸,尤其喜欢贱买处于危困之际人的财物。他曾在买别墅的时候,与卖方苦苦地讨价还价,他的儿子在旁说:“父亲可以适当增加一些钱,等以后我们卖出时,也能得个好价钱。”

造物巧于制命

省祭[(一)]孙邦华谒选[①],有姊夫亦以省祭当选,挈子偕行。比选,得太原府仓官,而华以期远且归。不意姊夫暴卒,华私语甥曰:“尔父辛勤已矣,顾文凭见在[②],盍[③]使我冒为之?有所得与尔均分,任满再考,则以尔父作逃,而我可另选,岂不两利?”甥从之,华甚谓得计。后逃入京,自投文听选[④],乃恰补其姊夫之缺。而势不可复往,遂泣归。向使不为侥幸,则太原仓官自在,且不必分所有以予人也。小人巧于为谋,而造物更巧于制命。华虽黠,何为哉?

【校勘】

(一)省祭:此则采编自陈良谟《见闻纪训》。原文“省祭”前有“归安”二字。

【注释】

①谒选:官员到吏部接受铨选。 ②文凭见(xiàn)在:任官的凭证现在在这里。 ③盍:何不。 ④听选:已授官而等候选用。

【译文】

省祭的孙邦华到吏部接受铨选,他有个姐夫也因省祭接受铨选,带着儿子一块来的。铨选结果出来后,孙邦华的姐夫得到了太原府仓官的职位,而孙邦华因为选期不够没有得官,将要回家。不料他姐夫突然死亡,孙邦华对外甥说:“你父亲为此官职已劳累去世了,但他的任官凭证还在这里,为什么不让我假冒你父亲之名去上任呢?得到的钱财同你平分,等任职期满再考核之时,就说你父亲逃亡了,而我又可另选他职,难道不是一举两得?”外甥同意了,孙邦华自认为十分得意。后来,孙邦华逃入京城,向吏部投文,等待任命,所得官职恰好是姐夫空缺的官位。可是,从情势上看,那是不可以去上任的(上任即败露),于是哭着回家乡了。假如当初不存侥幸心理,那太原府仓官的职位自然在那里,并且不需要将所有的收入分给别人。小人擅长投机钻营,而上天更擅长控制人的命运,孙邦华虽然狡猾,但又有什么用呢?

脱厌胜带恋

贫贱一无所有,及临终脱一“厌”字;富贵无所不有,及临终带一“恋”字。脱“厌”如释重负,带“恋”如担枷锁。

【译文】

一无所有的贫贱之人，临死的时候终于摆脱了一个“厌”字；无所不有的富贵之人，临死的时候带走一个“恋”字。摆脱“厌”字如释重负，带走“恋”字如戴枷锁。

弥远引咎

史弥远[①]卒久，忽魂气白昼回家，作诗引咎，有云：“早知泡影须臾事，悔把恩仇抵死[②]分。”

【注释】

①史弥远：字同叔，明州鄞县（今浙江宁波）人，南宋中期权相。 ②抵死：格外，分外。

【译文】

史弥远死去很久了，忽然他的魂魄大白天飘回家中，作诗责备自己，有诗句说：“早知道世事如同须臾之间的泡影，后悔当初把恩仇看得过于分明。”

测字言吉凶

子瞻谪儋州，以儋与瞻字相近也；子由谪雷州，以雷字下有田字也；黄鲁直谪宜州，以宜字类直字也。此章惇[①]狎侮三公。有术士曰：“儋从立人，尚能北归乎？雷雨在田上，承天泽也，其未艾乎？宜与直有盖棺之义，其不返乎？”后悉如言。奸臣播弄，亦似天假之者。

【注释】

①章惇：字子厚，号大涤翁，浦城（今属福建）人，北宋哲宗时宰相。

【译文】

苏子瞻（苏轼字子瞻）被贬到儋州（今属海南），因为“儋”与“瞻”字形相近；苏子由（苏辙字子由）被贬到雷州（今雷州半岛一带），因为“雷”字的下边为“田”字；黄鲁直（黄庭坚字鲁直）被贬到宜州（今属广西），因为“宜”字和“直”字相似。这是奸臣章惇有意侮辱这三位贤士。有一位术士说：“‘儋’字从立人旁，苏子瞻还能回京师吗？‘雷’字是雨在田上头，承受上天的恩泽雨露，大概苏子由方兴未艾吧？‘宜’与‘直’有盖棺的意思，大概黄鲁直回不来吗？”后来的情况果真如术士所言。奸臣拨弄是非，好像上天也在利用他。

似道死谶

贾似道①母尝设斋，有道士斋罢，覆钵于案而去。众取钵不动，启似道，亲举之，有诗二句云：“得好休时便好休，收花结子在绵州。”后为虎臣杀木绵庵。

【注释】

①贾似道：字师宪，号悦生、秋壑，天台（今属浙江）人，宋理宗时权臣，最后在漳州木绵庵为监押使臣会稽县尉郑虎臣所杀。

【译文】

贾似道母亲曾经备办素食施舍给道士，有道士用完斋后，将一口钵翻扣于桌案上离去。众人想取下来但都没能挪动，便告知贾似道，贾似道亲手将钵举起，发现上有两句诗，诗句说：“得好休时便好休，收花结子在绵州。”后来，贾似道果真在木绵庵被郑虎臣杀害。

收拾生意与放开杀机

五夜①清霜，收拾尽许多生意；三春②丽日，放开来无限杀机。

【注释】

①五夜：即五更，古代民间把夜晚分成五个时段，用鼓打更报时，所以叫作五更、五鼓或五夜。也可指戊夜，即第五更。 ②三春：春季三个月，农历正月称孟春，二月称仲春，三月称季春；也可专指季春。

【译文】

五更的清霜，收拾尽许多生机；季春的暖日，抛弃掉无限杀机。

自有坏光景

一衲子对罗近溪[①]云："你官人家，常有好光景，便有不好光景等待在[②]，俺出家人只这等。"

【注释】

①罗近溪：即罗汝芳，字惟德，号近溪，江西南城人，官至云南副使，明代著名思想家。 ②在：语助词，没有实义。

【译文】

一僧人对罗近溪说："你们官宦之家，常常有好光景，即便有不好的光景在等待，我们出家人只有这样不变的光景。"

王叟守军粮

郧城王叟积粟万斛，而夫妻俭啬，常粗粝充肠。偶见一客盘餐颇盛，叟问："卿有几财？"客云："惟有本五千。"叟大悟，归语妻为美饮食。夜梦神责曰："何得妄食军粮？"后官军讨安庆绪[①]，尽发叟积饷军。

【注释】

①安庆绪：安禄山次子，初名仁执，唐玄宗赐名庆绪，安史之乱的祸首元凶之一。

【译文】

邺城有一姓王老汉，积攒了万斛粮食，但夫妻二人节俭吝啬，常常食用粗劣的食物。偶然看到一位客人的食物非常丰盛，王老汉问：“你有多少钱财？”客人说：“只有本钱五千文。”老汉恍然大悟，回来告诉了妻子，要做精美的饭食。夜里老汉梦见神仙责怪他：“你怎么随便享用军粮？”后来官军征讨安庆绪，将王老汉储存的粮食全部充作了军粮。

《杏为梁》诗

白居易《刺居处奢》(一)诗：“开府①之堂将军宅，未造成时头已白。逆旅重居逆旅中，身是主人心是客。君不见，马家宅尚犹存，宅门题作凤城园②。君不见，魏家宅③属他人，诏赎赐还五代孙。俭存奢失今在目，安用高墙围大屋？”

【校勘】

(一)《刺居处奢》：当为《杏为梁——刺居处僭也》。原文：“杏为梁，桂为柱，何人堂室李开府？碧砌红轩色未干，去年身殁今移主。高其墙，大其门，谁家第宅卢将军？素泥朱板光未灭，今日官收别赐人。开府之堂将军宅，造未成时头已白。逆旅重居逆旅中，心是主人身是客。更有愚夫念身后，心虽甚长计非久。穷奢极丽越规模，付子传孙令保守。莫教门外过客闻，抚掌回头笑杀君。君不见马家宅尚犹存，宅门题作奉诚园。君不见魏家宅属他人，诏赎赐还五代孙。俭存奢失今在目，安用高墙围大屋？”

【注释】

①开府：古代指高级官员（如三公、大将军等）建立府署并自

选僚属之意。 ②凤城园:当为“奉诚园”,园名。原为唐司徒马燧旧宅,燧死,其子畅将园中大杏赠宦官窦文场,文场以进德宗。德宗以为未尝见,颇怪畅,派宦官往封其树。畅惧,因献其宅,废为奉诚园。见唐朝冯翊《桂苑丛谈·史遗》。后用为盛衰无常的典实。 ③魏家宅:唐代名臣郑国公魏徵的宅邸。据《资治通鉴》载,魏徵玄孙(四世孙)魏稠家贫,卖祖宅给平卢节度使李师道,后唐宪宗用官钱赎回赐给魏稠。

【译文】

略。

治第“三不得”

赵普[①]将营西宅,遣人于秦陇市良材数万。及宅成,普时为西京留守,已病矣。诏诣阙,将行,乘小车一游第中;遂如京师,竟至捐馆[②],不复再来矣。陈升之[③]治第润州,极闳壮。宅成,公已疾甚,唯肩舆[④]一登西楼而已。人谓“三不得”:居不得,卖不得,修不得。

【注释】

①赵普:字则平,幽州蓟人,后徙居洛阳,北宋前期名相。 ②捐馆:亦作“捐馆舍”,死亡的委婉说法,一般指官员的去世。捐,放弃。馆,指官邸。 ③陈升之:字旸叔,初名旭,北宋建州建阳(今福建建阳)人,宋神宗朝宰相。 ④肩舆:即轿子。

【译文】

赵普准备建一座西宅,派人在陕西、甘肃一带购买了数万根上等木材。等宅第建成时,赵普任西京(北宋时西京为洛阳)留守,已经患病了。皇帝诏令他赴京,走之前,乘小车在宅第中游览了一番;然后到了京城,最终死在京城,再也没有回来。陈升之在润州(今江苏镇江一带)建造宅第,极其宏伟壮丽。等到宅第建成,陈升之已经病重,只坐轿子登了一回西楼。人们称建豪宅有“三不得”:居不得,卖不得,修不得。

智不若麝

麝之香在脐,逐麝者,麝急则抉脐投诸莽,逐者趋焉,麝因得逸。令尹子文[①]闻之,曰:“是兽也,而人有弗如者。以贿[②]亡身,何智不麝若[(一)]耶?”

【校勘】

(一)不麝若:此则采编自刘基《郁离子·贿亡》,原文作“不如麝”。

【注释】

①令尹子文:即斗谷於菟,春秋时期楚国名相。令尹,楚国官名,相当于宰相。 ②贿:钱财,财物。

【译文】

麝香在麝的脐中,有人追逐的时候,麝在情急之中则将麝香挖出扔进草丛,追逐的人跑去捡麝香,而麝趁机逃脱。令尹子文听说后,感叹道:“麝为野兽,可是有的人还比不上麝。因钱财而失掉生命的人,怎么智慧还赶不上麝呢?”

早发不如晚发

蚤发者骤受不苦之甘,只安心享福;晚发者备尝甘前之苦,方劳心造福。

【译文】

早发迹之人突然享受到不经辛苦的甘甜,只知道安心享福;晚发迹之人在享受甘甜之前艰苦备尝，才懂得用心去造福。

回光返照之理

雨将至必热，雪将作必温，事有激而成也；火将灭而焰反明，木将枯而盛反增，人将死而精血反盛，不如是不足以耗其生也。治乱安危之理可睹矣。

【译文】

快下雨时一定闷热，将下雪时一定暖和，事情有所激发才会成功；火将灭之时火焰反而更明亮，树将枯死之时反而更茂盛，人濒死之时反而精血充沛，不这样不能够耗尽生机。天下太平安定、混乱危亡的道理都可以在这里看到。

铜驼之叹

索靖[①]有先识远量，知天下将乱，指洛阳宫门铜驼，叹曰："会见汝在荆棘中。"

【注释】

①索靖：字幼安，敦煌龙勒（今属甘肃）人，西晋将领，著名书法家，"敦煌五龙"之一。

【译文】

索靖有先见之明，器量远大，预测到天下将要大乱，指着洛阳宫门外的铜驼，感叹道："今后将在荆棘丛中看到你了。"

我坚牢胜物坚牢

有买物必求坚牢者，客笑曰："若物比我更坚牢，则物见我坏;若我比物更坚牢,则我见物坏。与其物见我也,曷若我见物乎?”

【译文】

有个人买物品时一定要挑选坚固结实的,别人笑话他说:“假如物品比我更坚固结实,那么物品就会见证我的死亡;假若我比物品更坚固结实,那么我就会见证物品的毁弃。与其让物品见证我的死亡,哪里赶得上我来见证物品的毁弃呢?”

官俸有定

张永嘉①当国时,有一教谕②入辞,误用折简③。张怒,召文选④,以折简与之而未言。会客至,忘之,文选出,误谓相君知厚也,逾格转郡判。一日张忽记臆(一),召文选问而去之,其人已抵任三年矣。高相⑤署铨部⑥,大比⑦群吏,有典史⑧为高相故旧,高与诸长吏对簿⑨,见其注“老病”,曰:“甚矫健。”呼典史上,典史喜而疾趋,失足仆地,诸长吏阖声曰:“即此见是老病。”高相语塞,遂去典史。

【校勘】

(一)臆:当为“忆”。

【注释】

①张永嘉:即张璁(cōng),字秉用,号罗峰,永嘉(今浙江温州)人,明朝嘉靖年间重臣,官至内阁首辅。 ②教谕:学官名,掌文庙祭祀、教育所属生员。 ③折简:指书札或信笺。 ④文选:即吏部文选司郎中。吏部文选司主管选拔文官,文选司郎中是文选司的长官。 ⑤高相:即宰相高拱,字肃卿,号中玄,河南新郑人,明朝隆庆年间官至首辅。 ⑥署铨部:署理吏部,即做吏部尚书。铨部,吏部。 ⑦大比:考核。 ⑧典史:设于州县,为

县令的佐杂官，但不入品阶，掌管缉捕、监狱。典史职务均由吏部铨选、皇帝签批任命，属于“朝廷命官”。 ⑨对簿：查看考核簿。

【译文】

张璁做首相时，有一教谕起复补官进来辞谢，本应用手本，而误用了折简。张璁发怒，召吏部文选司郎中进来，把折简给他，但没有来得及说话。恰逢客人到来，而忘了交代，文选郎中出来后，误以为宰相与教谕私交深厚，便破格让教谕做了郡通判（州郡的重要属官）。有一天，张璁忽然想起这件事，叫来文选郎中过问此事，并要求剥夺那教谕的官职，这时教谕已上任郡判三年了。宰相高拱先前在署理吏部时，考核众吏员，有一个典史是高拱的故交，高拱和吏部的高级官员查看考核簿，见簿上评语为“老病”，高拱却说：“他的身体很强健。”叫典史上来，典史非常高兴，小步快走进来，却失足跌倒在地上。诸位高级官吏齐声说：“由此看来确实是既年高又有疾病。”高拱无话可说，只好将典史免职。

宽饶之叹

汉恩平侯（一）许伯①入第，盖宽饶②贺之。酒酣，仰屋叹曰：“富贵无常，忽则易人，如此传舍③，所阅多矣。”

【校勘】

（一）恩平侯：据《汉书》，当为“平恩侯”之误。

【注释】

①许伯：即许广汉，昌邑（今属山东）人，汉宣帝刘询皇后许平君的父亲，因抚养刘询有功，又因其女许平君为皇后而受宠，封昌成君，后加封平恩侯。 ②盖宽饶：字次公，魏郡（今属河北）人，汉宣帝时官至司隶校尉。 ③传（zhuàn）舍：驿站所设供行人休息的房舍，即旅馆。

【译文】

西汉平恩侯许伯搬入新宅，盖宽饶前去祝贺。酒喝得尽兴时，盖宽饶仰望屋顶感叹："富贵不常有，很快就会换人，像这样的旅馆（经常为不同的人所拥有），我见得多了。"

严辛有智

严分宜[1]诞晨，宜春令刘巨塘往贺。有仆严辛者，乘间谓刘曰："他日望台下[2]垂目。"刘曰："汝主正隆赫，我何能为？"辛曰："日不常午，愿台下无忘今日之托。"不数年，严相败。刘守袁州，辛方以赃滞狱。刘公忆昔语，为减其赃，始得戍。严氏父子智不如仆，满朝缙绅智皆不如此仆也。

【注释】

①严分宜：即严嵩，字惟中，号勉庵、介溪，江西分宜人，明代嘉靖朝权臣。 ②台下：对人的尊称。

【译文】

严嵩过生日时，宜春县令刘巨塘前去祝贺。严家有个仆人叫严辛，乘机对刘巨塘说："日后希望您予以照顾。"刘巨塘说："你家主人正显赫，我能帮你什么忙呢？"严辛说："太阳不可能总是正午，希望您不要忘记我今日的请托。"没有几年，严嵩败落。当时刘巨塘任袁州知州，严辛也因贪赃被关押在狱中。刘巨塘想起以前严辛说的话，为严辛减了贪赃罪名，才得以流放戍守。严氏父子智慧还不如仆人，满朝文武智慧都不如仆人严辛。

鬼神忌越利

《纪训存赏》云："正德三年，吾乡旱，颗粒无收。独吾村赖堰水大稔，州官概申灾得蠲租[①]。明年又大水，田禾渰[②]尽，吾村颇高，又独稔，租又得免；且得买各乡所鬻产及器皿，价廉，利三倍。于是诸家无日不戏剧[③]宴饮，扬扬然乐也。余谓家人曰：'吾村当有奇祸。'问：'何也？'余曰：'无福消受耳。'家人不谓然。未几，村大疫，男妇死无孑遗[④]。噫！余言岂无稽哉？大凡越利鬼神所忌，而祸福倚伏，亦乘除之数，况又暴殄天物[⑤]邪？家人问曰：'然则大富贵家独永享安乐何欤？'余曰：'渠根深福厚耳。虽然，亦须善加培植乃可。不然，自拨其根，将渐销铄[⑥]，百年后能保常如今日哉？'"

【注释】

①蠲(juān)租：免除租税。 ②渰：同"淹"。 ③戏剧：尽情玩乐。 ④孑(jié)遗：残存者。孑，孤单。 ⑤暴殄(tiǎn)天物：任意糟蹋东西。殄，灭绝。 ⑥销铄：指事物由多变少，由大变小，由盛而衰。

【译文】

《纪训存赏》(即《见闻纪训》)上说："明正德三年，我的家乡大旱，颗粒无收。只有我村依靠池塘的水浇灌，获得大丰收。州官一律上报受灾，免去了租税。第二年又发生洪涝灾害，禾苗全被淹死，我村地势较高，又获丰收，又得以免除租税；并且能够购买其他各村出卖的田产及器物，价格低廉，是平时的三分之一。于是我村各家各户没有一天不置酒宴饮，尽情享乐，得意洋洋，很是快活。我对家里人说：'我村会有大祸。'家人问：'为什么？'我说：'没有福气享受罢了。'家人不以为然。没过多长时间，村里发生大瘟疫，男女都病死，一个也没有留下。唉！我说的话怎么会是无稽之谈呢？大凡超越了应得的利益是鬼神所忌讳的，而祸福相倚，也是自然变化的规律，何况又暴殄天物呢？家人问道：'既然这样，那么大富大贵之家，独能享受长久的平安快乐，为什么呢？'我说：'他们福根深厚罢了。

虽然这样,也必须善加培养才可以。不这样,就是自拔福根,逐渐衰败,百年之后,还能保住像今天这样吗?'"

田产无定主

贫富无定势,田产无定主,有钱则买,无钱则卖。买产之家当知此理,不可苦抑①卖产之人。诗②曰:"一派青山景色幽,前人田土后人收。后人收得休欢喜,还有收人在后头。"

【注释】

①苦抑:强压。 ②诗:诗为宋人范仲淹所作,题目为《书扇示门人》。

【译文】

略。

富贵无常在

瑞安高世则①墓有穹碑一通,吴中太湖石也。宣德间,永嘉黄少保淮②葬父,锯其半为神道碑。锯且尽,高有裔孙③曰:"相公取之薄矣。"黄问故,高曰:"恐后人复欲锯耳。"黄默然。松江钱尚书治第,多役乡人,而砖甓④亦取给焉。一日,有老佣后至,钱责其慢,对曰:"某担自黄瀚(一)坟,坟远故违耳。"钱益怒,老佣徐曰:"黄家坟故某所筑耳,砖亦取自旧冢中,无足怪者。"夫方其富贵也,琢人之碑以为碑,毁人之墓以为宅;既其衰也,转而授之人,岂直二氏为然哉?殷鉴不远,试静而思之。

【校勘】

(一)瀚:乃"翰"之误,"翰"为"翰林"的省略。黄淮曾任翰林学士。

【注释】

①高世则:字仲贻,号无功,宋朝蒙城(今属安徽)人,宋高宗时官位显赫。 ②黄少保淮:即少保黄淮,字宗豫,号介庵,永嘉人(今属浙江)人,明朝内阁初创期间的重臣。少保,黄淮的加官。 ③裔孙:远代子孙。 ④甓(pì):砖。

【译文】

瑞安县(今属浙江温州)高世则墓前有一通用吴中(今苏州)太湖石雕琢而成的高大石碑。明宣德年间,永嘉人少保黄淮安葬父亲,让人将这通石碑锯掉一半,作为墓前神道的石碑。就要锯下来时,高世则的后人对黄淮说:“丞相您锯得太少了。”黄淮问原因,高世则后人说:“我担心的是您父亲的碑以后还会有人再锯。”黄淮无话可说,只得作罢。松江府(今上海市南)钱尚书建宅第,役使了很多乡间百姓,还要百姓自己弄来砖瓦。一天,一位老佣工迟到,钱尚书责备他迟缓,那人回答说:“我这担砖是从黄翰林的坟上挑来的,坟离这里比较远,所以迟到。”钱尚书更加恼火,那人慢腾腾地说:“黄家坟原本是我建造的,所用的砖石也是从一个旧坟墓中得来,不值得大惊小怪。”当其富贵的时候,凿刻别人的石碑据为己有,毁掉别人的坟墓来修建自己的房屋;等到他们衰败的时候,再把建成的房屋转卖他人,哪里只是这两家如此?教训并不很久远,可尝试静下心来思考思考。

人算难逃天算

天机至巧①,尽你如何算计,那算计处恰尔曲投其机,躲避他不得;人眼至尖②,尽你如何弥缝,那弥缝处忽已早落其眼,哄骗他不得。

【注释】

①天机至巧：天意极巧妙。 ②人眼至尖：人眼极其锐利。尖，敏锐，锐利。

【译文】

略。

晁父见几

景帝时，晁错[1]请诸侯之罪过，削其支郡。错父闻之，从颖[(一)]川来，谓错曰："上初即位，子为政用事，侵削诸侯，疏人骨肉，何为也？"错曰："不如此宗庙不安。"父曰："刘氏安矣，而晁氏危，吾去子归矣。"遂饮药死，曰："吾不忍见祸逮身。"

【校勘】

(一)颖：当为"颍"之误。

【注释】

①晁错：西汉颍川(今属河南)人，景帝时官至御史大夫。

【译文】

汉景帝时，晁错建议拿诸侯王的过错为借口逐步削夺其封地。晁错的父亲听说后，便从颍川赶到京城，对晁错说："皇帝刚刚即位，你执掌大权，要削夺诸侯的封地，这是离散刘氏骨肉宗亲，为什么这样做呢？"晁错对父亲说："如果不这样的话，皇位就不安定。"晁错父亲又劝道："你这样做，刘家的江山是稳固了，但晁家就危险了，我看我还是离开你回去吧。"于是便服毒药自尽，临死前说："我不忍心看见晁家遭受杀身之祸。"

李郃观变

李郃[1]为汉中太守吏，时大将军窦宪[2]纳妻，天下郡国皆有礼庆,郡亦遣使。郃进谏曰:“窦将军椒房[3]之亲,专权骄恣,危亡可翘足而待[4],愿明府[5]勿与交通。”太守固遣之。郃不能止,请求自行,遂所在留迟,以观其变。行至扶风,而宪果就国[6]自杀。凡交通宪者皆免官,唯汉中太守不与。

【注释】

①李郃,字孟节,东汉汉中南郑(今属陕西)人,汉安帝时官至司空。 ②窦宪:字伯度,扶风平陵(今陕西咸阳西北)人,东汉外戚、权臣、名将。 ③椒房:西汉未央宫皇后所居殿名,亦称椒室。因以椒和泥涂墙壁得名。后亦用为后妃代称。 ④翘(qiáo)足而待:踮起脚等待。比喻很快就能实现。 ⑤明府:又称明府君,汉魏以来对郡守牧尹的尊称。 ⑥就国:到封地去。

【译文】

东汉时,李郃为汉中太守的属官,当时大将军窦宪娶妻,天下的郡守诸侯王都派人前往送礼祝贺,汉中太守也想派人前去。李郃进谏说:“窦大将军是外戚,专权骄横恣纵,危亡很快就会到来,希望郡守不要与他交往。”太守坚持要派人去。李郃见劝阻不了,便自己请求担负这个任务,边走边停,来静观其变。走到扶风县时,窦宪果然到封地后自杀。凡与窦宪交往过密的官员全部免除官职,只有汉中太守免于处罚。

卖卜自足

富人罗冲者,问严君平[1]何以不仕,君平曰:“无以自发。”冲为具车马衣粮。君平曰:“我有余而子不足,奈何以不足奉有余?”冲曰:“吾有万金,子无儋石[2],何云有余?”君平曰:“不然。吾前宿子家,人定[3]而役未息,昼夜汲汲,未尝有足。今吾以卜为业,不下床而钱自至,犹余数百,尘埃厚寸,不知所用。此非我有余而子不足邪?”君平因叹曰:“益我货者损我神,生我名者杀我身。”

【注释】

①严君平：即严遵，字君平，西汉蜀郡人，好老庄思想，隐居不仕，在成都以卜筮为生。 ②儋石：亦作“担石”，指少量米粟。儋，石罂。儋受一石，故称儋石，用以计量谷物；一说一石为石，二石为儋，谓一人所担。 ③人定：本为古时一昼夜十二时辰中的最末一个时辰，大约相当于21至23时，地支命名为亥时。夜已很深，人们已经停止活动、安歇睡眠了，故名。

【译文】

富人罗冲问严君平为什么不出去做官，严君平说：“没有粮食和车马的供应，无法出去。”罗冲便为其准备了车马衣粮。严君平说：“我富裕，你贫穷，怎么能以贫穷来资助富裕呢？”罗冲说：“我家财万贯，而你连少许存粮都没有，怎么还说自己富裕呢？”严君平答道：“不是这样。我以前住在你家，已到人定时辰，而你还劳作不停，昼夜汲汲谋利，不曾有过满足。现在，我卖卜为业，不用下床（床为坐具），自然有钱到来，往往有几百枚余钱，钱上面都已经落满了很厚的尘土，不知道拿它做什么用。这难道不是我富裕而你贫穷吗？”严君平继而感叹说：“增加我的钱财会消耗我的精神，加大我的名声会给我带来杀身之祸。”

牛继马后

《玄石图》[①]有牛继马后之谶，故司马懿深忌牛氏。为二榼[②]，共一口，以贮酒。懿先饮佳者，而以毒酒鸩其将牛金。而恭王妃夏侯氏[③]，竟通小吏牛氏，而生元帝。

【注释】

①《玄石图》：曹魏时期的一本流传很广的谶书，上面记有“牛

继马后”的预言,司马懿又请星象家管辂占卜子孙运势,管辂占卜的结果与《玄石图》不差毫厘。 ②榼(kē):古代盛酒或贮水的器具。 ③恭王妃夏侯氏:恭王,即司马懿曾孙琅邪恭王司马觐。夏侯氏,即夏侯光姬,小字铜环,沛国谯县(今安徽亳州)人,夏侯渊曾孙女,嫁琅邪恭王司马觐,生司马睿(后来的晋元帝)。

【译文】

《玄石图》中有“牛继马后”的谶语,所以司马懿对牛氏深为忌惮。他特意制造两只酒器(类似转心壶),共有一个出口,用来贮酒。司马懿先饮无毒之酒,而用毒酒鸩杀将军牛金。但是,恭王妃夏侯氏却与姓牛的小吏私通,生下了后来的晋元帝司马睿。

兴有天命

宋太祖欲察群情向背,颇为微行。或谏曰:“陛下新得天下,人心未安,万一有不虞,其可悔乎?”上笑曰:“帝王之兴自有天命,周世宗①见诸将方面大耳者杀之,我终日侍侧,亦不能害。”微行愈数②,曰:“有天命者,任自为之。”

【注释】

①周世宗:即柴荣,邢州尧山(今属河北)人,五代时期后周皇帝,“世宗”为其庙号。 ②数(shuò):屡次。

【译文】

宋太祖(赵匡胤庙号为太祖)想考察一下人心向背,很喜欢微服私访。有人进谏说:“陛下您刚刚得到天下,人心还没有安定下来,万一有什么意外,难道能后悔吗?”宋太祖笑着说:“帝王的兴起本来是上天注定的。周世宗发现将领中有方面大耳的便杀掉,我整天守在他身边,也不能加害我。”宋太祖便更加频繁地微服出访,说:“受命于天的人,完全可以任意做事。”

翟庄知言

翟庄[1]少以弋钓为事，及长不复弋。或问："渔猎同是害生，而止去一，何哉？"庄曰："猎自我，钓自物，未能顿尽，故先节其甚者。且夫贪饵吞钩，岂我哉？"时人以为知言[2]。

【注释】

①翟庄：字祖休，东晋柴桑（今江西九江）人，著名隐士。②知言：有见识的言论。

【译文】

翟庄年少时经常打猎、钓鱼，后来年龄大了，便不再打猎。有人问他："打猎、钓鱼都是荼毒生灵的做法，你单单不去打猎而仍钓鱼，这是为什么呢？"翟庄说："打猎的主动权在我，钓鱼的主动权则在鱼，不可能一下子都放弃，所以先放弃了较为残忍的行为。况且鱼儿因贪食诱饵而上钩，难道是我的责任吗？"当时的人认为这是有见识的话。

张觷授徒

张觷[1]为蔡京塾客，师道甚尊。一日，呼诸生曰："汝曹学走乎？"诸生曰："先生教但缓行，未闻学走也。"觷曰："天下被汝翁作坏了，旦夕贼发火起，先到汝家。若学得走，可以逃死。"

【注释】

①张觷（xué）：字柔直，怀安（今属福州）人，北宋政和年间进士，为考功郎，升迁龙图阁学士，后为处州知州。

【译文】

张觷做蔡京家塾教师，非常严厉。一天，张觷对学生们说："你们学过怎么逃跑吗?”学生们便问:“先生教给的都是慢步徐行,没有听说学习逃跑的事。”张鷟说:“天下被你家父亲作弄坏了,早晚盗贼出现,放起火来,先到你家。如果学会逃跑,可以逃命。”

败亡之道

鸟以山为卑,而增巢其上;鱼以泉为浅,而穿穴其中。卒所以得者饵也。贵戚愿宅吉,而制为令名;欲门坚,而造作铁枢。卒所以败者,非苦禁忌少而门枢朽也,常苦崇财货而行骄僭耳。

【译文】

鸟认为山峦低,却在山上筑巢;鱼以为泉水浅,却在泉里造穴。总的说来,这样做是为了得到食物。富贵之家,希望宅第吉祥,就起个好的名称;希望大门坚固,就制造了铁质门轴。但最后衰败的原因,并不是苦于忌讳少或者门轴朽败,而是苦于崇尚钱财并且行为骄纵僭越罢了。

张裔还书

诸葛亮以张裔①为参军。裔尝北诣亮咨事,送者数百,车乘②盈路。裔还书与所亲曰:“近者涉道,昼夜接宾,不得宁息,人自敬丞相长史③,男子④张君嗣附之,疲倦欲死。”

【注释】

①张裔:字君嗣,蜀郡成都(今四川成都)人,三国时期官至蜀汉丞相长史、辅汉将军。 ②车乘(shèng):车辆。 ③丞相长史:丞相属官,是协助丞相管理文书等事物的高级官吏,秩级为千石。 ④男子:儿子。

【译文】

诸葛亮用张裔为丞相府参军。张裔曾经北上去向诸葛亮咨询有关事务,送行的人有几百,车辆都堵满了道路。张裔回信对亲人说:“前几天上路前,昼夜接待来访的客人,得不到休息,人们敬重的是丞相长史这个职衔,儿子张君嗣附在这一职位上,故此疲倦得要死。”

李岫谏父

李林甫有堂如偃月[①],欲排大臣,即居之。子岫尝从游后园,见辇重者,跪而涕曰:“大人居位久,枳棘[②]满前。一旦祸至,欲比若人,得乎?”

【注释】

①偃月:横卧形的半弦月,泛称半月形。 ②枳棘:枳木与棘木,因其多刺而称恶木。常用以比喻恶人或小人。也比喻艰难险恶的环境。

【译文】

李林甫有一座殿堂,形状像偃月,想排挤大臣时,便住在偃月堂。儿子李岫随父亲游园,看到一个役夫拉着一辆重车走过,便跪倒在地,流泪对父亲说:“大人久居相位,树敌甚多,以致前途凶险。一旦祸事临头,想跟拉车人一样,能够做到吗?”

昨非庵日纂译注·一集

王立东◎著

（下）

齊魯書社

惜福卷之九

殿上刻耕夫，一箸半餐，念夏畦[①]几番挥汗；屏中绘织女，寸缣尺帛，思寒窗无数抛梭。昔人示俭有草[②]，戒侈有铭，无非为此身留余地。勿谓布被[③]皆诈也。纂惜福第九。

【注释】

①夏畦：指夏天在田地里劳动的人。　②示俭有草：即示俭草，相传元世祖忽必烈为了记住太祖创业的艰难，特地将一株青草植在宫殿的阶石前，以示节俭，称之为示俭草。　③布被：即公孙布被。西汉武帝时宰相平津侯公孙弘生活简朴，虽贵为宰相，但盖布被子。政敌汲黯认为公孙弘盖布被子有沽名钓誉之嫌，是欺诈行为。

【译文】

金殿上雕刻耕夫，意在每吃到一餐一饭，要想到夏天田地里劳动的人几度挥汗如雨；屏风上绘画织女，意在看到身上穿的一丝一缕，要想到寒窗下的织女无数次辛勤抛梭。前人有示俭的青草，有戒奢的铭文，无不是想为此身留有余地。不要说身盖布被都是欺诈。纂惜福第九。

忍饥却蜊

宋仁宗[①]尝语近臣曰："昨因不寐而饥，思食烧羊。"近臣曰："何不索取？"曰："恐遂为例，宁忍一夕之饥，不可启无穷之杀。"或献蛤蜊二十八枚，枚千钱。曰："一下箸费二十八千，吾不堪也。”遂不受献。

【注释】

①宋仁宗：即赵祯，宋朝第四位皇帝，初名赵受益，宋真宗第六子。

【译文】

宋仁宗曾经对近臣说：“昨天晚上，由于睡不着觉而有点饿，想吃烤羊。”近臣说：“为什么不索要呢？”仁宗说：“我是担心因此而形成定例，宁愿忍受一夜的饥饿，也不能开启无穷无尽的杀戮。”有人献上二十八枚蛤蜊，每枚价值一千钱。仁宗说：“吃一顿饭花费二万八千钱，我不能忍受。”于是不接受进献的蛤蜊。

青草示俭

元世祖①每思太祖创业艰难，俾取所居地青草一株，置大内丹墀②前，谓之“示俭草”。盖欲使子孙知勤俭之节也。

【注释】

①元世祖：元朝开国皇帝忽必烈的庙号。 ②丹墀（chí）：指宫殿的赤色台阶。墀，台阶。

【译文】

元世祖常常想起太祖成吉思汗开创基业的艰难，就让人从太祖居住过的地方取来一株青草，放在皇宫台阶之前，称为“示俭草”。大概是想使子孙后代知道勤俭的节操。

犯颜直谏

宋虞愿①为散骑常侍②，明帝起湘宫寺，费极侈。又起庄严刹③十层，不可立，分为两刹，各五层。帝曰：“卿至湘宫寺未[4]？我起此寺是大功德。”愿曰：“陛下起此寺，皆百姓卖儿鬻妇之资。佛若有知，当悲哭哀愍。罪高浮屠[5]，何有功德？”

【注释】

①虞愿：字士恭，南朝刘宋会稽余姚人，官至廷尉。 ②散骑常侍：为皇帝侍从官，入则规谏过失，备皇帝顾问，出则骑马散从。③刹：梵语“刹多罗”的简称，寺庙佛塔。 ④未：句末语气词，相当于“吗”。 ⑤浮屠：佛塔。

【译文】

虞愿任散骑常侍时，宋明帝建起湘宫寺，耗资巨大。又要建十层高的佛塔，因为不易建立，就分建两座，每座塔高五层。宋明帝对虞愿说：“你到过湘宫寺吗？我建这个寺院功德无量。”虞愿回答说：“皇上建湘宫寺，花的都是老百姓卖儿卖女的钱。如果佛能明了这些，应该会悲哀哭泣、哀怜同情。罪过高过佛塔，还有什么功德可言呢？”

俭素惜福

王旦晚年官尊，每家人贺寿，立止之，因语曰：“遭遇如此，愈增忧惧，何可贺？”每赐禄，见家人置于庭，瞑目叹曰：“生民膏血，安用许多？”每见家人服饰，即瞑目曰：“吾门素风一至如此！”故家人有一衣稍华，必就库易之，不敢令公见。

【译文】

王旦晚年官职尊贵，每当家人要给他祝寿时，他就立即制止，趁机对家人说：“受到这样高的待遇，就越应该心生恐惧，有什么值得庆贺呢？”每当皇上有赏赐，看见家里人放置在庭院里，就闭着眼睛叹息说：“民脂民膏，哪里能用太多呢？”每当看见家人衣着奢华，就闭上眼睛感叹说：“我家俭素的门风竟然到了这地步！”所以，家里人一旦觉得穿得稍微华美,一定到库房里换掉,不敢让王旦看见。

乖崖惩惰

乖崖为令,尝坐城门外,见有负菜归者,问:“安得此?”曰:“买之市。”公怒曰:“汝居田里,不自种而食,何惰邪!”笞而遣之。

【译文】

张乖崖(北宋名臣张咏号乖崖)做县令时,曾经坐在城门外,看见有个背着青菜回家的人,便问:“菜是从那里弄来的?”那人回答说:“在市场上买来的。”乖崖气愤地说:“你居住在乡间,不自己种菜吃,是多么懒惰啊!”于是将那人鞭打一顿后赶走。

比下有余

家坐无聊,不念食力担夫红尘赤日;汝官不达,尚有高才秀士白首青襟①。

【注释】

①青襟:指学子之服。此处为无官可做。

【译文】

家里闲坐百无聊赖,是因为没有想到为生计奔波的挑担人,在炎炎烈日下辛勤劳碌;官位不显达而心怀不满,是因为没有想到还有不少才华横溢的人,直到白头还没有做官的机会。

不受新屐

齐虞玩之①为少府②,蹑屐造席。高帝③取屐视,断处以芒接之。玩之曰:“初释褐[4]时买此,已三十年矣。”帝赐新屐,不受,曰:“遗簪[5]敝席,不忍弃也。”

【注释】

①虞玩之:字茂瑶,会稽余姚(今属浙江)人,南朝萧齐重臣,为南齐高祖萧道成所赏识。 ②少府:为九卿之一,掌山海地泽收入和皇室手工业制造,为皇帝的私府。 ③高帝:即萧道成,字绍伯,祖籍东海郡兰陵县(今属山东),南北朝时南齐开国皇帝。④释褐:脱去平民衣服。喻始任官职。 ⑤遗簪:孔子出游,遇一妇人失落簪子而哀哭。孔子弟子劝慰她,妇人曰:“非伤亡簪也,吾所以悲者,盖不忘故也。”(事见《韩诗外传》卷九)后比喻旧物或故情。

【译文】

南朝萧齐时,虞玩之做少府,穿着木屐到席。齐高帝萧道成取过木屐来看,发现木屐断处竟用芒线接起来。虞玩之说:“刚做官的时候买的这木屐,已有三十年了。”齐高帝赏赐新屐,玩之不接受,并说:“失落的簪子、破旧的席子,值得留恋,不忍心抛弃。”

淡泊不受赐

宋废帝[1]赐沈庆之[2]几杖[3],给三望车[4]。庆之每朝贺,乘犊鼻无幰车[5]。履行田园,无人从行,遇者不知为三公[6]。尝曰:“我每行田园,有人时与马成三,无人时与马成二,乘此车安之乎?”并所赐几杖固让不受。

【注释】

①宋废帝:即刘子业,小字法师,南朝宋孝武帝刘骏长子,荒淫无道。 ②沈庆之:字弘先,吴兴武康(今浙江德清西)人,南朝刘宋名将。 ③几杖:凭几与手杖,古代用以孝敬老者的礼物。

④三望车：六朝时王公大臣所乘之车，有窗可望，分四望、三望、夹望等等级。 ⑤犊鼻无幰(xiǎn)车：只有粗陋的车帷子并无华丽帷幔的车子。 ⑥三公：中国古代朝廷中最尊显的三个官职的合称。三公具体所指因时而异。

【译文】

宋废帝赏赐沈庆之凭几与手杖，供给三望车。沈庆之每次朝见皇上，都是乘坐只有粗陋的车帷子并无华丽帷幔的车子。他在田园行走，也不带随从，碰到的人也不知道他位至三公。沈庆之曾说："我每次在田园漫步，有人陪伴，加上马就是三个，无人陪伴，加上马便是两个，乘这样的车到哪儿去呢？"于是执意推辞不接受三望车以及凭几手杖。

惜福延寿

李若谷[①]为长社令，日悬百钱于壁，用尽即止。东坡谪齐安，日用不过百五十，用不尽者，以竹筒贮待客。尝云："口腹之欲何穷？每加节俭，亦惜福延寿之道。"

【注释】

①李若谷：字少渊，北宋徐州丰(今属江苏)人，官至资政殿大学士、吏部侍郎，谥号康靖。

【译文】

李若谷做长社(今河南长葛)县令，每天在墙壁上悬挂一百文钱，用完为止。苏东坡被贬官到齐安(今湖北黄州)，每天花费不超过一百五十钱，花不完就用竹筒存起来招待客人。东坡曾经说："口腹之欲怎么能穷尽呢？经常节俭，也是珍惜福分、延年益寿的好办法。"

怀宝取祸

石崇①僭拟王者，庖膳穷水陆，后房百数，皆纨绣金翠，而丝竹尽一世之选②，竟以怀宝③取祸。及见收，谓曰："奴辈利吾财耳。"收者曰："早知财能取祸，何不散之？"崇无以对，斩于市。

【注释】

①石崇：字季伦，渤海南皮（今属河北）人，西晋时期官员、富豪。 ②选：出类拔萃者。 ③怀宝：拥有宝物。

【译文】

石崇生活僭越帝王，吃的穷尽陆上水里的珍奇之物，后房美女数以百计，都身着绫罗，佩戴金翠饰物，听的音乐都是当时出类拔萃者，最终因为拥有财宝招来祸患。等到被逮捕的时候，石崇说："奴才们是想要我的财宝。"逮捕他的人说："早知道财多会带来祸患，为什么不早点把财宝散了消灾呢？"石崇无话可说，在闹市被砍了头。

虀盐风味

郑亨仲①日以数十钱悬壁间，椒桂葱姜皆约一二钱，曰："吾平生贫苦，晚年登第，稍觉快意，便成奇祸。今学张子韶②法，要见旧时虀盐③风味，甚长久也。"

【注释】

①郑亨仲：即郑刚中，字亨仲，宋代婺州金华（今属浙江）人，累官四川宣抚副使，治蜀颇有方略。 ②张子韶：即张九成，字子韶，钱塘（今浙江杭州）人，封崇国公，谥文忠。 ③虀（jī）盐：腌制的碎咸菜。虀，同"齑"。

【译文】

郑亨仲每天拿几十钱悬挂在墙壁上，花椒、桂皮、大葱和生姜，各大约一二钱。郑亨仲说："我平素贫苦，到晚年考中进士，稍稍觉得有些快意，稍不留意就会造成出人意料的灾祸。我如今学习张九成的修身方法，要见到旧时碎咸菜的风味，那才是最长久的滋味。"

侈汰折福

李德裕①每一杯羹，约费钱三万，集珠玉、宝贝、雄黄、朱砂煎汁过三沸，即弃其滓。侈汰②如此，崖州之行，岂可专咎牛奇章③来④？

【注释】

①李德裕：字文饶，赵郡赞皇（今河北赞皇）人，唐朝中期名相，牛李党争中李党领袖。 ②侈汰：奢侈无度。 ③牛奇章：即牛僧孺，字思黯，安定鹑觚（今甘肃灵台）人，唐朝中期名相，牛李党争中牛党的领袖。唐敬宗时被封为奇章郡公，故后人称其为"牛奇章"。 ④来：语气词，无实义。

【译文】

李德裕每喝一杯羹汤，要耗掉大约三万钱，把珠玉、宝贝、雄黄、朱砂等放在一起煎汁，煮沸三遍倒出汁，便把剩下的渣滓扔掉了。这样奢侈，他被贬官崖州，难道能全怪罪牛僧孺吗？

马后大练

汉明帝马后①，既正位，愈自谦肃。常衣练②裙不加缘，朔望诸姬谒，望见以为绮縠③，就视乃笑。后曰："此缯特宜染色，故用之耳。"

【注释】

①马后:扶风茂陵(今属陕西)人,东汉初伏波将军马援的小女儿,汉明帝刘庄皇后,谥号明德,为后汉一代贤后。 ②练:洁白的熟绢。 ③绮縠(hú):绮丽的丝织品。

【译文】

汉明帝的马皇后,被册立为正宫后,更加谦和整肃,常穿着白色熟绢做的裙子,也不加边饰。初一、十五皇上的姬妾们来拜望皇后,远看到皇后的裙子,认为是很绮丽的丝绸做成,就近一看,不禁发笑。皇后说:"这种丝织品特别适宜染色,所以才使用罢了。"

动心忍性之一端

口腹何常之有?石虎①食蒸饼,必以干枣、胡桃瓤为心,使坼裂方食;及为冉闵②所篡,幽废,思不裂者而无从致之。唐贵家子炊食必用炼炭,不尔便嫌烟气;及乱离,市脱粟③饭之,不啻八珍。岂口腹前贵而后贱哉?彼拣择精好,皆娇奢使然,非天生而然也。吾(一)见南方膏梁(二)子弟,必择甘毳④温柔,调以酥酪,恐伤其胃,而疾病正自不少;北方婴儿卧土炕,啖麦饭,十余岁不知酒肉,而强壮自如。若乞丐之子,生即受冻忍饿,日一文钱便果其腹。人生何常?幸处富贵赢余,时时思及冻馁,无令过分。物无精粗,随遇而安,此亦动心忍性⑤之一端也。

【校勘】

(一)吾:此则采编自谢肇淛的《五杂组》。据此,当指谢肇淛。

(二)梁:乃"粱"之误。

【注释】

①石虎:字季龙,羯族,上党武乡(今属山西)人,十六国时期后赵君主,史称赵武帝。 ②冉闵:亦作"染闵",字永曾,魏郡内黄(今属河南)人,十六国时期冉魏政权建立者。 ③脱粟:糙米,只去皮壳而不加精制的米。 ④毳:同"脆"。 ⑤动心忍性:比喻历经困苦而磨炼身心。动心,使内心惊动。忍性,使性格坚韧。

【译文】

口腹之欲哪有一成不变的标准?石虎吃蒸饼时,必得是干枣、胡桃仁做的馅,并使之干裂后才食用;冉闵夺取政权后,石虎被废囚禁,想吃不开裂的蒸饼而无从得到。唐代富贵子弟烧饭,一定挑选烧炼好的木炭,否则就嫌饭有烟火气息;到离乱(安史之乱)时,买糙米做饭给他们吃,吃起来不次于山珍海味。难道口腹之欲还存在先富贵而后贫贱的道理吗?起初他们挑拣精美的,都是骄纵奢侈造成的,并不是天生使然。我见到南方富贵子弟,吃东西一定要选择甜脆柔软的,再用酥油奶酪调制,担心伤着脾胃,可疾病反而因此更多;而北方小孩从出生就睡在土炕上,吃麦饭,甚至长到十几岁还没有尝过酒肉的滋味,却身体十分健壮自如。至于乞丐的孩子,生下来就饥寒交迫,每天花上一文钱就能填饱肚子。人生在世,哪会永恒不变呢?幸而身居富贵,生活宽裕,要多想想那些受冻挨饿的人,不能让自己的享受过分了。食物没有精细和粗糙之分,应当随遇而安,这也是历经困苦而磨炼身心的一个办法。

主僧弃碗

巴东僧(一)得一青磁碗,携归。折花供佛前,明日花满其中;置少米,经宿米亦满;钱及银皆然。自是院中富盛。院主年老,一日取碗掷于江,弟子惊愕。师曰:“吾死,汝辈宁能谨饬[①]乎? 弃之,不使汝增罪也。”

【校勘】

(一)巴东僧:当为“巴东下岩院主僧”之苟简。此则故事最早出自宋初吴淑的《秘阁闲谈》,明代冯梦龙的《智囊》亦曾收录。

【注释】

①谨饬:谨慎严整。

【译文】

巴东有位僧人得到一个青瓷碗,带回寺院。折株花放在碗里供奉在佛像前,第二天碗中满是鲜花;又稍微放些米,一夜过后,碗中米也满了;进而放钱和银子都是如此。从此这个寺院富裕兴盛起来。寺院主持年岁大了,一天把碗取出来投到江里,弟子们吃惊愕然。主持对弟子们说:“我死后,你们难道能够谨慎严整(守住自我)吗? 抛弃它,是为了不让你们增加罪过。”

东坡砚铭

东坡砚铭:“或谓居士:‘吾往端溪,可为公购砚。’居士曰:‘吾两手,其一解[①]写字,而有三砚,何以多为?’曰:‘以备损坏。’居士曰:‘吾手或先砚坏。’”

【注释】

①解:能。

【译文】

苏东坡砚铭:“有人对东坡居士说:‘我要前往端溪(今属广东),可以给你买些砚台。’东坡居士说:‘我有两只手,只有一只手能写字,而已有三个砚台,为什么要那么多呢?’那人说:‘用来防备损坏。’苏东坡说:‘我的手或许比砚台坏得要早。’”

通肠之米

荆南孙儒①之乱，米斗四十千。持金宝换易，才得一撮，谓之“通肠米”。言饥人忌他食，惟煎米饮之，可稍通肠胃。

【注释】

①孙儒：蔡州（今属河南）人，唐末军阀，兵势强盛，为人残暴，曾横行于江淮地区。

【译文】

荆南（今湖北的江陵、公安一带）爆发了孙儒之乱，使米价涨到每斗四万钱。拿金银财宝去换才能得到一点点，被称为“通肠米”。听说饥饿严重的人不能吃别的东西，只能煮点米汤喝，可使肠胃稍通。

反天地之性

宋王允良（一）旦寝暮兴，燃灯治事，饮食宴乐，达旦始罢。人以为疾，余以为此骄癖，非疾也。每见纨裤子弟，常有日午始兴，鸡鸣始寝者。然贫贱之家无之也，贤子弟无之也，勤以治生者无之也。骄奢淫佚，反天地之性，不祥莫大焉！

【校勘】

（一）宋王允良：此则抄自谢肇淛的《五杂组》。据此，允良，即赵允良，宋太宗赵炅（jiǒng）孙，周恭肃王赵元俨子，封襄阳郡王，好酣寝，以日为夜。

【译文】

北宋襄阳郡王赵允良白天睡觉，晚上起来，点上灯烛，处理事务，吃喝玩乐，直到天明才收场。有人认为赵允良这种人有病，我认为这是骄纵养成的坏习惯，而不是病。常常见到游手好闲的富家子弟，不少人中午才起床，玩到鸡叫才休息。然而这种情况在贫困低贱的人家没有，贤良的子弟没有，辛勤谋生的人没有。骄纵奢侈、荒淫享乐，违背自然的常性，没有比这个更不祥的。

苦乐不均

溟涬子居乡，见枵腹[①]终日者，皇皇求一饱而不得也，冬月单衣败而不蔽体也。农夫终岁力田，莫给租税；富商大贾，鲜衣怒马，田连阡陌。佣保胼胝[②]作劳，日仅锱铢[③]；官人坐堂皇，事敲扑[④]而囊巨万。贫民日餍糟糠；纨裤子厌常味，而广求珍羞，以竞豪奢。贱妇荆布[⑤]不足；贵家姬耻常服，而盛购新奇以夸美丽。广厦细旃[⑥]，侍者不称苦，而坐者称苦；安车远道，负者不言劳，而乘者言劳。拥重裘，坐暖室，犹然畏寒；而山中之樵，手足皲[⑦]于冰雪。挥羽扇，临水亭，犹然怯暑；而道上之旅，流汗浃于背肩。嗟！嗟！孰非属毛离里[⑧]者，乃苦乐霄壤若此也！溟涬子恻然，欲请于帝而均之。夫均之，上帝之力能矣。能而不均，必有说乎？然溟涬子不忍见也。

【注释】

①枵（xiāo）腹：空腹，谓饥饿。 ②胼（pián）胝（zhī）：俗称老茧，是长期受压迫和摩擦而引起的手、足皮肤局部扁平、角质增生。 ③锱铢：比喻极其微小的数量。旧制锱为一两的四分之一，铢为一两的二十四分之一。 ④敲扑：鞭打的刑具，短曰敲，长曰扑。亦指敲打鞭笞。 ⑤荆布：即荆钗布裙的简称，荆木做成的发簪和粗布制成的衣裙。比喻粗劣的服饰。 ⑥细旃（zhān）：精致的毡毯。 ⑦皲（jūn）：皮肤因寒冷或干燥而裂开。⑧属（zhǔ）毛离里：比喻子女与父母关系的密切。语出《诗经·

小雅 · 小弁》:“靡瞻匪父,靡依匪母。不属于毛,不离于里。”

【译文】

溟涬子(明代文人屠隆号溟涬子)在乡村居住时,目睹了整天饥饿之人急切地想吃上顿饱饭却难以实现,在寒冷的冬天,衣服单薄,破烂得遮不住身体。农夫成年累月努力种田,连租税都交不上;富裕的商人们穿着华丽衣服,骑着骏马,田地连成片。佣工辛勤劳动,手脚上都是老茧,每天的收入极少;当官的人身居高堂,靠拷打犯人便敛聚大量钱财。贫苦之人吃酒糟米糠,游手好闲的富家子弟却吃腻了日常食物,而去追求山珍海味来竞相奢侈。身份卑微的妇女荆钗布裙都办不到,而富贵人家的姬妾则耻于日常服饰,竞相购买新奇的服饰来争奇斗艳;宽广的大厦,舒适的地毯,服侍者不说劳苦,而安坐者却叫苦连天;坐车远行,背东西者不说劳累,而乘车者却说疲倦。富贵人身穿厚厚的皮衣,坐在温暖的屋里,还惧怕寒冷;而山中的樵夫,手脚在冰天雪地里冻得裂着口子。挥动羽扇,在水亭边休息的人,还在害怕炎炎暑热;而在道路上奔走的旅客,汗流浃背。唉!唉!谁不是父母生养的人,为什么苦乐竟有天壤之别呢!溟涬子感到忧虑,于是想请上天来平均分配苦乐。均分苦乐,只有上天的力量才能办到。上天能做到而不去做,就一定有其道理吧?然而溟涬子不忍心看到这种苦乐不均的情况。

蒙正却鉴

吕蒙正①为相,有士藏古鉴,能照二百里,欲献以求知。公曰:“吾面不过楪②子大,安用照二百里?”闻者叹服,以为贤于李卫公③。

【注释】

①吕蒙正:字圣功,北宋洛阳(今属河南)人,太宗、真宗时三

次任宰相。 ②楪:古同“碟”,盛食物的小盘。 ③李卫公:唐开国功臣李靖,爵封卫国公。后世把他神化,说他有面照妖的宝镜。

【译文】

吕蒙正当宰相时,有个朝官收藏一面古镜,这镜子能够照出二百里内的东西,想献给吕蒙正来求得赏识。吕蒙正说:“我的脸不过碟子大小,哪里要用照二百里的镜子呢?”听到此话的人赞叹佩服,认为吕蒙正比卫国公李靖有贤德。

东坡安蔬

东坡云:“吾借王参军地种菜,不及半亩,而吾与子过终年饱菜。夜半解酒,辄撷菜煮之,味含土膏①,气饱霜露,虽梁(一)肉不能及也。人生须底物②?而乃更贪耶?乃作诗:‘秋来霜露满东园,芦菔③生儿芥有孙。我与何曾④同一饱,不知何苦食鸡豚?’余题其庐曰‘安蔬’。”

【校勘】

(一)梁:乃“粱”之误。

【注释】

①土膏:土中所含的适合植物生长的养分。 ②底物:何物。底,何,什么。 ③芦菔:即萝卜。 ④何曾:原名瑞谏,又名谏,字颖考,陈国阳夏(今河南太康)人,西晋开国功臣。何曾奢侈,讲究饮食,《晋书》说他:“厨膳滋味,过于王者。每燕见,不食太官所设,帝辄命取其食。蒸饼上不坼作十字不食。食日万钱,犹曰无下箸处。”

【译文】

苏东坡说:“我向王参军借来种菜的地不到半亩,种的菜足够我和儿子苏过全年吃了。半夜里酒喝多了,就摘些蔬菜煮来解酒,有土地养分的滋味,饱含霜露清新的气息,即使白米肥肉也赶不上。人的生活到底需要什么东西?为什么竟然变得如此贪婪呢?于是赋诗:'秋来霜露满东园,芦菔生儿芥有孙。我与何曾同一饱,不知何苦食鸡豚?'我给自己的房舍题名为'安蔬'。"

陶侃惜谷

陶侃[1]为荆州刺史,见人持一把未熟稻。侃问:"何为?"人云:"行道所见,聊取之耳。"侃怒曰:"汝既不田,复戏贼[2]人稻。"执而鞭之。

【注释】

①陶侃:字士行,一作"士衡",居庐江寻阳(今湖北黄梅西南),东晋时期名将。 ②贼:祸害,破坏。

【译文】

陶侃做荆州刺史时,看到一个人手里拿着一把没有成熟的稻子。陶侃问:"为什么这样做?"那人回答说:"行路时看见,姑且随手采来罢了。"陶侃气愤地说:"你既不出力种田,又随便祸害别人的稻谷。"于是把那人抓起来,鞭打一顿。

炼炭炊饭

唐乾符初,有豪士锦衣玉食,尝谓门僧[1]圣刚曰:"凡以炭炊饭,先令烧熟,谓之'炼炭'。不然,犹有烟气,难餐。"及被寇,财产摽[2]尽,昆仲数人与圣刚同窜,饿伏山草中。贼退,买脱粟饭,以土杯同食,美于粱肉。僧笑曰:"此非炼炭所为。"豪士惭而无对。

【注释】

①门僧：指约定为大户人家做礼忏，平时有往来的僧人。②摽（biāo）：抛弃。

【译文】

唐僖宗乾符初年，有个穿华美服装、吃珍馐美味的富豪，曾经对门僧圣刚说："凡用木炭烧饭，一定要先把木炭烧透，称为'炼炭'。否则，烧好的饭尚且有烟气，难以下咽。"后来，富豪家遭遇强盗，财产被洗劫一空，兄弟几人和圣刚一起逃跑，忍着饥饿趴在山间草丛中。等到强盗退走，买来糙米饭，用土质杯盘盛来与圣刚一起吃，觉得味道胜过白米和肥肉。圣刚笑着说："这可不是炼炭烧成的饭。"这个富豪感到很惭愧，无言以对。

九成却衣

宋张九成①初年贫寒，衣衾不备。有送袭衣②者，却不受，曰："士处贫苦正是做工夫时节。若不痛自砥砺，则贪心生，廉耻丧矣。工夫何在？"

【注释】

①张九成：字子韶，其先开封人，徙居钱塘，南宋理宗时封崇国公，谥文忠。 ②袭衣：成套衣服。

【译文】

宋朝张九成，年轻时十分贫穷，连衣服和被子都不能备齐。有人送给他成套的衣服，他推却不接受，说："读书人处在贫苦的时候，正是加强修养磨炼自己意志的好时机。如果不痛下决心磨砺自己，那贪图享受的欲望就产生了，廉操和知耻之心就丧失了。自我修养的工夫又在哪里呢？"

山无名衲

雪峰①、严头②、钦山③至吴山下，濯足涧侧。见(一)菜叶而喜，指谓二人曰："此山必有道人，可沿流寻之。"雪峰恚曰："汝智眼④太浊，他日如何辨人？彼不惜福如此，住山何为哉？"入山，果无名衲。

【校勘】

(一)见：据宋朝慧洪《林间录》，"见"前夺"钦山"二字。

【注释】

①雪峰：即雪峰义存和尚，唐代著名禅师，福建泉州人，俗姓曾。 ②严头：即鄂州岩头全奯(huò)禅师，唐代著名高僧，泉州人，俗姓柯。 ③钦山：即澧州钦山文邃禅师，唐代著名高僧，福州人，俗姓族。 ④智眼：即慧眼，一般为佛教语。五眼之一，指二乘的智慧之目。亦泛指能照见实相的智慧。

【译文】

雪峰、严头、钦山三位禅师一起到吴山(在今杭州市南)下，在山涧边洗脚。钦山禅师见涧水中漂有菜叶，很高兴，指着菜叶对另外两个人说："这山中一定有得道的僧人，可沿着流水去寻找。"雪峰生气地说："你的慧眼太浊，以后怎么分辨别人呢？他这样不惜福，住在深山里又有什么用呢？"进入山里，果然没有见到有名气的僧人。

答程天侔书

东坡投荒①时，答程大侔(一)云："此间食无肉，病无药，居无室，出无友，冬无炭，夏无寒泉，大率皆无耳。余拥山居，公所无者尽有之，不省何德享此，惟日拈瓣香②，向古佛忏罪耳。"

【校勘】

(一)程大伻:此则抄自陈继儒《岩栖幽事》,据此,"大"乃"天"之误。程天伻,字全父,东坡谪居惠州时结识的友人。

【注释】

①投荒:贬谪、流放至荒远之地。 ②瓣香:犹言一瓣香,即一炷香,用点燃的一炷香表达心中的虔诚。

【译文】

苏东坡被贬谪至荒远之地时,在回复程天伻的信时说:"这里无肉可吃,病了没有药物,居住没有房子,出门没有朋友,冬天没有炭火,夏日没有寒泉,总的来说,该有的东西什么也没有。我在山中居住,你没有的东西,这里都有,我不明白自己有什么德行能享受到这些,只有每天焚香,向古佛忏悔自己的过错罢了。"

溟涬子知足

溟涬子布衣时,无负郭田①一亩,僦屋而居,今犹故也。一日,谓妇曰:"某官拙如此,若辈应饿死矣。"妇笑曰:"君为布衣不饿死,今有俸安得饿?"或得数金,置春衫,买笋鱼,进太夫人,扬扬称富,则又笑谓妇曰:"子无轻视数金,吾昔以教授自给。即数金坐冷毡终岁,今扬扬坐公府而旦暮得之,于某足矣。"

【注释】

①负郭田:典出《史记·苏秦列传》。司马贞索隐:"负者,背也,枕也。近城之地,沃润流泽,最为膏腴,故曰'负郭'也。"亦泛指良田,亦省作"负郭"。

【译文】

溟涬子还是平民时没有一亩良田,赁屋居住,现在做官了,和原先一样。一天，溟涬子对妻子说："我当官太笨拙，你们会饿死的。"妻子笑着说："你是平民时，没有被饿死，现在你有了俸禄，怎么会饿死呢？"又有一次，溟涬子得到一些钱，购置了春衫，买来竹笋和鲜鱼献给母亲，得意地称自己富裕了，又笑着对妻子说："你可不要小看这一点钱，我过去靠教授学生来养活自己，即使几两银子也是整年教书所得。现在志得意满地坐在公堂上，旦暮之间得到这些钱，对我来说，很满足了。"

太祖训女

永宁公主(一)尝衣铺翠襦，宋主谓曰："自今勿为此饰。"公主笑曰："所费几何？"宋主曰："不然。主家服此，宫闱戚里必相效，京城翠羽价高，小民逐利，伤生浸广，实汝之由。汝生长富贵，当念惜福，岂可造此恶业之端？"

【校勘】

（一）永宁公主：此则又见于张居正所编《帝鉴图说》，文字略有出入。"永宁"当为"永庆"。宋太祖的女儿没有封永宁公主的。

【译文】

永庆公主曾经穿着一件饰有翠羽的短袄进宫，太祖对她说："自今以后不要再穿有此类装饰的衣服了。"公主笑道："这件衣服上所用翠羽能费多少钱？"太祖说："不是这样。公主穿这样的衣服，宫里宫外的人一定仿效，京城里翠羽的价格将升高，小民追逐利润，伤害生灵的范围就会扩大，这都要归因于你。你生长于富贵之中，应当珍惜福分，怎能成为恶事的发端者呢？"

不宿邮亭

赵孝[①]以父田禾将军[②]任为郎。每告归,常白衣[③]步担。尝从长安还,欲止邮亭[④]。亭长先时闻孝当过,洒扫待之。孝既至,不白名,长不肯纳,因问曰:"田禾将军子从长安来,何时至乎?"孝曰:"寻到矣。"于是遂去。

【注释】

①赵孝:字长平,东汉沛国蕲(今安徽宿州)人,东汉明帝时官至侍中,著名的孝悌典范。　②田禾将军:即赵普,王莽时期做田禾将军。王莽时设置田禾将军,在北方屯田。　③白衣:平民服装。　④邮亭:驿馆。

【译文】

赵孝因父亲是田禾将军被荐举为郎官。赵孝请假回家,常常穿平民服装,挑着担子步行而归。有一次赵孝从长安回来,想在驿馆住宿。驿馆长官先打听到赵孝要经过,就打扫好驿馆等待他。赵孝到驿馆后,不通报自己的姓名,驿馆长官不肯接纳,问赵孝:"田禾将军的儿子从长安来,什么时候能到呢?"赵孝说:"不久就到了。"于是离驿馆而去。

留馔赠诗

甘矮梅[①]先生通五经,从学甚众。有其徒御史谒先生于家,留之馔,唯葱汤麦饭而已。因口畀[②]一诗云:"葱汤麦饭丹田暖,麦饭葱汤也可怜[③]。试向城楼高处望,人家几处未炊烟。"噫,意深矣!

【注释】

①甘矮梅:明朝江西人,号矮梅。　②畀(bì):给与。　③可

怜：可爱。

【译文】

甘矮梅先生精通五经，跟他学习的人很多。他的弟子有一位当了御史，来拜访他，他留御史吃饭，只是葱汤麦饭罢了。于是，他口占一首诗，送给御史："葱汤麦饭暖丹田，麦饭葱汤也可怜。试向城头高处望，人家几处未炊烟。"唉，诗的含意多么深远啊！

俭异于悭

俭与悭原是二种。汉文帝衣不曳地①，露台惜百金之产，至百姓租税动辄蠲免，此真俭也。若夫急于聚敛，广田宅，遗子孙，至应酬交际，草恶酸啬，此直贪而鄙耳。夫俭不夺人，以夺为俭，得乎？

【注释】

①衣不曳地：衣衫短小，不能曳地。形容衣着朴素。《汉书·文帝纪》赞："（文帝）身衣弋绨，所幸慎夫人衣不曳地，帷帐无文绣，以示敦朴，为天下先。"

【译文】

节俭与悭吝本是两回事。汉文帝的宠妃衣着朴素，为了节约百金停建露台，百姓的租税动不动就免除了，这是真正的节俭。至于那些急于聚敛财富、扩充田地房宅，以便留给子孙后代，而在交往时草草应付，礼物粗劣，寒酸吝啬，这便是贪婪和鄙陋。节俭不夺取别人的利益，把夺取别人的利益作为节俭，怎么可以呢？

王旦教弟

王旦居家，有货玉带者。弟谓佳甚，呈公。命系之，曰：

"还见佳否?"弟曰:"系之安得自见?"公曰:"自负重而使观者称好,无乃劳乎!"亟[①]还之。

【注释】

①亟(jí):急忙,急迫。

【译文】

王旦家居时,有人来卖玉带。王旦的弟弟认为玉带漂亮极了,于是买下玉带呈送给王旦。王旦让弟弟自己系上玉带,问他:"还能看见玉带漂亮吗?"弟弟回答说:"我系上玉带,自己怎能看见呢?"王旦说:"自己承担重负,却使观看的人称赞,恐怕是白白受累吧!"王旦的弟弟赶紧把玉带退了。

待客送礼

宋王沂公曾与孙冲[①]同榜,冲子京往谒。沂公留云:"吃饭了去。"饬[②]子弟云:"已留客,安排馒头。"馒头时为盛馔也。食后盒中送数轴简纸,开看,皆是他人书简后截纸。

【注释】

①孙冲:字升伯,赵州平棘(今河北赵县)人,官至太常博士。

②饬:通"敕",告诫,命令。

【译文】

宋朝沂国公王曾(王曾爵封沂国公)和孙冲是同榜进士,孙冲的儿子孙京前往拜访。沂国公把孙京留下说:"吃了饭再走。"并命令子弟说:"已留有客人,准备馒头。"当时王曾家馒头已是丰盛的饭了。饭后,王沂公把几轴信纸放在盒里作为礼物送给孙京,孙京打开一看,那信纸都是从其他人的信件中截取下来的。

何物贮食

宋太祖见蜀王孟昶①宝装溺器，即碎之，曰："汝以宝饰此，当以何物贮食？所为如此，不亡何待？"

【注释】

①孟昶（chǎng）：五代十国时期后蜀后主，初名仁赞，字保元。

【译文】

宋太祖看到孟昶用珍宝装饰的尿壶，当即打碎，说："你用珍宝装饰尿壶，那用什么器具盛放食物呢？所作所为是这样，不灭亡还能等待什么呢？"

惜福如是

唐肃宗①为太子，尝侍膳。有羊臂臑②，上顾太子使割。肃宗既割，余污漫刃，以饼洁之，上熟视不怿。肃宗徐举饼啖之，上大悦，曰："福当如是惜！"

【注释】

①唐肃宗：即李亨，唐玄宗李隆基第三子。 ②臑（nào）：牲畜前肢的下半截。

【译文】

唐肃宗做太子的时候，曾经侍奉玄宗吃饭。当时要吃一条烧羊前腿，皇上回头示意太子把它割开。割好后，刀子上沾满了油污，于是太子用面饼去擦刀刃，皇上仔细看着心里很不高兴。等到太子慢慢拿起擦过油污的面饼吃起来，皇上才高兴起来，说："福分应当这样珍惜！"

文正诫子

范文正戒诸子曰:“吾贫时与汝母养吾亲,汝母躬执爨[1],而吾亲甘旨,未尝充也。今得厚禄,欲养亲不在矣,汝母又已早逝,忍令若曹享富贵之乐也?”

【注释】

①执爨(cuàn):做饭。

【译文】

范文正(范仲淹谥号为文正)告诫他的儿子们说:“我贫寒时和你们母亲赡养我母亲,你们的母亲亲自烧火做饭,我想使母亲吃得好些,可不曾有充裕的钱财。现在有优厚的俸禄,想好好供养母亲,可母亲已经不在了,你们的母亲也已过早地离开了人世,怎忍心让你们安享富贵快乐呢?”

弃建露台

汉文帝欲作露台,召匠计之,直百金。上曰:“百金,中人十家之产,何以台为?”

【译文】

汉文帝想建一座露台,召来工匠,计算一下,露台所费为百金。文帝说:“百金,相当于十户普通人家的财产总和,为什么要建露台呢?”

怀慎待客

卢怀慎[1]俭约。尝留客,谕内人曰:“烂蒸去毛,勿拗折项。”客疑是鹅鸭。少顷,出粟米饭蒸瓠而已。

【注释】

①卢怀慎:滑州灵昌(今河南滑县)人,唐玄宗时宰相。

【译文】

卢怀慎俭朴节约。曾经留客人吃饭,他告诉妻子说:"蒸熟,去毛,不要把脖子折断。"客人心里猜测是杀鹅宰鸭招待他。一会儿后,端出的不过是粟米饭和蒸熟的瓠瓜罢了。

有识见几

卢逊(一)父亿性俭素。告老归洛,棋酒自放①。及多逊参大政,服玩渐侈,亿叹而泣曰:"家本寒素,今富贵骤至,不知税驾②地矣。"

【校勘】

(一)卢逊:即卢多逊。卢多逊,怀州河内(今河南沁阳)人,北宋时官至宰相。

【注释】

①自放:自我放逸。 ②税驾:犹解驾,停车。谓休息或归宿。税,通"脱"。

【译文】

卢多逊的父亲卢亿生性节俭朴素。晚年告老,回到洛阳,放逸于棋酒之中。到卢多逊做了参知政事,衣服华丽了,玩赏的东西也多起来,卢亿叹息并流泪说:"我卢家本是贫寒朴素之家,现在富贵突然降临,不知归宿在哪里。"

约己施贫

前辈语曰:"忽闻贫者乞声哀,风雨更深去复来。多少豪家方夜饮，贪欢未许暂停杯。”此闻丐作也。呜呼！富人一盘足供贫人七日饱者有矣，一宴足供穷人两岁食者有矣。同托生为人，何忍拥肥自恃，半钱不予乎？寇莱公好声歌，以绫帛赏妓。有诗①云：“一曲笙歌一束绫，美人犹自意嫌轻。不知织女机窗(一)下，几度抛梭织得成。”又云：“风动(二)衣单手屡呵，幽窗轧轧②度寒梭。腊天日短不盈尺，何似妖姬③一曲歌？”字字恺切④。引而伸之，凡可约己施贫，当无不至矣。

【校勘】

(一)机窗：乃“萤窗”之误。晋人车胤以囊盛萤，用萤火照书夜读，后以萤窗喻勤学苦读。此处用以形容织女夜里辛勤织绫。

(二)风动：乃“风劲”之误，强劲之风。“动”字与“劲”字形近而讹。

【注释】

①有诗：以下两首诗乃北宋莱国公寇准之侍妾蒨桃所作《呈寇公二首》。 ②轧(yà)轧：象声词，形容织机运转时发出的连续的声响。 ③妖姬：妖艳的歌女。 ④恺(kǎi)切：言辞诚恳真切。

【译文】

前辈有诗说：“忽闻贫者乞声哀，风雨更深去复来。多少豪家方夜饮，贪欢未许暂停杯。”这是听到乞丐哀求声后作的。唉！富人家一盘食物的花费足够贫穷的人饱吃七天了，一次宴会的花费足够穷苦人吃两年了。同托生为人，怎能忍心坐拥富厚而借此骄纵，连半文钱都不肯施舍给穷人呢？莱国公寇准喜爱听歌，常把精致华美的绫帛赏给歌女。有首诗说：“一曲笙歌一束绫，美人犹自意嫌轻。不知织女萤窗下，几度抛梭织得成。”还有首诗说：“风劲衣单手屡呵，幽窗轧轧度寒梭。腊天日短不盈尺，何似妖姬一曲歌？”每个字都切中事理。推演开来，凡是可以约束自我而施舍贫寒之人的事情，都当尽力做到。

石介却餐

石介①为举子②时，读《易》南都。王济③闻其穷，因饷客授以盘餐。不受，曰："今日固好，明日如何？"

【注释】

①石介：字守道，又字公操，北宋兖州奉符（今山东泰安）人，北宋理学家，学者。 ②举子：科举时代被推荐参加考试的读书人 ③王济：字巨川，北宋深州饶阳（今属河北）人，曾官河南府通判。

【译文】

石介为书生时，在北宋南都（今河南商丘）攻读《易经》。王济听说他很贫困，馈赠他一盘食物。石介不接受，说："今天有好吃的，明天怎么办呢？"

腐鼠亡虞

虞氏（一）起高楼临大道，日夕宴博于上。博胜掩口而笑，适三客过楼下，飞鸢衔腐鼠堕巾。客举面，值其笑，二客恚曰："虞氏富乐久矣，我不侵犯，何为辱我？"乃聚众灭其家。

【校勘】

（一）虞氏：此则故事最早见于《淮南子 · 人间训》，后来唐代的李亢将此故事改编，收入《独异志》。此则与《淮南子 · 人间训》及《独异志》文字上颇有出入。《独异志》最后有"谚曰'骄奢之灾，祸非一致'"。

【译文】

虞氏在大路旁建起高楼，日夜在楼上饮酒赌博取乐。一天，虞氏赌博获胜正捂着嘴笑，恰好楼下有三个客人经过，空中老鹰衔着的腐鼠落在一个客人的头巾上。客人抬头看到他正在发笑，其中有两位客人愤怒地说："虞氏富裕快乐的时间太久了，我们不敢冒犯他，他为什么要侮辱我们呢？"于是纠集一帮人灭了虞氏一家。

荆川厌华靡

荆川公①少时，即厌华靡。任宜人②衣以鲜衣，赧不出门，衣亦辄污。后虽贵，未尝制一纻衣③也。居家惟着一青布直裰④，巾履十余年。往来乡郭，乘小舟，盘膝以坐，见者不知为公，往往凌侮。家中卧处一板门，冬则置草为温。有怀翁⑤见之泪下，买一床与之，公始睡床，仍无厚褥。尝病羸，借软褥于亲识，愈即还之。

【注释】

①荆川公：即唐顺之，字应德，一字义修，号荆川，武进（今属江苏）人，明代儒学大师，抗倭英雄。 ②任宜人：即唐顺之的母亲任氏，宜兴人任俨的女儿。宜人，封建时代妇女因丈夫或子孙而得的一种封号，明清两朝五品官妻、母封宜人。 ③纻衣：苎麻布制成的衣服。代指粗布衣。 ④直裰（duō）：也作"直掇"，早在宋代已经出现，一般以素布为之，对襟大袖，衣缘四周镶有黑边，最初多用作僧人和道士之服。到了元明时期，直裰的形制有所变异，大襟交领，下长过膝。多用于士庶男子便服。 ⑤有怀翁：即唐顺之的父亲唐宝，字国秀，号有怀，明朝正德庚午举人，人称有怀公。嘉靖时期曾任信阳知州和永州知府，广有贤声。

【译文】

荆川公年少时，就厌恶浮华奢靡。母亲任宜人给他穿上鲜丽的衣服，他就羞于出门，鲜丽的衣服都放旧了。后来，虽然身份尊贵，未尝添置一件纻衣。在家里，他只穿一件用黑布做的便衣，头巾鞋子都用十多年了。往来城乡间,他只乘一艘小船,盘腿坐在上面,看见的人认不出他,常常欺凌侮辱他。他在家里只睡一块大门板,冬天就在上面放些柴草取暖。父亲有怀公看到这种情况,心疼得流下泪来,买张床送给他,从此,他才睡到床上,但一直没有厚的被褥。有一次,他病得很瘦弱,就向关系亲近的熟人借一床软褥子,病好之后,立即把褥子还给人家。

随分则可

饮食于人日月长,精粗随分①塞饥肠。才过三寸成何物,不用将心细较量②。

【注释】

①随分:随意,任意。 ②细较量:费太多心思。

【译文】

略。

埋羹太守

王琏(一)为宁波守,自奉俭约。尝见鱼肉兼馔,撤而瘗①之,世号"埋羹太守"。

【校勘】

(一)王琏:乃"王琎"之误。王琎,字器之,日照人,明朝洪武年间曾为宁波知府。《明史·王琎传》:"自奉俭约,一日馔用鱼羹,琎谓其妻曰:'若不忆吾啖草根时耶?'命撤而埋之,人号'埋羹太守'。"

【注释】

①瘗(yì):掩埋。

【译文】

王琎做宁波知府，生活节俭。曾经见到鱼肉兼有的饭菜，便撤下去埋掉，世人称他为“埋羹太守”。

教妇初来

范仲宣(一)公将娶妇，或传妇以罗为帏幔。公不悦，曰：“罗绮岂帏幔之物耶？吾家素清，安得乱吾家法？敢持至，当火于庭。”

【校勘】

(一)仲宣：乃“忠宣”之误。范忠宣，即范纯仁，范仲淹之子，字尧夫，谥号忠宣。

【译文】

忠宣公范纯仁准备娶儿媳，有人传说新妇要用丝罗做帐幕。范纯仁不高兴，说：“罗绮难道是做帐幕的东西吗？我范家朴素清贫，怎能破坏我范家的规矩呢？如果敢带来，就在庭院里当众付之一炬。”

英宗之叹

元英宗尝御大安阁，见太祖、世祖遗衣，皆以缣①木绵为之，重加补裰，嗟叹良久，谓侍臣曰：“祖宗创业艰难，服用节俭如此，朕敢顷刻忘之？”

【注释】

①缣：粗绢。

【译文】

元英宗曾经到大安阁，看到元太祖(成吉思汗庙号)、元世祖(忽必烈庙号)留下的衣服,都是用粗绢木绵布做的,而且打了许多补丁,叹息了好长时间,对跟随身边的大臣说:“祖宗创业艰难,穿的衣服如此节俭,我怎敢片刻忘记于心呢?”

外奢内俭

寇准为枢密学士,赐帛甚多。公乳母泣曰:“太夫人不幸时,求一缣作衾襚①,不可得,岂知有今日哉!”公闻恸哭,尽散金帛。公外奢内俭,无声色之娱。寝处止一青帏,二十余年,有破坏,命补葺。或以公孙弘事②靳③之,答曰:“彼诈我诚,虽弊何伤?”靳者愧焉。

【注释】

①衾襚(suì):覆尸的衣被。 ②公孙弘事:即公孙布被之事。 ③靳:戏辱,奚落。

【译文】

寇准任枢密院学士,皇上赏的绢帛很多。寇准的奶妈哭着说:“太夫人去世时,想弄点粗绢做覆尸的衣被,都没能办到,哪里知道会有今天这么多帛啊!”寇准听后痛哭起来,于是把金银绢帛全部分给别人。寇准外表上看奢侈,内里却十分节省,没有歌舞女色的爱好。卧室只有一块黑色的帐幕,已用二十多年了,有破损,就命人修补。有人拿公孙布被的典故奚落寇准,寇准回答说:“公孙弘欺世盗名,我是一片诚心,即使用得破烂了,又有什么妨害呢?”奚落的人感到很羞愧。

食惟一面

杜衍①食惟一面,或言太俭。公曰:“衍本措大②,名位福禄皆国家所有,一旦去身,复为措大,何以自奉?"

【注释】

①杜衍:字世昌,越州山阴(今浙江绍兴)人,宋仁宗庆历年间官至宰相,封祁国公,谥正献。 ②措大:亦作"醋大",旧称贫寒的读书人。

【译文】

杜衍吃饭时只吃一碗面,有人说这太节俭了。杜衍说:"我本来是一个贫寒的读书人,功名、地位、福分、俸禄都是国家给的,一旦失去,我又成了贫寒的读书人,那时将用什么养活自己呢?"

衡岳教妻

衡公岳[①]知庆阳,僚友诸妇,尝会饮。在席者金绮烂然,公内子荆布而已。既罢,不乐。公曰:"汝坐何处?"曰:"首席。"公曰:"既坐首席,又要服饰华好[②],富贵可兼得耶?"至今人为美谈。

【注释】

①衡公岳:即衡岳,字世瞻,汝宁西平(今属河南)人,明初著名廉吏。 ②华好:华美。好,美。

【译文】

衡岳做庆阳(今甘肃庆阳)知府时,同僚们的妻子曾经聚会饮酒。席上在座的妇人们都佩戴金银首饰,衣服绮丽,衡岳的妻子却戴荆钗穿布裙。聚会结束,衡岳的妻子不高兴。衡岳问:"你坐在什么位置?"妻子回答说:"首席。"衡岳说:"既然坐在首席,又要穿戴华美的服饰,尊贵和富有能兼得吗?"此事至今仍被人传为美谈。

乐施惜福

富者田连阡陌，金满箱囊，饫甘餍浓①，踏绣铺锦；狼籍②之余，犹足呕③僮仆而饱狗彘。乃耕夫织妇，早作夜勤，枵腹攒眉，儿羸(一)女鬻，终岁如马牛，而衣食如乞丐。又瞽目残肢，鹑衣④菜色⑤，为道边殣⑥者，在在有之。彼骄奢安逸之性，岂与我殊哉！财止此数，富贵既于我独偏，贫忧自于彼独苦。我既不乐施以益彼不足，又不能崇俭惜己有余。天何亲何私，尔何功何德，而令久享此乎？

【校勘】

（一）羸：乃“羸”之误。

【注释】

①饫（yù）甘餍（yàn）浓：即饫甘餍肥，饱食肥美的食物。形容生活优裕、奢侈。饫，饱食。餍，吃饱。 ②狼籍：此处指奢侈放纵。 ③呕：此处指吃得太多，以致呕吐。 ④鹑衣：鹌鹑的尾巴短而秃，像打了补丁一样。形容衣服非常破烂。 ⑤菜色：荒年饥民专食野菜，面露青黄之色。指饥民营养不良的脸色。 ⑥殣（jìn）：饿死。

【译文】

富人良田连片，金银满箱，饱食山珍海味，室内富丽堂皇；自己奢侈之外，还可以供奴仆们饱餐，并喂饱他们养的猪狗。可是种田的农夫和织布的妇女，早晚辛劳，饥饿愁苦，儿子饿瘦，女儿卖掉，整年像牛马一般劳累，吃饭穿衣如同乞丐。还有那些眼睛失明、肢体不全的残疾人，身穿破烂衣服，脸上毫无血色，在路旁饿死的到处都是。他们想过富足安逸生活的心情难道与我们不一样吗？钱财只有这些，若富有尊贵已偏到我这里，那贫穷忧患自然偏到别人身上，只有受苦了。我既不愿意施舍他人来弥补其不足，又不能以崇尚节俭来珍惜自己盈余的福分。上天亲近谁又偏爱谁,你有什么功劳什么德行,而长期享此富贵呢?

纯仁俭恕

范忠宣公纯仁,平生自奉养无重肉①;每退食自公②,易衣短褐。自少至老,自小官至大官,如一。亲族子弟有请教者,公曰:"惟俭可以助廉,惟恕可以成德。"

【注释】

①重(chóng)肉:谓两种以上的肉食。 ②退食自公:指吃饱公餐退朝。语出《国风·召南·羔羊》:"退食自公,委蛇委蛇。"

【译文】

忠宣公范纯仁,平素生活节俭,吃饭没有两种以上的肉食;每当退朝回来,都要换上粗布短衣。从年轻到年老,从小官到大官,始终如一。亲族子弟有向他求教的,他说:"只有节俭才能有助廉洁,只有对人宽恕才能养成美德。"

大屋不祥

人家造屋太大者必凶。昔智襄子①为美室,士茁②曰:"高山峻原,不生草木;松柏之下,厥③土不肥。今土木胜,臣惧其不安人也。"室成三年而智氏④亡。

【注释】

①智襄子:又称智瑶、荀瑶、知伯瑶,春秋末年晋国四卿之一。 ②士茁:春秋时期晋国人,智氏家臣。 ③厥:其。 ④智氏:即襄子。

【译文】

大凡人们建造太大的房屋，一定会带来灾祸。从前，智襄子建造美丽别致的房子，士茁就说："高耸的山峰，险峻的高原，不长草木；（高大的）松树柏树下，土壤不会肥沃。如今大兴土木，我担心这房屋不能使人安居。"房子建成三年后，智氏果然灭亡了。

晚景富贵者戒

富贵于人，造物所靳。人至晚景得富贵者，未免置第宅，售①妓女，以偿平生所不足者。如白乐天诗云"多少朱门锁空宅，主人到老未曾归(一)"，司空曙②诗云"黄金用尽教歌舞，留与他人乐少年③"。读此二诗，使人凄然。

【校勘】

（一）多少朱门锁空宅，主人到老未曾归：此两句诗出自白居易的《履道居三首其一》，原诗为："莫嫌地窄林亭小，莫厌贫家活计微。大有高门锁宽宅，主人到老不曾归。"

【注释】

①售：买。 ②司空曙：字文明，或作"文初"，广平（今属河北）人，大历十才子之一，唐代著名诗人。 ③黄金用尽教歌舞，留与他人乐少年：诗句出自司空曙的《病中嫁女妓》，原诗为："万事伤心在目前，一身垂泪对花筵。黄金用尽教歌舞，留与他人乐少年。"

【译文】

富贵对于人来说，是上天所吝啬的。人到晚年才获得富贵的，不免要广置田宅，购买女妓，用来补偿平生的不足。正如白居易的诗句所说的"多少朱门锁空宅，主人到老未曾归"，又如司空曙的诗句所说的"黄金用尽教歌舞，留与他人乐少年"。读罢这两人的诗句，让人感伤。

罗太夫人

杨东山守吴，其母罗太夫人尝于园囿种苎，躬纺绩以为衣。东山月俸分以奉母。夫人忽小疾，既愈，出所积俸曰："此长物①也。自吾积此，意不乐，果致疾。今宜悉以谢医，则吾无事矣。"平居首饰止于银，衣止于布绢。生四子三女，悉自乳，曰："饥人之子，以哺吾子，是诚何心哉？"

【注释】

①长物：多余的东西。

【译文】

杨东山（杨万里之子）镇守吴地时，他母亲罗太夫人曾经在园子里种植苎麻，自己纺线织布做成衣服。杨东山每月的俸禄分出一些赡养母亲。罗太夫人突然得点小病，等病好后，她拿出积攒的俸禄说："这是多余的东西。我自从积累了这东西，心里就不舒服，果然引起这场疾病。现在应该全拿出来酬谢医生，我就平安无事了。"罗太夫人生活中的首饰仅是银制的，穿的衣服也不过是布绢做的。她生育了四个儿子三个女儿，全是自己哺乳，她说："（雇奶妈）是让别人家的孩子忍饥挨饿，来哺育我的孩子，这实在是怎样的居心呢？"

皇家节俭

尝闻尚衣①缝人云："上近体衣，俱松江三梭布所制，本朝家法如此。太庙红纻丝②拜茵，立脚处乃红布，其品节又如此。"今富贵家佻达③子弟，乃有以纻丝绫段④为裈⑤者，其暴殄过分，亦已甚矣。

【注释】

①尚衣：乃"尚衣监"简称，明代十二监之一，有掌印太监主

管,下设管理、佥书、掌司、监工等员。掌皇帝所用冠冕、袍服及履舄、靴袜。 ②纻丝:又做注丝,即后世所谓缎,表面的浮线较长,光滑平整,柔软亮泽。 ③佻达:轻佻放浪。 ④段:通“缎”,绸缎。 ⑤裈(kūn):古同“裤”。

【译文】

曾经听到尚衣监的裁缝说:“皇上穿的内衣是松江生产的三棱布制成的,明朝皇家的传统就是这样。皇上的祖庙拜垫是用红缎子做的,立脚处铺的是红布,那规制又是这样。”现在富贵人家的轻佻放浪子弟,竟用纻丝绫缎等高级织品做裤子,他们随意糟蹋东西超越本分,也太厉害了。

昧于理家

王起①扬历②省寺③,三任节镇④,而昧于理家。俸入尽为仆妾所有,耄年寒馁,至与伶人分月俸以自给。议者曰:“禄仕之不能撙节⑤,稍丰则饫及狗彘,及歉则困彼妻孥。晚节苟得,尽弃其平生者多矣。”以王相国德望名品,而有此累,人可不思俭以足用乎?

【注释】

①王起:字举之,其先为太原人,后家扬州,唐武宗时官至宰相,谥曰文懿。 ②扬历:言意气风发。 ③省寺:古代朝廷“省”“寺”两类官署的并称,亦泛指中央政府官署。 ④节镇:指设置节度使的要冲大郡,亦谓节度使。 ⑤撙(zǔn)节:抑制,约束。

【译文】

王起在朝廷上意气风发,又干了三任节度使,可是在处理家事上很糊涂。俸禄收入全被仆人和姬妾占有,年老时受冻挨饿,到了靠优伶每月从其收入中分出些供养他的地步。评论者说:“做官的俸禄不能节约使用,稍有丰裕连猪狗都吃上美餐,等到歉收时,连自己的妻儿都遭受贫困。晚节苟且保全,一生的名声功绩丧失殆尽的太多了。”凭宰相王起的德行声望,竟然有此拖累,人可以不考虑节俭来维持用度吗?

但家无盐井

《颜氏家训》曰:“生民之本,要当稼穑而食,桑麻以衣。蔬果之畜①,园场之所产;鸡豚之善,埘圈②之所生;爰以栋宇③器械,樵苏脂烛,莫非种植之物也。能守其业者,闭门而为生之具已足,但家无盐井耳。”

【注释】

①畜(xù):后作“蓄”,积聚。 ②埘(shí)圈(juàn):鸡窝和猪圈。 ③栋宇:房屋的正中和四垂。亦指房屋。

【译文】

《颜氏家训》说:“百姓生活的根本,最重要的就是要靠春种秋收获取食物吃,种桑纺麻得到衣服穿。蔬菜水果的积蓄,靠果园菜圃里出产;鸡肉猪肉等美味,靠鸡窝猪圈里生产;直到房屋器用、柴草脂烛,没有一样不是耕种养殖的产物。那些最善于管理家业的人,不出门而各种维持生计的物品已经充足了,只不过家里还缺一口产盐井罢了。”

不为身扰

张子韶手执一扇,过数夏,破即补之;一皮履,汗弊阙裂亦不易;头上乌巾,以疏布①为之,渍以墨汁,夏间汗出,或致墨汁流面亦不问；笔用秃笔，纸用故纸，以至衣服饮食皆不拣择。或问子韶："此是性耶，抑爱惜不肯妄用耶？"子韶曰："汝且道我用心每日在甚处。若一一自头至足，理会此形骸，却费许多工夫。我不被他使，且要我使他。世人往往以我为鄙吝，以我为迂僻。我见世人役役然[2]为此身所扰，自早至夜应付他不暇，特可发笑！"

【注释】

①疏布：素布，粗布。 ②役役然：劳苦不息貌。

【译文】

张九成（字子韶）手拿的一把扇子用了好多个夏天，破了就补补；有一双皮鞋，由于汗水浸蚀，已经破旧缺损开裂，也没有换成新的；头上戴的乌巾，用粗布制成，用墨汁染色，夏天流汗，有时墨汁顺着脸流下来，也不加理会；笔用的是秃头笔，纸用的是旧纸，以至于吃饭穿衣根本不加选择。有人问张九成："这是你的秉性呢，还是爱惜东西而不愿随便乱用呢？"张九成说："你暂且说说我每天在什么地方用心。如果什么事情都从头到脚，只顾理会这身体，要费许多时间。我不被形体的需要所役使，反而我要役使形体。世人往往认为我粗鄙吝啬，认为我迂腐乖僻。我看到世间不少人为形体劳苦不息，从早到晚为形体应接不暇，特别可笑！"

天性俭素

白圭[1]治生，乐观时变，人弃我取，人取我与，卒以致富。索袭[2]好学，不应辟命[3]，弃众人所收，收众人所弃，卒以成德。赵盾[4]晋卿，而食鱼飧[5]。晏子相齐，一狐裘三十年。赵咨[6]令东海，双枯鱼啖之，二年不尽。人衣食每如是，宁至有寒饥之患、贪婪[7]之耻乎？

【注释】

①白圭：战国时期洛阳人，名丹，字圭，有“商祖”之誉。②索袭：字伟祖，敦煌人，十六国时期河西名儒、隐士。③辟命：官府征召的命令。④赵盾：即赵宣子，嬴姓赵氏，名盾，谥号宣，时人尊称其赵孟或宣孟，春秋中前期晋国卿大夫，杰出的政治家。⑤鱼飧（sūn）：鱼做的食物。一说即鱼羹。⑥赵咨：字文楚，东郡燕（今属河南）人，东汉桓帝朝敦煌太守。⑦惏：古同“婪”。

【译文】

白圭善于营谋生计，善于观察时机的变化，别人放弃时他去收集，别人索取时他就给予，终于致富。索袭喜欢钻研学问，不接受官府征召去做官，放弃一般人追求的官宦生活，接受了不被一般人重视的读书研究生活，终于养成了大德行。赵盾是晋国的正卿，吃的仅是鱼羹。晏婴做齐国宰相，一件狐皮大衣穿了三十年。赵咨在东海郡（郡治在今山东郯城）做县令，两条干鱼两年没有吃完。人的吃饭穿衣常像这样，难道会有饥寒的忧患、贪婪的耻辱吗？

俭素拒贿

李师古①跋扈，惮杜黄裳（一），未敢失礼。有（二）一干吏，寄钱数千绳（三），并毡车一乘，直千缗。使者于宅门候伺累日，未敢送。适有舆（四）自宅出，从婢二人，青衣褴褛。使者闻知是相公夫人，遽归以告师古。师古折其谋，终身不敢改节②。

【校勘】

（一）杜黄裳：此则采编自唐朝张固的《幽闲鼓吹》。杜黄裳，字遵素，京兆万年（今陕西西安）人，唐朝德宗、宪宗时官至宰相，爵封邠国公。

（二）有：《幽闲鼓吹》作“乃命”。

（三）绳：《幽闲鼓吹》作“缗”。

（四）舆：《幽闲鼓吹》作“绿舆”。

【注释】

①李师古：祖籍营州（今辽宁朝阳），唐朝时高句丽人，官至青州刺史，为人暴戾凶残。 ②改节：改变节操。此指改变礼仪。

【译文】

李师古非常专横，但对宰相杜黄裳非常忌惮，不敢失礼。有一干练吏员带着几千贯钱和一辆价值上千贯的车子，去贿赂杜黄裳。那人在杜黄裳家门外伺察了几天，没有敢进去送礼。正好看到一顶轿子从宅内抬出，跟着两个穿得破旧的婢女。他得知轿中是宰相夫人后，急忙返回告知李师古。李师古于是放弃贿赂杜黄裳的计划，终生不敢对杜黄裳失礼。

御胡之术

隋炀帝以诸蕃酋长毕集洛阳，于端门街盛陈百戏[①]。胡客每过酒食店，悉令邀延醉饱，不取其直。绐[②]之曰：“中国丰饶，酒食例不取直。”胡人皆惊。其黠者见以缯帛缠树，曰：“中国亦有贫无衣者，不以与之，缠树为何？”市人不能答。

【注释】

①百戏：古代民间表演艺术的泛称。 ②绐（dài）：欺骗。

【译文】

隋炀帝把各个外族部落的酋长都召集到洛阳，在端门的街上表演鱼龙百戏。每当胡人路过酒食店，都被邀请进店吃喝，直到醉饱方休，不要他们的酒饭钱。酒食店的人欺骗他们说：“我们大隋朝十分富有，酒食按惯例都是不要钱的。”胡人都感到很惊骇。其中有个狡猾的胡人看到用缯帛缠绕树，便说：“中原地带也有贫穷得没衣服穿的人,这些缯帛不给他们穿,缠到树上是为什么呢?”街市上的人不知如何回答。

崇韬谏言

唐庄宗①使人问郭崇韬②曰:“昔吾与梁对垒于河上③,虽祁寒④盛暑,被甲跨马,不以为劳。今居深宫,荫广厦,反不胜其热,何也?”崇韬对曰:“陛下昔以天下为心,今以一身为意,艰难逸豫,为虑不同。愿陛下无忘创业之难,常如河上,则可使烦暑坐⑤变清凉矣。”

【注释】

①唐庄宗:即李存勖,沙陀族,应州(今山西应县)人,五代时后唐开国皇帝。 ②郭崇韬:字安时,代州(今山西代县)人,五代时期后唐重臣。 ③河上:黄河岸边。 ④祁寒:大寒,严寒。⑤坐:忽然,一下子。

【译文】

唐庄宗派人问郭崇韬说:“我从前在黄河边上和后梁对垒时,即使寒冬酷暑,披上铠甲骑着战马,不断征战,从没有感到疲劳。现在身居深宫之中,有高大房屋供避暑乘凉,反而感到天气太热,这是为什么呢?”郭崇韬回答说:“过去皇上是一心夺取天下,现在只在意自身情况,艰难困苦和安逸享乐,在于你思虑的不同。希望皇上不要忘却创业的艰难,常像先前在黄河岸边对垒一样,就可以使炎炎暑热忽然变为清新凉爽了。”

李沆治第

李沆①性直谅②,寡言笑,时以为无口匏③。其自奉甚薄,治第封丘门④内,厅事⑤前仅容旋马。或言其太隘,沆曰:“居第当传子孙,此为宰相厅事诚隘,为大祝⑥厅事已宽矣。”

【注释】

①李沆(hàng):字太初,洺州肥乡(今属河北)人,北宋真宗时期名相。 ②直谅:正直诚信。 ③匏(páo):葫芦。 ④封丘门:开封城的北城门。 ⑤厅事:指官署视事问案的厅堂。 ⑥大祝:亦称泰祝,掌管祭祀的官。

【译文】

李沆性情正直诚信,不苟言笑,当时人认为他是一个没嘴儿的葫芦。他的生活非常节俭,在封丘门内建住宅,厅前只能容马转过头。有人说这样太狭窄了,李沆说:“居住的宅舍应当传给子孙,这作为宰相办公的厅堂,确实窄小,但作为大祝的厅堂已经够宽敞了。”

汪度卷之十

淆弗浊,澄弗清,纳斯世入山薮①,奚止容卿百辈?喜不形,怒不见②,等此身如蕉鹿③,任他过客频来。倘唾面④愧娄公⑤,呕菌(一)惭丙相⑥,天下事其可浅衷⑦办耶?纂汪度⑧第十。

【校勘】

(一)呕菌:乃"呕茵"之误,字形相近致讹。"呕茵"即"驭吏吐茵"。典出《汉书·魏相丙吉传》:"吉驭吏耆酒,数逋荡,尝从吉出,醉欧丞相车上。西曹主吏白欲斥之,吉曰:'以醉饱之失去士,使此人将复何所容?西曹地忍之,此不过污丞相车茵耳。'遂不去也。"

【注释】

①山薮:山林与湖泽。 ②见:同"现"。 ③蕉鹿:指梦幻。语出《列子·周穆王》:"郑人有薪于野者,遇骇鹿,御而击之,毙之。恐人见之也,遽而藏诸隍中,覆之以蕉,不胜其喜。俄而遗其所藏之处,遂以为梦焉。"蕉,通"樵",柴火。 ④唾面:"唾面自干"的省略,别人往自己脸上吐唾沫,不擦掉而让它自干。形容受了污辱,极度容忍,不加反抗。典出《新唐书·娄师德传》:"其弟守代州,辞之官,教之耐事。弟曰:'有人唾面,洁之乃已。'师德曰:'未也,洁之,是违其怒,正使自干耳。'" ⑤娄公:即娄师德,字宗仁,郑州原武(今河南原阳)人,唐朝宰相、名将。 ⑥丙相:即丙(或作"邴")吉,字少卿,鲁国(今属山东)人,西汉宣帝时宰相,品德高尚。 ⑦浅衷:气量狭窄。 ⑧汪度:宽宏大量。

【译文】

淆乱不能使其浑浊，澄汰不能使其清澈，把整个人世装入像山泽一样宽广的胸中，那度量哪里只是容下你的百倍？喜悦不现脸面，愤怒也无从窥知，把自身视同梦幻泡影，任凭过客频繁往来。如果不能做到唾面自干，就愧对先贤娄师德了，不能容忍“驭吏吐茵”那样的冒犯，就惭谢宰相丙吉了，天下的事情难道是肚量狭窄的人所能办成的吗？纂汪度第十。

李沆雅量

李沆秉钧[①]日，有狂生叩马献书，历诋其短。公逊谢曰：“俟归详览。”狂生随马后讪曰：“居大位不能康济[②]天下，又不能引退，久妨贤路，能无愧乎？”公于马上踧踖[③]再三，曰：“屡求退，奈上未允耳。”

【注释】

①秉钧：执掌政权。钧，钧轮。　②康济：安抚救助。　③踧(cù)踖(jí)：局促不安，意谓恭敬而不自然的样子。

【译文】

李沆为相执政时，有一个狂妄的读书人拦住李沆的马献上一封信，在信中一一数落他的短处。李沆谦和地道歉说：“等我回去详细阅读。”狂妄的书生跟随马后继续讥讪说：“你身居宰相之位，不能安抚救助天下，又不自动隐退，长久妨害贤路，能不感到惭愧吗？”李沆在马上再三局促不安，说：“我多次请求引退，无奈皇上不允许。”

仁宗忍渴

仁宗尝春日步苑中，屡回顾，皆莫测圣意。及还宫，顾嫔御[1]曰:“渴甚,可速进熟水。”嫔曰:“官家[2]何不外面取水,致久渴耶?”仁宗曰:“我屡顾不见,苟问之,即有抵罪者,故忍渴而归。”左右皆稽颡[3]动容呼万岁。圣性仁慈如此。

【注释】

①嫔御:古代帝王、诸侯的侍妾与宫女。 ②官家:对皇帝的尊称。 ③稽(qǐ)颡(sǎng):古代一种跪拜礼,屈膝下拜,以额触地,表示极度的虔诚。

【译文】

宋仁宗赵祯曾经在春天到苑囿中散步,多次回头看,随从都猜不透皇上的心思。等回到宫里,仁宗对妃嫔说:“渴得厉害,立即弄些开水来。”妃嫔说:“陛下为什么不在外面要些水喝,以致长久忍渴呢?”仁宗说:“我多次回头张望,不见有人送水过来,如果问起来,就会有人被治罪,所以忍渴回来了。”身边的人大受感动,都跪拜呼万岁。仁宗天性是这样的仁慈。

韩琦雅量

韩琦帅定武,夜作书,令卒持烛。卒误燃琦须,以袖掩之,作书如故。少顷,视其人已易矣。恐主吏鞭卒,急呼曰:“勿易,我命剔灯[1],故致焚须。幸书不燃,何罪之有?”尝以百金酬一玉盏,珍之。吏误碎于地,坐客惊愕,吏伏地待罪。琦笑曰:“物破有定数,汝非故也,奚罪?”

【注释】

①剔灯:即挑灯,谓挑起灯芯,剔除余烬,使灯更亮。

【译文】

韩琦带兵镇守定武(今属河北)时,夜里写信,命令兵卒持烛照明。兵卒没留心烧着了韩琦的胡须,韩琦立即用袖子遮住,仍像原先那样写信。不一会儿,韩琦发现那个兵卒已被换下。韩琦担心主管的官吏鞭打这个士兵,马上喊道:“不要换他,我让他剔灯,才导致烧了胡须。幸而书信没烧着,他有什么罪责呢?”韩琦曾经花了百两银子买了一只玉盏,分外珍惜。小吏不慎将玉盏掉在地上摔碎了,在座的客人都很惊愕,那小吏趴伏地上等着治罪。韩琦笑着说:“东西的损坏都有定数,你不是故意的,怎么能治罪呢?”

刘宽仁恕

刘宽[①]仁恕。人失牛,就宽车认之。宽即解与,下车徒步。后数日,其人得牛[(一)],谢曰:“惭负长者。”宽曰:“物有相类,幸见归,何谢之有?”

【校勘】

(一)牛:据《后汉书·卓鲁魏刘列传》,此字后有“而送还”三字。

【注释】

①刘宽:字文饶,弘农华阴(今属陕西)人,东汉灵帝时官至太尉。

【译文】

刘宽仁爱宽容。有一次刘宽乘牛车出行,有个丢失牛的人,就指认刘宽的驾车牛是他丢失的牛。刘宽当即卸下牛交给他,步行而归。几天后,那人找到了丢失的牛,于是将刘宽的牛送还,并向刘宽道歉说:“很惭愧,对不起您。”刘宽说:“事物有相似,幸而你把牛归还了我,有什么可道歉的呢?”

巧驭臣下

孔守正[①]侍宴北园,大醉,与王荣[②]论边功于驾前,忿争失仪。侍臣请以属吏[3]，上弗许。明日，诣廷请罪，上曰："朕亦大醉，漫不复省[4]。"

【注释】

①孔守正：开封浚仪(今河南开封)人，北宋初年著名将领。②王荣：定州(今属河北)人，少有膂力，善骑射，时称王硬弓，太宗即位，补殿前指挥使。③属(zhǔ)吏：交付相关官员处理。④漫不复省(xǐng)：一点也不记得。漫，完全。

【译文】

孔守正陪太宗皇帝在北园宴饮，喝得酩酊大醉，与王荣在太宗面前各论自己的战功，争论时发怒，很失礼。侍臣们请求把他们交给有关官员去问罪，太宗没有答应。第二天，他们两个一同到金銮殿上请罪，太宗说："朕昨天也喝得大醉，完全不记得发生过什么事。"

无言教弟

王文正弟傲不可训。一日，遇祠家庙，列百壶堂前，弟击破之，家人惶骇。公忽外入，见流满路，不可行，并无一言，但摄衣步入堂。其弟感悟为善。

【译文】

王文正(王旦谥文正)的弟弟骄横无礼，难以教诲。一天，正好祭祀家庙，祠堂前摆放了一百个盛酒水的壶，王旦的弟弟把壶打破，家里人都很惊慌害怕。王旦忽然从外边进入祠堂，看到路上流满了酒水，几乎不能通行，一句话没说，拽着衣服进入大堂。弟弟感动醒悟，从此努力学好。

娄公盛德

狄仁杰入相,娄师德实荐之,而杰不知,意颇轻德。太后尝谓杰曰:“师德知人乎?”对曰:“臣与同僚,未尝闻其知人。”太后曰:“朕知卿,乃德所荐也。”杰出叹曰:“娄公盛德,我为所包容久矣。”

【译文】

狄仁杰入朝当了宰相,实际是娄师德极力推荐的,但是狄仁杰不知道,心里很轻视娄师德。武后曾问狄仁杰说:“娄师德善于鉴别人才吗?”狄仁杰回答说:“我与他一起为官,没有听说他能鉴别人才。”太后说:“我能了解并任用你,就是娄师德举荐的。”狄仁杰出来赞叹说:“娄师德德行盛大,我被他包容好长时间了。”

裴度智量

裴度在中书,左右忽白失印,裴饮酒自如。顷复白于故处得印,度亦不应。或问故,度曰:“此必吏盗以印书券耳。急则投诸水火,缓之复还故处。”人服其量。

【译文】

裴度在中书省任宰相时,随从人员忽然报告说官印丢失,裴度还像平时那样喝酒。不一会儿又得到报告说在原处找到了官印,裴度仍不回应。有人问裴度原因,裴度说:“这一定是下属官吏偷印盖空的书券罢了。急于追查,官印就会被投入水火中毁掉;缓慢处理,就自然送还原处了。”人们佩服裴度的智慧度量。

骑驴出郊

宋富韩公致政归,尝跨驴出郊,逢水南巡检[1]。前卒呵骑者下,公举鞭促驴。卒声愈厉,又唱言[2]:“不肯下驴,请官位。”公举鞭称名曰“弼”。卒不晓,将闻而悟曰:“乃相公也。”下马伏谒道左,公举鞭径去。

【注释】

①水南巡检:即水南巡检使。水南,洛水以南。宋代于京师府界东西两路,各置都同巡检二人,京城四门巡检各一人。又于沿边、沿江、沿海置巡检司,掌训练甲兵,巡逻州邑。官员则为巡检使。 ②唱言:高呼。

【译文】

北宋韩国公富弼退休后回到故乡,曾经骑驴到郊外,撞见了水南巡检使。水南巡检使的马前卒呵斥富弼下驴,富弼举鞭抽驴朝前走。那喝道的马前卒声音更严厉了,高声喊道:“你不肯下驴,请报上你的官位。”富弼举着鞭子说“弼”。那士卒不明白啥意思,将领听到后明白了,说:“这是宰相富弼。”于是下马跪趴在道路左边谒见,富弼扬鞭径直而去。

张率疏脱

梁张率[1]遣家僮载米三千石,及至耗其半。率问故,答曰:“鼠雀耗。”率笑曰:“壮哉,鼠雀!”不复问。

【注释】

①张率:字士简,南朝萧梁时吴郡吴(今属江苏)人,家极豪富,为南朝名士,曾为新安太守。

【译文】

南朝梁人张率派遣家奴去拉三千石米,等米拉到,耗损了一半。张率问家奴损耗的原因,家奴回答说:“老鼠和鸟雀吃掉了。”张率大笑说:“好大的老鼠和鸟雀!”此后不再过问这件事。

言行含蓄

吕叔简[1]云:“初开口便似煞尾语,初下手便似尽头着。此人大无含蓄,大不济事。”

【注释】

①吕叔简:即吕坤,字叔简,一字心吾、新吾,自号抱独居士,明代归德府宁陵(今属河南)人,文学家,思想家,其著作《呻吟语》广有影响。

【译文】

吕叔简说:“刚张口就好像要说煞尾的话,刚动手做事就好像事已经做完。这种人没有多少含蓄,不会成就什么大事业。”

绝缨之会

楚庄王[1]宴群臣,日暮灯灭,有引美人衣者。美人援绝其冠缨[2],趣[3]火视之。王曰:“奈何显妇人之节而辱士乎?”令曰:“今夕饮不绝缨者,不欢!”群臣皆绝冠缨,乃出火。居二年,晋与楚战,有一人常在前,五合[4]五获晋君卒。得胜,询之,则向绝缨者也。

【注释】

①楚庄王:芈姓,熊氏,名侣,楚穆王之子,春秋五霸之一。②冠缨:帽带。结于颔下,使帽固定于头上。　③趣:通“促”,催促。　④合:接战。

【译文】

楚庄王设宴招待群臣,晚上灯火突然灭了,有人乘黑暗拉楚王宠妃的衣服。这妃子把那人的帽缨扯断了,催促点灯看是谁干的。楚庄王说:“为什么为了显示妇人的贞节而侮辱大臣呢?”接着下令说:“今晚上喝酒帽缨没有断的,说明没有尽兴!”于是群臣都把帽缨扯断,然后才燃起灯火。两年以后,晋国与楚国打仗,有个人常常冲锋在前,五次作战五次俘获晋国国君的士兵。战胜后,楚庄王询问才得知,这个人就是先前宴会上被扯断帽缨的人。

仁恕待下

夏原吉①冬出使至馆,命馆人烘袜。误烧其一,馆人惧,不敢告。索袜甚急,左右请罪。公笑曰:“何不早白?”并弃之而行。在户部时,吏污精微文书②,肉袒以候,公曰:“汝何预焉?”明日入便殿请罪,云:“臣不谨,笔污精微文书。”

【注释】

①夏原吉:字维喆,明初湘阴人,官至户部尚书,谥忠靖。②精微文书:机密文件。

【译文】

夏原吉冬季外出办事住在旅店里,让旅店的人为他烘烤袜子。旅店的人不小心把夏原吉的一只袜子烧了,不敢告诉夏原吉。夏着急索要袜子穿,身边的人请求治罪。夏原吉笑着说:“为什么不早说呢?”把另一只袜子扔掉就走了。他做户部尚书时,有个吏员弄脏了机密文件,袒露着上身等候治罪,夏原吉说:“跟你有什么关系呢?”第二天,夏原吉进便殿向皇上请罪,说:“我不谨慎,写东西时弄脏了机密文件。”

守陈雅量

杨守陈①以洗马②乞假觐省③。行次④一驿,其丞不知杨公为何官,与坐抗礼。卒⑤然问曰:“公职洗马,日洗几马?”公漫应曰："勤则多洗，懒则少洗。"俄报一御史且至，丞乃促令让上舍处之。公曰："待其至而让未晚。"比御史至，则公门人也，跽⑥而起居⑦。丞乃蒲伏乞怜，公浑不之较。

【注释】

①杨守陈：字维新，号镜川，又号晋庵，鄞县（今属浙江）人，明孝宗成化年间官至吏部右侍郎。 ②洗马：即太子洗马，是太子的随从官员。洗，通"先"，洗马也就是先马，意思是在马前做先导。 ③觐省（xǐng）：探望双亲。 ④行次：出行夜宿。 ⑤卒：通"猝"。 ⑥跽：本为长跪，此处为跪拜。 ⑦起居：问好。

【译文】

杨守陈任职太子洗马时请假回家探亲。路上住到一个驿站里，驿丞不知道他是什么官，接待时与他对面坐下来。驿丞突然问杨守陈说："你的职务是洗马，每天能洗几匹马呢？"杨守陈随口答道："如果勤快的话可以多洗几匹，如果懒惰的话就少洗几匹。"不久，有人报告说有一个御史马上要到了，驿丞就催促杨守陈让出上等的住处给御史住。杨守陈说："等他来了以后再让也不迟。"等到御史来了后，发现御史是杨守陈的门生，御史见到杨就长跪问安。驿丞于是匍匐在地，百般乞怜，杨守陈一点儿也不和他计较。

麟士度量

沈麟士①尝行路，邻人认其所著屐。麟士曰："是卿屐耶？"即跣②而反。邻人得屐，送而还之。麟士曰："非卿屐耶？"笑而受之。

【注释】

①沈麟士：字云祯，吴兴武康（今属浙江）人，人称"织帘先

生”，南朝齐教育家、学者。　②跣(xiǎn)：光脚。

【译文】

沈麟士曾经在路上行走，有个邻居认为沈麟士穿的木屐是自己的。沈麟士说：“这是你的木屐吗？”就脱下木屐给那个人，光脚回来。邻居找到了自己丢失的木屐，就把沈麟士的木屐送还。沈麟士说：“不是你的木屐吗？”就笑着收下木屐。

圣度恢弘

宋元丰六年冬祀，群臣导驾即进辇。辇中忘设衾褥，遽取，未至。上觉之，乃指顾①问他事。少选②褥至，遂升辇。以故官吏无罪。圣度如此。

【注释】

①指顾：手指目视，指点顾盼。　②少选：一会儿，不多久。

【译文】

宋神宗元丰六年冬天祭祀时，在群臣的引导下，神宗皇帝将要登入辇车。有关人员忘记了在辇车中放置茵褥，急忙去取，还没有拿来。皇上觉察到这件事，就指点顾盼询问其他的事情。不一会儿，茵褥送到，皇上就上了辇车。因为这个缘故，相关官吏免于治罪。皇上的度量是如此宽宏。

管宁大度

管幼安在辽东，邻人有牛暴幼安田。幼安牵牛着凉处，自与饮食，过于牛主。牛主大惭，若犯严刑。

【译文】

管幼安(管宁字幼安)在辽东(今属辽宁)时，邻居家的牛糟蹋了他家田里的庄稼。管幼安把牛牵到荫凉的地方，还给它喂草饮水，照顾细致得超过牛主人。牛主人知道后非常羞惭，像犯了重罪一样。

给药受线

王和甫[①]守金陵，荆公退居半山[②]。路遇和甫，入编户[③]家避之。老姥[④]见公带药笼，告之病，公即给以药。姥酬麻线一缕，语公曰："相公可将归与相婆。"荆公笑而受之。

【注释】

①王和甫：即王安礼，字和甫，北宋抚州临川（今江西抚州）人，王安石同母四弟。 ②半山：王安石晚年居住在白塘，白塘距江宁城东门七里，距钟山主峰也是七里，正是所谓半途之处，故将居室命名为半山园，自号半山老人。 ③编户：指编入户籍的普通人家。 ④老姥（mǔ）：老妇人。

【译文】

王和甫做江宁府（江宁府古称金陵，今江苏南京）知府时，荆公（王安石爵封荆国公）退休后住半山园。荆公在路上望见王和甫，就到平民百姓家躲避。这家有一个老妇人看见荆公带着药箱，就告诉他自己有病，荆公就给老妇人一些药。老妇人酬谢荆公一缕麻线，并对荆公说："宰相公你可以带回去给宰相婆使用。"荆公笑笑收下了麻线。

杨玢通达

杨玢[①]致仕归，旧居多为邻所侵。子弟欲诣府诉，玢批状尾云："四邻侵我我犹伊[（一）]，毕竟须思未有时。试上含元殿[②]

基望，秋风秋草正离离[3]。”子弟不敢言。

【校勘】

（一）犹伊：此则抄自北宋杨亿《谈苑》，文字有改动。据《谈苑》，“犹伊”当为“从伊”之误。从伊，听从他们。

【注释】

①杨玢（bīn）：字靖夫，五代时虢州弘农（今河南灵宝）人，曾在南方的前蜀和北方的后唐做过官。 ②含元殿：唐宫殿名，高宗时所建，本名蓬莱宫，遗址在今陕西西安。 ③离离：茂盛的样子。

【译文】

杨玢退休后回到家乡，以前的住宅多被邻居侵占。杨玢的子弟们准备到官府去告状，杨玢在状子尾部批示说：“四邻侵我我从伊，毕竟须思未有时。试上含元殿基望，秋风秋草正离离。”子弟们不敢再说这事了。

公权疏脱

柳公权[1]尝贮杯盂一笥，縢缄[2]如故，而所贮物皆亡，奴妄言不知。公权笑曰：“银杯羽化[3]矣。”不复诘。

【注释】

①柳公权：字诚悬，京兆华原（今陕西铜川）人，唐代著名书法家、诗人。 ②縢（téng）缄：用绳索封固。 ③羽化：升仙而去。

【译文】

柳公权曾经贮藏一箱子杯盂，箱子封装如当初一样牢固，里边的东西却不见了，奴仆们胡乱说不知道。柳公权笑着说：“银杯升仙而去了。”以后不再责问。

坦然对刺客

韩魏公驻兵延安，忽夜有人携匕首至卧内。魏公问谁(一)，曰："来杀谏议。"又问："谁遣汝？"曰："张相公①。"魏公复就枕，曰："取我首去！"其人曰："某不忍，得谏议金带足矣。"遂取带去，公竟不治此事。

【校勘】

(一)谁：此则来源于北宋王得臣《麈史》。据《麈史》，"谁"当为"谁何"，夺一"何"字，"谁何"意思是干什么的，这与下文甚是贯通。若为"谁"，与下文接不上。

【注释】

①张相公：即张元，字雷复，北宋永兴军路华州华阴县(今属陕西)人，西夏国军师、国相。

【译文】

韩魏公(韩琦爵封魏国公)驻兵延安，忽然夜里有人携带匕首进入他的卧室。韩琦问干什么的，那人说："来杀谏议大夫韩琦。"韩琦又问："谁派你来的？"那人说："张元宰相。"韩琦听罢躺下来，说："取我的头去吧！"那人说："我不忍心，得到你的金带就够了。"那人就把韩琦的金带取去，韩琦最终没有究治此事。

太耐官职

向敏中、寇准并加仆射，麻下①。帝以即位未尝除左仆射，意敏中应甚喜，贺客必多，使人密觇②之。云："敏中方谢客，门阑③悄然，瞯④其庖中，亦寂无一人。"帝大笑曰："向敏中太耐官职。"

【注释】

①麻下:即降麻,指宣布任命书。唐宋任免将相,由翰林学士以白麻纸书写诏书,由宫内颁降执行,称降麻。 ②密觇(chān):暗中察看。 ③门阑:门框或门栅栏。借指家门、门庭。④瞯(jiàn):窥探。

【译文】

向敏中、寇准一块儿被任命为仆射,任命书宣布了。真宗皇帝认为自己即位以来不曾把左仆射授给人,心里想向敏中应该很高兴,贺客一定很多,于是派人去暗中察看。察看的人汇报说:“向敏中谢绝客人,门庭寂静无声,窥探他的厨房,也寂无一人。”真宗大笑说:“向敏中太经得起官职(的刺激)了。”

仁恕有量

彭思永①就举时,贫无余资,独持数金钏②。旅舍中同举者过之,出钏相示。客有私其一于袖者,公知不言,众皆惊求之。公曰:“数止此耳。”将去,袖钏者揖而钏坠。众始称服。

【注释】

①彭思永:字季长,北宋庐陵(今江西吉安)人,官至户部侍郎。 ②金钏(chuàn):金镯子。

【译文】

彭思永参加科举考试时,贫穷得没有多余财物,只带了几个金镯子。旅店中,一起参加考试的人过来拜访,他便拿出金镯子来让他们看。有一人偷偷在袖子里藏了一个镯子,彭思永知道后什么也没说,众人惊慌地寻找。彭思永说:“金镯子就是这么几个,不用找了。”将要告别时,袖子里私藏镯子的人作揖,镯子掉在了地上。众人这才称赞佩服彭思永的度量。

亦高士亦农夫

刘综(一)欲候司马徽①,先使人问在否。徽方锄园,见人问,曰:“我是。”徽头面丑陋,使者骂曰:“汝何等田奴而称徽?”徽更刷头饰服而出,左右叩头谢之。

【校勘】

(一)刘综:乃“刘琮”之误。刘琮,刘表次子,继承刘表官爵,投降曹操,被曹操封为青州刺史。

【注释】

①司马徽:字德操,颍川阳翟(今河南禹州)人,东汉末年名士,有水镜先生之称。

【译文】

刘琮想去拜访司马徽,先派人去问司马徽是否在家。司马徽正在田园锄草,见有人打听自己,就说:“我是司马徽。”司马徽当时灰头土脸,使者责骂说:“你是什么样的种田奴才,竟敢称是司马徽?”司马徽回屋修饰打扮一番,穿好衣服出来,刘琮派来的人一看,立即叩头表示歉意。

量容寇准

寇准数短王旦于帝,而旦专称准。帝谓旦曰:“卿虽称其美,彼专谈卿恶。”旦曰:“臣在相位久,缺失必多。准忠直无隐,臣所以重准也。”帝由是益贤旦。中书有送密院违诏格①,准以上闻,旦被责。不逾月,密院有事送中书,亦违诏格。吏欣然呈旦,旦送还之。准大惭谢。及罢,准托人语旦求为相。旦惊曰:“将相岂可求耶?吾不受私请也。”准憾之。已而除准平章事②,准入谢曰:“非陛下知臣,安能至此?”帝具道旦所以荐,准愧叹谓不可及。

【注释】

①诏格:诏令的格式。 ②平章事:即同中书门下平章事。北宋,职事官再有同中书门下平章事的加衔即为主持政务的宰相。

【译文】

北宋时,寇准多次在皇上面前说王旦的短处,但是王旦一直在皇上面前称赞寇准。真宗皇帝对王旦说:“爱卿称赞寇准的长处,而寇准专讲你的过错。”王旦说:“我做宰相时间长了,缺点和失误一定很多。寇准忠诚正直,毫不掩饰内心的想法,这是我看重他的原因。”皇上因此更加认为王旦贤德。中书省送往枢密院的文件违背了诏令的格式,寇准就把这事反映到皇帝那里,王旦因此受到责备。不过一个月,枢密院送到中书省的文件也违背了诏令的格式。中书省的官吏立即呈送给王旦(希望报复),王旦却把它送回枢密院。寇准感到非常惭愧,并致歉。此事过后,寇准托人请求王旦推荐他担任宰相。王旦惊讶地说:“宰相难道能求来吗?我不受私人请托。”寇准怨恨王旦。没过多久,皇帝任命寇准做宰相,寇准进宫谢恩,说:“如果不是皇上了解重用我,我怎能有今天啊?”皇帝将王旦举荐寇准的情况详尽地告诉了寇准,寇准羞愧地感叹自己不如王旦。

系伯让邻

襄阳土俗,凡邻居必种桑为界。韩系伯①以桑荫妨他地,迁开数尺,邻人随侵之。系伯辄又改种,邻人惭,还所侵地。

【注释】

①韩系伯:南北朝时萧齐襄阳人,事父母孝谨。

【译文】

襄阳当地风俗，凡邻居一定种桑树作为地界。韩系伯因为桑树的树荫妨碍邻人的田地，就把桑树向自己的地里迁进几尺，邻人随即就把退让的几尺侵占了。韩系伯又退后几尺种桑树，邻人惭愧，退还了所侵占的土地。

不记人过

吕文穆①初参政事②，入朝堂，有朝士于帘内指之曰："此子亦参政耶？"文穆佯为不闻而过。同列令诘姓名，文穆止之曰："若知其人，则终身难忘，固不如无知也。"

【注释】

①吕文穆：即吕蒙正，字圣功，河南洛阳人，北宋初年宰相，封许国公，谥文穆。 ②参政事：即参知政事的省略。参知政事为副宰相。

【译文】

文穆公吕蒙正刚任参知政事，进入朝堂时，有个大臣在门帘内指着吕蒙正说："这人也来参与政事吗？"吕蒙正装作什么也没听到就过去了。在一起的同事们要他查问出那人姓名，吕蒙正制止说："如果知道那个人，我就会终生难忘，还不如不知道。"

赠盗竹笋

宋沈道虔①有盗屋后笋者，令人止之曰："惜此笋欲成林，更有佳者相与。"乃令人买大笋送之。盗惭，置门内而去。

【注释】

①沈道虔：吴兴武康（今属浙江）人，南北朝时刘宋高士，不

慕荣利。

【译文】

刘宋时期的沈道虔屋后的竹笋被人偷窃,他派人制止说:“可惜这些笋快要长大成竹林了,我有更好的竹笋相送。”于是派人买来大竹笋送给偷笋的人。偷笋的人感到惭愧,把竹笋放在沈道虔门里后离去。

从容赴死

宋明帝赐王景文①死,敕书至,景文方与客围棋。看讫,复置局下,神色不变。争劫竟,敛子纳奁,徐曰:“奉敕赐死。”方以敕示客,因举鸩谓客曰:“此酒不可相劝。”仰饮而绝。

【注释】

①王景文:即王彧(yù),字景文,南朝刘宋名高一时的重臣,终被宋明帝赐死。

【译文】

宋明帝要赐死王景文,诏书送到的时候,王景文正在和客人下棋。他看完诏书之后,把诏书放在棋桌下面,面不改色。待棋盘上的争杀结束,王景文把棋子收入盒中,缓缓对众人说:“领受皇帝赐死的命令。”才把敕书给客人看,接着举起鸩酒对客人说:“可惜这酒不可相劝。”说罢仰头饮下鸩酒而死。

罗威饲犊

东汉罗威①邻家牛数食其禾,乃为断刍置牛家门。牛家知之,相约检犊,不复侵威禾。

【注释】

①罗威:字德仁,东汉番禺(今属广东)人,品行高洁,不慕

荣利。

【译文】

东汉罗威家的庄稼多次被邻居家的牛偷吃,罗威就割草放在牛主人家门前。牛主人知道后,和邻居相互约定对牛严加看管,不再糟蹋罗威的庄稼。

驭吏呕茵

汉丙吉为丞相,有吏嗜酒。尝从吉出,醉呕丞相车中。西曹[①]欲斥之,吉曰:“以醉饱之失去士,人将复何所容?西曹第忍之,此不过污车茵耳。”后因边塞事,更得此吏之力。

【注释】

①西曹:即西曹掾,汉制,丞相、太尉属吏分曹治事,有西曹。吏员正者称掾,副者称属。初主领百官奏事,后改为主府内官吏署用。

【译文】

西汉丙吉做丞相时,丞相府有个吏员非常爱喝酒。这个吏员曾经跟丙吉一起外出,喝醉后呕吐到丞相的车里。西曹掾要罢免这个人,丙吉说:“因醉酒饱食的过失就斥去一位士人,这人还能容身吗?西曹掾忍一忍,这不过弄脏了车中的垫子罢了。”后来由于边境的事情,这个吏员为丙吉出了很大的力。

替人还钱

东汉陈重[①]在郎署[②],有同舍郎负钱数十万,债主迫求。重密以钱还其主,同舍郎知之,将厚谢。重曰:“非我之为,恐是同名姓者。”

【注释】

①陈重:字景公,豫章宜春(今属江西)人,东汉时名士,官至侍御史。 ②郎署:汉唐时宿卫侍从官的公署。

【译文】

东汉陈重在郎署做侍从官,住在一起的一个郎官欠了几十万钱,债主追索很急。陈重私下拿自己的钱还了债主,同住的这位郎官知道后,要重重酬谢陈重。陈重说:"不是我干的,恐怕是与我同姓名的人做的。"

琦不动怒

凡人语及不平,则气必动,辞必厉,唯韩魏公不然:说到小人忘恩负义欲倾己[1]处,辞气和平,如道常事。

【注释】

①倾己:倾轧自己。

【译文】

一般人说到不公平合理的事,就会义愤填膺,话语严厉,只有魏国公韩琦不是这样:他说到小人忘恩负义倾轧自己时,言语心态平和,好像说寻常事情一样。

牛弘疏脱

隋牛弘[1]弟弼酗酒,醉射杀兄驾车牛。弘自外还,妻迎谓曰:"叔[2]射杀牛矣!"弘无所怪,直云:"可作脯[3]。"

【注释】

①牛弘:字里仁,隋朝安定鹑觚(今甘肃灵台)人,爵封奇章郡公。 ②叔:小叔子。 ③脯(fǔ):肉干。

【译文】

隋朝人牛弘的弟弟牛弼酗酒,喝醉后射死了牛弘驾车的牛。牛弘从外边回来,妻子迎上去说:“兄弟把牛射死了!”牛弘不以为意,只是说:“可以做成牛肉干。”

阳城恕奴

唐阳城[①]尝绝粮,遣奴求米。奴以米易酒,醉卧于路。城怪其不还,与弟迎之。未醒,乃自负以归。及醒谢罪,城曰:“天寒而饮,何责焉?”

【注释】

①阳城:字亢宗,定州北平(今属河北)人,唐德宗时任右谏议大夫。

【译文】

唐朝人阳城曾经家里断粮,派遣家奴去买米。家奴用米换酒喝了,醉卧在路上。阳城对家奴没有及时回来感到奇怪,就和弟弟一起去接家奴。看到家奴时,家奴还没有醒酒,阳城就亲自背着家奴回家。等到家奴醒后谢罪时,阳城说:“天气寒冷,喝点酒,有什么罪过呢?”

弼重“忍”字

富弼语子孙曰:“‘忍’字,众妙之门。若清俭外更加一‘忍’,何事不办?”少时人有骂者,佯为不闻。旁曰:“骂汝。”弼曰:“恐骂他人。”又曰:“呼君名姓,岂骂他人?”弼曰:“恐同名姓者。”其人闻之大惭。

【译文】

富弼教育子孙说:“‘忍’字,是获得各种妙处的法门。如果清俭外再加上一个‘忍’字,什么事办不成?”富弼年轻时有人骂他,他假装没听见。旁边有人说:“有人骂你。”富弼说:“恐怕骂的是别人。”那人又说:“喊你的姓名,难道是骂别人?”富弼说:“恐怕是同名同姓的人。”那人听后非常羞愧。

刘宽恤奴

刘宽[①]常坐客,遣苍头市酒,去久大醉而还。客不堪,骂曰:“畜产!”宽遣人视奴无恙否,顾左右曰:“骂‘畜产’,辱莫甚焉,吾惧其自杀耳。”

【注释】

①刘宽:字文饶,弘农华阴(今属陕西)人,东汉名臣。

【译文】

刘宽曾经宴客,派一个奴仆去买酒,去了很长时间,那奴仆喝得大醉回来了。客人无法忍受,骂道:“畜牲养的!”刘宽派人去看那奴仆有没有危险,回头对身边的人说:“没有什么比骂‘畜牲养的’更侮辱人了,我怕他会自杀。”

颐不如颢

两程[①]夫子赴宴,有妓侑觞。伊川拂衣起,明道尽欢而罢。次日,伊川愠犹未解。明道曰:“昨日座中有妓,吾心中却无妓;今日斋中无妓,汝心中却有妓。”伊川自谓不及。

【注释】

①两程:程颢和程颐兄弟。程颢,字伯淳,学者称明道先生,洛阳伊川(今属河南)人,北宋理学的奠基者。程颐,字正叔,世称伊川先生,程颢之胞弟,理学家和教育家。

【译文】

程颐和程颢两位先生一起赴宴，有歌妓劝酒。程颐很生气，站起来就走，程颢尽情地玩乐后才回去。第二天，程颐的怒气尚未消除。程颢说："昨天晚上喝酒时，座中有歌妓，我心里却没有歌妓；今天书斋里没有歌妓，你心中却想着歌妓。"程颐自认为不如程颢。

平心率物

陈寔①平心率物②。见盗夜入，止梁上，呼子孙训曰："人当自勉，性本无恶，饥寒遂至为非，如梁上君子是矣。"盗惊，投地请罪。寔曰："君状貌不似恶人，宜克己反善。"遗绢二匹以归。

【注释】

①陈寔（shí）：字仲弓，颍川许（今河南许昌）人，东汉名士。②率物：引导众人，做众人的榜样。

【译文】

陈寔能心平气和地去引导众人。他看见有贼窜入家里，隐身到房梁上，就叫来子孙教导说："做人应当自我勉励，人性本来不坏，只是饥寒所迫才做不义的事，就像梁上的那位君子就是这样。"那贼人很吃惊，赶快下来，跪在地上请罪。陈寔说："看样子，你不像坏人，应当克制约束自己而改邪归正。"于是送给盗贼二匹绢，让他回家。

训诫乡人

屠滽①位冢宰②，有乡人假称屠公子，沿途骚动。人以白公，意公加谴。公但呼告曰："汝为我儿，亦不辱，但难为若翁耳。自今慎无为此。"

【注释】

①屠滽(yōng):字朝宗,号丹山,鄞县(今属宁波)人,明武宗时官至吏部尚书。 ②冢宰:吏部尚书的古称。

【译文】

屠滽做吏部尚书时,有个同乡冒充屠滽的儿子,沿途骚扰百姓。有人把这事报告了屠滽,估计屠滽会严加谴责。屠滽只把这个人叫过来训诫说:"你做我的儿子,倒不算丢人,只是难为你父亲罢了。从今以后千万不要这样胡来。"

性度宽宏

罗可[①]性度宽宏。尝有窃其园蔬者,适遇见,避草间以俟其去。又有攘[②]杀其鸡者,可携壶就之,曰:"与子同里闾,不能烹鸡以待子,我诚自愧。"呼其妻孥环坐,尽醉而归。

【注释】

①罗可:北宋学者,沙阳人,性情宽宏大度,词学赡丽。②攘:偷。

【译文】

罗可生性宽宏大量。曾经有人偷他家菜园中的蔬菜,恰好让他遇见,他却躲避在草丛间,直到偷菜者走后才出来。又有人偷杀了他的鸡,他携一壶酒,到偷鸡人的家中说:"我和你同乡,却不能烹鸡备酒招待你,我实在感到惭愧。"叫出偷鸡人的妻子孩子,围坐同饮,酒醉而归。

再思容恕

则天朝,宰相杨再思[(一)]晨入朝,值一重车,将牵出西门。

道滑，牛不前，驭者骂曰："一群痴宰相，不能和得阴阳，而令我汇行[①]，如此辛苦！"再思徐谓之曰："尔牛亦自弱，不得嗔他宰相。"

【校勘】

（一）杨再思：郑州原武（今河南原阳）人，唐朝宰相。此则出自唐人刘肃《大唐新语·容恕》。

【注释】

①汇行：绕道而行。

【译文】

武周时期，宰相杨再思早晨上朝，碰见一辆笨重的牛车，准备从西门出去。道路太滑，牛难以前行，驾车人骂道："一群笨蛋宰相，不能调和阴阳，让我绕道而行，这样辛苦！"杨再思慢腾腾地对驾车人说："实在是你的牛瘦弱，不能责怪他们宰相。"

息事宁人

魏文靖公骥[①]奉命往南都时，官舍止一苍头。乃举所积俸资，召同乡子付之。其人请封钥[②]，公怫然曰："后生何待先辈薄乎？"时同乡子有婿如其轻重款识[③]，以伪银易之。比公归，出前银，令工碎之，则伪也。工私言于苍头曰："某人尝为此物，出予手，将无是乎？"苍头以告，公戒之曰："慎勿泄，彼将不安矣。"已事稍露，同乡携资以偿。公骇曰："误矣！予银故在，未有以伪易者。"

【注释】

①魏文靖公骥：即魏骥，字仲房，号南斋，明代萧山（今属浙江）人，官至吏部尚书，谥文靖。 ②封钥：封锁。 ③款识（zhì）：款式记号。

【译文】

文靖公魏骥奉皇上的命令去南都(今南京)时,官舍里只有一个奴仆。魏骥把所有积攒的薪俸钱财托付一同乡。那人请求魏骥把财物锁起来,魏骥生气地说:“年轻人会对前辈刻薄吗?”这同乡的女婿按照魏骥银钱的轻重及款式记号制造了一些假银子,把真银子换了下来。等到魏骥回来,拿出之前托付同乡的银子,让银工打碎,发现是假银。银工私下对魏骥的奴仆说:“有人曾经制造假银锭,是我亲手制作,该不会是这个吧?”奴仆把这事告诉魏骥,魏骥告诫他说:“千万不要泄露,否则,人家会不安宁的。”后来,事情渐渐泄露出去,同乡带着钱财来赔偿。魏骥却惊讶地说:“弄错了吧!我的银子原本在那里,从来没有被假银替换过。”

不发人过

王旦谥文正,平生未尝见其怒。饮食有不洁者,但不食而已。家人欲试其量,以尘埃投羹中,公惟啖饭。问何不食羹,曰:“偶不喜肉。”一日,又墨其饭,公视曰:“偶不喜饭,可具粥。”子弟诉于公曰:“食肉为庖人所私,可治之。”公曰:“汝辈料①食肉几何?”曰:“一斤,今只得半斤耳。”公曰:“此后人料一斤半可也。”其不发人过类此。

【注释】

①料:隋及唐宋时官吏于俸禄外所得的食料、口粮。

【译文】

王旦谥号文正,一生中从未有人见他发过怒。饮食有不干净的,他只是不吃罢了。家里人想试一下王旦的度量,把灰尘投放到肉羹里,于是王旦就只吃饭食。家人问他为什么不吃肉羹,他说:“我近来不喜欢吃肉。”一天,家人将墨汁洒到饭上,王旦看后说:“今天我不想吃饭食，只准备点粥就行了。”子弟们在他面前告状说：“吃的肉都被厨师私吞了，应该惩处他们。”王旦说：“你们应吃的肉有多少呢？”子弟们说：“以前一斤，现在只能吃到半斤。”王旦说：“以后每人可以增加到一斤半肉。”王旦就是如此包容别人的过失。

务掩人过

杨铁崖[①]避地松江，尝有一贵游子，破产流落，数踵门。一日窃其倪云林[②]画去。左右欲发之，先生曰：“吾哀其困，使往见一达官，以书画为介耳，非盗也。”其务掩人过如此。

【注释】

①杨铁崖：即杨维桢，字廉夫，号铁崖，会稽（今属浙江）人，元末明初著名诗人、书画家和戏曲家。 ②倪云林：即倪瓒，字泰宇，后字元镇，号云林子，江苏无锡人，元末明初画家、诗人。

【译文】

杨铁崖到松江府躲避战乱时，曾经有个无官职的富贵子弟，家业破败后四处流浪，几次到杨铁崖门上拜访。一天，这个人窃取杨铁崖收藏的一幅倪云林画作逃去了。杨铁崖身边的人要揭发这个偷画者，铁崖先生说：“我同情他的困境，让他以这幅画为礼物去拜见一位显贵官吏，不能称他为盗贼。”杨铁崖就是如此掩盖人的过失。

谢安雅量

晋谢玄[①]等既破苻坚[②]，有驿书至，谢安方对客围棋。看书既竟，默然无言，围棋如故。徐[(一)]客问淮上[③]利害，答云：“小儿辈遂以破贼。”

【校勘】

(一)徐:据《晋书·谢安传》,该字当在下文“答”字前。

【注释】

①谢玄:字幼度,陈郡阳夏(今河南太康)人,谢安之侄,东晋将领,淝水之战晋军统帅。 ②苻坚:字永固,氐族,略阳临渭(今甘肃秦安)人,前秦世祖宣昭皇帝。 ③淮上:淝水(淮河古称)岸边。

【译文】

东晋大将谢玄等击败苻坚后,驿站的捷报送到时,谢安正在与人下围棋。他看罢书信,什么也没说,像原来一样下围棋。客人问淮河前线战事如何,谢安不紧不慢地回答说:“孩子们已经把敌人打败了。”

患难戏谑

宋范纯仁谪永州。夫人在患难中,每遇不如意事,则骂章惇曰:“陷正人至此。”公付一笑。舟行过橘州(一),大风雨中,船破,仅得及岸。公负夫人以登,燎衣民舍。公顾曰:“船破亦章惇所为耶?”

【校勘】

(一)州:当为“洲”。

【译文】

范纯仁被贬到永州(今湖南零陵)。在艰难的环境中,范纯仁夫人每当遇到不顺心的事,就咒骂章惇说:“章惇陷害正派人到这地步。”范纯仁报之一笑。行船过橘子洲,狂风暴雨中,船破漏水,仅能够到达岸边。范纯仁背着夫人上岸,到民舍烘烤衣服。范纯仁回头看看夫人说:“船破也是章惇干的吗?”

拔藩让地

陈嚣[①]与民纪伯为邻。伯夜拔藩，窃嚣地自益。嚣见之，密拔其藩一丈，以地益伯。伯觉惭惧[(一)]，既还所侵，又却一丈。太守高嚣德义，刻石旌其闾[②]，号曰"义里"。

【校勘】

(一)惧：据《忍经》，当为"惶"。

【注释】

①陈嚣：西汉会稽山阴(今浙江绍兴)人，以孝义、孝行著称。

②闾：古时一种居民组织单位，二十五家为一闾。

【译文】

陈嚣与乡民纪伯是邻居。纪伯夜间拔掉作为地界的篱笆，窃取陈嚣的土地来增添自己的土地。陈嚣发现后，悄悄将篱笆又往自己的地里移了一丈，把土地添给纪伯。纪伯发觉后，既惭愧又惊慌，将所侵占的地还给陈嚣，又退出一丈。太守赞扬陈嚣的品德道义，刻石碑来表彰陈嚣所住的里巷，称之为"义里"。

冯道海量

冯道在中书，有人于市中牵一驴，以片幅大署其名于面。亲知[①]白之，道曰："天下同名姓何限，虑是失驴访主。"

【注释】

①亲知：亲近相知的人。

【译文】

冯道在中书省任职时，有人从市场中牵来一头驴子，驴脸上挂着一个大牌子，上面用大字写着冯道的名字。冯道的亲朋报告给他，冯道说："天下同名同姓的人很多，估计是有人在为驴找寻失主。"

宽待下人

沈心松为袁黄[①]姑夫。黄叙之云:"公性慈祥,十六而孤,里中陷以粮长[②]之役,恐破家,匿焉。后闻人报,叔代之,心松曰:'我逸而叔受困乎?'即自出认役。生平不道人过,怒詈不加婢仆。一日赴燕,夜深仆醉,公自操舟归,命诸仆妇扶夫安寝。及旦,公未起,吾姑袁夫人促之曰:'何晏也?'公曰:'恐诸仆见而惭,俟其下田,吾徐起未晚也。'不斥人过如此。吾姑亦厚德。予偶坐片晌,见三事不愧古人。表兄有疾,姑携杯好酒置卓[③]上,仆误而覆之,姑曰:'汝坐不知,后事当仔细,千粒米成一滴酒也。'有小童持盘,尽覆厨下。其母责之,姑急止曰:'非故意,何责焉?但勿留碎以伤人足可也。'一田保问病,姑送舟金,复度所送物加答之。语予曰:'问病是好心,岂可令折本?'吁!片时所见,皆中伦虑如此。予见婢仆有拂意事,思及吾姑,辄怡然解愠。今二十余年,无大怒矣。"

【注释】

①袁黄:字坤仪,号了凡,明代后期嘉善(今属浙江)人,著名学者,其家训甚是有名。 ②粮长:明代初年设立的征解田粮的职役。凡纳粮一万石或数千石的地方划为一区,由官府指派大户充当粮长,世代相传,督征和解运该区的田粮。粮长借此超额征收,鱼肉乡民。中叶以后名额增多,职权减轻,并改为轮充制。因受益日减,大户多不愿充任,于是强迫贫穷下户担任,始正式成为人民对政府的职役之一,为一种沉重的负担。 ③卓:通"桌"。

【译文】

沈心松是袁黄的姑父。袁黄叙述说:"姑父生性慈祥,十六岁时父亲去世,乡里人以充任粮长差役来陷害他,他担心家庭会破产,就藏起来躲避。后有人对他说,叔叔代他去做粮长了,心松说:‘我虽摆脱了,但怎能给叔父带来困顿?’于是自己出来认领了充当粮长的苦差。他一辈子不说别人的短处,不怒骂男女奴仆。一天,他外出赴宴,结束时夜深了,仆人们都喝醉了,他就自己驾船回家,让众仆人的妻子扶着丈夫去睡觉。天亮了,心松还没起床,我姑母袁夫人催促说:‘为什么这么晚还不起?’心松说:‘恐怕众仆人见我后心生惭愧,等他们下地干活后再起来也不算太晚。’他就是如此不责备人的过错。我姑母也有高尚的品行。我偶尔在她家坐了一会儿,看到她对三件事情的处理不愧于古人。我的表兄有病,我姑姑端着好酒放在桌子上,仆人误以为是水而倒掉了,我姑姑说:‘因为你不知道那是酒,就不责怪你了,以后做事要细心一些,很多米才能制成一滴酒。’有个童仆端着盘子,不留心竟把盘子翻在厨房的地上。他母亲责骂他,我姑母立即前去制止说:‘小孩不是故意的,责怪什么呢?只要不留下碎瓷片,不刺伤人的脚就行了。’一个租田的佃客前来探病,我姑姑送给他租船的钱,后来又估算他所送东西的价值加倍给他钱。姑母还对我说:‘探病是出于一片好心,怎能让他赔本钱呢?’唉!一会儿工夫我看到姑母所做的事,都符合伦理人情。我看到男女奴仆有拂逆心意的事,想到我姑姑的德行,就愤怒顿消,心情愉快。二十多年了,没有大怒过。”

吕公著沉稳

吕许公①有子数人,皆知当贵,而未定其孰可相。一日,令婢以筐盛玉瓯茶齐饷之,使诈跌碎于地。诸子哄然②,有自责之者,有驰语父者,独公著③凝然不动。许公乃曰:“真宰相也。”后果然。

【注释】

①吕许公：即吕夷简，字坦夫，寿州（治今安徽凤台）人，北宋名相，爵封许国公。 ②哄然：乱哄哄吵闹的样子。 ③公著：即吕公著，字晦叔，吕夷简之子，神宗朝官居宰相，爵封申国公。

【译文】

许国公吕夷简有几个儿子，预知他们都会地位显贵，但是还不能确定谁将来能做宰相。一天，吕夷简让女仆以玉杯盛茶，用筐子端着赐给孩子们，让女仆故意跌倒，杯子碎了一地。几个儿子吵成一片，有的责怪仆人，有的跑过去告诉父亲，只有吕公著一动也不动。吕夷简就说："公著真有宰相的器量。"后来公著果真做了宰相。

王竑大度

王竑①开府淮扬，有单指挥②不检，公尝抑之。寻公免官归，单殷勤具饩③。公嘉其诚，受数缶，以为醯④酱也。比发之，则皆粪秽。已复有表公忠节者，命下还官。单乃诈死，家人发丧以愚里人。有仇家迹其所在，执讼于公，竟平而遣之。

【注释】

①王竑：字公度，号休庵，明朝河州（今甘肃临夏）人，官至兵部尚书。 ②指挥：即指挥使。 ③具饩（xì）：备办食物。 ④醯（xī）：醋。

【译文】

王竑巡抚淮扬（今江苏扬州一带）时，有个姓单的指挥使放纵不检点，王竑曾经打压过他。不久王竑被罢官回家，姓单的热情地备办了食物相赠。王竑赞赏他的诚恳，接受了几瓦罐食物，以为瓦罐里装的是醋酱。等到打开一看，全是大粪。后来又有人上表赞扬王竑的忠诚节操，朝廷下令让他官复原职。姓单的于是装死，家里人举办丧事以欺骗同乡的人。仇家追随到单指挥使所在的地方,把他押送到王竑处告状,最终王竑公平处理,把那人打发走了。

褊急难除

人之褊急①,有绝可笑者。王述②名士,观其食鸡子事,非复人情。近代士人,敕左右逐蝇一节,大堪捧腹。其母与一戒板,令戒暴怒,怒发辄以板击人。褊急难除如此。

【注释】

①褊(biǎn)急:气量狭小,性情急躁。 ②王述:字怀祖,东晋太原晋阳(今山西太原)人,封蓝田侯,人称王蓝田。王蓝田性急,《世说新语·忿狷》载:"尝食鸡子,以箸刺之不得,便大怒,举以掷地。鸡子于地圆转未止,仍下地以屐齿蹍之,又不得,瞋甚,复于地取内口中,啮破即吐之。王右军闻而大笑曰:'使安期有此性,犹当无一豪可论,况蓝田邪?'"

【译文】

有人气量狭小急躁到极其可笑的地步。王述是位名士,但看他吃鸡蛋时那种急躁的样子,不是常人所能做出的。近来有个读书人命令身边的仆人追打苍蝇一事,真令人捧腹大笑。他的母亲给他一块戒板,让他戒除暴怒,可他发起怒来就用戒板打人。褊急就是这样难以戒除。

大服白沙

陈白沙①访庄定山②,庄携舟送之。中有士人滑稽③,肆谈无忌,定山怒不能忍。白沙则当谈时若不闻其声,及既去,若不识其人。定山大服。

【注释】

①陈白沙：即陈献章，字公甫，号石斋，广东新会人，明代硕儒，因曾在白沙村居住，人称白沙先生。 ②庄定山：即庄昶，字孔旸，号木斋，晚号活水翁，江浦孝义（今属南京）人，明代硕儒，因曾隐居定山，学者称定山先生。 ③滑稽：言辞流利，耍贫嘴。

【译文】

陈白沙拜访庄定山，庄定山在舟中相携送别。船上有个读书人喜欢耍贫嘴，大放厥词，毫无顾忌，庄定山气得忍无可忍。陈白沙则在那个人侈谈时，好像什么也没听见；等到那人离开时，似乎还不认识那个人。庄定山深深地佩服陈白沙（度量深宏）。

不扰里人

史良佐[①]，南京人。为西城御史，而家住东城。每出入，怒里人不为起，执数辈送东城御史。诘之，首者对曰："民等总被倪尚书[②]误。"问："何故？"曰："尚书亦南京人，在兵部时，每肩舆过里门，众或走匿，辄使人谕止曰：'吾不能过里门下车，乃劳尔曹起邪？'民等愚，意史公犹倪公，是以无避，不虞其怒也。"御史善其言，悉解遣之。倪尚书谓文毅也。

【注释】

①史良佐：字禹臣，常州江阴（今属江苏）人，曾任监察御史、云南副使等职。 ②倪尚书：即倪岳，字舜咨，明朝上元（今江苏南京）人，弘治年间官至吏部尚书，谥号文毅。

【译文】

史良佐是南京人。他做西城区御史，家却住在东城区。每逢出入，同里弄的人都不起身，他感到很生气，抓了几个人送到东城御史那里治罪。东城御史责问他们,带头的人回答说:“小民这样做是被倪尚书误导的。”东城御史问:“为什么这样说?”回答说:“倪尚书也是南京人,他在兵部时,每当他的轿子通过里门,众人有的要跑开躲避,倪尚书立即让人制止说:‘我过里门没能下轿,竟然烦劳你们起身站立吗?’我等小民糊涂,认为史公与倪公一样,因此没有回避,没想到惹他发怒了。”东城御史认为这人的话说得好,便把他们全部释放,打发走了。倪尚书就是文毅公倪岳。

谕留青毡

王子敬①夜斋中卧,有群偷入室,盗物都尽。王徐曰:“偷儿,青毡我家旧物,可特置之。”

【注释】

①王子敬:即王献之,字子敬,祖籍琅邪临沂(今属山东),生于会稽山阴(今浙江绍兴),东晋著名书法家,书圣王羲之第七子。

【译文】

王献之夜里在书斋睡觉,有群小偷闯进屋里,把屋里的东西都偷完了。王献之发觉后,慢悠悠地说:“偷儿,青毡是我家的旧物,请特意留下来。”

审辱所来

薛文清①公曰:“辱之一事,最所难忍。自古豪杰,多由此败者。窃意辱之来也,察其人何如:彼小人耶?则直在我,何怒之有?彼君子耶?则直在彼,何怒之有?世人不审辱所自来,一以怒应之,此所以相仇而相害也与?”

【注释】

①薛文清：即薛瑄，字德温，号敬轩，河津（今属山西）人，明代著名理学家、文学家，世称薛河东，谥号文清。

【译文】

文清公薛瑄说："侮辱一事是最让人难以忍受的。自古以来的英雄豪杰，多由此败亡。我认为侮辱到来的时候，要看施加侮辱的人怎么样：他是小人吗？如果是，那么理在我这里，有什么可以发怒的呢？他是君子吗？如果是，那么理在他那里，有什么可以发怒的呢？世人不审察侮辱是什么人施加的，全都用愤怒来应对，这不就是相互仇恨相互祸害的原因吗？"

临乱有静气

寇莱公之贬雷州也，丁谓遣中使赍敕往授之，以锦囊贮剑揭于马前。既至，公方与郡官宴饮，驿吏言状，公遣郡官出迎之。中使避不见，入传舍中，久之不出。问所以来之故，不答。上下皆皇恐，不知所为。公神色自若，使人谓之曰："朝廷若赐准死，愿见敕书。"中使不得已，乃以敕授之。公乃从录事参军①借绿衫著之，短才至膝，拜受于庭。升阶复宴饮，至暮而罢。

【注释】

①录事参军：宋朝在各州设立的属官，总录众曹文簿，举弹善恶。

【译文】

莱国公寇准被贬到雷州（今属广东）时，宰相丁谓派宦官带着诏书前去送给寇准，马前头挂着用锦囊盛放的宝剑。诏书送到时，寇准和郡官正在宴会上喝酒，驿站的小吏向寇准报告了情况后，寇准就让郡官出去迎接。宦官却回避不见，进入旅舍中，久久不出来。问他来这里的原因，宦官也不回答。大小官吏都惊慌担心，不知该怎么做。寇准神色自若，派人对来使说："如果皇帝赐寇准死，我希望看到诏书。"宦官没有办法，才把诏书给寇准。寇准从录事参军那里借来一套短得才到膝盖的绿官服穿上，在庭院里叩拜接受诏书。之后，登上台阶继续喝酒，直到天黑才结束。

犯而不校

狄青尝设宴宴韩魏公，客有刘易①者与焉。适阶下伶人以儒为戏，易勃然大怒曰："黥卒②敢如此？"诟骂不绝口，至掷樽俎③而起。公意气自若，语意益温，翼日④诣易谢罪。又公面有黥字，仁宗命去之，自谓："面黥足以励士卒。"

【注释】

①刘易：号退安处士，北宋忻州（今属山西）人，性介烈，博学好古，喜谈兵，为韩琦、狄青、赵抃所重。　②黥（qíng）卒：此指狄青，狄青受过黥刑。黥，古代在人脸上刺字并涂墨之刑，后亦施于士兵以防逃跑。　③樽（zūn）俎（zǔ）：古代盛酒肉的器皿。樽以盛酒，俎以盛肉。后来常用作宴席的代称。　④翼日：明日，次日。翼，通"翌"。

【译文】

狄青设宴招待魏国公韩琦，有个叫刘易的客人在座。刚好台阶下优伶们正在演出以儒生为笑料的戏，刘易勃然大怒说："受过墨刑的兵卒竟敢这么做？"辱骂不绝于口，至于起身摔下酒樽肉俎。狄青神气自若，语气更加温和，第二天到刘易那里谢罪。又狄青脸上有黥字，仁宗皇帝命令他除去黥字，狄青自己说："脸上的黥字能用来激励士兵。"

陆逊以德报怨

会稽太守淳于式[①]表陆逊[②]枉取人民，所在愁扰[③]。逊诣都，言次[④]独称式佳。孙权曰："式白君而君荐之，何也？"逊对曰："式意欲养民，是以白逊耳。"权曰："此长者之事也。"

【注释】

①淳于式：三国时期孙权属官，曾任会稽太守，爱惜民力，为陆逊所称。 ②陆逊：本名陆议，字伯言，吴郡吴县（今属江苏）人，三国时期吴国统帅、丞相。 ③愁扰：苦于苛扰。 ④言次：言谈之间。

【译文】

会稽太守淳于式表奏陆逊非法掠取民众，驻军所在地苦于苛扰。陆逊回京，言谈之间，只称赞淳于式的长处。孙权问："淳于式告发你，你却称赞推荐他，这是为什么？"陆逊回答说："淳于式意在牧养百姓，因此才会告发我。"孙权说："这是品德高尚的人才会做的事。"

神宗有容

御史舒亶[①]疏奏："苏轼作为歌诗，讥切[②]时事。陛下发钱以业贫民，则曰'赢得儿童语音好，一年强半[③]在城中'；陛下明法以课群吏，则曰'读书万卷不读律，致君尧舜[④]终无术'；陛下兴水利，则曰'东海若知明主意，应知[(一)]斥卤[⑤]变桑田'；陛下谨盐禁，则曰'岂是闻韶[⑥]解[⑦]忘味，尔来[⑧]三月食无盐'。"上竟置不问。宰相王珪[⑨]亦言苏轼不臣，因举轼咏桧诗曰："'根到九泉无曲处，世间唯有蛰龙知'，陛下飞龙在天，而轼求之地下之蛰龙，其不臣如此。”上曰：“彼自咏桧，何预朕事？”

【校勘】

（一）知：据苏轼《八月十五日看潮》，当为“教”之误。

【注释】

①舒亶（dǎn）：字信道，号懒堂，慈溪（今属浙江）人，官至御史中丞。 ②讥切：讥讽。 ③强半：大半，过半。 ④致君尧舜：把君主辅佐成尧舜那样的圣君。 ⑤斥卤：盐碱地。 ⑥闻韶：比喻听到或看到极美妙、极向往的音乐或事物。《论语·述而》：“子在齐，闻韶，三月不知肉味。”韶，韶乐，相传为上古舜帝之乐。 ⑦解：能。 ⑧尔来：近来。 ⑨王珪：字禹玉，北宋神宗朝宰相，著名文学家。

【译文】

御史舒亶上疏奏说：“苏轼写作诗歌，讥讽现实政事。皇上发给百姓钱财，来让他们谋生，苏轼就说‘赢得儿童语音好，一年强半在城中’；皇上严明法纪以考核官吏，苏轼就说‘读书万卷不读律，致君尧舜终无术’；皇上兴修水利，苏轼就说‘东海若知明主意，应教斥卤变桑田’；皇上认真执行盐禁，苏轼就说‘岂是闻韶解忘味，尔来三月食无盐’。”皇上最终不理会这些。宰相王珪也说苏轼有不臣之心，就举出苏轼咏桧诗说：“‘根到九泉无曲处，世间唯有蛰龙知’，这两句明明是说，陛下飞龙在天，而苏轼要地下的蛰龙来了解他，他的不臣之心就像这样。”皇上说：“他本吟咏桧树，与我有什么关系呢？”

后有智度

唐长孙皇后[①]之异母兄安业，素无行。父丧，逐后居外。及后贵，擢为卫将军[②]。后与李孝常[③]等谋反，将诛，后叩头请曰:“安业罪应死,然向遇妾不以慈,人共知之。今论如法,人必谓妾释憾于兄,无乃为帝累乎?”安业遂得减,长流[4]越嶲。

【注释】

①长孙皇后:小字观音婢,河南洛阳人,唐太宗李世民的皇后。 ②卫将军:当为监门将军。 ③李孝常:隋朝大将李圆通之子,初投靠李渊被封为义安王,后因谋反被唐太宗处死。 ④长流:远途流放。

【译文】

长孙皇后的同父异母兄长孙安业,一向品行不好。父亲死后,安业就赶长孙皇后到外面居住。等到皇后显贵,安业被提拔为监门将军。后来,因为他和李孝常等人谋反,将要被杀,长孙皇后向皇上叩头请求说:“安业的罪行应当处死,然而先前他待我不慈爱,人们都知道。现在如果依法惩治,人们一定会认为我是对兄报复仇怨,恐怕要连累皇上吧?”于是安业被减罪,远途流放到越嶲(今四川西昌一带)。

容恕王濬

王濬[1]自以功大,而为王浑[2]所抑。每进见,陈其功(一)伐之劳,及见枉之状,或不胜忿愤,出辞不逊。帝每容恕之。益州护军[3]范通谓濬曰:“卿功则美矣,然恨居美者未尽善也。卿旋旆[4]之日,绝口不言平吴之事。若有问者,辄曰:‘圣主之德,群帅之力,老夫何力之有?’如此王浑能无愧乎?”濬谢曰:“吾始惧邓艾[5]之事,畏祸及身,不得无言,终不能遣诸胸中,是吾褊也。”

【校勘】

(一)功:当为“攻”之误。

【注释】

①王濬：字士治，弘农湖（今河南灵宝西）人，西晋时期名将，有灭吴大功，被王浑猜忌诋毁。 ②王浑：字玄冲，太原晋阳（今属山西）人，曹魏后期至西晋初期的大臣，灭吴时立有功劳。 ③护军：中国古代高级军事长官的官名。 ④旋旆（pèi）：回师。旆，旗子。 ⑤邓艾：字士载，义阳棘阳（今河南新野）人，三国时期魏国杰出的将领，因有灭蜀大功而被诬陷猜忌。

【译文】

王濬自以为功大，而被王浑所压抑。每次进见晋武帝时，总要陈说自己征战攻伐的功劳，及被诬告冤屈的情状，有时显出愤愤不平的样子，说话也不谦逊。晋武帝每次都宽恕他。益州护军范通对王濬说："您的功业是盛大的，遗憾的是有这大功业的人未能尽善。您回师之日，应该绝口不提平吴的事。若有人问及这事，您就说：'平吴全凭圣主的德行、群帅的力量，老夫哪有这种力量呢！'像这样王浑能不惭愧吗？"王濬说："我开始是害怕会发生类似邓艾灭蜀而被杀的事情，怕惹祸上身，不得不说，终究还是无法放下，这是我心胸狭窄之处。"

偿豕居作

梁鸿[①]牧豕于上林苑中，误失火，延及它舍。鸿寻访烧者，问所去失，悉以豕偿之。其主犹以为少，鸿曰："无它财，愿以身居作[②]。"因为执勤[③]不懈。邻家耆老[④]见鸿非恒人，乃共责让主人，而称鸿长者。于是悉还其豕，鸿不受而去。

【注释】

①梁鸿：字伯鸾，扶风平陵（今陕西咸阳）人，东汉著名隐士。②居作：做佣工。 ③执勤：从事劳作。勤，辛劳。 ④耆（qí）

老：指年老而有地位的人。

【译文】

梁鸿在上林苑中放猪，不慎失火，蔓延到别的房屋。梁鸿就找到受灾的人家，问他损失了多少东西，把猪全部拿来赔偿。那家主人还认为太少，梁鸿说："我没有别的财产，愿意亲自做佣工来抵偿。"于是梁鸿就给他家做工，辛劳不懈怠。那家邻居老人看到梁鸿不是平常人，就都责怪那家主人，并称赞梁鸿是忠厚的老实人。于是那家主人把猪还给了梁鸿，梁鸿没有接受就离开了。

赠绢愧顺德

长孙德顺①受人馈绢，事觉。太宗乃复于殿庭赐绢数十匹以愧之，曰："彼有人性，得绢之辱甚于受刑；如不知愧，一禽兽耳，杀之何益？"

【注释】

①长孙德顺：应为长孙顺德，河南洛阳人，长孙皇后族叔，被李渊封为薛国公，因居官贪婪，被免官，谥曰襄。

【译文】

长孙顺德接受了别人赠送的绢，事情败露了。唐太宗就又在朝堂上赏赐给他几十匹绢，用来羞辱他，唐太宗说："如果他有人性，得绢所受的羞辱会比受刑还厉害；如果他不知羞耻，不过一只禽兽罢了，杀了他又有什么益处呢？"

不愿知谮者

武后谓仁杰曰："卿在汝南有善政，然有谮①卿者，欲知之乎？"谢曰："陛下以为过，臣当改之；以为无过，臣之幸也。谮者乃不愿知。”后叹其长者。

【注释】

①谮(zèn):诬陷,中伤。

【译文】

武则天对狄仁杰说:“你在汝南(今属河南)有好的政绩,可是有人诬陷你,想知道他是谁吗?”狄仁杰回答说:“陛下认为我错了,我就应当改正;认为我无错,那是我幸运。诬陷我的人我不愿意知道。”武则天赞叹狄仁杰是忠厚的人。

容恕亭长

韩康①遁霸陵山中,桓帝备玄𫄸②安车③聘之。使者奉诏造康,康不得已,乃乘柴车④,先使者发至亭。亭长⑤以韩征君⑥当过,方发人修道桥。及见康柴车幅巾⑦,以为田叟也。使夺其牛,康既释驾与之。有顷,使者至,与牛翁乃征君也。使者欲奏杀亭长,康曰:“此自老子与之,亭长何罪?”

【注释】

①韩康:字伯休,京兆霸陵(今陕西西安附近)人,东汉高士。②玄𫄸(xūn):黑色和浅红色的布帛。 ③安车:古代可以坐乘的小车。古车立乘,此为坐乘,故称安车,供年老的高级官员及贵妇人乘用。高官告老还乡或征召有重望的人,往往赐乘安车。安车多用一马,礼尊者则用四马。 ④柴车:简陋无饰的车子,往往用牛拉。 ⑤亭长:秦汉时在乡村每十里设一亭,置亭长,掌治安,捕盗贼,理民事,兼管停留旅客。多以服兵役期满的人充任。⑥征君:即征士,朝廷征辟的读书人。 ⑦幅巾:又称巾帻,或称帕头。

【译文】

韩康逃到霸陵山中隐居，汉桓帝派人备好玄纁安车去请他。使者拿着诏书到韩康那里，韩康不得已，就坐柴车先于使者出发，到了亭长那里。亭长认为韩征君要从这里经过，正在征发百姓整修道路和桥梁。亭长见到韩康乘牛车，戴幅巾，认为他是个农夫。亭长唆使人抢韩康的牛，韩康就把牛解下来给亭长。不久，使者赶到，说给牛的人是皇帝征聘的人。使者要上奏皇上，把亭长杀了，韩康说："牛本是我老汉给他们的，亭长有什么罪呢？"

但有一能

吕蒙正尝问诸子曰："我为相，外议如何？"诸子云："大人为相，方无事，蛮夷宾服[1]。但人言无能为事，权多为同列所争耳。"蒙正曰："我诚无能，但有一能，能用人耳。"

【注释】

①宾服：古指诸侯或边远部落按时朝贡，表示依服、服从。后泛指归顺、服从。

【译文】

吕蒙正曾问几个儿子说："我做宰相，外边的人议论如何？"几个儿子说："大人做宰相，四方无战事，外族归服。但是，人们说你没有能力办事，很多权力被同僚争走了。"吕蒙正说："我的确没有多大能力，只是有一种能力，能用人罢了。"

隐人过失

张安世[1]为光禄勋[2]，郎有醉小便殿上。主事白行法，安世曰："何以知其不反水浆邪？"郎淫官婢，婢兄自言，安世曰:“奴以恚怒,诬污冠裳③。”告署适④奴。其隐人过失皆此类。

【注释】

①张安世:字子儒,京兆杜陵(今陕西西安)人,西汉大臣,昭帝时任右将军、光禄勋,封富平侯。 ②光禄勋:九卿之一,秦汉负责守卫宫殿门户的宿卫之臣,后逐渐演变为总领宫内事务之官。 ③冠裳:指官吏的全套礼服,此代指官员。 ④适:旧称女子出嫁。

【译文】

张安世做光禄勋的时候,有个郎官酒醉后在殿上小便。主事官向张安世建议对这人依法惩治,张安世说:“你怎么知道不是从地下返上来的水浆呢?”有个郎官奸淫宫中的女奴,女奴的哥哥亲自说这件事,张安世说:“奴婢因为惹恼郎官,反过来诬告郎官奸污她。”命令官署把女奴嫁出去了事。他隐瞒人的过失都像这样。

以德报怨

邓绾①帅淮东,言者②斥之不已。范纯仁言:“臣尝为绾诬奏坐黜,今日所陈为绾已左降③,不宜录人之过太深。”宣仁后④嘉纳,因下诏一无所问。

【注释】

①邓绾:字文约,北宋成都双流人,神宗时曾任翰林学士。 ②言者:谏官。 ③左降:贬谪。 ④宣仁后:即宋英宗宣仁圣烈皇后,神宗死后,曾临朝称制。

【译文】

邓绾在淮东做主帅,谏官对他不停地抨击指责。范纯仁说:“我曾受邓绾诬陷而被降职,今天我上奏是为邓绾已被贬谪,不应该记人的过错太深。”宣仁太后赞赏并接纳了这一建议，便下诏不再追查邓绾的事。

雅量高致

卓茂[1]尝出门，有人认其马。茂问之曰：“子亡马，几何时矣？”对曰：“月余日矣。”茂有马数年，心知非是。解以与之，而自挽车去。将去，顾而谓曰：“若非公马，幸至丞相府归我。”他日，马主别得亡马，乃诣丞相府归马。

【注释】

①卓茂：字子康，南阳宛（今属河南）人，东汉光武帝初年官居太傅。

【译文】

卓茂曾经出门，有人误认了卓茂的马。卓茂问他：“你丢马多长时间了？”那人回答说：“一个多月了。”卓茂有这匹马好几年了，心知那人弄错了。他解下马交给那人，自己拉起车离去。将要离开时，卓茂回头对那人说：“如果不是你的马，希望你到丞相府还我。”后来，马的主人从别处找回了自己丢的马，就到丞相府归还了卓茂的马。

开脱善长

太祖尝以事诘责丞相李善长[1]。刘基[2]谓：“善长勋旧，且能和辑[3]诸将。”上曰：“是数欲害汝，汝乃为之地耶？”

【注释】

①李善长：字百室，定远（今属安徽）人，明朝开国功臣，比肩汉代丞相萧何。　②刘基：字伯温，青田（今属浙江）人，明朝开

国元勋，爵封诚意伯。 ③和辑：和睦团结。

【译文】

明太祖朱元璋曾经因事责备丞相李善长。刘基说："李善长是有功劳的旧臣，而且能使将领们和睦团结。"皇上说："这个人屡次想加害你，你竟然还为他开脱？"

广慈卷之十一

广厦卜[①]欢娱，曾念露宿风飧之苦？华堂供宴笑，谁怜釜中砧上之呼？彼厮丐[②]性岂殊？人乃虱虮[③]，原是佛子[④]，恤孤问疾，渡蚁济蛇，其在吾胞吾与[⑤]者乎？纂广慈第十一。

【注释】

①卜：选择。　②厮丐：仆役和乞丐。　③虱(shī)虮：虱子和虱卵。泛指微小的生物。　④佛子：佛教泛指众生，以其悉具佛性，故称。　⑤吾胞吾与：即民胞物与，民为同胞，物为同类。泛指爱人和爱一切物类。

【译文】

选择大厦居住是快乐的，但你可曾想到那些风餐露宿人的辛苦？在华美的厅堂上举行宴会，尽享快乐，有谁可怜饭锅中砧板上痛苦的呼喊？那仆役乞丐趋乐弃苦的想法难道有什么不同吗？人就像虱虮一样，原本都是佛子，关爱孤儿，慰问病人，救助蚁蛇，难道不是出于民胞物与之心吗？纂广慈第十一。

犀角疗民

宋仁宗时，京师大疫。帝出犀角二株，付太医局和药[①]赐贫民。其一通天犀[②]也，内侍请留为御带。帝曰："为带孰若疗民？"立命碎之。

【注释】

①和药：又称制丸块，是指将混合均匀的药粉加入适量炼蜜，

充分混匀，使软硬适宜，得到可塑性比较大的丸块的操作。②通天犀：一种上下贯通的犀牛角，为名贵中药材，有清热解毒的神效。用通天犀装饰的腰带有保健作用。晋葛洪《抱朴子·登涉》："得真通天犀角三寸以上，刻以为鱼，而衔之以入水，水常为人开。"

【译文】

宋仁宗时期，京都出现严重疫情。皇帝拿出两根犀牛角，交给太医局配制药物赏赐给贫穷百姓。其中一根是通天犀，宦官请求留下制作御带。仁宗说："制作御带哪里赶得上救治百姓？"立即吩咐将犀牛角碾碎配药。

不杀羔羊

真宗祀汾阴日，见一羊自踯[①]道左，怪问之。左右对曰："今日尚食[②]杀其羔。"真宗不乐，自是不杀羊羔。

【注释】

①踯（zhí）：踯躅，徘徊不前。 ②尚食：掌管皇帝膳食的官员。

【译文】

宋真宗在汾阴（今属山西）祭祀时，看见一只羊在路边徘徊不前，感到很奇怪，询问身边的人是怎么回事。身边的人回答说："今天尚食宰杀了它生的羊羔。"真宗很不高兴，从此再不允许宰杀羊羔。

晏子进谏

齐景公[①]时，雪三日，公衣狐裘。晏子入，公曰："怪哉！

雨雪三日不寒。”晏子曰:“古贤君饱而知人饥,温而知人寒。”公曰:“善。”乃脱裘发粟,以与饥寒者。

【注释】

①齐景公:姜姓,吕氏,名杵臼,春秋时期齐国君主。

【译文】

齐景公时,有一次雪连下了三天,景公穿上了狐皮大衣御寒。晏子入朝拜见,景公对他说:“真奇怪呀,下了三天雪竟不寒冷。”晏子说:“古代贤明的君主吃饱穿暖的同时,深知百姓的饥寒。”景公说:“说得好!”于是便脱下狐皮大衣,打开粮仓,救济受饥寒的人。

至人好生

弥勒佛曰:“刀割畜生①身上肉,自家面上要添肥。与你黄金千万两,谁肯将刀割自皮?”苏子瞻曰:“为鼠长留饭,怜蛾不点灯。”至人②好生③如此。

【注释】

①畜生:佛教所说六道之一,指的是飞禽走兽、蜎(yuān)蠕虫蚁等多种动物。在民间用语上主要是指禽兽,或写作“畜牲”。②至人:指思想或道德修养最高超的人。 ③好生:关爱生命。

【译文】

略。

设慈幼局

宋世于郡县立慈幼局①。凡贫家子弃不育者,许抱至局,书生年月日,局设乳媪鞠视②。他人家或无子女却来③局取养之。岁祲④,道无抛弃者,信仁泽之周也。

【注释】

①慈幼局：宋代收养弃婴的机构。 ②鞠(jū)视：抚养照顾。③却来：再来。 ④岁祲(jìn)：饥荒之年。祲，不祥之气，妖氛。

【译文】

宋代在郡县设立慈幼局。凡贫穷人家生下婴儿无力抚养的，可以抱到慈幼局，登记婴儿的出生年月日，慈幼局安排乳母抚养照看。其他没有子女的人家，可以到慈幼局来领养。如此，即使饥荒年景，路上也没有被抛弃的婴儿，确实是仁德恩泽广泛周全。

十种利益

《太上感应篇》[1]十种利益[2]：一，收街市遗孩，倩[3]人看养，俟长愿识认者，归父母团圞；二，每冬收老稚乞丐贫人，入本家养济院，日给钱米，满一年令自便求趁[4]；三，普施应验汤药，救人疾苦；四，施棺木，周无力之家；五，女使长大，不计身钱，给衣资，听其适人；六，专一戒杀，遇飞走物，命买赎放生；七，每遇荒年，贵籴贱粜；八，修寺观损坏者，装圣像剥落者，治桥梁道路沟渠不通者；九，客旅流落者，量远近助粮还乡；十，居推司[5]，凡遇冤枉必与辩明。

【注释】

①《太上感应篇》：简称《感应篇》，是道教劝善书之一，被誉为"古今第一善书"，宋代李昌龄著。旨在劝善，内容融合了较多的传统思想，许多内容至今仍然具有积极意义。 ②利益：功德。③倩：请。 ④求趁：寻找出路。 ⑤推司：掌管审问判刑的官署。

【译文】

《太上感应篇》提出十种功德：第一，收养街市上被遗弃的孩童，请人看护抚养,等其长大,父母愿意识认的,让其回父母身边团聚;第二,每年冬季收留老少乞丐贫民,安排在本家族开设的养济院里,每日供应钱粮,满一年让其自寻出路;第三,广泛发放免费灵验汤药,救人疾病苦痛;第四,施舍棺木,周济无力安葬亲人的人家;第五,女仆成人,不计较身价,供给嫁妆,准许嫁人;第六,专一戒绝杀生,遇有被拘禁的飞禽走兽等生灵,便命人赎买下来放生;第七,遇到荒年,便高价买进粮食,低价卖出粮食;第八,修葺损坏的寺庙道观,装饰剥落的圣像,铺路修桥,疏通沟渠;第九,对漂泊流浪的人,估量其离家远近,资助钱粮助其还乡;第十,身居审问判刑的官署,凡遇到有人冤枉的案件,一定为其辨明洗雪。

普劝净因

骨肉贫贱,虽有过而不疏;他人富显,纵无嫌而莫厚。婚丧冻馁,量力阴周;病老艰危,推诚急助。埋枯骨,祭孤魂,怜饥寒乞子,悯残废苍生。或禽兽罹槛阱①,系足倒悬;或鱼鸟挂网罗,穿腮反翼:彼顾盼而哀鸣求救,我施财而赎命放生。既随物而广施利益,更逢人而普劝净因②。

【注释】

①槛阱:牢笼和陷阱。 ②净因:善的因缘。

【译文】

骨肉亲人贫穷低贱,即使有过节却不会疏远;他人富贵显达,纵使没有嫌隙却不会亲近。对结婚发丧者和挨冻受饿者,根据能力暗中周济;对患病、年老、困窘、危难之人,推赤诚之心,紧急救助。掩埋暴露的枯骨,祭奠飘荡的孤魂,同情啼疾号寒的乞丐,怜悯残废无力的人们。有禽兽落入牢笼陷阱,爪被绑,头倒悬;有鸟鱼遭罗网罩住,腮被穿,翅被别:它们四处盼望,哀号求救,我破费钱财赎买下来将其放生。这既顺应禽兽鱼鸟求生的欲望而又广施了善行，更逢人广泛宣扬努力培植善的因缘。

食肉者当知

割禽兽血肉以肥己身血肉，灵蠢[①]何分？以生者肺肠而纳死者肺肠，颠倒弥甚。藜藿[②]不厌者，得一饱已觉有余；罗列满前时，过三寸[③]竟复何用？

【注释】

①灵蠢：人类和动物。　②藜藿（huò）：指粗劣的饭菜。藜，草本植物，茎直立，嫩叶可吃。藿，豆类植物的叶子。　③三寸：指喉咙。

【译文】

宰割禽兽血肉来肥其自身血肉，人类和动物有何分别？以生者的肺肠接纳死者的肺肠，颠倒更是厉害。对野菜不厌烦的人，能吃饱已很感满足；珍馐佳肴摆满案前，穿喉而过，终究又有什么好处？

赎畜老马

田子方[①]道见老马，询知为家畜而鬻于人者，叹曰："少尽其力，老弃其身，仁者不为也。"赎而畜之。

【注释】

①田子方：姓田，字子方，名无择，战国前期道家学者，魏文侯之师。

【译文】

田子方在路上遇见一匹老马，询问得知这马是被主人出卖的家畜，感叹说：“这马年轻力壮时出尽了力，年老时却被抛弃，仁慈的人不干这事。”田子方就将它买下畜养。

雏识母气

眉州鲜于氏因合药，磔①一蝙蝠为末。及和剂，有数枚小蝙蝠围聚其上，目皆未开，盖识母气而来也。一家为之洒泪。

【注释】

①磔(zhé)：砍碎。

【译文】

眉州(今四川眉山)一姓鲜于的人家因配药，把一只蝙蝠砍碎为末。制成药剂时，有多只小蝙蝠围聚在上面，都是些尚未睁眼的小蝙蝠，大概是感于母亲的体气而来。鲜于全家为之伤心落泪。

善待下人

奴婢亦人子，少于我惟钱耳。以乏财故，离父母，委身主人。业已指使惟命矣，又从而忍①之虐之，责所不堪；已又饥寒之，锢闭之，使穷愁无诉。不思一般出世，我得如是，彼竟如是，使我投入穷胎，得免此景②邪？试设身思之。

【注释】

①忍：狠心。 ②景：景况，处境。

【译文】

奴婢也是人之子女，比我等所少的只是钱财罢了。因为缺乏钱财的缘故，离开父母，委身主人。本来已经对主人的指使唯命是听了，主人又狠心地加以虐待，责令其完成难以承受的事情；然后又使其遭受饥寒之苦，禁闭他们，使他们的穷愁困苦倾诉无门。不想想奴婢跟自己一样投胎出世，我等得以像这样，他们终究像那样，假如让我等投胎于贫穷之家，能避免这种悲惨的景象吗？请设身处地思考一下。

慈爱无怠

瞿嗣兴[①]路遇遗物，即访其人还之。寒士灶突[②]无烟，瞿持钱二十缗投窗隙，不告姓氏。岁歉，有贫人籴[③]粟，衣不及胫，兴受钱五百，佯忘曰："汝钱十百邪？"倍与之。里有人疾，亲调粥药，赖以全活。自少至老，慈爱未尝少怠。

【注释】

①瞿嗣兴：元末明初常熟人，后移家苏州，经商致富，行善不辍，大有阴德。　②灶突：灶上烟囱。　③籴：买进粮食，与"粜"相对。

【译文】

瞿嗣兴路上遇到别人丢失的东西，就去寻找失主归还。看到贫寒人家灶上烟囱没有烟（穷得揭不开锅），他便拿钱二十贯，从窗格中投入其室，不留姓名。有一年歉收，有个穷人买粮糊口，那穷人穿的衣服连小腿都遮不住，嗣兴收了他五百钱，假装忘记说道："你给了一千钱吗？"加倍给了那人小米。邻里有人生病，瞿嗣兴亲自调弄粥药，保全其性命。从年轻到老，瞿嗣兴慈爱之心未曾懈怠。

杀生者戒

世界之惨，莫甚有冤而无言；世界之冤，莫甚就死而无罪。余少时，见童子执虾蟆以绳缚两足悬篱间，急鞭复缓，缓鞭复急，以为乐。余心恻恻动，若系余足而鞭之也。长入市，见屠缚豕，刀尖从项刺其心，盘旋数四，鲜血喷出，声乃徐绝。余更恻恻动，如刀在余腹中盘旋而刺也。既偶经厨下，庖人置两足于鳖腹，努出其颈斫之，鳖颈不能入，而四足与俱出，仰天而颠。嗟嗟！此何景象！何独予之颈与手足乃得无恙也？灵蠢不同，怖死无二。譬一二岁儿女，无知无言，父母何不烹食之？虾蟆为童子，童子为虾蟆，豕鳖为屠庖，屠庖为豕鳖，冤冤相对，呼吸间事尔。

【译文】

世界上悲惨的事，没有什么能比得上受了冤屈而申诉无门的了；世界上的冤屈事，没有什么能比得上被处死却无罪过的了。我小时候，见有儿童手提蛤蟆，用绳拴其两条腿悬吊在竹篱间，用鞭子由快到慢又由慢到快地反复抽打，以此取乐。我心里很感伤，就好像拴住我的腿，鞭子抽在我身上一样。长大后到集市上，看见屠夫将猪绑住，将刀尖从猪脖子一直扎到心脏，并在里面多次搅动，直到鲜血喷泉般涌出，猪痛苦的呼叫声才慢慢停息。我更为伤感，好像刀就在我腹中反复搅动一样。既而偶然经过厨房，见厨师两脚站在鳖腹上，挤出其头颈来斩杀，鳖头再也缩不回去，四条腿一起伸出，仰面朝天垂死挣扎。唉！这是怎样的景象啊！为什么唯独我的脖颈和手足安然无恙呢？有灵性的人类和愚蠢的动物有所不同，但怕死的念头并无二致。就像一二岁的儿女，不懂事，不会说话，做父母的为什么不将其煮了吃掉？蛤蟆化为童子，童子变为蛤蟆，猪、鳖化为厨师，厨师化为猪、鳖，彼此结下冤仇，受到报应，是片刻之间的事。

鸡鸭怖死

有人因客至，主人将杀鸡为黍，旋觅鸡不见。欲杀一鸭，转眼间鸭复逃匿。索之,见鸡伏深处,鸭以口扯鸡翅甚力。主客感悟,遂戒杀。

【译文】

有人因来了客人,打算杀鸡做米饭待客,很快发现鸡不见了。于是打算杀鸭代替,转眼间鸭也逃跑躲了起来。到处寻找,发现鸡藏在隐蔽的深处,鸭正用嘴巴使劲地扯拽鸡的翅膀。主人和客人均有所感悟,于是心生戒杀的念头。

韦袍复帽

晋刘弘①为荆州,尝夜起,闻城上持更者叹甚苦,呼问。盖一兵年老,羸疾无襦,遂给以韦袍复帽。

【注释】

①刘弘:字和季,一作“叔和”,沛国相(今安徽濉溪)人,西晋名将。

【译文】

刘弘做荆州都督时,曾在夜里起身,听到城上手持更梆的人哀叹声很凄苦,就把他叫过来问情况。原来是一兵丁年纪老迈,又体弱有病,连短袄都没有,牛弘就把自己的牛皮袍子和夹帽送给了老兵。

厚待奴婢

罗夫人,杨诚斋妻,年七十余。寒月黎明即起,诣厨作粥,令奴婢遍饮,然后服役。其子曰:“天寒何自苦如此?”夫人曰:“奴婢亦人子也,清晨寒冷,须使腹有火气,乃堪从事。”

【译文】

罗夫人是杨诚斋(杨万里号诚斋)的妻子,七十多岁了。她寒冬时黎明就起身,来到厨房熬粥,让奴婢们都喝下热粥,然后去干活。她儿子说:“天气寒冷,您何必这样辛苦自己?”夫人回答说:“奴婢也是别人的儿女,清晨寒冷,必须腹中暖和,才能干活。”

戒杀养慈

五代之乱贼,聚人为粮,头会以当升斗①。老羸者并骨舂之,如破糠核②;扫皮捭③乳,夸为美羹;婴儿无知,贯搠④为戏。至今谈者,魄悸魂摇,而当时恬不知怪。鸟兽视今人,何异今人视乱寇乎?夫鸡鸭鱼虾,生之既无害于人;蝼蚁虻蛾,杀之又无利于己。呜呼!可止矣。

【注释】

①头会(kuài)以当升斗:以人的数目为粮食的数量。头会,本义为按人头纳税,此处为计算人的数量。升斗,本为容量单位,此指少量的口粮。 ②糠核:代指粗劣的食物。 ③捭(bǎi):分开。 ④搠(shuò):扎,刺。

【译文】

五代社会动乱之时,强盗把很多活人抓到一起作为食粮,并按人头数量来计算口粮。老弱的百姓被连骨头一同捣碎,恰如破烂粗劣的食物;女人则剥掉皮,分开乳房,被夸作美羹;无知的孩子则被强盗扎穿来取乐。至今说起这些事情,仍然惊心动魄,当时强盗们对此却不以为怪。鸟兽类生灵看待今人,和今人看待离乱时的盗贼们有什么不同吗?鸡鸭鱼虾,让其活着既然对人无害;蝼蚁虻蛾,将其杀死对自己也无好处。唉!杀生可以停止了。

欧阳观仁孝

宋欧阳观[1]岁时祭祀,必泣曰:“祭而丰曷如养而厚?”常夜治爰书[2],屡废书叹。妻问故,曰:“此死狱[3]也,我求其生而不得耳。”

【注释】

①欧阳观:字仲宾,北宋吉州永丰(今属江西)人,欧阳修之父,历任泗州、绵州推官。 ②爰书:古代记录囚犯供词的文书。后用以指判决书。 ③狱:案件。

【译文】

北宋欧阳观每当过年祭祖的时候,一定会哭泣说:“用丰盛的祭品祭祀先人,哪里赶得上在其活着时好好奉养?”他常常在夜里处理记录囚犯供词的文书,有时多次推开文书叹息。妻子询问叹息的缘故,欧阳观回答道:“这是一件死刑案子,我找不到免除他死刑的办法。”

戒杀女歌

虎狼性至恶,犹知有父子。人为万物灵,奈何不如彼?生男与生女,怀抱一而已。我闻杀女时,其苦状难比。胞血尚淋漓,有口不能语。咿嘤[1]盆水中,良久乃得死。吁嗟父母心,残忍一至此!我因劝吾民,毋为杀其女。荆钗与裙布,未必能贫汝(一)。女性最柔慈,爱亲甚于子。男子多出外,女常守父母。男子多违拗[2],女常顺父母。男子少伏事[3],女常近父母。男子少悲哀,女常哭父母。女有孝顺心,每每救父母。女有好夫子,每每显父母。

【校勘】

(一)虎狼性至恶……未必能贫汝:此则前十八句出自明朝弘治年间莆田人周瑛(字梁石)的《戒杀女歌》。

【注释】

①咿(yī)嘤(yīng):啼哭声。 ②违拗(niù):不顺从。③伏事:指侍候,服侍。

【译文】

虎狼生性极其凶恶,尚且明了父子之间的亲情。人为万物的灵长,怎么还不如虎狼呢?生儿子与生女儿,都应该一样养育。我听说溺杀女婴时的情形,那痛苦的样子简直无法比拟。女婴胞衣外母血淋漓,有口还不会言语。啼哭着被淹溺在盆水之中,挣扎很久才窒息死亡。可叹这些做父母的居心,竟然残忍到如此地步!因此,奉劝我的百姓们,不要残杀亲生女儿了。戴荆钗穿布裙,未必就会使你受穷。女儿性情最温柔慈爱,比儿子更会敬爱双亲。儿子多出门在外,女儿常与父母相伴相守。儿子多执拗拂逆,女儿常依顺父母。儿子很少服侍父母,女儿常常亲近父母。父母去世后,儿子少有悲哀之心,女儿会长久哭泣。女儿有孝顺心肠,常常能救助父母。女儿有好的丈夫和儿子,常常能使父母显赫荣耀。

牛犊藏刀

有业屠者,将宰一牸牛①,偶以事他往。其犊瞰无人,衔刀藏舍后灰堆中。邻人见之,不谕其处。遍索得诸灰中,屠怒,将并杀犊。石泉翁②见之,贷谷数石,乃免。

【注释】

①牸(bó)牛:母牛。 ②石泉翁:即李汶,字宗茂,晚号石泉翁,元末明初当涂(今属安徽)人,博学多才,曾参与修《元史》。

【译文】

有个屠夫，打算杀一头母牛，偶然因事临时去其他地方。小牛犊看到四处无人，把刀衔到房子后面的灰堆中藏起来。邻居发现了这一情况，但没告诉屠夫藏刀的地方。屠夫到处搜寻，终于在灰堆中找到了屠刀，大怒之下，准备将小牛一并杀掉。石泉翁发现了这一情况，就卖掉几石粮食，将母牛及牛犊买下来，使其免死。

慈及百虫

赵善应①夏不去草，冬不破垣，惧百虫之游且蛰者，失其所也。

【注释】

①赵善应：字彦远，号幸庵，南宋藏书家，名臣赵汝愚之父。

【译文】

赵善应夏天不割除青草，冬天不破坏墙垣，担心飞游或伏藏的各种昆虫失去居所。

善待义男女

今人己子珍惜如珠，义男女等土芥鞭挞；己子膏梁(一)肥甘，义男女等粗恶饥饿；己子绮纨锦绣，义男女等破衲寒冻。彼亦父母所生也，何不公至是乎？

【校勘】

(一)梁：乃“粱”之误。

【译文】

现在有人对亲生的儿女像珍珠般珍视，对收养的儿女却视为灰土草芥，动辄鞭挞；让亲生儿女吃美味佳肴，让收养的儿女吃粗劣食品,甚至遭受饥饿;让亲生儿女穿华美的绫罗绸缎,让收养的儿女穿破衣烂衫,甚至饱受寒冻。同为父母所生,为什么不公平到了如此地步呢?

不净之慈

不净之慈多起于华贵。以浚削①之资要福空门②,又罔念劬劳③,寡情手足,一切痛痒悉成秦越④;乃偏放生茹素,为无漏⑤功德。缓急倒持,福罪已转业矣。

【注释】

①浚削:榨取盘剥。 ②要福空门:向佛祖求福。空门,指佛教。 ③罔念劬(qú)劳:不念及父母养育的辛劳。 ④秦越:春秋时两个国家,一南一北相距很远,不大往来。后比喻两方疏远。⑤无漏:“有漏”的相对词。漏是烦恼的异名。无漏是不流转于迷惑世界之意,谓出离烦恼的清净无垢之法,或指其境界。

【译文】

不清净的慈爱,多出现在富贵人家。凭借榨取盘剥得来的财富向佛祖求福,又不念及父母养育的辛劳,对兄弟薄情寡义,对亲人的痛苦烦恼置之不理;却偏偏放生吃素,做出离烦恼的功德。这样做是本末倒置,福气和罪过早已相随转。

济世慈心

范仲淹少贫勤,日食齑粥一角。秀才时,便以天下为己任。尝谒相士,问云:“能作宰相不?”相士曰:“否。”问:“能作名医不?”相讶曰:“何前高而今卑也?”仲淹曰:“惟两者可救人。”相士赞曰:“仁心如此,真宰相也!”

【译文】

范仲淹年少时贫寒辛劳，每天只吃一块拌有咸菜的稠粥。做秀才时，便以天下为己任。曾拜见相士，询问说："我将来能不能做宰相？"相士回答说："不能。"又问道："能不能做名医？"相士惊讶地问："为什么目标先高贵而后低下呢？"范仲淹说："只有这两者才能救助百姓。"相士称赞说："有如此的仁爱之心，将会是真正的宰相！"

勿恃强凌弱

怜儿之鹿，舐疮痍①而寸断柔肠；畏死之猿，望弯弓而双垂悲泪。恃我强而凌彼弱，理恐非宜；食他肉以补己身，心将安忍？

【注释】

①疮痍：创伤。

【译文】

怜惜爱子的母鹿，在为其舔舐创伤时，慈爱心肠会寸寸断裂；怕死的猿猴，远远地看见拉开的弓就悲泪双垂。倚仗自己强大去欺凌弱小，在道理上恐怕不应该；吃对方的肉来滋补己身，怎么能够忍心？

祈禳不宜杀生

祈禳①不宜杀生。人有疾，杀牲祀神以祈祐，不知己欲求生，反杀他命以活我命，神有灵，其来飨②乎？

【注释】

①祈禳（ráng）：祈祷以求福除灾。　②飨（xiǎng）：用酒食

招待客人，泛指请人受用。

【译文】

祈福消灾不应杀害生灵。人患了疾病，宰杀牲畜祭祀神灵来祈祷保佑，却不知以伤害牲畜之命来求得自己活命，天神有灵的话，难道会来享用吗？

生子不宜杀生

生子不宜杀生。人无子则悲，有子则喜。胡为庆我子生令他子死？婴孩始生，不为造福而反造业乎？

【译文】

生下儿子，庆祝时不应杀害生灵。人没儿子会悲伤，有儿子就欢喜。为什么为庆贺自己儿子诞生，却让生灵之子死亡呢？婴儿刚出世，不为他造福，反而替他造孽吗？

广惠推恩

富人过宿一费，足救十命；师巫一费，足救二百命。千金子粒，十损一焉；岁月服食，十啬一焉：足救千命，甚易举也。若得数人，共结此会，置一空屋，积草荐，使贫病者居其中，则调养易愈。第①须得一善人掌之。盖人当病时，无揪(一)无采，则益一病；吹风暴露，则益二病；空乏忧危，则益三病；重以腹乱(二)衣秽，拖逐②展转③，岂有再生之望哉？设身处此，痛苦何如？何惜损太仓一粒，不以惠此？且均人耳，我若托生非地，便这等样子；幸得自足，又为子孙计长久，而眼前一文不舍，不知水火、盗贼、疾病、横灾皆能顿倾④家业，岂俭啬所能留哉？一旦无常，只供后人浪费。一掷足救千命者有矣，何如广惠推恩之为愈也?

【校勘】

(一)揪:疑为“啾”之误,顾视,看顾。

(二)腹乱:疑为“腹枵”,腹空,指饥饿。此则又见于晚明颜茂猷辑《迪吉录》。《迪吉录》此处为“腹饿衣秽”。

【注释】

①第:古同“第”。 ②拖逐:拖延。 ③展转:反复。 ④顿倾:立刻倾覆。

【译文】

富贵人家住一夜的开销,能救活十个贫病交加的穷人;请巫师一次的花费,可救活二百个贫病交加的穷人。千金资产拿出十分之一,平常的吃穿花费节俭十分之一,足以救活千人性命,这是非常容易做到的。如果能有几个富人,共同结成一个团体,安排一处空房,在室内铺草垫,让贫病交加者寄身其中,病人经过调养就容易痊愈。这类事情须有一个好心人掌管方可。人在生病的时候,没人看顾理睬,那么疾病就会加重一层;无寄身之所,受风吹露宿之苦,那么疾病就会加重两层;缺少财物,忧愁危险,那么疾病就会加重三层;再加上腹中饥饿,衣物污秽肮脏,反复拖延,哪里会有再生的希望呢?设身处地想想,该是怎样的痛苦?何必吝惜拿出大量财物当中的一点点来救济照顾这些贫病交加的人呢?再说,同样是人,如果说我等托生贫贱,也将是这个样子;幸而得以丰衣足食,又在为子孙后代做久远的打算,而眼下一文钱都难以割舍,不明白水火、盗贼、疾病和其他意外的灾祸能立刻倾覆家业,难道这些家业是勤俭吝啬能留得住的吗?一旦死去,所积钱财只供后人浪费。一掷千金足以救活千人性命,这种情况是存在的,但哪里比得上向贫病之人广施惠泽推行恩德更好呢?

杀生须偿

今世我所杀之众生,彼皆作杀业[①]而得报。我今杀众生为食,又自作杀业而待偿。人有百金产,而负千金逋[②],则卧不贴席。今人逋杀生之债,虽百千其身不胜偿矣,可无惧乎?

【注释】

①杀业:佛家以杀生为罪业,称“杀业”。业,在此意为罪孽。②逋(bū):拖欠。

【译文】

今世被我杀的生灵,都因前世犯了杀生的罪业受到了报应。我今天屠杀生灵作为食物,又使自己犯了杀生的罪业而将要偿还。人有百金的产业,却负有千金的债,就寝不安席。今人拖欠的无数孽债,即使自己有千百条命也偿还不清,能不恐惧吗?

救助饥民寒士

费千金结客,孰若倾半粟以济饥民?构千楹[①]招宾,孰若葺数椽以庇寒士[②]?

【注释】

①楹:古代计算房屋的单位,一间为一楹,一说一列为一楹。②寒士:出身低微的读书人。这里泛指天下贫穷的百姓。

【译文】

花费千金结交宾客,哪里比得上拿出一半的钱买粮食来救济饥民?建造千间房舍招待宾客,哪里比得上修整几间草屋来庇护贫穷的百姓?

衾下卧马童

鲁铎[1]为举人时，远行遇雪，夜宿旅舍。怜马卒寒苦，令卧衾下，因赋诗云："半破青衫弱稚儿，马前怎得浪[2]驱驰？凡由父母皆言子，小异闾阎[3]我却谁？事在世情皆可笑，恩从吾幼未难推。泥途还藉来朝力，伸缩相加莫漫疑[4]。"今贵介[5]鞭挞童仆，不知轻重，视疾苦犹秦越，独何心哉？

【注释】

①鲁铎：字振之，明代景陵（今湖北天门）人，嘉靖初年担任国子监祭酒，有清操，谥文恪。 ②浪：随意。 ③闾阎：原指古代里巷内外的门，后泛指平民老百姓。闾，泛指门户、人家，古代以二十五家为闾。阎，指里巷的门。 ④漫疑：随便责骂。漫，随便。疑，疑诟，责骂。 ⑤贵介：尊贵。此指尊贵之人。

【译文】

鲁铎做举人时，外出远行遇到大雪，夜晚住在旅舍之中。鲁铎怜悯马童受冻的痛苦，让其睡在自己的被子里，并赋诗说："身穿破旧青衫的弱小孩童，怎能随意驱使他在马前奔跑？凡是孩子都是父母生养，和平民百姓稍有不同，那我又是谁呢？事情从世态人情看来都是可笑的，把对自己子女的恩德推及他人子女并非难事。明天充满泥淖的路上还须借助马童的力量，所以他伸腿缩腿压到我身上，不要随便责骂。"今天的权贵们不知轻重地鞭挞童仆，对待他们的痛苦就好像秦国与遥远的越国一样，毫不关心，这竟是怎样的居心？

劝输空囹圄

孙觉[1]知福州，民有欠官钱者，系狱甚众。适有富人出钱五百万，请葺佛殿。觉曰："汝辈施钱，愿得福耳。佛殿未甚坏，孰若以钱为狱囚偿官？使数百人释枷锁之苦，即佛亦应含笑垂慈，获福不更多乎？"富人遂输官②，囹圄以空。

【注释】

①孙觉：字莘老，北宋高邮（今属江苏）人，宋哲宗时官居御史中丞。 ②输官：向官府缴纳。

【译文】

孙觉任福州知州时，当地老百姓因欠官府钱粮，有很多人被关进监狱。当时恰巧有富贵人家捐钱五百万，请求修理佛殿。孙觉说："你们捐钱，不过是希望得到佛的福佑罢了。佛殿并未严重损坏，哪里比得上拿出这些钱替关押的贫民偿还官府？这可使这几百人解除枷锁之苦，就是佛祖也会含笑施慈，你们所得的福佑不就更多吗？"富人们于是把钱献给官府，监狱为之一空。

好事不如无

余（一）读书南湖园中，每饭必施鸟，童子遂于施食处张罗待之。余谓门生云：燧人氏①教民火食，而秦始皇以之烹儒焚书；阎立本②、吴道子③画《地狱变相图》（二）于寺壁，盖将化导愚顽，而酷吏仿其刑具，以恣罗织。自古好事尝被恶人弄坏，即鸟食一件，所施未几，而童子之杀心动矣。善哉，古人之言曰："好事不如无！"

【校勘】

（一）余：此则抄自陈继儒《狂夫之言》。"余"当指代陈继儒。

（二）《地狱变相图》：唐代吴道子所画，内容为人堕地狱所受种种之罪报，同时也说明地狱果报全是自作自受，非关阎王，有教化作用。《地狱变相图》与阎立本没有关系。

【注释】

①燧人氏:风姓,简称燧人,尊称燧皇,传说中钻木取火的发明者。 ②阎立本:雍州万年(今陕西西安)人,唐代著名画家,代表作品有《步辇图》《历代帝王图》等。 ③吴道子:又名道玄,阳翟(今河南禹州)人,唐代著名画家,画史尊称画圣,代表作有《送子天王图》《地狱变相图》。

【译文】

我在南湖园中读书时,每当吃饭时一定施给鸟雀一些饭食,孩童们便在施食的地方张开罗网准备捕捉。我对弟子们说:燧人氏教会人们用火烧熟食物,秦始皇却用火来焚书;吴道子在寺院墙壁上绘画《地狱变相图》,原本是想要劝化愚昧顽劣之徒,酷吏却模仿图中所画做成刑具,以便于肆意罗织罪名陷害人。自古以来,多少好事都曾被恶人们败坏,就像施舍鸟食一事,施舍不久,孩童们便萌生了杀心。古人说"好事不如无",真是说得太好了!

待童仆之道

《座右铭》:凡使童仆,耳聋其半。先顾饥寒,后从呼唤。置腹推心,合离萃涣①。情恕才原,人子可念。得使且庸②,可疑则换。勿施鞭挞,致生他患。

【注释】

①萃涣:聚散。 ②庸:使用,任用。

【译文】

《座右铭》说:大凡役使童仆,要把他们当成是半耳聋的人(意即童仆没听到使唤的指令时,不要发火)。先关心他们是否吃饱穿暖,再指派他们服役。在买来相处和卖掉分散时,要推心置腹。在感情上要宽恕其过错,要原谅其才能低下,要想到童仆也是父母所生养的孩子。能任用就任用,觉得其人品可疑就换掉。不要对其施以鞭挞,以免导致其他祸患发生。

劝君莫捕鸟

乌鹊哺雏时,万分心爱护。一啄十余呼,一飞十余顾。辛苦养长成,蓦被罟师①捕。哀鸣及追逐,我(一)不忍闻睹。

【校勘】

(一)我:此诗录自张守约《拟寒山诗》,故"我"当指张守约。张守约,明代秀水(今属浙江)人,号往生居士,曾著作《拟寒山诗》三百首,激励劝发僧俗人众,皆以净土为依归。

【注释】

①罟(gǔ)师:用网捕鸟的人。

【译文】

乌鹊哺育幼鸟,万分关心爱护。每回啄食时总要十多次呼唤雏儿,每回飞离时总要十多次回头顾视。含辛茹苦将幼鸟养大,突然间就被用网捕鸟的人捉住。乌鹊的哀叫声以及被追逐的惨景,我不忍心听到看到。

随力赈贫

陈璲①为卢信②中伤系狱,遘③剧疾。弟琛入侍,因感疾卒。璲哀之,然未尝归怨卢。晚年家贫,益急于行义。尝戒诸子:"遇贫者宜随力赈之,不必计多寡。若待富后行,恐终无济人之期。"

【注释】

①陈璲:字延嘉,号逸庵,明代临海城关(今属浙江)人,明英

宗正统年间任广西按察司佥事,提督学政。 ②卢信:广平府永年县(今河北邯郸)人,明英宗正统年间任苏州府知府。 ③遘(gòu):遭受。

【译文】

陈璲被卢信中伤下狱,患了重病。其弟陈琛来到监狱侍候,被传染疾病而死。陈璲为此很悲哀,但并未迁怒于卢信。陈璲晚年家境贫寒,却更留心于奉行救助贫穷的义举。他曾告诫几个儿子:“遇到穷人应随力救济,不必计较多少。若等到富贵后再行义举,恐怕终究也不会有救助他人的时期。”

行善贵论事

有泄泄①为善而驾词②曰:“善在心耳,奚必论事?”不知悯人死而袖手不救,与极力救者孰功?如天好生,去仁政,能平治乎?有妻妾而处室者,夫偕妻眠,妻恨曰:“身在此,心却在彼。”夫曰:“然则身在妾边,心来汝处如何?”吁!此可为“善在心者”致嘲。

【注释】

①泄泄:懈怠。 ②驾词:托言。

【译文】

有懈怠行善的人托词说:“善在内心即可,何必讲究干具体事情?”不知怜悯他人面临死亡威胁而袖手旁观,与前去极力救助的人相比,谁的功德更大?假如苍天爱护生灵,但不推行仁政,天下能太平吗?有一人与妻妾居家过日子,夜晚丈夫与妻子同睡,妻子遗憾地说:“身在我这里,心却在妾那边。”丈夫回答道:“既然如此,身在妾那边,心来你这里怎么样?”唉!这可以视为对提倡“善在心者”的嘲弄。

沮人行善

有一等沮①善者，见放生，则曰人为重；见助丧，则曰生者食为重；见施济，则曰赈穷亲为重。果尔，则亲亲仁民爱物，必完一件，而后做一件耶？夫施因当厄②，事就易举；心随偶触，逐处可行。多方难人者，必非实心周急可知也。

【注释】

①沮：阻止，阻遏。 ②当厄：正处在困厄中。

【译文】

有一种阻碍他人行善的人，见到别人放生，就说应以人的营养为重；见到别人帮助他人丧葬，就说应以活人吃食为重；见到别人施舍救济，就说救助贫穷亲戚更为重要。果然这样，那么亲近亲人，仁待百姓，关爱生灵，一定要完成一件以后才能干另一件吗？在别人身处困厄之时施以援手，这是轻而易举的事；心里想到，偶然遇到，随处都可以行善。多方刁难他人行善的人，一定不是真心实意救济别人急难的人，这很容易看出来。

不焚库积

玄宗西幸①，车驾自延英门出。杨国忠请由左藏库②而去，上从之。望见千余人持火炬以俟，上驻跸③，曰："何用此为？"国忠对曰："请焚库积，无为盗守。"上敛容曰："盗至若不得此，当厚敛于民，不如与之，无重困吾赤子也。"命撤火炬而后行。闻者皆感激流涕，迭相谓曰："吾君爱人如此，福未艾也。"虽太王去豳④，何以过此乎？

【注释】

①幸：皇帝到某处或皇帝宠爱某人。 ②左藏库：古代国库

之一，以其在左方，故称左藏。 ③驻跸(bì)：皇帝后妃外出，途中暂停小住。 ④太王去豳(bīn)：《史记·刘敬叔孙通列传》载，“太王以狄伐故，去豳，杖马棰居岐，国人争随之”。太王，即周太王古公亶(dǎn)父(fǔ)，姓姬，名亶，豳(今陕西彬县、旬邑一带)人，上古周部落领袖，周文王的祖父。

【译文】

唐玄宗向西蜀逃亡时，车驾从延英门(长安城城门名)出发。杨国忠请求从左藏库经过，玄宗依准。看见有一千多人手持火把等候在那里，皇上把车驾停下，问道：“这是干什么？”国忠回答道：“请求焚毁库房，不给反贼留下。”皇上变色道：“反贼来到这里，如果什么也得不到，必然会加倍掠夺百姓，不如把库藏物品留给他们，免得加重黎民百姓的痛苦。”命令撤走火把后才启驾出行。听到的人都感动奋发，流下眼泪，相互说：“我们的国君关爱百姓到如此地步，福分还在。”即使当年周太王离开豳地时，其感人之处也不会超过此种情形。

心系冤抑

金人睨[①]蜀，东南之势甚急，吴玠[②]坐镇其冲。尝负手步出，与军士立语，幕客谓曰：“大敌不远，万一或有刺客，岂不上负朝廷，下孤[(一)]军民之望？”玠谢曰：“诚如君言，然国家不知玠之不肖，使为宣抚[③]，玠恐军民之冤抑而无告者，为门吏所隔，无由自达也。”

【校勘】

(一)孤：当为“辜”之误。

【注释】

①睨(nì)：窥伺。 ②吴玠(jiè)：字晋卿，德顺军陇干(今属

甘肃)人,宋抗金名将。 ③宣抚:即宣抚使。宋朝宣抚使地位相当于执政大臣,或由执政大臣担任。最初的职责是巡视地方、存问官吏百姓,以后演变为一路或数路的军事统帅。

【译文】

金人窥伺蜀地,蜀地东南部形势危急,吴玠在冲要之地防守。吴玠曾经倒背双手步行外出,与士兵们站着谈话,幕僚劝道:“大敌离此不远,万一有刺客行刺,岂不是上辜负朝廷,下使百姓失望?”吴玠回答说:“确实如你所说,但是国家不知道我不才,让我担任宣抚使,我深恐有冤屈的人被看门人所阻拦,无法上告,冤屈没办法上达。”

难置胜败于度外

韩琦为经略招讨副使①时,欲五路进兵以平夏。仲淹守延州,坚持不可。尹洙②叹曰:“公于此不及韩公矣。凡用兵宜置胜败于度外,乃区区③过慎邪?”仲淹曰:“大军一动,万命所悬,可度外置乎?”琦遂举兵,全师陷没。亡者父兄妻子数千人呼号马首,皆持故衣纸钱,招魂而哭。琦不胜悲愤掩泣。仲淹叹曰:“当是时,难置胜败于度外也。”

【注释】

①经略招讨副使:即经略安抚招讨副使,经略安抚招讨使的副职。经略安抚招讨使,掌一路民兵之事,皆简称“经略”。②尹洙:字师鲁,洛阳(今属河南)人,北宋散文家,世称河南先生,官至右司谏,领泾原路经略公事。 ③区区:愚拙,凡庸。

【译文】

韩琦担任经略招讨副使时,准备分五路进兵讨伐西夏。当时范仲淹驻守延州(今延安一带),坚持认为不能这样做。尹洙感叹道:

"您在这方面就不如韩琦了。大凡用兵打仗,要把胜负置之度外,何必这样过于谨慎呢?"范仲淹回答:"战争一发动,牵涉到千万人的性命,怎能置之度外?"韩琦于是大举出兵,结果全军覆灭。阵亡将士的父兄妻儿几千人在韩琦马前悲伤得呼天号地,都捧着亡人昔日穿的衣服和纸钱,招魂而哭。韩琦也难忍悲愤之情,掩面哭泣。仲淹感叹:"处在此时,难以将胜败置之度外。"

莫激人恶

武后盛开告密,于是来俊臣、万国俊①等撰《罗织经》②,网罗无辜,织成反状。构造布置,皆有支节。酷作大枷,有"定百脉""突地吼""死猪愁""求破家""反是实"等名号。或以椽关手足而转之,谓之"凤凰晒翅";或以物绊其腰,引枷向前,谓之"驴驹拔橛";或使跪捧枷,累甓③其上,谓之"仙人献果";或使立高木之上,引枷尾向后,谓之"玉女登梯";或倒悬,石缒其首;或以醋灌鼻;或以铁圈毂④其首而加楔,至有脑裂髓出者。嗟乎!谁非父母骨血之躯?乳哺提携,恐其不寿,而乃以供贼臣之碎磔。死之日,至不得比鸟兽之刀俎,犹得以顷刻毕命也。或曰此皆劫运耳。吁嗟!造物岂不仁至是乎?

【注释】

①万国俊:唐洛阳(今属河南)人,武周酷吏。 ②《罗织经》:武周酷吏来俊臣所著的一部专讲如何罗织罪名、陷害杀人的书。 ③甓(pì):砖。 ④毂:通"箍"。

【译文】

皇后武则天执政时,大开告密之恶端,于是来俊臣、万国俊等撰写《罗织经》,捕捉无罪的人,编织捏造反叛的罪名。捏造安排,都有次第脉络。他们暴虐地制造了很大的木枷,有"定百脉""突地吼”“死猪愁”“求破家”“反是实”等名号。有的用椽子夹住手脚转动，称为“凤凰晒翅”；有的用东西绊住腰，把枷锁向前狠拉，称为“驴驹拔橛”；有的让人跪地捧枷，在枷上面垒上砖头，号为“仙人献果”；有的让人站在高木之上，拉枷尾使人后倾，号为“玉女登梯”；有的让人头朝下，头上缒以石头；有的用醋灌入鼻孔；有的用铁圈箍住头，再砸入木楔，以至于有脑袋裂开脑髓流出的。唉！谁不是父母生养的血肉之躯？喂乳养育，怀抱拉扯，只担心孩子不长命，现在竟然成了供贼人砍碎的材料。死亡之时，竟比不上摆在刀和砧板之间等待宰杀的鸟兽，那些鸟兽尚且能顷刻之间被终结性命。有人说，这一切都属于在劫难逃的命运。唉！上天难道不仁慈到这地步吗？

爱兵不强攻

慕容恪①攻段龛②，燕诸将请急攻之，恪曰：“龛今凭阻坚城，上下戮力，我尽锐攻之，计数旬可拔，然杀吾士卒必多。自有事中原，兵不暂息，吾每念之，夜不能寐，奈何轻用其死乎？要在取之，不必求攻之速也。”于是高墙深堑以守之。龛婴③城自守，樵采路绝，乃降。恪抚安新附，悉定齐地。

【注释】

①慕容恪：字玄恭，昌黎棘城（今辽宁义县）人，鲜卑族，前燕贵族，十六国时期前燕杰出的政治家、军事家。　②段龛：鲜卑族，十六国时期段部鲜卑首领，曾于广固（今山东青州）自称齐王，后降前燕被杀。　③婴：围绕，环绕。

【译文】

慕容恪攻打段龛，前燕众将请求快速攻打，慕容恪说：“段龛现在凭借险要坚固的城墙，上下齐心协力，我们如倾尽全部精锐力量攻打，估计几十天可以攻下，但是将士们必定有很大的伤亡。自从中原有战事以来，将士们就没有短时的休息，每当我想到这个，夜里就不能入睡，怎么能再轻易让他们去送死呢？我们的目的是占领城池，不必过分要求攻取的速度。”于是命令加高营垒、深挖壕沟来包围敌人。段龛派兵环城防守，直到连樵夫打柴的小路也被断绝，才投降。慕容恪安抚新降将士，把齐地全部平定下来。

滥杀无辜

杨玄感[1]战败，隋主曰：“玄感一呼而从者十万，益知人不欲多，多即相聚为盗尔。不尽加诛，无以惩后。”于是又杀三万余人。百姓凡受玄感赈发者，皆坑之。感所善文士，俱坐徙边捕诛。及自太原还东都，顾盼街衢，谓侍臣曰：“犹大有人在。”意谓向日平杨玄感杀人尚少故也。迨至引镜自照，谓：“好头颈，谁当斫之？”且曰：“贵贱苦乐迭为之，亦复何伤？”嗟夫！天道好还，彼固已明知之矣，杀人以逞，诚为何心？

【注释】

①杨玄感：弘农华阴（今陕西华阴）人，司徒杨素长子，隋末最先起兵反隋炀帝的贵族首领。

【译文】

杨玄感造反失败后，隋炀帝说：“玄感振臂一呼，应者十万，这更说明人不要太多，人多就容易聚在一起成为强盗。不尽加杀戮，无法戒后。”于是又斩杀三万余人。老百姓中凡当初得到过杨玄感开仓救济的，全被活埋。玄感当初厚待的文人都被牵连，有的判流放边地，有的遭逮捕杀戮。等到从太原返回东都洛阳时，隋炀帝环视街道周围，对侍臣说：“还是大有人在。”意思是前些日子平定杨玄感叛乱杀的人还太少了。等到他取镜自照，说：“这么美好的头颅，该谁砍杀呢?”并且说:“贵与贱,苦与乐,是互相转化的,又有什么好感伤的?”唉!天道好还,他本来已很清楚明了,但还是以杀人来满足心意,这到底是怎样的居心?

太祖设身处地

全斌①之伐蜀也,属②汴京大雪。上设毡帷于讲武殿,衣紫貂裘帽以视事。忽谓左右曰:“我被服如此,体尚觉寒。念西征将士,冲冒霜雪,何以堪处?”即解裘帽,遣中使驰赐全斌,仍谕诸将曰:“不能遍及也。”

【注释】

①全斌:即王全斌,五代、北宋宋初期将领,并州太原(今属山西)人,攻灭后蜀。 ②属(zhǔ):恰逢。

【译文】

王全斌攻伐后蜀时,正逢汴京(今河南开封)下大雪。宋太祖在讲武殿内摆设毡帷,穿戴着紫色貂皮衣帽处理政事。太祖忽然对身边大臣说:“我穿戴成这样,身体还感到寒冷。想到那些西征将士,冲风冒雪,怎么受得了啊?”随即脱下貂皮衣帽,派宦官飞马急驰送给王全斌,还告谕众将领:“不能照顾周全。”

爱惜民命

宋神宗有意于燕蓟,已与大臣定议,乃诣曹太后①白其事。后曰:“储蓄赐予备乎?铠仗士卒精乎?”帝曰:“已办之矣。”后曰:“事体至大,吉凶悔吝②生乎动,得之不过南面受贺而已。万一不谐,则生灵所系,未易言也。苟可取之,太祖太宗收复久矣。”

【注释】

①曹太后：宋仁宗皇后，即慈圣太后，真定（今河北正定）人，北宋开国名将曹彬孙女。 ②悔吝：追悔顾惜。

【译文】

宋神宗有意收取燕蓟一带（今北京一带），已和大臣商定，便去拜见曹太后，告诉有关情况。太后询问："贮备和有关赏赐的物品都准备齐全了吗？武器精良、士卒精锐吗？"神宗答道："已办好了。"太后又说："事情重大，吉凶悔吝都可能产生在此行动之中。得到了那块地方，不过是南面受贺罢了。万一不能取胜，则牵涉到无数生灵的性命，不可轻言出兵。如果可以收复，太祖太宗早就已经将其收复了。"

慈拒服药

马后[1]病剧，不肯服药。上强之，终不肯，曰："死生有命，虽扁鹊何益？使吾服药而不瘳[2]，陛下宁不以爱妾之故而杀此诸医乎？妾不忍其无罪而就死地也。"上曰："第服之，纵万一无效，吾当为汝贷之耳。"后终不服药而崩。

【注释】

①马后：即明太祖孝慈高皇后马氏，归德府宿州（今属安徽）人，郭子兴养女。 ②瘳（chōu）：痊愈。

【译文】

马皇后病得厉害时，不肯再服药。皇上极力劝告，她终究不肯，说："生死有命，即使神医扁鹊再世，又有什么用呢？假使我服药而不痊愈，陛下难道不会因为爱我的缘故去处死众位太医吗？我不忍心他们无罪而走向死亡。"皇上劝慰道："你只管服药，即使万一无效，我将看在你的面上宽恕他们。"马皇后到底没有服药，驾崩了。

慈心录囚

文皇[①]御奉天门录囚[②]，既多矜宥，尚虑有枉抑者。复召锦衣卫[③]、鸿胪寺[④]等官，谕曰："囚皆久于狱，而初至朕前。久于狱则虽枉而不求辩，初至朕前则畏威而不敢言。有此二者，刑法岂能皆当？尔等更以朕言从容察之，果尚有冤，即来白。"

【注释】

①文皇：即明成祖朱棣，明朝第三位皇帝，年号永乐，谥号为文。　②录囚：指皇帝或上级司法机关对在押囚犯的复核审录，以检查下级司法机关对案件的审理是否有失公正，并纠正冤假错案。　③锦衣卫：明朝皇帝侍卫的军事机构，掌管刑狱，赋予巡察缉捕之权，下设镇抚司，从事侦查、逮捕、审问等活动。④鸿胪寺：官署名。明代的鸿胪寺主官为鸿胪寺卿，主要掌朝会仪节等。

【译文】

文皇亲自到奉天门复核审录囚徒，处理时已经很怜悯宽容，还担心有被冤枉压抑的。又召来锦衣卫、鸿胪寺的官员，告谕："囚徒长久被关押监狱，才来到我面前。长期被关在监狱里即使有冤枉也不求辩白，刚到我跟前就会畏惧我的威严而不敢说话。有这两种情况，刑法哪能全部得当？你们再按我的话认真仔细审察，果真还有什么冤屈，就来向我禀报明白。"

须念设身处地

处富贵之地，要知贫贱的痛痒；当少壮之日，须念衰老的辛酸；居安乐之场，当体患难人景况[①]；处旁观之地，要知局内人苦心。

【注释】

①景况:指情况,光景。多指生活境遇。

【译文】

略。

口德卷之十二

攻隐慝[①],造蜚谣,舌底逞龙泉[②],须防鬼瞯[③];诋潜修[④],扬中冓[⑤],腹间藏蜂虿[⑥],自取数穷[⑦]。彼一语兴戎[⑧],曷如片言挟纩[⑨]?吾辈当浑默精深[⑩],勿徒效仰天之唾[⑪]也。纂口德第十二。

【注释】

①隐慝(tè):别人不知的罪恶,不可告人的罪恶。 ②龙泉:中国古代著名宝剑。 ③瞯(jiàn):窥视。 ④潜修:专心修养,潜心修炼。 ⑤中冓:出自《诗经·鄘风·墙有茨》,“中冓之言,不可道也”。指男女艳事。 ⑥蜂虿(chài):蜂和虿,都是有毒刺的螫(shì)虫。与上文“龙泉”相对,此处释为蜂刺较为妥当。 ⑦数穷:出自《老子》第五章,“多言数穷,不如守中”。此处有败亡之义。 ⑧兴戎:发动战争,引起争端。 ⑨挟纩(kuàng):披着绵衣。比喻受人慰勉而感到温暖。 ⑩浑默精深:质朴沉默、精密深沉。浑,质朴。 ⑪仰天之唾:语出《佛说四十二章经》,“仰天而唾,唾不至天,还从己堕”。此指自取其辱。

【译文】

攻击别人不为人知的罪恶,制造谣言,舞弄如龙泉宝剑般锋利的舌头,要防鬼神窥伺;诋毁他人潜心修炼,宣扬别人男女艳事,腹中藏有像蜂针般恶毒的心思,这是自取败亡。那引发争端的一言半语,哪里赶得上使人慰勉而感到温暖的片言只语?我们这等人应当质朴沉默、精密深沉,不要徒然效法那些仰天而唾自取其辱的人。纂口德第十二。

金人铭文

孔子观周，见太庙古(一)阶前有金人，三缄其口，因铭其背曰："古慎言人也。戒之哉！毋多言，多言多败；毋多事，多事多患。勿谓何伤，其祸将长；勿谓何害，其祸将大；勿谓不闻，神将伺人。焰焰不灭，炎炎若何？涓涓不壅，终为江河；绵绵不绝，或成网罗；毫末不扎(二)，将寻斧柯。诚能慎之，福之根也；勿谓何伤，祸之门也。"

【校勘】

(一)古：当为"右"之误，形近之误耳。此一则来自《孔子家语·观周》，此处原文为"孔子观周，遂入太祖后稷之庙，庙堂右阶之前，有金人焉，三缄其口，而铭其背曰"。据此也可知"因"当为"而"，铭文在孔子看到之前就有，不当为孔子所刻。

(二)扎：据《孔子家语·观周》，乃"札"之误，是拔出、拔除的意思。

【译文】

孔子在东周都城参观，见太庙右边台阶前有个铜人，口被封了三层，而其背后刻铭文说："这是古代说话谨慎的人。警戒啊！不要多说话，多说话多败亡；不要多做事，多做事多祸患。不要以为说话多没什么伤害，祸患是长远的；不要以为说话多没什么害处，祸患将是很大的；不要认为别人听不到，神灵时刻都在监视。初起的火苗不扑灭，变成熊熊大火怎么办？涓涓细流不堵塞，终将汇集为江河；细细的线不弄断，将有可能结成网；细小的苗木不拔除，将来很快可以用作斧柄。果真能说话谨慎，那是福佑的根源；不要以为多说话不会造成什么伤害，那是祸患的门径。"

君平卖卜

严君平①买卜(一),与子言依于孝,与臣言依于忠,与弟言依于弟②,虽终日谭学而无讲学之名。士大夫不可不味此意也。

【校勘】

(一)买卜:乃"卖卜"之误,以占卜谋生。

【注释】

①严君平:本姓庄,为避汉明帝刘庄之讳而改姓严,名遵,字君平,又字子陵,蜀郡成都(今属四川)人,西汉早期道家学者。

②弟(tì):通"悌",本指弟弟敬爱哥哥,引申为顺从长上。

【译文】

严君平以占卜为生,对做人子的按照孝的要求去阐释,对做人臣的就按照忠的要求去阐释,对做弟弟的就按照悌的要求阐释,虽然终日谈论学问却没有讲学的名声。士大夫们不可不认真体会玩味其中的深意。

温语却人

李文正①公为相,人有求进用者,必温语却之。或问其故,曰:"既失所望,又无善词,取怨之道也。"

【注释】

①李文正:即李东阳,字宾之,号西涯,祖籍湖广茶陵(今属湖南),明朝正德年间,官居宰相,谥号文正。

【译文】

文正公李东阳担任丞相时,有人前来求官,一定婉言拒绝。有人问其中缘故,李东阳说:"已经让对方失望,再没有好话安慰,必定招来怨恨。"

原其心与据其迹

论人之过，当原其心，不可甚其迹；取人之善，当据其迹，不必诛其心。

【译文】

评判人的过失，应当推究那人当时的存心，不可过分追究其行为；取他人的长处，应当根据他的行为，不必责求其当时的存心。

不言小人之欺

凡人于小人欺己处，必明以破之。韩魏公独不然，明足以照小人之欺，然每受之，未尝形于言也。

【译文】

普通人在小人欺负自己时，一定明白地揭露出来。魏国公韩琦却不这样，他的精明洞察到了小人欺人的劣迹，可是常常忍受下来，不曾从言语中流露出来。

流言不可传

耳虽闻，目不亲见者，不可从而言之，流言可以惑众。若文其言而贻后世，恐是非邪正失实。

【译文】

耳朵虽然听到，但没有亲眼见到的，不可跟随别人去传说它，因为流言能迷惑众人。如文饰流言并让它留传到后世，恐怕是非邪正都要失实了。

多言数穷

韩非①作《说难》，而卒毙于说。所谓多言数穷者，非耶？

【注释】

①韩非：战国末期杰出的思想家、散文家。出身韩国（今河南新郑）贵族。

【译文】

韩非作《说难》，但最终因其学说被杀。所谓多说话自取败亡，不对吗？

不言短恶

语人之短，不曰直；言人之恶，不曰义。

【译文】

谈论别人的短处，不算正直；谈论别人的错误，不算道义。

安世不妄语

元城先生①于"不妄语"三字，力行七年而后成。是以君子贵谨言。

【注释】

①元城先生：即刘安世，字器之，号元城，又号读易老人，魏（今属河北）人，北宋后期大臣，以直谏闻名，被时人称之为"殿上虎"，后赐谥忠定。

【译文】

元城先生刘安世对于"不妄语"三字，努力践行，七年才能真正做到。因此君子以言语谨慎为贵。

圣贤多谤

浮论难凭,圣贤多谤。试问释迦于移山[①]之口,佛云乎哉?叩宣尼[②]于伐木之夫,何圣之有?

【注释】

①移山:移山之愚公,此指愚昧之人。　②宣尼:即孔子。西汉平帝元始元年(公元1年)追谥孔子为褒成宣尼公,后因称孔子为宣尼。

【译文】

虚浮的言论难为凭据,圣贤多被诽谤。试着向愚昧的人打听释迦牟尼,哪会有什么佛祖呢?如果向伐木的农夫叩问孔子,哪会有什么圣人呢?

隐微中苒勿扬谈

善谑浪,好诙谐,吐语伤于过绮,取快佐欢,亦无大害;扬隐微,谈中苒,为德毋乃太凉!积愆[①]消福,吾党[(一)]戒之。

【校勘】

(一)吾党:我辈。此则来源于明代屠隆的《娑罗馆清言》。

【注释】

①积愆(qiān):积累罪过。

【译文】

擅长戏谑,爱好诙谐,出言失之油滑,取一时畅快,助片刻欢乐,也没有太大的妨害;张扬他人隐私,谈论闺中男女艳事,德行恐怕太过凉薄!积累罪过就会消减福分,我辈应该戒除。

安国耐贫

胡文定公[1]家至贫，然“贫”之一字，于亲故间，非惟口不道，手亦不书。尝戒子弟曰：“对人言贫，其意将何求？汝曹志之。”

【注释】

①胡文定公：即胡安国，又名胡迪，字康侯，号青山，建宁崇安（今属福建）人，学者称武夷先生，谥号文定，后世称胡文定公，北宋后期著名学者。

【译文】

文定公胡安国家里极其贫穷，但对于这一个“贫”字，在亲戚朋友之间，不仅嘴里不说，手上也不写。胡安国曾经告诫他的子弟说：“对别人说自家贫穷，那用意是要求得什么呢？你们要记住。”

口出者罪多

颐卦[1]：“慎言语，节饮食。”然口所入者其祸小，口所出者其罪多。故鬼谷子[2]云：“口可以饮，不可以言。”

【注释】

①颐卦：卦名，六十四卦之一，卦象为上艮下震。 ②鬼谷子：姓王，名诩，号玄微子，一说战国时卫国朝歌（今河南鹤壁）人，一说是战国时魏国邺（今河北邯郸）人，战国时期道家代表人物、纵横家的鼻祖。

【译文】

颐卦的象辞说：“慎言语，节饮食。”可是从嘴巴进去的东西招致的祸患要小，从嘴巴说出的话语招致的罪责大。所以鬼谷子说：“嘴巴可以用来饮食，但不可用来多说话。”

不索人短

程明道①为御史，告君曰："使臣拾遗补过则可，若搜索臣下短长②以沽直名，臣不能也。"

【注释】

①程明道：即程颢（hào），字伯淳，学者称明道先生，北宋洛阳人，著名理学家。　②短长：偏义复词，偏在"短"，"长"无意义。

【译文】

明道先生程颢做御史时，告诉君主说："假若让我做一些捡拾遗漏弥补过失的事情还可以，但如果让我去搜索大臣们的过失来求取正直的名声，我做不到。"

刺舌诫子

贺若弼父敦①，为宇文护所害，临刑呼弼谓之曰："吾以舌死，汝不可不思。"因引锥刺弼舌出血，诫以慎口。

【注释】

①贺若弼父敦：贺若弼的父亲贺若敦，北周将领，以武猛而闻名，任金州（今陕西安康）刺史，因口出怨言，为北周晋王宇文护所不容，逼令自杀。贺若弼，复姓贺若，字辅伯，河南洛阳人，隋朝著名将领，最终被隋炀帝以诽谤朝政的罪名杀害。

【译文】

贺若弼的父亲贺若敦被宇文护所陷害，在受死刑时对贺若弼说："我因口舌而死，你不可不深思。"于是抽出锥子把贺若弼的舌头刺得流血，以此告诫他说话要谨慎。

好好先生

司马徽有人伦鉴识①。居荆州,知刘表②性暗害人,乃括囊不谈。有以人物问徽者,不辩高下,每辄言佳。其妇谏曰:“人质所疑,君宜辩论,而一皆言佳,岂人咨君意乎?”徽曰:“如君所言,亦复佳。”其婉逊如此。

【注释】

①人伦鉴识:擅长鉴别识认人才。 ②刘表:字景升,东汉末期山阳郡高平(今山东微山)人,曾为镇南将军、荆州牧。

【译文】

司马徽擅长鉴别识认人才。他居住在荆州,知道刘表禀性暗弱,嫉妒别人,于是闭口不谈世事。有人拿当世人物来询问司马徽,他不谈谁高谁下,总是说好。他的妻子劝他说:“别人拿疑问向你咨询,你应该辩论一下,却全都说好,难道这是别人咨询你的初衷吗?”司马徽说:“像你刚才所说的话,也很好。”他委婉谦逊到这地步。

不独言人之过

凡议论要透,皆是好尽言也,不独言人之过。

【译文】

凡是发议论要透彻,都喜欢把话都完,不只谈论别人的过错。

不涉三语

俗语近于市,纤语①近于娼,诨语近于优。士君子一涉此,不独损威,亦难迓福②。

【注释】

①纤语：风格卑下讨好人的话语。 ②迓（yà）福：迎接福运。

【译文】

说粗鄙庸俗话语的人近于市侩，说谄媚讨好话语的人就近于娼妇，说戏谑玩笑话语的人近于优伶。有道德有学问的读书人，一旦沾染这些话语，不仅减损威严，也难以迎到福运。

三贤之言

狄仁杰一言而全人之社稷①，颖考叔（一）一言而全人之母子，晏子一言而省刑②。

【校勘】

（一）颖考叔："颖"乃"颍"之讹。颍考叔，春秋时期郑国大夫，为人正直无私，素有孝友之誉。在郑庄公对其母亲武姜发出"不及黄泉，无相见也"的誓言后，孝子颍考叔建议挖一个隧道，取名"黄泉"，安排郑庄公与武姜在"黄泉"见面，使其恢复母子关系。事见《左传·隐公元年》。

【注释】

①狄仁杰一言而全人之社稷：《资治通鉴》记，"太后（立储）意未决。狄仁杰每从容言于太后曰：'文皇帝栉风沐雨，亲冒锋镝，以定天下，传之子孙。大帝以二子托陛下。陛下今乃欲移之他族，无乃非天意乎！且姑侄之与母子孰亲？陛下立子，则千秋万岁后，配食太庙，承继无穷；立侄，则未闻侄为天子而祔姑于庙者也。'" ②晏子一言而省刑：出于《晏子春秋·内篇杂下》，"（齐景）公笑曰：'子近市，识贵贱乎？'对曰：'既窃利之，敢不识乎？'公曰：'何贵何贱？'是时也，公繁于刑，有鬻踊者，故对曰：

‘踊贵而屦贱。’公愀然改容。公为是省于刑”。

【译文】

狄仁杰一番话就保全李唐的社稷，颍考叔一番话就成全了别人的母子亲情，晏子一番话就减省了酷刑。

取他长处

伊川先生[①]见人论前辈之短，曰：“汝辈且取他长处。”

【注释】

①伊川先生：即程颐，字正叔，洛阳伊川（今属河南）人，世称伊川先生，北宋理学家和教育家。为程颢之胞弟。

【译文】

伊川先生看见别人议论前辈的短处，教导说：“你等暂且吸取其长处。”

不矜所能

欧阳公不言文章，而喜谈政事；蔡君谟[①]不言政事而喜论文章：各不矜所能也。

【注释】

①蔡君谟：即蔡襄，字君谟，兴化仙游（今属福建）人，北宋著名书法家、政治家。

【译文】

欧阳修不谈论文章，却喜欢对谈政事；蔡君谟不谈政事，却喜欢谈论文章：二人都不夸耀自己的长处。

莫谈闺门淫乱

好谈闺门[①]及好谈乱者，必为鬼神所怒，非有奇祸，则有奇穷[②]。

【注释】

①闺门：代称内室的门。此指妇女。 ②奇穷：处境非同寻常的窘迫。

【译文】

喜欢谈论闺门之事和淫乱之事的人，一定被鬼神所怨怒，如果没有特别的灾祸，就一定有非常的窘迫。

不可妄谈是非

叶道卿[①]自浙漕[②]罢，以母老求养。长子经临江军[③]修谒[④]。方入客次[⑤]，闻众宾聚首言："道卿被罪去位。"问[(一)]："得报耶？"宾曰："传闻耳。"曰："道卿乃某家君[⑥]，以祖母老求便，实无过。"众宾负赧[⑦]，几失所措。信知稠人中不可妄谈是非也。

【校勘】

（一）问：此则又见于宋代张镃撰《仕学规范》，前有"叶揖而"三字。

【注释】

①叶道卿：即叶清臣，字道卿，长洲（今江苏苏州）人，北宋仁宗朝名臣。 ②浙漕：两浙转运副使，即两浙转运使的副职。北宋的转运使除掌握一路或数路财赋外，还兼领考察地方官吏、维持治安、清点刑狱、举贤荐能等职责。 ③临江军：军，即军州，北宋行政区划名。北宋初期，析清江、新淦、新喻三县置临江军。

④修谒：进见地位或辈分高的人。 ⑤客次：接待宾客的处所。 ⑥家君：即家父，对他人称呼自己的父亲。 ⑦负赧（nǎn）：羞愧。赧，因害羞而脸红。

【译文】

叶道卿因为母亲年老需要奉养，请求朝廷免掉自己两浙转运副使的职务。他的长子到临江军时进见尊长，刚进入接待宾客的处所，就听到众宾客聚在一起谈论："叶道卿被责罚免职了。"于是作揖问道："得到邸报（中国古代抄发皇帝谕旨、臣僚奏议和有关政治情报的抄本）了吗？"客人说："只是传闻罢了。"叶道卿长子说："道卿就是家父，因祖母年老，为奉养方便主动请求离职，实在没有什么罪过。"众宾客害羞得脸红，一时手足无措。确实应该知道，在大庭广众之中不可随便谈论别人的是非。

口耳之际倍为亲切

闻暖语如挟纩，闻冷语如饮冰，闻重语如负山，闻危语如压卵，闻温语如佩玉，闻益语如赠金：口耳之际倍为亲切。

【译文】

听到和煦的话好像披着绵衣般，听到冷酷的话好像喝了冰水般，听到严重的话语沉重得好像背山般，听到危险的话好像压卵般，听到温柔的话好像佩戴着美玉般，听到有益的话好像接受赠金般：嘴巴和耳朵之间的关系极为密切。

言不虚妄

何远①言不虚妄，盖其天性。每语人曰："卿若得我一妄语，则谢卿一缣②。"众共伺之，终莫能得。

【注释】

①何远:字义方,东海郯(今山东郯城西北)人,初仕于南朝萧齐,为萧梁朝的建立立下功勋,曾出任武昌太守。 ②缣:双经双纬的粗厚织物之古称。

【译文】

何远说话不虚妄,这大概是出于他的天性。他常常对人说:"你们如果听到我说一句虚妄的话,那我就酬谢一匹缣。"众人共同观察等待,最终没有谁能得到他的缣。

滥言舌枯

祝期生(一)为人儇薄①,见智愚贫富皆轻侮之,评品之。官则发其阴邪,士则发其隐曲;无可拟议②者,则巧求其短以毁之。晚年病舌黄,每作须刺血数升,乃已。复作又刺,一岁五七次,痛苦难言,舌枯而死。此等人孰不畏其口者?亦岂不豪杰自命,而无识小人孰不从而和者?然而影射诬人不少矣,视舌犹存,当任他快而已。道士章齐一③好嘲诮人,后亦嚼舌而死。

【校勘】

(一)祝期生:此则故事又见于《梓潼帝君化书·口业第五十四》,称祝期生为"龟城之民"。龟城,四川成都。

【注释】

①儇(xuān)薄:轻薄。 ②拟议:揣度议论。 ③章齐一:据《南唐近事》,章齐一为五代时南唐的道士,善于讽刺和毁谤别人,后嚼舌而死。

【译文】

祝期生为人轻薄,见到聪慧、愚笨、贫穷、富贵的人,都对其进行轻慢侮辱,品头评足。如果是做官的,就张扬其不为人知的邪恶;如果是读书人,就张扬他的隐私;对那些无可指议者,就巧妙地找出他的短处,从而加以诋毁。祝期生晚年时得了舌黄病,每次发作都必须刺舌流血数升,然后才好。再发作再刺,一年发作五到七次,痛苦难言,终于舌头枯萎而死。这类人,谁不害怕他的口舌呢?这类人难道不自命为豪杰英雄,而那些没有见识的小人,谁不追随应和他?然而含沙射影诬蔑他人的事已经不少了,看看他们的舌头,仍然存在,便听任其图暂时口头快活罢了。道士章齐一喜欢嘲笑讥讽人,后来也嚼舌死掉了。

听者有意

对官长而言清,则不清者见怒;对朋友而言直,则不直者见憎。

【译文】

对官员谈论清廉,就会遭受那些不清廉的官员的怨怒;对朋友谈论耿直,就会遭受那些不耿直的朋友的憎恨。

帷箔之罪

傅献简公①曰:“以帷箔②之罪加人,最为暗昧③。万一非辜则令终身被恶名,至使君臣父子间,难施面目。言之得无讱④乎?”

【注释】

①傅献简公:即傅尧俞,字钦之,郓州须城(今山东东平)人,哲宗朝官拜中书侍郎,谥献简。 ②帷箔:帷幕和帘子。借指内室,隐私。 ③暗昧:隐晦不明。 ④讱(rèn):出言缓慢谨慎。

【译文】

献简公傅尧俞说:“以家庭生活淫乱的罪名施加到他人头上,最为隐晦不明。万一被加罪之人无罪,那就会令他终身遭受恶名,甚至导致君臣父子之间,难有脸面相见。说这样的话难道不该谨慎吗?”

虚假歌谣

捏造歌谣,不惟不当作,亦不当听。徒损心术①,长浮风耳。若一听之,则清净心田中,亦下一不净种子矣。

【注释】

①心术:居心,存心。

【译文】

虚假的歌谣,不仅不应当写作,也不应当听取。它只能损害人的居心,助长虚浮不实的风气罢了。如果一听到这种歌谣,清净纯洁的心田上,便种下了一粒不洁净的种子。

病祸之门

朱子《口铭》(一)云:“病从口入,祸从口出。”此语最好。

【校勘】

(一)朱子《口铭》:“病从口入,祸从口出”应出自晋代思想家傅玄的《口铭》。

【译文】

傅玄《口铭》说:“病从口入,祸从口出。”这话说得最好。

以耳传耳

余(一)得古书,校过付抄,抄后复校,校后付刻,刻后复校,校过即印,印后复校;然鲁鱼帝虎①,百仍二三。夫眼眼相对尚然,况以耳传耳?其是非毁誉,宁有真乎?

【校勘】

(一)余:此则抄自明代陈继儒的《岩栖幽事》,故"余"当指陈继儒。

【注释】

①鲁鱼帝虎:"鲁"字丢掉"日"便成为"鱼"字,"帝"字与"虎"字的草书字形相近容易混淆。指文字刻录传抄过程中产生的错误。出自晋代葛洪《抱朴子》:"谚云:'书三写,鱼成鲁,帝成虎。'"

【译文】

我得到古书,校对后再抄写,抄写后再校对,校对后再刻写,刻写后又校对,校对后就印刷,印刷后再校对;但是,其中鲁鱼帝虎的失误仍占百分之二三。眼眼相对的事情尚且如此,更何况仅凭耳朵听来的传闻呢?那些世上的是是非非、诋毁赞誉,难道有真的吗?

肆口薄福

玉真先生①云:"凡人本来福积不厚,肆口又无忌惮,愈见薄福。要见薄福证验,若平生数奇②多忤③,不如意事十常八九是也。故谮人翩翩④,啬夫⑤喋喋,非有冥祸,则有奇穷。"

【注释】

①玉真先生:即刘玉,元初净明道革新者,字颐真,号玉真子,南康建昌(今江西永修)人。 ②数(shù)奇(jī):命运不好。数,命运、命数。奇,不偶,不好。 ③忤(wǔ):抵触,不顺从。 ④翩翩:花言巧语。翩,通"谝(pián)",巧言。 ⑤啬夫:指一般劳役者。

【译文】

玉真先生刘玉说:"一般人本来积福不厚,说起话来又肆无忌惮,就更显示出福气浅薄。要想看见薄福的证验,像平生命运不好,多次遇到挫折,不如意事十有八九,就是薄福的表现。所以说坏话诬陷人的人花言巧语,服役的人喋喋不休,这些人不是有深藏的灾祸,就定有特别困苦的窘境。"

避谈闺门之事

有好谈闺门者,吾曹当引避之;况摭[①]无影之事,形于奏牍[②]之间,亵至尊,辱士类?此小辈餂[③]刃,只自伤耳。一刻三洗耳[④],一日三易肠,惟恐不及,况可褰裳[⑤]蹈之哉?

【注释】

①摭(zhí):摘取。 ②奏牍:奏章。 ③餂:同"舔"。 ④洗耳:典出汉蔡邕《琴操 · 河间杂歌 · 箕山操》,许由听到尧让位给自己而感到耳朵受到了污染,因而临水洗耳。后遂以"洗耳""许由洗耳"等表示以接触尘俗的东西为耻辱,心性旷达于物外。 ⑤褰(qiān)裳:提起下衣。

【译文】

有爱好谈论闺门艳事的人,我辈应当退让避开他们;更何况摘取连影子都没有的事,写在奏章里,亵渎帝王,污辱读书人的人呢?

这是小人们舌舔刀刃，只是伤害自己罢了。一刻清洗几次耳朵，一天清换几次心肠，还唯恐避之不及，何况亲自去这样做呢？

欺老寿不永

杨天年(一)弱冠，与周翰(二)、朱昂①同在禁掖②，二老时已皤然③。杨每论事，侮之曰："二老翁以为如何？"翰不能堪，正色谓曰："君莫欺侮我老，老亦终留与君。"昂曰："莫留与他，免得后人又欺侮他。"厥④后，杨不及五旬卒，求为老翁，不可得也。

【校勘】

(一)杨天年：乃"杨大年"之误。杨大年，名杨亿，字大年，建州浦城(今属福建)人，北宋"西昆体"诗歌主要作家，官至工部侍郎，卒谥文，人称杨文公。

(二)周翰：当为梁周翰，字元褒，管城(今河南郑州)人，五代宋初文学家，宋真宗时官至工部侍郎。

【注释】

①朱昂：字举之，自号退叟，后唐衡山(今属湖南)人，北宋初期，曾任江南转运使，入翰林为学士，以工部侍郎致仕。②禁掖：谓宫中旁舍。亦泛指宫廷。　③皤然：白貌，多指须发。　④厥：其。

【译文】

杨大年弱冠(古人称二十岁为弱冠)之时，与梁周翰、朱昂同在宫中旁舍办公，这时梁、朱二位老人已经须发皆白。杨大年常在讨论事情的时候侮辱他们说："两个老头子认为怎么样？"梁周翰不能忍受，板起脸说道："你不要欺负我等老夫，你也终究会老的。"朱昂说："不能把老年留给他，免得后来人欺侮他年老。"其后，杨大年不到五十岁就死了，想当老翁，也不可能了。

量狭无含容

或问："人于议论多直，无含容[①]，是气不平否？"程子[②]曰："亦是量狭。"

【注释】

①含容：容忍，宽恕。 ②程子：即二程中的程颐。

【译文】

有人问："人在议论他人时，大多直率，不能容忍宽恕，这是由于气愤不平吗？"程颐说："这也是气量狭窄的缘故。"

喜怒慎言

喜时之言多失信[①]，怒时之言多失体[②]。

【注释】

①信：真实的，可靠的。 ②失体：不得体。

【译文】

高兴时说的话多靠不住，愤怒时说的话多不得体。

轻诋之讥

徐司空名陟[①]，文贞公[②]弟也。初宦都下[③]，南归。张江陵[④]为文贞门生，与诸君具酒送之，临别各上马去。而陟醉甚，追至江陵，联骑而行，以扇叩之云："去时还有张老送，来时不知张老死和存[⑤]。"张大衔[⑥]之。王元美公[⑦]为郎时，适有客席[⑧]，而严世蕃[⑨]亦与。世蕃久不至，众待良苦，已入，问何故来迟，世蕃云："忽病伤风耳。"元美笑云："爹居相位，怎说得伤风⑩？"众大笑，而亦有为公咋指⑪者。顾小川⑫为徐文贞婿，谒见太守方公，适有坐客，问此君何人。方云："当朝宰相为岳丈⑬。"三事(一)皆用蔡伯喈⑭调谑(二)；一时机锋到，自难禁，未免贻轻诋⑮之讥。

【校勘】

(一)三事：前二事与蔡伯喈相关，后一事实与王十朋相关。

(二)调谑：此二字前夺一"语"字。

【注释】

①徐司空名陟：即大司空徐陟，字子明，号望湖，明朝南直隶华亭(今上海松江)人，徐阶之弟。后任南京工部尚书(明清称工部尚书为大司空)。 ②文贞公：即徐阶，字子升，号少湖，嘉靖朝后期至隆庆朝初年任内阁首辅。 ③都下：京城。④张江陵：即张居正，字叔大，号太岳，明代湖广江陵(今湖北荆州)人，时人又称张江陵，万历时期的内阁首辅，辅佐万历皇帝推行了"万历新政"。 ⑤去时还有张老送，来时不知张老死和存：出自元代高明《琵琶记》第二十八出《五娘寻夫上路》"前腔"曲牌中张太公对赵五娘的唱词。 ⑥衔：怀恨。 ⑦王元美公：即王世贞，字元美，号凤洲，又号弇(yǎn)州山人，明太仓(今属江苏)人，万历年间官至南京刑部尚书，"后七子"之一。⑧客席：客人的席位，此指有人请客。 ⑨严世蕃：字德球，号东楼，江西新余人，明朝嘉靖皇帝的首辅严嵩之子，官至工部左侍郎。 ⑩爹居相位，怎说得伤风：出自《琵琶记》第三十出《牛小姐谏父》"大圣乐"曲牌中牛氏对其父所说的话："爹居相位，怎说着伤风败俗、非理的言语？" ⑪咋(zé)指：形容极为惊异。⑫顾小川：即顾九锡，字天锡，号小川，松江府(今上海)人，国子生，以荐授詹事府主簿。 ⑬当朝宰相为岳丈：此句出自《荆钗

记》第十九出《参相》“解三醒”曲牌中万俟丞相对王十朋的唱词。 ⑭蔡伯喈：即蔡邕，字伯喈，陈留郡圉（今河南开封）人，东汉后期著名文学家、书法家，因官至左中郎将，后人称他为“蔡中郎”。此处是指《琵琶记》当中的文学形象。 ⑮轻诋：轻蔑，诋毁。

【译文】

司空徐陟，是文贞公徐阶的弟弟。当初在京城做官，后来要回到南方。张居正是徐阶的门生，与各位一起备酒为徐陟送行，临别各自上马离去。但徐陟喝酒太过量，追上张居正，并马而行，用扇子拍打着张居正说：“离开时还有张老相送，再来的时候不知张老是死还是活。”张居正对此怀恨在心。王世贞做侍郎时，正好有人宴请，而严世蕃也在其中。世蕃好长时间不到，众宾客苦等，严世蕃进来后，众人问他迟到的原因，严世蕃说：“忽然害了伤风的病。”王元美笑着说：“爹居相位，怎说得伤风？”众客大笑，但也有人为王元美担惊。徐阶的女婿顾九锡谒见一位姓方的太守，正好有客人在座，客人问顾九锡是什么人，方太守说：“当朝宰相为岳丈。”这三件事（其实为前两件）都拿与蔡伯喈相关的事进行调谑。一时的话锋，很难自禁，但未免落下轻蔑诋毁的讥评。

教人以口与教人以书

一时教人以口，百世教人以书。

【译文】

短暂的时间里拿口头上的言语教育人，久远的时间中用书籍中的道理教育人。

鬼神尤责口业

刘贡父[①]滑稽善谑，酷甚矛刃，而晚得恶疾。景王亮[(一)]结社相嘲，号“猪嘴关[②]”，而举社齑粉。故知口业[③]之报，人非固多，鬼责尤重。

【校勘】

(一)景王亮:《桐江诗话》载,“元祐间,东平王景亮与诸仕族无成子结为一社,纯事嘲诮”。可知“景王亮”乃“王景亮”之误。

【注释】

①刘贡父:即刘攽(bān),字贡父,号公非,临江新喻(今江西新余)人,官至中书舍人,北宋史学家,曾助司马光纂修《资治通鉴》。 ②猪嘴关:社之诸人恶口污人,人被其议论,如同过关,故称。 ③口业:恶业的一种,分为妄语(谎言)、绮语(即淫秽的语言,或者其他无礼仪不正经的语言)、两舌(即对人两面三刀,挑拨离间之类的话)、恶口(即骂人的话)。

【译文】

刘贡父很滑稽,擅长笑谑,话语像利刃一样尖刻,而晚年得了恶疾。王景亮与人结社取笑他人,被称为“猪嘴关”,后来整个社团化为齑粉。由此可知口业的报应,人间的非议固然很多,而鬼神的责怪尤其严重。

多言不如少言

多言最使人心志流荡，而气亦损；少言不惟养得德深，又养得气完。

【译文】

多说话最使人的心志流散漂荡，神气也被损耗；少说话不仅能培养深厚的德行，又能培养出完备的神气。

轻言戏谑最害事

轻言戏谑最害事。盖言不妄发，则言出而人信之；苟轻言戏谑，后虽有诚实之言，亦弗之信矣。

【译文】

随便地讲戏谑的言语最妨害事情。话语不随便说出，一经说出别人就相信；如果随便地讲戏谑言语，后来即使有真话，别人也不会相信了。

自警盛怒之言

古人谓“怒于室者色于市”①。方其怒时，与他人言，必不卑逊。他人不知所自，安得不怨？故盛怒之际，与人言语，尤当自警。

【注释】

①怒于室者色于市：生家中人的气，却以怒色对待市人。指迁怒于人。室，家。色，做脸色。语出《左传·昭公十九年》：“谚所谓‘室于怒，市于色’者，楚之谓矣。”

【译文】

古人认为“怒于室者色于市”。当自己发怒之时，与别人说话，一定不会谦卑和顺。别人不知道底细，怎能不怨恨？所以大怒之时同别人说话，尤其应当自我警戒。

做知州不与做御史同

傅献简公①以言事谪知和州。通判杨洙问曰:“公以直言斥居此,何为言未尝及御史时事?”公曰:“前日言职也,岂得已哉?今日为郡守,当宣朝廷美意,而反呫呫②言前日之阙政,与诽谤何异?”

【注释】

①傅献简公:即傅尧俞。 ②呫(chè)呫:喋喋不休。

【译文】

献简公傅尧俞因抨击朝廷政事而被贬为和州(今马鞍山和县一带)知州。通判杨洙问道:“您因为直言政事而被贬到这里来,可为什么现在谈话不像当御史时那样批评政事呢?”傅尧俞说:“以前批评政事是御史的职责,怎能由得自己呢?今天做了知州,应当宣扬朝廷美德,却喋喋不休像以前那样批评朝政过失,这与诽谤又有什么区别呢?”

勿轻议古人之失

薛文清公曰:“切不可随众议论前人长短,要当已有真见乃可。在古人之后,议古人之失则易;处古人之位,为古人之事则难。”

【译文】

文清公薛瑄说:“千万不要随着别人议论前人的缺点,重要的是应当在自己有真知灼见后才可以议论。在古人之后,论古人的过失很容易;如果处在古人当时的位置,做古人当时做的事情就难了。”

戒谈闺中艳事

《教家要略》[①]曰:“今人一相抵触,忿谤猬兴[②],岂忠厚存心者哉? 至于闺门事,所系尤重。孔子谓人所信者目,目亦有所不足信者。凡传闻之言,吠声[③]画影,岂可挈清白之人,而置之腥秽之坑堑乎? 万一有之,耳可得闻,口不可得言也。假若厚诬其人,使抱终身不涤之耻,由是夫弃其妇,父逐其子,口舌纷扰,骨肉残夷者多矣。可不戒哉?”

【注释】

①《教家要略》:明代学者姚儒所编,集明以前家训之精华,共分为二十八门,是研究明以前各种家训流传情况的珍贵资料。 ②猬兴:像刺猬的毛那样竖起来,比喻纷然而起。③吠声:一条狗叫,群犬闻声跟着叫。喻盲从,随声附和。

【译文】

《教家要略》说:“现在有人一旦遭抵触,愤怒诽谤的言语便纷纷生起,这难道是忠厚者的存心吗? 至于闺门之内的男女艳事,关系尤其重大。孔子认为亲眼所见的才相信,眼睛所见的也有不可信的。大凡听来的言语,多属随声附和捕风捉影,怎么能把清白无辜之人推入极其肮脏的坑沟之内呢? 万一真有此情况,耳朵可以听到,嘴巴却不能传播。假如深深地诬陷了当事人,让其终身蒙受难以洗雪的耻辱,由此导致丈夫抛弃妻子,父亲驱逐儿子,发生口舌纠纷,骨肉亲人相互残杀的事情是很多的。能不戒除吗?”

赠送槟榔

刘穆之[①]贫时,好往妻家乞食。其妻江嗣女,江氏每有庆会,妻嘱令勿往。穆之故往,食毕又求槟榔。江氏兄弟戏之曰："槟榔消食，君何须此？"及穆之为丹阳尹，召妻兄弟宴饮至醉，乃以金柈②贮槟榔一斛遗之。

【注释】

①刘穆之：字道和，小字道民，东晋东莞莒（今山东莒县）人，官至尚书左仆射。 ②柈（pán）：同"盘"，盘子。

【译文】

刘穆之贫寒时，常往妻子娘家要饭吃。他妻子就是江嗣的女儿，每当江家有庆祝聚会时，妻子就叮嘱他不要前往。穆之还是前往要饭吃，饭罢还要槟榔吃。江家兄弟笑话他说："槟榔是消食的，你怎么需要这个？"等到刘穆之做了丹阳太守，召集江家兄弟前来赴宴，几个人都喝得酩酊大醉，穆之就用金盘子装上一斛槟榔送给他们。

口业遭报

苗晋卿①数荐元载②，李揆③轻载地寒，谓晋卿曰："龙章凤姿④士不见用，獐头鼠目⑤子乃求官邪？"载闻衔之。及秉政，奏揆试秘书监，江淮养疾。揆家百口贫无禄，丐食取给牧守。稍厌恶则去之，流落凡十六年。

【注释】

①苗晋卿：字元辅，潞州壶关（今属山西）人，唐肃宗时官拜宰相。 ②元载：字公辅，凤翔府岐山（今属陕西）人，唐代宗时官拜宰相。 ③李揆：字端卿，荥阳（今属河南）人，唐代宗时官拜宰相。 ④龙章凤姿：蛟龙的文采，凤凰的姿容。比喻风采出众。 ⑤獐头鼠目：头像獐子的头一样小而尖，眼睛像老鼠的眼睛一样小而凸出。形容人相貌鄙陋猥琐，令人生厌。

【译文】

苗晋卿多次举荐元载，李揆轻视元载门第卑微，对晋卿说："风采出众的人不被任用，相貌鄙陋猥琐的人却来求官吗？"元载听后怀恨在心。等到元载登上宰相之位后，奏请朝廷让李揆试任秘书监，到江淮养病。李揆一家百余口，没有了俸禄后，向当地官员乞讨度日。地方官渐渐对他心生厌恶，就把他抛弃了，让他在各州间漂泊流浪达十六年。

谨言慎行

孔光①事成帝②，凡典枢机③十余年，守法度，修故事④。上有所问，据经而对，不希指⑤苟合；如或不从，不敢强谏争，以是久而安。时有所言，辄削草藁⑥，以为章⑦主之过，以讦(一)忠直，人臣大罪也。有所荐举，唯恐其人之闻知。沐日⑧归休，兄弟妻子燕语，终不及朝省⑨政事。或问光："温室省中树皆何木也？"光嘿不应，更答以它语。其不泄如是。

【校勘】

(一)讦：据《汉书·孔光传》当为"奸(gān)"，求取。

【注释】

①孔光：字子夏，西汉后期曲阜人，孔子的十四世孙，官至大将军、丞相。 ②成帝：即西汉成帝刘骜。 ③枢机：指朝廷的重要职位或机构。 ④故事：旧例。 ⑤希指：亦作"希旨"，迎合在上者的意旨。 ⑥藁：古同"稿"。 ⑦章：通"彰"。 ⑧沐日：休假日，汉代官吏五日一归家休息沐浴，故称。 ⑨省：此指尚书省，孔光做过尚书省的长官。

【译文】

孔光侍奉汉成帝，在朝廷机要部门供职长达十多年，遵守法令制度，修习旧例。成帝一旦提出问题，孔光便依据经典作答，不逢迎附和皇帝心意；如果皇帝有时不听从其意见，孔光也不强作急辩，因此得以长久平安。平时对皇上有所建言，总是把草稿删掉，认为不如此便是宣扬皇上的过失，来求取忠直的名声，是做臣子的大罪。向朝廷推荐人才，唯恐被自己荐举的人知道。休假日返家休息，和兄弟妻子儿女一块谈笑，从来不谈朝廷及尚书省的政事。家中有人问他："尚书省温室中养的树木是什么品种？"他只是沉默不应，改说其他的话。他就是这样不泄露机密。

俳语济民

耶律德光①尝问冯道曰："天下百姓如何救得？"道为俳语②以对曰："此时佛出也救不得，惟皇帝救得。"人皆以谓契丹不至灭夷中国③之人者，道一言之力也。

【注释】

①耶律德光：字德谨，契丹族，辽太祖耶律阿保机次子，辽国第二位皇帝。　②俳（pái）语：戏笑嘲谑的言辞。　③中国：中原。

【译文】

耶律德光曾问冯道："天下的老百姓怎样才能救助？"冯道用戏笑嘲谑的言辞回答："此时就是佛祖出来也救不得，只有皇帝才能救得。"人们都认为契丹没有杀灭中原百姓，全凭冯道这一句话的力量。

嘲戏皇后

后唐庄宗①皇后刘氏父刘叟，卖药善卜，号刘山人。刘氏性悍，与诸姬争宠，常自耻其家室寒微。庄宗乃为刘叟衣服，自负蓍②囊药笈，使其子继岌提破帽随造卧内，曰："刘山人来省女。"刘氏大怒，笞继岌而逐之。

【注释】

①后唐庄宗：即李存勖，沙陀族，山西应县人，后唐太祖李克用的长子，后唐开国皇帝。　②蓍(shī)：蓍草，多年生草本植物，全草可入药，茎、叶可制香料，古人用其茎占卜。

【译文】

后唐庄宗李存勖皇后刘氏的父亲刘叟，靠占卜卖药为生，号称刘山人。皇后刘氏性格强悍，与庄宗的其他妃子争宠，常常为自己家世贫寒卑微感到耻辱。庄宗于是穿上刘叟那样的衣服，亲自背负着装蓍草的布囊和卖药用的箱子，让刘叟的儿子刘继岌提着破帽跟在后面来到刘氏卧房，说："刘山人来探视女儿。"刘氏大怒，把刘继岌打了一顿并逐出宫去。

诫兄子书

马援①兄子严敦②并喜讥议，而通轻侠客③。援在交阯④还书诫之曰："吾欲汝曹闻人过失，如闻父母之名，耳可得闻，口不可得言也。好论议人长短，妄是非⑤政法，死不愿闻子孙有此行也。龙伯高⑥敦厚周慎，口无择言⑦，谦约节俭，廉公有威。吾爱之重之，愿汝曹效之。杜季良⑧，豪侠好义，忧人之忧，乐人之乐，清浊无所失，父丧致客，数郡毕至。吾爱之重之，不愿汝曹效也。效伯高不得，犹为谨敕之士，所谓刻鹄不成尚类鹜⑨者也；效季良不得，陷为天下轻薄子，所谓画虎不成反类狗⑩者也。"

【注释】

①马援:字文渊,扶风茂陵(今属陕西)人,西汉末至东汉初名将,东汉开国功臣。 ②严敦:即马援的两个侄子马严和马敦。马严,字威卿,仕郡督邮,援常与计议,委以家事。马敦,字孺卿,与兄长马严都有时名。 ③通轻侠客:与轻佻之人及侠士交好。通,交往。 ④交阯:又作“交趾”,秦汉后为今越南北部一带。 ⑤是非:评论、褒贬。 ⑥龙伯高:名述,东汉前期京兆(今陕西西安)人,曾为零陵太守,史志多有褒扬。 ⑦口无择言:说出来的话没有败坏的,意为所言皆善。择,通“斁(dù)”,败坏。 ⑧杜季良:东汉时人,官至越骑司马。 ⑨刻鹄不成尚类鹜:即刻鹄类鹜,画天鹅不成,仍有些像鸭子。比喻模仿的虽然不逼真,但还相似。 ⑩画虎不成反类狗:比喻不切实际的攀求过高的目标,好高骛远,终无成就,反成笑柄。亦喻仿效失真,反而弄得不伦不类。

【译文】

马援哥哥的儿子马严和马敦都喜欢讥讽议论,而且爱与轻佻之人及侠士交往。马援在交阯写信告诫他们:“我希望你们听到别人的过失,像听到父母的名字,耳朵可以听见,但嘴巴不可以议论。喜欢议论别人的长短,胡乱评论政事法度,这些我都深恶痛绝,我宁可死去也不希望自己的子孙有这种行为。龙伯高为人诚实宽厚、周密谨慎,说的话没有什么可以让人指责的,谦虚节俭,自我克制,廉洁公正又不失威严。我爱护他,敬重他,希望你们向他学习。杜季良是个好行义举的豪侠,把别人的忧愁作为自己的忧愁,把别人的快乐作为自己的快乐,无论好人坏人都结交,他父亲去世时,有很多人来吊唁。我爱护他,敬重他,但不希望你们向他学习。学习龙伯高不成功,还可以成为谨慎谦虚的人,正所谓雕刻天鹅不成,还可以像一只水鸭;你们学习杜季良不成功,那就会沦落为天下的轻薄子弟，就像画虎不成反类狗了。”

范镇识大体

仁宗天性宽仁，言事者竞为皦讦，至污人以帷簿不明事。范镇[①]独引大体，非关朝廷安危、生民利疚则不言。宰相陈执中[②]有嬖妾[③]杀婢，御史奏逐去之。镇言：“阴阳不和，财匮民困，执中当任其咎。今御史舍大责细，暴扬燕私，欲以一婢逐宰相，非所以明等级，辨堂陛[④]也。”识者韪之。

【注释】

①范镇：字景仁，北宋华阳（今四川成都）人，官至翰林学士，曾参与修编《新唐书》。 ②陈执中：字昭誉，洪州南昌（今属江西）人，北宋仁宗朝官至宰相。 ③嬖（bì）妾：爱妾。 ④堂陛：宫殿厅堂和台阶，指朝廷。

【译文】

宋仁宗天性宽厚仁慈，有御史争着揭发他人，甚至拿暧昧不清的闺阁丑事污辱他人。只有范镇能识大体，与朝廷安危、民生利害无关的事，一概不谈。宰相陈执中的宠妾杀死了一个婢女，御史上奏朝廷请求罢免陈执中。范镇说：“若国家阴阳失调，财物匮乏，民众困顿，执中则应当承担责任。今天御史不顾大体来苛责小节，张扬个人隐私，想拿一个婢女的事件来罢免宰相，这不是一种用来分清等级界限、明辨职责大小的方法。”有见识的人都认为他说得正确。

谏喻有术

诸葛瑾[①]与孙权谈说谏喻，未曾切愕。微见威采，粗陈指归②;如有未合,则舍而及他;徐复托事造端,如物类相求。于是权意往往而释。

【注释】

①诸葛瑾:字子瑜,琅邪阳都(今山东沂南)人,诸葛亮之兄,三国时期吴国大臣。 ②指归:主旨。

【译文】

诸葛瑾向孙权言事进谏,不曾言语激切。看到孙权稍显怒态,诸葛瑾就粗略陈述大指;如果意见有不合孙权心意之处,便避开而谈其他问题;慢慢再借他事发端,像同类的事物相互推求一样。在此情况下,孙权的怒意往往会消除。

内省卷之十三

千圣示心灯①,三省②九思③,教我津中觅岸④。寸腔悬胆镜,畏衾羞影⑤,尽人衣里藏珠⑥。刻刻提防,念念返照⑦,过于闪电中天,何止闻钟清夜!纂内省第十三。

【注释】

①心灯:神思明亮如灯,故称。 ②三省:以三事省察,泛指详察己身过失。语出《论语·学而》,曾子曰:"吾日三省吾身:为人谋而不忠乎?与朋友交而不信乎?传不习乎?" ③九思:应该考虑的言行举止的各个方面。语出《论语·季氏》,孔子曰:"君子有九思:视思明,听思聪,色思温,貌思恭,言思忠,事思敬,疑思问,忿思难,见得思义。" ④岸:即彼岸,佛教认为脱离尘世烦恼、取得正果之处。 ⑤畏衾羞影:睡觉对被子而心生畏惧,走路对影子而心生害羞,比喻行为不光明磊落,问心有愧。 ⑥衣里藏珠:指迷失了本性,不醒悟。语出《妙法莲华经·五百弟子授记品》:"譬如贫穷人,往至亲友家,其家甚大富,具设诸肴膳。以无价宝珠,系著内衣里,默予而舍去,时卧不觉知。是人既已起,游行诣他国,求衣食自济,资生甚艰难,得少便为足,更不愿好者,不觉内衣里,有无价宝珠。" ⑦返照:佛教指用佛性对照检查自己。

【译文】

众圣引导人的心灵,详察多思自己的言行,教导我在迷津中找到彼岸。心中高悬监察自我的明镜,可以看到自己行为不够光明磊落,使人惭愧之处,这都像佛经上所讲的衣里藏珠的比喻,是由人不醒悟造成的。时时刻刻在内心防范，心心念念用佛性对照检查自己，那惊醒的效用快得胜过天空中的闪电，何止是在寂静的黑夜中听到那震撼心灵的钟声！纂内省第十三。

反省功夫

范文正公云："吾每就寝，即计一日奉养之费及所为之事。果相称，则熟寐；不然，终夕不安眠，明日必求以称之者。"

【译文】

文正公范仲淹说："我每天睡觉前，就把一天的生活费用和所做的事盘算一下。如果二者相称，就可安然熟睡；如果二者不相称，就会彻夜不得安睡，第二天一定设法弥补，求得相称。"

抑己自约

赵清献公帅蜀时，有妓戴杏花。公偶戏曰："髻上杏花真有幸。"妓应声曰："枝头梅子岂无媒？"逼[①]晚，公使老兵呼妓。几二鼓不至，令人速之。公周行室中，忽高声呼曰："赵抃，不得无礼！"旋令止之。老兵自幕后出，曰："某度相公不过一时辰此念便息，实未尝往也。"

【注释】

①逼：临近。

【译文】

清献公赵抃（赵抃谥清献）做益州（今四川）转运使时，看到有个歌妓头戴杏花。赵抃偶然调戏这个歌妓说："髻上杏花真有幸。"歌妓应声回答："枝头梅子岂无媒？"临近晚上时，赵抃派一个老兵把歌妓叫过来。接近二更天了，那歌妓还没到，赵抃就派人去催。在等候的时间里，赵抃在室内转圈徘徊，忽然高声叫喊说："赵抃，不能干无礼的事情！"立刻停止去找妓女。那老兵从幕后转出，说："我猜测相公不过一个时辰便会消除招歌妓的念头，我实际上并没有去招歌妓。"

发露太尽恐难继

才舒放便思收敛，才言语便思简默①。不可乘喜而多言，不可乘快而多事。须有包含则有余味，发露太尽，恐亦难继。

【注释】

①简默：简约静默。

【译文】

才舒展放开就要想到收敛，才说话就要想到简约静默。不要趁高兴而多说话，不要趁着痛快而多事。凡事须有包容才有余味，显扬太过厉害，恐怕难以继续。

惧惊恐疑

君子对青天而惧，闻雷震而不惊；履平地而恐，涉风波而不惧(一)。

【校勘】

（一）惧：此条又见于晚明陆绍珩编著的《醉古堂剑扫》，"惧"作"疑"。

【译文】

君子面对青天常存恐惧，听到雷霆却不心惊；平地走路时倍加警惕，风浪涉渡却不惊疑。

过恶深重有效验

过恶深重者亦有效验：或心神昏塞，转头即忘；或无事而常烦恼；或见君子而消阻①；或闻正论而不乐；或施惠人而反怨；或夜梦颠倒；甚则妄言失志；皆作业②相也。苟一类此，即须奋发。

【注释】

①消阻：沮丧。 ②作业：作孽，造孽。业，罪孽。

【译文】

罪恶深重的人也有应验的迹象：有的人心神昏沉堵塞，对事转头即忘；有的人没事，却常常自寻烦恼；有的人见到君子而心生沮丧；有的人听到正当的言论却不快乐；有的人施惠于人反而招人怨恨；有的人夜梦错乱；甚至有的胡说八道，神志不清；这些都可以看作是造孽之相。如果人有其中一种情况，就必须发奋振作（以图改变）。

德进心闲事平用俭

言行拟古人则德进，功名付天命则心闲，报应念子孙则事平，受享虑疾病则用俭。

【译文】

说话做事效法古人，品德就会长进；把功名看作上天安排，心情就会安闲；想到报应累及子孙，处理事情就会公平；尽情享受时想到疾病，用度就会节俭。

所为告天

赵抃任成都，一琴一鹤自随。及再任，屏琴鹤，止有苍头执事。日所为事,夜必衣冠拈香告天。不可告者,不敢为也。

【译文】

赵抃在成都担任转运使时,只带去一琴一鹤。他第二次到成都做官时,连琴鹤都舍弃了,只有一个仆人为他服役。赵抃白天所做的事,必在前一天夜里穿戴整齐拈香上告于天。不能祷告的,赵抃不敢去做。

顾指失头

居高位而施乞丐,作奸宄而活数鱼(一);己自煦煦①,而假手杀人者不悟;善亦累累,而末流种毒者不知。此谓顾指失头,杀牛放蚁。

【校勘】

(一)作奸宄(guǐ)而活数鱼:此则又见于颜茂猷所辑《迪吉录》,此句为"作奸宄而活虫鱼"。当以"虫鱼"为佳,"虫鱼"与"奸宄"相对。奸宄,犯法作乱的事情。

【注释】

①煦煦:温和慈惠。

【译文】

身居高位而施舍乞丐,犯法作乱却救活了虫鱼;自己温和慈惠,却借他人之手杀人,而不觉悟;善行不少,却身居后列散播毒害,而不理会。这就叫做顾手指丢头颅,杀大牛放小蚁。

养性尽力

执拗者福轻,而员融①之人,其禄②必厚;操切③者寿夭,而宽厚之士其年必长。故君子不言命,养性即以立命;亦不言天，尽人自可回天。

【注释】

①员融：常作“圆融”，佛教语，破除偏执，圆满融通。②禄：福。 ③操切：做事过于急躁。

【译文】

偏执的人福薄，而圆融的人福厚；做事过于急躁的人短命，而性情宽厚的人年寿长久。所以，君子不说命运，修身养性就可使精神有所寄托；也不说天意，尽了人力自可扭转天意。

学问得力处

无事便思有杂念否，有事便思有粗气否；得意便思有骄矜否，失意便思有怨望[①]否。时时检点，到得从多入少、从有入无，才是学问得力处。

【注释】

①怨望：怨恨之情。望，恨。

【译文】

无事的时候就想想是否有杂乱的念头，有事的时候就想想是否心浮气躁；得意的时候就想想是否傲慢夸耀，失意的时候便想想是否心怀怨恨。时时检点自己，到达缺点从多到少、从有到无的境界，这才是修养的关键所在。

管宁之过

管宁浮海，大风几覆舟。舟中人呼天忏罪。至管宁，云：“尝一朝科头[①]，三晨晏起，及一次不冠如厕。过必在此耳。”后同行诸舟尽没，独宁舟有灯导而前，获济。

【注释】

①科头:不戴冠帽,裸露头髻。

【译文】

管宁渡海,大风浪几乎把船打翻。船上的人向天呼救忏悔自己的罪过。轮到管宁,他说:“曾经有一个早晨不戴冠帽,裸露头髻,有三个早晨晚起,以及一次上厕所没有戴帽子。过错必定就这些。”后来,同行的船都沉没了,唯独管宁坐的船有灯光引导前行,得以获救。

居实有心

士君子济人利物[①],宜居实,不宜居名;居其名则德损。士大夫忧国为民,当有心,不当有语,有其语则毁来。

【注释】

①济人利物:指救助别人,对世事有益。

【译文】

有德操的人救助别人,有益世事,应该讲究实在,不应图取名声;图取名声损伤德性。做官的人忧国忧民,应该用心去做,不应当宣扬出来,宣扬出来,容易遭受诋毁。

省察精严

梁武帝[①]身为帝王,年五十遂断房室[②]。第五伦[③]子病,不往视,通夕不寐;犹子[④]病,一夕十往,退而安寝,而自以为有私[⑤]。管宁渡海遇风,自讼[⑥]生平罪过,而止于一日科头,三晨晏起。幸灵[⑦]遇道路攲仄者正之,禾稼偃仆者扶之,终身不役使臧获[⑧]。萨守坚[⑨]渡,野航无人,留渡直而去。古有道者省察精严如此。今人二六时中⑩,存心制行⑪,无适非罪戾⑫,奈何谭道?

【注释】

①梁武帝:即萧衍,字叔达,南兰陵(今属江苏)人,南北朝时期梁朝开国皇帝,谥号武,庙号高祖。 ②房室:男女性事。 ③第五伦:复姓第五,名伦,字伯鱼,东汉京兆长陵(今陕西咸阳)人,官居司空。 ④犹子:侄子。 ⑤私:偏爱。 ⑥自讼:即自责。语出《论语·公冶长》:"吾未见能见其过而内自讼者也。" ⑦幸灵:字克信,西晋豫章建昌(今江西奉新)人,性格沉默,善良平和,有奇术。 ⑧臧获:古代对奴婢的贱称。 ⑨萨守坚:宋代著名道士,号全阳子,人称萨天师,又称萨真人,在道教中其与张道陵、葛玄、许逊共为四大天师。 ⑩二六时中:指一整天里的意思。二六时,指一天的十二个时辰。 ⑪存心制行:涵养内心,约束行为。 ⑫适非罪戾:前去指责罪过。适,往。非,指责。罪戾,罪愆,罪过。

【译文】

梁武帝身为帝王,到了五十岁就断绝了男女性事。第五伦的儿子病了,梁武帝没去看望,却整夜难眠;侄子生病,梁武帝一夜前去看望十次,回来后安然入睡,他认为自己还是有偏爱。管宁渡海遇到了大风,自责平生罪过,也不过是一个早晨不戴冠帽,裸露头髻,三个早晨晚起。幸灵遇到道路曲折不平,就把它修正铺平,看到庄稼倒伏了就扶正,终身不使唤奴婢。萨守坚渡河,野外摆渡人不在,他留下了船费才离开。古代有操守的人,像这样精细严密地反省自己。现在的人,一天当中,在涵养内心、约束行为时,不去指责自己的罪过,怎么能够谈修养之道呢?

切宜慎独

人为五阴[①]浊障[②]，不能见虚空中圣贤；圣贤无一处一刻不了然见我。切宜慎独[③]。

【注释】

①五阴：佛家认为可以使人的心里迷惑，遮盖了人的本性，从而造出各种的业来的色、受、想、行、识这五种事情。 ②浊障：污浊障碍。 ③慎独：当独自一人而无别人监视时，也要表里一致，严守本分，不做坏事，不自欺。

【译文】

人受五阴混浊所碍，不能看见虚空中的圣贤；圣贤无时无处不在审视着我等。切记应该慎独。

快意处能持住

事当快意处能持，不特此生可免寂寥，且能驾驭造化；言当快意处能住，不特终身自少尤悔[①]，且觉趣味无穷。

【注释】

①尤悔，指罪过和悔恨。

【译文】

当事情做到得意时能够把持住自己，不只是这一生可免除寂寞空虚，而且能够驾驭命运；话说到畅快时能及时打住，不只是终身自少有罪过和悔恨，而且能体会到人生的无穷趣味。

未反而思

人能捐百万钱嫁女，而不肯捐十万钱教子；宁尽一生之力求利,不肯辍半生之功读书;宁竭货财[1]以媚权贵,不肯舍些微以济贫乏:总未反而思耳。

【注释】

①货财:钱财。

【译文】

人能舍弃百万钱嫁女儿,却不肯舍弃十万钱用来教育儿子;宁愿竭尽一辈子的力量去追求利益,却不愿花费半生的功夫来读书;宁肯用尽钱财去讨好权贵,却不肯施舍一点点东西去救济穷人:这都是没有反省思考的缘故。

暗室不可欺心

暗室贞邪谁见?忽而万口喧传。自心善恶炯然,凛于十王[1]考校[2]。

【注释】

①十王:在冥府裁断亡者罪业之十判官,又作十殿阎王。②考校(jiào):审讯。

【译文】

在黑屋子里坚贞和邪恶谁能看见?忽然间万口宣扬议论。自己心中善恶分明,要严于十殿阎王的审讯。

如登与如崩

为善如负重登山,志虽确而力犹恐不及;为恶如乘骏走坂[1],虽不加鞭策,而足亦不能制。

【注释】

①坂:山坡,斜坡。

【译文】

行善好像负重登山，志向虽然坚定还恐怕力所不及；作恶如同乘骏马下山坡，虽不加鞭打，可马足也很难停住。

不愧良心与莫萌恶念

莫作心上过不去之事，莫萌事上行不去之心。

【译文】

不要做对不起良心的事情，不要起做坏事的念头。

愿听签声

陈文帝①起自布衣，知民疾苦。每鸡人②伺漏③传签④殿中者，令投于阶石上，鎗⑤然有声，云："吾虽眠，亦令警觉。"

【注释】

①陈文帝：即陈蒨（qiàn），字子华，陈武帝陈霸先之侄，南北朝时期陈朝第二位皇帝。 ②鸡人：宫廷中专管更漏报时之人。 ③伺漏：察看刻漏以报告时间。 ④传签：传令，发令。此指报时。 ⑤鎗：同"锵"。

【译文】

陈文帝平民出身，能够体察百姓的疾苦。每当鸡人查看刻漏，把计时的标签送往金殿时，他都让把标签扔到石阶上，发出"锵"的声响，说："我虽然熟睡了，也应该让我警觉。"

不可横逆于天

天若弃绝人，则差容悦者以骄其气；天若教道（一）人，则差横逆[1]者以练其心。彼奉天差而我不听,则我悍矣;彼代天教而我不领,则我愚矣。校天所差之横逆,又一横逆也。人可横逆于我,我可横逆于天哉?

【校勘】

(一)道:当为"导"之误。

【注释】

①横逆:行为横暴无理。

【译文】

上天如果要抛弃灭绝某人,就派讨好他的人来使其心生骄纵;上天如果想教育引导某人,就派行为蛮横不讲理的人来磨炼其心志。他奉上天的差遣来,我却不听从,那么我是强横的;他代替上天来教导我,我却不领受其教导,那么我是愚蠢的。与上天派来的强横之人相计较,我的作为是另一种强横。人可对我蛮横不讲道理,我可对上天蛮横不讲道理吗?

阮裕焚车

阮光禄裕[1]在剡,曾有好车,借者皆给。有人葬母,欲借不敢言。阮闻而叹曰:"吾有车而使人不敢借,何以车为?"遂焚之。

【注释】

①阮光禄裕:即光禄大夫阮裕,字思旷,陈留(今属河南)人,东晋哲学家,曾为金紫光禄大夫。

【译文】

光禄大夫阮裕在剡县(今浙江嵊州)做官,曾经有一辆非常好的车子,倘若有人向他借用,阮裕没有不借的。有人因安葬母亲,想向阮裕借车,但不敢开口。阮裕听说后感叹说:"我虽然有车子,但使人不敢来借,还要车子做什么呢?”于是把那车子烧毁了。

留心平日功夫

居处[1]必先精勤[2],乃能闲暇。凡事务求停妥,然后逍遥。平时只自悠然,遇境未免扰乱。

【注释】

①居处:居家过日子。 ②精勤:专心勤勉。

【译文】

居家过日子一定要先专心勤勉,心情才能闲适。凡事一定要停当妥善,然后心情逍遥。平时只管悠然自得,事到临头不免纷扰忙乱。

清凉散

一味见人不是,则兄弟朋友妻子以及童仆鸡犬到处可憎。故云每事自反[1],真一帖清凉散[2]也。

【注释】

①自反:自己反省。 ②清凉散(sǎn):能让人消除烦热的清凉之药。

【译文】

一味地看到别人的缺点,那么兄弟朋友、妻子儿女以及童仆鸡犬一切都会觉得可恶。所以说,每事都反躬自省,真是一帖清凉散。

处世须耐烦

处世须耐烦,居官尤甚。能耐烦便有识量[1],着一急性不得,盖事多在忙中错也。至读书交友,当户涉世,无不皆然,不惟涵养德性,亦足占后来造就。使憧憧②往来,卤莽裂灭③,即读书亦不能咀嚼,作事交友必有始无终。此无恒之人也。况于居官?不如意事举目皆是,若以忿悁④躁竞⑤处之,惟有投河赴海而已。噫!此虽人世之不古,亦宇宙缺陷世界宜尔也。故士必知命⑥,而后能乐天⑦。

【注释】

①识量:见识与度量。 ②憧(chōng)憧:来往不绝的样子。 ③裂灭:草率,轻忽。 ④忿悁(juàn):怨怒,愤恨。 ⑤躁竞:急于进取而争竞。 ⑥知命:认识天命或命运,多指已经看透命运的走势和明白命运的意义。 ⑦乐天:乐于顺应天命,引申为安于处境而无忧虑。

【译文】

应对世务应该耐得住麻烦,做官尤其需要如此。能耐得住麻烦,便会有见识与度量,有一点性急就不行,大概事情往往在忙乱中出错。至于读书交友,支撑门户,应对世事,无不是这样,不止凭此能涵养德性,也能够借此来占卜其未来的成就。假如来往匆匆,莽撞行事,草率轻忽,就是读书也不能用心咀嚼,做事情、交朋友必定是有始无终。这样的人是没有恒心的人。何况是做官呢?不如意的事情到处都是,如果用怨恨、急于争竞的心态来处理,只有投河跳海自杀罢了。哎!这虽然是现在人心不古的原因,但也是宇宙有缺陷,世界本来应该就是这样。所以读书人一定要先认识天命,然后才能安于处境而无忧虑。

为善去恶勿取省费

与其烧香求福,不如为善;与其念佛免祸,不如去恶;与其妄取施惠,不如勿取;与其滥费千(一)人,不如省费。

【校勘】

(一)千:当为“于”之误。

【译文】

与其烧香求福,不如行善;与其念佛免祸,不如不作恶;与其胡乱索取而后去施舍恩惠,不如不索取;与其随意为人花钱破费,不如节省费用。

于道可冀

晋王珣①、王珉②舍宅为寺;唐贺之章(一)舍宅为千秋观③;庞蕴④沉家产于洞庭湖,而与女灵照同修梵行;裴休⑤为宰相,而送子出家。胸中无恋如此,乃于道可冀耳。今人侵闾阎以益宅,猎市利以增资,为锱铢而破颜,争尺寸而连讼,拥膏腴以奉躯壳,竭心力以营妻孥。如是虽目穷四部⑥,口吐莲花⑦,何益哉?

【校勘】

(一)贺之章:乃“贺知章”之误。贺知章,字季真,自号四明狂客,越州永兴(今浙江萧山)人,唐代著名诗人、书法家。

【注释】

①王珣:字元琳,东晋琅邪临沂(今属山东)人,丞相王导之孙,官至尚书令。 ②王珉:字季琰,王珣之弟,尝任黄门侍郎兼中书令。 ③千秋观:贺知章旧宅,在浙江绍兴东北。 ④庞蕴:字道玄,唐朝衡阳郡(今属湖南)人,禅门居士。 ⑤裴休:字公美,孟州济源(今属河南)人,唐代名相,笃信佛教,时称河东大士。 ⑥四部:中国古代图书分类名称。将书分为甲、乙、丙、丁或经、史、子、集四类,称四部。 ⑦口吐莲花:原来是指法师说法

使听者感觉收益不浅，现在常用来形容一个人能说会道，妙语连珠。

【译文】

东晋的王珣、王珉施舍住宅作为寺院；唐代的贺知章把自己的宅子捐出，改成了千秋观；唐朝的庞蕴把自己的家产沉于洞庭湖中，而与女儿灵照一同静修学佛；裴休做宰相，却送儿子出家修行。像这样心中没有眷恋，修道才有希望。现在的人侵占邻里地盘以扩充自己的宅院，猎取市场的利润来增加自己的资财，为了丝毫的利益而翻脸，为争丁点利益而不断诉讼，拥有肥沃的土地来奉养自己，竭尽心力为妻子儿女谋求利益。像这样，虽然看尽经史子集，能说会道，妙语如珠，又有什么用呢？

道不在蒲团上

有人教富翁打坐，坐中忽忆数十年前人负宿债[①]，乃深叹坐功之有益。固知道不在蒲团上。

【注释】

①宿债：旧债。

【译文】

有人教富翁打坐修行，富翁打坐中忽然想起了几十年前别人欠他的旧债，于是深深地感叹练打坐功有好处。可知仅在蒲团上打坐不会得道。

君子三惜

君子有三惜：此生不学可惜，此日闲过可惜，此身一败可惜。

【译文】

君子有三种可惜:这辈子没学问可惜,这天无所事事可惜,此生无成一旦败亡可惜。

一心不乱

眉睫才交,梦里便不能张主(一);眼光落地,死去(二)又安得分明?故学道之法无多,只在一心不乱。

【校勘】

(一)张主:主张,做主。此则又见于屠隆《娑罗馆清言》。“张主”在《娑罗馆清言》当中为“主张”。从音韵上来说,“张”平声,不能与下文的平声“明”相对,“主”为仄声,则可相对,故当以“张主”为胜。

(二)死去:此则前四句又见于晚明陆绍珩《醉古堂剑扫》。原文:“眉睫才交,梦里便不能张主;眼光落地,泉下又安得分明。”“死去”处为“泉下”,当以“泉下”为佳。

【译文】

眼睛刚刚闭上,梦里便不由自主;眼光落到地上,地下的情况怎么能分辨清楚?所以说,学道的方法不需要很多,只要做到专心不乱就行。

无拣择与不争胜

吃菜而生拣择,则吃菜不异吃荤;作善而求胜人,则作善还同作恶。

【译文】

吃素菜却挑三拣四,那么吃素和吃荤就没有什么两样;做善事却想胜过别人，那么行善等同于作恶。

积累之难与倾覆之易

问祖宗之泽，吾享者是，当念积累之难；问子孙之福，吾遗(一)者是，要思倾覆之易。

【校勘】

(一)遗：据洪应明《菜根谭》，“遗”当为“贻”。

【译文】

问祖先留下的恩泽，我享受的就是，应当感念祖先积累恩泽的不易；问子孙将来的福祉，我留下的就是，要考虑到子孙倾覆家业的容易。

言行不一

持论无鬼神，见怪魂惊；平居诋仙佛，遇病斋忏：儒者可笑如此。称柴数米①，时翻②名理③广筵；媚灶④乞墦⑤，日挂山林齿颊。高人其可信乎？

【注释】

①称柴数米：比喻过分计较琐碎之事，也形容生活困窘。语出冯梦龙《警世通言》卷五：“积财聚谷，日不暇给，真个是数米而炊，称柴而爨。” ②翻：反复研讨。 ③名理：指魏晋及其后清谈家辨析事物名和理的是非同异的学问。此指玄虚的道理。 ④媚灶：比喻阿谀依附权贵。崔寔《政论》：“长吏或实清廉，心平行洁，内省不疚，不肯媚灶。” ⑤乞墦(fán)：向祭墓者乞求所余酒肉。后指乞求施舍，亦指为谋利而不择手段。墦，坟墓。语出《孟子·离娄下》：“卒之东郭墦间之祭者，乞其余。”

【译文】

立论绝不相信鬼神，见到怪异的东西却魂飞胆战；平时诋毁神仙佛祖，到生病时却又吃斋忏悔：有些儒生如此可笑。称柴数米般过分计较琐碎之事，却在盛大的筵席上反复研讨玄虚高妙的学问；像讨好灶神般阿谀依附权贵，像向祭墓者乞求所余酒肉般为谋利而不择手段，却每天把隐居山林挂在嘴边。高人难道可以相信吗？

小人营干与豪杰作为

小人营干①，多从黑地欺心；豪杰作为，何怕青天有眼？

【注释】

①营干：投机钻营。

【译文】

小人投机钻营，往往是鬼鬼祟祟，昧着良心；豪杰作为，光明磊落，难道怕老天有眼看见？

傅玄铭席

晋傅玄①铭席之左端曰："闲居勿极其欢。"右端曰："寝处勿忘其患。"左后曰："居其安无忘其危。"右后曰："惑生于邪色，祸成于多言。"

【注释】

①傅玄：字休奕，北地泥阳（今陕西铜川耀州区）人，西晋时期文学家、思想家。

【译文】

西晋傅玄在座席的左前方写警句："闲居不要极尽欢乐。"右前方写:“睡时不要忘记自己的忧患。”左后方写:“要居安思危。”右后方写:“不当的容色会产生迷惑,过多的言语会生成祸患。”

李绶祝火

观察使李绶(一)立身甚严。所居在报慈寺西,一日火作延及,家人慌徙。绶叱曰:“此室皆清俸所建。”即焚香拜祝曰:“若李绶有枉法之贿,苞苴①之污,愿速焚以彰不德。”既而四面皆焚,惟李宅独存。尝大书屏间曰:“布施不如还债,作福不如省非。”真格言也。

【校勘】

(一)李绶:此则又见于洪迈的《夷坚志》。《夷坚志》中作:“观察使李绶虽生戚里,而律身甚严,不妄语笑,交游间称为法度士。所居在东京报慈寺西。”可推知李绶系李唐宗室。

【注释】

①苞苴:指馈赠的礼物,也指贿赂。

【译文】

观察使李绶自律很严。他家住在报慈寺的西边,一天报慈寺大火蔓延到李家,家人惊慌躲逃。李绶呵斥他们说:“这房子是用我干净的俸禄所建。”接着焚香跪拜,向上天祷告说:“如果李绶有非法的贿赂,接受不廉洁的馈赠,希望大火赶快焚烧掉房屋来彰显我的不德之处。”不久,周围的房子都烧掉了,只有李绶的宅子保存下来。李绶曾经在屏风间写上大字说:“向人布施不如还债,做善事不如反省自己的过失。”这真是格言。

《祈雨疏》文

《祈雨疏》①有云:“旱既太甚,神谢②人求,默谴示曰:

‘我观下土,富不泽贫,贵不泽贱,甚者亲不泽亲也,在在[3]谁非旱境?我观众生,贫难求富,贱难求贵,甚者亲难求亲也,人人谁肯应求?平等相求尚多不应,汝去天不啻万里,乃望有求立应耶?汝但反求,常作泽物[4]想。汝雨及人,吾雨及汝矣。’”

【注释】

①《祈雨疏》:遇久旱,举行祈愿降雨法会时所诵唱之疏文,作者不详。 ②谢:告诫。 ③在在:到处,各处。 ④泽物:施惠于人,做善事。

【译文】

《求雨疏》上说:“天旱得严重,神灵告诫求雨的人,默默地谴责说:‘我看下界人间,富裕的人不向贫穷的人施恩泽,高贵的人不向低贱的人施恩泽,甚至亲人之间互不施恩泽,到处谁不处于旱灾之中呢?我看芸芸众生,贫穷的人难以求助富裕的人,低贱的人难以求助高贵的人,甚至亲人之间无法求助,谁肯答应别人的求助?平等之人相求尚且大多不肯援助,你们离天不下万里,竟然希望有求立应吗?你等只要反求自身,常常要有施惠于他人的想法。你们向别人施以恩泽雨露,我就为你们普降甘霖了。’”

药　渣

陆天池[1]有《寓言》曰:“某帝时,宫人多怀春[2]疾。医者曰:‘须敕数十少年药之。’帝如言。后数日,宫人皆颜舒体胖[3],拜帝曰:‘赐药疾愈,谨谢恩。’诸少年俯伏于后,枯瘠蹒跚,无复人状。帝问:‘是何物?’对曰:‘药渣。’”

【注释】

①陆天池:即陆采,字子元,号天池,明代长洲(今江苏苏州)人,博学能文。 ②怀春:指少女思慕异性。 ③体胖(pán):身

体舒泰。

【译文】

陆天池有篇《寓言》说："某皇帝时，宫娥多害怀春病。医生说：'需要派几十个青年男子来给她们医治。'皇帝按医生说的做了。几天过后，宫娥个个脸色滋润，身体舒泰，拜谢皇帝说：'皇上赐的药已把我们的病治愈，谢皇上恩典。'那些年轻男子趴伏在宫娥身后，身体枯萎瘦弱，几乎难以迈步，不成人形。皇帝问：'这是什么东西？'宫娥回答：'药渣。'"

朴拙胜多情

纵才情不减相如①，何必效临邛之窃？若事功未齐少伯②，奚堪仿五湖之游？青衫湿泪③，事虽美而未必概司马生平；红拂④扣门，遇诚奇，而岂足尽卫公俊伟？我愿世人宁甘朴拙，莫羡多情；纵有机缘，且思阴报。

【注释】

①相如：即司马相如，字长卿，巴郡安汉县（今四川南充）人，一说蜀郡（今四川成都）人，西汉辞赋家。他年轻时曾在好朋友临邛县令王吉的帮助下得以与临邛富豪卓王孙的女儿卓文君私奔。　②少伯：即范蠡，字少伯，春秋时期楚国宛地（今河南南阳）人，春秋末著名的政治家和经济学家，曾献策扶助越王勾践复国。传说范蠡功成身退，携美女西施泛舟五湖。　③青衫湿泪：来源于白居易《琵琶行》"江州司马青衫湿"。白居易被贬江州司马，夜遇琵琶女，听其弹奏，自感身世，伤心流泪。青衫，白居易任江州司马时所穿青色官服。　④红拂：即红拂女，本隋朝司空杨素府内歌妓，因手执红色拂尘，故称红拂女。红拂女见到未发迹前的卫国公李靖，心生仰慕，跑出杨素府，半夜去敲李靖之门

相见,后私奔。

【译文】

纵使才情不亚于司马相如,何必学他在临邛和卓文君偷情?如果功业不能跟范蠡一样,哪里能够效法他携西施泛游五湖?白居易泪湿青衫,事情虽好,却未必能概括了他的一生;红拂女夜叩李靖之门,尽管遭遇实在奇特,但怎能尽现卫国公(李靖爵封卫国公,人称卫公)的卓异雄伟?我希望世人宁可甘心于拙朴,不要羡慕多情;纵然有艳遇的机缘,还要考虑暗中的报应。

境由心生

人思火体热,思水体寒。怒则发竖,惊则汗滴,惧则肉颤,愧则面赤,悲则泪出,慌则心跳,言酸则涎,言臭则唾。又日有见,夜必梦扰;日有思,夜必谵语①;梦交则泄精,气怒则发狂:皆因心而生者也。人自省,灵君②可一刻不在绛宫③以统百属④?

【注释】

①谵(zhān)语:病中神志不清,胡言乱语。也泛指胡言乱语。 ②灵君:指人的心灵。 ③绛宫:本义是漆成红色的宫殿。引申为传说中神仙所住的宫殿。此指心府。 ④百属:百官。此指各种念头。

【译文】

人想到火身体就感到温热,想到水就会感到寒冷。发怒头发会竖起来,受惊就会淌汗,恐惧时身体会打颤,羞愧时脸就会发红,悲伤时眼会流泪,慌乱时心跳会加快,说到酸物时口会流涎,讲到臭物时就会吐唾沫。还有,日有所见,夜有所梦;日有所思,夜里一定会说胡话;梦到性交就会遗精,暴怒就会发狂:这都是由内心而生成的。人要自我反省，心府统帅各种念头，心灵怎能离开片刻？

平生不欺心

段希尧[①]使吴越[②]，过海遭大风，左右恐怖。希尧曰："吾平生不欺。尔等恃吾，可无恐也。"已而风止。

【注释】

①段希尧：唐末五代时河内(今河南沁阳一带)人，曾仕于后晋、后汉。 ②吴越：五代十国时期的十国之一，由钱镠所建，都城为钱塘(今杭州)。

【译文】

段希尧出使吴越，过海时遇到大风，身边的人担惊害怕。段希尧说："我一辈子不欺心，你们依靠我，可不用害怕。"不久，大风停息。

勿玩世而欺人

倚高才而玩世，背后须防射影[①]之虫；饰厚貌以欺人，面前恐有照胆之镜。

【注释】

①射影：古书上指蜮(yù)，据说蜮这种动物能含沙喷射人影使人生病。

【译文】

依仗才高而玩世不恭，背后要防攻击陷害的射影之虫；装出忠厚的样子来欺骗人，面前恐怕有明照心灵之镜。

须早回头与莫便放手

恩里由来生害，故快意时须早回头；败后或反成功，故拂心处莫便放手。

【译文】

受恩宠往往会招来祸患，所以得意时要尽早收场；失败后或许会转向胜利，因此遭不如意时不要轻易罢手。

大临慨叹

陶文懿公（一）以差出还朝，慨然叹曰："吾侪居官，即令事事济人，不能掩罪万一。况此闲局①，未得亲民，将何修而可？忆余简差②出京，往还几千里，役夫不知若干人。彼彭彭③林林④，皆人子也。炎蒸汗喘若雷，严寒跋泞冲雪。由此而踣道路，委沟壑，何可胜数！此等罪业，皆由我作。我无劳以享之，果报不诬，能无惕然乎？"

【校勘】

（一）陶文懿公：即陶大临，字虞臣，号念斋，会稽（今浙江绍兴）人，万历初年官至吏部侍郎。此则又见于明人耿定向的《先进遗风》。据《先进遗风》，陶大临谥号为文懿。王世贞写过《吏部侍郎陶文僖公大临传》，据此则为文僖；明人欧大任写过《陶文僖公挽词二首》，也当为文僖。综合看来，为文僖的可能性较大，虽耿定向为陶大临友人，或许记忆有误；而挽词当是在陶大临死时所作，出错可能性较低。

【注释】

①闲局：闲而无事之官署。陶大临当时在翰林院任翰林学士，翰林学士为清要之职，而非亲民之官。　②简差：指担任主持

选拔举人的乡试差事。 ③彭彭：奔走不息貌。 ④林林：密集，众多。

【译文】

文僖公陶大临奉旨出京办差回朝，感慨叹息说："我等做官之人，即使所办的每件事都为了救助百姓，也不能抵偿自己罪过的万分之一。况且，身居清闲无事的翰林之职，不能体恤民情，将来怎样修养才能弥补得上呢？想想我这次出京主持乡试，往返几千里，为我服务的民夫差役不知有多少人。那众多奔走服役之人，也都是别人的孩子。在炎热蒸腾的夏季，他们汗如雨下，喘声似雷；严寒的冬天，他们在泥泞中跋涉，在风雪中开道。在此行程中，倒毙在道路上、葬身在沟壑中的，怎么能够数得过来？这样的罪过恶业，都是我造成的。我没有功劳却安心享受，因果报应是不假的，哪能不警惕呢？"

不虞之患难防

仇边努(一)易避，恩里戈难防；苦时坎易逃，乐处阱难脱。

【校勘】

(一)努：乃"弩"之误。

【译文】

仇人射来的箭容易躲避，恩人刺来的戈难以防范；困苦时的坎容易躲过，得意时的陷阱难以逃脱。

无事提防与有事镇定

无事如有事堤防，才可弭意外之变；有事如无事镇定，方可消局中之危。

【译文】

无事的时候像有事的时候那样提防，才可以消除意外的变故；有事的时候像无事的时候那样镇定，才可以消除局中的危害。

勿与不善人交

与善人交，有终身了无所得者；与不善人交，动静语默悉从而似之。人性如水，为不善如就下，可不择交？

【译文】

与好人交往，有人终身一点儿也学不到好人的德行；和不好的人交往，一切言行思想都追随不善之人并与之相似。人性如同水一样，做不善之事如同水往低处流，怎么可以不慎重择友呢？

伊川自省

程伊川自省云："农夫祁寒暑雨，深耕易耨①，吾得而食之；百工技艺，作为器物，吾得而用之；介胄②之士，披坚执锐，以守土宇，吾得而安之。无功泽及人，而浪度岁月，晏然为天地间一蠹。"

【注释】

①深耕易耨(nòu)：指精耕细作。耨，古时锄草的一种农具。易，浅。　②介胄：铠甲和头盔。

【译文】

伊川先生程颐自我反省说："农夫受严寒，冒酷暑，挨雨淋，精耕细作，我才得以有粮食吃；各种手艺人制成器物，我才有得用；披甲戴盔的将士，手握兵器，保卫国土，我才有安定的生活。对人没有功劳恩泽，虚度光阴，简直就是天地间的一条蠹虫。"

婚而论财与葬而求福

婚而论财,究也夫妇之道丧;葬而求福,究也父子之恩绝。妇凌其夫者,恃于富也;子露其父者,惑于地也。

【译文】

婚嫁时如果讲究钱财,那么最终的结果是夫妻恩爱的关系被破坏;安葬如果为了求福,那么最终的结果是父子之间的恩情被断绝。妻子凌驾丈夫,是仗着其娘家富有;儿子长久不让亡父入土为安,是出于寻找风水宝地的困惑。

士大夫三如

做秀才如处子,要怕人;既入仕如媳妇,要养人;归山林如阿婆,要教人。

【译文】

做秀才如处女一样,要怕见人;做了官如媳妇一样,要供养人;退隐山林如婆婆一样,要教导人。

视横财若横人

有横逆①于此,逆来必不顺受,非君子不能自反。有横财②于此,逆来恐不再来,虽君子不必自反。惟圣人③诛天下之横人④,又能散鹿台⑤之横财,无所不自反也。谁能视横财若横人,艴然⑥不肯受乎?

【注释】

①横(hèng)逆:蛮横粗暴的行为。 ②横财:指非法或侥幸获得的钱财。 ③圣人:此指周武王。 ④横人:此指商纣王。

⑤鹿台:故址在今河南淇县,殷纣王所建,是其积财处。 ⑥艴然:恼怒的样子。

【译文】

遇到蛮横不讲理的行为,必定不会顺从和容忍,如果不是君子就不能自我反省。侥幸获得钱财,却担心这样的事不会发生第二次,即使是君子也不一定自我反省。只有圣人周武王诛杀了天下的凶暴之人纣王,同时又把鹿台的不义之财散发给百姓,没有一处不自我反省。谁能把遇到横财看成和遇到蛮横之人一样,恼怒而不肯接受呢?

炎凉之态与嫉妒之念

炎凉之态[1]处富贵者,更甚于贫贱;嫉妒之念为兄弟者,或狠于外人。

【注释】

①炎凉之态:即炎凉世态。指亲富疏贫、媚贵欺贱的势利现象。

【译文】

炎凉冷暖的世态,富裕显贵人家更胜过贫穷微贱人家;嫉妒猜忌的心理,兄弟之间或许比外人更狠毒。

言行切须检点

有一言而伤天地之和,一事而折终身之福者,切须检点。

【译文】

说一句话可能损伤天地的融和气氛,做一件事可能折损终身的福分,切记要检点。

莫图侥幸

心曰本心,性曰本性,分曰本分,原不计利息也。卖菜佣持本换利,几束菜,几文钱,左手交右,斤斤不爽。故谈及报应,夫子不答,盖不教举世作卖菜佣也。世提一双空手,要图侥幸去拿钱,曾①佣不若。

【注释】

①曾(zēng):加强否定语气地副词,相当于"竟然"。

【译文】

心是本心,性是本性,分是本分,原来不计算利息。卖菜的仆从拿本钱赢利润,几把菜,卖几文钱,就像左手交给右手,非常清楚明白,没有丝毫差错。所以,当谈到报应时,孔夫子不回答,大概是不愿让全天下的人都去做卖菜的仆从。世人只用一双空手,要想凭侥幸去捞钱,竟然连卖菜的仆从都不如。

《逐贫赋》与《送穷文》

草《太玄》者①,乃作《逐贫赋》②;不耐贫而欲逐,便非守玄矣。谏佛骨者③,乃作《送穷文》④;不堪穷而欲送,便是脆骨矣。

【注释】

①草《太玄》者:指西汉后期学者扬雄。扬雄曾撰哲学著作《太玄》,将源于老子之道的玄作为最高范畴,并在构筑宇宙生成图式、探索事物发展规律时,以玄为中心思想。 ②《逐贫赋》:扬雄晚年的作品,描述了作者想摆脱"贫儿"却根本甩不掉的无奈情景。 ③谏佛骨者:指唐代文学家韩愈。韩愈反佛,曾向唐宪宗上过《谏迎佛骨表》。 ④《送穷文》:韩愈用自嘲笔调、戏剧

性对白、诙谐风格,借咏贫抒发牢骚之情的文章。

【译文】

写《太玄》的扬雄,竟然写了《逐贫赋》;耐不住贫贱而想驱逐,便没有守住“玄”。写《谏迎佛骨表》的韩愈,竟然写了《送穷文》;不能忍受穷苦而想送走,便是软骨头了。

颜含自责

王丞相①名位隆重,百僚欲为降礼。冯太常②以问颜光禄③,颜曰:“公虽重,礼无偏敬。”既而告人曰:“吾闻伐国不问仁人④,向冯祖思问佞于我,我其有邪德乎?”

【注释】

①王丞相:即丞相王导,字茂弘,琅邪临沂(今属山东)人,东晋政权的奠基人之一。 ②冯太常:即太常冯怀,字祖思,晋代长乐人,任太常(掌祭祀、礼乐)、护军将军。 ③颜光禄:即光禄大夫颜含,字弘都,东晋琅邪(今属山东)人,曾任汝阴太守,封护国将军,爵封光禄大夫。 ④伐国不问仁人:春秋时期鲁国国君想攻打相邻的齐国,曾征求大夫柳下惠的意见,柳下惠不但回说不可,还以伐国不问仁人的嫌疑,自惭自责。后指自惭自责。

【译文】

丞相王导名位隆重,满朝大臣认为应该给他降低参见皇帝时的礼仪规格。太常冯怀拿这事来询问光禄大夫颜含,颜含说:“王公虽重,但在觐见皇帝的礼仪上不应该对谁偏敬。”随后颜含对别人说:“我听说讨伐一个国家不问仁爱之人,刚才冯祖思向我问谄媚讨好的事,难道我有不好的德行吗?”

贫贱富贵相轮回

贫贱生勤俭，勤俭生富贵，富贵生骄奢，骄奢生贫贱：六道轮回①。

【注释】

①六道轮回：本为古印度婆罗门教的世界观，后被释迦牟尼佛用作度化世人断诸烦恼永离生死的说教。此指循环往复。

【译文】

略。

鉴察督过有别

天非私富一人，盖托以众贫者；天非私贵一人，盖托以众贱者。贫贱人食力营业，自家血汗，自家消受，天之鉴察反宽；富贵人担爵食禄，万民血汗，一人消受，天之督过更重。

【译文】

上天并没有偏爱只让一人富有，大概是把众位贫困者托付给富有者；上天并没有偏爱只让一人高贵，大概是把众位低贱者托付给高贵者。贫贱者自食其力，营谋职业，自己的血汗换来的东西，自己享受，上天对其监察反而宽松；富贵人担任爵位，吃着俸禄，一人享受万民的血汗，上天对其监督就更严格。

伊川先生言

伊川先生有云："士大夫相聚，未仕者不过论科目之进取，已仕者不过及官职之差除①。下此者，计资财多寡，角生理②巧拙，比嗜欲胜负，无所不至焉。其有彼善于此言语文字之末？剪彩为花，象龙救旱，抑[3]竟何得哉？呜呼！君子求益于师友，不苟然矣。然则世无其人，归而求诸吾书可也。”

【注释】

①差除：官职任命。除，授官。 ②生理：谋生之术。③抑：用在句首的语气词，没有实在的意义。

【译文】

伊川先生程颐说：“士大夫们相聚，没有走上仕途的，不过谈论考取科举功名的事，已经走上仕途的，不过谈谈官职任命的事。在此之下的谈论内容，有的计算财产多少，有的角逐谋生之术的巧妙；有的比较嗜好欲望的胜负，无所不至。那些德行修养在这些言语中哪里有所提及呢？剪纸花来装点春色，画龙像去求雨止旱，究竟有什么用呢？哎！君子寻求师友，不可以随便马虎。既然这样，如果找不到好的师友，回来读读我的书，可有所收益。”

治淫之术

有人患好色，问王龙谿[1]先生。先生云：“有人设帷帐，指谓中有名娼，汝可褰帷[2]就之。汝从而入视，乃汝妹汝女也。此时淫心亦顿息否？”曰：“息矣。”先生曰：“然则淫本是空，汝自认作真耳。”

【注释】

①王龙谿：即王畿，字汝中，号龙谿，学者称龙谿先生，明代山阴（今浙江绍兴）人，师事王守仁，为王门七派中浙中派创始人。②褰（qiān）帷：撩起帷幔。

【译文】

有人有好色的毛病，问王龙谿先生如何医治。先生说：“有人设置一顶帷帐，指着帷帐告诉你里面是著名的娼妓，你可掀开帷幔进去享受。你听了他的话,进去一看,发现是你的妹妹和你的女儿。这时,你的淫心是否也立刻消失了呢?”这个人回答:“消失了。”王龙豁先生说:“既然这样,那么,淫本是空,你自己当真罢了。”

显道去矜

谢显道[1]与伊川别一年,往见之。伊川曰:“相别又一年,做得甚工夫?”曰:“也只是去个‘矜[2]’字。”曰:“何故?”曰:“仔细检点来,病痛尽在这里。按伏得这个罪过,方有向进处。”

【注释】

①谢显道:即谢良佐,字显道,上蔡(今属河南)人,人称上蔡先生或谢上蔡,从程颢、程颐学,与游酢、吕大临、杨时号称程门四先生。创立了上蔡学派,是心学的奠基人。 ②矜:自大,自夸。

【译文】

谢显道和伊川先生程颐分别一年后,前去看他。伊川先生问:“分别又一年了,你修养上有什么长进?”谢显道回答:“也只是去掉了一个‘矜’字。”伊川先生问:“为什么这么说?”谢显道说:“仔细地检点自己,发现许多缺点都在这里。压服得住这个罪过,才能有长进的地方。”

朱晦庵言

晦庵先生曰:“人若着些利害[1],便不免开口告人,却与不学之人何异?向见李先生[2]说:‘若大段[3]排遣不去,只思古人所遭患难,有大不可堪者,持以自比,则亦可少安矣。’始者甚卑其说,以为何至于此。后来临事,却觉有得力处,不可忽也。”

【注释】

①着些利害：遭遇些患难。 ②李先生：指李侗，字愿中，南宋南剑州剑浦（今福建南平）人，学者称延平先生。 ③大段：程度副词，十分，非常。

【译文】

晦庵先生朱熹说：“人如果遭遇艰难困苦的事，就不免要对人述说，这与没有学养的人有什么不同？以前我听到李先生说：‘如果内心痛苦非常难以排解，可以想一想古人所遭遇到的患难，有的大到难以忍受，拿来和自己相比，就也可以稍稍得到安慰了。’当年听了这番话，不以为是什么高论，认为怎么会到这地步。后来亲身经历了些艰难的事，才觉得李先生的话很有用处，真是不可小看。”

陆象山言

象山先生曰：“学者不长进，只是好己胜。出一言，做一事，便道全是，岂有此理？古人惟贵知过则改，见善则迁。今各自执己是，被人点破，便愕然，所以不如古人。”

【译文】

象山先生（陆九渊讲学于象山书院，被称为象山先生）陆九渊说：“求学的人不长进，只是好胜心强。说一句话，做一件事，都认为自己全对，哪有这样的道理？古人常看重知错就改，见贤思齐。今人都自以为是，被人指出错误，便惊愕不满，所以，今人不如古人。”

己身可恃

魏文侯①问狐卷子②曰："父贤足恃乎？"曰："不足。""子贤足恃乎？"曰："不足。""兄弟贤足恃乎？"曰："不足。""臣贤足恃乎？"曰："不足。"文侯勃然作色曰："寡人问此五者于子，一一以为不足者，何也？"曰："父贤不过尧，而丹朱③放；子贤不过舜，而瞽瞍④顽；兄贤不过舜，而象傲；弟贤不过周公⑤，而管蔡(一)诛；臣贤不过汤武，而桀纣伐。望人者不至，恃人者不久。君欲治，从身始，何可恃乎？"

【校勘】

(一)管蔡：此条出自西汉韩婴的《韩诗外传》。据《韩诗外传》，"管蔡"当为"管叔"之误。管蔡，为管叔和蔡叔的合称。管叔，周武王之弟，名鲜，武王灭商后被封于管，后不满周公摄政，因反叛被杀。蔡叔，周武王之弟，姬姓，名度，世称蔡叔度，后因反叛失败而遭流放。

【注释】

①魏文侯：姬姓魏氏，名斯，一名都，安邑(今山西夏县)人，战国时期魏国开国君主。　②狐卷子：战国时魏国人，周平王的次子王子狐(姬狐)的后人，对治国有深刻独到的见解。③丹朱：尧帝的儿子，因荒淫傲慢而遭大舜放逐。　④瞽瞍：原意指盲人，此处指舜的父亲，传说中他是个盲人，后来被拘禁。下文中的象即传说中舜的弟弟，后被流放。　⑤周公：周武王之弟，姓姬名旦，曾助武王伐纣灭商，建立周朝。武王死后摄政，辅佐成王。

【译文】

魏文侯问狐卷子："父亲贤明，子女可以依赖吗？"狐卷子回答说："不可以。""儿子贤明，父母可以依赖吗？"狐卷子答："不可以。"

“兄弟贤明，可以依赖吗？”狐卷子答：“不可以。”“臣子贤明，君主可以依赖吗？”狐卷子答：“不可以。”文侯立刻变了脸色，怒气冲冲地责问：“我问您五类人，您都说不可以依赖，这是为什么？”狐卷子回答说：“父亲贤明，没有能超过尧的，而他的儿子丹朱傲慢荒淫，后被流放；儿子贤明，没有超过舜的，而舜的父亲瞽瞍愚昧又固执，后被拘禁；兄长贤明，没有能超过舜的，而他的弟弟象因傲慢被放逐；弟弟贤明，没有能超过周公姬旦的，而他的兄长管叔因叛乱被杀；臣子贤明，没有能超过商汤王和周武王的，而其主夏桀和商纣王因荒淫残暴，遭到讨伐。寄希望于他人达不成目的，依仗他人也不会长久。你想使国家太平，应该从自身做起，别人怎么可以依赖呢？”

明道先生言

明道先生曰：“尧夫①解‘他山之石，可以攻玉’：‘玉者，温润之物，若将两块玉来相磨，必磨不成。须是得他个粗砺物，方磨得出。譬如君子与小人处，为小人侵凌，则修省畏避，动心忍性②，增益豫防。如此便道理出来。’”

【注释】

①尧夫：北宋理学家邵雍的字。　②动心忍性：指经历困苦而使性格坚韧。动心，使内心惊动。忍性，使性格坚韧。

【译文】

明道先生程颢说：“邵雍解释‘他山之石，可以攻玉’时说：‘玉是温和润滑的东西，如果把两块玉放在一起互磨，一定磨不成。需要另外用一个粗糙的东西，才能把玉磨好。就像君子和小人相处时，被小人欺凌，而退避自省，加强修养时时忍耐，历经困苦使性格坚韧，增加自己的防范抵御能力。这样便可悟出道理来。’”

来自历练

欲做精金美玉的人品，定从烈火中煅[1]来；思立揭地掀天的事功，须向薄冰上履过。

【注释】

①煅：同“锻”。

【译文】

想有精金美玉般的人品，一定要经烈火锻炼；想建立惊天动地的功业，一定要如履薄冰。

大学问与大经纶

融得性情上偏私，便是一大学问；消得家庭内嫌隙，便是一大经纶[1]。

【注释】

①经纶：此指才干。

【译文】

能融解性情上的偏私，就是一大学问；能化解家庭内的矛盾，就是一大才干。

防错求全

一念错，便觉百行皆非，防之当如渡海浮囊，勿容一针之罅漏[1]；万善全，始得一生无愧，修之当如凌云宝树，须需[(一)]众木以撑持。

【校勘】

(一)需：此则又见于洪应明《菜根谭》，“需”作“假”。

【注释】

①罅(xià)漏:裂缝和漏穴,比喻事物的漏洞。

【译文】

一个念头错了,便觉得几乎所有行为都不正确了,谨防一念之差,就好比对待渡河用的皮囊,不允许有一个针眼大的漏洞;各种事都做好,才能一生无愧,修养内心就像那西方佛地的凌云宝树,要靠众多树木扶持。

大不惺惺

象山先生曰:"世人只管理会利害,皆自谓惺惺①,及他己上事(一),又却只是放过。怎知名利如锦覆陷阱,使人贪而堕其中?到头只赢得一个大不惺惺去。"

【校勘】

(一)己上事:南宋陆九渊《象山语录》卷三作"己分上事"。

【注释】

①惺惺:聪明机灵。

【译文】

象山先生陆九渊说:"世人只顾逐利,都自认为聪明,到他本分上应该做的事,又因无利可图而不做。怎知道名利如锦绣覆盖着的陷阱,使人贪婪而堕入其中?到头来只落得一个大不聪明。"

处事临事

或问张无垢①:"处事当如何?"先生曰:"速不如思,便不如当,用意不如平心。"又问:"当官临事如何?"先生曰:"切戒躁急,躁急则先自处不暇,何暇治事?加以猾吏奸民窥伺机便,以乘其利。非特害人,于己甚害。”

【注释】

①张无垢:即张九成,字子韶,号无垢居士,亦号横浦居士,南宋海盐(今浙江嘉兴)人,爵封崇国公,谥号文忠。

【译文】

有人问无垢居士张九成:“应当怎样处理事情?”先生说:“处理事情时,快速不如深思熟虑,方便不如得当,刻意用心不如持心公正。”又问:“当官应当怎样处理事情?”先生说:“千万要戒除急躁,急躁就没有工夫安置好自己的内心,怎么有工夫处理事情呢?加上有些狡猾的小吏和奸诈的百姓窥伺机会,乘官员急躁来取利。当官临事急躁,不只是祸害别人,祸害自己更厉害。”

夜里思量

晦庵先生曰:“延平先生[1]常言:‘道理须是日中理会,夜里却去静坐思量,方始有得。’某依此法做去,真是不同。”

【注释】

①延平先生:即南宋理学家李侗,因是延平人,故称。

【译文】

晦庵先生朱熹说:“延平先生李侗常说:‘道理应该是白天去领会,夜里回去静坐思考,才能有所得。’我按这个办法做来,效果真是不同。”

延寿自责

韩延寿[1]行县至高陵,民有昆弟相与讼田自言。延寿大伤之,曰:“幸得备位[2],为郡表率,不能宣明教化,至令民有骨肉争讼。既伤风化，重使贤长吏[3]、啬夫[4]、三老[5]、孝弟[6]受其耻，咎在冯翊，当先退。”是日，移病不听事，因入卧传舍[7]，闭阁思过。一县莫知所为。令、丞、啬夫、三老亦皆自系待罪。于是讼者宗族传相责让，此两昆弟深自悔，皆自髡[8]肉袒[9]谢，愿以田相移，终死不敢复争。

【注释】

①韩延寿：字长公，本燕人，后徙杜陵（今陕西西安），汉宣帝时曾任左冯翊（官名兼行政区名，汉代三辅之一。汉时将京兆尹、左冯翊、右扶风称三辅，长官相当于郡守）。 ②备位：居官的自谦之词。谓愧居其位，不过聊以充数。 ③长吏：称地位较高的县级官吏。 ④啬夫：秦汉设置的乡官，职掌听讼、收取赋税。 ⑤三老：古代掌教化的乡官。 ⑥孝弟（tì）：汉代乡官名。⑦传舍：供来往行人休息食宿的地方。 ⑧自髡（kūn）：自己剃掉头发。髡，古代的一种刑罚。 ⑨肉袒：脱去上衣，裸露肢体（古人在祭祀或谢罪时以此表示恭敬或惶恐）。

【译文】

韩延寿巡行属下各县到了高陵，百姓中有亲兄弟为了田地向他来告状的。韩延寿为这事感到非常悲伤，说：“有幸备位左冯翊，做一郡的表率，不能宣明教化，致使百姓中有骨肉兄弟互相诉讼。这既伤害风俗教化，又使贤明的长吏、啬夫、三老、孝悌蒙受羞辱，过错在于我左冯翊，应当引退。”这天，韩延寿称病不办理公事，于是入内躺在传舍中，闭门思过。全县没有人知道该怎么做。县令、县丞、啬夫、三老都自缚等待处罚。在这种情况下，诉讼人的族人相互责备，这两兄弟也深感懊悔，都自己剃了发肉袒谢罪，愿把田转让对方，至死不敢再争。

安民免镌

蔡京毁司马光等，书奸党为大碑，颁于郡县，令刻石。有长安石工安民当镌字，辞曰："愚人不知立碑之意，但如司马相公者，海内称其正直，今谓之奸邪，民不忍刻也。"府官怒，民泣曰："被役不敢辞，乞免镌'安民'二字于石。"

【译文】

蔡京诋毁司马光等人，要把"奸党"的名字刻在大碑上，并向各州县颁布，命令立碑刻石。长安有一个名叫安民的石工，被征来刻字，推辞说："我是愚昧的人，不知立碑的用意，只是像司马相公这样的人，全天下的人都称赞他正直，现在说他是奸邪之人，我不忍心刻这些。"府官听后大怒，石工安民哭着说："劳役不敢推脱，请允许我不在碑上刻'安民'二字。"

玄宗引鉴

唐韩休①骨鲠不阿。帝常猎苑中，或大张乐，稍过甚，必视左右曰："韩休知否？"已而，疏辄至。帝时引鉴②，默不乐。左右曰："自韩休入朝，陛下无一日欢，何不逐去之？"帝曰："吾虽瘠，天下肥矣。萧嵩③每启事，必顺旨，我退而思不安寝；韩休敷陈治道，多讦直④，我退而思寝必安。吾用韩休为社稷，非为朕也。"

【注释】

①韩休：字良士，京兆长安（今陕西西安）人，唐玄宗前期官拜宰相。 ②引鉴：持镜照面。 ③萧嵩：字乔甫，号体竣，兰陵（今山东临沂）人，唐玄宗宰相。 ④讦直：指亢直敢言。

【译文】

唐朝的韩休刚直不阿。唐玄宗常去御苑中打猎，有时举办大的音乐会，稍微有点过分，一定要看看身边的人说："韩休是否知道？"事后不久，皇上就会收到韩休的谏疏。皇上有时对照谏疏检查自己，心中默默不乐。身边臣子说："自从韩休入朝，陛下没有一天能够尽情欢乐，为何不把他赶出朝去？"皇上说："我虽受了委屈，天下却可以得到好处。萧嵩每次奏事，都顺承我的心意，但我回去后睡不安稳；韩休论述治国的道理，大多亢直敢言，但我回去后反而可以睡个安稳觉。我使用韩休，是为社稷着想，不是为了我个人。"

太宗善思

太宗谓萧瑀[①]曰："朕少得良弓十数，自谓无以加。近以示弓工，乃曰：'皆非良材。木心不正，则脉理皆邪，弓虽劲而发矢不直。'朕以弓矢定四方，识之犹未能尽，况天下之务乎？"乃命京官五品以上，更宿中书内省，以御史大夫杜淹[②]参预朝政。

【注释】

①萧瑀：字时文，梁武帝后裔，唐太宗时担任宰相，为凌烟阁二十四功臣之一。　②杜淹：字执礼，京兆杜陵（今陕西西安）人，唐太宗初期官居宰相。

【译文】

唐太宗对萧瑀说："我年轻时拥有几十把好弓，自认为没有比这些再好的了。近来把这些弓给造弓的工匠看，工匠竟然说：'这些弓都不是用好的木材所制。木心不直，那么木头的纹理都不正，即使弓有力，但射出的箭也不会直。'我靠着弓箭平定四方，但对弓箭都不能做到十分了解,何况是天下的事务呢?"于是命令京中五品以上的官员轮换住在中书省值班,让御史大夫杜淹参与朝政。

幼效贞良

文天祥①美皙如玉,秀眉而长目,顾盼烨然。自为童子时,见学宫所祠乡先生欧阳修、杨邦乂②、胡铨③像,欣然慕之,曰:"没不俎豆④其间,非夫也。"

【注释】

①文天祥:字宋瑞,号文山,吉州庐陵(今江西吉安)人,宋末著名抗元将领。 ②杨邦乂:字晞稷,吉州吉水县(今江西吉安)人,宋代名臣,宁死不降金人,被完颜宗弼剖腹取心。 ③胡铨:字邦衡,号澹庵,吉州庐陵(今江西吉安)人,南宋名臣。 ④俎豆:俎和豆,古代祭祀、宴飨时盛食物用的两种礼器,后引申为祭祀和崇奉之意。

【译文】

文天祥脸面白皙如玉,眉清目秀,顾盼生辉。当他还是童子时,在学宫见到所供乡先贤欧阳修、杨邦乂、胡铨的塑像,愉悦并羡慕,说:"死后不能列位其间,就不是男子汉大丈夫。"

自责格天

成祖时,浚县蝗蝻①生。知县王士廉以失政自责,斋戒,率僚属耆民②祷于八蜡③祠。越三日,有乌数万,食蝗殆尽。皇太子闻而嘉之,顾侍臣曰:"此诚意所格④耳。"

【注释】

①蝗蝻(nǎn):蝗虫的弱虫,形状像成虫而翅膀很短,身体

小，头大，也叫跳蝻。 ②耆民：年高有德之民。 ③八蜡：古代每年农历十二月所祭祀的八种与农业有关的神祇。 ④格：感通。

【译文】

明成祖时，浚（xùn）县（今河南鹤壁）发生蝗灾。知县王士廉自责，认为这是自己行政有失导致，于是，他进行斋戒，并率属下及年高有德的百姓在八蜡祠祷告谢罪。三天后，飞来数万鸟雀，把蝗虫几乎吃尽。皇太子听说后赞赏王士廉，回头对侍臣说："这是诚心感通上天的结果。"

守雌卷之十四

时事如半局残棋，妄斗雌雄，局更何分胜负？世途直一场幻梦，强争头角①，醒后那见输赢？裤下兴刘②，卧薪返越③，《易》所以戒触藩④也。为腹不为目⑤，犹龙氏⑥其我师乎？纂守雌⑦第十四。

【注释】

①头角：指出众，优胜。　②裤下兴刘：指韩信受胯下之辱，后成为兴汉三杰之一的事。　③卧薪返越：指勾践卧薪尝胆灭吴复国的事。　④触藩：以角抵撞篱笆，比喻碰壁，进退两难。语出《易·大壮》："羝羊触藩，羸其角。"　⑤为腹不为目：（圣人）只求内在的饱腹，而不为外在的美观。语出《老子》："五色令人目盲，五音令人耳聋，五味令人口爽，驰骋畋猎令人心发狂，难得之货令人行妨，是以圣人为腹不为目。故去彼取此。"晋代王弼注："为腹者以物养己，为目者以物役己，故圣人不为目也。"　⑥犹龙氏：指道家老子。道之高深奇妙，如龙之变化不可测，故称犹龙。　⑦守雌：以柔弱的态度处世。语出《老子》："知其雄，守其雌，为天下豁。"

【译文】

时事就像半局残棋，妄争胜负，换局后，那胜负又在哪里呢？世途简直是一场梦幻，虽争优胜，醒来后哪里看到输赢？受胯下之辱的韩信后来成为兴汉三杰之一，卧薪尝胆的勾践最终灭吴复国，这就是《易经》用来告诫羝羊触藩的道理。圣人只求内在的饱腹，而不为外在的美观，老子难道不是我的老师吗？纂守雌第十四。

舌存齿亡

商容①张口问老子曰:“吾舌存乎?”曰:“存。”曰:“吾齿存乎?”曰:“亡。”“知之乎?”老子曰:“非刚亡而弱存乎?”容曰:“嘻!天下事尽矣。”

【注释】

①商容:传为老子之师,曾用舌、齿的存亡向老子开示柔能长久的道理。

【译文】

商容张开口问老子:“我的舌头还在吗?”老子回答说:“在。”商容说:“我的牙齿还在吗?”老子说:“没有了。”商容问:“你明白其中的道理吗?”老子说:“不是刚强的容易消亡而柔弱的容易生存吗?”商容说:“哈哈!天下事的道理都在这里了。”

隐翁宁痴

雷隐翁①业进士,再试即弃去。嘿坐终日,或诮其痴。翁曰:“终不以吾痴易汝黠。”

【注释】

①雷隐翁:据《仙佛奇踪》,雷隐翁名本,为宋代道士,长期隐居广东罗浮山。

【译文】

雷隐翁考进士,考了两次未考中就放弃了。自此后整天默默打坐,因此有人讥笑他痴呆。他说:“我终究不愿意拿我的痴呆换你的聪明。”

宋就教民

梁大夫宋就为县令，与楚邻界。两亭①皆种瓜。梁人劬力②数灌，其瓜美；楚人窳③而稀灌，其瓜恶。楚令忌梁瓜美，夜窃搔④之，梁瓜有焦者矣。梁亭欲报搔楚瓜，宋就曰："是分祸⑤也。"令人窃为楚亭夜灌瓜。楚亭每旦往，瓜俱已灌，日以美矣。察之，则梁亭为也。楚令大悦，以闻楚王。楚王悦梁之阴让也，谢以重币⑥，而交好于梁王。

【注释】

①亭：古代基层组织单位，汉每十里设一亭。 ②劬（qú）力：辛勤劳作。劬，勤劳。 ③窳（yǔ）：懒惰。 ④搔：用手挠抓。 ⑤分祸：使祸患更多。分，通"纷"。 ⑥重币：厚礼。

【译文】

梁国（即魏国，因魏国的国都是大梁，故称）的大夫宋就担任县令，这个县和楚国相邻。两国相邻的边亭都种瓜。梁国边亭的人勤劳努力，经常浇灌瓜田，瓜长得好；楚国边亭的人懒惰，很少去浇灌瓜田，瓜长得差。楚国一方县令嫉妒梁国的瓜好，命人夜里偷偷去抓挠梁国边亭的瓜，梁国边亭的瓜有的就枯萎了。梁国边亭的人想偷偷前去报复，抓挠楚国的瓜，宋就说："这是加重祸患的做法。"他让人在夜里秘密为楚国边亭浇灌瓜田。楚国边亭的人每天早晨去瓜田巡视，就发现瓜田都已经浇过水了，瓜也一天天长得好了。经过调查，才知是梁国边亭的人干的。楚国的县令听说这件事后很高兴，把这件事报告给楚王。楚王对梁国暗地里的相让很高兴，就拿厚礼来答谢，并与梁王建立了友好关系。

萧何远虑

汉萧何①买田宅，必居穷僻，不治垣舍②，曰："令后世贤，师吾俭;不贤,毋为势家所夺。"

【注释】

①萧何:西汉沛郡丰县(今属江苏)人,辅佐刘邦建立汉朝,为兴汉三杰之一。 ②垣舍:即垣屋,有围墙的房屋。

【译文】

汉朝的萧何买田宅,一定选在贫穷偏远的地方,不修建带有围墙的宅子,还说:"假使后世子孙有贤德,可以学习我的节俭;如果没有贤德,田宅也不会被有势力的人夺去。"

谨守拙闲

"拙"之一字,免了无千[①]罪过;"闲"之一字,讨了无万便宜。

【注释】

①无千:与下文的"无万"意思相同,指不计其数,极多。

【译文】

能守住"拙"这一个字,就免了无数罪过;保有"闲"这一个字,就讨了无数便宜。

守拙知命

藿食[①]草衣[②],凄凉穷巷,安吾拙亦安吾愚。银黄[③]金紫[④],驰骋康衢[⑤],是其才亦是其命。

【注释】

①藿食:以豆叶为食,指粗食。 ②草衣:编草为衣,指粗劣的衣服。 ③银黄:银印和金印,或银印黄绶,借指高官显爵。④金紫:指金印紫绶,借指高官显爵。唐宋后指佩饰金鱼袋及紫

色官服,因亦指代贵官。 ⑤康衢:四通八达的大路。喻指显要的地位,犹言要路。

【译文】

以豆叶为食,编草为衣,住凄凉偏僻的里巷,适合于我的拙朴,也适合于我的愚钝。银印黄绶,金印紫绶,身居要路,这是他有才干,也是他的命运。

能屈能伸

淮阴忍辱于裤下,卒以兴汉;勾践含羞于石室,终能沼吴①。石勒②强盛,乃奉表王浚③以盈其气;唐公④雄长⑤,乃推奖李密⑥以骄其心。

【注释】

①沼吴:把吴国的宫殿宗庙变为沼泽,犹言灭吴。 ②石勒:字世龙,羯族,上党武乡(今属山西)人,十六国时期后赵建立者。③王浚:字彭祖,太原晋阳(今山西太原)人,西晋后期权臣。④唐公:即唐朝开国皇帝李渊,字叔德,陇西成纪(今属甘肃)人,因七岁袭封唐国公,故称。 ⑤雄长(zhǎng):称霸,称雄。⑥李密:字玄邃,京兆长安(今陕西西安)人,隋末唐初群雄之一。

【译文】

淮阴侯韩信忍受胯下之辱,最终帮助刘邦建立了汉朝;勾践在石室中含羞忍耻,最后终于灭掉了吴国。石勒强盛,竟然上表归服王浚来使他自满;唐国公李渊称雄,竟然推许奖誉李密来使他骄横大意。

恭慎畏忌

杨再思①凤阁侍郎②,恭慎畏忌,未尝忤物③。或曰:“公名高位重,何屈折如此?”再思曰:“世路艰难,直者受祸。苟不如此,何以全身?”

【注释】

①杨再思:名綝,字再思,郑州原武(今河南原阳)人,唐朝宰相。 ②凤阁侍郎:即中书省的副长官中书侍郎。凤阁,指中书省。 ③忤物:触犯人,得罪人。物,众人。

【译文】

杨再思任凤阁侍郎时,恭敬谨慎,胆小怕事,不曾得罪人。有人说:“您名高位重,为什么这样委屈自己呢?”杨再思回答:“世道艰难,正直的人遭遇祸害。如果不这样,怎能保全自己呢?”

智虑深远

汉北海王睦[①],少好学,光武以[(一)]上皆爱之。尝遣大夫诣京朝贺,召谓之曰:“朝廷设问寡人,大夫何辞以对?”使者曰:“大王忠孝慈仁,敬贤乐士,臣敢不以实对?”睦曰:“吁,子危我哉!此乃孤幼时进趣[②]之行也。大夫具对以孤袭爵以来,志意衰惰,声色是娱,犬马是好,乃为相爱耳。”其智虑畏慎如此。

【校勘】

(一)以:据《资治通鉴》,乃“及”之讹。

【注释】

①北海王睦:即北海王刘睦,汉光武帝刘秀哥哥的孙子,东汉初著名文士。 ②进趣:追求。

【译文】

北海王刘睦自幼喜爱读书,光武帝刘秀和汉明帝刘庄对他都很宠爱。刘睦曾派大夫进京朝贺,召这位使者前来,对使者说:“朝廷假如问到我,大夫将用什么话回答?”使者说:“大王忠孝仁慈,尊敬贤才而乐与读书人结交,我怎敢不据实回答?”刘睦说:“唉,你这是使我陷于险境!这只是我年轻时追求的品行。你就说我自从袭爵以来,意志衰退而懒惰,喜欢声色,爱好犬马,这才是爱护我。”刘睦就是这样聪明多虑、小心谨慎。

张本与根基

处世让一步为高,退步即进步的张本①;待人宽一分是福,利人实利己的根基。

【注释】

①张本:缘由,依据。

【译文】

略。

乐天知命

有分有限,耗星临宫①,顾我论万事,总不如人;无虑无忧,天喜坐命②,赢人只一筹,至要在我。

【注释】

①耗星临宫:星相术士认为耗星入于命宫,预示着人有厄运。耗星,又名破军星,主杀气。 ②天喜坐命:星相术士认为天喜入于命宫,预示着人有好运。星相术士认为,日支和月建相合,如正月逢戌日,二月逢亥日,是为吉日,谓之天喜。

【译文】

凡事皆有命,遭受厄运时,总是事事不如人;不要忧愁焦虑,碰到好运时,其实只胜人一筹,最重要的是把控好自我。

精明莫尽

留七分正经[①]以度生，留三分痴呆以防死。

【注释】

①正经：此处为精明的意思。

【译文】

留七分精明来应付生活，留三分痴呆来保住性命。

昶诫子侄

王昶[①]谨厚。名兄子曰默、曰沉，名子曰浑、曰深，戒之曰："吾以四者为名，欲汝曹顾名思义，不敢违也。夫物速成则疾亡，晚就则善终。朝华之草，夕而零落；松柏之茂，隆寒不衰。是以君子戒阙党[②]也。夫能屈以为伸，让以为得，弱以为强，鲜不遂矣。"

【注释】

①王昶（chǎng）：字文舒，太原郡晋阳（今山西太原）人，三国时曹魏大臣、将领。　②阙党：即阙里，孔子故里。

【译文】

王昶谨慎忠厚。他给哥哥的儿子取名王默、王沉，给自己儿子起名叫王浑、王深，并告诫他们说："我用这四个字给你们命名，是想让你们顾名思义，不敢违背名字的意思。事物速成就会速亡，晚成就可以得善终。早上长得茂盛的草，到了晚上就会枯落；茂盛的松柏，即使在隆冬时节也不会衰败。孔子就是这样告诫故里的人。如果能以屈为伸，以让为得，以弱为强，很少有不成功的。"

退一步法

圣人亦是退一步法。《易经》一书，每到盛满，便思悔吝[①]。故曰：日中则昃，月盈则食。圣人灼见事理，定当如此。

【注释】

①悔吝：灾祸。

【译文】

圣人遇事也是采用退一步的方法。《易经》中，每到强盛盈满时，就想到灾祸。所以说，太阳过了正午就会西斜，月亮圆满就会出缺。圣人洞察事理，一定是这样。

婴母有智

东阳少年起兵，欲立令史[①]陈婴[②]为王。婴母曰："暴得大名不祥。不如有所属，事成封侯，不成非世所指名也。"婴乃不受。

【注释】

①令史：县令属吏的总称。"史"本为秦汉时人对属吏的通称，故称县令属吏为令史。　②陈婴：秦末东阳（今江苏盱眙）人，始投奔项梁，后投刘邦，封堂邑侯。

【译文】

东阳县的年轻人起兵造反，想拥立县令属吏陈婴为王。陈婴的母亲说："突然得到这么大的声望，不吉利。不如你做他人的属下，事情成功能封侯；事情失败了，也不会成为众矢之的，背负千古骂名。"于是陈婴不敢接受。

酒乡免祸

魏晋多故,名士鲜有全者。阮籍①托志酣饮,不与世事。司马昭②欲为子炎求婚于籍,籍一醉六十日,昭不得言而止。锺会③数访以时事,欲因其可否致之罪,竟以酣醉不答,获免。

【注释】

①阮籍:字嗣宗,曹魏时期陈留尉氏(今河南开封)人,著名诗人。 ②司马昭:字子上,河内温县(今属河南)人,司马懿次子,三国时期曹魏权臣。 ③锺会:字士季,颍川长社(今河南长葛东)人,三国时期魏国名将。

【译文】

魏晋之时,天下纷扰多事,名士中很少有人能保全性命的。阮籍为坚守原则,整天喝得酩酊大醉,不参与世事。司马昭想为儿子司马炎求婚,与阮籍结为亲家,阮籍一醉六十天,司马昭得不到提亲的机会,只好打消念头。锺会曾屡次向阮籍咨询时事,想从阮籍评价时事的话中挑出毛病,来定阮籍的罪,但阮籍每次都醉得不能答话,终得以保全性命。

淡里味长

宦情太浓,归时过不得;生趣太浓,死时过不得。甚矣,有味于淡也!

【译文】

当官的趣味太浓,退休时就难以舍弃;活着享受的趣味太浓,死时就无法忍受。对淡的体味太到位了!

恃才傲物

萧颖士[①]恃才傲物。尝携壶逐胜，憩于逆旅。风雨暴至，有紫衣翁领二童子避雨于此。颖士颇侮之。雨止，老人上马[(一)]，呵殿[②]而去，始知为吏部侍郎王丘[③]也。明日造门谢罪，引至庑下，坐而责之。复曰："子负名傲物，其止于一第乎？"果终于扬州工曹[④]。

【校勘】

（一）老人上马：此则又见于唐代郑处诲撰《明皇杂录》，前有"车马卒至"四字。

【注释】

①萧颖士：字茂挺，颍州汝阴（今安徽阜阳）人，祖籍南兰陵（今江苏常州），唐朝名士。 ②呵殿：古代官员出行，仪卫前呵后殿，喝令行人让道。 ③王丘：字仲山，唐朝相州安阳（今属河南）人，官至礼部尚书。 ④工曹：郡守属官，地位较低。

【译文】

萧颖士自恃才华对人傲慢。他曾经携一壶酒到野外去寻找美景，在一处旅店休息。风雨突然到来，有一位穿紫衣的老人领着两个童子也来此避雨。萧颖士非常放肆地欺侮老人。雨停后，（随从到来，）老人上了马，被簇拥而去。萧颖士打听得知老人是吏部侍郎王丘。第二天萧颖士到王丘门上谢罪，王丘让人把萧颖士领到偏房的廊下，坐下来责备他。王丘又说："你依仗才名，对人倨傲怠慢，恐怕也就中个进士吧？"萧颖士果然最终只当了个卑微的扬州功曹。

魏公鉴人

吴文肃公[①]子璟，素以坚挺有气节。韩魏公亦称之。及幕府有阙,门下有以璟为贤者。公曰:"此人气虽壮,然包蓄不深,发必暴,且不中节[②],当以此败。"置而不言。不逾年,璟败,皆如其言。

【注释】

①吴文肃公:即吴奎,字长文,潍州北海(今山东潍坊)人,北宋仁宗时官拜翰林学士,谥号文肃。 ②中节:遵守法度。

【译文】

文肃公吴奎的儿子吴璟,平素以坚强刚直有气节著名。韩魏公(韩琦爵封魏国公)也称赞他。到韩魏公的幕府缺人时,门人说吴璟是有才能的人。韩魏公说:"这个人虽胆气雄壮,但涵养不深,发迹后必定会胡来,又不遵守法度,会因此而败事。"就把此事搁置在一边,不再提起。不到一年,吴璟果然出事,完全如韩魏公所说。

枯松太保

王建[①]平东川,诸将争功。王宗裕[②]立枯树下,未尝自伐,时号枯松太保。予[(一)]谓可对大树将军[③]。

【校勘】

(一)予:此则又见于陈继儒《珍珠船》卷三。最后一句或为郑瑄抄录时所加评议,故"予"或指郑瑄。

【注释】

①王建:字光图,许州舞阳(今属河南)人,五代时期前蜀开国皇帝。 ②王宗裕:许州舞阳人,前蜀开国君主王建的族子,曾任嘉州(今四川乐山)刺史。 ③大树将军:即冯异,字公孙,西汉末颍川父城(今宝丰县)人,东汉开国名将。《后汉书·冯异传》:"每所止舍,诸将并坐论功,异常独屏树下,军中号曰大树将军。"

【译文】

王建平定东川时,众将争功。王宗裕却退立于一棵枯松之下,不曾夸耀自己的功劳,当时号称枯松太保。我认为可与大树将军相对。

人情无厌

家累巨万,恨不挂一命之荣①;策名通籍②,恨不登三事③之贵;拜将封侯,恨不蒙九锡④之命;黄屋左纛⑤,恨不享万岁之期。临食浩叹,登台欷歔,牛山爽鸠⑥,一何不达!夫人情何厌之有?苟知足,随地皆可安闲;不知足,一生无非火宅⑦。

【注释】

①一命之荣:指受任一官的荣耀。 ②策名通籍:指取得做官的资格。策名,谓科试及第。通籍,指记名于门籍,可以进出宫门。 ③三事:指三公,中国古代朝廷中最尊显的三个官职的合称。不同时代三公所指内容不同。 ④九锡:古代皇帝赐给诸侯、有殊勋大臣的九种礼器,是最高礼遇的表示。锡,通“赐”。 ⑤黄屋左纛(dào):指帝王的权位。黄屋,古代帝王专用的黄缯车盖。左纛,古代皇帝乘舆上的饰物,以牦牛尾或雉尾制成,设在车衡左边或左骓上。 ⑥牛山爽鸠:指为人生短暂而悲叹。牛山,典出《晏子春秋》,齐景公登上牛山,感到终有一死而悲哀落泪。爽鸠,即爽鸠氏,传说为少皞氏的司寇。《左传·昭公二十年》载:“十二月,齐侯(齐景公)田于沛……饮酒乐,公曰:‘古而无死,其乐若何!’晏子对曰:‘古而无死,则古之乐也,君何得焉?昔爽鸠氏始居此地,季萴因之,有逄伯陵因之,蒲姑氏因之,而后大公因之。古若无死,爽鸠氏之乐,非君所愿也。’” ⑦火宅:佛教用语,喻烦恼的俗界。

【译文】

纵然积累了万贯家财，却遗憾没有受任一官的荣耀；纵然已经走上仕途，却遗憾没有位居三公的显贵；纵然拜将封侯，却遗憾没有荣获九锡的命运；纵然身居帝王之位，却遗憾没有千秋万岁的寿命。临食长叹，登台唏嘘，为人生短暂而悲叹，这是多么不通达！人实际上哪有什么满足呢？如果知足，随处都可得安闲；如果不知足，一生到处是烦恼。

得大自在

人骑我笠，人锦我褐，人肉我藿，人宇我穴。人若笑我，是不知我；我若羡人，是不知天。

【译文】

别人骑马，我则戴笠步行；别人身穿锦绣之衣，我则身穿粗布之衣；别人有肥肉可食，我则以豆叶为食；别人有房屋可住，我则以洞穴安身。别人如果笑话我，这是不了解我；我如果羡慕别人，这是不了解天命。

作两面想

常想病时，则尘心渐灭；常防死日，则道念①自生。风流得意之事，一过辄生悲凉；清真②寂寞之乡，愈久转增意味。

【注释】

①道念：修道的念头。　②清真：纯真朴素。

【译文】

常常想到得病的时候，那么凡俗享乐之心就会渐渐消失；常常提防死日的到来，那么修道的念头就会自然生出。风流快活之事，一旦过后反生悲凉之情；纯真寂寞之处，停留越久反而增加无穷趣味。

瘦羊博士

甄宇①建武中以青州从事②征拜博士③。每腊④诏(一)博士羊，人一头。羊有大小肥瘦，时博士祭酒⑤议欲杀羊分肉，宇曰不可。又欲投钩⑥，宇复耻之，因先取最瘦者。后上召问："瘦羊博士何在？"京师因以为号。

【校勘】

(一)诏：据《东汉观记》，当作"诏赐"。

【注释】

①甄宇：字长文，东汉北海安丘(今属山东)人，官居太子少傅，卒于官。 ②从事：即从吏史，亦称从事掾，汉刺史的佐吏。 ③博士：古代学官，因其掌通古今，以备咨询，为学术顾问的性质。 ④腊：即腊祭，年终祭祀之名。 ⑤博士祭酒：汉代博士官之首。 ⑥投钩：即抓阄。

【译文】

甄宇在光武帝建武年间以青州刺史僚属的身份被朝廷征召做博士。每年腊祭的时候，皇帝会下诏赐博士们每人一只羊。因为羊有大小肥瘦，博士祭酒提议杀羊分肉，甄宇说不可以这样做。又想抓阄，甄宇还是对这个分配办法感到羞耻，于是就带头选了只最瘦的羊。后来光武帝下诏询问："瘦羊博士在哪里？"于是，京城就把"瘦羊博士"作为甄宇的雅号。

"忍"字难能

"忍"之一字最难。能忍时，德量必大；到不能忍，已是骄贵气溢矣。韩淮阴以辱裤下而王,以羞绛哙[1]而亡。饮到满量,自然增益不得耳。

【注释】

①绛哙(kuài):指绛侯周勃和舞阳侯樊哙。周勃,秦末沛(今属江苏)人,西汉开国将军,官拜宰相,封绛侯。樊哙,秦末沛人,为汉高祖刘邦的心腹猛将,封舞阳侯,谥武侯。《史记·淮阴侯列传》:"(韩信)常称病不朝从。信由此日夜怨望,居常鞅鞅,羞与绛、灌(灌夫,西汉开国将领)等列。……'生乃与哙等为伍!'"

【译文】

"忍"这一个字,最难做到。能忍之时,仁德度量一定广大;到不能忍之时,已经是尊贵骄纵傲气盈溢了。淮阴侯韩信因能忍受胯下之辱而称王,又因羞与绛侯周勃、舞阳侯樊哙等为伍而败亡。这就像喝酒喝到满量,自然就不能再喝了。

昧于退步

廉颇既老,饭斗米,肉十斤,被甲上马,以示可用,致困郭开[1]之口。汉武帝大击匈奴,李广数自请行,卒有东道失军之罪。光武时,五溪[2]蛮夷畔,马援已老,自请曰:"臣尚能被甲上马。"于是据鞍顾盼,以示可用。帝曰:"矍铄,是翁!"遂用为将,果有壶头之厄[3]。李靖为相,以足疾就第。会吐谷浑[4]寇边,既老尚可请一行。迨平其国,而有高甑生[5]诬罔之事,几于不免。噫!诸公皆人杰也,犹昧于退步若此,况其下者乎?

【注释】

①郭开:战国末年赵国晋阳人,因谗言陷害赵国名将廉颇、李牧而加速了赵国的灭亡。 ②五溪:湖南怀化境内重要的河流有酉水、辰水、溆水、舞水和渠水,古称"五溪",因此怀化自古便称

“五溪之地”。 ③壶头之厄：东汉建武二十四年(48)，伏波将军马援进兵壶头山(在今湖南沅陵，因山峰奇异，形似壶头而得名)，因山高滩险，道路崎岖，大军困于山下，当时天气炎热，士卒多病死。 ④吐谷(yù)浑：西晋至唐朝时期位于祁连山脉和黄河上游谷地的一个古代国家。 ⑤高甑(zèng)生：唐初武将，作战勇猛。贞观九年(635)，随李靖讨伐吐谷浑，由于违反了李靖的节度，受到李靖的惩罚，于是怀恨李靖。回师后他诬告李靖谋反，未遂，以诬告罪被流放。

【译文】

廉颇已经老迈，一顿饭吃一斗米、十斤肉，披上甲衣骑上战马，表示自己还可以为国所用，却导致郭开的谗言。西汉武帝大规模攻击匈奴，李广屡次请求带兵出征，最终在东路误期获罪。东汉光武帝时，五溪之民发动叛乱，马援自请出战说：“臣还能够披甲上马(为国效力)。”于是骑在马上顾盼神飞，表示自己仍可出战。光武帝说：“这老头真是精神矍铄！”于是派他为将，领兵出征，果然在壶头山遇困。李靖做丞相时，拖着病腿去相府办公。正赶上吐谷浑侵犯边关，李靖虽然老了，还是请求带兵征战。等到平定了吐谷浑，却遭遇了高甑生诬陷的事，几乎不免于罪。唉！这些人都是人中豪杰，还不明白适时退步，何况那些不如他们的人呢？

辞尊居卑

张子房欲辞封爵，第曰：“昔与陛下遇于留[①]，封臣留侯足矣。”辞尊居卑，犹且委曲其词，名迹[②]俱掩。古人至德如此。

【注释】

①留：古地名，秦汉之际，地在今山东微山湖，刘邦封张良为留侯，即此地。 ②名迹：声名与业绩。

【译文】

张子房(张良字子房)想推辞刘邦所封的优厚爵位,只是对皇上说:“当初我是在留地谒见陛下的,陛下封我为留侯已经够了。”辞去尊贵之位甘居卑下之位,还使用这么委婉的话语,把声名与业绩都掩藏起来。古人高尚的德行达到了这种程度。

知足自安

人能知足,则随地可以自安;若复无厌,则求望曷其有极?富堪敌国,叹一命[①]之不沾;贵极人臣,恨九锡之未至。为子之造物,不亦难乎?

【注释】

①一命:一官之荣。

【译文】

人如果能知足,随地都可以自我安适;如果不满足,那么欲望哪里会有尽头呢?即使富可敌国,还叹息没有身居一官的荣耀;地位已经在臣子当中是最尊贵的了,遗憾的是还没有加封九锡。对这样的人来说,造物主不也太难当了吗?

缺陷世界

李沆夫人请治第,沆曰:“身食厚禄,时有横赐,固可营办,但佛家以此为缺陷世界,我安得皆圆满如意?”

【译文】

李沆的夫人请求李沆修造房舍,李沆说:“我享受优厚的俸禄,时常有意外的赏赐,修建房舍本来是可以办到的,只是佛家认为这个世界本是存在缺陷的,我怎么能事事处处圆满如意呢?”

事作逆想

即命当荣显，常作落寞想；即命当顺利，常作拂逆想；即现颇足食，常作贫窭[①]想；即人相爱敬，常作恐惧想；即家世望重，常作卑下想；即学问颇优，常作浅陋想。

【注释】

①贫窭(jù)：贫穷，贫乏。

【译文】

即使命运正荣耀显贵，要常常想到寂寞冷落；即使命运正顺利，要常常想到拂逆不顺；即使现在丰衣足食，要常常想到贫穷；即使人们尊敬爱戴自己，要常想到别人害怕畏惧自己；即使家世名高望重，要常常想到家世也会卑下；即使自己学问渊博，要常常想到自己学问还很浅陋。

题六和塔

李文靖公乞去，题六和塔云："经从塔下几春秋，每恨无因到上头。今日始知高处险，不如归去卧林丘。"

【译文】

文靖公李沆请求辞官归隐，在六和塔（宋代建于西湖边）题诗说："几年来从六和塔下路过，常常遗憾没有因由到达塔顶。今天才知道处在高位的危险，不如辞官归隐山林。"

求人不识

司马温公为西京留台[①]，每出前驱[②]不过三节。后官宫祠[③]，乘马不张盖，持扇障日。程伊川谓曰："公出无从骑，市人不识有未便者。”公曰：“某惟求人不识耳。”

【注释】

①留台：唐宋时在陪都所设留守之官。　②前驱：带路引导人员。　③宫祠：即宫观使，宋真宗时开始设置的安排闲散高级官员虚职。

【译文】

温国公司马光做西京(今洛阳)留台时，每次出行，前导不超过三节。后来，他做宫观使时，骑马不张顶盖，手拿扇子遮阳光。伊川先生程颐对他说：“您外出没有骑马的随从，市场上的人不认识您，会带来不方便。”司马光说：“我只求别人认不出我罢了。”

不竞之地

王仆射[①]子恢之[②]被召为秘书郎[③]。仆射为求奉朝请[④]，语恢之曰：“秘书有限，故有竞；朝请无限，故无竞。吾欲使汝处不竞之地。”太祖嘉而许之。

【注释】

①王仆射：即王敬弘，本名王裕之，字敬弘，因避宋武帝刘裕讳而以字行世，琅邪临沂(今属山东)人，南朝刘宋大臣。　②恢之：即王恢之，王敬弘长子，初任秘书郎，后任新安太守。　③秘书郎：三国魏始置，掌管图书经籍，南朝士族子弟以为出身之官。　④奉朝请：古称春季的朝见为“朝”，秋季的朝见为“请”。奉朝请者，即有参加朝会的资格。南朝常用以安置闲散官员。

【译文】

仆射王敬弘的儿子王恢之被召见做了秘书郎。王敬弘请求改封王恢之为奉朝请，并对王恢之说：“秘书郎的名额有限制，所以有竞争；奉朝请的名额没有限制，所以没有竞争。我想让你处在没有竞争的地方。”太祖称赞王仆射并答应了他的请求。

一字之师

张乖崖几案有绝云:“独恨太平无一事,江南闲杀老尚书。”萧楚①见之,改“恨”作“幸”字。张视藁曰:“谁改吾诗?”萧曰:“与公全身。公功高位重,奸人侧目之秋。天下一统,公独恨太平耶?”张曰:“萧楚一字师也。”

【注释】

①萧楚:字子荆,北宋庐陵(今江西吉安)人,著有《春秋辨疑》。

【译文】

张乖崖(北宋名臣张咏号乖崖)书案上一首绝句有“独恨太平无一事,江南闲杀老尚书”的句子。萧楚看到诗句后,把“恨”字改为“幸”字。张乖崖看到稿子问:“谁改了我的诗句?”萧楚说:“我替您保全性命。公功高位重,现在正是奸邪的小人盯着您找您的失误的时候。现在天下一统,您独自遗憾天下太平吗?”张乖崖说:“萧楚是我的一字之师。”

不处盈午

康节云:“牡丹含蕊为盛,烂熳为衰。”盖月盈日午,有道之士所不处焉。

【译文】

邵雍(邵雍谥号为康节)说:“牡丹含苞待放正处盛时,花开烂漫就开始衰败。”所以,有道之士不会处于像月圆满、日正午一样由盛转衰的境况。

翕聚为贵

火丽[1]于木石者也。方其藏木石之时,取木石而投之水,水不能克火也;一付于物,即童子得而扑灭之矣。故君子贵翕聚[2]而不贵发散。

【注释】

①丽:附丽,依附。 ②翕聚:闭合,收拢。

【译文】

火是附丽于木石的。当火还蕴藏在木石之间的时候,把木石扔到水里,水是不能克火的;一旦火燃烧起来,即使是小孩也能把它扑灭。所以,君子看重闭合收拢而不看重散发展开。

潘妻有识

侍郎潘炎[1],德宗时恩渥极异,妻刘晏女。有京兆谒见不得,赂阍者三百缣。夫人知之,谓潘曰:"为人臣,而京兆尹愿一谒见,遗奴三百缣,其危可知也。"劝潘公避位。

【注释】

①潘炎:唐朝诗人,唐代宗时任侍郎,唐德宗时曾任翰林学士,极受宠信,妻子是唐代著名理财家刘晏的女儿。

【译文】

侍郎潘炎受到唐德宗极为深厚的恩宠,他妻子是刘晏的女儿。有位京兆尹(京师所在地的行政长官)有事要见潘炎,未能见到,便向守门人赠送了三百匹细绢。夫人知道这事后,对潘炎说道:"你身为臣子,连京兆尹想要见面都要送给守门的奴才三百匹细绢,你的危险可以预测了。"她急劝丈夫潘炎辞去官位。

当知息机

鲲鹏六月息，故其飞也能九万里。仕宦无息机①，不扑(一)则蹶。故曰："知足不辱，知止不殆。"

【校勘】

(一)扑：此则又见于陈继儒《安得长者言》，"扑"作"仆"。

【注释】

①息机：本为停息心机，这里有止息的意思。

【译文】

鲲鹏歇息六个月，所以它能飞达九万里的高空。做官的人不知止息，不是仆倒就是摔跟头。所以说，知足不会受污辱，知止就不会有危险。

持世善术

贵极征贱，贱极征贵，凡事皆然。至极重而不可复加，势必反趋于轻。居局内者，常留不尽可加之地，则伸缩在我。此持世善术也。

【译文】

尊贵到了极点就预示着卑贱的到来，卑贱到了极点就预示着尊贵的到来，凡事都是这样。到了极重而不可复加的地步，势必会转向变轻。处在局内的人，常留可以回旋的余地，那么自己就可伸缩自如。这是处世的好方法。

息谤止怨

王通①教授于河汾之间。弟子贾琼问息谤，通曰："无辩。”问止怨，曰：“不争。”通尝称：“无赦之国，其刑必平；重敛之国，其财必贫。”又曰：“闻谤而怒者，谗之囮[②]也；见誉而喜者，佞之媒也。绝囮去媒，谗佞远矣。”

【注释】

①王通：字仲淹，号文中子，河东郡龙门县（今山西河津）人，隋朝著名教育家、思想家。　②囮（é）：媒介。

【译文】

王通在河汾一带（今山西西南部）教书。弟子贾琼问如何止息诽谤，王通说：“不要去辩解就可以。”贾琼又问如何止息怨恨，王通说：“不去争胜。”王通曾经说过：“不赦免罪行的国家，其刑罚一定能公平；横征暴敛的国家，其财富一定会贫乏。”又说：“听到诽谤就发怒，这是谗言的媒介；听到赞扬就高兴，这是奸佞的媒介。弃绝媒介，就会远离谗言和奸佞。”

一场闲气

客气[①]增长，横奔乱发：一言不合，抽戈而斗；一事相激，冲冠而起。争胜争强，名不列英雄之数；戟手[②]嗔目[③]，无非是市井之心。范雎喜而须贾惧[④]，苏秦荣而张仪辱[⑤]，张耳兴而陈馀亡[⑥]，田蚡胜而窦婴败[⑦]，刘季[⑧]帝而项羽虏。吾以为总是一场闲气也。

【注释】

①客气：一时的意气，偏激的情绪。　②戟手：伸出食指和中指指人，以其似戟，故云。常用以形容愤怒或勇武之状。　③嗔（chēn）目：瞪大眼睛，以示不满。　④范雎（jū）喜而须贾（gǔ）惧：范雎，战国时期魏国人，有才华，给魏国中大夫须贾做门客。后来遭须贾迫害几死，逃到秦国，化名张禄，当上了秦昭襄王的宰

相,封应侯。须贾出使秦国,范睢戏耍须贾,得以报仇。 ⑤苏秦荣而张仪辱:苏秦是战国时东周直属地洛阳人,张仪是战国时期魏国人,二人皆师事鬼谷子,均为才华之士。苏秦先仕赵国,地位尊贵。张仪后出,投奔苏秦。苏秦为激励张仪,故意羞辱了他。⑥张耳兴而陈馀亡:陈馀、张耳均为战国后期魏国的名士,本是挚友,在反秦战争中产生矛盾。秦亡后,矛盾激化,成为仇敌。最后,陈馀被韩信、张耳斩杀,张耳被刘邦封为赵王。 ⑦田蚡胜而窦婴败:窦婴和田蚡均为外戚。窦婴是汉景帝母亲窦太后娘家侄子,封魏其侯。田蚡是汉武帝母亲王太后同母异父弟,封武安侯。二人斗法,窦婴被杀,田蚡胜出。 ⑧刘季:即刘邦。刘邦在兄弟排行中最少,故称刘季。

【译文】

意气增长,情绪不可控制:一句话不投机,就抽戈相斗;一件事刺激,就怒发冲冠。这样的争强好胜算不得真正的英雄;戟手对人,怒目而视,这不过是市井之徒的用心做派。范睢得意而须贾害怕,苏秦荣耀而张仪受辱,张耳兴盛而陈馀败亡,田蚡胜利而窦婴失败,刘邦称帝而项羽自杀。我认为这都是一场闲气。

便宜不再

或问希夷[①]求持身之术,希夷曰:“得便宜事,不可再作;得便宜处,不可再往。”

【注释】

①希夷:陈抟,字图南,号扶摇子,赐号白云先生、希夷先生,五代北宋著名的道家学者、养生家,尊奉黄老之学。

【译文】

有人问希夷先生陈抟如何立身,他说:“得便宜的事情,不能再做;得便宜的地方,不能再去。”

杀身事端

高而怙权,足以杀身,胡惟庸、石亨①是也;才士不逊,足以杀身,卢柟②、徐渭③是也;积而不散,足以杀身,沈秀④、徐百万是也:恃才妄作,足以杀身,林章⑤、陆成叔⑥是也;异端横议,足以杀身,李贽⑦、达观⑧是也。不然者,幸而免耳。

【注释】

①石亨:陕西渭南人,因拥立明英宗朱祁镇复辟,得以权倾朝野,后得罪瘐死狱中。 ②卢柟:字次楩,又字子木,今浚(xùn)县(今属河南)人,明代嘉靖时期著名文学家,因狂傲不羁,落魄而死。 ③徐渭:初字文清,后改字文长,号青藤道人,绍兴山阴(今浙江绍兴)人,明代著名才士,性情偏激狂傲,一生潦倒不遇,凄凉而终。 ④沈秀:即沈万三,名富,字仲荣,俗称万三(万三者,万户之中三秀,所以又称三秀),元末明初著名富翁,曾助修京城城墙,后被朱元璋发配充军云南,老死于贬谪之地。 ⑤林章:字初文,号寅伯,福清(今属福建)人,明朝万历时期藏书家、文学家,因上书止矿税,为宦官所嫉下狱,暴死于狱中。 ⑥陆成叔:明代万历时期诗人,与王世贞、臧懋循等有唱和。 ⑦李贽:初姓林,名载贽,后改姓李,名贽,字宏甫,号卓吾,别号温陵居士,福建泉州人,明朝后期思想家、文学家,泰州学派的一代宗师,被诬下狱,自刎死。 ⑧达观:即紫柏真可,晚号紫柏,苏州人,俗姓沈,法名达观,中年后改名为真可,号紫柏老人,后世尊称他为紫柏尊者,为明末高僧,因为陷入东林党争,被东厂拷打,伤重圆寂。

【译文】

位高而专权,足以引来杀身之祸,胡惟庸、石亨就是这样;有才之士不谦逊,足以引来杀身之祸,卢柟、徐渭就是这样;积财而不散,足以引来杀身之祸,沈秀、徐百万就是这样;依仗有才能,胡乱行事,足以引来杀身之祸,林章、陆成叔就是这样;提出异端邪说,恣意议论,足以引来杀身之祸,李贽、达观就是这样。不这样的,是侥幸免祸罢了。

千金买屋

东海钱翁,以小家致富,欲卜居城中。或言某房者众已偿价七百金,将售矣,亟图之。翁阅房,竟酬以千金。子弟曰:“业有成议,今骤增三百,得无溢乎?”翁笑曰:“非尔所知也。吾侪小人,彼违众而售我,不稍溢,何以塞众口?且欲未餍者争端未息。吾以千金获七百之舍,彼之望既盈,而他人亦无利于吾屋。歌斯哭斯①,从此为钱氏世业,无患矣。”已而他居多以价亏求贴,或转赎,往往成讼。惟钱氏帖然。

【注释】

①歌斯哭斯:歌于斯,哭于斯,指钱氏世代悲欢生死都将在这里了。

【译文】

东海钱姓老翁,从小户人家发财致富,想在城里买一所房子。有人告诉他某所房子许多人已出价七百金,就要出售了,要他赶紧谋划买下。钱翁看了房子后,最终用千金将房子买下。子弟们说:“这间房子已有七百金的定价,现在突然再加三百金,恐怕加钱过多了吧?”钱翁笑着答道:“这里的道理不是你们能明白的。我们是地位卑微的百姓,房主违背众人心意把房子卖给我,若不多花点钱,他拿什么话去堵住众人的嘴巴?况且那些想买而又没买到的人还会制造争端。我用千金买下出价七百金的房子,房主的愿望既得到了满足,其他人对这座房子也无利可图了。以后,哭也好,笑也好,这处房子就是我钱家的产业,没啥担忧的了。”不久后,其他房产多因售价太低而争要补贴,有的卖主又转手赎回,往往造成诉讼,唯独钱家的房子住得很安然。

宣泄不可太尽

民有甘露降告县者,县令出接之。有道人笑焉,令怒。道人曰:“譬如人身,精液流通,可至六七十年。若其寿短促,则漏迸于未死之前矣。此木盖将槁故耳。倘不信,请留我以待明春。”县令如其说,果验焉。然则后生宣泄太尽者,盖甘露类也。客曰功名亦然。

【译文】

百姓中有人看见树上有降下的甘露,就去报告县令,县令出来迎接。有个道士看见发笑,县令非常生气。道士解释说:“这就像是人的身体,精气体液在里面流行分布,可达六七十年。如果这个人寿短,精气体液就会在未死之前突然泄漏。这是这棵树快要枯槁的缘故罢了。如果不相信,请把我留在这里,到明年春天检验一下。”县令就把他留下了,果然应验。既然这样,那么年轻人如果张扬得太厉害,大概就和甘露一样。有人说功名也是这样。

名字中和

曹时中①家居,有林向阳者谒公。公留饭,因问曰:“贤辈何字?”对云:“字茂春。”公悚然曰:“子不见朱文公名熹号晦庵乎?子名向阳,又号茂春,觉专在旺处一边,不可不思也。”

【注释】

①曹时中:明华亭(今上海松江)人,初名节,以字行,号定

庵,官至浙江海道副使。

【译文】

曹时中闲居在家时,有个名叫林向阳的人前去拜见他。曹时中留饭招待,顺便在席间问:"贤辈的表字是什么?"林向阳回答说:"表字茂春。"曹时中吃惊地说:"你难道不知道朱文公名熹而号晦庵吗?你取名向阳,又号茂春,感觉偏在了旺处一边(有违中和),你不能不三思。"

人莫负道

道不负人,人自①负道。日月不速,人算自速。勇猛刚强,不如低心下气;游历高远,不如安静养素;图名逐利,不如穷居自适;说古谈今,不如缄口忘言;逞技夸能,不如抱元守一②;趋炎附势,不如贫穷自乐;悔怨③记仇,不如洗心悔过;较长量短,不如安心自怡。道炁绵绵,行之得仙。得意忘言,自超太玄④。

【注释】

①自:却,可是。 ②抱元守一:专心守住元气根本。 ③悔怨:怨恨。 ④太玄:虚无恬淡的得道境界。

【译文】

道没有辜负人,人却辜负了道。日月的运行并没有加速,人的算计却加速了。勇猛刚强,不如恭顺小心;到高远之处游历,不如安于宁静,保养本性;图谋名声,追逐利益,不如安于贫困,自我逍遥;谈古论今,不如缄口不言;显摆技艺,夸耀才能,不如专心守住元气根本;趋炎附势,不如贫穷自乐;怨恨记仇,不如洗心革面悔恨过错;斤斤计较,不如安心自乐。道炁绵绵不绝,认真修道,可达仙境。心里明白了道的真谛,不需要言语表达,自我超越,便可达到虚无恬淡的得道境界。

持满之道

孔子观欹器[①]，喟然叹曰："夫物恶有满而不覆者哉？"子路进曰："敢问持满有道乎？"孔子曰："持满之道，挹而损之。"子路曰："损之何如？"孔子曰："聪明睿知[②]，守之以愚；功被[③]天下，守之以让；勇力振世，守之以怯；富有四海，守之以谦。"此所谓损之又损[④]之道也。

【注释】

①欹（qī）器：鲁国宗庙中相当于今人座右铭的器物。它有三个特点：当它空虚不盛一点水时，就只能欹斜地放着，这就是"虚则欹"；在这容器中注入中等数量的水，则可端正地摆放在那里，这就是"中则正"；容器注满了水，则会自动向另一侧翻倒，而把水都倒了出来，这就是"满则覆"。 ②知：通"智"。 ③被：覆盖。 ④损之又损：不断减少拥有的东西以达到无为境界的办法。语出《道德经》第四十八章："为学日益，为道日损，损之又损，以至于无为。"

【译文】

孔子观看了欹器，长叹说："事物哪里有盈满了而不倾覆的呢？"子路上前说："冒昧地问一下，有保持盈满的办法吗？"孔子说："保持盈满的办法只有把满的东西舀出去，使其减少。"子路问："怎样使其减少呢？"孔子说："聪明睿智，要靠愚笨来保守；功劳盖过天下，要靠谦让来保守；勇敢有力震住世人，要靠胆怯来保守；富有四海，要靠谦虚来保守。"这就是所说的靠不断减少拥有的东西以达到无为境界的办法。

常保不足

胡文定公[①]语杨训[②]曰："人家[③]最不要事事足意，常有些不足处便好；人家才事事足意，便不好事出来：亦消长[4]之理然也。”

【注释】

①胡文定公：即胡安国，又名胡迪，字康侯，号青山，谥号文定，学者称武夷先生，后世称胡文定公，建宁崇安（今属福建）人，北宋著名学者。 ②杨训：字公发，北宋浦城（今属福建）人，曾受业于王安石之门，品行高洁。 ③人家：世人。家，没有实在的意义。 ④消长：增减，盛衰。

【译文】

文定公胡安国对杨训说：“世人最不要事事满意，常有些不满意之处就好；世人才事事满意，就会有不好的事生出来：这也是盛衰变化的道理使然。”

谢显道言

尹彦明[1]从学于伊川，闻见日新。谢显道[2]谓之曰：“公既有所闻，如服乌头[3]，苟无以制之，则药发而患生矣。”显道之言诚可为浅露者之戒。

【注释】

①尹彦明：即尹焞（tūn），字彦明，一字德充，宋代洛阳（今属河南）人，南宋高宗绍兴年间曾任礼部侍郎，兼侍讲。 ②谢显道：即谢良佐，字显道，北宋蔡州上蔡（今属河南）人，人称上蔡先生或谢上蔡，创立了上蔡学派，心学的奠基人。 ③乌头：为毛茛（gèn）科植物，母根叫乌头，为镇痉剂，有毒性。

【译文】

尹彦明向伊川先生程颐学习，闻见日新。谢显道对他说：“你已经学到了那些学问，就像是服了乌头药，如果没有办法控制住，毒性发作就会带来祸患。”谢显道的话确实可以让浅陋的人引以为戒。

娶妇小姓

虞翻①与弟书曰:“长子容当②为娶妇,须远求小姓,使足生子。天之福人,不在贵族。芝草无根③,醴泉无源。”

【注释】

①虞翻:字仲翔,会稽余姚(今属浙江)人,三国时期吴国研究《易经》的著名学者。 ②容当:表敬之辞,恳请对方给予某种行动的机会,多用于向对方表示自己该怎么做。 ③芝草无根:比喻人的成就,出于自己的努力,没有任何旁人的帮助。芝草,菌属,古以为瑞草,服之能成仙。

【译文】

虞翻给弟弟写信说:“你的大儿子请允许我为他讨媳妇,媳妇要向偏远的小户人家寻找,让她能够给虞家生下后代。上天给人间降福,并不只偏向于贵族之家。灵芝草没有根,甘泉水也没有源。”

伯大《四留铭》

王参政伯大①,号留耕,尝著《四留铭》云:“留有余不尽之巧,以还造化②;留有余不尽之禄,以还朝廷;留有余不尽之财,以还百姓;留有余不尽之福,以还子孙。”

【注释】

①王参政伯大:即参政王伯大,字幼学,号留耕,南宋福州长溪(今福建霞浦)人,官至参知政事。参政,参知政事的简称,相当于副宰相。 ②造化:决定命运的老天。

【译文】

略。

张耳与陈馀

张耳、陈馀，魏之名士。秦闻此两人名，购求张耳千金，陈馀五百金。二人变名姓之陈，为里监门。里吏[①]尝笞馀，馀欲起，耳蹑之使受笞。吏去，耳引馀之桑下，数之曰："始吾与公言何如？今见小辱而欲死一吏乎？"耳之见过馀远矣。馀卒败死泜水[②]上，而耳事汉，富贵寿考[③]，福流子孙，非偶然也。大智大勇，必能忍小耻小忿。彼其云蒸龙变[④]，欲有所会，其与琐琐者较乎？

【注释】

①里吏：里正。　②泜（zhī）水：即泜河，河北邢台北部的一条季节性河流。楚汉相争时，韩信和张耳在泜水岸边大败赵军，斩杀陈馀。　③寿考：高寿。　④云蒸龙变：云气兴起，神龙飞动。比喻英雄豪杰遇时奋起。

【译文】

张耳、陈馀是战国末期魏国的两个名士。秦国听说了这两个人，悬赏一千金征求张耳，五百金征求陈馀。张耳、陈馀二人更名改姓到了陈国，做了里巷的看门人。里正曾经鞭打陈馀，陈馀想起身反抗，张耳踩了陈馀的脚，暗示他要接受鞭打。里正走后，张耳把陈馀拉到一棵桑树下，责备他说："当初，我和你是怎样谈的？今天遇到一点小的屈辱就想与一个小吏拼命吗？"张耳的见识远远超过了陈馀。陈馀最终在泜水岸边战败被杀，张耳服侍刘邦，得以富贵长寿，连子孙都得到福荫，这不是偶然的。大智大勇，一定能忍受小的耻辱、小的愤怒。英雄豪杰遇时奋起，想要有好的际遇，难道能与琐盾的事相计较吗?

欲留后着

赵长玄[①]曰:“杨吉谏议爱韩非一语:‘土木偶人耳鼻欲大,口目欲小。’盖耳鼻先大,则可小;口目先大,人或非之,则不可为矣。谏议以为百凡欲留后着[②],不为一切之政耳。”

【注释】

①赵长玄:即赵台鼎,字长玄,明朝后期内江(今属四川)人,于医学颇有建树,辑著有《脉望》。 ②后着(zhāo):犹后路,退路。

【译文】

赵长玄说:“谏议大夫杨吉喜欢韩非子的一句话:‘制作土木偶人时耳朵和鼻子要大,嘴巴和眼睛要小。’大概是因为耳朵和鼻子先大一些,还可以改小;嘴巴和眼睛如果先做大了,有人指责做得太大,就不可以改小了。谏议大夫杨吉认为凡事都要留有退路,不做不留余地的事。”

九韶清福

敖清江[①]曰:“金溪胡九韶[②]从吴康斋[③]学《易》,造诣洁修。家甚贫,课儿力耕,仅给衣食。每日晡[④],焚香九顿首,谢天赐一日清福。其老妻常笑之曰:‘一日三餐菜粥,何名为清福?’九韶曰:‘吾幸生太平之世,无兵祸;又幸一家骨肉饱暖无饥寒;又幸榻无病人,狱无囚人:非清福而何?’予为童子时,闻长者谈此事,辄笑之。逮正德辛未被华林之寇,己卯遭宸濠之变[5]，避难山中，饥渴颠踣[6]，至无所容身，始信九韶清福之言良然。”

【注释】

①敖清江：即敖英，字子发，号东谷，明朝临江府清江县（今属江西）人，官至四川右布政使。 ②胡九韶：字凤仪，明朝金溪（今属江西）人，安贫乐道的儒生。 ③吴康斋：即吴与弼，字子傅，号康斋，明朝崇仁县（今属江西）人，著名理学家。 ④日晡：天将暮时。 ⑤宸濠之变：即宁王之乱，指明武宗正德十四年（1519）由宁王朱宸濠在南昌发动的叛乱，波及江西北部及安徽南部，仅过四十三天，由赣南巡抚王守仁（即王阳明）平定。⑥颠踣：挫折困顿。

【译文】

敖清江说：“金溪人胡九韶向吴康斋学习《易经》，造诣纯正美好。他家里十分贫苦，督促孩子努力耕种，勉强维持温饱。他每天天快黑的时候，焚香向老天行九次叩拜的大礼，感谢上天又让他享了一天清福。他的老妻笑话他说：‘一日三餐全是菜粥，这叫什么清福呢？’胡九韶回答说：‘我有幸生活在太平之世，没有战乱；又幸而全家骨肉亲人吃饱穿暖，没有饥寒；又幸而家中没有病人在床，也没有人被关在监狱里：这不是清福又是什么呢？’我还是孩子时，听到年长的人谈论此事，就感到好笑。等到明武宗正德辛未年间华林民众反叛，己卯年遭受朱宸濠的叛乱，到山间躲避战乱，遭受饥渴困顿之苦，才相信胡九韶所说的有关清福的话确实是这样。”

释之结袜

王生者，善为黄老言，处士[1]也。当召居廷中，公卿尽会立。王生老人曰：“吾袜解。”顾谓张释之[2]：“为我结袜。”释之跪而结之。既已，人或让王生："独奈何廷辱张廷尉？"王生曰："吾老且贱，自度终亡益于张廷尉。廷尉方今天下名臣，吾故抑使结袜，欲以重之。"诸公闻之，贤王生而重释之。

【注释】

①处(chǔ)士：本指有才德而隐居不仕的人，后亦泛指未做过官的士人。 ②张释之：字季，堵阳(今河南方城)人，汉文帝时官至廷尉。

【译文】

王生喜欢黄老之学，是汉初的隐士。王生曾被召入朝廷，当时三公九卿均在场站立。老人王生说："我的袜子带松了。"回头看了看张释之说："替我把袜子带系好。"张释之便跪下身替他系好了袜子带。事后，有人责备王生："为什么要在朝廷上单单羞辱张廷尉？"王生说："我年纪大了，而且地位也不高，自己思量终究帮不上张廷尉什么忙。张廷尉是当今天下的名臣，我故意用让他为我系袜子带的办法压低他，想以此提高他的名声。"大臣们听到后，都称赞王生的贤德，而且敬重张释之。

玄龄谨慎

太宗初伐辽，命房玄龄[①]留守，许以便宜从事。有男子上急变[②]，玄龄诘状，曰："我乃告公。"玄龄遂驿送行在[③]。上闻留守送告密人，使人持长刀于前，问告者为谁，曰房玄龄。上大怒，斥令腰斩，下诏谓玄龄曰："公何以不自信？更有如是者，可专决之。"

【注释】

①房玄龄：名乔，字玄龄，以字行于世，齐州临淄(今属山东)人，唐太宗前期宰相。 ②急变：紧急或出人意料的事变。

③行在：专指天子巡行所到之地。

【译文】

唐太宗第一次讨伐辽东时，命房玄龄留守京师，准许他遇事自行处理。有个男子上报紧急变故，房玄龄审问他，他说："我就是状告你房玄龄。"房玄龄就通过驿站把这人送到唐太宗所在之处。唐太宗听说留守送来了告密的人，就派人拿长刀站在前边，问他要告谁，告密人说是告房玄龄。唐太宗大怒，命令将告密人腰斩，并且下诏给房玄龄说："你怎么能不相信自己呢？再遇到这种事，可自行处理。"

雌伏免祸

陈豨[①]反，上自将至邯郸，吕后用萧何计诛韩信。上已闻诛信，使使拜丞相为相国，益封五千户，令卒五百人、一都尉[②]为相国卫。诸君皆贺，召平[③]独吊曰："祸自此始矣。上暴露于外，而君守于内，非被矢石之难，而益封君置卫者，以今者淮阴新反于中，有疑君心。夫置卫卫君，非以宠君也。愿君让封勿受，悉以家私财佐军。"何从其计，上说。其秋，黥布[④]反，上自将击之。数使使问相国何为，曰："为上在军，拊循[⑤]勉百姓，悉所有佐军，如陈豨时。"客又说何曰："君灭族不久矣。夫君位为相国，功第一，不可复加。然君初入关，本得百姓心十余年矣，皆附君，尚复孳孳[⑥]得民和。上所为数问君，畏君倾动[⑦]关中。今君胡不多买田地、贱贳贷[⑧]以自污？上心必安。"于是何从其计，上乃大说。

【注释】

①陈豨（xī）：宛朐（今山东菏泽）人，秦汉之际汉王刘邦部将，后反叛刘邦，战败被杀。 ②都尉：是秦汉时重要的中高级武

官。 ③召平：广陵人，秦之东陵侯，秦亡不仕，隐居长安城东，种瓜为业。 ④黥布：即英布，六县（今安徽六安）人。因受秦律被黥，又称黥布，秦末汉初名将，后因谋反罪被刘邦所杀。 ⑤拊循：亦作"拊巡"，安抚，抚慰。 ⑥孳孳：也作"孜孜"，勤勉，努力不懈。孳，通"孜"。 ⑦倾动：指倾倒，十分佩服、敬慕。 ⑧贳（shì）贷：借贷，赊。

【译文】

陈豨反叛，皇上（刘邦）亲率大军到了邯郸，朝中吕后用萧何的计策诛杀了韩信。皇上听说韩信已被诛杀，就派人回朝拜丞相萧何为相国，增封五千户，令五百士卒、一个都尉去充当相国萧何的护卫人员。众人都向萧何道贺，唯独召平吊唁说："祸患从此开始了。皇上在外作战，而相国安守都城，没有遭受防守城池的苦难，却被加封并且设置护卫，这是因为淮阴侯韩信刚刚在都城中谋反，皇上有猜疑相国之心。设置护卫保卫相国，并不是宠爱您。希望相国推辞不要接受，并拿出家中全部财产去支援平叛的军队。"萧何采纳了他的意见，皇上非常高兴。这年秋天，黥布造反，皇上亲自领兵平叛。皇上几次派人问相国在做什么，使者回答："因为皇上在军中，相国安抚劝勉百姓，拿家中全部财产支援平叛军队，和平定陈豨叛乱时一样。"又有人游说萧何说："相国离灭族之祸不远了。您身为相国，功劳第一，大得不能再加封赏。您初入关中时，本来得民心已有十多年了，相国还努力不懈地谋求百姓的拥戴。皇上多次问你在干什么，是害怕你获取关中百姓的拥戴。现在相国为什么不用多买田地、低价借贷来自泼污水呢？如果这样，皇上对您就一定会放心了。"于是萧何按他说的做了，皇上非常高兴。

明宗祝天

后唐明宗李嗣源①即位，年逾六十。每夕于宫中焚香祝天曰："某胡人，因乱为众所推，愿天早生圣人，为生民主。"在位八年，年谷屡丰，兵革②罕用，较于五代，粗为小康③。

【注释】

①李嗣源：原名邈吉烈，沙陀部人，五代时期后唐王朝第二位皇帝，庙号明宗。 ②兵革：兵器和甲胄的总称，泛指军备，也代指战争。 ③小康：生活比较安定，经济比较宽裕。

【译文】

后唐明宗李嗣源即位时，已超过了六十岁。明宗每天晚上都在宫中焚香向上天祷告说："我是胡人，因天下动乱被众人推选为君主，希望上天早生圣明的人，做百姓的君主。"他在位八年，年年五谷丰收，很少有战事，与动荡的五代相比较，大致算是小康了。

献王遭忌

河间王德①，景帝子，修学好古。从民得善书，必为好写与之，留其真，加金帛赐以招之。由是得书多，与汉朝等。异日入朝，问五策，辄对无穷。孝武帝艴然难之，谓献王曰："汤以七十里，文王百里，王其勉之！"王知其意，归即纵酒听乐，因以终。

【注释】

①河间王德：即河间献王刘德，汉景帝刘启第二子，藏书家。因谥号为献，又称河间献王。

【译文】

河间献王刘德，是汉景帝的儿子，喜欢研究古书。从百姓那里得到善本好书，他一定抄好一份送给献书者，自己留下真本，并对献书者赐以金帛来鼓励其他人献书。因此，他获得了许多古书，和西汉朝廷的藏书数量相等。一天他到朝廷，皇上问他五策，他应对无穷。汉武帝面露愤怒之色,故意责难河间献王,就对他说:“商汤王凭借七十里的地盘而得天下,周文王凭借百里的地盘而得天下,王兄可要好好干哪!”献王知道他的用意,回封国后就纵酒听乐,并因此身死。

阴兴谦退

阴兴①为光烈皇后母弟。时后尚为贵人,帝召兴欲封之,置印绶于前。兴固让曰:“臣未有先登②陷阵之功,而一家数人并蒙爵土③。富贵已极,不可复加,至诚不愿。”帝嘉之,不夺其志。贵人问故,兴曰:“大凡外戚之家,苦不知谦退,嫁女欲配侯王,取妇眄睨④公主。富贵已极,人当知足。故不愿也。”贵人感其言,深自降挹⑤。

【注释】

①阴兴:字君陵,南阳新野(今属河南)人,光烈皇后阴丽华的弟弟,深受刘秀的信赖,任侍中,赐爵关内侯,后任卫尉。②先登:先于众人而登上敌人的城墙。③爵土:赐官爵和封土地。④眄(miǎn)睨(nì):眼睛盯住,看着。⑤降挹(yì):谦退损抑。挹,损。

【译文】

阴兴是光烈皇后阴丽华的弟弟。在皇后还是贵人时,光武帝召见阴兴,想要给他加封,印绶已放在了他面前。阴兴坚决推辞说:“没有率先登上敌人城墙攻陷敌人阵地的功劳,但全家已有几人蒙受皇帝赐予官爵、封赏土地。富贵已达到了极限,不能再增加,我真心不愿受封。”皇上赞赏他这种做法,没有改变他的想法。贵人问他为什么不愿受封,阴兴回答:“大凡外戚之家苦于不知谦虚退让,嫁女想嫁王侯,娶妻盯着公主。富贵到了极限,人应该知足。所以,我不愿受封。”贵人被他的话打动，深深地自我谦退损抑。

青盲避世

汉任永①、逢信②并好学博古。公孙述③连征命，皆托青盲以避世。任永妻淫于前，匿情无言；见子入井，忍而不救。信侍婢亦对信奸通。及闻述诛，皆盥洗更视，曰：“世适平，目即清。”淫者自杀。

【注释】

①任永：字君业，犍为郡僰道县（今四川宜宾）人，两汉之间著名高士。 ②逢信：字季诚，西汉末东汉初广汉郡郪县（今四川三台县）人，著名高士。 ③公孙述：字子阳，扶风茂陵（今陕西兴平）人，两汉之间，蜀地军阀。

【译文】

西汉末年的任永、逢信都爱好学问，通晓古代的知识。公孙述多次征召他们出来做官，他们都推托说自己眼睛瞎了，来逃避乱世的危难。任永的妻子在他面前与别人行淫，他装作没有看见，沉默无言；看到孩子跌落到井里，也狠心装着看不见，不去施救。逢信的侍婢也在逢信面前和他人行淫。直到听说公孙述被杀之后，任、逢两人都用水洗了洗眼睛，眼睛复明，说：“世道刚刚清平，眼睛就好了。”结果，那些行淫的人自杀了。

功成身退

蔡泽①说应侯②有曰：“翠鹄犀象，处世非不远死也，所以死者，惑于饵也。苏秦、智伯③之智，非不足以辟辱远死也。所以死者，惑于贪利不止也。商君④为秦明法禁奸，威诸侯，无敌天下。功已成矣，而遂以车裂。白起⑤战鄢郢，并蜀汉，攻强赵，所复七十余城。功已成矣，而遂赐死于杜邮。吴起⑥收扬越，并陈蔡，兵震天下。功已成矣，而卒肢解。大夫种⑦为越王深谋远计，报夫差之仇。功已成而信矣，勾践终负而杀之。此四子者，功成不退，祸至于身。所谓伸而不能诎，往而不能返者也。唯范蠡知之，超然辟老(一)，长为陶朱公。"

【校勘】

(一)老：《史记·蔡泽列传》作"世"。

【注释】

①蔡泽：战国时燕国纲成(今河北怀安)人，善辩多智，秦昭王拜为客卿，后代范雎为秦相。　②应侯：即秦昭襄王宰相范雎。③智伯：又称智瑶(智襄子)、荀瑶、知伯瑶，春秋末年晋国四卿之一，实力最强，后由于贪婪，家族全部屠灭，所有的领地被韩、魏、赵三家所瓜分。　④商君：即商鞅，战国时期卫国人，卫国国君后裔，姬姓，公孙氏，故又称卫鞅、公孙鞅。后因功获封商於(wū)十五邑，号为商君，故称之为商鞅，辅助秦孝公变法的著名改革家。⑤白起：又称公孙起，战国时期秦国郿县(今陕西眉县)人，战国名将，在秦昭王时征战六国，为秦国统一六国做出了巨大的贡献。⑥吴起：卫国左氏(今山东定陶，一说今山东曹县东北)人，战国初期著名军事家。　⑦大夫种：即越国大夫文种，也作文仲，字会，春秋末期楚国郢(今湖北江陵)人，为勾践复仇立下了赫赫功劳，最后被勾践赐死。

【译文】

蔡泽对应侯有说："翠鸟、鸿鹄、犀牛、大象这些动物，它们所处的地方，不是不远离死亡，可是它们之所以死亡，就是被诱饵所迷惑。苏秦、智伯那样的机智多谋之士，不是不能够避开耻辱远离死亡，可是他们之所以死于非命，就是被贪得无厌所迷惑。商鞅为秦国严明法令，禁止奸邪，威震诸侯，无敌于天下。大功告成后，却被处以车裂的酷刑。白起战于鄢郢，吞并蜀汉，攻占强大的赵国，收复七十多座城池。大功告成后，却被赐死在杜邮。吴起收取扬越，吞并陈蔡，兵震天下。大功告成后，最终却被肢解。大夫文种为越王深谋远计，使勾践报了夫差灭国之仇。大功告成后，被越王宠信，但勾践最终辜负了文种，把文种杀了。这四个人，大功告成却不知退隐，以致祸患加身。这就叫做能伸却不能屈，能出去却不能返回。只有范蠡懂得功成身退的道理，超然避世，长久在定陶做了富豪。"

王翦自坚

王翦①攻荆②，将兵六十万人，始皇自送至灞上。王翦行，请美田宅园地甚众。始皇曰："将军何忧贫乎？"王翦曰："为大王将，有功终不得封侯。故及大王之向臣，请园地为子孙业耳。"始皇大笑。王翦既至关，使使还请善田者五辈。或曰："将军之乞贷亦已甚矣。"王翦曰："不然。夫秦王怚中粗(一)而不信人。今空秦国甲士而专委于我，我不多请田宅为子孙业以自坚③，顾令秦王坐而疑我邪？"

【校勘】

(一)怚中粗：《史记·白起王翦列传》作"怚"，无"中粗"二字。此一则又见于明代冯梦龙《智囊》，作"恒中粗"。怚，心不精也，即多疑。

【注释】

①王翦：关中频阳东乡(今陕西富平)人，战国名将，为秦始皇兼灭六国做出过卓越贡献。　②荆：即楚，因始皇帝的父亲名叫子楚，为避讳，秦人称"楚"为"荆"。　③自坚：固位自保。

【译文】

王翦率六十万大军攻打楚国,出征时秦始皇亲自到灞上送行。临行前,王翦请求始皇赏赐给他大量好的田宅。秦始皇说:“将军为什么还担心生活贫困呢?”王翦说:“我身为大王的将军,有功劳却不能封侯,所以趁大王偏爱我时,请大王赏赐田宅作为子孙的家业。”秦始皇听了大笑。王翦率军抵达武关后,又曾五次遣使者向始皇请求封赏。有人说:“将军要求封赏的举动也太过分了。”王翦说:“不是这样。大王多疑,不相信别人,现在他把秦国所有的军队交给了我,我如果不用为子孙多要田宅作家业为借口来固位自保,难道要秦王坐守京都猜疑我吗?”

宋祁治戒

宋祁①临卒,自为志铭及治戒:“棺用杂木,漆其四会,三涂即止,使数十年足以腊骸②朽衣巾而已。毋以金铜杂物置吾冢。且吾学不名家,文章仅及中人,为吏在良二千石③下,勿请谥,勿受赠典④。”

【注释】

①宋祁:字子京,北宋雍丘(今河南杞县)人,官至工部尚书,著名词人。 ②腊(xī)骸:使尸骨干枯。 ③良二千石:指称职的太守。二千石:汉代太守的俸禄,代指太守。 ④赠典:古代朝廷推恩重臣,把官爵授给官员已死父母及祖先的典礼。

【译文】

宋祁临终时,自写墓志铭,以及治丧戒言:“棺材用杂木,将棺材四周合缝漆好,漆三遍即可,使棺材能保持几十年,足以使我的尸骨干枯、衣巾朽烂就可以了。不要把金铜杂物放在我的墓中。况且我学业上没有成为名家,文章仅赶上一般人,做官在称职的太守以下,不要请加谥号，不要接受赠典。”

知足少游

马援既平交阯，牛酒飨士，从容言曰：“吾从弟少游①常哀吾曰：‘士生一世，但取衣食裁足，乘下泽车②，御款段马③，乡里称善人可矣。致求盈余，但自苦耳。’当吾在浪泊西里间，虏未灭之时，下潦④上雾，毒气蒸薰，仰视飞鸢，跕跕⑤堕水中。卧念少游平生⑥时语，何可得也？今赖士大夫之力，被蒙大恩，猥⑦先诸君纡佩金紫⑧，喜且惭矣。”

【注释】

①少游：即马少游，马援堂弟，志向淡泊，知足求安，无意功名。 ②下泽车：一种适宜在沼泽地上行驶的短毂轻便人力车。 ③款段马：脚力迟缓的马。 ④潦（lǎo）：积水。 ⑤跕跕：坠落的样子。 ⑥平生：平素，往常。 ⑦猥：谦词，等于说“愧”。 ⑧纡佩金紫：身佩印绶，指身居高位。纡，系，结。金，指印。紫，指绶色。

【译文】

马援已经平定了交阯，杀牛设酒，慰劳将士，从容地对部下说：“我的堂弟马少游常常同情我说：‘读书人一生，只要衣食足够，能乘坐下泽车，驾驭款段马，乡里人都称赞说是个好人，这样就可以了。至于追求更多的东西，只是自找苦吃了。’当我在浪泊西里（交阯地名）之间，叛贼未平定之时，下面是积水，上面是雾霭，毒气熏蒸，仰望天上巨鹰，跕跕坠落水中。夜里睡觉时想起少游往常对我说的那种生活，怎样才能得到呢？如今幸赖各位的力量，蒙受皇帝大恩，愧在诸君之先获得高位，我真是既高兴又惭愧。”

孙登有识

嵇康①采药于汲郡北山中,见隐者孙登②,欲与之言,登默不应。逾时将去,复曰:"先生竟无言乎?"登乃曰:"子才多识寡,难乎免于今之世矣。"

【注释】

①嵇康:字叔夜,三国曹魏谯郡铚(今安徽濉溪)人,"竹林七贤"之一。 ②孙登:字公和,因长年隐居苏门山,号苏门先生,汲郡共(今河南辉县)人,道家学者,会弹一弦琴,尤善长啸。

【译文】

嵇康在汲郡北山中采药,遇见了隐士孙登,想和孙登谈话,孙登沉默不回应他。过了一个时辰,孙登要离开了,嵇康又说:"先生最终没有话说吗?"孙登这才说:"你才华多而见识少,在当今之世难以免祸。"

马后谦抑

东汉肃宗①即位,尊马后为皇太后,欲封爵诸舅,太后不听。明年夏大旱,言者皆谓不封外戚之故。太后诏曰:"凡言事者皆欲媚吾以要福耳。昔王氏五侯②同日俱封,黄雾四塞,不闻澍雨③之应。先帝防慎舅氏,不令在枢机之位。奈何以马氏比阴氏乎?"固不许。帝省诏悲叹,复重请之。太后报曰:"吾尝观富贵之家禄位重叠,犹再实之木,其根必伤;且人所以愿封侯者,欲上奉祭祀,下求温饱耳。今祭祀则受四方之珍,饮食则蒙御府之赐。斯岂不足而必欲得一县与?夫至孝之行,安亲为上。今数遭变异,谷价数倍,昼夜不安,而欲先营外家之封,违慈母之拳拳乎?”

【注释】

①东汉肃宗:汉章帝刘炟(dá),汉明帝刘庄第五子,东汉第三位皇帝,庙号肃宗。 ②王氏五侯:指王氏同时封侯的五人。汉成帝封其舅王谭平阿侯、王商成都侯、王立红阳侯、王根曲阳侯、王逢时高平侯。 ③澍(shù)雨:及时雨。

【译文】

东汉肃宗即位后,尊马皇后为太后,想给舅舅们封爵,太后不同意。第二年夏天,天大旱,许多上书言事的人说这是不封外戚造成的。太后下诏说:“凡是说天旱是由不封外戚导致的人,不过是想向我谄媚来邀福罢了。过去王氏外戚五人同日封侯,天空中黄雾弥漫,也没听说有及时雨的瑞应。先帝谨防外戚专权,不让他们在重要位置上。为什么要把马家人和阴家(光武帝皇后阴丽华娘家)相比呢?”坚决不允许封其兄弟。皇上读诏后深为悲叹,又请允封其舅舅。太后回复说:“我曾看到富贵人家,禄位重叠,好像一年内结两次果实的树木,树根一定会受到损伤;并且人之所以愿意被封侯,只不过是向上可以祭祀先人,向下可以求得温饱罢了。现在你舅舅们祭祀先人可以接受四方的珍品,饮食蒙受皇宫的赐给。这些难道还不够,一定要得到一县的封地吗?最孝的行为,是使母亲安心为上。现在国家屡遭变故,粮价增长几倍,这让我昼夜不安,你却想着先给外戚封爵,这不是违背慈母拳拳的忧民之心吗?”

改易铭文

范镇[①]铭司马光墓,言熙宁奸朋淫纵,险诐[②]憸[③]猾,赖神宗洞察其奸云云。光子康[④]属苏轼书之,轼曰:“轼不辞书,惧非三家之福。”乃易他铭。

【注释】

①范镇：字景仁，华阳（今四川成都）人，北宋文学家。②诐（bì）：偏颇，邪僻 ③憸（xiān）：奸邪。 ④光子康：司马光的儿子司马康，字公休，陕州夏县（今属山西）人。本为司马光大哥司马旦之子，过继给司马光为子。

【译文】

范镇为司马光撰写墓志铭，其中有熙宁年间奸党过度放纵，险恶邪僻、奸诈狡猾，幸亏神宗洞察了他们的奸邪等语。司马光的儿子司马康嘱托苏轼写这个墓志铭，苏轼说："我苏轼不推辞书写，但书写范镇作的这篇，我担心对我们三家来说都不是好事。"于是，换用了其他人撰写的墓志铭。

曹衮慎重

曹丕禁锢[①]宗王，法既峻急[②]，伺察者益众，故诸侯王过恶日闻。独北海王衮[③]，谨身好学，未尝有过。监国防辅[④]相与言曰："受诏察王，有过当奏，有善亦宜以闻。"遂共表陈之。衮闻，大惊曰："修身自守，常人之行耳，而诸君乃以上闻，是适足以增其负累也。"

【注释】

①禁锢：强力限制。 ②峻急：严酷，严厉。 ③北海王衮：即北海王曹衮，谯县（今安徽亳州）人，曹操之子，魏文帝曹丕异母弟。 ④监国防辅：汉魏时期设于诸王的封国之中，以监察诸王的行动的官员。

【译文】

曹丕强力限制宗室诸王，法令严酷，窥伺探察诸王的人日益增多，所以诸侯王的过错、恶行一天天地被报上来。只有北海王曹衮，自身谨慎好学,不曾有过错。监国防辅相互商议说:“我们接受诏令考察诸侯王,有了过失应当向朝廷奏报,有了善行也应当奏报。”于是一同上表称赞曹衮。曹衮听说后,吃惊地说:“修养品德,洁身自好,不过是普通人的行为罢了,各位却上报给朝廷,这恰恰是为我增加负担和累赘。”

张良取履

张良常闲步游下邳。圯[1]上有一老父衣褐,至良所,直堕其履圯下,顾谓良曰:“孺子下取履!”良愕然欲殴之,为其老,强忍下取履。父曰:“履我!”良业为取履,因长跪履之。父以足受,笑而去。良殊大惊,随目之。父去里所,复还曰:“孺子可教矣。”

【注释】

①圯(yí):桥。

【译文】

张良常常闲逛下邳。桥上一位穿着粗布衣服的老人走到张良旁边,径直把自己的鞋子从桥上扔下去,回头对张良说:“小子下去把鞋取上来!”张良听后吃了一惊,想为他的无礼打他,但看在他年老的份上,张良强忍怒气下去把鞋子取上来。老人说:“为我穿上鞋子!”张良已把鞋取了上来,然后跪下去给老人穿上。老人伸出脚穿上鞋,笑着离开。张良感到非常吃惊,目光追随着老人。老人离开一里左右,又回来说:“这个孩子值得教导。”

得长者言

渤海大治[1],上遣使者征龚遂[2],议曹[3]王生从至京师。太守会,遂引入宫。王生从后呼曰:“明府[4]且止,愿有所白。”

遂还问故，王生曰："天子即问君何以治渤海，君不可有所陈对，宜曰皆圣主之德，非小臣之力也。"遂受其言。既至前，上果问以治状，遂对如王生言。天子说其有让，笑曰："君安得长者之言而称之？"

【注释】

①大治：非常太平。 ②龚遂：字少卿，山阳郡南平阳县（今山东邹城）人，西汉宣帝时，曾任渤海太守。 ③议曹：郡守的属吏。 ④明府：汉魏以来对郡守牧尹的尊称。又称明府君。

【译文】

渤海郡治理得非常太平，汉宣帝派使者征召渤海太守龚遂，议曹王生跟着他来到京师。龚遂去拜见天子，被召入宫。王生在后面大声喊道："明府暂且停一下，我有话要向您说。"龚遂回头问他为什么喊叫，他说："天子假如问您是怎样治理渤海郡的，您切不可多说什么，应该说全凭圣上的威德，不是小臣之力。"龚遂听取了他的话。龚遂到了宣帝跟前，宣帝果然向他问起渤海郡治理的情形，他就依照王生的话做了回答。宣帝对他的谦让感到很高兴，笑着说："您讲的这种长者的话，是从哪儿学来的？"

书诫谢万

谢万①为豫州都督，羲之遗书诫之曰："以君迈往不屑之韵②，而俯同群辟③，诚难为意。然所谓通识正在随事行藏④，乃为弘达。愿君每与士之下者同则善矣。食不二味，居不重席，此复何有？而古人以为美谈。济否所由⑤，实在积小以致高大。君其存之。"

【注释】

①谢万：字万石，陈郡阳夏（今河南太康）人，东晋名士，谢安

之弟,官至豫州刺史。 ②迈往不屑之韵:超越前人不顾流俗的风度。韵,风度。 ③俯同群辟(bì):屈居诸侯。群辟,指四方诸侯,亦统指王侯、公卿、大夫、士。 ④随事行藏:根据当下实际情况或行或止。 ⑤济否(pǐ)所由:美恶所产生的缘由。济,美好。否,坏,不好。

【译文】

谢万任豫州都督,王羲之写信告诫他说:"因为你有超越前人不顾流俗的风度,而屈居诸侯,这实在难称你的心意。然而见识通达正在于根据当下实际情况或行或止,这样才算得上宽弘通达。希望你常常与属下将士同甘共苦,这样就很好了。吃饭不要有两个菜,居处不要有两层席子,这哪里还能找到?古人却以此为美谈。福祸的产生,实在是积累细小以成高大。你一定要留心。"

冯异谢奏

冯异①朝京师,光武赐以珍宝、衣服、钱帛,诏曰:"仓卒②芜蒌亭豆粥,滹沱河麦饭,厚意久不报。"异稽首谢曰:"臣闻管仲谓桓公曰:'愿君无忘射钩③,臣无忘槛车④,齐国赖之。'臣今亦愿国家⑤无忘河北之难,小臣不敢忘巾车之恩⑥。"

【注释】

①冯异:字公孙,颍川父城(今河南宝丰)人,东汉开国名将,云台二十八将之一。 ②仓卒(cù):意外的变故。 ③射钩:齐桓公(公子小白)和公子纠争国君之位时,齐桓公曾被管仲射中衣带钩。 ④槛车:管仲当初为公子纠做事,公子纠失败后,管仲被关在槛车中。 ⑤国家:指皇帝陛下。 ⑥巾车之恩:指汉光武帝刘秀于巾车乡(今河南宝丰东)擒获冯异,旋即赦而录用的恩德。

【译文】

冯异到京师觐见皇上，光武帝赐他珍宝、衣服和钱帛，下诏说："变故中在芜蒌亭承蒙你招待豆粥，在滹沱河承蒙你招待麦饭，这种深情厚谊，很长时间了还没有报答。"冯异行稽首礼答谢说："我听管仲对齐桓公说：'希望您不要忘记射钩，臣不忘槛车，齐国就依赖这个了。'我现在也希望陛下不要忘了河北的灾难，我也不敢忘记陛下在巾车乡赦而录用的恩情。"

子仪识人

郭子仪有病，百官造省，不屏姬侍。及卢杞[①]至，即屏去，隐几[②]而待。家人怪问其故，子仪曰："彼外陋内险，左右见之必笑。使得权，吾族无类[③]矣。"

【注释】

①卢杞：字子良，滑州灵昌（今河南滑县）人，唐德宗时官至宰相，为人险恶。 ②隐几：靠着几案。 ③无类：犹言无遗类，无幸存者。

【译文】

郭子仪生病，百官前去看望，不屏退侍奉的姬妾。听说卢杞要来，就让姬妾退下去，自己靠着几案等候。家人感到奇怪，问其中原因，郭子仪说："卢杞外貌丑陋而内心险恶，姬妾看见他后一定会发笑。假使卢杞掌权，我全族将不会有幸存者。"

解纷卷之十五

争桑[1]起二国之兵，衅以挑而成巨；受爵致斯亡之祸[2]，事无激而不乖[3]。彼憸人[4]乐败利灾，唯端正息争排难。或缨冠救斗[5]，或微言解颐[6]，要使毒焰肝肠[7]化作清凉世界[8]，其造福非鲜浅[9]也。纂解纷[10]第十五。

【注释】

①争桑：争夺桑树。《史记·吴太伯世家》："初，楚边邑卑梁氏之处女与吴边邑之女争桑，二女家怒相灭，两国边邑长闻之，怒而相攻，灭吴之边邑。吴王怒，故遂伐楚，取两都而去。"后用为边境不宁的典实。泛指相争，不礼让。 ②受爵致斯亡之祸：语出《诗经·小雅·角弓》："受爵不让，至于已斯亡。"孔颖达正义："由爵不让彼，而为彼所怨，是以祸及于己。"斯，此。 ③乖：不和谐。 ④憸（xiān）人：小人，奸佞的人。 ⑤缨冠救斗：出自《孟子·离娄下》："今有同室之人斗者，救之，虽被发缨冠而救之，可也。"为了止息争斗，来不及束发冠戴，只系缨于颈。比喻制止争斗的心情急切。救斗，止斗，制止争斗。 ⑥微言解颐：用微妙的话语使人开颜欢笑。 ⑦毒焰肝肠：充满猛烈噬人火焰的内心，比喻充满仇恨、烦恼、暴躁、痛苦的内心世界。 ⑧清凉世界：指充满宽容、愉悦、超脱、平和的内心世界。 ⑨鲜浅：指微薄。 ⑩解纷：排解纷乱，解除纠纷。

【译文】

因争夺桑叶引起吴楚两国的战事，争端因挑动而变得巨大；接受爵位而不谦让，就会被其他人嫉恨，自己因此招灾惹祸，事情没有被激发,就不会不和谐。那奸邪的小人快意于别人的失败而且从别人的灾难中取利,只有那些品德端正的人能止息争斗,排除灾难。有时心情急切地止息争斗,有时用微妙的话使人开颜欢笑,要使得毒焰肝肠变成一片清凉世界,那造福不浅了。纂解纷第十五。

一言之功

人于仓卒[①]颠沛[②]之际,善用一言解救者,上资祖考,下荫儿孙。

【注释】

①仓卒(cù):变故,事变。 ②颠沛:困苦挫折。

【译文】

当人处于变故之中、遭受困苦挫折时,善于用一言半语去解救的,那功德向上来说可以为祖先挣得名声,向下来说可以荫庇子孙。

叩头止斗

高凤[①]居乡,有争财者持兵而斗。凤往解之,不已,乃脱巾叩头,请曰:"仁义逊让,奈何弃之?"争者投兵谢罪。

【注释】

①高凤,字翔之,别号雪塘,明朝顺天府霸州(今河北霸州)人,官至锦衣卫指挥佥事。

【译文】

高凤在家乡居住时,有人为争夺财产手拿兵器打斗。高凤前去劝解,双方依然争斗不停,高凤就脱掉头巾,磕头请求说:"为什么要把仁爱道义、谦逊礼让抛弃呢?"争斗的人扔下兵器,向高凤认罪道歉。

一言救人

齐有得罪于景公[①]者，公大怒，召左右肢解之，敢谏者诛。晏子左手持头，右手磨刀[②]，仰而问曰："古者明王圣主肢解人，不知从何处始？"公离席曰："纵之。非在寡人。"

【注释】

①景公：齐景公，姜姓，吕氏，名杵臼，齐灵公之子，齐庄公之弟，春秋后期齐国君主。 ②磨刀：挥刀。

【译文】

齐国有人得罪了齐景公，齐景公大怒，命令左右把这人肢解，胆敢进谏的杀死。晏子走上前去，左手揪住受刑者的头，右手挥刀，仰面问景公说："古代圣明的君王肢解人，不知是从什么地方先下手？"景公离开席位站起来说："放了他。过错在我。"

亦有长者言

丁崖州[①]虽险，然亦有长者言。真宗尝怒一朝士，再三言之，谓稍退不答。上作色曰："如此叵耐[②]，辄问不应。"谓进曰："雷霆之下，臣若更加一言，则齑粉矣。"真宗欣然嘉纳。

【注释】

①丁崖州：即丁谓，字公言，宋真宗时宰相，后因贬为崖州司户参军，人称丁崖州。 ②叵耐：不可忍耐，可恨。

【译文】

丁谓虽然险诈，可是也说过类似长者的话。宋真宗曾因一位朝廷官员发怒，再三对丁谓说起这人，丁谓就稍稍退后，并不答言。皇上翻脸说："如此可恨，问却不答。"丁谓进言说："陛下大怒之下，我若再说一句话，那人就化为齑粉了。"真宗很高兴地采纳了丁谓的意见。

裴度巧谏

裴度为相时，宪宗将幸东都。大臣切谏，不纳。度从容言："国家建别都，本备巡幸。但自艰难以来，宫阙署屯，荒圮①弗治，必假岁月完新，然后可行。仓卒无备，有司且得罪。"帝悦曰："群臣谏朕不分(一)此。如卿言诚有未便，安用往耶？"因止不行。

【校勘】

(一)分：此则又见于明代冯梦龙《智囊》，"分"作"及"。

【注释】

①圮(pǐ)：塌坏，倒塌破裂。

【译文】

裴度为宰相时，唐宪宗有意前往东都(洛阳)巡幸。大臣们虽极力劝阻，但意见不被采纳。裴度不慌不忙地说："国家建别都，本来就是为皇上出游时所准备。只是自发生战乱以来，宫阙官署，荒废坍塌，没有修理整治，须要花时间整修完成后才可成行。如果现在皇上执意成行，就会因匆促无准备，而使主管官员获罪。"宪宗高兴地说："群臣进谏没有说到这个。果如卿所说，确实不方便，哪里是非去不可呢？"于是打消了去东都的念头。

微言解纷

屠渐山①一日欲治仆罪，怒甚。仆求解于夫人。夫人笑谓置一大鱼来，莫测其指。渐山嗜鱼，见而诧其肥。夫人从傍微哂②曰："但水宽耳。"仆以此获免。夫微言谈笑可以解纷，不谓闺阁中谙此机缄③也。

【注释】

①屠渐山:即屠应埈(jùn),字文升,号渐山,明代平湖(今属浙江)人,官至右谕德。 ②微哂(shěn):犹微笑。 ③机缄:犹关键,指事物变化的要紧之处。

【译文】

屠渐山一天想治仆人的罪,非常生气。仆人向屠渐山夫人求救。夫人笑着让买一条大鱼来,没有谁能推测她的用意。屠渐山特别喜欢吃鱼,看到鱼特别肥,感到惊诧。夫人从旁微笑说:"只是水宽罢了。"仆人因此得以免罪。妙言谈笑可以解除纷难,没有想到闺中女子谙熟这里面的关键。

谷那律妙言奏对

高宗(一)出猎遇雨,因问谷邪律(二)曰:"油衣若为①不漏?"对曰:"以瓦为之必不漏。"上因此不复猎。

【校勘】

(一)高宗:据《旧唐书·谷那律传》,乃"太宗"之误。

(二)谷邪律:据《旧唐书·谷那律传》,乃"谷那律"之讹。谷那律,唐魏州昌乐(今河南南乐)人,官至谏议大夫兼弘文馆学士。"那"与"邪"因形近而讹。

【注释】

①若为:怎样。

【译文】

唐太宗外出打猎遇雨,就问谷那律说:"雨衣怎样才能不漏雨水呢?"谷那律回答说:"用瓦片做雨衣,就一定不会漏雨水。"太宗因此不再出门打猎。

德用息变

王武恭公①知定州。是时，契丹主在燕京。朝廷发兵屯定州者几六万人。一旦给粮，军士以米黑喧哗，监官惧逃。公入仓视之，乃召专副问曰："昨日我令汝给二分黑米、八分白米，汝何不先白后黑？彼辈见米腐黑，以为所给尽如是，故喧耳。"专副对曰："然，某之罪也。"公叱从者杖二十。又呼四卒谓曰："黑米亦公物，不给与汝曹，则弃之乎？汝何喧乃尔？"四卒相顾曰："向不知有八分白米耳，某等死罪。"公亦人杖二十。召指挥骂曰："衙官②不戢③士，使如此。欲求决配④乎？"指挥百拜流汗，乃舍之。仓中肃然。

【注释】

①王武恭公：即王德用，字元辅，北宋赵州（河北赵县）人，曾任枢密使，谥号武恭。　②衙官：刺史的属官。　③戢（jí）：约束。　④决配：杖责发配。

【译文】

武恭公王德用任定州知州。当时，契丹君主驻扎在燕京。朝廷派近六万士兵驻守在定州。一天发放粮饷时，士兵因为米黑而喧哗闹事，监官吓得溜走了。王德用到粮仓调查实情后，便召来了专管此事的副职问道："昨天我下令给二分黑米、八分白米，你为什么不先发白米后发黑米？士兵们见到米是腐败发黑的，以为所发的米全都是这样，所以喧哗罢了。"专管此事的副职回答："是这样，这是我的罪责。"王德用喝令随从打了他二十杖。又叫来四名士卒，对他们说："黑米也是公家财物，不发给你们，难道只能扔掉吗？你们为什么这样喧哗？"四个士卒面面相觑，说道："以前我们不知道有八分白米，我们已犯了死罪。"王德用也打了每人二十杖。召来指挥使骂道："衙官不能约束士兵，把事情弄成这样，难道想被杖责发配吗？"

指挥使多次跪拜,吓得流汗,王德用便饶恕了他。从此,仓库中纪律整肃。

智救乳母

韩晋公①有乳母与外相通,卜射②求事。公持法欲杀,阖宅莫敢言。密令人言于顾况③,令救之。况乃诣公所,问故。公曰:"乳母犯法。"况对曰:"三尺儿亦知公法,何宅内人而违犯?然公幼年时读书,早起夜卧,看侍即要乳母。今年长为公相侯伯,乳母焉用哉?诚宜杀之也。"公悲悟,舍之。

【注释】

①韩晋公:韩滉(huàng),字太冲,京兆长安(今陕西西安)人,唐德宗时宰相,爵封晋国公。 ②卜射:猜度。 ③顾况:字逋翁,号华阳真逸,晚年自号悲翁,苏州海盐(今属浙江)人,唐代诗人。

【译文】

晋国公韩滉的乳母与外人通奸,这是出于猜度的事。韩滉想依据家法杀了她,全家没有人敢说话。家里人便偷偷派人告诉顾况,让顾况去解救。顾况于是到韩滉的住所,问他杀乳母的原因。韩滉说:"她犯了家法。"顾况说:"三尺高的儿童都知道你的家法,宅内的人怎么会反而违犯呢?您幼年读书的时候,早起晚睡,需要乳母照看侍奉。现在,您长大成人,做了高官,乳母留着还有用吗?确实应该杀掉她。"韩滉悲伤感悟,便放了乳母。

谑语解纷

唐庄宗①尝畋中牟,践民稼。中牟令当马谏曰:"陛下为民父母,奈何毁其所食,使转死沟壑乎?"唐主怒,叱去,将杀之。优人敬新磨率诸伶追擒其令,至马前责之曰:"汝为县令,独不知吾天子好猎?奈何纵民耕种以妨天子驰骋乎?汝罪当死。"因请行刑,唐主笑释之。

【注释】

①唐庄宗:即李存勖(xù),沙陀人,后唐开国皇帝,庙号庄宗。

【译文】

唐庄宗李存勖曾经在中牟县打猎,踏坏了老百姓的庄稼。中牟县令在他马前劝谏说:"陛下作为百姓的父母,为什么毁掉百姓赖以活命的庄稼,让他们饿死在沟壑之间?"李存勖听了大怒,呵斥中牟令滚开,并且想杀掉他。优人(以演戏为职业的人)敬新磨率领众位伶人追赶扭住县令,到唐庄宗马前斥责道:"你身为县令,难道不知道我们的皇帝陛下喜欢打猎?怎么放纵百姓耕作来妨碍陛下的骏马驰骋呢?根据罪行你应该被处死。"于是请求行刑,李存勖笑着释放了县令。

一言定嗣

魏太祖欲易太子,问于贾诩①,诩默然不对。太祖曰:"言而不答,何也?"诩曰:"适有所思耳。"太祖曰:"何思?"诩曰:"思袁本初②、刘景升③父子也。"太祖大笑,于是太子遂定。

【注释】

①贾诩:字文和,武威姑臧(今属甘肃)人,东汉末年至三国曹魏初年著名谋士。　②袁本初:即袁绍,字本初,东汉末年军阀,死前废长立幼,导致骨肉相残。　③刘景升:即刘表,字景升,

东汉末年军阀,死前废长立幼。

【译文】

魏太祖曹操想更换太子,向贾诩征求意见,贾诩沉默不答。太祖说:"我问你话,而你不回答,这是为什么?"贾诩说:"刚才我正在想事。"太祖问:"想什么事?"贾诩说:"我在想袁绍父子、刘表父子的事。"太祖听了大笑,于是太子就定下来了。

自解危急

张咏在蜀。一日,军士忽拥马首大呼"万岁"。公徐下马,北面叩头,亦呼"万岁"者三。军士气沮,遂帖然以宁。公之仓卒应变亦神矣。大抵天下事出于熟计深思,常才可办。惟变起急猝,飘风迅雷,手足易乱。自非①英雄盖代才,应之未有不颠谬者。此在平居澄神②养气乎!

【注释】

①自非:如果不是。 ②澄神:使心智和精神得以安静和澄清,不受外物的干扰。

【译文】

张咏在蜀地为官。一天,手下的将士忽然簇拥在他的马前大呼"万岁"。张咏慢慢地下马,面朝着北边叩头,也三次高呼"万岁"。将士们拥立他的气势受到了压抑,就服服帖帖地安静下来了。张咏在仓促之间应变的能力也太神奇了。一般来说,天下的事只要经过深思熟虑,即使是寻常才能的人也可以办到。但是,变乱仓促发生,如疾风迅雷,容易使人手忙脚乱。如果不是才能盖世的英雄,应对起来没有不颠倒错乱的。这在于平时澄澈心神培养静气吧!

薛奎神断

薛简肃公①帅蜀。一日，置酒门外，城中有戍卒作乱。既而就擒，都监②走白公。公命只于擒获处斩决，民间以为神断。不然，妄相攀引，旬月③未能了，非所以安其徒反侧之心也。

【注释】

①薛简肃公：即薛奎，字宿艺，北宋绛州正平（今山西新绛）人，官至参知政事，谥号简肃。　②都监：即监军。宋代设有路都监，掌管本路禁军的屯戍、训练和边防事务。有州府都监，掌管本城厢军的屯驻、训练、军器和差役等事务。　③旬月：十天至一个月。指较短的时日。

【译文】

简肃公薛奎在蜀地担任安抚使。一天，薛奎在门外摆酒宴客，城里有戍守士兵叛乱。不久，发动叛乱的人被擒获，都监跑来告诉薛奎。薛奎命令就在擒获作乱者的地方斩杀他们，民间百姓认为这是英明的判决。否则，犯人就会胡乱牵扯，短时间内不能解决，这不是安定叛乱追随者惶恐不安之心的办法。

喻谏文公

晋文公①欲伐卫，公子锄②笑之。问故，对曰："臣笑臣邻人也。邻人有送妻归家，道见桑妇，悦而与语。顾视其妻，已有人招矣。"公乃引师还。未至，已有伐其北鄙者。

【注释】

①晋文公：姬姓，名重耳，是春秋时期晋国君主，春秋五霸之一，谥号文。　②公子锄：晋国公子，名锄。

【译文】

晋文公想攻打卫国,公子锄听说后便发笑了。晋文公问发笑的原因,公子锄回答说:"我笑我的邻居。我的邻居送妻子回娘家,在路上遇到采桑的女子,喜欢其貌美便和她调笑。回头看他的妻子,发现已有人在勾引她了。"晋文公便率兵回师。还没到京城,已经有人攻打晋国北部边邑了。

尤翁有识

有尤翁者开钱典①,岁终闻外哄声,出视则邻人也。司典者前诉曰:"某空手来索质,反出詈言,有是理乎?"其人悍然不逊,翁徐谕之曰:"汝不过为新年计耳,小事何争?"命检原质,得衣帷四五事。翁指絮衣日:"此御寒不可少。"又指道袍②曰:"与汝为拜年用。他物非急务,姑可留也。"其人得二物,嘿然而去。是夜,竟死于他家,涉讼经年。盖此人因负债多,已服毒,知尤富可诈,既不获,则移他家耳。或问翁何以预知而忍之,翁曰:"凡非理相加,中必有所恃。小不忍,祸立至矣。"人服其识。

【注释】

①钱典:当铺。 ②道袍:一般士人日常所着便服。

【译文】

有位尤姓老翁开当铺,在年末的晚上,听见外面有吵闹声,出去一看,吵闹的是邻居。主管典当的伙计告诉尤翁说:"这人空手来索要他抵押在这里的物品,还出言骂人,有这样的道理吗?"那人强横无礼,尤翁慢慢开导他说:"你不过是为新年做打算罢了,何必为这样的小事争吵?"尤翁命令寻找此人押在这里的物品,总共也只有衣服帷帐四五件。尤翁指着其中一件絮衣说:"这件衣服御寒不可少。”又指着一件道袍说:“这件给你拜年的时候穿。其他的都不是你急需的,姑且寄存在这儿吧。”那人拿到两件衣服,默默地离开了。这天夜里,这人最终死在了别人家里,那家人因为这件事后来打了一年官司。大概这个人因为负债累累,已经服下毒药,知道尤翁富有,可以敲诈,没有得逞,便跑到别人家里去了。有人问尤翁怎么预先知道从而忍让的,尤翁说:“大凡不合情理的言行施加到头上,其中一定有所倚仗。如果小处不能忍受,祸患立刻就到了。”众人都佩服尤翁的见识。

智救中期

秦王与中期①争谕不胜,秦王大怒,中期徐行而去。或为中期说秦王曰:“彼适遇明君,故也;向遇桀纣,必杀矣。”秦王因不罪。

【注释】

①中期:战国后期秦昭襄王的大臣。

【译文】

秦昭襄王与大臣中期争论,昭襄王理屈词穷,勃然大怒,中期缓缓离开。有人替中期向昭襄王分辩道:“中期恰好碰到贤明的君主,才敢如此;如果遇上夏桀、商纣,一定被杀死了。”秦王因此没有治中期的罪。

智救圉人

景公有马,圉人①杀之。公怒,援戈将击。晏子曰:“彼不知罪而死,臣请为君数之。”于是举戈临之曰:“汝为君养马而杀之,罪当死;汝使君以马之故杀人,罪又当死;汝使君以马故杀人,闻于四邻诸侯,罪又当死。”公曰:“释之。勿伤吾仁也。”

【注释】

①圉(yǔ)人:古代掌管养马放牧等事的官员。亦泛称养马的人。

【译文】

齐景公有匹好马,养马的人把它给杀了。齐景公大怒,拿戈让人击杀养马人。晏子说:“他不知自己的罪行而受死,便宜了他,请允许我历数他的罪行。”于是晏子举着戈对着养马的人说:“你为国君养马,却杀了它,罪行应处死;你使国君因为马的缘故而杀人,罪行又应处死;你使国君因为马的缘故而杀人,被四方相邻的诸侯听到,罪行又应处死。”齐景公说:“放了他吧。不要因为这事坏了我仁爱的名声。”

明察解纷

孙主亮①出西苑,方食生梅,使黄门至中藏取蜜渍梅。蜜中有鼠矢。亮问主藏吏曰:“黄门从汝求蜜耶?”曰:“向求之,实不敢与。”黄门不服,左右请付狱推。亮曰:“此易知耳。”令破鼠矢,里燥。亮曰:“若久在蜜中,当湿透;今里燥,必黄门所为。”于是黄门首服。

【注释】

①孙主亮:即吴主孙亮,字子明,三国时期吴国的第二位皇帝。

【译文】

吴国国君孙亮去西苑,想吃生梅,便让太监去宫中仓库里取蜂蜜来腌制生梅。蜂蜜里面有老鼠屎。孙亮问主管仓库的官吏:“太监找你要蜂蜜了吗?”小官吏回答道:“以前找我要过,可我实在是没敢给他。”太监不服，孙亮的左右请求把他们二人送给司法部门审理。孙亮说：“这件事容易知道。”于是命人破开老鼠屎，发现鼠屎里面是干的。孙亮说：“如果鼠屎一直泡在蜜里，里面必然湿透；现在里面是干的，必定是太监干的。”于是那太监俯首认罪。

松江太守明日来

赵豫①守松江，每见讼者非急事，则谕之曰：“明日来。”始皆笑之，故有“松江太守明日（一）”之谣。不知讼者乘一时之忿，经宿气平，或众为譬解②，因而息者多矣。比之钩钜③为名者，所存何啻④霄壤。

【校勘】

（一）松江太守明日：《明史·赵豫传》作“松江太守明日来”。

【注释】

①赵豫：字定素，明朝安肃（今河北徐水）人，官至松江知府。②譬解：开导劝解。 ③钩钜：辗转推问以究得实情。 ④何啻（chì）：岂止，何止。

【译文】

赵豫任松江知府时，每当看到诉讼者为的不是急事，就告诉他们说：“明天再来。”开始人们都取笑他，所以有“松江太守明日来”的歌谣。不知诉讼者乘一时气愤，过了一夜怒气平息，或被开导劝解，因而好多人不再起诉了。这比辗转推问以究得实情的做法，所保全的何止天壤之别。

尊重教条

徐文贞为浙督学，有二生争贡①，哗堂下，公阅卷自若；

已而有二生逊贡，哗堂下，公亦阅卷自若。顷之，召谓曰："我不欲人争，亦不使人让，诸生未读教条[2]乎？连我也在教条里，作不得主。诸生[3]但照教条行事而已。"由是让者、争者皆自息。

【注释】

①贡：即贡生。科举时代，从府、州、县选出成绩或资格优异者，升入国子监读书，称贡生。　②教条：章程，规章制度。③诸生：秀才。

【译文】

文贞公徐阶（徐阶的谥号为文贞）任浙江督学时，有两个秀才为争取贡生名额而在堂下吵闹，徐阶照常阅卷；不久，又有两个秀才为推让贡生的名额而在堂下吵闹，徐阶还是照常阅卷。过了一会儿，徐阶把他们召到面前说："我不希望你们争夺，也不希望你们谦让，难道你们没有学习章程吗？连我也得服从章程，不能自己做主。秀才们只要照章程办事就行了。"因此谦让者和争夺者都不吵闹了。

祝瀚妙判

南昌祝[1]守以廉能名。宁[2]府有鹤，为民犬咋[3]死。府卒讼之云："鹤有金牌，乃出御赐。"祝公判云："鹤带金牌，犬不识字。禽兽相伤，岂干人事？"竟纵其人。又两家牛斗，一牛死，判云："两牛相争，一死一生。死者同享，生者同耕。"

【注释】

①祝：指祝瀚，字惟容，号寒崖，明朝山阴（今浙江绍兴）人，曾任南昌知府，有"祝青天"的美誉。　②宁：指宁王朱宸濠，明太祖朱元璋五世孙。　③咋（zé）：咬。

【译文】

南昌知府祝瀚以廉洁能干出名。宁王府有一只鹤，被百姓家所养的狗咬死。宁王府的小吏起诉狗主人说:“鹤挂的金牌，是皇帝赐予的。”祝公判道:“鹤挂金牌，狗不识字。禽兽相斗，干人何事?”最终放了狗主人。又有一次，两家的牛相斗，其中一头牛斗死了，两家诉讼，祝知府判道:“两牛相争，一死一活。死牛两家同吃肉，活牛两家同耕地。”

一状免征

宋泽(一)知掖县时，户部着①提举司②科买③牛黄，以供在京(二)合药用，急如星火。百姓竞屠牛取黄，既不登所科之数，相与敛钱以赂吏祈免。泽独以状申提举司，言牛遇岁疫，则多病有黄;今太平日久，和气充塞，县境牛皆充腯④，无黄可取。使者不能诘，一县获免。

【校勘】

(一)宋泽:据董弅(fèn)的《闲燕常谈》及《宋史・宗泽传》，当为“宗泽”之误。宗泽，字汝霖，婺州义乌(今属浙江)人，宋朝抗金名臣。

(二)在京:《闲燕常谈》作“在京惠民和剂局”。惠民和剂局，全称为太平惠民和剂局，宋代官方举办的一种买卖药材的机构。宋代对药材多行官卖，在京城设立了太医局卖药所，制造、出售丸、散、膏、丹和药酒。

【注释】

①着(zhuó):命令。 ②提举司:即提举常平司的省略。北宋后期开始于每路设置的掌常平仓、免役、市易、坊场、河渡、水利等事的官署，直属朝廷司农寺(即户部)。 ③科买:购买。

④腯(tú):肥。

【译文】

宗泽任掖县(今山东莱州)知县时,户部命令提举常平司征购牛黄,提供给在京城的惠民和剂局配药用,如星火般紧急。老百姓争相宰杀耕牛以取牛黄,仍然达不到征购的数量,就一块凑钱贿赂官员以求减免数量。只有宗泽写了一封公文上报给提举司,说只有在瘟疫流行的年头,牛多生病才有牛黄;现在是太平盛世,到处充满祥和之气,我县境内的牛都很肥壮,无牛黄可取。提举常平司的官员无话可说,全县得以免征牛黄。

智留遗嘱

富民张老无子,赘婿于家。后妾生子,名一飞,甫四岁而张卒。张病时谓婿曰:"妾子不足任吾财,当畀[①]汝夫妇。尔但养彼母子不死沟壑,即阴德矣。"于是出券书云:"张一非吾子也,家财尽与吾婿,外人不得争夺。"婿乃据之不疑。后妾子壮,告官求分。婿以券呈官,遂置不问。他日奉使者[②]至,妾子复诉,婿仍前赴证。奉使者因更其句读[③]曰:"张一非,吾子也,家财尽与;吾婿外人,不得争夺。"曰:"尔父翁明谓'吾婿外人',尔尚敢有其业耶?诡书'飞'作'非'者,虑彼幼为尔害耳。"于是断给妾子,人称快焉。

【注释】

①畀(bì):给予。 ②奉使者:指钦差。 ③句读(dòu):古时称文词停顿的地方为句或读。句是语意完整的一小段,读是句中语意未完,语气可停的更小的段落。

【译文】

富人张翁没有儿子,招赘一个女婿在家。后来他的妾生下一个儿子,取名一飞,一飞才四岁时张翁就去世了。张翁病重时对女婿说:“妾生的儿子不能继承我的财产,应当给予你们夫妇。你只要供养他们母子两人,不使他们饿死于沟壑,就算积阴德了。”于是拿出一张契据,上面写道:“张一非吾子也,家财尽与吾婿,外人不得争夺。”女婿拿到字据后,一点也不怀疑遗产的问题。后来,妾所生之子长大成人,到官府控告,要求分财产。女婿把契据呈递给官府,官员于是对控告置之不理。后来,一名钦差来到这里,妾之子又去控告,女婿仍然前去提供证明。钦差于是改变契据的句读,读道:“张一非,吾子也,家财尽与;吾婿外人,不得争夺。”钦差说:“你的岳父明明说‘吾婿外人’,你怎么还敢把他家产业据为己有呢?他故意把‘飞’写成‘非’,是顾虑他儿子年幼,恐怕被你所害罢了。”于是将富翁的遗产断给妾生之子,人们对这判决拍手称快。

妙语巧谏

蜀先主尝因旱俭禁酒。刑吏于人家检得酿具,欲令与酿酒者同罚。时简雍①从先主游,见一男子行道,雍谓先主曰:“彼人欲行淫,何以不缚?”先主曰:“卿何以知之?”雍曰:“彼有淫具,与欲酿同。”先主大笑,命原欲酿者。

【注释】

①简雍:字宪和,涿郡(今河北涿州)人,汉末三国时刘备帐下谋士,官拜昭德将军。

【译文】

蜀汉先主刘备曾经因为旱灾年成不好而下令禁酒。吏员从百姓家搜得酿酒器具,先主想要把藏酿酒器具的与酿酒的人同罚。当时简雍与刘备一同外出游玩,看见一个男子走路,简雍就对先主刘备说:“那人要行淫,为什么不将他绑起来?”刘备问:“你怎么知道呢?”简雍答:“他有行淫的器具,与私藏酿酒器具想要酿酒的百姓一样。”先主大笑,命令放了私藏酿酒器具的百姓。

祐甫妙计

唐德宗[①]时,藩镇李正己[②]表献钱三十万缗,德宗难之。崔文贞公祐甫[③]曰:“正己诚诈。不如因遣使其军,诏以所献就赏之。若奉行,是陛下恩;若不奉行,彼自敛怨。又使诸藩谓不重贿。”诏至,正己惭。

【注释】

①唐德宗:李适(kuò),唐代宗李豫长子,唐朝第九位皇帝。②李正己:高丽人,本名怀玉,生于平卢(治今辽宁朝阳),唐朝中期实力强大的地方割据军阀。 ③崔文贞公祐甫:即崔祐甫,字贻孙,京兆长安(今陕西西安)人,唐德宗时宰相,谥号文贞。

【译文】

唐德宗时,藩镇李正己上奏朝廷,要献钱三十万贯,唐德宗知道李正己并非出于真心,感到很难应对。崔祐甫道:“李正己确实并非出于真心。陛下不如遣使慰劳李正己的军队,将他要进献的钱财就地转赐将士。李正己如果照办,士卒必感激陛下之恩;如果他不照办,则会自招怨恨。如此又能让各处藩镇知道朝廷不看重钱财。”诏书下达到李正己军中,李正己很惭愧。

梁储草诏

正德中,秦藩[①]请陕之边境益其封。朱宁[②]、江彬[③]辈皆受其赂,助之,上亦许,促大学士草制。杨廷和[④]、蒋冕[⑤]私念草制恐为后虞,否则忤上意,俱引疾。独梁文康公储[⑥]承命草之，曰：“昔太祖著令曰：‘此土不俾藩封，非吝也。念此地广且饶，藩封得之，多蓄士马，必富而骄。奸人诱为不轨，不利社稷。’今王恳请，朕念亲亲⑦，畀地与王。王得地毋收聚奸人，毋多蓄士马，毋听狂人道⑧为不轨，震及边方，危我社稷。是时虽念保亲亲，不可得也。王慎之，毋忽。”上览制，骇曰：“若是可虞，其勿与。”事遂寝。

【注释】

①秦藩：即秦王朱惟焯，明太祖第七世孙，谥号定。 ②朱宁：即钱宁，镇安人，明武宗朱厚照义子，赐姓朱，掌管锦衣卫和诏狱，著名佞臣。 ③江彬：北直隶宣府（今河北宣化）人，明武宗朱厚照义子，封为四镇统帅，著名佞臣。 ④杨廷和：字介夫，号石斋，四川新都人，明武宗后期及明世宗前期宰相。 ⑤蒋冕：字敬之，号湘皋，全州人，明武宗后期及明世宗前期宰相。 ⑥梁文康公储：即文康公梁储，字叔厚，号厚斋，顺德人，明武宗朝宰相，谥号文康。 ⑦亲亲：亲近亲人。 ⑧道：通“导”。

【译文】

明武宗正德年间，秦王请求皇帝把陕西边境一带加封给他。朱宁、江彬等人都受了秦王的贿赂，帮他说话，皇帝也允许了，催促大学士起草诏书。大学士杨廷和、蒋冕私下考虑到起草这样的诏书会给国家带来后患，不起草就违背了皇帝的旨意，于是两人称病不朝。只有文康公梁储奉命起草诏书，诏书说：“过去太祖（朱元璋庙号）曾下令说：‘这块土地不能封给藩王，并不是吝啬。考虑到这土地辽阔富饶，藩王得到后，多养兵马，必定会因为富强而骄傲。奸佞小人挑唆引诱做不轨之事，必然会影响国家安全。’现在你恳切地请求得到这块封地，我考虑到亲近亲人，就把这地方封给你。你得到封地后，不要聚集奸佞小人，不要广蓄兵马，不要听狂妄之人的挑唆而行不轨之事，致使边境动荡，危及江山。到了那个时候，即使我想保住亲人，恐怕也不可能了。你一定要谨慎行事，不可疏忽。”皇上看了诏书，大惊说：“这件事竟会招来这样的祸患，还是不要封给他了。”这件事就搁置起来了。

吕端妙策

保安军奏获李继迁①母，太宗甚喜，召寇准与之谋。准欲斩于保安军北门外，以戒凶逆。宰相吕端请曰：“昔项羽欲烹太公，高祖曰：‘愿遗我一杯羹。’夫举大事者不顾亲，况继迁胡夷悖逆之人哉？且陛下今日杀继迁之母，继迁可擒乎？若不然，徒召怨，而益坚其反心耳。”上曰：“然则奈何？”端曰：“以臣之愚，谓宜置于延州，使善视之，以招徕继迁。虽不能即降，终可以系其心，而母生死之命在我矣。”上抚髀称善，曰：“微卿，几误大事。”即用端策。

【注释】

①李继迁：银州（今陕西米脂）人，党项族首领，依靠契丹对抗北宋，被李元昊追尊为太祖。

【译文】

保安军（治所在今陕西志丹）知军向宋太宗上奏抓获了李继迁的母亲，太宗非常高兴，召见寇准商议对策。寇准建议将李继迁的母亲在保安军的北门外处斩，来惩戒顽凶叛逆之人。宰相吕端上奏道：“过去项羽想烹杀刘邦的父亲刘太公，高祖刘邦说：‘希望能分给我一杯带汁的肉。’做大事的人常常不顾念亲人，何况李继迁这样的悖逆之人呢？而且皇上今天即使杀了李继迁的母亲，李继迁能抓住吗？如果抓不住，白白招致他怨恨，反而更坚定他反叛的决心罢了。”皇上问：“那该怎么办？”吕端说：“以我的愚见，应该把李母安置在延州（今延安一带），派人好好照料，以此招徕李继迁。即使不能招降他，终究也可拴住他的心，而李母的生死掌握在我们手上。”皇上拍大腿称妙，说：“如果没有卿，几乎误了我的大事。”随即采用了吕端的计策。

机智自救

贾诩以疾去官，西还至汧，道遇叛氐，同行数十人皆为所执。诩曰：“我段公外孙也。汝别埋我，我家必厚赎之。”时太尉段颎①久为边将，威震西土，故诩假以惧氐。氐果不敢害，与盟而送之。

【注释】

①段颎（jiǒng）：字纪明，武威姑臧（今甘肃武威）人，东汉时期名将。

【译文】

贾诩因病辞去官职，向西还乡走到汧（qiān）水，在路上遇到叛变的氐人，和他同行的几十个人都被氐人抓了起来。贾诩说：“我是段公的外孙。你们不要活埋我，我家一定会出重金来赎我。”当时的太尉段颎，过去长期担任守卫边防的将领，威名震动西部边疆，所以贾诩假借他来恐吓氐人。氐人果然不敢杀害他，和他结盟并送他回去。

程颢解纷

程颢为鄠县主簿。民有借兄宅以居者，发地得藏钱。兄子诉于县，令莫能决。颢曰：“此易辨尔。”先问其兄子曰：“尔父藏钱几何时？”曰：“四十年。”“彼借宅几何时？”曰：“二十年。”即取钱视之，谓借宅者曰：“此钱皆尔未借宅前所铸，何也?”其人遂服。鄠县有税官,曾盗官钱,然怙力自恃,监司[1]州将[2]皆惮之而未发。颢至,其人曰:“新主簿若发某,某势穷必杀人。”颢笑曰:“人言一至于此,足下食禄,讵肯为盗?万一有之,将救死不暇,安能杀人?”其人不敢言,卒私偿其所盗以去。

【注释】

①监司:宋代对有监察辖区官吏之责的转运使、转运副使、转运判官与提点刑狱、提举常平等官员的统称。　②州将:东汉、魏晋南北朝时期对地方州牧、州刺史的别称。此处指州的行政长官,即知州。

【译文】

程颢任鄠县主簿。鄠县有一个借哥哥的房子居住的百姓,挖地时得到埋藏的铜钱。侄子向县里起诉说铜钱是他父亲的,县令不能判决。程颢说:“这容易分辨。”程颢先问侄子:“你父亲藏钱多长时间了?”答:“四十年。”“你叔叔借住多长时间了?”答:“二十年。”程颢当即取钱验看,对借住的人说:“这些钱都是你借住之前铸造的,为什么呢?”那个人就服罪了。鄠县有一主管税务的官吏,曾盗窃公家的钱财,但因为他有势力依靠而霸道蛮横,监司和知州都害怕他而不敢告发。程颢到任后,那个税官说:“新任主簿要是告发我,我被逼急了,就会杀人。”程颢笑着说:“人的传言竟然到了这等地步,你吃国家的俸禄,怎么会盗窃国家的钱财呢?即使万一有这事,想求得免除死罪还来不及,又怎能杀人呢?”那人不敢说话,最后私下里偿还了他偷的钱后离开了。

晖有气决

朱晖[1]蚤孤,有气决。年十三,王莽败,天下乱,与外氏家属从田间奔宛城。道遇贼，刃劫诸妇，掠夺衣物。昆弟宾客皆惶迫伏地，独晖拔剑而前曰："财物可取，诸母衣不可得。今日朱晖死日也。"贼见其小，笑曰："童子内②刀。"因舍去。

【注释】

①朱晖：字文季，东汉南阳宛（今属河南）人也，官至尚书令。②内：通"纳"。

【译文】

朱晖早年丧父，但很有勇气，能决断。十三岁的时候，王莽败亡，天下大乱，朱晖便跟外祖家的家眷一起，从田野间向宛城方向逃避战乱。路上遇见一伙强盗，持刀拦住同行的妇女，要剥夺她们的衣物。朱晖的兄弟家人都惊慌失措，吓得趴在地上，只有朱晖一人拔出剑上前说："财物你们可以拿，但母辈妇女的衣物不能剥夺。今天就是我的死日。"强盗们看他太小，笑着说："孩子把刀收起来吧。"于是便撤走了。

惠卿有才

吕惠卿①虽憸，然排难解纷之才实优。绍圣中复知延州，道出西都。时程颐居里中，谓门人曰："吾闻吕吉甫，未识其面。且经吾门，且一觇之。"迨旦了无所闻。询之，则过去久矣。颐叹曰："从者数百人，马数十，能使悄然无声，驭众如此，可谓整肃。立朝虽多可议，其才亦何可掩也？"夏人复入寇，将以全师围延安，惠卿修米脂诸寨以备寇。寇至，欲攻城则城不可近，欲掳掠则野无所得，欲战则诸将按兵不动，欲南则惧腹背受敌。留二日即拔栅去。

【注释】

①吕惠卿：字吉甫，号恩祖，泉州晋江（今属福建）人，北宋宰

相,王安石变法中的二号人物。

【译文】

吕惠卿虽然为人奸邪,但排难解纷的才能实在高超。绍圣(宋哲宗年号)年间,吕惠卿第二次做延州知州,路过西都洛阳。当时程颐正在家乡洛阳居住,对门人说:“我早就听说过吕吉甫,但没见过他的面。有一天他会从我门前路过,暂且看看。”到了吕惠卿路过的那天,一点动静也没听到。一打听,原来他早已过去了。程颐赞叹说:“随从几百人,几十匹马,能悄然无声地通过,他的驾驭、指挥才干一定有过人之处。虽然他在朝中的所作所为有值得商榷的地方,但他的才能不可埋没。”后来西夏人入侵,带领所有的军队围困延安。吕惠卿修了米脂等营寨来防止西夏人的进犯。西夏军队想攻打延安,但靠近不了城墙;想掳掠抢劫,可荒郊野外无财物可得;想与宋军决战,可守城的众将按兵不动;想南下,又恐怕腹背受敌。西夏军队就这样羁留了两天,便拔营而去。

九渊沉静

陆九渊尝夜与僚属偕坐,吏白有老者诉甚急。呼问之,体战,言不可解。俾吏状[1]之,谓其子为群卒所杀。九渊判翌日呈,僚属难之,九渊曰:“子安之,不至是。”凌晨追究,其子盖无恙也。

【注释】

①状:叙述。

【译文】

陆九渊有一次夜晚与僚属坐在一处闲谈,有小吏报告说,一个老人来告状,很急迫。陆九渊叫那老人来问,老人身体发抖,话都说不清楚。陆九渊便让差役帮他说,原来是老人的儿子被几个当兵的杀了。陆九渊要老人第二天再来呈报,僚属对他的处理方式不理解,陆九渊说:"你们放心,不至于如此。"第二天早晨一查,老人的儿子当真没事。

智罢监军

西鄙用兵,大将刘平战死(一)。议者以朝廷委宦者监军,帅不得专制,故失利,请罢监军。仁宗以问吕夷简,夷简曰:"不必罢,愿诏都知①、押班②,以后举有不称者,与同罪可也。"仁宗从之。翌日,都知叩头,乞罢诸监军宦官。

【校勘】

(一)刘平战死:刘平为开封祥符(今属河南)人,北宋仁宗朝任侍御史,参与对西夏的三川口之战,战败不降。宋朝初以为刘平战死,实则刘平系被执,后没于兴州。

【注释】

①都知:宋代内侍省的最高官职,由宦官充任,分左班和右班。 ②押班:宋宦官官名,在副都知下、供奉官之上。

【译文】

西部边疆与西夏发生战争,大将刘平阵亡。朝中舆论认为朝廷委派宦官做监军,致使主帅不能独立指挥,所以失利,请求罢免监军。宋仁宗为此征求吕夷简的意见,吕夷简说:"不必罢免,希望皇上诏告都知、押班,以后只要是他们所荐举的监军,有不称职的,与推荐者共同治罪。"仁宗采纳了吕夷简的意见。第二天,都知在仁宗面前叩头,请求罢免各位担任监军的宦官。

计迷羌寇

羌寇武都,虞诩①见羌众我少,即宣言上书请兵。日夜兼行二百余里(一),且令吏士各作两灶,日增倍之,羌不敢逼。或问曰:“孙膑减灶,而君增之;兵法日行三十里,以戒不虞,而今且二百里,何也?”诩曰:“虏众我寡,速进则彼不测,且见吾灶日增,必惧郡兵来迎。膑示弱,吾示强,势不同故也。”诩兵不满三千,因出城奋击,多所伤杀。明日悉陈其众,令从东郭门出,北郭门入,贸易②衣服,回转数周。羌不知其数,更相恐动。

【校勘】

(一)二百余里:《资治通鉴》卷四十九作“百余里”。

【注释】

①虞诩:字升卿,小字定安,陈国武平(今河南鹿邑)人,东汉时期名将。 ②贸易:更换。

【译文】

羌人入侵武都郡,虞诩看到敌众我寡,当即宣称已上书求援。虞诩日夜兼程,行军二百余里,并且让官兵每人挖两个灶,以后每日增加一倍,羌军见了不敢逼近。有人问虞诩:“以前孙膑使用过减灶计,您却增加灶的数量;兵法上说每日行军不超过三十里,以防备不测,而您如今行军将近二百里,这是什么道理?”虞诩说:“敌军兵多,我军兵少,走快了对方便不能测知我军的底细,并且敌军见我军的灶数日益增多,必定害怕郡兵已来接应。孙膑向敌人示弱,我向敌人示强,这是由于形势不同罢了。”虞诩的兵员不足三千人,趁机出城奋力攻击羌人,多有损伤。他到达武都的第二天集合全部军队,命令他们先从外城的东门出城,再从外城的北门入城,改换服装,往返多次。羌人不知城中有多少汉军,于是更加惊恐不安。

沉勇有谋

曹彬之子玮①,沉勇有谋。为定州总管,在军得人死力。

平居甚暇,及用师出入若神。一日,张乐饮僚吏,中坐失玮所在。明日,徐出观事,而贼首已掷庭下矣。

【注释】

①玮:指曹玮,字宝臣,真定灵寿(今属河北)人,北宋真宗、仁宗时名将。

【译文】

曹彬的儿子曹玮,沉稳勇敢有智谋。他担任定州总管时,在军队中能让士兵为他卖命。平时,他非常清闲,到用兵时却能出神入化。一天,曹玮设置乐舞与同僚下属饮酒,其间,众人发现曹玮不在座位上了。第二天,曹玮慢慢出来处理事情,敌人的首级已被扔在庭院里了。

苏轼解纷

苏轼自杭徙密,密有盗未获,安抚司[1]遣使臣领悍卒入境捕盗。卒凶暴,反以禁物诬民,争斗至杀。民诉于轼,轼投书不视,曰:“必不至此。”悍卒闻之,颇用[2]自安,不知轼已使人招出戮之矣。自密徙徐,时河决曹村,汇于城下。富民争出避水。轼曰:“吾在是,水决不致坏城。”驱使复入。而自杖策入武卫营,呼其卒长告之曰:“事急矣,虽禁卒且为我尽力。”卒长应曰:“太守不避涂潦,吾侪敢不效命?”乃率其徒,短衣徒跣,持畚锸以出,筑东南长堤,首起戏马台,尾属于城。民乃安。

【注释】

①安抚司:宋代在诸路置的官署,首长称安抚使,以朝臣充任,掌一路军政之事。　②用:因为。

【译文】

苏轼从杭州调到密州时,密州有盗贼没被抓获,安抚司派遣武官带领骄悍的兵卒来抓捕。兵卒凶暴横行,诬陷百姓藏有违禁之物,由此发生争斗,百姓被杀。老百姓向苏轼告状,苏轼把状纸扔在地上不看,说:“一定不会到这地步。”骄悍的兵卒听说了这件事,因此安下心来,不知苏轼已派人把杀人者招引出来杀掉了。苏轼从密州调任徐州知州时,黄河在曹村决口,河水汇集到徐州城下。富裕的百姓争着出城避水。苏轼说:“我在这里,黄河决口,不至于冲塌城墙。”又把富人重新赶进城去。苏轼拄着手杖亲自到武卫营去,大声呼喊卒长说:“事情危急了,你们虽是禁军,暂且给我出力。”卒长回应说:“太守尚且不避泥泞积水,我等怎敢不出死力?”于是率领兵卒,挽起衣袖,光着脚,拿着畚箕铁锹出去,筑起东南长堤,长堤的前部从戏马台开始,尾部和城墙连到一起。百姓才安定下来。

识量过人

宗泽识量过人。时有降寇赵海者,屯板桥,辄堑路以阻行人。刍者八人过其垒,海怒而脔①之。觇②事者以告泽,泽遣人召海。海以甲士五百自卫而入,泽方对客。海具状,即械送狱。客曰:“彼甲士甚众,姑徐之。”泽笑谓其次将曰:“领众还营,明日诛海于市。”见者皆栗。统制官③杨进屯城南,王善屯城北,二人不相下,各率所部相拒于天津桥。泽出片纸以谕之曰:“为国之心,固如是邪?当战阵立功时,胜负自见,何自苦为?”二人相视,惭沮而退。

【注释】

①脔(luán):脔割,切碎。　②觇(chān):窥探,侦察。③统制官:宋代军官名。

【译文】

宗泽的才识和胆量超过常人。当时,投降过来的盗贼将领赵海驻扎在板桥，动不动在道路上挖壕沟阻碍行人。八个割草人路过赵海的营垒，赵海十分气愤，把这八个人剁成了肉酱。侦察情况的人把这事报告给了宗泽，宗泽派人召见赵海。赵海带五百士兵自卫而入，宗泽当时正和客人谈话。赵海把事件的详细经过讲了以后，宗泽随即命令给赵海带上刑具送入监狱。客人对宗泽说："他带的护卫很多，姑且慢慢处理他吧。"宗泽笑着对赵海的副将说："把你的人带回军营，明日要在闹市斩杀赵海。"在场的人见了都很害怕。统制官杨进驻扎在城南，王善驻扎在城北，二人互相不服，各自率领部下在天津桥对峙。宗泽写了一张纸条教导他们说："保家卫国的忠心，是像这样吗？在与敌人打仗时立功，胜负自然能显示出来，何必这样折磨自己呢？"两人看了这张纸条，又惭愧又沮丧，都领着人马退走了。

处变不惊

荆州未定，张辽①屯长社。临发，军中有谋反者，夜惊乱火起，一军尽扰。辽谓左右曰："勿动，是不一营尽反，必有造变者，欲以动乱人耳。"乃令军中曰："不反者安坐。"辽将亲兵数十人，中阵而立。有顷，即得首谋者，斩之。

【注释】

①张辽：字文远，雁门马邑（今山西朔州）人，三国时期曹魏著名将领。

【译文】

荆州尚未平定，张辽屯驻长社（古邑名，在今河南长葛东）。临出发前，军营中有人谋反，夜里放火，惊扰全军。张辽对身边的人说："不要轻举妄动，这不是全营反叛，必定有倡导作乱的人，想以此扰乱军心罢了。"于是传令军中说："不反叛的人安坐营内。"张辽率亲兵几十人，在阵营里居中而立。一会儿就找出了主谋，予以斩杀。

王商止讹

建始三年秋，京师民无故相惊。言大水至，百姓奔走相蹂躏[①]，老弱号呼，长安中大乱。天子亲御前殿，召公卿议，大将军王凤[②]以为太后与上及后宫可御船，令吏民上长安城以避水。群臣皆从凤议。左将军王商[③]独曰："此必讹言也。不宜令上城，重惊百姓。"有顷，长安中稍定。问之，果讹言。

【注释】

①蹂躏（lìn）：践踏。 ②王凤：字孝卿，魏郡元城（今河北大名）人，西汉后期外戚、权臣。 ③王商：字子威，涿郡蠡吾（今河北博野）人，汉成帝时官居宰相。

【译文】

建始（西汉成帝第一个年号）三年的秋天，京都百姓无缘无故惊慌起来。传言洪水将至，百姓奔跑，相互践踏，老弱号呼，长安城中大乱。皇帝亲自驾临前殿，召集公卿大臣商议这件事。大将军王凤认为太后和皇上以及后宫嫔妃可以坐船，让官吏百姓登上长安城墙躲避洪水。群臣都听从王凤的主张。唯独左将军王商说："这一定是谣言。不应该让官吏百姓登上城墙，那会使百姓更加惊慌。"不久，长安城中逐渐安定下来。经查证，果然是谣言。

余玠胆力

余玠[①]为四川宣谕使[②]。有都统[③]王夔者，素桀骜，不受节度，所至掠劫，蜀人苦之。又悉敛部将倅马[④]以自入，将战，乃高其估卖与之。朝廷虽知其不法，不能诘也。玠至嘉定，夔帅所部兵迎谒，才羸弱二百人。玠曰："久闻都统兵精，今殊不称所望。"夔对曰："夔兵非不精，所以不敢即见者，恐惊从人耳。”顷之,班声⑤如雷,江水为沸。声止圆阵即合,旗帜精明,器械森然,沙上之人弥望若林立,无一人敢乱行者。舟中皆战棹(一)失色,而玠自若也,徐徐命吏以差次⑥班赏。夔退谓人曰:“儒者中乃有此人耶?”玠后卒诛夔。

【校勘】

(一)战棹:乃“战掉”之误。战掉,恐惧发抖。

【注释】

①余玠:字义夫,号樵隐,蕲州(今湖北蕲春西北)人,南宋后期名将。 ②宣谕使:北宋末年置,初掌宣谕德意,后权任渐重,负责考察地方政治,按察官吏,招抚起事者,宣谕朝廷关心等。③都统:武职官名。 ④倅(cuì)马:副马,备用之马。倅,副。⑤班声:战马的嘶鸣声。 ⑥差(cī)次:分别等级次序。

【译文】

余玠担任四川宣谕使。有个叫王夔的都统平素桀骜不驯,不受节制,所至抢劫掠夺,蜀人以此为患,感到很痛苦。王夔又把部将备用的马全部占为己有,要打仗的时候,就抬高马价卖给他们。朝廷虽然知道他不守法律,但不能诘问处罚。余玠到嘉定(今四川乐山)的时候,王夔率领他的部众去迎接拜谒,总共才二百多人,还瘦弱不堪。余玠说:“早就听说王都统的士兵精锐,今日所见与我对你的期望很不相称。”王夔回答说:“王夔的士兵不是不精锐,精锐的士兵之所以不敢来见您,是担心吓着您的随从人员。”不一会儿,战马嘶鸣如雷,江水为之沸腾。声音一停止,队伍就全部摆好了阵势,集合完毕,旗帜猎猎,士卒精锐,武器森然严整,站在沙洲上的人远远看起来像林立的树木,没有一个人敢乱来。船上的人都恐惧发抖,变了神色,而余玠神态自若,缓缓命令官吏按等级次序给予赏赐。王夔回来后对别人说:“儒生中竟然有这样的人吗?”余玠最终诛杀了王夔。

开譬罪者

唐太宗长孙皇后，性约素，服御[①]取给则止，喜观书。后庭有被罪者，帝怒，后亦怒，请绳治如法。俟意稍解，乃徐为开譬，以故多所全宥[②]。

【注释】

①服御：又作“服驭”，指服饰车马器用之类。 ②全宥：宽赦过错或罪行，保全其生命。

【译文】

唐太宗的长孙皇后，生性简约朴素，服饰车马器用够用就行了，喜欢读书。后宫中有人获罪，皇上发火，皇后也发火，并请皇上按法令惩治。等到皇上怒气渐渐消除，就慢慢为犯错误的人开脱求情，因此，多人得以保全免罪。

田叔为相

汉田叔[①]为鲁相。初至官，民以王取其财物，讼王者百余人。叔取其渠率[②]二十人，各笞二十，余各搏二十，怒之曰：“王非汝主耶？何敢自言主？”鲁王闻之大惭，发中府钱使相偿之。相曰：“王自使人偿之，不尔，是王为恶而相为善也。”于是王乃尽偿之。王好猎，相常从，王辄休相出[(一)]就馆舍。相出，常暴坐，待王苑外。王数使人请相休，终不休，曰：“我王暴露，我独何为就舍？”鲁王以故不大出游。

【校勘】

(一)出：《史记·田叔列传》无“出”字。

【注释】

①田叔：西汉初年赵陉(xíng)城(今山西曲沃)人，汉文帝时

曾任鲁王相。 ②渠率:首领。

【译文】

西汉时田叔做鲁国国相。他刚刚到任,就有一百多名百姓因为鲁王夺取其财物而到田叔这里来诉讼。田叔抓住为首的二十个人,每人责打二十大板,其余的人各打二十下,对他们发怒说:“鲁王不是你们的君主吗?怎么敢毁谤君主呢?”鲁王听说后,非常惭愧,从内库中拿出钱来让国相偿还他们。田叔说:“大王要自己派人偿还他们,不这样的话,就是大王做坏事而国相做好事。”于是鲁王就将财物尽数偿还给百姓。鲁王喜欢打猎,田叔经常跟随,鲁王总是要他到馆舍中休息。田叔就走出馆舍,常常坐在苑囿外边的露天里,等待鲁王。鲁王多次派人请田叔去休息,田叔最终还是没去休息,他说:“我们鲁王暴露在苑囿中,我怎能独自到馆舍中休息呢?”鲁王因为这个缘故就不再大举外出游猎了。

智胜李密

王世充①与李密战,先索得一人貌类密者,缚而匿之。战方酣,使牵以过阵前,噪曰:“已获李密矣。”士皆呼万岁,密军乱,遂溃。

【注释】

①王世充:字行满,本是西域人。寄居在新丰(今陕西西安临潼东北),隋朝末年群雄之一。

【译文】

王世充与李密交战,王世充先找到一个长相和李密很像的人,把他捆住藏起来。战斗激烈之时,王世充便让人牵着假李密从阵前经过,并大喊:“已抓住李密了。”士兵都高呼万岁,李密的军队乱作一团,就溃败了。

处变有智

宋曹后，武惠王彬孙女也。卫卒作乱，夜越屋，叩寝殿门。帝闻变，遽起欲出。后闭阁，趣[①]呼都知[②]王守忠，使引兵入。后度贼必纵火，阴遣人挈水踵其后。果举火焚帘，水随灭之。是夕所遣宦侍，后皆亲剪其发以赐之，曰："明日行赏，以此为验。"故人争尽力，贼遂擒灭。

【注释】

①趣：通"促"，催促，急促。 ②都知：宦官头目。

【译文】

宋仁宗的曹皇后是武惠（曹彬的谥号）王曹彬的孙女。守卫皇宫的士卒作乱，夜里越过房顶，敲打皇帝寝殿的大门。仁宗皇帝闻知变故，急忙起来，想要出去。皇后关上小门，急忙大叫太监首领王守忠，让他带兵进来保驾。皇后估计贼人会放火，便暗地派人提着水跟在后面。果然贼人放火焚烧帘子，正好用水浇灭。这天晚上所派遣的宦官，皇后亲自剪下自己的一截头发赐给他们，说："明天行赏，以头发为凭证。"所以太监们都非常卖力，作乱的卫卒也很快被抓获消灭。

王旦有谋

契丹来请别假[①]钱币，王旦曰："东封甚近，车驾将出，彼以此探朝廷耳。止当以岁给三十万银绢内各借三万，仍谕次年额内除之。"西夏赵德明[②]求粮万斛，旦请敕有司具粟百万于京师，而诏德明来取。德明大惭，乃止。

【注释】

①别假：另借。 ②赵德明：即西夏太宗李德明，西夏太祖李

继迁之子,李元昊的父亲。因曾依附大宋,被大宋皇帝赐姓为赵。

【译文】

契丹人请求另借钱币,王旦说:"皇上到泰山封禅的日子很近了,车驾将要出发,他们这是用借钱来试探朝廷。只应当把每年给他们的三十万银绢中先各借三万,还要告诉他们要在下一年的三十万银绢中扣除。"西夏赵德明来要一万斛粮食,王旦请皇上让有关部门在京师准备百万斛粟,下诏让赵德明来取。赵德明非常惭愧,就打消了这个念头。

贯珠者奇谋

田单①相襄王②,有老人涉菑③而寒,田单解裘衣之。襄王恶之,曰:"田单之施,将欲以取我国乎?不若早图之。"岩下有贯珠者进曰:"王不如因以为己善也。王嘉单之善,下令曰:'寡人忧民饥,单取而食之;寡人忧民寒,单解裘而衣之。'单有是善,而王善之,单之善即王之善矣。"王曰:"善!"乃赐单牛酒,嘉叹而(一)行。后数日,贯珠者复见王曰:"王至朝日,宜召田单而揖之于廷,口劳之。乃布令求百姓之饥寒者收谷④之。"因使人听于闾里,闻丈夫相与语曰:"田单爱人,乃王之教也。"

【校勘】

(一)而:《战国策·齐策六》作"其"。

【注释】

①田单:妫(guī)姓,田氏,名单,临淄人,战国后期田齐宗室远房的亲属,齐国危亡之际,坚守即墨,以火牛阵击破燕军,收复七十余城,因功被任为相国,并得到安平君的封号。 ②襄王:妫姓,田氏,名法章,齐湣王之子,战国后期齐国国君。 ③菑:通

“淄”。 ④谷：养。

【译文】

田单做齐襄王的相时，有位老人渡淄水被冻坏了，田单就脱下自己的皮裘给老人穿。齐襄王很憎恶这件事，说：“田单这样施恩，莫非想要用来夺取我的王位吗？不如趁早图谋他。”岩石下有个穿珠人进言说：“大王不如趁机把田单的善行变成自己的善行。大王可以嘉奖田单的善行，并下令说：‘我担心百姓挨饿，田单就把他们召集起来给他们吃的；我担心百姓受冻，田单就解下皮衣给他们穿上。’田单既有这些善行，而您又赞扬他，他的善行就变成您的善行了。”襄王说：“好主意！”于是以牛酒犒劳田单，嘉奖赞叹了他的行为。过了几天，穿珠人又去拜见襄王，进言说：“您在上朝时，应该召见田单，并在朝堂上以揖礼相见，亲口慰问他。就此发布命令，收容饥寒交迫的百姓，供养他们。”于是襄王又派人到街头里巷听取百姓的议论，听见老百姓都在相互谈论说：“田单爱护百姓，是大王教导的。”

齐贤断案

张齐贤为相时，戚里①有分财不均者，更相讼。齐贤曰：“是非台府②所能决，臣请自治之。”齐贤坐相府，召讼者问曰：“汝非以彼分财多，汝分少乎？”曰：“然。”命具款③。乃召两吏，令甲家入乙舍，乙家入甲舍，货财无得动，分书则交易。明日奏闻，上大悦，曰：“朕固知非君莫能定也。”

【注释】

①戚里：又称中戚里，帝王外戚聚居的地方。 ②台府：御史府。 ③具款：签字画押。

【译文】

张齐贤做宰相时，皇室外戚所住的地方有人认为财产没有平均分配,互相控告。张齐贤对皇帝说:“这不是御史府所能判决的,请让微臣亲自去处理。”张齐贤坐在相府里,召见控告的人问道:“你们不是都认为对方分的财产多,自己分的少吗?”回答说:“是的。”张齐贤便让他们签字画押。再找两名差役,使他们监督命令甲家搬入乙的房舍,乙家搬入甲的房舍,所有的财物都不能动,分配财物的文书也交换。第二天张齐贤向皇帝奏报,皇帝说:“朕就知道这件事除了你没有谁能裁断。”

李崇巧断

郭崇(一)为刺史,寿春县人荀泰,有子三岁,遇贼亡失,后见在同县赵奉伯家。二家各言己子,并有邻证,郡县不能断。崇令二父与儿各禁别处,经数旬,乃告之曰:“君儿昨不幸遇疾暴死了也。”苟泰闻之,悲号不自胜,奉伯但咨嗟而已。崇遂以儿还泰,奉伯乃款引①。

【校勘】

(一)郭崇:据《魏书 · 李崇传》当为“李崇”之误。李崇,字继长,小名继伯,顿丘(今河南浚县)人,北魏外戚、大臣。

【注释】

①款引:从实认罪。

【译文】

李崇做刺史时,寿春县人苟泰有一个三岁的儿子,因遇贼丢失了,后来又在同县赵奉伯家见到了儿子。两家都说是自己的孩子,并且都有邻居做证,郡县的官员都断不了这件案子。李崇命令将两父一子三人各禁一处,过几十天,告诉苟、赵二人说:“你的儿子昨天不幸突然病死了。”苟泰闻讯,痛哭失声,而赵奉伯只是叹息罢了。李崇便把儿子判给苟泰,赵奉伯从实认罪。

智惩凶徒

张咏在成都，民有诉主帅帐下卒恃势吓取民财者。其人闻知，缒城夜遁。咏差衙校往捕之，戒曰：“尔生擒得，则浑衣扑入井中，作逃走投井申来。”是时，群党汹汹[①]，闻自投井，故不复言。

【注释】

①汹汹（xiōng）：喧哗吵闹的样子。

【译文】

张咏在成都时，有人向他起诉主帅手下的士卒有仗势恐吓百姓，夺取民财的。被控告的士卒听说后，夜里从城墙上用绳索缒下逃跑了。张咏便派遣差役追捕，并告诫说：“你们若捉此人，就和衣把他击杀，扔到井中，然后以那人逃走投井而死上报。”这时，那人的同党喧哗吵闹，听说那人投井自尽，也就不再说什么了。

一言皆欢

宋太祖一日大宴，雨骤至。上已不悦，雨又不止，左右皆恐。赵普因奏言：“外间百姓正望雨，时雨[①]难得，可令乐官就雨中奏乐。”上大悦，乃终宴焉。

【注释】

①时雨：应时的雨水，及时雨。

【译文】

宋太祖一天正大宴群臣，大雨突然降临。太祖已经很不高兴，可雨又不止，左右群臣非常恐慌。赵普于是上前奏道：“现在老百姓正盼望下雨，及时雨难得，可令乐官在雨中奏乐庆祝。”太祖非常高兴，于是将宴会举行完毕。

遇火不惊

宋虞允则(一)尝宴军，而甲仗库火，允则作乐饮酒不辍。少顷火熄，悉瘗①所焚，密遣吏持檄瀛州，以茗笼运器甲。不浃旬②，兵器完足，人无知者。枢密院请劾不救火状，真宗曰：“允则必有谓，姑诘之。”对曰：“兵械所藏，儆火甚严，方宴而焚，必奸人所为。若舍宴救火，事当不测。”

【校勘】

(一)虞允则：据《宋史 · 李允则传》，乃“李允则”之误。李允则，字垂范，太原府盂县(今属山西)人，北宋真宗、仁宗时期守边名将。

【注释】

①瘗(yì)：掩埋，埋葬。 ②浃旬：一旬，十天。浃，整个儿。

【译文】

李允则曾经在军中设宴，这时军械库着火，李允则奏乐喝酒不停。不久火熄灭了，李允则下令将所焚烧的东西都埋掉，又暗地里派人拿着檄文到瀛州(今河北河间)，用装茶叶的笼子运来武器甲胄。不到十天，兵械都已补充完备，没有人知道这件事。枢密院要求弹劾李允则不救火的罪状，宋真宗说：“允则一定有他的道理，姑且先问一问他。”李允则对皇上说：“兵械库对火灾的防范很严密，刚好在举办宴会时火就烧起来了，这一定是奸邪之人有意干的。这时如果离开宴席去救火，会发生难以意料的事情。”

对比仓唐

王方庆①居相位，以子为眉州参军。天后尝问曰：“君在相位，子何远乎？”对曰：“庐陵②是陛下爱子，今犹在远，臣之子焉敢相近?”世以比仓唐[3]之对。

【注释】

①王方庆:即王綝,字方庆,以字行于世,雍州咸阳(今属陕西)人,武周时期宰相。 ②庐陵:即庐陵王李显,武则天的三儿子,曾被武则天软禁于均州(今湖北丹江口)、房州(今湖北房县)。 ③仓唐:即赵仓唐,战国前期魏文侯儿子子击的门客。在魏文侯和子击出现矛盾时,赵仓唐出使化解,使得父慈子孝。

【译文】

王方庆任宰相时,让其子担任眉州(今四川眉山)参军。天后武则天曾问王方庆:“你任宰相,为什么让儿子到那么远的地方去呢?”王方庆回答说:“庐陵王是陛下的爱子,现在还在远方,我的儿子怎么敢在离京城近的地方任职呢?”后世人把这番话与赵仓唐的答对相提并论。

悔过卷之十六

勿谓镜无鸾,垢去依然鸾在;共知月有兔,云开仍见兔肥。昔阿罗汉[①]半出绿林[②],而大豪杰[③]曾班[④]蛟虎。乃知放刀成佛,只在念头一转间。慎无以一眚[⑤]弃终身也。纂悔过第十六。

【注释】

①阿罗汉:此指得道的僧人。 ②绿(lù)林:指结伙聚集山林之间反抗政府或抢劫财物的有组织的集团。 ③大豪杰:指周处,字子隐,西晋义兴阳羡(今江苏宜兴)人,年轻时为害乡里,与虎、蛟并称为“三害”,后来改过自新,终成忠臣孝子。 ④班:并列。 ⑤眚(shěng):过错。

【译文】

不要说铜镜上没有了鸾鸟的图案,磨去污垢后,鸾鸟的图案依然在那里;都知道月中有玉兔,有时被云雾遮挡,云雾散开依然看到肥硕的玉兔。从前得道的高僧有一半出自绿林强人,大豪杰周处曾经与蛟、虎并列。由此才知道放下屠刀立地成佛,只在于一转念间。千万不要因一些小过失而一辈子自暴自弃。纂悔过第十六。

猎得善言

梁君[①]出猎,见白雁群下,将彀弩[②]射之。道有行者,梁君咄止之。行者不止,白雁群骇而飞。梁君怒,欲射行者。其御公孙龙曰:“此人宜杀之,盖雁难得,人易得,孰谓人为贵哉?”

梁君悟,乃与龙上车归。因欢呼曰:“乐哉!人猎惟得禽兽,吾猎得善言而归。”

【注释】

①梁君:即魏国国君。因魏国曾建都在大梁,故魏国又称梁国。 ②彀弩:拉开弓。

【译文】

梁君出去打猎,见到一群白雁,于是下车,拉满弓想射白雁。路上有个行人,梁君呵斥他停下。那个人没停,白雁群受惊而飞。梁君发怒,想射那走路的人。梁君的车夫公孙龙说:“这人应该杀掉,因为大雁难以得到,人容易得到,谁说人是尊贵的呢?”梁君明白过来,就和公孙龙上车回去。梁君欢呼说:“真快乐啊!别人打猎只得到禽兽,我打猎得到善言回来了。”

周处自新

晋周鲂①之子处,膂力②过人,不修细行③,乡里患之。处尝谓父老曰:“今时和年丰,而人不乐何邪?”父老叹曰:“三害未除,何乐之有?”处曰:“何谓也?”曰:“南山白额虎,义兴长桥蛟,并子为三矣。”处曰:“若害止此,吾能除之。”乃射虎杀蛟,遂从陆机④、陆云⑤受学,笃志读书,砥节砺行。比及期年⑥,州县交辟⑦。终为忠臣孝子。

【注释】

①周鲂(fáng):字子鱼,吴郡阳羡(今江苏宜兴)人,三国时期吴国将领。 ②膂(lǚ)力:本指腰力,泛指体力。 ③细行:小节,小事。 ④陆机:字士衡,吴郡吴县(今江苏苏州)人,西晋著名文学家。 ⑤陆云:字士龙,西晋文学家,与其兄陆机合称“二陆”。 ⑥期(jī)年:一周年。 ⑦辟:征召推举。

【译文】

周鲂的儿子周处，体力过人，不修边幅，乡里人都把他看成祸害。周处曾经对父老说："现在太平丰收，可是人们为什么不快乐呢？"父老叹息说："三个祸害没有被除掉，哪有什么快乐呢？"周处问："这话是什么意思？"父老回答说："南山的白额虎、义兴（即宜兴）的长桥蛟，再加上你就是三害了。"周处说："如果祸害仅此而已，我能除掉。"于是，周处射死老虎，杀死蛟龙，然后追随陆机、陆云学习，立下坚定的读书志向，磨砺品行。等到一周年后，州县都征召他。他最终成了忠臣孝子。

王韶心病

王韶①以取熙河功，致位枢密。晚年悔之，尝游金山寺，以因果问众长老，皆言以王法杀人，如舟行压死螺蚌，自②是无心。韶犹疑之。时有刁景纯③者前辈学佛，忽一日逢于寺。座中韶复举前话，众答如前，刁独无语。韶曰："十八丈以为何如？"刁曰："但打得贤心下过，便自无妨。"韶曰："今是打得过否？"刁曰："打得过时自不问也。"韶益不自安。后数岁，疽发背。终日阖眼，医者欲看眼色，令其开眸。韶曰："安敢开？斩头截脚人，有许多在前。"月余病剧，遂死。语云："劝君莫话封侯事，一将功成万骨枯④。"得已而佳兵（一），鲜不坐此。

【校勘】

（一）佳兵：即"佳兵不祥"的省略，好用兵是不吉利的，即好战非祥事。古"佳"当作"隹"，古"唯"字（清人王念孙《读书杂志·余编上》考）。兵，兵器。

【注释】

①王韶：字子纯，江州德安（今江西九江）人，北宋名将。

②自：本来。　③刁景纯：即刁约，字景纯，丹徒（今江苏镇江）人，北宋名臣，与欧阳修、富弼声誉相高下。　④劝君莫话封侯事，一将功成万骨枯：出自唐代曹松《己亥岁二首》其一："泽国江山入战图，生民何计乐樵苏。凭君莫话封侯事，一将功成万骨枯。"

【译文】

王韶因攻取熙河（路名，治所在熙州，今甘肃临洮）的功劳，官至枢密使。王韶晚年很后悔这件事，曾经到金山寺，拿因果报应的事问众位长老，长老们都说因国家的法令而杀人，就像正在航行的船压死田螺和蛤蚌，本是无心的。王韶还是很怀疑。当时有一位叫刁景纯的前辈学佛，忽然有一天，王韶和他在寺里相遇。坐在一起时，王韶又拿以前的话发问，众长老还是用以前的话回答他，唯独刁景纯没有说话。王韶问："十八丈（刁景纯大排行十八）你认为怎么样？"刁景纯说："这要看你的良心是否能过得去。若过得去便没什么。"王韶问道："你觉得我良心能过得去吗？"刁景纯说："依我看，过不去。如果你良心能过得去，你又怎么会问其中的因果呢？"王韶内心越发不安。又过了几年，王韶背上长了个毒疮。他整天都闭着眼睛，医生想看他的眼睛状况，请他睁开眼睛。王韶说："我一睁开眼睛，眼前就会站着很多斩头截脚的人。"一个多月后，王韶病情加重，就死去了。有句话说："劝君莫话封侯事，一将功成万骨枯。"靠好战多杀获取功业是不吉祥的，世上很少有人不因此遭受王韶那样的烦恼。

妙语自救

陈正为大官[一]，进炙有发贯炙，光武令斩正。正曰："臣有三罪，请言毕而后死。"曰："山出炭，炎焰不能焦发，臣罪一也；匣出佩剑，日砥砺不能断发，臣罪二也；臣与庖人六目同视之，曾不如黄门两目，臣罪三也。”光武憬然①悔悟，乃罪黄门而释正。

【校勘】

（一）大官：此则又见于唐朝李亢的《独异志》，据此当为“太官”之讹。太官，属少府，掌皇帝膳食及宴飨之事。

【注释】

①憬（jǐng）然：形容醒悟的样子。

【译文】

陈正做太官的时候，进献的烤肉中有发丝穿过，光武帝命令斩杀陈正。陈正说：“我有三条罪状，请听我说完后再让我受死。”陈正说：“山里出产木炭，那么热的火焰不能把头发烧焦，这是我的第一条罪状；剑匣里有锋利的佩剑，每天都磨它却不能斩断肉里的头发，这是我的第二条罪状；我同厨师六只眼睛一起看，还不如后宫宦官的两只眼睛，这是我的第三条罪状。”光武帝恍然大悟，感到很惭愧，就治了太监的罪并且释放了陈正。

悔过治哑

沛国周氏有三子，喑痖不能言。有一人就门乞饮，闻其儿声，问之，具以实对。其人曰：“君有罪，可还内思之否？”曰：“记为小儿时，当窗有燕巢，中有三子。母出取食，因取三蒺藜，各与之吞，即死。母还不见子，悲鸣而去。常自悔责。”其人曰：“此即是也。君既自知悔罪，今除矣。”儿即皆能言。

【译文】

沛国（治所在今安徽淮北）一个姓周的人有三个儿子，嗓子喑哑，不会说话。有个人上他家讨水喝，听见他儿子呜呜的声音，就问是怎么回事,姓周的实言相告。那人问:“你有罪过,是不是还在内心想起你的罪过?”姓周的人回答说:“记得我还是孩童时,正对着窗户有个燕巢,巢中有三只小燕。母燕出去打食时,我就拿了三个蒺藜,分别让三只小燕吞下去,小燕当即就死了。母燕回来不见小燕,悲哀地叫着飞走了。我常常后悔并责备自己。”那个人说:“就是这件事。你既然自己知道悔恨,现在就除去你的罪责了。”三个儿子马上都能说话了。

矜与悔

盖世功劳,当不得一个矜①字;弥天罪过,当不得一个悔字。

【注释】

①矜:夸耀。

【译文】

盖世的功劳,抵不住一个矜字;漫天的罪过,抵不住一个悔字。

自悔与人尤

常想其自悔之时,行事必多斟酌;常畏及人尤之日,应酬定少乖张①。

【注释】

①乖张:偏执,不正常。

【译文】

常常想起自己悔恨的时候,办事就必然多些考虑;常常害怕别人指责的时候,交际往来一定少些乖戾偏执。

遭三种累

古教云:“我见他人死,我心热如火。不是热他人,看看又到我。”似此等说话,那个不得知?只是不肯修。缘有三种累:第一,无问僧俗男女,各各为身口所累;其次,为眷属所累,为家火①所累。天下人遭这三种累,忙了一世,闹了一世,苦了一世,干弄了一世,空过了一世。何况又因这三种累,起了无量贪嗔痴②,造了无量大小恶业,只是不悟耳。

【注释】

①家火:指家产,闽中一带至今保存此词。 ②贪嗔痴:佛教指三毒,又称三垢、三火。此三毒残害身心,使人沉沦于生死轮回,为恶之根源,故又称三不善根。贪,对顺的境界起贪爱,非得到不可,否则,心不甘,情不愿。嗔,对逆的境界生嗔恨,没称心如意就发脾气,不理智,意气用事。痴,不明白事理,是非不明,善恶不分,颠倒妄取,起诸邪行。

【译文】

古人教导说:“我见他人死,我心热如火。不是热他人,看看又到我。”像这样的话,哪个人不知道呢?只是不肯修行罢了。人都有三种牵累:第一,不论是出家人、在家人、男人、女人,每人都被身体和口腹所牵累;其次,被眷属牵累,被家产牵累。天下的人遭受这三种牵累,忙碌了一生,瞎闹了一生,痛苦了一生,白干了一生,空活了一生。况且又因这三种牵累,引起了无数的贪婪、嗔怒和痴迷,造下了无数大大小小的恶业,只是不醒悟罢了。

执拗之祸

王安石立新法,引用小人,卒致宋室南渡,其祸烈矣,而初不过起于执拗不悔之一念。所谓诎诎[1]距[2]人千里者，当时亦但快一时之意，而不虞害至此极也。

【注释】

①诎(yí)诎：自得貌。　②距：通“拒”。

【译文】

王安石确立新法，引荐任用道德低下的人，最后导致宋朝南渡，那祸害是极大的，但最初不过起源于他的固执、不肯悔改的一个念头。所说的自以为是，拒人于千里之外，当时也只是畅快他一时的心意，却没料到危害极其严重。

太祖悔过

宋太祖一日罢朝，俯首不言。久之，内侍王继恩问故。上曰：“早来前殿指挥一事，偶有误失，史官必书之，所以不乐也。”又一日，后苑挟弓弹雀，有臣僚扣殿称有急事。上急出见之，及奏乃常事。太祖曰：“此事何急？”对曰：“亦急于弹雀。”上怒，以钺斧[1]柄撞口，两齿坠焉，徐伏地取齿置怀中。上怒曰：“汝将此齿去讼我也？”对曰：“臣岂敢讼陛下？自有史官书之。”上怒解，赐金帛慰劳而去。

【注释】

①钺斧：即柱斧，属于仪仗器，多用玉、水晶等制成。

【译文】

宋太祖一天散朝后，低头不语。过了好久，太监王继恩就问太祖为什么这样。皇上说：“早上关于前殿指挥一事，偶然发生失误，史官一定会记录下来，所以我不高兴。”又有一天，皇上在后花园拿弹弓射麻雀，有位大臣叩打殿门称有急事求见。皇上急急忙忙出来见他，方知他上奏的是很平常的事。宋太祖说：“这事有什么着急的?”大臣回答说:“这总比你射麻雀紧急。”皇上大怒,用柱斧柄撞击那人的嘴巴,有两颗牙齿被撞掉了,那大臣慢慢地伏下身子拾起牙齿放到怀里。皇上发怒说:“你要拿这两颗牙齿去控告我吗?”大臣回答说:“臣下怎敢去控告陛下呢? 自然有史官记录这件事。”皇上恼怒消除,赐给那个大臣一些金帛以示慰劳,打发他离开。

修心妙法

静坐然后知平日之气浮,守默①然后知平日之言噪(一),省事然后知平日之费闲,闭户然后知平日之交滥,寡欲然后知平日之病多,近情②然后知平日之念刻。

【校勘】

(一)噪:此则又见于陈继儒《安得长者言》,作“躁”。

【注释】

①守默:保持玄虚寂静。 ②近情:合乎情理,合乎人情。

【译文】

静心安坐之后才知道平日心气虚浮,坚守玄寂之后才知道平日语言狂躁,减少事务之后才知道平日费用纯属多余,闭门不出之后才知道平日交友太滥,清心寡欲之后才知道平日疾病多生的原因,切近人情之后才知道平日居心刻薄。

不避恶人

贾淑①性至险害,邑里患之。林宗②遭母丧,淑来修吊。既而孙威直③后至,见林宗受恶人吊,不进而去。林宗遽追谢曰:“贾子厚诚实凶德,然洗心向善,仲尼不逆互乡④,故吾许其进也。”后淑感愧,终成善士。

【注释】

①贾淑：字子厚，东汉太原介休(今属山西)人。 ②林宗：即郭泰，字林宗，太原介休(今属山西)人，东汉后期名士。③孙威直：钜鹿(今属河北)人，东汉后期名士。 ④仲尼不逆互乡：语出《论语·述而》，“互乡难与言，童子见，门人惑。子曰：‘与其进也，不与其退也，唯何甚？人洁己以进，与其洁也，不保其往也。’”互乡，有人认为在河南项城。

【译文】

贾淑性情极其凶恶残忍，同县的人都把他看成祸害。郭林宗的母亲去世时，贾淑来参加吊唁。不一会儿，孙威直也来了，见到林宗接受恶人吊唁，没有进门就离开了。林宗马上追上孙威直并向其道歉说：“贾淑确实品德不好，但孔子也赞赏洗心革面的互乡童子，所以我允许他进门。”后来贾淑为此感动惭愧，最终成为一名善士。

投剑自新

戴渊[①]少时游侠，不治行检[②]，常在江淮间攻掠商旅。陆机赴假还洛，辎重甚盛，渊使少年掠劫。渊在岸上，据胡床[③]指麾左右，皆得其宜。渊既神姿峰颖，虽处鄙事，神气犹异。机于船屋上遥谓之曰：“卿才如此，亦复作劫邪？”渊便泣涕，投剑归机。辞厉非常，机弥重之，定交，作笔荐焉。过江，仕至征西将军。

【注释】

①戴渊：字若思，东晋广陵(今属江苏)人，年轻时受陆机推荐。后官至征西将军。 ②行检：操行，品行。 ③胡床：即马扎。

【译文】

戴渊年轻时，任侠气盛，不修养品德，曾在长江、淮河一带劫掠商贾游客。陆机休假回洛阳，携带的行李物品很多，戴渊便指使一些年轻人抢劫。戴渊当时在岸上，坐在胡床上指挥手下行动，安排得头头是道。戴渊原本就神采出众，虽然在干抢劫的事情，也显得洒脱异常。陆机站在船舱里远远地对他说："你这样才华出众，怎么还干抢劫的事呢？"戴渊便流泪哭泣，丢掉佩剑归附了陆机。戴渊言辞慷慨，非同一般，陆机越发器重他，与他结为好友，写信推荐他。渡江以后（指东晋建立后），戴渊官至征西将军。

子敬首过

王子敬①病笃，道家上章②，应首过。问子敬由来有何异同得失③，子敬云："不觉有余事，唯忆与郗家离婚④。"

【注释】

①王子敬：即王献之，字子敬，祖籍山东临沂，书圣王羲之第七子，东晋著名书法家。 ②上章：信五斗米道的人请道士做章表，写明病人姓名、服罪之意，向上天祷告除难消灾。③异同得失："异同"和"得失"是两个偏义复词。异同，指异，即与平常不同之处。得失，指失，即过失，过错。 ④与郗家离婚：王献之娶郗昙的女儿郗道茂为妻，因新安公主执意嫁与王献之，被迫离婚。

【译文】

王子敬病重，请道士主持上章祷告，本人应该坦白过错。道士问子敬一向有什么异常和过错，子敬说："想不起有别的事，只记得和郗家离过婚。"

梦里人与业随身

一日无常①到，方知梦里人。万般将不去，惟有业②随身。

【注释】

①无常：旧时迷信所谓勾魂之鬼。 ②业：罪孽。

【译文】

一旦死神来临，才知道自己是梦中人。什么都拿不走，只有罪孽跟随自己。

察偏而矫

文清先生①曰："轻当矫之以重，急当矫之以缓，褊当矫之以宽，躁当矫之以静，暴当矫之以和，粗当矫之以细：察其偏而悉矫之，则气质变矣。"

【注释】

①文清先生：即薛瑄，字德温，号敬轩，谥文清，河津（今山西万荣）人，明代著名的理学大师。

【译文】

文清先生说："用庄重来矫正轻浮，用缓慢来矫正急躁，用宽广来矫正狭隘，用沉静来矫正浮躁，用温和来矫正凶暴，用细致来矫正粗疏：检查自己的偏颇缺点并全部加以矫正，那么气质就会变化。"

劝转恶丈夫

王藻（一）为狱吏，每日持金归。妻疑其鬻狱①所得，因遣婢馈猪蹄十脔②，及归，绐③云："送十三脔。"藻怒婢所窃，酷掠之，不胜痛，诬伏，遂杖逐之。妻曰："君日持钱归，我疑锻炼④

成狱,姑以婢事试汝。夫刑罚之下,何事不承?愿自今勿以一钱来。不义之物,死后必招罪咎。"藻矍然大悟,汗流浃背,因题壁曰:"枷拷追求⑤只为金,转增冤债几何深。从今不愿顾⑥刀笔⑦,放下归来游竹林(二)。"即罄所有散施,弃家学道。后飞升,赐号保和真人。

【校勘】

(一)王藻:此则又见于南宋洪迈《夷坚志》"保和真人"条,作"潼州王藻,不知何时人"。

(二)竹林:《夷坚志》作"翠林"。

【注释】

①鬻(yù)狱:受贿而枉断官司。鬻,卖。狱,案件。 ②脔(luán):小块的肉。 ③绐(dài):古同"诒",欺骗,欺诈。④锻炼:酷吏故意严刑拷打加罪于人。 ⑤枷拷追求:上枷拷打,罗织罪名。 ⑥顾:眷恋。 ⑦刀笔:即刀笔吏,掌文案的官吏,此指狱吏。

【译文】

王藻任狱官,每天都带一些钱回来。他的妻子怀疑是贪赃枉法断案得来的钱财,就派婢女送给王藻十块猪蹄,等王藻回家后,哄骗他说:"送了十三块猪蹄。"王藻恼恨婢女偷吃了猪蹄,残酷地拷打她,婢女招架不住,违心招认,然后杖打一顿撵走了。王藻的妻子说:"你每天都带钱回来,我怀疑你严刑拷打酿成了冤狱,就用婢女的事来试探你一下。残酷刑罚之下,什么事不能承认呢?但愿今后你别再带一文钱回来。不义之财,必招来死后的惩治。"王藻恍然大悟,汗流浃背,于是在墙壁上题诗说:"枷拷追求只为金,转增冤债几何深。从今不愿顾刀笔,放下归来游竹林。"他马上把所有的财物施散干净,离开家去学道。后来他得道升天,赐号保和真人。

非大勇者不能

阳明先生曰："凡人言语正到快意时，便截然能忍默得；意气正到发扬时，便翕然[①]能收敛得；忿怒嗜欲正到腾沸时，便廓然[②]能消化得：此非天下大勇者不能。"

【注释】

①翕（xī）然：忽然，突然。　②廓然：阻滞尽除貌。

【译文】

阳明先生（王守仁号阳明）说："凡是人说话正说到兴头上，却能一下子忍住并保持沉默；正在意气风发的时候，却能忽然收敛；愤怒和欲望正在沸腾的时候，却能全都消除掉：这样的事，除了天下最勇敢的人，没有谁能做到。"

张充折节

张延符[①]少不拘检，肆意游畋[②]。父思曼[③]请假还吴，始入西郭，延符正猎，左手臂鹰，右手牵犬，遥望见思曼，乃放鹰绁[④]犬，向舟而拜。思曼曰："一身两役，无乃劳乎？"延符跪对曰："充闻三十而立，今二十九矣，请至来岁，终身折节[⑤]。"思曼曰："过而能改，乃颜子矣。"明年翻然易操，寻师就学，博览古籍，郁[⑥]为名士。

【注释】

①张延符：即张充，字延符，南朝齐梁时吴县（今江苏苏州）人，齐末为侍中，入梁后官至副相。　②游畋（tián）：游玩打猎。　③思曼：即张绪，字思曼，南朝萧齐吴郡吴县（今江苏苏州）人，官至副宰相，谥号简子。　④绁（xiè）：拴住。　⑤折节：强自克制，改变平素志行。　⑥郁：文采斐然。

【译文】

张延符年轻时不检点约束自己，尽情游玩打猎。他父亲张思曼请假回吴地，刚进入西外城，正好张延符在打猎，左手臂架着鹰，右手牵着狗，从远处看到张思曼，就放掉鹰，拴住犬，向船而拜。思曼讽刺他说："你一身干两件事，恐怕太辛苦了吧?"延符跪下来回答说："我听说三十而立，今年我二十九了，到明年，我一定改变平素志行。"思曼说："有过能改，就是颜回了。"第二年，张延符幡然悔悟，改变操守，寻师就学，博览古籍，成为文采斐然的名士。

智救京杲

辛京杲①以私杖杀部曲②，有司奏京杲罪当死，上将从之。李忠臣③曰："京杲当死久矣。"上问故，忠臣曰："京杲诸父兄弟皆战死，独京杲今日尚存，故臣以为久当死。"上悯然垂涕，曰："非卿几成残忍刻薄之举矣。"立左迁京杲。

【注释】

①辛京杲：唐朝兰州金城(今属甘肃)人，官至工部尚书，历封肃国公、晋昌郡王。　②部曲：部下。　③李忠臣：原名董秦，幽州蓟县人，唐朝中期藩镇、叛将。

【译文】

辛京杲因为私自杖杀部下，有关部门上奏皇帝，认为京杲所犯之罪应该处死，皇上(唐德宗李适)将要同意这件事。李忠臣说："京杲早就该死了。"皇上问是什么原因，李忠臣说："京杲的父亲和兄弟都死在战场上了，唯独京杲到今天还活着，所以我认为他早就该死了。"皇上听后同情地流下眼泪，说："如果不是你，我差点办了一件残忍刻薄的事。"于是立即降了辛京杲的职(免于处死)。

存斋雅量

徐存斋[①]由翰林督学[②]浙中，年未三十。一士子文中用"颜苦孔之卓[③]"，徐批云："杜撰，置四等。"此生将领责，执卷请[④]曰："'苦孔之卓'出《杨子法言》[⑤]，实非生员杜撰也。"徐起立曰："本道侥幸太早，未尝学问，今承教多矣。"改置一等。一时翕然称其雅量。

【注释】

①徐存斋：即徐阶，字子升，号存斋，松江华亭（今属上海）人，明代中后期名臣。 ②督学：即提督学政，俗称学台，正三品，是由朝廷委派到各省主持院试，并督察各地学官的官员，一般由翰林院或进士出身的官员担任。 ③颜苦孔之卓：语出《扬子法言·学行篇》。宋代学者宋咸的注解是："颜之所苦无它焉，惟苦孔子之道卓远耳。故曰：仰之弥高，钻之弥坚。"宋代吴秘的注解是："颜子曰：如有所立，卓尔，虽欲从之，末由也已。" ④请：拜见。 ⑤《杨子法言》：即《扬子法言》，又称《法言》，为西汉辞赋家、学者扬雄模仿《论语》而作。

【译文】

徐存斋以翰林身份到浙江任督学，当时他还不到三十岁。一考生文中有"颜苦孔之卓"之语，徐存斋批道："这是杜撰，定为第四等。"这位考生在要领受责备时，拿着卷子拜见说："'苦孔之卓'出自《杨子法言》一书，实在不是秀才我杜撰的。"徐存斋慢慢地站起来说："看来我侥幸中进士太早了，没有学问，承蒙教导，我学到了很多东西。"于是就把这位考生的卷子改为一等。当时的人一致称赞徐存斋有雅量。

教子婴孩

人之有子,多于婴孺之时,爱忘其丑,恣其所为。无故叫号,不知禁止,而以罪保母;凌铄①同辈,不知戒约,而以咎他人。或言其不然,则曰小未可责。日渐月渍,养成其恶,此父母曲爱②之过也。可不悔思?

【注释】

①凌铄:犹欺压。 ②曲爱:溺爱。

【译文】

人们养育孩子,多在其幼小的时候,因为疼爱而忽视其缺点,放纵其为所欲为。孩子无缘无故呼喊哭闹,父母却不禁止,反而怪罪看孩子的保姆;孩子欺负其他孩子,父母不知道告诫约束,反而怪罪别人。有人指出孩子的过失,父母却说孩子太小不可责备。随着时间的推移,孩子慢慢受影响,养成恶习,这是父母溺爱孩子的过错。难道不该反思吗?

因责猛省

田画(一)与邹浩①善。元符间,画监广利门,浩除言官。浩谏废孟后②立刘后③事,得罪。二人留连三日,临别浩出涕,画正色责之曰:"使君隐默官京师,遇寒疾不汗,五日死矣。岂独岭海外能死人哉?愿君无以此自满,士所当为,未止此也。"浩茫然自失,叹曰:"君之赠我厚矣。"

【校勘】

(一)田画:据《宋史·田昼传》当为"田昼"之误。"画"的繁体"畫"与"昼"的繁体"晝"因形近而致讹。田昼,字承君,北宋阳翟(今河南禹州)人,曾知西河县,有善政,议论慨慷,有文名。

【注释】

①邹浩：字志完，自号道乡居士，北宋常州晋陵（今江苏常州）人，著名谏官。 ②孟后：即元祐孟皇后，洺州（今河北永年）人，宋哲宗的第一位皇后，曾二度被废又二度复位，并二次于国势危急之下被迫垂帘听政，经历之离奇，实为罕见。 ③刘后：即昭怀皇后刘氏，宋哲宗的第二任皇后，本宫女出身，靠阴谋上位。

【译文】

田昼和邹浩关系非常好。元符（宋哲宗年号）年间，田昼做广利门（汴京外城南城墙上的一座水门）监，邹浩被任命为谏官。邹浩因劝止皇上废孟后立刘后一事而获罪。二人盘桓了三天，临别时邹浩痛哭流涕，田昼严肃地批评他说："假使你做一个默默无闻的京官，得了寒疾，不出汗，五日后就会死去。难道唯独被贬到岭南海外能死人吗？希望你不要对此事耿耿于怀，士人应当做的事，不仅仅是这个。"邹浩茫然若有所失，赞叹说："你的赠言对我来说太重要了。"

知耻自新

薛居正①卒，太宗亲临其丧。居正子惟吉②，素无行，帝存问其家，因曰："不肖子安在？不克负荷先业，奈何？"惟吉伏丧侧，惧赧不敢起。自是尽革故态，读书亲贤士。其后帝数委以大藩③，所至称治。

【注释】

①薛居正：字子平，开封浚仪（今属河南）人，北宋史学家，监修《旧五代史》，官至中书令。 ②惟吉：即薛惟吉，字世康，薛居正养子，宋朝开封浚仪（今属河南）人，官至左领军卫大将军。 ③大藩：古代指比较重要的州郡一级的行政区。

【译文】

薛居正去世，宋太宗出席他的葬礼。薛居正的儿子薛惟吉，平时没有德行，皇上问起他的家人，顺便说："不成器的儿子在哪里？不能担负起先人的事业，怎么办？"惟吉趴在灵床旁边守丧，害怕惭愧得不敢站起来。从此之后，痛改前非，刻苦攻读，亲近有才之士。后来，皇帝多次把州郡交给他治理，他治理的地方都称太平。

教化陈元

仇览[①]为阳遂亭长，好行教化。有陈元不孝，其母诣览言元。览呼元责以子道，与一卷《孝经》，使读之。元深自感悟，到母床前谢罪曰："元少孤，为母所骄。谚云：'孤犊触乳，骄子詈母。'乞今自改。"母子相向而泣。于是元遂修行孝道，便成佳士。

【注释】

①仇览：字季智，又名仇香，东汉陈留考城（今河南民权）人，著名高士。

【译文】

仇览做阳遂亭长的时候，喜好教导感化别人。有个叫陈元的人不孝，他的母亲便到仇览那里诉说陈元不孝的事。仇览把陈元叫过来，用为子之道来责备他，并给他一卷《孝经》，让他阅读。陈元深深地感动醒悟，到母亲床前请罪说："我幼小时失去了父亲，被母亲娇惯。谚语说：'孤犊触乳，骄子詈母。'请让我从现在开始改正。"母子相对哭泣。从此以后，陈元修习孝道，成为好人。

顾泾阳言

顾泾阳[①]曰："李延平[②]初间是豪迈人，后来琢磨得与田夫野老一般，这便是一个善涵养气质的样子。吕东莱[3]少褊急，一日诵《论语》‘躬自厚而薄责于人[4]’，平时忿悁[5]，涣然冰释，这便是一个善变化气质的样子。”

【注释】

①顾泾阳：即顾宪成，字叔时，号泾阳，无锡（今属江苏）人，明朝后期思想家，东林党领袖。 ②李延平：即李侗，字愿中，南宋延平（今福建南平）人，世称延平先生，著名学者，朱熹的老师。 ③吕东莱：即吕祖谦，字伯恭，婺州（今浙江金华）人，因祖籍山东莱州，世称东莱先生，南宋著名理学家。 ④躬自厚而薄责于人：出自《论语·卫灵公》，意思是要求自己周备，而要求别人轻约。 ⑤忿悁（juàn）：怨怒，急躁。

【译文】

顾泾阳说：“李侗当初是个豪迈的人，后来经过磨炼，变得同村夫野老一样质朴，这就是一个善于涵养气质的榜样。吕祖谦年青时气量小、性情急，有一天诵读到《论语》中严格要求自己而尽量少要求别人的话，于是平时的怨怒急躁烟消云散，这就是一个善于转变气质的榜样。”

善难而恶易

从善如登，从恶如崩，古人叹善难而恶易也。攀跻分寸不得上，失势一落千丈强，学者不可不畏。朱子云：“要做好人，则上面煞有等级；做不好人，则立地[1]便至，只在把住放行之间耳。”

【注释】

①立地：马上。

【译文】

做好人就像登山一样难，做坏人就像崩塌一样容易，这是古人感叹做好人难而做坏人很容易的原因。向上攀登,一分一寸都不容易做到,一旦失势,比一落千丈还厉害,求学的人不能不害怕。朱熹说:“要做好人,那么上面还有很多台阶;做坏人,那么马上就可以做到,只在做与不做一念之间罢了。”

优孟谏葬马

楚庄王有爱马病肥而死,欲以大夫礼葬之,曰:“有敢以马谏者死。”优孟①闻而仰天大哭曰:“马者,王之所爱也,以楚国堂堂之大,何求不得?而以大夫礼葬之,薄。”王曰:“何如?”对曰:“臣请以雕玉为棺,文梓②为椁,梗(一)楠豫章③为题凑④。发甲卒为穿圹⑤,老弱负土⑥。齐赵陪位于前,韩魏翼卫其后(二),庙食太牢⑦,奉以万户之邑⑧。诸侯闻之,皆知大王贱人而贵马也。”王曰:“寡人之过一至是乎?”优孟曰:“请为大王六畜⑨葬之:以垄灶⑩为椁,铜历为棺,赍以姜枣⑪,荐以木兰⑫,祭以粳稻,衣以火光,葬之于人腹肠。”于是王乃使以马属太官⑬,曰:“无令天下久闻也。”

【校勘】

(一)梗:据《史记·滑稽列传》,当为“楩”之误。

(二)齐赵陪位于前,韩魏翼卫其后:南朝宋时期裴骃的《史记集解》曰:“楚庄王时,未有赵、韩、魏三国。”唐代司马贞的《史记索隐》曰:“此辩说者之词,后人所增饰之矣。”

【注释】

①优孟:春秋时期楚国宫廷艺人,名孟,以优伶为业,擅长辩论与表演,常谈笑讽谏时事。 ②文梓:有纹理的梓木。 ③楩(pián)楠豫章:黄楩木、楠木、豫樟木,都是珍贵的木材。章,通“樟”。 ④题凑:累木为空穴,以保护棺椁。 ⑤穿圹(kuàng):

挖掘坟坑。 ⑥负土：背土修坟陵。 ⑦庙食太牢：为之立庙，并使其享受太庙之礼的祭祀。太牢，牛羊豕各一头，是最高的祭礼。⑧奉以万户之邑：以万户之邑的赋税收入，供给祭祀、洒扫的费用。 ⑨六畜：牛、马、羊、猪、鸡、狗的合称，泛指各种牲畜、家禽。⑩垄灶：灶膛，锅台。 ⑪赍以姜枣：《史记索隐》曰，“古者食肉用姜枣，《礼记·内则》云‘实枣于其腹中，屑桂与姜以酒渚其上而食之’，是也”。赍，通“剂”，调味。 ⑫荐以木兰：加入木兰香料。荐，衬垫，这里有加入、放进的意思。 ⑬太官：为君王掌管炊膳之事的官员。

【译文】

楚庄王非常喜欢的马因为肥胖而死掉，想用葬大夫的礼节来埋葬它，并说：“有敢就葬马来进谏的处死。”优孟听后仰天大哭，说：“这马是陛下的心爱之物，楚国乃堂堂大国，什么东西办不到呢？却用葬大夫的礼仪来葬它，太薄待它了。”楚庄王问：“应该怎么办呢？”优孟回答说：“我请求用精雕细刻的玉石做内棺，用有花纹的梓木做椁，用黄梗木、楠木、豫樟木做题凑。征发士兵去挖墓穴，让老弱之人去背土筑坟。让齐国和赵国的人在前面陪伴，韩国和魏国的人在后面守卫。为它立庙，并使其享受太庙之礼的祭祀，用万户之邑的赋税收入来供奉它。诸侯各国听到以后，都知道您轻贱人却看重马。”楚庄王说：“我的错误竟然到了如此地步吗？”优孟说：“请大王按六畜的丧礼埋葬它：用灶台做外椁，用铜锅做内棺，用姜枣来调味，施加香料木兰，用粳米来祭奠，用火来烧它，最后让人们把它吃到肚子里去。”于是庄王就把死马交给太官，并说：“别让天下都知道我葬马的初衷。”

谏修洛阳宫

太宗欲修洛阳宫，张玄素[①]谏曰：“陛下初平洛阳，凡隋宫室皆令毁之，曾未十年，复加营缮，何前日恶之而今日效之？”上曰：“吾思之不熟，可即罢之。后以事至洛阳，虽露居亦无伤也。”赐玄素彩[2]二百匹。

【注释】

①张玄素：唐蒲州虞乡（今山西永济）人，唐太宗时期著名谏官。　②彩：彩色的绸缎。

【译文】

唐太宗想修复洛阳宫，张玄素进谏说：“陛下刚刚平定洛阳的时候，凡是隋朝的宫室，您都下令毁掉，还不到十年，又要加以修缮，为什么先前厌恶隋炀帝而今天又效仿他呢？”皇上说：“我没有考虑成熟，可停止修缮。以后有事到洛阳去，即使露天居住也没有妨害。”唐太宗于是赐给玄素彩绸二百匹。

延寿改过

韩延寿[1]尝出，临上车，骑吏一人后至，敕功曹议罚白。还至府门，门卒当车，愿有所言。延寿止车问之，卒曰：“《孝经》曰：‘资于事父以事君，而敬同。故母取其爱，而君取其敬，兼之者父也。’今旦明府早驾，久驻未出，骑吏父来至府门，不敢入。骑吏闻之，趋出，母[(一)]适会明府登车。以敬父而见罚，得无亏大化乎？”延寿举手舆中曰：“微子，太守不自知过。”归舍，召见门卒。卒本诸生，闻延寿贤，无因自达，故代卒。延寿遂待用[2]之。

【校勘】

（一）母：《汉书 · 韩延寿传》无“母”字。

【注释】

①韩延寿：字长公，西汉燕人，官至颍川太守。　②待用：接

待而选拔使用。

【译文】

韩延寿有一次出行，临上车时，有一个骑马的官吏迟到了，他便下令让属吏把处罚的结果上报给他。等回来到了官府门前，有一个门卒挡住了他的车，希望对韩延寿说说自己的心里话。韩延寿停下车问他，门卒说：“《孝经》上说：‘借助奉事父亲的心情去奉事国君，崇敬之心是相同的。所以奉事母亲是用爱心，奉事国君是用尊敬之心，两者兼而有之的是奉事父亲。’今天早上您车驾出门，等了很久您还没出来，骑吏的父亲来到官府门前，不敢进去。骑吏听说后，急忙出去迎接，恰好您登车出门。因为尊敬父亲而被处罚，难道不会有损您的教化吗？”韩延寿在车上举手示意说：“如果没有你，我做太守的不知道自己犯了大错。”回到官舍，他就召见了门卒。原来那门卒是个读书人，听说韩延寿是位贤人，因为没有门径自荐，所以代为门卒。韩延寿于是接待并提拔了他。

陈瓘谏章惇

章惇妻张氏贤。惇之入相也，张病且死，嘱之曰：“君作相，幸勿报怨。”既祥①，惇语陈瓘②曰：“悼亡不堪，奈何？”瓘曰：“与其悲伤无益，曷若念其临绝之言？”

【注释】

①祥：有小祥、大祥之分。周年祭为小祥，两周年祭为大祥。

②陈瓘：字莹中，号了斋，北宋后期沙县（今属福建）人，官至左司谏。

【译文】

章惇的妻子张氏很贤惠。章惇做宰相之时，张氏得重病快要死了，嘱咐章惇说：“你做宰相，希望你不要报复冤仇。”祥祭结束后，章惇对陈瓘说:“悼念亡妻的悲伤之情不能忍受,怎么办呢?”陈瓘说:“你自己悲伤也没什么用处,与其如此,还不如考虑一下她临终前说的话。”

悔杀降卒

李广数①不封侯,尝与望气②王朔燕语③曰:“自汉击匈奴,而广未尝不在其中,诸部校尉以下,才能不及中人,然以功取侯者,何啻数十?而广竟无尺寸功得封邑者,岂吾相不当侯邪?且固命也?”朔曰:“将军自念,岂尝有所恨乎?”广曰:“吾尝为陇西守,羌尝反,吾诱降者八百余人,诈而同日杀之。至今大恨,独此耳。”朔曰:“祸莫大于杀已降,此将军所以不得侯者也。”

【注释】

①数:命运。　②望气:一种古代的占候方法。由观望云气而预测人事吉凶。　③燕语:闲谈。

【译文】

李广命不封侯,曾经与会望气的人王朔私下交谈说:“自从汉朝出击匈奴以来,我没有一次不在其中,各部校尉以下的人,才能不到中等,可是凭功劳封侯的,何止于几十人?我李广最终没有得到尺寸封邑,难道是我的骨相不该封侯吗?是命该如此吗?”王朔说:“将军自己想想,是不是做过遗憾的事?”李广说:“我过去做陇西太守时,羌人反叛,被我诱降的有八百多人,我用欺诈的方法在同一天里把他们都杀死了。直到现在最遗憾的事,只有这一件罢了。”王朔说:“灾祸没有什么比杀投降的人更大的了,这就是将军不能封侯的原因。”

虞诩愧悔

虞诩①临终,谓其子恭曰:"吾事君直道,行己②无愧。所悔者,为朝歌长时,杀贼数百人,其中何能不有冤者?自此二十余年,家门不增一口。获罪于天,已可知也。"

【注释】

①虞诩:字升卿,陈国武平(今属河南),东汉时期名将。②行己:立身行事。

【译文】

虞诩临终时,对儿子虞恭说:"我侍奉君主正直无私,立身行事无愧于心。后悔的是做朝歌(在今河南淇县)县长的时候杀贼数百人,里面哪能没有冤枉的呢?到现在二十多年了,家里再没有增加一口人。可知这是因为遭受天谴。"

玄宗悔杀

唐玄宗入斜谷,天尚早,烟雾甚晦。给事中韦倜①于墅②中得热酒一壶,跪献马前数四,不为之举。倜思乃注于他器,自满引于前。玄宗曰:"卿以我疑耶?始吾御宇之初,尝大醉,损一人。吾悼之,因以为戒,迨今四十余年矣,未曾尝酒味。"指力士近侍曰:"此皆知之,非绐卿也。"

【注释】

①韦倜:京兆万年(今陕西西安)人,官至给事中,唐玄宗时宰相韦见素的儿子。　②墅:田间土舍。

【译文】

唐玄宗到斜谷(古道路名,今陕西眉县西南)去,天色还早,但烟雾昏暗。给事中韦倜在田间土舍里得到一壶热酒,跪着献到玄宗马前,献了多次,唐玄宗也没有接起来。韦儇想了想,就把酒倒入其他器具里,亲自斟满端到唐玄宗面前。玄宗说:“你以为我怀疑你吗?我刚登基做皇帝时,曾经因大醉,杀了一人。我悼念他,因此就引以为戒,到现在四十多年没尝过酒的味道了。”并指着身边的高力士等近侍说:“他们都知道,我没有欺骗你。”

方便卷之十七

路逢险处，为人辟一步周行[①]，便觉天空海阔；遇到穷时，使我留三分抚恤，自然理顺情安。盖甘苦唯易地周知，而痛痒以设身立见。有能广开便门，随见莲生火宅[②]。纂方便第十七。

【注释】

①周行：大路。　②莲生火宅：比喻虽身处烦恼中而能得到解脱，达到清凉境界。源出《维摩诘经·佛道品》："火中生莲华，是可谓稀有，在欲而行禅，稀有亦如是。"火宅，比喻充满烦恼的内心。

【译文】

当人行路到艰险难通的地方，为他开辟出一步大路，就觉得海阔天空；当人遇到无路可走的窘境时，使我为他留下三分抚恤关爱，自然就会合乎道理，内心安然。大概甘苦只有换一下处境才能全部知道，而痛痒凭借设身处地才能立刻觉出。有人能大开方便之门，随时就能从烦恼中得到解脱，达到清凉境界。纂方便第十七。

不绝人情

宋王均[①]、李顺[②]之乱，官于蜀者不挈家。张咏知益州，单骑赴任。官属惮其严峻，莫敢畜婢。公不欲绝人情，遂自买一婢，以侍巾栉[③]。自此官属稍置姬侍。在蜀四年，被召还阙，呼婢父母出资嫁之,仍处女也。

【注释】

①王均:北宋真宗时期川峡士兵起义领袖,曾在蜀地建立政权,国号大蜀,后被朝廷攻灭。 ②李顺:青城(今四川都江堰)人,北宋太宗时期蜀地农民运动领袖,提出“均贫富”口号。③巾栉:巾和梳篦,指盥洗用具,引申为盥洗。

【译文】

北宋王均、李顺反叛朝廷时,到四川做官的人都不带家眷。张咏出任益州(治所在今成都)知州,单身骑马赴任。其属下害怕他严峻,没有谁敢蓄养婢女。张咏不想断绝人之常情,于是买了一婢女服侍盥洗。从此以后,官员们渐渐购买姬妾服侍。张咏在蜀地为官四年,奉召回京,临行前把婢女的父母叫来,出资让他们把婢女嫁人,那婢女仍为处女。

迪简饮醋

任迪简①为天德军②判官。饮酒,吏误以醋供。迪简以李景略③令酷,发之必死,乃强饮之,吐血而归。军中人闻皆泣感。

【注释】

①任迪简:唐朝进士,京兆万年(今陕西西安)人,起初为天德军使李景略判官,后任太子宾客。 ②天德军:隶属于唐关内道丰州,治所在今内蒙古巴彦淖尔,为中晚唐时期北方边疆的重要军事机构。 ③李景略:幽州良乡(今属北京)人,契丹族,唐朝中期任丰州刺史,忠于朝廷。

【译文】

任迪简任天德军判官。饮酒时,属吏误将醋当酒送上。任迪简因主帅李景略军令严酷，说出此事，属吏一定会被处死，于是勉强喝下，吐血而回。军中官兵听说后，都感动得流泪。

李琮归印

李琮[①]为湖南观察使[②]，渔者献巨鲤，琮命家人烹之。腹中得印，一面文曰"衡山县印"。琮因索衡山县近日文书，视其印篆分明，似新铸者。乃召衡山令携印阅之，果新铸也。琮屏人诘之，令伏罪曰："旧印为人窃去，某与吏并忧刑戮，乃潜命工人为之。今唯俟死，命也！"琮为秘其事，碎新印，令赍旧印归。县罕知者。

【注释】

①李琮：此则来源于南唐尉迟偓《中朝故事》。《中朝故事》乃偓任史官时承命而作，记唐末懿宗、僖宗、昭宗、哀宗四朝故事。据此，李琮应为晚唐人。　②湖南观察使：湖南道的长官，全称湖南都团练守捉观察处置使。湖南道是唐广德二年从江南西道划出而设置的地方衙署。观察使，全称为观察处置使，唐代后期出现的地方军政长官。

【译文】

李琮任湖南观察使时，渔夫献给他一条大鲤鱼，李琮命家人烹制。烹制时发现鱼肚里有一颗印，印的一面刻有"衡山县印"字样。李琮就找来衡山县近日的文件，发现上面的印记特别清晰，那印好像是刚铸的。于是让衡山县令携印来验视，那印果然是新铸的。李琮就屏退左右责问县令，县令认罪说："旧印被人偷走，我和主管小吏担心被朝廷惩罚，就偷偷命令工匠铸了一颗。现在只有等死了，这是命啊！"李琮为这事保密，打碎新印，让县令携旧印回去。衡阳县里的人很少知道这事。

《淮上遇风》诗

范文正公《淮上遇风》诗云："一棹①危于叶，傍观欲损神。他年在平地，无忽险中人。"

【注释】

①棹：划船的桨。此代指船。

【译文】

略。

和政公主识大体

肃宗宴于宫中，时有番将阿布思①伏法，其妻配掖庭②，因隶乐工。是日为假宫之长(一)，上及侍宴者笑乐，政和公主(二)独俯首不视。上问故，公主曰："禁中侍女不少，何必此人？使阿布思真逆人，其妻亦刑人，不合迫③至尊之座。果冤邪，岂忍使其妻与群优杂处？妾深以为不可。"上亦悯恻，为之罢戏。

【校勘】

(一)为假宫之长：此则来源于唐代赵璘《因话录》，作"假官之长"。相关几句为"天宝末，蕃将阿布思伏法，其妻配掖庭，善为优，因使隶乐工。是日遂为假官之长，所为妆者，上及侍宴者笑乐"。为假官之长，当指扮演参军戏中的参军角色。

(二)政和公主：乃"和政公主"之误。和政公主，唐肃宗李亨第三女，以敏惠纯孝著称。

【注释】

①阿布思：原为九姓铁勒同罗部落首领，臣属于东突厥汗国，后归顺唐朝。由于安禄山挑唆，复又叛唐，最后被杀，妻子沦为歌奴。 ②掖庭：宫女居住和犯罪家属妇女配没入宫劳动之处。

③迫：靠近，接近。

【译文】

唐肃宗在宫中举行宴会，当时番将阿布思获罪被杀，他的妻子被发配到掖庭，于是隶属于乐工。这天她扮演参军戏中的官长，宫里有地位的人以及在宴会上侍奉的人都观看取笑逗乐，只有和政公主低头不看。皇上问缘故，公主说："宫中女乐不少，为何一定要这个人表演呢？如果阿布思真的是个叛贼，那么他妻子也该被视为罪人，罪人不能靠近皇上身边。如果阿布思是含冤而死，皇上又怎能忍心让他的妻子和其他的艺人杂处呢？我深深地认为不可以这样做。"肃宗也同情怜悯她，为公主的话而取消了她的演出。

合烛夜绩

齐贫女徐氏(一)与邻妇李氏合烛夜绩①。徐贫而烛不属②，或为李曰："徐烛数不属，请无与夜绩。"徐曰："妾以贫故，起常先，卧常后，扫室陈席，以待来者。坐常处下，为贫故也。今一室之中，益一人烛不为益明，去一人烛不为益暗，何爱东壁③余光？"莫之能应，遂复与夜绩。

【校勘】

(一)齐贫女徐氏：此则故事来自西汉刘向的《列女传》。由于采编者苟且省略，致使文脉不通且语句重复。

【注释】

①绩：纺绩，指纺纱、绩麻诸事。 ②不属(zhǔ)：连续不上。③东壁：指邻居。

【译文】

齐地贫女徐氏与邻妇李氏(等人)晚上共用烛火纺绩。徐氏贫穷，蜡烛供给连续不上。有人对李氏(等人)说："徐氏多次供不上蜡烛，请不要同她一起晚上纺绩了。”徐氏说：“我因为贫穷的缘故，早起晚睡，扫室铺席，等人到来。我坐在远离灯火的地方，就是因为贫穷的缘故。现在一间屋子里，增加一人灯光不会变亮，减少一人灯光也不会变暗，何必吝啬灯火的余光呢？”没有人能回答她的话，晚上就继续同徐氏一起纺绩。

郑晓却馈金

郑晓①为文选②时，里中士宦有馈金首饰，承篚③以将，而上覆以茗。公直谓茗也，受之入。夫人手拨茗知之，击柝语公。公不动声色，第整理其茗，覆篚如初，出召其人谓曰：“吾初以家适乏茗，故拜君惠。顷入内询，家尚有余茗，心谢尊意已④。”授之，令持归。

【注释】

①郑晓：字窒甫，号淡泉，海盐（今属浙江）人，明朝嘉靖时期名臣，谥号端简。 ②文选：即文选清吏司郎中。文选清吏司，明清时期吏部下设的机构，掌考文职官之品级与其选补升调之事，长官为郎中。 ③篚（fěi）：古代盛物的圆形竹器。 ④已：通“矣”。

【译文】

郑晓为文选清吏司郎中时，同乡一位官员赠送他金首饰，将金首饰装入篚内送来，上面盖上茶叶。郑晓以为送的只是茶叶，就收下了。夫人用手拨动茶叶，发觉里面藏有金首饰，就敲梆子让丈夫进来，把实情告诉了他。郑晓不动声色，只是把茶叶整理好，像原来那样盖在篚上，出去召见那人说：“我当初以为家里正好缺茶叶了，因此接受你的馈赠。刚刚入内室询问，家里还有茶叶，你的好意我心领了。”于是把礼物交还那人，让他拿回去。

暖寒之会

王元宝[①]每至冬月大雪，合仆夫自本家巷口，扫雪为径路。躬立巷前，迎揖宾客，就本家具酒炙宴之，为暖寒之会。

【注释】

①王元宝：唐朝开元间人，富可敌国，靠贩运琉璃发家。

【译文】

每当冬天下大雪的时候，王元宝就聚集仆人扫雪，自家门口至巷口，扫出一条通道。王元宝躬身站在巷口，迎接宾客，到自己家里备好好酒和烤肉，宴请宾客，举行暖寒的集会。

巧待中贵

梅少司马衡湘[①]初仕固安令，固安多中贵[②]，狎视令长，稍强项则与之争，公平气以待。有中贵操豚蹄饷公，乞为征负。公为烹蹄设饮，使召负者前诃之。负者诉以贫，公叱曰："贵人债，敢以贫辞乎？今日必偿，徐之死杖下矣。"负者泣而去。中贵意似恻然，公觉之，乃复呼前，蹙额曰："吾固知汝贫甚，然无如何也。亟鬻而子与而妻，持镪[③]来。虽然，吾为汝父母，何忍使汝骨肉骤离？姑宽一日，夜归与妻子诀，此生不得相见矣。"负者闻言愈泣，中贵亦泣，辞不愿征，为之破券。

【注释】

①梅少司马衡湘：即兵部侍郎梅国桢，字克生，号衡湘，麻城(今属湖北)人，明代万历年间官至兵部右侍郎。少司马，对兵部侍郎的古称。　②中贵：即宦官。　③镪(qiǎng)：钱串，即穿钱的绳子。引申为成串的铜钱，也泛指钱币。

【译文】

少司马梅衡湘最初在固安县(今河北廊坊)做县令时,固安县有好多宦官,宦官不把县令看在眼里,做县令的稍微强硬一点就会与他们争执,梅衡湘心平气和地应对他们。某宦官拿猪蹄送给梅公,想求梅公为他讨债。梅公命人烹调猪脚,设宴款待宦官,并把欠钱的县民叫来官府斥责一番。欠债人哭诉自己贫穷,梅公大声斥责说:“宦官大人的债,怎敢哭穷拒绝归还呢?今天一定要还清债务,慢了就会死在我的杖下。”欠债人哭着离去。宦官内心里好像有点同情,梅公察觉宦官态度变化,又把欠钱的县民叫来,皱着眉头说:“我知道你很穷,但是我实在无可奈何。赶紧去卖掉你的孩子和妻子,拿钱来还。虽然这样,我作为你的父母官,怎么忍心让你骨肉骤然分离呢?姑且宽限一天,夜里回去就与妻子儿女诀别吧,这辈子不能再相见了。”欠债的县民听了,哭得更厉害了,宦官也不禁掉泪,打消了讨债的念头,并且把借券毁掉。

事小而心厚

有穿麻服[①]白衣者,道遇吉祥善事,相与牵而避之,勿使相值。其事虽小,其心则厚。

【注释】

①麻服:丧服。

【译文】

有穿白色丧服的人,在路上遇到办喜事善事的,便赶紧躲避,不使迎面撞上。那事虽然不大,但其居心仁厚。

杨翥德量

杨翥[①]少孤贫,与兄戍武昌,为乡校师。杨文贞公士奇[②]

漂寓武昌,偶憩翥馆,以无资告。翥遂让其塾,自教授他所,日往返十余里,不厌。邻人作室,檐溜落翥家,人不能平。翥曰:“晴多雨少,何必校也?”邻人产子,翥恐所乘驴鸣惊之,即鬻驴,步入庙(一)。文贞公落新第,亟邀登堂,曰:“舍初成,须得吉人首临之。”

【校勘】

(一)庙:据焦竑《国朝献征录》,当为“朝”之讹。

【注释】

①杨翥(zhù):字仲举,明代苏州府吴县(今江苏苏州)人,官至礼部尚书,品行高尚。 ②杨文贞公士奇:即文贞公杨士奇,名寓,字士奇,以字行,号东里,谥文贞,泰和(今属江西)人,明代名臣。

【译文】

杨翥年轻丧父,家境贫寒,他的兄长在武昌当兵,他随兄住在武昌,在一所乡间私塾教书。文贞公杨士奇当时也在武昌漂泊,偶然在杨翥教书的学馆中歇息,谈话中说自己生活无着。杨翥于是让杨士奇在自己教书的私塾中教书,自己则到其他地方教书,每天往返十多里,也不厌烦。邻居建房,屋檐水落在杨翥家里,家人为此不平。杨翥说:“晴天多,雨天少,何必计较呢?”邻居生了孩子,杨翥担心自己所骑驴的叫声惊吓了小孩,就把驴卖掉,步行上朝。文贞公盖了新房子,急忙邀请杨翥登堂做客,说:“新房建成,必须得吉祥的人首先光临。”

道媪助学

孔镛①为诸生时,家赤贫,饔飧②不给。每诣学,则买二饼充饥。五圣阁有道媪,见其旦晚经门,一日迎入问故。公以实告,媪心怜之,谓曰:“吾家昼则有斋,夜则有灯,秀才肯侨居此乎?”公从之,遂得肆志于学。后举进士归,媪已卒,公斩衰[3]冠送葬焉。

【注释】

①孔镛:字韶文,苏州府长洲(今江苏苏州)人,明朝弘治年间官至工部右侍郎。 ②饔(yōng)飧(sūn):早饭和晚饭,泛指饭食。 ③斩衰(cuī):“五服”中最重的丧服,用最粗的生麻布制作,断处外露,不缉边。

【译文】

孔镛做秀才时,家里极其贫困,经常吃不饱饭。他每到学馆读书,就买两个饼充饥。五圣阁有一年老的女道士,见他早晚从门前走过,一天把他迎进阁内询问。孔镛据实以告,老妇心生怜悯,对孔镛说:“我这里白天有斋饭,晚上有灯火,秀才愿意借住在这里吗?”孔镛答应了她,于是能够尽心学习。后来孔镛考上进士,回来时,老妇已死,他身着最重的丧服为老妇送葬。

谢安有容

谢公时,兵厮逋亡,多近窜南塘[1]下诸舫中。或欲求一时搜索,谢公不许,云:“若不容置此辈,何以为京都?”

【注释】

①南塘:南岸,指秦淮河南岸。

【译文】

谢安辅政时,兵员差役逃亡,大多就近躲藏在南岸下的船里。有人请求谢安同时搜索所有船只,谢安不答应,说:“如果不能宽容安置这种人,又怎么算是京都?”

夏翁折券

夏翁江阴巨族。尝舟行过市桥，一人担粪，倾入其舟，溅及翁衣。其人旧识也，僮辈怒，欲殴之。翁曰："此出不知耳。"因好语遣之。及归阅债籍，此人乃负三十金，无偿，欲因以求死。翁为之折券①。

【注释】

①折券：毁弃债券，不再索取。

【译文】

夏姓老翁家是江阴县的大家族。夏翁曾经乘船经过街市上的一座桥，桥上一挑粪的人把粪倒入船中，粪汁溅到了夏翁的衣服上。那个人是夏翁的旧相识，随行的仆人大怒，想要殴打那人。夏翁说："这件事是出于无心的，他不知道我们从桥下过。"于是用好言好语把那人打发走。回去后，夏翁翻阅账本，发现那人欠自己三十金，无力偿还，想因此一死了结。于是夏翁为那人毁掉了券契。

智救库吏

魏太祖马鞍悬于库柱，为鼠啮，吏惧死。邓哀王冲①以刀故穿单衣如鼠啮者，谬为愁色。太祖问之，冲曰："俗以鼠啮衣为不吉。"太祖曰："妄言耳。"俄库吏以啮鞍闻，太祖笑曰："儿衣在侧而啮，况鞍悬柱乎？"遂不罪之。

【注释】

①邓哀王冲：即邓哀王曹冲，字仓舒，曹操之子，从小聪明仁爱，深受曹操喜爱。"邓王"为封号，"哀"为谥号。

【译文】

魏太祖曹操的马鞍挂在仓库的柱子上，被老鼠啃啮，管理仓库的吏役害怕会被处死。邓哀王曹冲于是拿刀故意戳穿自己的单衣，就像老鼠咬啮的一样，并假装出发愁的神色。曹操问他原因，曹冲回答说："民间风俗认为老鼠咬衣服是不吉利的事。"曹操说："胡说罢了。"不久库吏把老鼠咬马鞍的事情汇报上来了，曹操笑着说："我儿子的衣服就在身边，尚且被咬，何况是挂在柱子上的马鞍呢？"于是没有治库吏的罪。

仲淹救荒

吴中饥，范仲淹纵民竞渡，日出宴湖上；又召诸寺僧，谕之曰："饥岁工贱，可兴土木。"于是诸寺兴工。至仓廒吏舍，日役千夫，杭得不饥。凡出游者，必力足以游者也。游者一人，而赖游以活者，不知几十人矣。向时吾郡(一)大荒，当事者以岁俭禁游船。富家儿率治馔僧舍为乐，而游船数百人皆失业流徙。不能随时方便者类如此。

【校勘】

(一)吾郡：此则来自冯梦龙的《智囊》。吾郡，或指冯梦龙的故乡吴郡。

【译文】

苏杭一带闹饥荒，范仲淹鼓励百姓举行划船比赛，自己每天在湖边宴饮；又召集各佛寺僧人，对他们说："荒年工价最是低廉，可大兴土木。"于是各寺庙兴建工程。范仲淹又招募工人兴建官家谷仓及吏卒官舍，每天募集的工人多达上千，杭州一带的百姓因此没有遭受饥饿。凡是外出宴游者，一定具有宴游的财力。一人外出宴游，而靠此人宴游花费的金钱生活的，不知道有几十人。从前，我郡闹饥荒，主政者下令禁止百姓游船。于是富家子弟日日在僧院宴饮，而靠游船为生的几百人都因失业而背井离乡。主政者不能够随时应变从而方便百姓，大都如此。

千里井不泻莝

江南计吏[①]止传舍，及就路，以马践草泻井中，谓不复再过。不久复由此，饮，遂为昔时莝[②]刺喉而死。后人为戒曰："千里井不泻莝。"

【注释】

①计吏：古代州郡掌簿籍并负责上计的官员。 ②莝：碎草。

【译文】

江南计吏住在旅舍里，等到上路时，把马践踏过的碎草倾倒在井里，认为以后不会再路过此处。不久他又从此路过，并喝这口井中的水，就被先前倒进井中的碎草刺破咽喉而死。后人因此劝诫说："即使是千里之外的井，也不要把碎草倒进去。"

仁心缓刑

曹彬知徐州，有吏犯罪，立案，逾年杖之。人皆不测，曰："吾闻此人新娶妇，若杖之，舅姑[①]必以妇为不利，朝夕呵骂，使不能自存。吾故缓其事，而法亦不赦也。"

【注释】

①舅姑：公公婆婆。

【译文】

曹彬任徐州知州时，有一小吏犯罪，已经立案，过了一年后才下令对该小吏施以杖刑。人们都不明白曹彬的用意，曹彬说："我听说此人刚娶了媳妇，假如当时对他施以杖刑，公公婆婆一定会认为是新媳妇不吉利造成的，就会早晚呵斥辱骂她，使她无法生活。我故意把这件事缓一缓，但该小吏犯罪，按法律也不能赦免他。”

去非醇德

王去非[①]家居，教授束修[②]有余，辄分惠于人。比邻[③]有丧，忌东出，西北又皆人居，南则去非家也。乃坏蚕室，使之南出。

【注释】

①王去非，字广道，平阴（今属山东）人，金代处士，应试不得志，在家耕读，立馆教授。 ②束修：即束脩，学生送致教师的酬金。 ③比邻：近邻。

【译文】

王去非在家授徒，所得酬金有剩余，就分给别人。近邻有丧事，忌讳东出，西方北方又有人居住，而向南就是王去非家了。王去非就毁坏自家的蚕室，让有丧事的邻居向南出去。

体悉人情

张忠定公视事[①]退后，有一厅子[②]熟睡。公诘之：“汝家有甚事？”对曰：“母久病，兄为客未归。”访之果然。公翌日差场务[③]一名给之，且曰：“吾厅岂有敢睡者耶？此必心极幽懑使之然耳。”体悉人情至此，谁不愿为之死乎？

【注释】

①视事：办理公务。 ②厅子：旧时官厅的差役。 ③场务：五代、宋时盐铁等专卖管理机构，此指该机构的工作人员。

【译文】

忠定公张咏办完公务回来，看见官厅的一个差役正在酣睡。忠定公便问他:“你家发生什么事了吗?”他回答说:“母亲病了很久,家兄作客他乡还没有回来。”忠定公派人去察访,发现果然这样。第二天,忠定公派一名在场务工作的人去协助他,而且说:“我的公堂里怎么会有敢睡觉的人呢?这一定是内心极为忧愁烦闷,才会这样。”能够体察洞悉人情到这种地步,谁不愿为他出死力呢?

劝方便十则

陆平泉①先生《劝方便十则》云:寻方便,在济贫,饥寒良可悯,推解②莫厌频;寻方便,在敬老,光景迫桑榆③,居食须安饱;寻方便,在息争,群小喜相构,和调仗端人;寻方便,在申枉,鉴彼覆盆冤④,周旋脱罗网;寻方便,在怜⑤才,美哉后来俊,勿惜齿牙推;寻方便,在矜⑥愚,昏柔莫轻侮,启翼⑦须勤渠⑧;寻方便,在抚孤,伶仃怅无依,颠危亟相扶;寻方便,在抚下,仆役皆人子,百事从宽大;寻方便,在掩骸,白骨虽已朽,游魂实堪哀;寻方便,在除恶,宁独忍斯人,恶除良民乐。

【注释】

①陆平泉:即陆树声,字与吉,号平泉,松江华亭(今属上海)人,万历年间官至礼部尚书。 ②推解:即推食解衣,把正在吃的食物让别人吃,把穿着的衣服脱下给别人穿,形容对人热情关怀。③桑榆:夕阳的余晖照在桑榆树梢上,借指落日余光处,比喻晚年。 ④覆盆冤:翻过来放的盆子,阳光照不到里面,形容无处申诉的冤枉。 ⑤怜:爱。 ⑥矜:怜悯。 ⑦启翼:启发帮助 ⑧勤渠:热情周到。

【译文】

陆平泉先生《劝方便十则》说:寻方便,在于救济贫穷,饥寒之人实在可怜,推食解衣不要厌烦频繁;寻方便,在于敬爱老人,已到暮年光景，居住要安宁，吃饭得饱腹；寻方便，在于平息纷争，众小人喜欢制造事端，维护和谐依赖正派人；寻方便，在于申明冤枉，明察覆盆之冤，巧于周旋，使冤者摆脱罗网；寻方便，在于爱惜人才，那后起之秀真了不起，不要吝啬推许赞扬；寻方便，在于怜悯痴傻，不要轻慢侮辱愚昧柔弱之人，要热情周到地启发帮助他们；寻方便，在于抚养孤儿，孤儿孤苦伶仃，怅然失意无依靠，处境危险困顿急需扶助；寻方便，在于关爱属下，仆人差役都是别人的孩子，百事都要宽大处理；寻方便，在于掩埋尸骸，白骨虽已朽烂，那游魂实在可怜；寻方便，在于除掉恶人，不能忍受罪恶之人，除掉恶人，善良的百姓就会拍手称快。

去臣与去妻之道

去其臣也，必可使复仕[①]；去其妻也，必可使复嫁。

【注释】

①复仕：再做官。

【译文】

罢免自己的臣下，一定要使其可以再出来做官；休掉自己的妻子，一定要使其可以再度嫁人。

不迫人于险

慕容农[①]曰："尊不迫人于险[②]。当人危极之时，其操纵之势在我。此宽一分，则彼受一分之惠。若扼之不恕，控之不已，鸟穷则攫，兽穷则搏。反噬之祸，将不可救。"

【注释】

①慕容农：昌黎棘城（今辽宁义县西北）人，鲜卑族，十六国

时后燕开国皇帝慕容垂之子。 ②尊不迫人于险:语出《资治通鉴》卷一百零五:“尊不迫人于险,其义声足以感动天地。”

【译文】

慕容农说:“尊贵的人不要在别人危难的时候加以迫害。当别人危险至极点时,他的生死安危操纵在我手里。此时我放宽他一分,他就受我一分恩惠。如果用力掐住别人的命而不宽恕,不停地压制,须知鸟在绝境中会抓人,兽在绝境中会搏击。反咬的祸患,将不可挽救。”

不以清病人

熊恭简公①平生清节,一介不取②。其巡抚云南,平蛮公宴之日,乃受金花彩段③,或者疑焉。次年公还京,召有司领金花彩段贮库,始知公不肯以清病人也。不然,当日公不受,谁敢受?此与张乖崖纳侍女之事④颇相类。

【注释】

①熊恭简公:即熊翀,字腾霄,明朝光州(今河南信阳)人,官至户部尚书,谥恭简。 ②一介不取:一点儿小东西也不拿,形容廉洁。一介,一粒芥菜籽,形容微小。介,通“芥”。 ③段:通“缎”。 ④张乖崖纳侍女之事:见本卷“不绝人情”条。

【译文】

恭简公熊翀平生有清廉的节操,不是自己应该得到的东西一点儿都不要。他巡抚云南的时候,平定南蛮举行公宴的日子,接受了绣有金花的彩缎,有人怀疑熊翀的清廉。第二年,熊翀还京,叫过主管官员,把自己接受的绣有金花的彩缎入库收藏,众人才知道熊翀不因为自己的清廉而妨害他人。当天熊翀如果不接受彩缎,谁又敢接受呢?这与张乖崖买侍女的事很像。

曲全杨彪

太尉杨彪[①]与袁术[②]婚[③]，曹操恶之，欲诬以图废立，收彪下狱，使满宠[④]按之。孔融与荀彧[⑤]嘱宠曰："但当受辞，勿加考掠[⑥]。"宠不报，考讯如法。数日见操言曰："杨彪考讯无他辞，此人有名海内，若不明加罪，必大失民望。"操于是即日赦彪。初彧与融闻宠考掠彪，皆大怒，及因是得出，乃反善宠之曲全[⑦]。

【注释】

①杨彪：字文先，东汉弘农郡华阴县（今属陕西）人，官至太尉。 ②袁术：字公路，汝南汝阳（今属河南）人，袁绍之弟，东汉末年军阀，后为曹操所灭。 ③婚：结为儿女亲家。 ④满宠：字伯宁，山阳昌邑（今山东巨野）人，三国时期魏国名将，官至太尉。 ⑤荀彧（yù）：字文若，颍川颍阴（今河南许昌）人，东汉末年曹操谋臣，官至守尚书令。 ⑥考掠：拷打。考，通"拷"。 ⑦曲全：曲意保全。

【译文】

太尉杨彪与袁术结为儿女亲家，曹操非常厌恶，想要以图谋废天子之罪进行诬陷，将杨彪逮捕下狱，派满宠审讯。孔融与荀彧嘱托满宠说："只应当记录供词，不要施以拷打。"满宠没有回复，依照法令审讯。几天后满宠向曹操报告："杨彪受刑拷审讯，不承认有罪，这个人天下闻名，如果事实不明就给他定罪，会让天下的百姓失望。"曹操于是当天就把杨彪放了出来。当初荀彧与孔融听说满宠拷打杨彪，都非常愤怒，等到杨彪因满宠的话被释放，他们都赞赏满宠对杨彪的曲意保全。

谏止对辩帷薄之私

侯君集①等平高昌②还,有告薛万均③私通高昌妇人者。命出胡妇付大理④,与之辩对。魏徵谏曰:"臣闻使臣以礼,今遣大将军与亡国妇人对辩帷簿之私(一),实则所得者轻,虚则所失甚重。昔秦穆公饮盗马之士⑤,楚庄王赦绝缨之臣⑥。陛下曾二君不逮乎?"乃止。

【校勘】

(一)帷簿之私:当为"帷薄之私",指男女私情。帷薄,隔绝内外的帘子和席子。

【注释】

①侯君集:豳(bīn)州三水(今陕西旬邑)人,凌烟阁二十四功臣之一,唐初名将,封陈国公。 ②高昌:西域的佛教国家,位于今新疆吐鲁番东南,古时西域交通枢纽。 ③薛万均:本敦煌人,后徙京兆咸阳,唐初著名将领,封潞国公。 ④大理:即大理卿,执掌刑律的官员。 ⑤秦穆公饮盗马之士:据《资治通鉴》记载,秦穆公走失了一匹马,岐山脚下的农民捉得并分给三百个人一起吃了它。秦穆公的官吏追捕到了食马的人,想按照法律来处置他们。秦穆公说:"有德才的人不因为畜生而杀人,我听说吃马肉而不喝酒,就会伤及身体。"于是拿酒给他们饮。后来秦穆公攻打晋国时,得到了三百个人的报答。 ⑥楚庄王赦绝缨之臣:见第十卷"绝缨之会"条。

【译文】

侯君集等平定高昌叛乱还朝的时候,有人状告大将薛万均与一高昌国妇女私通。唐太宗下旨把这名妇女交给大理卿审讯,并让薛万均与她对质。魏徵进谏说:"我听说皇上要对臣下以礼相待,现在让大将军(薛万均)与亡国妇人对质男女私情,如果情况属实,所得的益处很轻微，如果情况不实，那么损失就太重了。从前秦穆公给盗马的人酒喝，楚庄王也用绝缨的办法赦免调戏其爱妃的大臣。陛下难道还不如这两位吗？”于是这事就此作罢。

关爱羌胡

羌合兵伐胡，校尉①邓训②拥卫③穑胡④，令不得战。议者谓以夷攻夷，县官⑤收利，不宜禁护。邓训曰：“不然。自张纡失信⑥，众羌大动。屯兵二万，转运之费，空竭府帑。凉州吏人，命县丝发。今因其迫急，以德怀之，庶能为我用。”遂令开城及所居园门悉驱群胡妻子内之，严兵守卫。羌无所得，因解去。由是诸胡皆言：“邓使君⑦待我恩信，内我妻子。”咸欢喜叩头曰：“唯使君所命。”羌胡俗耻病死，每病临困，辄以刀自刺。训闻有困疾者，辄拘持缚束，不与兵刃，使医药疗之，愈者非一。训病卒，羌胡旦夕临者数千人。戎俗父母死，耻悲泣，皆骑马歌呼。至闻训卒，莫不吼号，或以刀自割，又刺杀其犬马牛羊，曰：“邓使君已死，我曹亦俱死耳。”

【注释】

①校尉：为部队长之意，地位次于各将军。校，军事编制单位。尉，军官。　②邓训：字平叔，东汉南阳新野（今属河南）人，官至护羌校尉。　③拥卫：护卫，保护。　④穑胡：古族名，匈奴的别种。　⑤县官：朝廷，公家。　⑥张纡失信：汉章帝命陇西太守张纡为护羌校尉，在木乘谷打败羌兵，羌人首领迷吾表示投降，张纡接受。张纡在临羌接待迷吾，宴会上，张纡毒死迷吾，伏兵杀死羌酋八百余人。　⑦使君：尊称州郡长官。邓训在任护羌校尉前，曾任张掖太守，故称。

【译文】

羌人合兵攻伐稽胡,护羌校尉邓训对稽胡加以保护,使双方不能交战。谋士们都认为羌人、胡人互相攻击,朝廷可以坐收渔利,不应该阻止他们交战来保护稽胡。邓训说:"不对。自从张纡不讲信誉,羌人各部落不安定。朝廷为安抚他们,屯兵两万,转运物资的费用使国库空虚。凉州(治所在今甘肃武威)的官员百姓现在命悬一线。现在朝廷可以趁他们危急,用恩德来安抚他们,他们差不多就能为朝廷所用。"于是下令打开城门以及住处的园门,驱使所有胡人的妻子儿女进来,派重兵守卫。羌人抢劫没有收获,于是退兵离去。从此胡人们都说:"邓使君用恩德诚信来对待我们,接纳我们的妻子儿女。"大家都高兴地磕头说:"我们只听邓使君的命令。"羌人、胡人的风俗以病死为羞耻,每当病重到了困顿时候,就拿刀自杀。邓训听说有疾病缠身的人,就把他抓来绑好,不给他刀子,派医生用药治疗,治好的人很多。邓训病死后,羌人、胡人短时间来吊唁的有几千人。羌胡的习俗是父母去世以悲哀哭泣为羞耻,都骑着马歌唱叫喊。等听说邓训去世,没有人不吼叫呼号,有人用刀割自己,又杀死自己的狗马牛羊,说:"邓使君已死,我们也一起去死算了。"

长养道业

庞统[①]性好人伦,勤于长养[②],每称述多过其才。人怪问之,统答曰:"当今雅道陵迟[③],善人少,恶人多。方欲兴风俗,长道业[④],不美其谭,将为善者少矣。拔十失五,犹得其半,而使有志者自励,不亦可乎?"

【注释】

①庞统:字士元,号凤雏,汉时荆州襄阳(今属湖北)人,三国时刘备手下的重要谋士。 ②长(zhǎng)养:抚育培养。 ③陵

迟:渐趋衰败。 ④道业:善行。

【译文】

庞统喜欢敦厚人伦,勤于培养人的德行,赞扬人时总是超过其实际才干。有人感到奇怪,问原因,庞统回答说:"如今正道渐趋衰落,好人少,坏人多。我正想要振兴风俗,弘扬善行,不赞扬那些人的德行,做好事的人将会更少。赞扬十人,五个人名不副实,还能有半数好人,从而使有志于行善的人自我激励,不也可以吗?"

谏不启杀端

劫盗张海①将过高邮,知军②晁仲约③度不能御,喻军中富民出金帛牛酒迎劳之。事闻,朝廷大怒。富弼议欲诛约,仲淹曰:"兵械足以战守,遇贼不御而赂之,法所诛也。今高邮无兵与械,事有可恕,戮之非法意也。且小民之情,得醵④出财物而免于杀掠,必喜。"仁宗乃释之。弼有愠色,仲淹密告之曰:"祖宗以来,未尝轻杀臣下,奈何欲轻启之?他日手滑⑤,恐吾辈亦未可保也。"

【注释】

①张海:北宋仁宗前期农民运动领袖,兵败被杀。 ②知军:全称为权知军州事。宋朝时以朝臣出任知州,并掌管当地军队,称权知军州事。 ③晁仲约:北宋人,曾任兴州知州,工文学,与王安石、苏轼、文同等都有文字交往。 ④醵(jù):泛指凑钱、集资。 ⑤手滑:行事不加节制或不能自止。

【译文】

强盗张海将路过高邮,知军晁仲约预料无法抵御,就晓谕军州中富有的百姓捐出金钱、织物、肥牛、美酒去迎接慰劳贼兵。事情报上去之后,朝廷大怒。富弼提议要处死晁仲约,范仲淹说:"兵力器械能够应战,遭遇叛贼不抵御,反而去贿赂,按法理知军必须处死。现在高邮没有兵力与器械,这事可宽恕,杀知军不符合法律的本意。而且百姓的常情,捐出金钱财物而避免杀戮抢劫,一定很高兴。”仁宗于是赦免了知军。富弼面有怒色,范仲淹私下告诉他说:“本朝从太祖太宗开始,未曾轻易杀戮臣下,怎么可以轻易开启杀戮呢?假如皇上杀戮不加节制,将来恐怕我们也不可保全。”

不以威刑督吏

杜衍为政,不以威刑督吏,然吏民亦惮其清整。自言历知州转安抚①,未尝坏一官。其间不职者,委以事,使之不暇惰;不慎者,谕以祸福,俾令自新;其有文学②政事③者,虽不识面,未尝不力荐于朝。

【注释】

①安抚:即安抚使,宋初为诸路灾伤及用兵的特遣专使,后渐成为各路负责军务治安的长官。 ②文学:是指精通儒家经典之人。 ③政事:谓有处理政务的才能。

【译文】

杜衍处理政事,不靠严刑峻法来督促手下官吏,但其下属也忌惮他的清廉整肃。他自己说从任知州到任安抚使,没有毁掉一位官员。其间,对于不称职的官员,就委派很多事给他做,使其没有功夫偷懒;对于处事不谨慎的官员,晓以利害,使其自新;对于那些精通儒家经典的官员和有处理政务才能的官员,即使从未见过面,也都极力向朝廷推荐。

田叔焚狱辞

梁王①使人阴刺袁盎②,天子使田叔③等治梁事。叔至,悉烧梁狱辞,空手来见。帝曰:“其事安在?”叔曰:“上毋以梁事为问也。梁王不伏诛,是汉法不行也;伏法,而太后食不甘味,卧不安席,此忧在陛下也。”上大然之,使白太后,曰:“梁王不知为之者,独幸臣羊胜之属耳,已伏诛死,梁王无恙也。”太后闻之,立起坐餐,气平复。

【注释】

①梁王:即刘武,汉文帝刘恒嫡次子,汉景帝刘启同母弟。②袁盎:字丝,西汉楚人,官拜太常,个性刚直,有才干,以胆识与见解为汉文帝所赏识。 ③田叔:西汉初年赵国陉(xíng)城人,官至鲁王丞相。

【译文】

梁王刘武派人秘密刺杀了袁盎,天子派田叔等人负责处理此事。田叔到了之后,将梁王派人行刺案件的供词全部烧毁,然后空着手来见景帝。景帝问他:“此事的结果怎样?”田叔回答:“陛下不要再问梁王的事了。如果不杀梁王,这说明汉朝法律没有得到施行;如果杀掉梁王,太后将会寝食不安,这又够陛下忧虑的了。”景帝认为他讲得很对,派他去告诉太后,说:“梁王不知道行刺的事,是他宠幸的臣子羊胜等指使的,羊胜等已经伏法受死,梁王没有事了。”太后听了,立刻坐起来吃饭,心气也平复了。

出粮焚寨

高仁厚①既破韩求十三寨,卒皆迎降。将士欲焚寨,仁厚止之曰:“降人皆未食,先运出资粮,然后焚之。”新降者竞炊爨②,与先降来告者共食之,语笑歌吹③,终夜不绝。

【注释】

①高仁厚:晚唐名将,早年追随剑南西川节度使陈敬瑄,屡立

战功,后被陈敬瑄杀死。②炊爨(cuàn):烧火做饭。③歌吹:歌唱吹奏。

【译文】

高仁厚已经攻破韩求的十三个营寨,士卒出来投降。将士想焚烧营寨,高仁厚阻止说:"降兵还没有吃东西,先把寨中存粮运出后再焚寨。"新降的士兵争相烧火做饭,与前来招降的降兵一起吃饭,欢歌笑语之声处处可闻,彻夜不绝。

仁恕止亡

曹操旧法:军征士亡,考竟①其妻子。而亡者犹不息。操欲更重其刑,并及其父母兄弟。高柔②启曰:"士卒亡军,诚在可疾。然窃闻其中时有悔者。愚谓乃宜贷其妻子,以诱其还心。猥③复重之,柔恐自今军士见一人逃亡,诛将及己,宜且相随而走,不可复杀也。此重刑非所以止亡,乃所以益走耳。"操称善久之。

【注释】

①考竟:刑讯穷尽或刑讯致死之意。②高柔:字文惠,陈留圉(今河南杞县南)人,三国时期曹魏大臣。③猥(wěi):繁复,重复。

【译文】

曹操原来的法令:军队出征而将士逃跑者,要将其妻子儿女拷问至死。可是逃亡的人还是不断。曹操想再加重惩罚,牵扯到逃亡者的父母兄弟。高柔上奏说:"士卒逃离军队,实在可恨。然而我私下里听说这些人中常有后悔的。我认为就应该宽恕他们的妻子儿女,以诱引他们产生回来的想法。假如再加重刑罚,我恐怕从此军中的兵士,看见一个人逃跑,害怕自己被株连,也将跟着一起逃走,以免同样遭到杀害。这样加重惩罚不能用来制止逃跑,反而助长了逃跑。”曹操对这话称赞了好长时间。

太祖断案

李汉超[①]在关南,民有讼其强娶己女为妾,及贷民钱不偿者。宋太祖召谓曰:“汝女可适何人?”曰:“农家。”“汉超未至关南时,契丹何如?”曰:“岁苦侵暴。”“今复尔耶?”曰:“无也。”上曰:“汉超朕之贵臣,汝女为之妾,不犹愈于农妇乎?使汉超不在关南,汝家尚能保其所有货财乎?”责其人而遣之,密使谕汉超曰:“亟还其女并所贷,朕姑贳[②]汝,勿复为也。”

【注释】

①李汉超:字显忠,云州云中(今山西大同)人,北宋初年将领,官至关南巡检。 ②贳(shì):宽纵,赦免。

【译文】

李汉超镇守关南(今河北白洋淀以东的大清河流域以南至河间一带)时,有百姓状告他强娶自己的女儿为妾,还强行向百姓借钱而不偿还。宋太祖召见那位告状的人,问他:“你打算把女儿嫁给什么人?”那人回答:“嫁给农家子弟。”太祖又问:“李汉超到关南镇守以前,契丹人对这一地区怎么样?”回答道:“每年苦于他们的侵犯暴虐。”太祖又问:“现在还是这样吗?”回答说:“没有那样的情况了。”太祖说:“汉超是我的重臣,你的女儿给他做妾,不比当一名农妇强吗?假使李汉超不驻守关南,你家还能保住自己的财产吗?”太祖斥责那人并把他打发走后,又下密旨给李汉超:“你立即归还人家的女儿和所借的钱。我姑且饶恕你,不可再犯。”

好义轻财

朱儁[①]少孤,母常贩缯为业。儁以孝养名,好义轻财。时同郡周规辟公府,当行,假郡库钱百万,以为冠帻[②]费。而后仓卒督责,规家贫无以备,儁乃窃母缯帛为规解对。母失产业,深恚责之,儁曰:“小损当大益,初贫后富,必然理也。”

【注释】

①朱儁(jùn):字公伟,会稽上虞(今属浙江)人,东汉末年名将。 ②冠帻:帽子和头巾,此指衣物等行装。

【译文】

朱儁小时候父亲死了,母亲靠卖缯(古代对丝织品的总称)维持生计。朱儁凭孝顺供养母亲出名,并且重义轻财。当时同郡周规被官府征召,临行前借本郡官库百万钱,用来充当置办行装的费用。后来郡里紧急催促还钱,周规家里贫穷,无钱偿还,朱儁就偷了母亲的缯帛出来替周规还官府的钱。母亲失掉了谋生的资本,非常生气地责备他,朱儁说:“失小得大,先贫后富,这是必然的道理。”

治尚清净

曹参[①]为齐相国,治尚清净。及参去,属其后相曰:“以齐狱市[②]为寄,慎勿扰也。”后相曰:“治无大于此乎?”参曰:“不然。夫狱市者所以并容也。今君扰之,奸人安所容乎?吾是以先之。”相舍后园近吏舍,吏舍日饮歌呼。从吏患之,无如何,乃请参游后园。闻吏醉歌呼,从吏幸相国召按[③]之,而反取酒张坐饮,大歌呼与相和。参见人之有细过,掩匿覆盖之,府中无事。

【注释】

①曹参:字敬伯,沛(今属江苏)人,西汉开国功臣,继萧何之后汉代第二位相国。 ②狱市:指狱讼以及市集交易。 ③召按:召来审问。

【译文】

曹参任齐国宰相时,治理崇尚清静无为。曹参离职时,嘱咐继任的齐相说:"我把狱市托付给你,千万不要干扰它们。"继任的齐相问:"治理齐国没有比这更重要的吗?"曹参说:"不是这样。狱讼以及市集交易对于善恶都要能容纳。现在你如果随意干预、严格管理狱市,奸邪的人到何处安身呢? 因此我先提出此事。"相府后园靠近吏员宿舍,那儿整日饮酒唱歌欢呼。曹参的随从官员担心太乱,又没有办法,于是请曹参到后园走走。曹参来到后园,听到吏员喝醉了酒大声唱歌喊叫,随从希望相国曹参召来审问,曹参反而让人取酒设座饮酒,与那些吏员一块儿唱歌欢呼。曹参见到别人有细小的过错,总是予以隐藏遮盖,因而相府平安无事。

开脱苏辙

苏辙殿试策问(一),引汉昭①变武帝法度事。哲宗震怒曰:"安得以汉武比先帝②?"辙下殿待罪。众不敢仰视,范纯仁从容言:"武帝雄才大略,史无贬辞,辙以比先帝,非谤也。陛下视事之始,进退大臣,不当如呵叱奴仆。"哲宗曰:"人谓秦皇汉武。"纯仁曰:"辙所论事与时也,非人也。"哲宗为之少霁。辙平日与纯仁多异,至是乃服。

【校勘】

(一)苏辙殿试策问:据《宋史·范纯仁传》,当为"苏辙论殿试策问",脱"论"字。意为苏辙讨论殿试策问之事,非自己参与殿试策问。苏辙参加殿试在宋仁宗嘉祐二年。殿试，为宋、元、明、清时期科举考试之一，又称御试、廷试、廷对，即皇帝亲自出题考试。策问，古时以经义或政事等设问以试士。

【注释】

①汉昭：即汉昭帝刘弗陵，汉武帝刘彻少子，母亲是赵婕妤（钩弋夫人）。 ②先帝：指宋神宗赵顼（xū）。

【译文】

苏辙论殿试策问，引用了汉昭帝改变汉武帝法度的事。哲宗大发雷霆说："怎么能拿汉武帝来比先帝？"苏辙走到殿下等待处罚。众位官员不敢抬头，范纯仁从容说道："汉武帝雄才大略，历史上对他没有贬斥的话，苏辙用他来比先帝，不是诽谤。陛下刚开始亲政，任用和屏退大臣，不应当跟呵斥奴仆一样。"哲宗说："大家都把秦始皇和汉武帝并称。"范纯仁说："苏辙所讨论的是事与时，不是讨论人。"哲宗因此才稍微缓和了怒容。苏辙平日与范纯仁政见多有不同，到这个时候才佩服范纯仁。

教民谆谆

卓茂[1]为密令，有言部亭长受其米肉遗者。茂辟左右，问之曰："亭长从汝求乎，抑汝有事嘱之受乎？或汝自以恩意遗之也？"人曰："吾遗之。"茂曰："遗之更何言？"人曰："窃闻贤圣之君使人不畏吏，吏不取人。今我畏吏，是以往遗。遗而受，故来言耳。"茂曰："汝为敝民矣。邻里长老岁时尚致馈遗，况吏与民哉！凡人之生群居杂处，故有礼义以相接[2]。汝独不欲修之，宁能高飞远走，不在人间邪？亭长素善吏，岁时遗之，礼也。"人曰："既如此，律何故禁？"茂曰："律设大法，礼顺人情。今我以礼教汝，汝必无怨恶；以律治汝，汝将何所措其手足乎？一门之内，小者可论，大者可杀也。且归念之。”

【注释】

①卓茂：字子康，两汉之间南阳宛（今属河南）人，光武帝云台二十八将之一，官至太傅。 ②相接：相交往。

【译文】

卓茂任密县（今河南新密）县令时，有人曾告发卓茂属下的亭长接受其赠送的米和肉。卓茂让身边的人回避，问来人说：“是亭长向你要的呢，还是你因有事求他而送给他的呢？再或者是你要巴结他而送给他的呢？”那个人说：“是我主动送给他的。”卓茂说：“你送给他，他收下了，为什么还告发他呢？”那个人说：“我听说贤明的君王使百姓不怕官吏，使官吏不向百姓索取财物。如今我怕官吏，因此才送给他东西。我送的东西他收下了，所以我才来汇报。”卓茂说：“你是个糊涂无知的人。邻里之间，年节时给年长的人还要送些东西，何况官吏和百姓呢！大凡人活着，总要群居杂处，因此用礼义来相互交往。你竟然不想学这个，难道能远走高飞，不在人间生活吗？亭长一向是个好官，年节时送他礼物，是符合礼义的。”那人说：“如果是这样，法律为什么禁止这样做呢？”卓茂说：“律条设立宏大的法令，礼义用来顺应人情。现在我用礼义来教育你，你一定没有怨恨；但如果用法律来处治你，你还能知道怎么应对吗？一家之中，小错可追究，大罪可杀头。你先回去想想吧。”

富弼悲悯

范仲淹（一）每患诸路监司不才，取班簿①视，不才监司皆一笔勾之。富弼谓仲淹曰：“六丈（二）则是一笔，焉知一家哭矣？”

【校勘】

（一）范仲淹：此则故事见于朱熹《五朝名臣言行录》卷七，本是赞扬范仲淹的大仁，可由于苟且省简，赞扬的主人公变成了富弼。

（二）六丈：《五朝名臣言行录》作“十二丈”。“六”和“十二”都是表示排行次第。丈，对老年男子的尊称。

【注释】

①班簿：在朝职官名册。

【译文】

范仲淹常常担心各路（宋代行政区划）的监司没有才能，于是拿过官员的花名册查看，把没有才能的官员除名。富弼对范仲淹说：“范六丈只是轻轻一笔，哪里知道被勾掉的人全家哭泣呢？”

薛宣教下

薛宣①为太守，及日至休吏，贼曹②掾张扶独不肯休，坐曹治事。宣出教曰：“盖礼贵和，人道尚通。日至，吏以令休，所由来久。曹虽有公职事，家亦望私恩意。掾宜从众，归对妻子，设酒肴，请邻里，一笑相乐。”扶惭愧。官属善之，郡中清静。

【注释】

①薛宣：字赣君，东海郯县（今山东郯城）人，西汉晚期丞相，封高阳侯，以知人善任著称。 ②贼曹：汉代各郡县置贼曹，主盗贼事。

【译文】

薛宣任太守时，每到官员休假，唯独贼曹的掾吏张扶不肯休假，坐在官署里处理公务。薛宣出来教导他说：“礼义看重和睦，人情崇尚交往。假日（指冬至和夏至）里官吏按照律令休假，由来已久。贼曹里虽然有公务要处理，但家里也渴望亲情团圆。掾吏你应从众，回家看望妻子儿女,设置酒肴,邀请邻里,一起娱乐。"张扶惭愧。官属们都亲善薛宣,郡里太平无事。

仁心进谏

唐桂州督李弘节[①]没后,其家卖珠。太宗闻之,曰:"此人宰相言其清,今既卖珠,举者岂得无罪?"侍中魏徵曰:"在朝诸臣清贞不渝者,屈突通[②]、张道源[③]而已。通子三人来选,共坐一匹羸马;道源儿子至不能存立:陛下皆未曾问及。今弘节为国立功,前后大蒙赏赉,自不为贫,妻子卖珠有何罪而责其举者乎?太宗抚掌曰:"造次[④]不思,遂有此语。"

【注释】

①李弘节:唐初清河清平(治所在今山东临清)人,爵封清平县开国公。 ②屈突通:长安人,隋唐时期名将,凌烟阁二十四功臣之一,爵封蒋国公,谥号为忠。 ③张道源:并州祁(今属山西)人,唐高祖时任大理卿,爵封范阳郡公,谥号为节。 ④造次:匆忙,轻率。

【译文】

唐朝桂州都督李弘节死后,他家变卖珍珠。太宗听说了这件事,说:"此人在世的时候,宰相都说他清廉,今天既然卖珍珠,那么推举他的人怎能没有罪过呢?"侍中魏徵对太宗说:"在朝众臣清廉坚贞不变的,只有屈突通、张道源罢了。屈突通三个儿子来应选,共乘一匹瘦弱的马;张道源的儿子穷得无法维持生计:没有听见陛下有一句话涉及他们。现在李弘节为国家立下功劳,前前后后大受奖赏,自然不算贫穷,他的妻子儿女卖掉珍珠有什么罪过,并且还要责备举荐的人呢?"太宗听了拍手道:"匆忙间没有思考,于是说出了这样的话。"

王旦焚书

宋真宗时，日者①上书言宫禁事，坐诛。籍其家，得朝士所与往占吉凶之说，帝怒，欲付御史。王旦曰："此人常情，且语不及朝廷，不足罪。"因自取占问书，进曰："臣少贱时，不免为此。必以为罪，愿并臣付狱②。"真宗曰："事已发，何可免？"旦曰："臣执国法，岂可自为之？幸于不发，而以罪人也？"帝意稍解。旦乃悉焚所得书。已而，帝复悔，驰取之，已焚矣。

【注释】

①日者：古时以占候卜筮为业的人。　②付狱：交付司法官员审理。

【译文】

宋真宗时，卜筮者上书议论宫中的事情，被判死刑。抄没其家产时，查获了京城官员让卜筮者占卜吉凶的书信，皇帝大怒，要将这些官员交付御史治罪。王旦说："这是人之常情，况且信中所谈与朝廷无关，不能够治罪。"王旦还自己取来那些占问的书信，进言说："我以前地位卑贱时，也让人占卜过。要是一定得治罪的话，希望把我一起交付司法官员审理。"真宗说："这事已张扬出去了，怎么能免罪呢？"王旦说："我执行国家法令，怎敢自己做主呢？幸而没有张扬出来，怎么可以治别人的罪呢？"真宗怒气稍有和缓。王旦就将得到的有关占卜的信全部烧掉。不久，真宗又后悔了，命人快马拿取那些信件，但已经被王旦烧毁了。

成就全安长吏

黄霸①治颍(一)川，务在成就全安长吏②。许丞老病聋，督邮白欲逐之。霸曰："许丞廉吏，虽老尚能拜起送迎，即重听③何伤？且善助之。”或问故，霸曰：“数易长吏，送故迎新之费甚多。所易新吏，又未必贤，或不如其故。凡治道去太甚者耳。”

【校勘】

（一）颖：当为“颍”之误。

【注释】

①黄霸：字次公，淮阳阳夏（今河南太康）人，汉宣帝时官至宰相。 ②长吏：地位较高的县级官吏。 ③重（zhòng）听：听觉不灵敏。

【译文】

黄霸治理颍川时，致力于成就保全治下的官员。许县县丞年老耳聋，督邮报告想要辞退他，黄霸说：“许县县丞是廉洁的官吏，虽然年纪大了，尚能胜任接待迎送的工作，即使有点耳聋又有什么妨害？要好好帮助他。”有人问黄霸这么做的原因，黄霸道：“频繁更换长吏，送旧迎新要花费太多的钱。换上的新官又未必贤能，有的还不如他的前任。大凡治理之道要摒弃那些太过分的做法。”

水至清则无鱼

宋时辇运①卒，有私质（一）市者。上闻之曰：“幸门②如鼠穴，何可尽塞？但去其尤者可也。篙工楫师有少贩鬻，但无妨公，不必究问。”蒙正对曰：“水至清则无鱼，人至察则无徒。曹参不扰狱市③者，以其能兼爱善恶也。若穷之，则奸慝无所容，故告以慎勿扰耳。”

【校勘】

（一）质：此则故事来源于南宋李攸《宋朝事实》卷十六，“质”当为“货”之讹，贩卖之意。

【注释】

①辇运:运输。 ②幸门:奸邪小人或侥幸者进身取利的门户。 ③曹参不扰狱市:见本卷“治尚清净”条。

【译文】

宋朝时,负责运送国家物资的士卒,有私下里运输个人物品拿到市场上贩卖的。太宗皇帝听说之后说:“侥幸发财的途径就像老鼠的洞穴一样多,怎么能够全部堵塞住呢?只要把特别严重的清除掉就行了。船夫中间有少量贩卖个人货物的,只要不影响公家货物运输,不必追究。”吕蒙正对皇上说:“水太清了,就不会有鱼生存;人太明察了,就不会有追随者。西汉时齐国相曹参不干扰狱市,因为他能并容好人和坏人。假若穷究到底,奸邪之徒无处容身,(必然发生乱子,)因此他告诫自己的继任者千万不要干扰狱市。”

开脱寇准

寇准在藩镇,生辰造山棚①大宴,排设如圣节仪。晚衣黄道服,簪花。为人所奏,帝怒,谓王旦曰:“寇准每事欲效朕。”旦微笑,徐对曰:“准许大②年纪,尚骙③邪?”真宗意解,曰:“然。此正是骙尔。”遂不问。

【注释】

①山棚:为庆祝节日而搭建的彩棚,其状如山高耸,故名。 ②许大:这般多,许多。 ③骙(ái):呆痴,不明事理。

【译文】

寇准任藩镇长官时,过生日建大棚,办盛宴,其排场犹如皇帝节日中设宴的礼仪。晚上寇准又身穿黄道袍,头上插花。此事被人告到朝廷,宋真宗大怒,对王旦说:“寇准办什么事都要效法我。”王旦微笑,慢慢地说:“寇准这么大年纪了,还如此痴愚吗?”

宋真宗听后怒气消解,说:“不错。这正是他痴愚的地方。”于是不再过问这事。

感翼哺之劳

太祖行后苑,见巢鹊翼哺[①]之劳,曰:“禽鸟且尔,况人母子之恩乎?”令群臣有亲老者许归养。

【注释】

①翼哺:爱护哺育。

【译文】

明太祖朱元璋来到后花园,看到巢中的喜鹊哺育雏鸟很辛苦,便说:“禽鸟尚且这样,何况人类母子之间的恩情呢?”于是下令允许家有年迈父母的大臣回家奉养。

士奇对奏

成祖时,广东布政徐奇[①]入觐,载岭南藤簟,将以馈廷臣。逻者获其单目以进。上视之,无杨士奇[②]名,乃独召之,问故。士奇曰:“徐奇自都给事中[③]受命赴广时,众皆作诗文送之,故有此馈。臣时有病无所作,不然亦不免。今众名虽具,受否未可知。且物甚微,当亦无他。”上意解,即以单目付中官,令毁[④]之。

【注释】

①徐奇:浦城(今属福建)人,明成祖时官居广西右布政使。②杨士奇:名寓,字士奇,以字行,号东里,谥文贞,泰和(今属江西)人。　③都给事中:六科的长官,掌管侍从、规谏、稽察、补阙、拾遗等事。　④毁:烧掉。

【译文】

明成祖时,广东布政使徐奇来京觐见皇帝述职,随行带了许多岭南特产藤席,准备赠送朝中大臣。在京城巡逻的士卒查获他准备赠送藤席官员的名单呈给皇帝。明成祖查看名单,没有杨士奇的名字,于是独自召见杨士奇,询问是怎么回事。杨士奇说:“徐奇由都给事中受命赴广东任布政使时,朝中大臣都写诗为他送行,因此他才给那些人送点礼物。当时我有病在身,没有写诗为他送行,否则名单中也会有我。现在众臣的名字虽在名单中,但他们是否接受礼物,尚未可知。况且礼物很轻微,应当不会有其他用意。”成祖的疑虑消除了,便将名单交给宦官烧毁了。

径地卷之十八

此心开百代之祥，金锁玉钩[①]，岂必问平阪[②]于马鬣[③]？寸地造无疆之福，牛眠[④]龙角[⑤]，何尝恃推步[⑥]于鸡丸[⑦]？从来智营力竞，谁甘以尺土让人？而陵谷[⑧]忽迁，丰碑频琢[⑨]，造物若留以有待也。人其清夜一扪心乎！纂径地[⑩]第十八。

【注释】

①金锁玉钩：更为常见的是"金锁玉关"，指好的风水宝地。 ②平阪（bǎn）：平地和山坡。 ③马鬣（liè）：坟墓封土的一种形状，亦指坟墓。 ④牛眠：即牛眠地，指卜葬的吉地。 ⑤龙角：即龙角地，旧时堪舆家认为最吉的葬地。 ⑥推步：推测命运。 ⑦鸡丸：鸡蛋。古代有的地方用鸡蛋来占卜预测命运。 ⑧陵谷：山陵变山谷，山谷变山陵。比喻世事的巨大变化。 ⑨丰碑频琢：坟墓上的大石碑，不断被挖出来磨平后重新镌刻用作他人的墓碑。比喻盛衰无常的变化。 ⑩径地：指寻找吉地的路径。

【译文】

这善良的心地开启了百代吉祥，所在都是金锁玉关，哪里一定要在乎坟墓选在平地还是山坡？正直的居心会造下无边的福祉，随处均为牛眠龙角，何曾依靠鸡丸来推测命运？从来都是靠智慧谋求，凭力量争夺，谁甘心把尺寸之地让给别人？而陵谷忽然变化，丰碑频繁雕琢，造物好像留下来以有所期待。人们还是在寂静的夜晚醒来时扪心自问一下吧！纂径地第十八。

吉地在心间

古人所谓卜其宅兆[①]者，乃孝子慈孙之心：重亲遗体，使他日不为城邑道路沟渠耳。世人惑郭璞[②]之说，有贪求吉地至数年不葬亲者；有既葬不吉，一掘未已，至三四次者；有因争地致讼，未入土而家已萧条者；有兄弟惑于各房风水之说，至骨肉化为仇雠者。语不闻乎？"龙穴[③]非遥，只是贮藏方寸地[④]；牛眠在迩，空劳踏破陇头[⑤]云。"

【注释】

①宅兆：坟墓。 ②郭璞：字景纯，河东闻喜人（今属山西），东晋学者，风水学鼻祖，著有《葬经》。 ③龙穴：风水学术语，指山的气脉所结处，为安葬吉地。 ④方寸地：指人的心间，因为人心只占方寸之地。 ⑤陇头：陇山，借指边塞。此处指极远的地方。

【译文】

古人说的选择坟墓的事，充分体现了孝子贤孙的孝心：敬重父母的遗体，不让埋葬父母的地方在将来成为城邑、道路、沟渠罢了。世人被郭璞的学说所迷惑，有贪求风水宝地，以至于多年不安葬亲人的；有认为埋葬亲人的地方不好，不止挖出一次，甚至挖出三次四次的；有因争夺坟地导致官司，亲人尸骨尚未入土，家业已经衰败的；有兄弟被各房风水不同所迷惑，致使骨肉亲人成为仇敌的。龙穴宝地并不遥远，只是贮藏在心间；牛眠吉壤就在眼前，却枉费力量到处去找寻。难道没有听说过这样的话吗？

代弟抵死

宋丞相郑昭先[①]之祖弟尝杀人抵死。祖奋曰："吾弟未有子,吾当代死。”自首于官,囚死狱中,而释其弟。弟出不德其兄,反凌其孤寡。其子子(一)乃携母卖酒岭上。母死,子遇一仙人,指山下地曰:“白羊眠处鹧鸪啼,此贵穴也。葬之,五世出宰相。”于是奉柩遍觅,至一处,有鹿起鹧鸪鸣,因停其柩。天忽大雨,涌沙拥其棺。五世果生昭先,至平章事②。

【校勘】

(一)子:此字为衍文。

【注释】

①郑昭先:字景昭,福州长乐(今属福建)人,南宋宁宗时知枢密院兼参知政事(副宰相)。 ②平章事:相当于宰相。

【译文】

南宋丞相郑昭先先祖的弟弟曾经因为杀人必须偿命。先祖慷慨地说:“我弟弟还没有儿子,我应当代替他受死。”于是先祖向官府自首,在监狱里被囚禁而死,而他的弟弟被释放出来。弟弟出来后并不感激哥哥,反而欺侮哥哥的遗孀和遗孤。先祖的儿子于是带着母亲在山上卖酒为生。母亲死后,儿子遇到一位仙人,仙人指着山下边的土地说:“白羊睡觉而且鹧鸪啼叫的地方,是好坟地。埋葬在这地方,第五代会出宰相。”儿子于是带着棺材遍寻好坟地,到了一个地方,看到鹿在那里出现,也听到鹧鸪鸣叫,于是将灵柩停下。天上忽然下起大雨,涌来的沙石将棺材埋藏。他们家第五代果然生出昭先,昭先官至宰相。

苏序得贵地

苏轼祖①端正道人②,乐善好施。有一异人,频受施舍,因谓曰:“吾有二穴,一富一贵,惟君所择。”道人曰:“吾欲子孙读书,不愿富。”于是偕往眉山,指示其处,命取一灯,燃之于地,有风不灭。道人遂以葬母。道人生老泉[3],泉生轼、辙,文章震天下。惟积善故,异人至,吉地得矣。世之争地致讼,因而杀人及图谋侵占揭坟利己者,知此义否?

【注释】

①苏轼祖:即苏序,字仲先,苏洵的父亲,苏轼的祖父。②道人:有极高道德的人。 ③老泉:即苏洵,北宋眉山(今属四川)人,号老泉,著名文学家。

【译文】

苏轼的祖父苏序是位品行端正、道德高尚的人,乐善好施。有一位奇异之士,多次得到他的施舍,就对他说:"我有两块风水宝地,一块主富裕,一块主尊贵,你可以二者任选其一。"苏序说:"我想要子孙读书,不愿使其富裕。"于是奇异之士带他前往眉山,指着那主尊贵的地方给他看,让人取来一盏灯放在地上,虽然有风,也不能把灯吹灭。于是苏序将母亲安葬在这里。苏序生下老泉,老泉生下苏轼、苏辙,这三人文名震动天下。由于苏序平日积善,才会有奇异之士出现,使他获得吉祥的墓地。世上那些为了争夺好坟地而打起官司,甚至因而杀人以及图谋侵占扒别人坟地而据为己有的人,懂得其中的道理吗?

牛眠吉地

晋陶侃[1]母将葬,未得葬地。忽失一牛,未知所在。遇一老父,谓曰:"前冈见一牛眠处,其地若葬,位极人臣[2]。"言讫不见。侃寻牛得之,因葬其母。后侃果为三公[3]。

【注释】

①陶侃:字士行(一作士衡),庐江寻阳(今湖北黄梅西南)人,东晋时期名将,官至太尉。 ②位极人臣:君主时代指大臣中

地位最高的人，泛指身为重臣，官位很高。 ③三公：晋代太尉、司徒、司空为三公。

【译文】

东晋陶侃的母亲将要下葬，但未选好坟地。陶侃忽然丢失了一头牛，不知道那牛跑到了什么地方。陶侃遇到一位老人，老人对他说："前面山冈处会见到一头牛安眠的地方，如果在那里下葬，后代将位极人臣。"老人说完话就不见了。陶侃寻找丢失的牛，发现了那地方，于是把母亲安葬在那里。后来陶侃果然位居三公。

吴雄葬母

河南吴雄[①]至孝，少家贫。丧母，营人所不封土，择葬其中。丧事趣[②]办，不问时日。巫者皆言当族灭。雄后致位司徒[③]，子孙三世廷尉[④]。

【注释】

①吴雄：字季高，东汉河南原武（今河南原阳）人，与儿子吴䜣、孙子吴恭三代都做过廷尉，汉桓帝时官至司徒。 ②趣：通"促"。 ③司徒：东汉时中央朝廷最高官员之一，与太尉、司空合称为"三公"。 ④廷尉：主管司法的最高官吏。

【译文】

河南吴雄极其孝顺，年少时家境贫困。母亲去世时，吴雄在别人不愿当墓地的地方，选了一块地安葬了母亲。丧事办得很仓促，也没选择下葬的日子。巫师都说吴雄如此葬母，会有灭族之灾。吴雄后来官至司徒，他子孙三代人都官至廷尉。

救人得吉地

浙有士人馆[①]富家，岁暮得束金[②]八两。至渡口，见贫民夫妇赴水，士止之。民言岁暮债迫，欲卖妇，妇不肯行，故相率并命③。士恻然，尽捐金与之。民泣谢，代负担送士归家。妻问所得，士言遇贫民赴水事。妻曰："胡不周之？"士曰："已与之矣。"妻欣然。除夜与妻治虾酒，和以糟，戏口占云："红虾糟汁煮，清酒水来篘④。"夜梦至琼楼玉宇，有联云："门关金锁锁，帘卷玉钩钩。"士觉而记于柱。宗人哂曰："薄命汉，得银轻以予人，复为梦语欺人乎？"明春赴馆，主人延地师葬母。士以二亲未葬，常嗟叹焉。主人嘱师为卜穴。至一处，见鹿卧其地，人至奔去。师曰："此金锁玉钩形，吉地也。"士忆与梦合，但未知为谁地。适前与金民至，见士曰："先生得非某乎？自得金完债，夫妇稍温饱，未能报德。今为何来此？"士言求葬地。曰："此山一带皆我有。如可用，当奉献。"士指鹿眠处，民曰："正吾业也。"即邀至家厚款，书契以献。士葬之。后登第，官至宪副⑤。

【注释】

①馆：旧时指教学的地方。 ②束金：束脩之金，旧时入塾的学费。 ③并命：抛弃生命。 ④篘(chōu)：通"篘"，滤酒。⑤宪副：都察院副长官左右副都御史的别称。

【译文】

浙江有一个读书人在一富人的家馆里教书，年终得束脩八两银子回家。到渡口时，见一对贫穷的夫妇正要投水自尽，读书人拦住他们。男子说，年终被债务逼迫，本想卖掉媳妇还债，但媳妇不愿意，所以一起自尽。读书人很悲悯，把自己一年教书所得全部送给这对夫妇。这对夫妇感动得哭泣致谢，替教书先生挑担子送他回家。回家后，妻子问一年下来酬金多少，教书先生讲述了路上遇到一对贫穷夫妇因债务缠身而欲投水自尽的事。妻子说："为什么不周济他们?”教书先生说:“已将酬金给了他们。”妻子很高兴。除夕,教书先生和妻子整治虾酒,用酒糟来调和,开玩笑随口吟诗说:“红虾糟汁煮,清酒水来溺。”晚上睡觉,教书先生做梦梦见他来到琼楼玉宇,里面有一副对联:“门关金锁锁,帘卷玉钩钩。”他醒来后将此联写在柱子上。同宗的人讥笑他:“穷命鬼,得到银子却轻易地送给别人,又说梦话自欺欺人吗?”第二年春天,教书先生去富人家馆教书,主人邀请风水师为母亲选择安葬之地。教书先生因为父母还没有安葬,经常叹息。主人就嘱托风水师替他选一块墓地。教书先生与风水师来到一个地方,见有头鹿卧在那里,人走到跟前,那头鹿跑走了。风水师说:“此地形状呈金锁玉钩形,好墓地。”教书先生回忆起这与自己的梦相吻合,但不知这是谁的田地。恰好以前教书先生赠予金子的人来了,见到教书先生说:“您不是赠给我金子的人吗?自从得了您的金子,还了债,我们夫妇渐渐过上温饱的生活,但至今未能报答您的大恩。你来这有什么事?”教书先生说寻求墓地。那人说:“这一带山地都是我的。假如可用为墓地,理当奉献。”教书先生指了指鹿眠处,那人说:“这正是我的产业。”当即将教书先生邀请到家里款待,立契约后,把那块地献给了教书先生。教书先生在这块地上安葬了父母。后来,教书先生科举高中,官至宪副。

智兴葬母

唐智兴(一)微时,为徐州门子,有道士居门侧。智兴每旦扫道,必扫道士门。智兴母死,道士善审墓地,引智兴立一竹策①以表其处,曰:“若定此地,两世方伯②。”智兴他日再往,视竹策丛生,遂葬焉。果为方伯。

【校勘】

(一)唐智兴:当为“唐王智兴”之误,“王”字不可脱。王智兴,字匡谏,中唐怀州温县(今属河南)人,官至宣武军节度使。

【注释】

①竹策:竹杖。 ②方伯:殷周时代一方诸侯之长,后泛称地方长官。

【译文】

唐朝的王智兴身份卑微时,是徐州的看门人,有位道士住在城门旁边。王智兴每天早上打扫道路的时候,一定清扫道士门前之地。王智兴的母亲死了,道士擅长勘察墓地,引导智兴来到一个地方,在那块地上插了一根竹杖来做记号,告诉王智兴:"假若安葬此地,两代会出方伯。"王智兴他日再前往此地,见竹杖叶子丛生,于是葬母于此。后来王智兴果然官至方伯。

得吉祥葬地

富春孙钟①奉母至孝,种瓜为业。忽有三少年来乞瓜,钟为设食出瓜,礼敬甚殷。三人临去曰:"我等司命②郎,感君厚意,示君葬地。地连世封侯,数世天子。"出门化成白鹤而去。后钟生权(一),权生亮,亮生休(二)。

【校勘】

(一)钟生权:应为"钟生坚,坚生权"。

(二)亮生休:孙亮,字子明,三国时期吴国的第二位皇帝,吴大帝孙权最小的儿子(七子)。孙休,字子烈,三国时期吴国的第三位皇帝,孙权的第六子。孙休与孙亮当为兄弟关系,不为父子关系。

【注释】

①孙钟:东汉末年吴郡富春(今浙江富阳)人,乌程侯孙坚的父亲,吴大帝孙权的祖父。 ②司命:主管命运的神仙。

【译文】

富春人孙钟，奉养母亲极其孝顺，以种瓜为业。一天，忽然来了三位青年，向他要瓜吃，孙钟备办食物拿出瓜给他们吃，对他们又尊敬又有礼貌，态度很恳切。三位青年临走时说："我等是天上的司命郎，很感谢您对我们的厚意，为此给您指示一块墓地。在此地安葬，你家可连世封侯，并且有几代人可以当皇帝。"三位青年说完，出门化成白鹤飞走。后来孙钟生孙坚，孙坚生孙权，孙权生子孙亮、孙休。（孙权与儿子孙亮、孙休及孙子孙皓均为东吴皇帝。）

雍伯种玉

羊公雍伯①洛阳人，性笃孝。父母殁，葬无终山，遂居焉。山上八十里无水，公汲水作义浆②于阪头，行者皆饮之。三年，有一人就饮，以石子一斗与之，使至高平善地有石处种之，当生美玉，聘得好妇。公如言种之，数岁玉子果生。有北平著姓③徐氏者，女甚有名。公试求之，徐氏戏云："以白璧一双来，当听为婚。"公至种石中得白璧五双为贽。徐氏大惊，遂以女妻公。后名种石地为"玉田"。

【注释】

①羊公雍伯：即羊雍伯。 ②义浆：旧时施舍行人的浆水。③著姓：有声望的大姓。

【译文】

羊雍伯是洛阳人，生性十分孝顺。父母死后，他将父母遗体埋在无终山，并在山上住下来。山上方圆八十里没有水，羊雍伯汲水，放在山坡上，供人无偿饮用，过往路人都可以喝。三年后，有个人在此喝完水，给了羊雍伯一斗石子，让他选择又高又平又有石头的好地方种下石子，说是一定能生出美玉来，并能聘娶美丽的媳妇。羊雍伯按照那人讲的种下石子,几年后果然长出美玉。北平有一家姓徐的大户,其女儿的美貌非常有名。羊雍伯试探着向徐氏求婚,徐氏开玩笑说:“你拿一双白璧来,就将女儿许配与你。”羊雍伯到种石子的地方取得五双白璧作为聘礼。徐氏大惊,就将女儿许配给羊雍伯。后来人们把这种石的地方叫“玉田”。

不得吉地

六合尹林克正延地师仰思忠营地。其姻方氏,父为知县,未葬,因荐思忠卜其窀穸[①]。连日寻求,得吉地矣。方点穴间,雨骤下而止,约天晴再往。是夜思忠梦一老者曰:“此地切勿与之。此人为考官,卖三举子,当有阴祸[②]。若葬此地,法当荣其子孙,非天意矣。”觉而问克正曰:“昨大尹居官何如?”曰:“先为教谕[③],转此官不久遽卒。闻为考官时,关节得贿,乡评颇少之。”思忠惕然,因托故归家。越二三年,遇其乡人,问方大尹葬未。人曰:“因与势家争坟,致死人命。官司牵缠,至今未葬。家业亦渐凋落云。”

【注释】

①窀(zhūn)穸(xī):墓穴。　②阴祸:冥冥之中注定要受到的惩罚。　③教谕:元、明、清时县学的教官,主管文庙祭祀,教诲生员。

【译文】

六合县令林克正邀请风水师仰思忠寻找墓地。林克正的姻亲方氏,其父生前是知县,尚未安葬,于是林克正推荐仰思忠为方父寻找墓地。经过连日寻找,终于找到一处吉祥的坟地。正要察看墓穴,天上骤降大雨,只得作罢,约定天晴后再往验看。当天晚上,思忠梦见一老者说:“这块地千万不要给他。此人(方氏父亲)做考官时，冤屈了三个举子，必当有阴祸。假若安葬于此，按常法将会使他的子孙荣耀，这不是上天之本意。”醒后，仰思忠问林克正：“方氏父亲生前做官官声怎么样？”林克正回答说：“先是做教谕，转任县令后不久就死了。听说他当考官时，收受贿赂，替考生打通关节，乡间对他的评价不太好。”仰思忠听后警觉，因而托故回家。过了二三年，遇到方氏同乡的人，问方氏父亲是否安葬。那人说：“方家因为与有势力的人家争夺坟地，导致出了人命。为官司纠缠不休，至今也没有安葬。家业也逐渐衰败了。”

不迁民坟

皇陵①初建时，量度界限，将筑周垣。所司奏民家坟墓在傍者当外徙。高皇云：“此坟墓皆吾家旧邻里，不必外徙。”至今坟在陵域者，春秋祭扫，听民出入无禁。可见帝王气象，包含遍覆，自异寻常万万也。

【注释】

①皇陵：即安徽凤阳明皇陵，陵墓中安葬着朱元璋父母的遗骨。

【译文】

皇陵初建时，丈量疆界，划定区域，准备建一道围墙。有关官员奏请百姓坟墓在皇陵附近者应当迁徙他处。高皇帝朱元璋说：“这些坟墓都是我家以前的邻居的，不必外迁。”至今百姓坟墓在皇陵区域内的，每年春秋祭祀扫墓时节，允许百姓进入陵区为亲人扫墓。由此可见，帝王的胸襟气象，包含周遍，本来就与寻常人差别巨大。

曹操疑冢

曹操疑冢①七十二，在漳河上②。宋俞应符③题诗：“生前欺天绝汉统，死后欺人设疑冢。人生用智死即休，何有余机④到丘垄⑤？人言疑冢我不疑，我有一法君未知。直须(一)发尽疑冢七十二，必有一冢藏君尸。"京镗⑥诗："疑冢多留七十余，谋身自谓永无虞。不知五马同槽(二)梦，曾为儿孙远虑无⑦？"

【校勘】

(一)直须：此二字为衍文。

(二)五马同槽：当为"三马同槽"。隐指司马懿父子三人将篡夺曹魏的政权，也泛指阴谋篡权。《晋书·宣帝纪》载魏武帝"尝梦三马同食一槽"。三马，隐指司马懿父子三人。

【注释】

①疑冢：为迷惑人而虚设的坟墓。 ②上：岸边。 ③俞应符：字德瑞，临安苕溪(今属浙江)人，南宋宁宗时权参知政事。其诗为《漳河疑冢》。 ④余机：剩下的心机。 ⑤丘垄：坟墓。⑥京镗：字仲远，晚号松坡居士，豫章(今江西南昌)人，南宋宁宗时官至宰相。 ⑦无：相当于"吗"。

【译文】

曹操设置了七十二座疑冢，疑冢分布在漳河岸边。宋朝人俞应符在《漳河疑冢》诗中写道："生前欺天绝汉统，死后欺人设疑冢。人生用智死即休，何有余机到丘垄？人言疑冢我不疑，我有一法君未知。发尽疑冢七十二，必有一冢藏君尸。"京镗在其《曹操疑冢》诗中写道："疑冢多留七十余，谋身自谓永无虞。不知三马同槽梦，曾为儿孙远虑无？"

阴德福报

宣城沈少参①卜葬地，启土乃古冢也。有志，乃先朝名公之墓。沈命掩之，惧复有发掘者，立碑识之。少参夜梦一官峨冠博带来谢曰："君掩吾家，蒙德已厚，况又立碑。无以报德，当送一大魁②为公嗣。"已而少林③生。幼聪慧，一目不再读，弱冠及第。

【注释】

①沈少参：即少参沈宠，字思畏，号古林，官至广西参议。少参，明代于各布政使下置参政、参议，时称参政为大参，参议为少参。 ②大魁：指科举时代的状元。 ③少林：即沈懋学，字君典，宣城(今属安徽)人，万历五年殿试第一，授翰林修撰。

【译文】

宣城人少参沈宠寻求到墓地，挖开土一看才知是一座古墓。墓里有墓志，从墓志可知此墓是先朝某名人的坟墓。沈宠让人将墓重新埋好，担心会有人再挖开，立了石碑作为标志。晚上沈宠梦见一位戴高冠束宽带的官员来向他致谢说："您重新封上了我的墓，已蒙受深恩，况且又给我立碑。我无以报答您的恩德，送一状元做您的子嗣。"不久沈宠的儿子沈少林出生。沈少林幼年就很聪明，读书过目不忘，弱冠时就科举高中了。

吉地白兔坟

杨少师荣①，建溪人，世以济渡为生。久雨溪涨，冲毁民居，溺死者顺流而下。他舟皆捞取货物，独少师曾祖及祖惟救人，而货物一无所取，乡人嗤其愚。逮少师父生，家渐裕。有神人化为道者，语之曰："汝祖父有阴功，子孙当贵显，宜葬某地。"遂依其所指而定之，即今白兔坟也。后生少师，弱冠登第，位至三公。

【注释】

①杨少师荣：即少师杨荣，字勉仁，建安(今福建建瓯)人，明

初内阁首辅,与杨士奇、杨溥并称“三杨”。少师,与少傅、少保为三孤,常为荣耀的加官。

【译文】

少师杨荣是建溪人,世代以摆渡为生。一次大雨连日,溪水暴涨,冲毁民居,淹死的人顺流而下。别人的船都在捞取财物,唯独杨荣的曾祖父及祖父在抢救落水的人,而没有捞取任何财物,乡人都嘲笑他们愚蠢。等到杨荣的父亲出生时,杨家渐渐富裕起来。有位神人化为道士来到杨家,对杨荣的父亲说:“你的祖父有阴德,子孙理当尊贵显达,他应该葬在某地。”杨荣的父亲于是依照仙人的指点将杨荣的曾祖父葬在那个地方,即今天的白兔坟。后来杨荣的父亲有了杨荣,杨荣二十岁科举中第,后来位至三公。

葬日吉凶真无谓

大兴刘公机①父卒于任。公时为学宫弟子,徒步往护丧归,遂卜葬。族人泥阴阳家言,各以生年与葬期相值,久不克葬。公独曰:“愿以某生年所值月葬父。”于是力葬之。后公官至大司马,赠宫保②。则葬日吉凶真无谓矣。

【注释】

①刘公机:即刘机,字世衡,大兴县(今北京大兴)人,明武宗朝官至吏部尚书,加太子少保。　②宫保:明、清最高级荣誉官衔为太师、少师,太傅、少傅,太保、少保,太子太师、太子少师,太子太傅、太子少傅,太子太保、太子少保,缘大臣加衔或死后赠官,通称宫衔,咸丰后不再用“师”而多用“保”,故又别称宫保。

【译文】

大兴县刘机的父亲死在任上。当时,刘机是学宫的学生,徒步前往陪护灵柩回乡,于是寻找墓地。同宗族的人拘泥于阴阳家的说法，都认为安葬的月份与自己生日相同不吉利，导致久不能下葬。刘机不在意这些，说："在我的生月里安葬父亲。"于是他努力安葬了父亲。后来刘机官至大司马，赠官宫保。由此可见，葬日的吉凶祸福，真可以说是无所谓了。

仁心胜吉地

冯商[①]延一堪舆先生，往祖茔相视。将至，忽拉其人同返。其人问故，商曰："适望见祖茔有贼踞树巅，盗斫大树。倘吾辈径前，恐被惊跌，致损其命，不若且回。"堪舆曰："君心如此，牛眠鹿卧，不足道也。"后子举大魁[②]，世世簪缨[③]弗绝。

【注释】

①冯商：即冯式，冯京的父亲，因其早年经商，故称。 ②子举大魁：冯式的儿子冯京考中了状元。冯京，字当世，鄂州江夏（今湖北武汉）人，北宋最后一位三元及第的状元。 ③簪缨：古代达官贵人的冠饰，后遂借以指高官显宦。

【译文】

冯式邀请一风水先生，前往祖坟察看。将到祖坟的时候，冯式突然拉着风水先生一起返回。风水先生问他原因，冯式说："刚才远远地看见有一人藏在祖坟旁的大树上，想偷偷地砍伐树木。假若我们径直前去，我担心那人会受惊吓从树上摔下来，伤了性命，不如暂时先回去。"风水先生说："你心地这样（善良），牛眠鹿卧的风水吉地，用不着说了。"后来冯式的儿子冯京考中状元，子孙世世代代任高官显宦。

福地本心地

若富贵是一家私物，则前富贵久据之，不及我矣；若富贵非一家私物，则后富贵人虽欲坚留之，旋且及彼矣。未富贵家原从已富贵家分过来，已富贵家仍[1]听未富贵家分将去。今地师祝主人曰："吾能使主人万代富贵。"夫富贵止此数，若此家万代富贵，则彼家必万代贫贱矣。天于彼家有何冤仇，而令之世世贫贱哉？地即有此理，天未必有此心。只福地本心地，则天地人不能外者也。

【注释】

①仍：屡屡，多次。

【译文】

假若富贵是一家的私物，那么先富贵的人就会一直拥有，不会轮到我富贵；假若富贵不是一家的私物，那么后富贵的人家虽然想一定要留住富贵，富贵也将很快转移到他人那里。尚未富贵的人是从已富贵的人那里分得富贵，已富贵的人家屡屡听凭未富贵的人分去富贵。如今风水师往往向主人祷告说："我能使主人万代富贵。"富贵是有定数的，如果这一家万代富贵，那么另一家则将万代贫贱。上天对那一家有什么仇恨，而要使其世代贫贱呢？纵使地有此理，天未必有此心。只是富贵本是靠心地良善得来，天、地、人都不能例外。

地理地灵不足凭

余[(一)]尝见孤寒之夫弃祖宗骸骨于旷野，而或生贤子孙，崛起穷巷，大其门户。此宁得地理之助邪？公卿大夫殚心力以求善地，而或生不肖子孙，骄奢淫泆[1]，坠其家声。地灵又安在邪？

【校勘】

(一)余：此则改编自晚明文学家屠隆的《天台王氏墓记》，故当指屠隆。

【注释】

①泆(yì):同“逸”。

【译文】

我曾经见到孤苦贫寒的人把祖宗的遗骸丢弃在旷野之中,可是其中有人生下了贤良的子孙,从穷巷中崛起,光大了门户。这难道是得了风水的帮助吗?公卿士大夫们殚心竭力地寻求风水宝地,而其中有人生下不肖子孙,骄奢淫逸,败坏了家门名声。大地的神灵又在哪里呢?

捐地建学

范文正公得一宅基,堪舆家相之曰:“此当世出卿相。”公曰:“诚有之,不敢以私一家。”即捐其基建学。今苏州府学①是也。风水家言,尚有系公念者乎?

【注释】

①府学:古代由府一级政府设立的官学。

【译文】

范文正公购得了一处宅基地,风水家相过之后说:“这块地一定会世代出公卿宰相。”范文正公说:“果真这样,我不敢一家专有。”于是他将这块地捐献出来,修建了学校。这就是现在的苏州府学。风水家的话,范文正公还有挂在心上的吗?

吉地善护

或问风水,空同子①曰:“有哉无哉,风气聚,则灵异自发。何谓无?富贵可遇而不可求,天之秘,非人之能为也。何谓有?故吉以善护,非善之家,虽遇弗遇矣。”曰:“若是则废之乎?”“虽然,曷可废哉? 卜其安焉平焉者可矣。”

【注释】

①空同子:即李梦阳,字献吉,号空同子,祖籍河南扶沟(今属河南),生于庆阳府安化县(今属甘肃),明代中期文学家,复古派前七子领袖。

【译文】

有人询问风水的事,空同子李梦阳说:“风水既可说有,又可说无,风气聚集,灵异之事自然会出现。为什么说没有风水呢? 富贵可遇不可求,这是上天的机密,不是人力所能决定的。为什么有风水呢? 因为吉祥要靠善行来护持,没有善行的人家,即使遇见风水宝地也如同没有遇到。”有人说:“如果是这样,就可以废除风水之事吗?”空同子说:“虽然这样,怎么可以废除风水之事呢? 选择安全并且平坦的地方就可以了。”

葬地兴族

袁安[①]砥德修行。其父没,母使安访求葬地。道逢三书生,问安何之,安为言其故。生乃指一处云:“葬此地当世为上公[②]。”须臾不见。安异之,于是遂葬其所占之地,故累世盛隆。

【注释】

①袁安:字召公,汝南汝阳(今河南商水)人,东汉名臣,后历任太仆、司空、司徒。 ②上公:指位在三公以上的公。西汉时,有太师、太傅、太保,称为上公;东汉上公仅有太傅一人,但不常设,一般是皇帝初即位时,为总揽朝政才设。

【译文】

袁安砥砺修养德行。袁安的父亲去世时,母亲让他去访求葬地。袁安在路上碰见三个书生,问袁安去干什么,袁安把事情告诉了他们。书生于是指着一处地方说:"把你父亲葬在此地,你的家族会世代出上公。"一会儿三人就不见了。袁安感到很奇异,就把父亲葬在所占问的那个地方,所以其家族世代兴盛。

秦始皇陵

秦始皇葬于骊山之阿①,下锢三泉②,上崇山坟。其高五十余丈,周回五里有余。石椁为游馆,人膏为灯烛,水银为江海,黄金为凫雁。又多杀宫人,生埋工匠,计以万数。骊山之作未成,而周章③百万之师至其下矣。项籍燔其宫室营宇④,往者咸见发掘。其后牧儿亡羊,羊入其凿。牧者持火求羊,失火烧其臧椁。自古至今,葬未有盛如始皇者也。数年之间,外被项籍之灾,内罹牧竖之祸。以死者为有知,发人之墓,其害多矣;若其无知,又安用大?

【注释】

①阿(ē):山坡。 ②下锢三泉:向下禁锢了地下泉水。三泉,指三重泉,即地下深处。 ③周章:又名周文,秦末农民起义军将领,陈县人,陈胜称王后,授予将军印,西向攻秦,后战败自杀。 ④营宇:犹宫室。

【译文】

秦始皇陵在骊山的山坡处。陵下禁锢三重泉水,陵上起了一个高高的坟堆。整个陵墓高五十余丈,周长五里有余。陵墓中,筑石椁以为离宫,取人油点灯,用水银制成江海,用黄金做成凫雁。又杀了大量的宫女,活埋了筑陵墓的工匠,人数上万。骊山的工程尚未完工,周章已率大军攻至骊山脚下。项羽将秦朝宫室一把火烧掉,经过骊山的人都见到项羽挖掘了始皇陵。后来有一牧羊童的羊走失,掉进了墓洞中。牧童拿着火把,进入墓穴找羊,不小心失火,将掩藏的棺椁烧掉了。自古以来,安葬的规模之盛大,没有人能与秦始皇相比。几年之间,陵外宫殿被项羽烧毁,墓内棺椁被牧童烧毁。认为死者有知,掘人坟墓,会有许多害处;假若死者无知,又哪里用得着建造如此大的坟墓呢?

掩骼埋胔

太祖尝与学士陶安①登南京城楼,闻焚尸之气。安曰:"古有掩骼埋胔②之令,推恩及于枯骨。近世狃③于胡俗,或焚之而投骨于水中,于心何忍?"上曰:"此王道④之言也。"自是王师所临,见枯骸必掩之而后去。至是乃令天下郡县设义冢,凡民贫无地以葬者,命所在官司,择近城宽阔地为之。敢有徇习元人,焚弃尸骸者,坐⑤以重律。吁!圣恩之博厚若此。

【注释】

①陶安:字主敬,元末明初当涂(今属安徽)人,对明初的典章制度建设有重要贡献。 ②掩骼埋胔(zì):指收葬暴露于原野的尸骨,为古代的恤民之政。 ③狃(niǔ):因袭,拘泥。 ④王道:古时指以仁义统治天下的政策。 ⑤坐:惩治。

【译文】

明太祖朱元璋曾经与学士陶安登上南京城楼,闻见焚烧尸体的气味。陶安说:"古代帝王有掩埋尸骨的谕令,恩典推广到死人身上。近一段时期因袭蒙古人的习俗,有人焚烧尸骨,并且投入水中,这样做于心何忍?"明太祖说:"你讲的属于王道之言。"从此后,明军所到之处,看见尸体一定要掩埋好才离去。这时,明太祖下令各郡县设义冢,凡是家贫无地安葬的人家,所在官府选择离城近并且宽阔的地方,让其安葬。敢有因循蒙古人的风俗,焚烧丢弃尸骸的人,依照法律予以严惩。哎!圣上博大深厚的德行达到了这种地步。

护人阴宅

闽孙文祥①自浦城(一)道经霍童乡。日暮,忽见山旁有屋,遂投宿焉。夜半闻哭声,问故。有夫妇曰:“吾子不肖,鬻此屋。明旦当徙去,不禁悲伤耳。”文祥曰:“子虽不肖,吾当为汝谋之。”至旦视其处,乃荒冢也。候至日午,果见衣缊袍②者同豪右③仆从,持畚锸④至。文祥诘之,对曰:“家贫,将祖坟迁葬,鬻地以度活耳。”文祥恻然,因倾囊与之,不告姓名而去。后数夜梦寄宿夫妇拜曰:“向日厚恩莫报,今幸获得二凤刍相谢。”遂孕二子。先后并登科第。噫!观此,则毁人之茔,以葬其先,断人之龙,以利乎己,人谋即工,泉壤其肯瞑目乎?

【校勘】

(一)浦城:据明朝闵文振《涉异志》,此二字后夺“归”字。

【注释】

①孙文祥:南宋宁宗开禧年间福宁(治所在今福建霞浦)人。②缊(yùn)袍:以乱麻、乱绵絮做成的袍子,指古代贫者之衣。③豪右:富家大户。 ④畚(běn)锸(chā):泛指挖运泥土的用具。畚,盛土器。锸,起土器。

【译文】

福建人孙文祥从浦城回来,路过霍童乡。傍晚时分,忽然见山旁有房屋,于是前往投宿。半夜里孙文祥听见有哭声,起来询问原因。有一对夫妇说:“我们的孩子不成器,将此屋卖掉了。明天早上我们就要搬走了,禁不住悲伤。”孙文祥说:“你们的孩子虽然不肖,我会替你们谋划这件事。”第二天早上,孙文祥起来查看这个地方,原来是一处荒芜的坟地。等到中午,果然看见一位穿缊袍的人随同豪门奴仆,带着畚锸来了。孙文祥责问穿缊袍的人,那人回答说:“家里贫穷,将祖坟迁移别处,卖掉这块地来活命罢了。”孙文祥听罢很是同情，将身上所带钱财全部给了这人，没有告诉他自己的姓名就离开了。几天后，孙文祥夜里梦见这对夫妇拜谢他说："先前给我们的深恩尚未报答，现在幸好获得两只雏凤，送给你以表谢意。"孙文祥的妻子于是怀孕并生下两个儿子。这两个儿子先后都科举中第。哎！看到这事，再看那毁坏别人的坟墓来安葬自己的先人，断绝别人的龙脉来使自己获利之事，人为谋划即便巧妙，九泉下的阴魂难道肯瞑目吗？

行善得厚报

刘洵①之祖世业医。忽有徒犯病，卧门首，饥瘠颠连②。刘母询之，知其诬，罄奁饰代为赎罪。时母方怀妊将产，夜梦神云："受地之人明早生，看地先生明晚至。"次日果生洵。晚地师至，引观此地(一)，即前徒业，因买葬之。洵后举会魁③，仍出甲科④六人。

【校勘】

(一)此地：指代不明，前文似有遗漏。下文"因买葬之"的"之"亦指代不明。

【注释】

①刘洵：字彝川，号达泉，明朝前期建湖(今属江苏)人，官至四川按察使司按察使。　②颠连：困顿不堪。　③会魁：即五经魁。明清科举制度，考生于五经试题里各认考一经，录取时，取各经之第一名合为前五名，称五经魁。会试中之五经魁亦称会魁。④甲科：明清对进士的通称。

【译文】

刘洵祖上世代以行医为生。一天，忽然有一个刑徒犯病，倒卧在刘洵家门口，饥饿瘦弱，困顿不堪。刘洵的母亲询问后，知道他受了冤枉，于是拿出全部首饰代他赎罪。当时刘洵的母亲已有身孕，快要分娩了，夜里梦见神仙对她说："接受风水宝地的人明天早上诞生，风水先生明天晚上到你家。"第二天刘洵母亲果然生下刘洵。晚上，风水先生到了，引导刘家人察看风水，正是先前被她救过的那位刑徒的产业，因而买来作为坟地。刘洵后来夺得会试第一名，此后家里又有六人考中进士。

吴诚父得善报

吴都宪诚①，其父济人利物，孳孳不倦。同里一百户②欠官银无措，议出妻以偿。翁闻而叹曰："伉俪中道相背，彼夫妻子母间，何以为情？吾幸不至饥寒，且力尚能辗转措办，顾袖手以观人离拆乎？"遂曲处代为完官，百户感泣而去。后数年寻地葬亲，地师择一穴，询之正百户产也。翁复备价买葬。当时尚葬高一穴，后雷雨送下一穴。即生都宪公兄弟四五人，皆巍科③。人咸谓阴功所致。

【注释】

①吴都宪诚：即都宪吴诚，字尚忠，号思庵，明朝钱塘（今属浙江）人，官至副都御史。都宪，都御史的别称。　②百户：明清为低级军官，明时此职务为卫所军中职务，掌军户一百。　③巍科：指高第，古代称科举考试名次在前者。

【译文】

副都御史吴诚的父亲乐善好施，孳孳不倦。乡间的一个百户欠官府银两，无力交纳，打算卖妻得钱偿还。吴父听说后叹息说："伉俪中途分离，那样夫妇、母子之间怎么忍受得了？我幸好不至于饥寒，而且也有力量替他设法还债，难道能袖手旁观他们家被拆散吗？"于是吴父想办法替那人还了拖欠的官银，那人感动得哭着离开。几年后，吴父寻找墓地葬亲人，风水师选中了一块坟地，询问得知是那位百户的地产。吴父以优厚的价格将那块地买下，安葬亲人。埋时墓穴位置高了一些，后来天降大雨把墓穴位置降了一些。不久吴家生下吴诚兄弟四五人，长大后都在科举中获得了高第。人们都说这是阴德所致。

求吉地之本

古人云："求地为致福之基，积德为求地之本。"未得地当积德以求之，既得地当积德以培之，是以后代鼎盛绵远。李近吾①《咏心地》有云："俯仰乾坤何处佳？人人有地尽英华。性由天命真龙祖②，道卫吾身辅峡砂③。脉④到灵台⑤方是正，穴寻华盖⑥不曾差。须认四端⑦为四应⑧，莫将虚受⑨作虚花⑩。若还损坏全无用，保得完时福愈加。自古只为君子宅，至今不作小人家。虽然说破无难认，一争毫发隔天涯。"

【注释】

①李近吾：明代著名风水师，著有《地理正要》一书。 ②龙祖：风水术语，指极好的地脉。 ③峡砂：风水术语，指吉地周围环卫的群山。 ④脉：龙脉，风水学指起伏的山脉。 ⑤灵台：即灵台穴。灵，神灵。台，亭台。穴在神道和心俞两穴下，故喻为心的神灵之亭台。风水学把大地看作一个有机体，认为大地各部分之间是通过类似于人体的经络穴位相贯通的，气则沿着经络而运行，并聚集于穴位。 ⑥穴寻华盖：找到华盖穴。华盖穴在胸部，当前正中线上，平第一肋间。此处指找到风水吉地的中心位置。⑦四端：儒家称应有的四种德行，出自《孟子·公孙丑上》："恻隐之心，仁之端也；羞恶之心，义之端也；辞让之心，礼之端也；是非之心，智之端也。" ⑧四应：指四端的回报。 ⑨虚受：谓无德

才而接受官位。 ⑩虚花:指虚幻不实。

【译文】

古人说:"寻求风水宝地是获取福佑的基石,积德是获取风水宝地的根本。"未得到风水宝地时,应该靠积累德行来寻求它,已经得到风水宝地后,应该靠积累德行来培育它,因此子孙后代的兴盛就会绵延久远。李近吾《咏心地》说:"俯察大地,仰观苍天,风水宝地在哪里呢?其实,人人都可以拥有风水宝地。天性纯真善良就是最好的龙脉,自身守持正道就是环卫吉地的群山。居心方正便是龙脉的正确方向,存意中直就不曾偏离风水吉地。认清坚守仁义礼智四端会获得回报,不要把无根基的富贵荣华当真。如果损坏纯真善良的心地,所谓的风水吉地便完全没有用处,保守住纯真善良的心地,福分就会更多。那风水宝地从古以来都是属于品德高尚的君子,直到现在还与品德恶劣的小人无缘。虽然把风水宝地说破,不难认取,可如果心地不纯良,硬要来谋取,那与风水吉地就相隔天涯了。"

韬颖卷之十九

踏层冰[①]而伺禁城晓漏[②]，何如红日三竿频梦烟霞[③]来往？冒炎日而候贵客寒暄，曾似村醪[④]一斗任他宦海风波？山色水光，炉烟茗碗，野老渔翁，倘得以闲身，作此中主人，其视刀尖恬[⑤]蜜者何若？纂韬颖[⑥]第十九。

【注释】

①层冰：厚冰。层，厚。 ②晓漏：拂晓时铜壶滴漏之声。③烟霞：泛指山水、山林。此指山野隐逸之人。 ④村醪：村酒。引申为浊酒。 ⑤恬(tiǎn)：通"舔"。 ⑥韬颖：藏起刀剑。用来比喻掩藏锋芒。

【译文】

踏寒冰等待紫禁城中上朝的晓漏(指朝中做官)，哪里赶得上已日上三竿还频频梦到与山野隐逸之人交往的悠闲生活呢？冒着炎炎烈日等候贵人寒暄客套，何曾像浊酒一斗旁观宦海风波来得超脱呢？倘若获得闲暇，像野老渔夫一样寄意山色水光，做此中主人，乐享炉烟茗碗，与那刀头舔蜜的宦海生涯相比又怎么样呢？纂韬颖第十九。

辞聘灌园

楚王持金百镒[①]，聘於陵仲子[②]。其妻曰："夫子左琴右书，乐在其中矣。结驷连骑[③]，所安不过容膝[④]；食方丈[⑤]于前，所甘不过一肉。今以容膝之安，一肉之味，而怀楚国之忧。乱世多害，恐先生不保命也。"于是谢使者逃去，为人灌园。

【注释】

①镒(yì):古代重量单位,一镒合二十两(一说二十四两)。 ②於(wū)陵仲子:即陈仲子,本名陈定,字子终,战国时期齐国著名的思想家。因曾隐居在於陵,故称於陵仲子。於陵,长山古称,今邹平境内。 ③结驷连骑:随从、车马众多。形容排场阔绰。驷,古时一乘车所套的四匹马。骑,骑马的人。 ④容膝:仅容两膝,形容居室狭小。 ⑤方丈:指方丈之食,极言肴馔之丰盛。

【译文】

楚王派人带百镒黄金,聘请於陵仲子。於陵仲子的妻子说:"先生左琴右书,乐在其中。马车随从如云,可狭小的房屋就能容身;肴馔丰盛,所能安享的不过一块肉。现在为了住得舒适一点,吃得好一点,却要为楚国的危难担忧。世道混乱,祸害频仍,恐怕先生难以保全性命。"于是於陵仲子谢绝使者后逃离,替人浇园为生。

不乐仕进

裘万顷[①]不乐仕进,以荐者召为司直[②]。在朝赋诗云:"新筑书堂壁未干,马蹄催我上长安[③]。儿时只道为官好,老去[④]方知行路难。千里关山千里念,一番风雨一番寒。何如静坐茅檐下,翠竹苍梧仔细看。"遂促归。

【注释】

①裘万顷:字元量,号竹斋,洪州新建(今江西南昌)人,南宋诗人。 ②司直:北宋时属于大理寺机构左断刑的官员,掌管复审疑案。 ③长安:此处指南宋的都城临安。 ④老去:老年,晚年。

【译文】

裘万顷不喜欢做官,因推荐被征召为大理寺司直。他在朝赋诗说:“新筑书堂壁未干,马蹄催我上长安。儿时只道为官好,老去方知行路难。千里关山千里念,一番风雨一番寒。何如静坐茅檐下,翠竹苍梧仔细看。”于是很快辞官归家。

效曳尾之龟

梁陶弘景①脱朝服挂神武门,自号陶隐居。梁武帝与之游,及即位,屡聘不至,唯画两牛,一牛散放水草间,一牛着金笼头,有人执鞭驱之,献于帝。帝笑曰:“此人欲效曳尾之龟②,岂可致之?”

【注释】

①陶弘景:字通明,南朝梁时丹阳秣陵(今江苏南京)人,号华阳隐居,著名的医药家、炼丹家、文学家,人称“山中宰相”。②曳尾之龟:比喻自由自在的隐居生活。典出《庄子·秋水》:“庄子钓于濮水,楚王使大夫二人往先焉,曰:‘愿以境内累矣!’庄子持竿不顾,曰:‘吾闻楚有神龟,死已三千岁矣,王巾笥而藏之庙堂之上。此龟者,宁其死为留骨而贵乎?宁其生而曳尾于涂中乎?’二大夫徐曰:‘宁生而曳尾涂中。’庄子曰:‘往矣!吾将曳尾于涂中。’”

【译文】

南朝萧梁时期的陶弘景,脱去官服挂在京城的神武门上(辞官归隐),自号陶隐居。梁武帝早年曾与他交往,等到做皇帝后,屡次聘请陶弘景,他却不应聘,只画了两头牛,一头牛散放在水草之间,另一只头戴着金笼头,有人执鞭驱赶它,他把这画献给了梁武帝。武帝笑道:“这人想效法曳尾的乌龟,怎么能聘请得到呢?”

烟波钓徒

唐张志和[1]自称烟波钓徒,钓不设饵,志不在鱼也。肃宗尝赐奴婢各一人,志和配为夫妇,名渔童、樵青,曰:“渔童使捧钓收纶,芦中鼓枻[2];樵青使苏兰薪桂[3],竹里烹茶。”

【注释】

①张志和:字子同,号玄真子,婺州金华(今属浙江)人,中唐著名诗人、隐士。 ②鼓枻(yì):划船。枻,短桨。 ③苏兰薪桂:割草砍柴。苏,割草。

【译文】

唐朝人张志和,自称烟波钓徒,钓鱼不用鱼饵,本意并不在钓鱼。肃宗曾赐给他男仆、婢女各一人,志和让他们结为夫妻,称为渔童、樵青,说:“可使渔童捧钓钩收钓线,芦苇中划船;樵青则可使割草砍柴,竹间煮茶。”

顿忘宦情

唐孔极侍郎朝回,避于一叟庑下。延入厅事,叟乌帽纱巾,逢迎甚恭。孔公借油衣[1],叟曰:“某寒不出,暑不出,风不出,雨不出,未尝置油衣也。”孔公不觉顿忘宦情。

【注释】

①油衣:用桐油涂制而成的雨衣。

【译文】

唐朝时侍郎孔极散朝回家,到一老人家的廊庑下避雨。孔极被邀请进客厅,老人头戴乌帽披纱巾,接待殷勤恭敬。孔极向老人借雨衣,老人说:“我是冷不出门,热不出门,有风不出门,有雨也不出门,不曾置办雨衣。”孔极听后不觉突然忘却了做官的意趣。

谈世事则浮白

新宅落成,市声不入耳,俗轨不至门。客至共坐,青山当户,流水在左,淡及世事,便以太白(一)浮①之。

【校勘】

(一)太白:当为“大白”之误。大白,酒杯。

【注释】

①浮:用满杯酒罚人。

【译文】

新宅初落成,闹市的喧哗声听不到,不会有俗人来访。客人来了共坐,青山对门,绿水在旁,谈到世事,便罚一大杯酒。

眼到即可舒啸

青山秀水,眼到即可舒啸①;何必居篱落下后为己物?

【注释】

①舒啸:放声歌啸。

【译文】

青山秀水,只要看到就可以放声歌啸;为什么一定要弄到篱笆下据为己有呢?

莫教一日不花开

欧阳公《示谢道人种花》(一)诗云:“深红浅白宜相间,先后仍须次第①栽。我欲四时携酒赏,莫教一日不花开。”

【校勘】

(一)《示谢道人种花》:本为《谢判官幽谷种花》,为欧阳修做滁州知州时写给自己的属下谢姓判官的。

【注释】

①次第：按次序。

【译文】

略。

韩康卖药

东汉韩康[①]采药名山，卖长安市。有女子从康买药，康守价不移，女子怒曰："公是韩伯休耶？乃不贰价？"康曰："本欲逃名，乃女子皆知，何用药为？"遂遁入灞陵山中。

【注释】

①韩康：字伯休，东汉桓帝时霸陵（今陕西西安）人，皇甫谧《高士传》有载。

【译文】

东汉韩康在名山中采药，去长安集市上叫卖。有个女子向韩康买药，韩康坚持价格不改变，女子发火道："你是韩伯休吗？竟然不让还价？"韩康说："本来想要逃避名声，连小女子都知道我，还卖药做什么呢？"于是逃入霸陵山中隐居去了。

山居之乐

余[(一)]家深山之中，每春夏之交，苍藓盈阶，落花满径，门无剥啄[①]，松影参差，禽声上下。午睡初足，汲泉煮茗啜之；随意读《周易》《国风》《左氏传》《离骚》《太史公书》及陶杜诗、韩苏文数篇；从容步山径抚松竹，与麛[②]犊共偃息于长林丰草间。归竹窗下，则山妻稚子，作笋蕨，供麦饭，欣然一饱。出步溪边，邂逅园翁溪友，问桑麻，说粳稻，量晴校雨，相与剧谈③一饷(二)。归而倚杖柴门之下，则夕阳在山，紫绿万状，牛背笛声，两两来归，而月印前溪矣。

【校勘】

（一）余：或指南宋的罗大经。此则抄自罗大经的《鹤林玉露》，与原文稍有出入。

（二）饷：当为“晌”之误。

【注释】

①剥啄：敲门声。 ②麛（mí）：幼鹿。 ③剧谈：畅谈，快谈。

【译文】

我把家安在深山里面，每逢春末夏初，苍翠的苔藓生满台阶，落下的花瓣铺满小路，没有人来敲门打扰，唯有松树的影子斑驳不齐，鸟儿的鸣声忽高忽低。午睡正足，就打点山泉水，煮茶饮用；随意翻阅《周易》《国风》《左氏传》《离骚》《太史公书》，以及陶渊明、杜甫的诗，几篇韩愈、苏轼的文章；从容地走在山路上，摸摸松树竹子，跟小鹿牛犊一起在高高的树林和茂盛的草地间休息。回到竹窗下，就有山居的妻子和幼小的孩子陪伴，做了竹笋和蕨菜，端上麦饭，高高兴兴地吃饱。出门到溪边踱步，偶然遇到种田的老农和垂钓的朋友，问问桑麻，谈谈粳稻，猜猜天气的阴晴风雨，畅谈一阵子。回来后扶杖靠在柴门旁边，只见夕阳挂在山上，紫色绿色纷纭变幻，三两成群的牧童骑在牛背上吹着短笛归来，不知不觉间月亮已经映在溪水中了。

清夜安眠白昼闲

赵抃退居于衢，有溪石松竹之胜，与山僧野老游，不复有轩冕①志，故诗②曰："轩外长溪溪外山，卷帘空旷水云间。高斋有问如何答，清夜安眠白昼闲。"

【注释】

①轩冕：指古时大夫以上官员的车乘和冕服，借指官位爵禄、国君或显贵者，泛指为官。 ②诗：赵抃的《退居十咏·高斋》。高斋，赵抃退隐老家衢州后建的寓所。

【译文】

赵抃归隐老家衢州，衢州有溪石松竹的胜景，在这里与山中僧人、农夫交往，不再有做官的念头，因此作诗说："轩外长溪溪外山，卷帘空旷水云间。高斋有问如何答，清夜安眠白昼闲。"

性爱山水

陶弘景性爱山水。每经涧谷，必坐卧其间，吟咏盘桓，不能自已。谓门人曰："吾见朱门广厦，虽识其华乐，而无欲往之心；望高岩，瞰大泽，知此难立止，自恒欲就之。"又爱松风，庭院皆植松。每闻响，欣然为乐。

【译文】

陶弘景生性喜爱山水。他每经过山涧沟谷，一定要坐卧其中，吟咏逗留，情不自禁。他对弟子说："我见过许多权贵的宅院，虽知道那华丽安乐，却没有向往之心；仰望高耸的岩石，俯瞰宽广的湖泊，知道这里很难栖止，自己却常常想接近。"陶弘景又喜爱松间的风声，庭院都栽种松树。每听到风吹松树发出的响声，就愉悦快乐。

岩栖之事

客过草堂，叩余(一)岩栖之事。余倦酬答，但拈诗句以应之。问:"何感慨而甘栖遁?"曰:"得闲多事外,知足少年中①。""何功课而能遣日?"曰:"种花春扫雪,看箓夜焚香②。""何利养而获终老?"曰:"研田无恶岁,酒国有长春③。""何往还而破寂寥?"曰:"有客来相访,通名是伏羲④。"

【校勘】

(一)余:指陈继儒,此则采编自陈继儒的《岩栖幽事》。岩栖,在山里居住,常用为隐居的代称。

【注释】

①得闲多事外,知足少年中:此两句出自唐代朱庆馀的《赠陈逸人》。全诗为:"乐道辞荣禄,安居桂水东。得闲多事外,知足少年中。药圃无凡草,松庭有素风。朝昏吟步处,琴酒与谁同?" ②种花春扫雪,看箓夜焚香:此两句出自唐代许浑的《茅山赠梁尊师》。全诗为:"云屋何年客,青山白日长。种花春扫雪,看箓夜焚香。上象壶中阔,平生醉里忙。幸承仙籍后,乞取大还方。"箓,道教的秘文。 ③研田无恶岁,酒国有长春:此两句出自北宋唐庚的诗《次泊头》。全诗为:"何处不堪老,浮山倾盖亲。砚田无恶岁,酒国有长春。草木疑灵药,渔樵或异人。近前端有得,丞相未宜嗔。"恶岁,坏年景。 ④有客来相访,通名是伏羲:此两句出自北宋邵雍的《笺年老逢春诗》。此首笺注"美酒饮教微醉后",全诗为:"瓮头喷液处,盏面起花时。有客来相访,通名曰伏羲。"伏羲,我国古代传说中的古帝太昊,此指淳朴的人。

【译文】

有客人路过我住的草堂,询问我有关山居的事情。我倦于回答,只拣些诗句回答他。他问:"有什么感慨而甘心情愿地隐遁山间?"我回答:"得闲多事外,知足少年中。""整天干些什么消遣时日?"我回答说:"种花春扫雪,看箓夜焚香。""靠什么获利养老呢?"我回答说:"研田无恶岁,酒国有长春。""与什么人交往破除寂寞呢?”回答道:“有客来相访,通名是伏羲。”

承天寺夜游

冬夜解衣欲睡,月色入户,欣然起行。念无与乐者,遂至承天寺①寻张怀民②,亦未寝,相与步中庭。庭下如积水空明,水中蘋藻交横,盖竹柏影也。何夜无月?何处无竹柏?但少闲人如吾两人(一)尔。

【校勘】

(一)吾两人:此则采编自苏轼的《记承天寺夜游》,当代指苏轼和张怀民。

【注释】

①承天寺:故址在今湖北黄冈。 ②张怀民:名梦得,字怀民,清河(今属河北)人,苏轼的朋友,元丰六年被贬到黄州,寓居承天寺。

【译文】

冬夜脱下衣服准备睡觉,这时月光从门户射进来,高兴地起身出门。想到没有可以共同游乐的人,就到承天寺寻找张怀民,张怀民也还没有睡觉,就一起在庭院中散步。庭院中的月光宛如积水那样清澈透明,水中水草纵横交错,原来那是庭院里的竹子和松柏的影子。哪一个夜晚没有月亮?哪个地方没有竹子和柏树呢?只是缺少像我们两个这样清闲的人罢了。

冥寥子为吏

冥寥子(一)为吏,困世法,与人吐匿情①之谭,行不典②之礼。何谓匿情之谭?主宾长揖,寒暄外,不敢多一语。平生无斯须之旧，一见握手，动称肺腑；掉臂去之，转盼胡越③。面颂盛德，则夷④也；不旋踵而背语，跖⑤也。燕坐间，实辨有口，乃托简重⑥。身有秽行，谬为清言。惧里言漏实，庄语触忌，则一切置之，而别为浮游不根之谭，甚而假优伶之讴歌以乱之。即耳目口鼻，悉非我有；嗔喜笑骂，总属不真。何谓不典之礼？宾客酬应，无论尊贵，虽平交，终日磬折俯首⑦。何仇于天，而日与之远？何亲于地，而日与之近？贵人才启口，诺声如雷；一举手，而我头已抢地⑧矣。彼此相诣，绝不欲见；而下马到门，终日仆仆。夫往来通情，非行故事⑨也。先王制礼，固如是乎？褒衣束带，缚如槛猿。虱噆⑩肤痒甚而不可扪。跬步闲行⑪，辄恐渝（二）官守。马上以目注鼻，视（三）越尺寸，人即从旁侦之。溺下至不可忍，而无故莫敢驻足。其大者，三尺⑫在前，清议在后，寒暑撼其外，得失煎其中，岂惟绳墨之夫⑬哉？虽有豪杰快士，通脱⑭自喜⑮，一涉此途，不得不俯就其笼络。冥寥子将纵心（四）游于漭瀁之乡⑯矣。

【校勘】

（一）冥寥子：此则抄自明代屠隆的文言笔记小说《冥寥子游》片段，冥寥子为其中的人物。

（二）渝：当为“逾”之误。

（三）视：《冥寥子游》原文前有“视不越尺寸”。

（四）纵心：《冥寥子游》原文后有“广意”二字。

【注释】

①匿情：隐瞒真情。 ②不典：不守常道，不合准则。 ③胡越：胡地在北，越地在南，比喻疏远隔绝。 ④夷：即伯夷，商末孤竹君长子，墨胎氏，名允，字公信，著名的高洁之士。 ⑤跖：春秋末期的鲁国西北部柳下屯人展雄，领导了奴隶大起义，史称柳下

跖。柳下，地名。跖，赤脚奴隶。 ⑥简重：庄严持重，严肃郑重。⑦磬折俯首：弯腰低头。磬折，弯腰，表示谦恭。 ⑧抢(qiāng)地：头碰地。 ⑨行故事：虚应故事。故事，旧日的制度，例行的事。 ⑩噆(zǎn)：叮咬。 ⑪跬步闲行：举足散步。跬步，迈步。 ⑫三尺：指法律。古时把法律写在三尺长的竹简上，故称法律为"三尺法"，简称"三尺"。 ⑬绳墨之夫：规规矩矩的人。绳墨，木工取直的墨线，比喻规矩和准则。 ⑭通脱：通达脱俗，不拘小节。 ⑮自喜：自我欣赏。 ⑯漭(mǎng)瀁(yǎng)之乡：没有约束的宽松自在之地。

【译文】

冥寥子做官员的时候，无法摆脱世俗的困扰，和人交往只说些隐藏真情的话，只行不合规矩的礼仪。什么叫隐藏真情的话呢？宾主相见作揖，寒暄以外不多说一句话。平生没有片刻的交情，一见面就握手，动不动就称关系极其亲近；甩臂离开，转眼之间疏远隔绝得如同胡越一般。当面称赞对方盛大的德行，简直就像伯夷一样；掉转脚跟的功夫背后就说对方像盗跖一样。闲坐时，实际上有雄辩的口才，却假托庄严持重。自身有肮脏的行为，却口谈高雅的话语。害怕真话泄漏不好的实情，庄重语言触犯忌讳，于是就把这一切的话都抛在一边，只说些不着边际的话，甚至像优伶演戏一样嘻嘻哈哈地应付过去。这样，耳目口鼻就都不归自己所有；喜怒笑骂，都是虚伪的。什么是不合乎规矩的礼仪呢？应酬宾客，无论尊贵卑贱，即使是平辈的交往，也整天弯腰低头。与天有什么仇怨，却一天天与之疏远？与地有什么亲情，却一天天与之接近？尊贵的人一开口，应答的声音如同雷鸣般响亮；一举手，我就磕头回应。彼此相交造访，绝对不想见到；而下马到门投刺，就劳顿终日。相互交往，是为了沟通感情，并非是虚应故事。先王当初制定礼仪，本意就是这样吗？穿着宽大的衣服，结好衣带，有如笼中被绑的猿猴。虱子叮咬，皮肤奇痒难忍，但不能去挠。闲时散步，又怕逾越职守。骑在马上眼睛盯着鼻子，（不能左顾右盼，）如果左顾右盼，就会有人从旁看到。有小便极不可忍，却又无故不敢停步。干系之大者，前有国家法律，后有人们的议论，外有寒暑之苦的干犯，内有利害得失的煎熬，难道只有规规矩矩的人如此吗？即使是通达脱俗、自我欣赏的豪杰爽快之人，一旦走上这条路，就不得不屈从世俗而被束缚。冥寥子将要放开心胸畅游于没有约束的宽松自在之地了。

山史实录

山鸟每夜喧起五次，谓之报更，盖山中真率[1]漏声也。余[(一)]忆曩居小昆山[2]下，梅雨初霁，座客飞觞，适闻庭蛙，请以节饮。因题联云："花枝送客蛙催鼓，竹籁喧林鸟报更。"可谓山史实录。

【校勘】

（一）余：指陈继儒，此则抄自陈继儒的《岩栖幽事》。

【注释】

①真率：天真自然。　②小昆山：位于松江西北境内，地处九峰之西南端。

【译文】

山鸟每天夜里鸣叫五次，称为报更，这大概是山间天真自然的报时更漏之声。回忆以前我居住在小昆山下的时候，梅雨初晴，座客饮酒，正巧又听到庭院中的蛙声，就请以蛙声节饮。于是题写一副对联道："花枝送客蛙催鼓，竹籁喧林鸟报更。"这可称作是山居历史的真实写照。

棋声与屐齿

疏帘清簟消白昼，惟有棋声；幽径柴门印苍苔，只容屐齿[①]。

【注释】

①屐齿:屐底的齿。

【译文】

稀疏的窗帘,清凉的竹席,唯有棋声消磨白昼;柴门前幽静小路上的苍苔,只容屐齿留下痕迹。

胜风浪险客

宿雨初晴,小溪新涨,泛米家船[①],载杨子酒[②],浩歌一声,好风送响,素琴[③]三弄[④],淡月偏宜。敢云[(一)]烟水幽人,不作风波险客。

【校勘】

(一)敢云:此则又见于晚出的《解人颐》,作“洵为”。

【注释】

①米家船:北宋画家米芾,常乘舟载书画游览江湖,后指精致的船。　②杨子酒:杨子即扬雄,字子云,家贫嗜酒,时有好事者载酒问奇字。渊明诗:“子云性嗜酒,家贫无由得。时赖好事人,载醪祛所惑。”《抱朴子》云:“扬云手不离杯,《太玄》乃就。”　③素琴:无弦之琴。　④弄:奏乐或乐曲的一段、一章。

【译文】

久雨初晴,小溪水涨,泛米家船,载杨子酒,高歌一声,好风把余响送到远方,轻抚素琴三弄,淡月偏偏宜人。敢说是烟波间的隐逸人士,不做宦海风浪中的冒险之客。

淡泊自守

杜五郎[①]居去县三十余里,有屋两间,前空地丈余。不出篱门三十年矣。黎阳孙尉[②]访,问:"何以不出?"杜指门前一桑曰:"十五年前,曾此下纳凉,但无用于时,偶[③]不出耳。"问:"日何所为?"曰:"端坐耳。""颇[④]观书否?"曰:"二十年前,曾观《净名经》,极爱其议论。今已忘之,并书亦不知所在。"孙尉是时方有军事,夜半未卧,疲甚,闻此不觉洒然。

【注释】

①杜五郎:阳翟(今河南禹州)人。北宋沈括《梦溪笔谈》有载。 ②孙尉:据《梦溪笔谈》,此人名叫孙轸,为黎阳(今河南浚县)尉。 ③偶:恰好。 ④颇:略微。

【译文】

杜五郎居住的地方距离县城三十多里,有两间屋,屋前有一丈多空地。他已经有三十年没有走出篱门了。黎阳一位名叫孙轸的校尉曾去拜访他,问:"为什么不出门?"他指着门外的一株桑树说:"十五年前,我也曾到这株桑树下乘凉,只不过我对当世没有什么用处,恰好我又不出门罢了。"孙轸又问:"你平日里都做些什么?"杜五郎回答:"端坐罢了。"孙轸问:"还略微读点书吗?"杜五郎回答说:"二十年前也曾看《净名经》,当时非常喜欢那本书中的议论。现在那些议论也都忘了,而且很久以前便不知道那本书放到哪儿去了。"孙轸当时正好有军务要处理,夜半还不能睡下,疲劳得很,听到杜五郎的话,不禁了然有所感悟。

绝胜长安骑马冲泥

燕市[①]带面衣,骑黄马,风起飞尘满衢。归来下马,两鼻孔黑如烟突[②]。人马屎和沙土,雨过淖泞没鞍膝。百姓竞策蹇驴[③],与官人肩相摩。大官传呼来,则疾窜避委巷[④]不及,狂奔流汗:此中况味如此。遥想江村夕阳,渔舟投浦,返照入林,沙明如雪，花下晒网罟。酒家白板青帘，掩映垂柳，老翁挈鱼提瓮出柴门。此时偕三五良朋，散步沙上，绝胜长安⑤骑马冲泥。

【注释】

①燕市：指燕京，即今北京市。 ②烟突：烟囱。 ③蹇驴：跛蹇驽弱的驴子。蹇，跛。 ④委巷：僻陋小巷。 ⑤长安：此指当时的都城燕京。

【译文】

在燕京戴着面罩，骑着黄马，大风一起，街道布满尘土。回到家下马后，两个鼻孔黑如烟囱。大雨过后，人马粪搅着沙土形成的泥泞可以淹没人的膝盖和马的鞍子。老百姓们竞相鞭打跛蹇驽弱的驴子，与官人肩相摩擦。大官要路过，传报声一到，就得很快窜避到僻陋小巷里，狂奔流汗：这就是其中的境况和情味。遥想在江边水村之中，每当夕阳西下时，捕鱼的小船都靠了岸，夕阳返照入林，沙滩明如白雪，花下有晾晒的渔网。酒家的白板青帘都掩映在垂柳之中，有一老翁携鲜鱼提酒壶走出柴门。此时与三五个好友相伴，散步在沙滩上，绝对胜过在京城内骑马走在泥泞的大街上。

彦恭遇渔翁

卓彦恭①尝过洞庭，月下有渔舟掉(一)其旁。卓问有鱼否，答曰："无鱼有诗。"乃鼓枻②歌曰："八十沧浪一老翁，芦花江水碧连空。世间多少乘除③事，良夜月明收钓筒④。"问其姓氏，不答。

【校勘】

(一)掉：此则又见于陈继儒《书蕉》卷上，作"棹"。

【注释】

①卓彦恭：据明人萧良有《龙文鞭影》记载，其为宋朝人。

②鼓枻(yì):划桨,谓泛舟。 ③乘除:自然界中的盛衰变化,此消彼长。 ④钓筒:插在水里捕鱼的竹器。

【译文】

卓彦恭曾经路过洞庭湖,月光下有一只渔船划到他身边。卓彦恭问有没有鱼,打鱼的回答说:"没有鱼却有诗。"于是,边划桨边唱道:"八十沧浪一老翁,芦花江水碧连空。世间多少乘除事,良夜月明收钓筒。"卓彦恭问其姓名,渔翁不答。

世修祝寿

陈恭公①判亳州,遇生日,亲族多献老人星②图,侄世修③独献《范蠡游五湖图》,且赞④曰:"贤哉陶朱,霸越平吴。名随身后,扁舟五湖。"公即日纳节⑤。

【注释】

①陈恭公:即陈执中,字昭誉,北宋洪州南昌(今属江西)人,仁宗朝官至宰相,谥号为恭,故世称陈恭公。 ②老人星:全天空第二亮恒星,古人认为它象征长寿,故又名寿星。 ③世修:即陈世修,北宋洪州南昌(今属江西)人,官至大理寺丞,曾作《阳春集序》。 ④赞:为某人或某事所作的赞辞。 ⑤纳节:纳还朝廷所赐的旌节,借指辞官。

【译文】

陈执中在做亳州通判时,有一次过生日,亲戚族人大多献上老人星图祝寿,唯独他的侄子陈世修献上《范蠡游五湖图》,并且题上赞辞说:"贤哉陶朱,霸越平吴。名随身后,扁舟五湖。"陈执中当天就向朝廷辞官。

闲居胜居官

倪文节①云:“闲居胜居官,其事不一,最便者尤于暑月见之。暑月居官,非我见人,则人见我,衣冠袜履,未尝敢去体;正热坐轿,殆如蒸焙;客坐逼窄,臭气薰袭;正使②达官免于请谒,不能不受人谒也;正使恬退,简于造诣,不能不报诣也。至造朝莅政,其礼尤重:公裳靴带,与严冬无异;扇不可挥,伞不可张;渴不可遽得水,饮食不能以时。往往伤暑者多矣。闲居则不然:自早烧香,食罢,便可脱巾衩袒③裙靸④从事;藤床竹几,展转北窗,清风时至,反患太凉;挟策⑤就枕,困来熟睡。晚凉浴罢,杖屦⑥逍遥,临池观月,登高乘风;采莲剥芡,剖瓜削藕,日醪三杯,取醉而适。其乐殆未可一二数也。”

【注释】

①倪文节:即倪思,字正甫,湖州归安(今浙江湖州)人,南宋学者,官至尚书,谥号文节。 ②正使:纵使。 ③衩袒:谓不拘礼仪,只穿便服,或袒衣露体。 ④靸(sǎ):方言,把布鞋后帮踩在脚后跟下。 ⑤挟策:手拿书本。 ⑥杖屦(jù):手杖与鞋子,此指拄杖漫步。

【译文】

倪文节说:“闲居胜过做官,表现不一而足,尤其是酷暑之月最便于看出。酷暑之月做官,不是我见别人,就是别人见我,衣冠袜履,不敢不穿戴齐整;天热坐轿,轿如蒸笼;座位窄小,客人汗臭气熏人;即使达官贵人免于谒见,但又不能不接受别人的谒见;即使自己淡于名利,安于退让,少去主动拜见他人,但不能不向上司报告请示事务。至于到朝廷为官,处理政事,礼仪尤其重要:朝服朝靴玉带的穿戴与严冬无异;不能扇扇子,不能撑伞;渴了不能马上喝到水,也不能按时吃饭。中暑的人往往很多。闲居就不是这样:早上烧过香,吃过饭,便可摘掉头巾,换上便装,穿着拖鞋,做些惬意的事;躺在北窗之下的藤床竹几上,清风吹来,有时反嫌太凉;拿本书,躺在床上慢慢读,困了就睡。晚上洗浴后享受清凉,拄杖漫步,逍遥自在,可以临池观月,可以登高吹风;采莲蓬剥芡菰,剖瓜削藕,每天喝几杯浊酒,微醺而适意。闲居的乐趣大概还没有说出十分之一二。"

"四不能"与"乃可能"

古隐者多躬耕,余(一)筋骨薄,一不能;多钓弋①,余禁杀,二不能;多有二顷田②,八百桑③,余贫瘠,三不能;多酌水④带索⑤,余不耐苦饥,四不能。乃可能者唯嘿⑥处淡饭著述而已。然著述家切弗批驳先贤,但当拈己之是,不必证人之非。

【校勘】

(一)余:指陈继儒,此则抄自陈继儒的《岩栖幽事》。

【注释】

①钓弋:钓鱼和射鸟。 ②二顷田:指供温饱的田产,或用作归隐之词。典出《史记·苏秦列传》。原文:"苏秦笑谓其嫂曰:'何前倨而后恭也?'嫂委蛇蒲服,以面掩地而谢曰:'见季子位高金多也。'苏秦喟然叹曰:'此一人之身,富贵则亲戚畏惧之,贫贱则轻易之,况众人乎!且使我有洛阳负郭田二顷,吾岂能佩六国相印乎!'" ③八百桑:代指粗供温饱的田产。典出《三国志·蜀书·诸葛亮传》,原文:"初,(诸葛)亮自表后主曰:'成都有桑八百株,薄田十五顷,子弟衣食,自有余饶。至于臣在外任,无别调度,随身衣食,悉仰于官,不别治生,以长尺寸。若臣死之日,不使内有余帛,外有赢财,以负陛下。'" ④酌水:谓磨砺节操。用东晋诗人吴隐之"酌贪泉"之典:有水名贪泉,传说饮此水会变成贪得无厌之人。吴隐之酌贪泉水,并赋诗曰,"古人云此水,一歃

怀千金。试使夷齐饮,终当不易心”。 ⑤带索:以绳索为衣带,形容贫寒清苦。典出《列子·天瑞》:“孔子游于太山,见荣启期行乎郕之野,鹿裘带索,鼓琴而歌。” ⑥嘿:同“默”。

【译文】

古代的隐士多亲自种田,我筋骨薄弱,这是一不能;古代的隐士大多自己钓鱼射鸟,我禁杀生,这是二不能;古代的隐士大多有二顷田地,种八百株桑,我的土地贫瘠,这是三不能;古代的隐士大多过饮贪泉而清廉、以绳索为衣带般的清寒生活,我不耐艰苦饥饿,这是四不能。我所能做的只有在静处粗茶淡饭写作著述罢了。然而著述家千万不要批驳先贤,只要把自己认为正确的发表出来,而不必去证明别人的错误。

不知马蹄为何物

垂杨小桥,纸窗竹屋,焚香燕坐,手握道书一卷;客来则寻常茶饭,本色清言,日暮乃归。不知马蹄①为何物。

【注释】

①马蹄:代指忙碌的生活。

【译文】

在垂杨小桥旁的纸窗竹屋里,焚香静坐,手持道书阅读;有客人到来就用家常便饭招待,说些本色清雅的话语,天色已晚才归去。不知道什么是奔波忙碌。

钓鱼处与骑马人

宣和(一)酒店壁间有诗云:“是非不到钓鱼处①,荣辱常随骑马人②。”

【校勘】

(一)宣和:北宋徽宗的第六个年号。此则抄自陈继儒《岩栖幽事》,“宣和”后原有一“时”字,乃知“宣和”非酒店名。

【注释】

①钓鱼处:指隐士或隐士隐居之地。　②骑马人:指为名利富贵奔忙者。

【译文】

宣和年间,有家酒店的题壁诗说:“是非不到钓鱼处,荣辱常随骑马人。”

醉里乾坤大

河阳释法常(一)酷嗜酒,无寒暑风雨,常醉。醉即熟寝,觉即朗吟。尝谓同志曰:“酒天虚无,酒地绵邈,酒国安恬,无君臣贵贱之拘,无财利之图,无刑罚之避,陶陶①荡荡②,乐不可得而量也。”

【校勘】

(一)河阳释法常:据《宋高僧传》载,法常和尚俗姓郑,唐代襄阳(今属湖北)人,而不是河阳人。童年出家于荆州玉泉寺,受戒于龙兴寺,贞元中隐居余姚南大梅山。

【注释】

①陶陶:广大貌。　②荡荡:恣纵无所约束。

【译文】

襄阳的法常和尚酷爱饮酒,不论寒暑风雨,经常喝醉。醉后就酣然入睡,醒来就朗声吟咏。法常曾对志同道合的人说:“酒天虚无缥缈,酒地绵长深远,酒国恬淡安适,没有君臣贵贱的拘束,没有钱财利益的图谋,没有刑罚需要躲避,自由宽广,无拘无束,其中的乐趣无法计算。”

名利客与牧樵人

长亭烟柳，白发犹劳，奔走可怜名利客；野店溪云，红尘不到，逍遥时有牧樵人。

【译文】

在烟柳覆盖的长亭边，有头发已白，依然为名利奔走辛劳的人；可在红尘飘飞不到的山村野店边，有逍遥自在的放牧砍柴人。

名公卿可悯

今所称名公卿者，往往疏泉艺石，镂山雕林，穷壮丽，极窅篠①，而犹未惬。然金铺②绣(一)涩，苔痕染其扉门，柳合抱可藏鸦矣，而主人不得归。归则向风欲僵③，背风欲仆，鹤发龙钟，真可悯也。

【校勘】

(一)绣：当为“锈”之误。

【注释】

①窅篠：同“窈窕”，幽深的样子。　②金铺：即金铺首，本来是门上用来衔门环的兽头状东西。后多指门环。　③僵：倒。

【译文】

现在的称名公巨卿的人，往往疏通泉水，择取石头，镂山雕林，穷其壮丽，极其幽深，还是不满意。然而金铺首已经被锈住，苔藓已长到门扇上，柳树已有两手相合粗细，能藏住乌鸦了，主人却一直不能回来。等到归来的时候，已是向风欲倒，背风欲仆，鹤首白发，老态龙钟了，真是可怜啊！

不受爵命

宋管师复[①]自号卧云先生。仁宗召问曰:“卿所得何如?”对曰:“满坞[②]白云耕不尽,一潭明月钓无痕。臣所得也。”竟不受爵命。

【注释】

①管师复:北宋龙泉(今属浙江)人,长于写诗,著名隐士,著有《白云集》。 ②坞(wù):四面高中间凹下的地方。

【译文】

北宋人管师复,自号卧云先生。仁宗皇帝召见他问道:“你想得到些什么?”管师复回答说:“满坞白云耕不尽,一潭明月钓无痕。这是我想得到的。”最终他没有接受官爵。

李愚之蝶庵

予[(一)]夙夜在公,不曾漫游华胥国[①],意欲于洛阳买水竹处,作蝶庵[②],谢事居之。庵中以庄周为开山祖,陈抟[③]配食[④]。若忙者难为主籍[(二)]供职。

【校勘】

(一)予:当指李愚。此则又见于明代高濂的《遵生八笺·起居安乐笺》,“予”前有“李愚语人曰”五字。李愚,字子晦,后唐渤海郡无棣(今属山东)人,官至宰相。

(二)主籍:当为“注籍”之误,谓登录在册,在家听授官职。

【注释】

①华胥国:传说中的理想国度,最早见于《列子·黄帝》。华胥氏作为华胥国的女首领,其治国有方,民无嗜欲,自然而已,是为盛世乐土。轩辕黄帝为追求治世强国,梦寐以求地希望能够复

兴华胥国的辉煌，于是有了黄帝梦游华胥之国，而后天下大治的典故。 ②蝶庵：五代后唐相李愚居室名。题名寓意用庄子“梦蝶”典故。 ③陈抟：字图南，号扶摇子，人称白云先生、希夷先生，北宋著名的道家学者、养生家，尊奉黄老之学。 ④配食：即附祭，配享。

【译文】

我白天晚上都忙于公事，不曾有机会漫游华胥国，想在洛阳买一处有水竹的地方，盖一座蝶庵，谢绝世事在此居住。庵中以庄周为开山祖师，陈抟为附祭。至于忙碌的人，是难以登录在册担任职务的。

庄周语楚大夫

庄周语楚大夫曰：“子不见郊祭[①]之牺牛乎？衣以文彩，食以刍菽[②]，及其牵入太庙，欲为孤豚[③]，其可得乎？”

【注释】

①郊祭：古代帝王在郊外祭祀天地的典礼。 ②刍菽(shū)：草和豆。指饲养牲畜的草料。 ③孤豚：小猪。

【译文】

庄周对楚国大夫说：“你没有看见郊祀时用作牺牲的牛吗？给它披上五彩的绸缎，给它好的饲料，到它被牵入太庙等待宰杀时，想做一只小猪，难道能够做到吗？”

山居之乐

长松怪石[(一)]，去墟落不下一二十里。鸟径[①]缘崖，涉水于草莽间数四。左右两三家相望，鸡犬之声相闻，竹篱茅舍，芜处[②]其间。临水时种梅柳，霜月春风，自有余思。儿童婢仆皆布衣短褐以给薪水③,酿村酒饮之。案有杂书:《庄周》《太玄》④《楚词》《黄庭》⑤《阴符》⑥《楞严》⑦《圆觉》⑧,数十卷而已。杖藜⑨蹑屐,听流水,鉴澄潭,步危桥,探幽壑。顾无乐而死乎?

【校勘】

(一)长松怪石:此则又见于明初高濂《遵生八笺·起居安乐笺》,称引自《澄怀录》。

【注释】

①鸟径:指险绝的山间小径。 ②芜处:杂处。 ③薪水:打柴和汲水,借指生活必需品。 ④《太玄》:即《太玄经》,西汉扬雄所撰哲学著作。 ⑤《黄庭》:即《黄庭经》,又名《老子黄庭经》,由《黄庭外景玉经》《黄庭内景玉经》组成,为道教养生修仙专著。 ⑥《阴符》:即《阴符经》,又称《黄帝阴符经》,论涉养生要旨、气功、房中等方面。近代学者多认为其成书于南北朝。 ⑦《楞严》:即《楞严经》,著名佛教经典。 ⑧《圆觉》:即《圆觉经》,唐、宋、明以来教(贤首、天台)、禅各宗盛行讲习的经典。 ⑨杖藜:拄着拐杖。杖,拄着。藜,一年生草本植物,茎坚硬,可做拐杖,称藜杖。

【译文】

长松怪石,距离村落不下一二十里路。沿山间小径攀崖而上,多次在草丛中涉水而过。左右有两三户人家,鸡鸣犬吠的声音相互可以听到,竹篱茅舍杂处于其间。在水边时或种些梅树柳树,霜月之下,春风之中,心上自有余趣。童仆婢女都是布衣短褐,打柴汲水,酿浊酒以供饮用。桌案上放些杂书:《庄周》《太玄经》《楚词》《黄庭经》《阴符经》《楞严经》《圆觉经》几十卷罢了。拄着手杖,穿着木屐,静听流水,照影澄潭,漫步高耸之桥上,探寻幽深之壑中。这难道不快乐死吗?

乐为风月主人

白居易对策①,直言无隐。宰相嫌其出位,贬江州司马。喜曰:"匡庐②在念久矣!今得青山绿水中为风月③主人。"乃筑草堂于香炉峰以自适。

【注释】

①对策:亦作"对册",古时就政事、经义等设问,由应试者对答,称为对策。自汉起作为取士考试的一种形式。 ②匡庐:指江西的庐山。相传殷周之际有匡姓兄弟七人结庐于此,故称。③风月:清风明月,泛指美好的景色。

【译文】

白居易在对策时,直言无隐。宰相厌恶他说话出格,把他贬为江州司马。白氏高兴地说:"庐山在我的心里已经很久了!现在竟然能在这青山绿水中做清风明月的主人。"于是就在香炉峰上建了草堂来自娱。

蜘蛛隐

楚国龚舍①随楚王朝未央宫,见赤蜘蛛大如栗,四面罗网,有虫触之,不得出而死。乃叹曰:"仕宦者,人之罗网,岂可久淹邪?"即挂冠②去。人谓"蜘蛛隐"。

【注释】

①龚舍:字君倩,西汉后期武原(今江苏徐州)人,经学家,官至光禄大夫。 ②挂冠:指辞官。

【译文】

楚国的龚舍随楚王到未央宫朝见皇帝,见一只红蜘蛛和栗子一样大,在四面结网,有昆虫碰上蛛网,不能逃离而丧生。龚舍就感叹说:“做官就是罗网,怎么能长期淹留呢?”于是就辞官而去。人称他为“蜘蛛隐”。

笑范蠡而羡渊明

三徙成名[①],笑范蠡碌碌浮生,纵扁舟负却五湖风月;一朝解绶[②],羡渊明飘飘遗世,命巾车[③]归来满架琴书。

【注释】

①三徙成名:范蠡作为越王勾践的谋士尽智竭力为越王报仇,灭了吴国,这是第一徙成名;此后功成身退,在齐国变名致富,佩齐国相印,这是第二徙成名;又弃相迁陶,成了亿万富豪,被称为陶朱公,这是第三徙成名。徙,变换居所。 ②解绶:解下印绶,指辞去官职。 ③巾车:有布篷的小车。

【译文】

可笑范蠡三徙成名,碌碌一生,虽泛舟于五湖之中,却辜负了五湖美丽的景色;羡慕陶渊明一朝辞官,洒脱地抛弃世间之事,坐巾车重返田园,与满架琴书为伴。

澹泊绝俗

朱桃椎[①]澹泊绝俗,披裘曳索[②],人莫能测。长史窦轨[③]见之,遗以衣服,逼署乡正[④],委置不服。更结庐山中,夏则裸,冬则缉木皮叶以自蔽,赠遗一无所受。尝织十芒屩[⑤]置道上,见者曰:“朱居士屩也。”为鬻米茗易之,置其所,辄取去,终不与人接。

【注释】

①朱桃椎:隋末唐初居住在成都的著名隐士。 ②披裘曳

索：即“披裘带索”，披羊皮裘，以绳索为衣带，形容衣着寒素。③窦轨：字士则，隋唐时岐州平陆（今山西平陆）人，官至右卫大将军，爵封酂国公。 ④乡正：隋、唐以五百户为乡，置乡正一人，理民间诉讼。 ⑤芒屩（juē）：草鞋。

【译文】

朱桃椎淡泊自守，隔世绝俗，披裘带索，没有谁能测其所为。长史窦轨见到他，送给他衣服，强迫他做乡正，他把赠送的衣服扔到地上不穿。朱桃椎又逃到山中建房居住，夏天裸露身躯，冬天则缝树皮树叶来御寒，人们赠送给他的东西全不接受。他曾自织十双草鞋，放在路边，见到的人都说：“这是朱隐士织的草鞋。”于是拿来米与茶叶，放在放草鞋的地方，与他交换，朱桃椎就在无人的时候将米拿走，终究不与人交往。

避喧谢客之策

住山须一小舟，朱栏碧幄，明棂短帆。舟中杂置图史、鼎彝、酒浆、荈①脯②。近则峰泖③而止，远则北至京口、南至钱塘而止。风利道便，移访故人，有见留者，不妨一夜话，十日饮。遇佳山水处，或高僧野人之庐，竹树蒙葺（一），草花映带④，幅巾杖履，相对夷然。至于风光淡爽，水月空清，铁笛一声，素鸥欲舞。斯亦避喧谢客之一策也。

【校勘】

（一）蒙葺：当为“蒙茸”之误，蓬松杂乱的样子。此有茂盛之意。

【注释】

①荈（chuǎn）：茶的老叶，即粗茶。 ②脯：肉干。 ③泖（mǎo）：水面平静的小湖。 ④映带：景物相互衬托。

【译文】

住在山中须备一小船,朱红的栏杆,碧绿的帷帐,明亮的舷窗,短短的帆篷。船上要杂放着史籍、鼎彝、粗茶及干肉等。小船近则在山峰下小湖停下来,远则北到京口(今镇江)、南到钱塘(今杭州)停下来。顺风顺路的时候,可以去造访好友,如被留,不妨一夜话旧,十日痛饮。遇到山清水秀之处,或者高僧隐士的草房,竹树茂盛,花草相映,头顶幅巾扶杖散步其中,面对美景有泰然安定之感。至于风光淡雅清爽,水月澄澈空明,铁笛一声,白鸥翩翩起舞。这也是避世俗喧嚣谢绝俗客的一个办法。

孙冕题壁

宋孙集贤冕①守苏期年,大书诗于壁,拂衣去。及诏下,已归矣。诗曰:"人生七十鬼为邻,已觉风光属别人。莫待朝廷差致仕,早谋泉石②养闲身。去年河北曾逢李(一),今日淮西又见陈。寄语姑苏孙太守,也须抖擞老精神。"

【校勘】

(一)李:此则来源于北宋文莹的《湘山野录》。据《湘山野录》,"李"指李见素,或云陈、李二公被差致仕。

【注释】

①孙集贤冕:即集贤院直学士孙冕,临江军新淦(今属江西)人,宋太宗雍熙年间进士,累官至礼部侍郎。因做过集贤院直学士,故称孙集贤。　②泉石:指山水。

【译文】

北宋集贤院直学士孙冕做苏州太守满一年后,在墙壁上郑重题诗,然后拂衣而去。到朝廷让他再出仕的诏书下达时,他已回到了家乡。诗云:"人生七十鬼为邻,已觉风光属别人。莫待朝廷差致仕，早谋泉石养闲身。去年河北曾逢李，今日淮西又见陈。寄语姑苏孙太守，也须抖擞老精神。”

良辰与好景

三径①竹间，日华澹澹②，固野客③之良辰。一编窗下，风雨潇潇，亦幽人④之好景。

【注释】

①三径：指归隐者的家园或是院子里的小路。典出东汉赵岐《三辅决录·逃名》：“蒋诩归乡里，荆棘塞门，舍中有三径，不出，唯求仲、羊仲从之游。” ②日华澹澹：日光晃动的样子。③野客：村野之人，多借指隐逸者。 ④幽人：幽隐之人，隐士。

【译文】

略。

山居不难

有客谓山居眷属难，山邻难，山友难，山仆难。余(一)谓如此则山堂前草深一丈矣。不如敕断①家事，择二三童子自随，其强干者以备烹爨②树艺③，文弱者以备洒扫抄写。子孙相体者，则送供养④；宾朋相念者，则通馈问⑤，此外靡知其它。

【校勘】

(一)余：此则抄自陈继儒的《岩栖幽事》，当指陈继儒。

【注释】

①敕断：裁断。这里指妥善安排处置。 ②爨(cuàn)：烧火做饭。 ③树艺：种植，栽培。 ④供养：供奉祭奠的物品。⑤馈问：馈赠慰问。

【译文】

有客人说山居带眷属很难,找邻居难,寻友人难,雇仆人难。我认为像这样的话,那么山中草堂前的草要深达一丈了。欲隐居者不如妥善安排处置家事,选二三个童仆跟随自己,其中精明强干的用来烹茶做饭、栽花种草,文弱的用来洒扫院落、抄写文章。子孙中有体恤的就送来供奉祭奠的物品;朋友中有思念的,就相互馈赠慰问,此外就不知有别的了。

张廌不见右军

晋张廌①隐居顺志(一)。家有苦竹②数十顷,张于竹中为屋,常居其中。右军③造之,张逃避竹中,不与相见。

【校勘】

(一)顺志:此则又见于南朝宋郑缉之《永嘉郡记》,作"颐志"。

【注释】

①张廌(zhì):字子雁,号文君,东晋乐成(今温州乐清)人。隐居丹霞山麓,不应征召,平素修道颐志,以炼丹为事。 ②苦竹:竹的一种,竿矮小,节比别的竹子长。 ③右军:指王羲之。因王羲之曾领右将军,故称。

【译文】

东晋人张廌隐居养志。张廌家有几十顷苦竹,就在竹林里搭一草房,常常住在其中。右军王羲之来访,他逃避到竹林中,不与王羲之相见。

免恼嵇康索报书

士大夫得交朋书问,有懒傲不肯即答者。记白乐天一绝①

云:“岂是交亲向我疏,老慵自爱闭门居。近来渐喜知闻断,免恼嵇康索报书②。”

【注释】

①一绝:指白居易的绝句《老慵》。 ②嵇康索报书:求嵇康回复的书信。典出嵇康《与山涛绝交书》:“素不便书,又不喜作书,而人间多事,堆案盈几,不相酬答,则犯教伤义,欲自勉强,则不能久。”

【译文】

士大夫收到新交故友的问候书信,有懒散傲慢不肯立即答复的。记得白居易的一首绝句说:“岂是交亲向我疏,老慵自爱闭门居。近来渐喜知闻断,免恼嵇康索报书。”

韩信不知几

淮阴①起徒步②,拜将封王,富贵已极。壁军一夺③,云梦再禽④,祸几已在眉睫矣。不以此时急返淮阴垂钓处,而空送九族于吕雉之手。赤松子⑤之徒不笑人乎?

【注释】

①淮阴:指淮阴侯韩信,兴汉“三杰”之一。因功大,被刘邦封为齐王,后徙为楚王,再后来削王爵而封淮阴侯,最后被刘邦的皇后吕雉杀死在未央宫。 ②徒步:指步行,也是平民的代称。③壁军一夺:指刘邦两次夺韩信兵权。第一次是在公元前204年,刘邦独身闯到设在修武的韩信营垒中,趁韩信熟睡,收缴其兵符印信。第二次是在战败项羽后,采取突然袭击的办法,突然夺取了韩信的军权,使韩信丧失了对三十多万军队的指挥权。壁,营垒。 ④云梦再禽:公元前201年,汉高祖刘邦采用陈平之计,以游云梦泽为名,趁韩信在陈地郊迎时将其擒获。 ⑤赤松子:

古代神话传说中有智慧的隐逸人物,相传为神农时雨师。

【译文】

淮阴侯韩信由布衣平民而拜将封王,富贵已到了顶点。韩信在营垒中军权被夺,又在云梦被擒获,灾祸已迫在眉睫了。韩信不在此时归隐淮阴当年垂钓的地方,却白白让自己的九族断送在吕雉的手中。赤松子这类人不笑话他吗?

极乐四月天

四月有新笋、新茶、新宛豆、新含桃①,绿阴一片,黄鸟数声,乍晴乍雨,不暖不寒。老夫非雅非俗,半醉半醒,尔时如从鹤背飞下。

【注释】

①含桃:樱桃的别称。

【译文】

四月有新笋、新茶、新豌豆、新樱桃,四处一片绿荫,林间黄莺几声歌唱,天气忽而晴朗忽而阴雨,不冷不热。老夫非雅非俗,半沉醉半清醒,这时就像是从仙鹤背上飞下来的神仙一样。

田园粗足之乐

贫贱不如富贵,俗语也;富贵不如贫贱,矫语也。贫贱奔走衣食,妻孥交谪,亲不及养,子不能教,何乐之有?惟是田园粗足,丘壑可怡,水侣鱼虾,山友麋鹿;耕云钓雪,诵月吟花;同调之友,两两相命①;食牛之儿,戏着膝间;或兀坐一室,习静无营;或命驾②扶藜,留连忘反:为乐不减真仙,何寻常富贵足云?

【注释】

①相命:和鸣。 ②命驾:指命人驾车马,也指乘车出发。

【译文】

贫贱不如富贵,是世俗的话;富贵不如贫贱,是矫情的话。贫贱的人为衣食而奔波,妻子孩子一起埋怨,父母不能赡养,子女不能教育,有什么快乐可言呢?只有田园可以大体维持生活的情况下,才可以欣赏山陵沟壑之美,可以与水中的鱼虾为伴侣,与山中的麋鹿交朋友;可在云间耕田,在雪中垂钓,歌诵秋月,吟咏春花;志趣相投的朋友,可以相互唱和;放牛的儿童,嬉戏于膝间;时或端坐一室,习养静寂的心性,没有任何营求;时或驾车出游,扶杖散步,留连忘返:其中的乐趣不比做真正的神仙少,平常的富贵哪里值得说呢?

老尽往来名利客

傅尧俞[①]《过清远峡》诗:"岩头风急树欹斜[②],江畔渔樵十数家。老尽往来名利客,年年秋水映芦花。"

【注释】

①傅尧俞:字钦之,北宋郓州须城(今山东东平)人,哲宗时官至中书侍郎。 ②欹(qī)斜:倾斜,歪斜。

【译文】

略。

午后优游

三商[(一)]而眠,高春[①]而起,静院明窗,罗列图史琴樽以自娱;有兴则泛小舟,吟啸览古于江山之间。渚茶野酿,足以消忧;莼鲈稻蟹,足以适口。又多高僧隐君子,佛庙绝胜;家有林园,珍花奇石,曲池高台,鱼鸟留连,不觉日暮。

【校勘】

(一)三商:即三刻。古代用漏刻计算时间,一刻叫作一商。一说,商为“商”之讹字,“三商”应为“三商”。商,音滴,与夏、商之商不同。苏易简文:“三商而眠,高舂而起。”用其语也。今人多误读。近人朱起凤亦持此说,谓“商”即滴之省文,“三商”即漏三滴,见《辞通》卷二十四。

【注释】

①高舂:指日影西斜近黄昏时。

【译文】

午时过三刻就休息,日影西斜时分起床,庭院静谧,窗子明亮,可以翻阅罗列的图册史籍,弹琴饮酒来自娱;有兴致可以驾小舟,吟咏啸歌,在江山之间游览古迹。渚间粗茶,村中浊酒,足以消愁解闷;莼菜、鲈鱼、稻米、蟹子,足以适合口味,填饱肚皮。又有许多高僧隐士,可以欣赏佛寺绝妙的建筑;家有园林,花草珍贵,石头奇异,池沼曲折,亭台高耸,鱼鸟留连,不觉天色已晚。

心净自然凉

韩持国①遇颖士(一)自郊居来,因问:“郊居凉乎?”曰:“凉。野人无修檐大厦,旦起不畏车马尘埃之役,胸中无它念,露形挟扇,投足木床,视木阴东摇则从东,西摇则从西。”语未竟,持国曰:“汝勿言,吾心亦凉矣。”

【校勘】

(一)颖士:当为“颍士”之误,指隐士。相传许由是尧帝时的隐士,尧帝让他做九州长官,许由到颍水边洗耳,表示不愿听到这些世俗浊言,因此隐士又称“颍士”。

【注释】

①韩持国:即韩维,字持国,北宋开封雍丘(今河南杞县)人,官至门下侍郎,著名诗人。

【译文】

韩持国遇到来自郊外的隐士,问道:"郊外居住凉爽吗?"隐士回答:"凉爽。隐逸之人没有长檐大厦,早上起来不怕车马尘埃的役使,胸中没有杂念,身体袒露,扇不离手,躺在木床上,看树荫东移,木床随之东移,树荫西移,木床随之西移。"话没说完,韩持国说:"你不要说了,我的心也清凉了。"

舍所乐而从所惧

闻道士遗言:"饵术①黄精②,令人寿永。"意甚信之。游山泽,观鱼鸟,心甚乐之。一行作吏③,此事俱废。安能舍所乐而从所惧哉?

【注释】

①饵术(zhú):服食苍术。传说久服可以成仙。 ②黄精:药用植物,具有补脾、润肺生津的作用。 ③一行作吏:一经做官。

【译文】

听道士留下的话说:"服食苍术黄精,可使人长寿。"心里很认可这说法。游览山川湖泽,观鱼游鸟飞,内心非常喜欢。一经做官,服药游览的事都没有了。怎么能舍弃让自己快乐的事却去做那可怕的事(指做官)呢?

高隐吕徽之

吕徽之①居芳山(一)中,综博②述咏③,渔以自给。一日,群贵游子弟因雪霁，觅而访之。唯草屋壁立，忽米桶内有人，乃徽之妻也，以天寒无衣，坐为障耳。因问先生何在，答曰："溪上捕鱼。"乃至彼见之，徽之隔溪谓曰："少需之，得鱼易酒饮诸公也。"俄顷，携鱼酒至，尽欢散别。翼旦，复蹑其踪，则徽之已行矣。

【校勘】

（一）芳山：此则故事又见于元末明初陶宗仪的《南村辍耕录》，"芳山"当为"万山"之误。

【注释】

①吕徽之：元末明初隐士，长年隐居万山中，能诗擅赋，安贫乐道，耕渔为生。　②综博：广博。　③述咏：以诗歌形式叙述事理。

【译文】

吕徽之隐居万山中，学识广博，能以诗歌叙述事理，靠打鱼谋生。一天，一群富贵子弟趁雪后初晴，来寻访吕徽之。看到吕徽之住的是茅草屋，家徒四壁，忽然发现米桶内有人，原来是吕徽之的妻子，因为天寒无衣，坐在米桶里面来抵御寒冷。问她吕徽之先生在什么地方，回答说："在溪边捕鱼。"于是跑到那儿见他，徽之隔溪对他们说："稍微等一会儿，钓到鱼后换酒给众位喝。"不久，提鱼酒回来，宾主欢饮，分散告别。第二天早晨，再追寻他的行踪，吕徽之已搬走了。

大寂不必深山

何必深山，萧然大寂？门外即市廛①，喧嚣百丈，短垣薜荔②限之，如隔万里。人世是非，绝不入幽人耳，即偶入耳，亦不得入我（一）丹元府③，辄有梧风吹之而去。

【校勘】

(一)我:指明代后期的文学家屠隆。此则抄自屠隆《鸿苞》卷二十二。

【注释】

①市廛(chán):商店集中处,犹言市场。　②薜荔:又名木莲,常绿藤本植物。　③丹元府:道家指心。

【译文】

何必到深山之中,才能获得清寂呢?门外就是市场,非常喧嚣,长满薜荔的短墙隔开,就如同相去万里。人间的是非绝不会进入隐士耳中,即使偶或进入耳中,也不能进入我的心中,一旦进入,就被梧桐树中的风吹散了。

山居胜城市

山居胜于城市,盖有八德:不责苛礼,不见生客,不混酒肉,不竞田宅,不问炎凉,不闹曲直,不征文逋①,不谈仕籍②。如反此者,是饭侩牛③店,贩马驿也。

【注释】

①文逋:拖欠的文债。　②仕籍:旧指记载官吏名籍的簿册。③侩牛:谓从中撮合牛的买卖。东汉王君公隐居,靠侩牛为生,后以侩牛泛指隐居生活。

【译文】

山居胜城市,大概有八种好处:不苛求烦琐的礼仪,不会见陌生的客人,不混迹于酒肉之徒当中,不竞争田地宅院,不问世态炎凉,不闹是非曲直,不追讨文债,不谈论仕籍。如反此道而行,山居之所就是靠侩牛为生的店铺、贩卖马匹的驿站。

入山惟恐不深

眉公云："闭户即是深山。"嗟乎！应接稍略，遂来帝鬼[①]之讥；剥啄[②]无时，难下葳蕤之锁[③]。言[④]念及此，入山惟恐不深。

【注释】

①帝鬼：阴险害人的人。 ②剥啄：敲门。 ③葳蕤之锁：即葳蕤锁，闺阁之物。《录异记》："葳蕤锁，金缕相连，屈伸在人。"韩翃《相和歌辞·江南曲》："青楼不闭葳蕤锁，绿水回通宛转桥。" ④言：语助词，无义。

【译文】

眉公（陈继儒号眉公）说："关上门就如同在深山之中。"唉！交往的礼节稍微粗略，会招致阴险之人讥讽；经常有人敲门，门难以下锁。想到这个，唯恐入山不深。

乞归骸骨

萧嵩[①]为相，与韩休[②]不协，因乞骸骨[③]。玄宗曰："朕未厌卿，卿何庸去？"嵩曰："臣爵位已极，幸陛下未厌臣，得以乞身；如陛下厌臣，首领不保，又安得自遂乎？"

【注释】

①萧嵩：字乔甫，号体竣，兰陵（今山东临沂）人，唐玄宗时官居宰相。 ②韩休：字良士，京兆长安（今陕西西安）人，唐玄宗时官居宰相。 ③乞骸骨：指古代官员申请退休。

【译文】

萧嵩为宰相，与韩休不和睦，所以请求退休。唐玄宗说："我并没有讨厌卿，卿为何辞官而去？"嵩回答说："我官职爵位已到顶点，幸而陛下并没有讨厌我，才得以退休；如果陛下讨厌我，脑袋难保，又怎么能满足自己退休的心愿呢？”

王冕归隐

王冕①买舟②下东吴③，渡大江，入楚淮，历览名山川。或遇奇才侠客，谈古豪杰事，即呼酒共饮，慷慨悲吟。指旧都曰：“不满十年，此中狐兔游矣！”隐九里山，种豆三亩，粟倍之；树梅花千，桃杏居其半；芋一区，薤④韭各百本；引水为池，种鱼千余头；结茅屋三间，自题为“梅花屋”。

【注释】

①王冕：字元章，号煮石山农，浙江诸暨人，元朝著名画家、诗人、篆刻家。 ②买舟：雇船。 ③东吴：古地域名，相当于现在江苏南部、浙江、安徽南部地区。 ④薤（xiè）：百合科植物，鳞茎可作蔬菜。

【译文】

王冕雇船南下东吴，渡过长江，进入荆楚淮河地区，游遍名山大川。有时遇到奇才侠客，纵谈古代豪杰之事，谈到痛快之处，呼酒共饮，慷慨悲歌。曾指旧都城（元代京城大都，今北京）说：“不超过十年，这里会有奔跑的狐狸兔子（指战乱）。”隐居九里山（今浙江会稽九里山），种豆三亩，种粟六亩；栽梅花千株，桃树杏树各五百棵；种芋一区，薤韭各百株；又开池引水，养鱼千余头；盖茅草屋三间，自题名为“梅花屋”。

高凤不仕

高凤①年老，执志不倦，名声著闻。太守连召请，恐不得免，自言本巫家[2]，不应为吏；又诈与寡嫂讼田，遂得不仕。

【注释】

①高凤：字文通，南阳叶县（今属河南）人，东汉著名隐士。②巫家：巫师家庭。古为贱业，其子弟不得为官。

【译文】

高凤年老了，坚持志向，从不倦怠，名气很大。太守连续召请，高凤恐怕难以脱身，自称本是巫家，不应做官；又假称与寡嫂为争田地而诉讼，于是免于做官。

逸民苏云卿

苏云卿[1]，广汉人，来豫章东湖，结庐以居，人称为苏翁，艺圃织屦为活。有暇则闭门高卧，或危坐终日，莫测识也。少与张浚[2]为布衣交[3]。浚为相，驰书函金币属豫章帅[4]及漕[5]曰："余乡人苏云卿，管乐[6]流亚[7]，幸亲造其庐，必为我致之。"帅漕密物色，曰："此独有灌园苏翁，无云卿也。"帅漕乃屏骑从，更服为游士，入其圃。翁运锄不顾，进而揖之，翁曰："二客何从来也？"延入室。土铿[8]竹几，地无纤尘，案上有《西汉书》二册。二客恍若自失，默计此为苏云卿也。既而汲泉煮茗，意稍款恰，遂扣其乡里，徐曰广汉，客曰："张德远，广汉人，翁当识之。"曰："然。"客又问："德远何如人？"曰："贤人也。第长于知君子，短于知小人。德有余而才不足。"因问："德远今何官？"二客曰："今朝廷起张公，欲了此事。"翁曰："此恐怕他未便了得在[9]。"二客起而言曰："张公令某等致公，共济大业。"因出书函金币置几上，力请与之共载，云卿辞以诘朝[10]上谒。及期，遣使迎伺，则扃户[11]阒然[12]。排闼入，则书币不启，家具如故，而翁已遁矣。

【注释】

①苏云卿：广汉（今属四川）人，南宋著名隐士。 ②张浚：字德远，世称紫岩先生，汉州绵竹（今属四川）人，南宋名相、抗金名将。 ③布衣交：平民之间的交往、友谊。布衣，古代平民的衣着，借指平民。 ④帅：即安抚使，南宋安抚使是一路高级军政长官，照例由文臣充任，但往往带都总管衔，统辖军队，掌管兵民、军事、兵工、工程诸事，也管民政。 ⑤漕：即转运使，宋代转运使除掌握一路或数路财赋外，还兼领考察地方官吏、维持治安、清点刑狱、举贤荐能等职责。 ⑥管乐：即管仲和乐毅。管仲，字仲，又称管敬仲，生于颍上（颍水之滨），春秋时杰出的政治家，以其卓越的谋略辅佐齐桓公成为春秋时第一个霸主。乐毅，子姓，乐氏，名毅，字永霸。中山灵寿（今河北灵寿西北）人，战国后期杰出的军事家，官拜燕国上将军，辅佐燕昭王振兴燕国。 ⑦流亚：同一类的人或物。 ⑧土铫：炊具，犹今之砂锅。 ⑨在：句末语气词，无意义。 ⑩诘朝：同"诘旦"，即平明，清晨。 ⑪扃户：闭户。 ⑫阒（qù）然：形容寂静无声的样子。

【译文】

苏云卿，广汉人，来到豫章（今江西南昌）东湖，修筑庐舍居住在那里，人们称他为苏翁。苏翁靠种菜织草鞋谋生。闲暇之时，闭门高卧，有时整天端坐，高深莫测。苏翁年轻时，与张浚是布衣之交。张浚后来做了宰相，派人骑着马，带上书信金钱，嘱托豫章安抚使及转运使说："我的同乡苏云卿是与管仲、乐毅同一类的人物，希望你们能亲自到他家，一定要替我把他请出来。"安抚使及转运使派人认真寻找，回报说："这里只有灌园的苏翁，没有苏云卿这个人。"安抚使及转运使便不带骑士随从，装扮成游士，来到苏云卿的菜园中。这时，老人正拿着锄头在干活，没有注意他们，安抚使及转运使走上前去行礼,老人问:“二位客人从哪里来?”便请他们到屋里去。屋里有砂锅竹几,地上一尘不染,案上有《西汉书》(即《汉书》)二册。二人茫然,若有所失,心里暗想,这人就是苏云卿了。不一会儿,老人汲泉水煮茶,宾主感情渐渐融洽,客人便问老人的家乡在何处,老人慢慢回答说是广汉,客人说:“张德远,是广汉人,您应当认识他。”老人回答说:“认得。”客人又问:“您觉得张德远是个什么样的人?”老人回答说:“贤人。只是他很了解君子,却不大了解小人。德行有余而才干不足。”于是问:“德远现在担任什么官职?”客人说:“现在朝廷起用张公,正是想了结此事(为国家选拔真正的人才)。”老人说:“这恐怕不是他了结得了的。”客人站起来说:“张公叫我们请您去与他共同完成大业。”于是便把书信和金币放在案上,极力邀请苏云卿与其一同乘车回去,苏云卿推辞说他明早登门拜望客人。第二天早晨,官府派人来迎接苏云卿,却发现门户紧闭,一片寂静。推门进去,书信尚未拆,金币也没有打开,家具还是原来那样,而苏云卿已经逃走了。

魏桓隐身

魏桓①,安阳人。桓帝时数被征,其乡人劝之行,桓曰:“夫干禄②求进,所以行其志也。今后宫千数,其可损乎?厩马万匹,其可减乎?左右权豪,其可去乎?”乃(一)慨然叹曰:“使桓生行死归,于诸子何有哉?”遂隐身不出。

【校勘】

(一)乃:据《后汉书·周黄徐姜申屠列传》,前脱“皆对曰不可”诸字,致使文字不通。

【注释】

①魏桓:安阳(今属河南)人,字仲英,东汉后期著名隐士。

②干禄:求禄位,求仕进。

【译文】

魏桓是安阳人。东汉桓帝时他多次被朝廷征召,同乡劝他前去赴任,魏桓说:"求取官位谋求进身,这是实现志向的办法。现在皇帝后宫女子有几千人,数量难道能减少吗?马厩中有马匹数万,数量难道能压缩吗?身边的权贵豪族,难道能除掉吗?"众人都回答说不可能。于是魏桓感慨叹息说:"让我活着去,死了回来,对大家又有何用处呢?"于是隐身不出。

冥果卷之二十

果报影投形，种兰得香，布棘得刺，定盘星爽过几分？功曹①声应响，恶沦诸趣②，善证菩提③，明镜台④放着谁氏？即身前身后，或俟片时；而造福造业，不磨永劫⑤。所愿乘风破浪者牢定柁竿⑥，普告勒马临崖人急收缰勒。纂冥果⑦第二十。

【注释】

①功曹：道教中指考察记录功劳、掌管功劳簿的神仙，分值年、值月、值日、值时四种，合称四值功曹。 ②诸趣：佛教语，六道轮回的别称。佛教的轮回说认为人死后神识进入轮回各道，由于自我善恶业力的不同，在六道中升降浮沉。趣，为往到之义，即由恶业所感，而应趣往之处所。 ③证菩提：证悟断绝世间烦恼而成就涅槃之智慧，此处指获得好报。 ④明镜台：明亮的台镜，用来比喻心灵。 ⑤永劫：佛教语，谓永无穷尽之时。 ⑥柁竿：船舵。 ⑦冥果：谓神灵的报应不爽。

【译文】

因果报应就像形体投射的影子，栽培兰花就获得芳香，种植荆棘就获得尖刺，定盘星错过几分？功曹的记录就像声音发出的回响，作恶会沦为恶道，行善会获得好报，心里如何决断？身前之于身后的转化，有时只待片刻；而行善作恶，影响到无穷尽之时。所期望的是乘风破浪者把牢船舵，通告悬崖勒马者赶快收住缰绳嚼勒。纂冥果第二十。

有记人与无情汉

直日功曹是个有记人，据(一)善恶簿子里直书，定盘星分文不爽；阎家老子是个无情汉，尽罪福业镜①中照出，至公②堂毫发难容。

【校勘】

(一)据：此则出自明代屠隆的《昙花记》，原文作“上”。

【注释】

①业镜：佛教词语，谓诸天与地狱中照摄众生善业恶业的镜子。　②至公：最公正，极公正。

【译文】

值日功曹是个有记性的人，上善恶簿里秉笔直书，定盘星分文不差（谓极其公正）；阎王老子是个无情的人，把人的善恶从业镜中照出，至公堂上不讲丝毫情面。

隐忍得厚禄

元自实恨缪君(一)负德，鸡鸣砺刃往杀之。道过一小庵，庵主轩辕翁者，见有奇形凶状之鬼，握刀秉剑，数十从之；少顷回，则金冠玉佩，擎幡拥盖，百十相随。翁意其死也，明往问无恙。翁曰：“本日何往？又何遽归？”自实言：“缪君负德，晨将杀之。及至门，思彼虽负吾，妻子何尤？且有老母，安可杀之？遂隐忍归耳。”翁贺之曰：“子将有厚禄，神明已知之矣。”

【校勘】

(一)元自实恨缪君：此则又见于明初瞿佑《剪灯新话》中的《三山福地志》。元自实与缪君皆虚构人名，元自实乃“原本真实”之意，缪君乃“错谬之人”之意。

【译文】

元自实恨缪君违背道德，鸡叫的时候磨好刀去杀他。路过一小庵，庵主轩辕翁见有奇形怪状的鬼，手握刀剑，有几十个跟随元自实；不一会回来时，则有头戴金冠身系玉佩，举旗拥盖的百十人跟随。轩辕翁认为元自实已死了，天亮后去问，元自实却没什么事。轩辕翁问："今天你去什么地方了？又为什么匆忙回来？"自实说："缪君违背道德，本来早上要杀死他。等到他家门上，想到他虽然对不起我，他的妻子儿女又有什么罪过？况且他又有老母亲，怎么能杀他呢？于是就强力克制忍耐回来了。"轩辕翁祝贺他说："你将获得优厚的俸禄，神灵已经知道了。"

朱文公索诗

朱文公患足疾，有道人为针熨，旋觉轻便。公喜，赠以诗曰："几载相扶藉瘦筇①，一针还觉有奇功。出门放杖儿童笑，不是从前勃窣②翁。"道人得诗去。数日足病大作，追寻莫知所往，公叹曰："非欲罪彼，但索前诗，恐持此误人耳。"是夜梦神曰："公一念动天矣。"足疾旋瘳③。

【注释】

①瘦筇：瘦竹杖。 ②勃窣（sū）：跛行。 ③瘳（chōu）：病愈。

【译文】

朱文公（朱熹谥号为文）患腿脚病，有一道士给他针灸治疗，很快就感到轻便。朱文公很高兴，赠给他诗说："几载相扶藉瘦筇，一针还觉有奇功。出门放杖儿童笑，不是从前勃窣翁。"道士得诗后就离开了。几天后朱文公腿脚病犯得更厉害了，于是追寻道士，可是不知道士去了哪里，朱文公叹息说："不是想要责怪他，只是想要回我写的诗，害怕他拿诗句骗人罢了。”这天晚上朱文公梦见神对他说：“您这一想法感动了上天。”他的腿脚病很快就痊愈了。

请君入瓮

周兴[①]秉性残酷，与索元礼[②]、来俊臣[③]等撰《罗织经》，网罗无辜，枉杀数千家。未几，有告兴不轨。太后怒，命俊臣鞫之。时俊臣与兴方共推事，谓兴曰：“囚多不承，奈何？”兴曰：“此甚易耳。取大瓮，以炭火四围炙之，令囚入其中，何事不承？”俊臣乃索大瓮，火炙如法，起谓兴曰：“奉内状推兄，请兄入瓮。”兴战栗叩头伏罪。流岭南，在道为仇家所杀。诏播其罪曰：“宜加赤族[④]之诛，以雪苍生之愤。”士民贺曰：“今日眠始帖席。”

【注释】

①周兴：雍州长安（今陕西西安）人，武则天重用的酷吏之一，官至尚书左丞。 ②索元礼：胡人，天性残忍，武则天重用的酷吏之一。 ③来俊臣：雍州万年（今陕西西安）人，武则天执政时的著名酷吏，组织人编写了《罗织经》。 ④赤族：灭全族。

【译文】

周兴生性残酷，与索元礼、来俊臣等人共同编撰《罗织经》，网罗无罪的百姓，错杀了数千家。不久，有人告发周兴图谋不轨。太后武则天很生气，命令来俊臣审讯他。当时来俊臣与周兴正在共同审理案子，对周兴说：“犯人大多不承认罪状，该怎么办？”周兴说：“这太容易了。取来一个大瓮，用炭火在四周烤它，让犯人入其中，什么事不承认？”来俊臣就找来大瓮，按照周兴说的方法烤它，站起来对周兴说：“奉诏审讯老兄，请兄入瓮吧。”周兴害怕得浑身哆嗦，叩头认罪。周兴被流放岭南，在途中被仇人所杀。朝廷下诏公布他的罪行说:“应该施加灭族的惩罚,来消除百姓的愤怒。”士民祝贺说:“今晚可以睡个安稳觉了。”

脱衣代偿遇鲍姑

崔炜①见一乞妪足蹶覆人酒瓮,被当垆②者殴击。炜脱衣代偿,老妪不谢而去。异日遇诸途,曰:“蒙为解难,吾有越井艾少许相赠,若遇赘疣,一灼立愈。”后遇一僧,赘垂于耳,依法愈之。僧因引至一大富家,主人有赘,一灼立愈。自是知名致富。一日,遇一人告曰:“老妪是鲍姑③,乃鲍静(一)女,葛洪妻也。行此炙于南海有日矣。”

【校勘】

(一)鲍静:据《晋书》,乃“鲍靓”之误。鲍靓,东汉司徒鲍宣之后,东晋上党(今山西长治)人,曾任南海太守,或云在罗浮山得道成仙。

【注释】

①崔炜:为晚唐裴铏文言小说《崔炜》一篇的主人公。 ②当垆:指卖酒。垆,放酒坛的土墩。 ③鲍姑:名潜光,上党(今山西长治)人,晋代著名炼丹术家、精通灸法,是我国医学史上第一位女灸学家。

【译文】

崔炜见到一讨饭的老太太跌跤后弄翻别人的酒瓮,被卖酒的人殴打。崔炜脱掉自己的衣服代为赔偿,老太太没有道谢就离开了。另一天崔炜在路上又遇见这位老太太,老太太说:“承蒙你为我解难,我赠给你一点越井艾(药名),若遇生有赘疣的人,用此药一烤立刻就好了。”崔炜后来遇到一僧人,赘疣垂到耳旁,用此法很快就治愈了。僧人就带崔炜到一个大富豪家,主人有肉赘,一烤就治愈了。

从此，崔炜知名致富。一天，崔炜遇到一个人告诉他说："老太太是鲍姑，就是鲍靓的女儿，葛洪的妻子。在南海（今广东）用此法针灸治病已经有很长时间了。"

走马报

张易之[①]为铁笼，置鹅鸭于内，中起炭火，铜盆贮五味汁，鹅鸭绕火走，渴即饮汁，表里皆熟，乃死。昌宗[②]活栏驴于小室中，起炭火置汁如前。昌仪[③]取铁橛钉入地，缚狗足于橛上，放鹰鹞活按其肉，肉尽狗犹活，号不已。易之曾过昌仪，忆马肠，取从骑破胁取肠，良久方死。后诛易之、昌宗，百姓脔其肉，肥白如猪肪，煎炙而食。昌仪打折双脚，抉取心肝，斩首通都[④]。

【注释】

①张易之：定州义丰（今河北安国）人，行五，人称五郎，白皙貌美，兼善音律歌词，武则天著名面首。 ②昌宗：即张昌宗，张易之之弟，排行第六，称六郎，美姿容，人称六郎美如莲花，武则天著名面首。 ③昌仪，即张昌仪，张易之、张昌宗之弟，为太平公主所宠，曾做过洛阳令、尚方少监，恃诸兄及太平公主之势，胆大妄为。 ④通都：四通八达的都市，此指洛阳。

【译文】

张易之制作了一个铁笼，把鹅鸭放置其中，中间生起炭火，再放一铜盆，盆内盛上五味汁，鹅鸭绕火奔跑，干渴就饮五味汁，里外全熟后，鹅鸭才死去。张昌宗用栏杆把活驴圈禁在一间小房中，室中生起炭火，置汁烘烤如上。张昌仪取铁钎钉入地中，把狗腿缚在钎上，放鹞鹰活吃狗肉，肉已吃尽，而狗还活着，号叫不已。张易之曾遇到张昌仪，想吃马肠，便取来随从的马，弄断马肋条取马肠，这匹马很长时间才死去。后来,张易之、张昌宗被诛杀,百姓将他们的肉切成片,这肉片肥白像猪油,然后煎烤吃掉。张昌仪被打断双腿,被挖出心肝,然后在四通八达的都市斩首示众。

人面痈

吴越①时有一僧,戒行精严。遇道人,与相知契。及分袂②,命之曰:"子有急难,可来某处相寻。"后僧为吴越王讲经,升沉香座。未几,发一人面痈③,痛不可忍,乃寻道人。指亭前水使洗之。既掬水,痈乃言曰:"且缓之。汝读《史记》,曾识④袁盎害晁错乎?子袁盎,吾晁错也。子害吾全家弃市⑤,偿债未了。以子九世出家,道行⑥精严,吾不得报。汝近坐沉香座,享用过丰,故吾得以害之。今真人解我以太乙甘露,不复为冤矣。"于是洗之,痛辄(一)心肝,绝久复苏。痈渐枯。

【校勘】

(一)辄:当为"彻"之误。

【注释】

①吴越:五代十国时期的十国之一,由钱镠在公元 907 年所建,都城为钱塘(今杭州)。 ②分袂:离别,分手。 ③人面痈:形状如人面的一种恶疮,迷信的人认为冤气所结寻仇所致。 ④识(zhì):记住。 ⑤弃市:处以死刑且示众。 ⑥道行:僧道修行的功夫。

【译文】

吴越时有一僧人,戒行精细严密。这僧人遇见一道士,二人成为知己。到分别时,道士对僧人说:"你有紧急困难时,可以来某处找我。"后来,僧人为吴越王讲经,坐上了沉香座。不久,僧人长了一个人面疮，痛得不能忍受，于是就去寻找道人。道人指亭前的水让他洗疮。僧人刚捧起水，那人面疮说："且慢。你读《史记》，可曾记得袁盎害晁错吗？你是袁盎转世，我就是晁错转世。你害我全家弃市，冤债没有还完。因你九代出家，道行精深，我不能报复你。近来你坐沉香座，享受过度，所以我可以害你了。现在真人用太乙甘露解除了我的冤气，以后咱们不再是冤家了。"于是僧人洗痈，痛彻心肝，昏死好长时间才醒过来。后来痈疮渐渐萎落。

仁心得嗣

镇江靳翁五旬无子，训蒙金坛。夫人鬻钗梳，买邻女为妾。翁归，夫人置酒于房，以邻女侍，曰："吾老不能生育，此女颇良，或可延嗣。"翁赧然。夫人谓己在而翁赧也，出，返扃其户。翁逾窗出，曰："汝意良厚，但此女幼时，吾尝提抱之，恒愿其嫁得所。吾老矣，又多病，不可以辱。"遂谒邻而返其女。逾年，夫人自受妊，生子贵①。登第为宰辅。

【注释】

①贵：即靳贵，字充道，号戒庵，江苏丹徒人，先世由庐州（今安徽合肥）迁京口，明武宗时官至户部尚书、武英殿大学士，谥号文僖。

【译文】

镇江靳姓老翁五十岁了还没有子嗣，在金坛教诲蒙童。妻子卖掉首饰，买邻女为妾。靳翁回家，妻子在房中摆酒，让邻女伺候他，说："我年纪大了，不能生育，这女孩子很好，也许可以延续子嗣。"靳翁羞愧脸红。妻子认为是自己在场而丈夫害羞，于是就出去，并把门反锁上。靳翁跳窗而出，说："你的用意是好的，只是这女孩子小时我曾抱过她，常希望她能嫁得其所。我年纪大了，身体又多病，不能辱没了她。”于是去见邻居并返还其女儿。第二年,妻子自己受孕,生下儿子靳贵。靳贵科举及第,后担任宰相。

狂惑寻死

吴曦[①]祖父有大功,世守四川。至曦谋据地而王,僚属言曰:“如此,则相公忠孝一朝扫地矣。”不听。时有拆曦名者曰:“三十一日我乃被戈。”果一月安丙[②]诛之。初曦未叛时,校猎[③]夜归,垂鞭四视,仰见月中一人,骑马垂鞭,与己维肖。问左右,见皆符,嘿自念曰:“我当贵,月中人其我也。”扬鞭揖之,其人亦扬鞭,乃大喜,遂反。夫妄心一萌,异形踵[④]至,只自狂惑寻死耳。

【注释】

①吴曦:德顺军陇干(今甘肃静宁)人,南宋将领、叛臣,信王吴璘之孙,节度使吴挺之子。 ②安丙:字子文,号晶然山叟,广安军甘溪场(今四川华蓥)人,南宋大将。 ③校猎:遮拦禽兽以猎取之。亦泛指打猎。 ④踵:追随。

【译文】

吴曦的祖父、父亲立有大功,世代镇守四川。到吴曦时,企图据地称王,僚属劝他说:“像这样,您一门忠孝就一旦名声扫地了。”吴曦不听劝。当时有人拆吴曦的名字说:“三十一日我乃被戈。”果然一个月内就被安丙诛杀。当初吴曦还未反叛时,狩猎后月夜归来,手提马鞭四处环视,仰望见月中有一人,骑马手提马鞭,与自己极相似。他问左右随从,所见与自己相符合,心中暗想道:“我该会富贵,月中人大概是我吧。”他扬鞭向月中行礼,月中人也扬鞭,吴曦心中大喜,于是就反叛了。狂妄的心一萌生,怪异之事便追随而到,只是让其发狂迷惑寻死罢了。

立心偏仄

燕相(一)薛瑗，持重权，不能平心。见人有得，如己有失；见人有失，如己有得。未尝荐一贤士，有可称者，疾之如仇，使不得进。晚年，一子死于狱，余皆盲聋喑哑，伛偻颠覆(二)。

【校勘】

（一）燕相：道藏《赤松子中诫经序》称薛瑗为宋大夫，《太上感应篇》李昌龄传称薛瑗“身相燕国”。

（二）覆：当为“痴”之误。

【译文】

宋国宰相薛瑗，掌握国家大权，存心不平正。见别人有所得，就如同自己有所失；看见别人有所失，就如同自己有所得。不曾推荐过一位贤德的人，对值得称道的人，像对待敌人一样嫉恨他，使其不能进身。薛瑗晚年，一个儿子死在狱中，其余的儿子都是瞎子、聋子、哑巴，或者驼背、癫狂、痴呆。

不弃哑女

郑叔通定夏氏女为婚，后女病哑，人劝别求。叔通曰：“某若不娶，此女无所归矣。未哑定婚，既哑弃之，人理也哉？”哑女遂归郑。郑后登进士，官至朝奉大夫①。哑女生二子，皆显。

【注释】

①朝奉大夫：宋文散官名，正五品，文官第十一阶。

【译文】

郑叔通与夏姓女子订婚，后来该女因病致哑，别人劝他另求他女。郑叔通说：“我如果不娶她，她就很难再嫁人。未哑时与她订婚，哑了却要抛弃她，这哪里是做人的道理？”哑女就嫁给了郑叔通。

郑叔通后来科考中进士，官至朝奉大夫。哑女生了两个儿子，地位都显贵。

杀妾殒命

杜嶷①纳一妾，年貌兼美，宠爱特甚。妾得父书，倚帘读之。嶷外还，而妾自以新来，羞以闻嶷，乃嚼吞之。嶷谓是情人所寄，命剖腹出书。妾气未断而书已出，嶷看(一)叹曰："吾不意忽忽②如此，伤天下和气，其能久乎？"夜见妾诉冤，旬日而死。

【校勘】

(一)看：据《太平广记》卷一百二十九，此字后夺一"讫"字。

【注释】

①杜嶷：南朝梁将领，京兆杜陵(今陕西西安)人，膂力过人，兼善骑射，后进位西荆州刺史。　②忽忽：不经意，轻率。

【译文】

杜嶷新纳一妾，年轻貌美，杜嶷特别宠爱她。妾收到父亲的家书，靠帘读信。杜嶷从外面回来，而妾自认为才过门，羞于让他知道自己的家事，就把信放入口中吞了下去。杜嶷怀疑是情人所寄，命人剖妾腹取信。妾气未断而信已被人拿出，杜嶷看完信后叹息说："我没想到这样草率，伤了天下和气，我的命难道能长久吗？"夜里梦见妾诉冤，十天后杜嶷就死去了。

使不得买命钱

郭景章(一)豪富，因醉以酒注子①打贫民赵安，注子嘴入脑而死。安有一子，景章厚赂隐之，人莫知也。后景章脑上忽生疮,可深三四分,见骨,脓血不绝(二)。迨疮透喉,遂死。造化手里,却使不得买命钱。

【校勘】

(一)郭景章:此则来源于五代后蜀周珽撰《儆诫录》。其称郭景章为蜀人。

(二)绝:据《儆诫录》,此字后原有"或时睹赵安"五字。

【注释】

①酒注子:酌酒用的注子,即酒壶的别称。

【译文】

郭景章是个富有且强横的人,在酒醉时用酒壶打贫民赵安,壶嘴砸入脑袋致使赵安死去。赵安有一个儿子,郭景章就送给他很多钱,让他隐瞒这事,没有人知道。后来景章脑袋上忽然生了疮,深有三四分,能看见骨头,脓血流个不断。等到疮烂透喉咙,景章就死了。造化那里,本是不能用钱来买性命的。

孙泰有隐德

孙泰(一)有隐德。姨老,以二女为托,曰:"姊损一目,汝可娶其幼。"姨卒,泰娶其姊,曰:"彼有废疾,非泰何适乎?"尝买铁灯台,磨之乃银也,即持还之。尝置别墅,用钱二百缗。人将他徙,闻老妪长恸,泰惊诘之,妪曰:"老妇尝逮事①吾姑于此,今为他人有,故悲耳。"泰怃然,因给曰:"吾适得京书,已别除官,所居且命尔子掌之。"言讫而去,不复返矣。他日,泰梦一神人,紫衣象简②,谓之曰:"汝平生德行不亏,名知天府,奉帝命增汝寿而昌汝后。"寿九十,子及第,世显官。

【校勘】

(一)孙泰:此则来源于五代王定保《唐摭言》。文中称孙泰为山阳人。

【注释】

①逮事：赶上侍奉。　②象简：即象笏，象牙制的手板，古代品位较高的官员朝见君主时所执。

【译文】

孙泰有别人不知道的高尚品德。他的姨母年事已高，把两个女儿托付给他，说："姐姐一只眼坏了，你可娶妹妹为妻。"姨母死后，孙泰娶了姐姐，说："她有残疾，我不娶她，她能嫁给谁呢？"孙泰曾买过一枚铁灯台，打磨后才知是银做的，就又还给卖主。孙泰曾用二百贯钱买到一处别墅。卖主将要搬家时，孙泰听到有老妇人大声哭泣，很惊奇，就问她哭的原因，老妇人说："我曾到这里赶上侍奉我婆婆，现在房子卖给他人，所以悲伤。"孙泰听后茫然失意，就撒谎说："我刚得到来自京城的书信，已被授予别的官职，这所别墅暂且由你儿子掌管。"说罢就离去，没有再回来。有一天，孙泰梦见一位神人，身着紫衣，手拿象牙笏板，对他说："你平生德行无亏，天府知名，我奉上帝的命令增加你的寿数，并且使你的子孙昌盛。"孙泰活到九十岁，儿子科考及第，世代官职显赫。

图人自图

荆溪有二人相善，一丰一窭[①]，窭子妻美。丰子设谋，谓有富家乏主计人，令往投之，窭子感谢。丰子具舟，并载其妻以行。将抵山，曰："留汝妻守舟，吾与汝先往询之。"偕上山，丰子宛转引溪林寂处，出钺斫死，佯哭下山，谓其妻曰："汝夫死于虎。"妇大哭，偕上山，至溪林寂处，拥而求淫，忽虎出丛柯间，啮丰子去。妇惊定，念夫果落虎口也，哭还。遥望山中一人哭来，骇以为鬼也，至则其夫，相携大哭，各道故，曰:“彼图淫汝,汝未淫;图死我,我未死。我何恨?”妇曰:“吾苦汝死,汝固不死;图报贼,贼固自报。我又何恨?”于是转悲为慰而归。

【注释】

①窭(jù):贫穷。

【译文】

荆溪(地名,在今江苏宜兴)有二人关系友好,一位富足一位贫穷,穷人的妻子很美丽。富人设谋,说是有一位富贵人家缺个管家,让穷人去应聘,穷人很感激。富人备好船只,还载着穷人妻子一同前往。快到一座山下时,富人说:“留下你的妻子看顾船只,我和你先去询问一下情况。”二人一起上山,富人把穷人引到溪林深处寂静的地方,拿斧头砍死穷人,假装哭着下山,对穷人妻子说:“你丈夫被老虎咬死了。”妇人大哭,和富人一起上山,到溪林深处寂静的地方,富人抱住穷人妻子图谋奸淫,忽然有虎从丛林中蹿出,咬住富人离去。穷人妻子从惶恐中镇定下来,以为丈夫果然落入虎口了,哭着返回。遥望山中有一个人哭着走来,非常惊骇,以为遇到了鬼,到跟前才知是自己的丈夫,二人拥抱大哭,各说原委,丈夫说:“他企图奸污你,而你没有被奸污;企图杀死我,而我没有被杀死。我还有什么遗憾呢?”妻子说:“我以为你死了而感到痛苦,你没有死;想报复恶贼,而恶贼自己遭了报应。我又有什么遗憾呢?”于是二人转悲伤为欣慰,一起回家了。

谋人杀子

蜀地岁荒,有客负米五斗,过村落中投宿。主人与妻谋夜杀之。子不之知,与客同宿。更阑[1],客起如厕。主人持锤至卧所,黑中见一人睡熟,即碎其首,呼妻曰:“喜五斗米属我矣。”妻举火照之，则其子也，遂大恸。客自外闻之，惊逸去。次早闻官，执主人，置于法。

【注释】

①更阑：更深夜残。

【译文】

蜀地遭灾荒，有一客人背负五斗米，至村中投宿。主人与妻子密谋夜里杀掉此人。主人的儿子不知道这事，与客人同住。更深夜残时，客人起身上厕所。主人手持铁锤到客人卧室，黑暗中见一人正熟睡，就砸碎其脑袋，喊妻子说：“很高兴这五斗米归我了。”妻子举灯火来照，发现被杀死的人原来是自己儿子，于是非常伤心。客人在外面听到后，惊惧而逃。第二天早上报官，官府逮捕了主人，并绳之以法。

周才美儿妇

周才美(一)娶妇，令理家政，付斗斛秤尺各两等，谕以出轻纳重大小长短之法。妇不悦，即刻拜辞舅姑。美愕然曰：“家薄有田产，可供伏腊①。何遽辞去？”妇曰：“翁所为逆天，妾他日生子定不肖，人谓妾所生，恐被累。”美曰：“如汝言，当悉除毁。”妇问用此几年，美曰：“约二十余载。”妇曰：“必欲留妾，许以小斗量入，大斗量出，小秤短尺买物，大秤长尺卖物二十年，以酬前日欺瞒之数。”才美感悟，欣然许诺，听其所为。妇后生二子，皆登第。

【校勘】

（一）周才美：此则又见于宋人应俊辑《琴堂谕俗编》，文中称周才美为信州人。

【注释】

①伏腊:古代两种祭祀的名称。“伏”在夏季伏日,“腊”在农历十二月。此借指生活或生活所需的物质资料。

【译文】

周才美为儿子娶妇后,把家政交给儿妇,把斗斛秤尺各两样交给她,并把出小入大、出轻入重、出短收长的方法教给她。儿妇不高兴,即刻拜见公婆并要辞别而去。周才美吃惊地说:“家里薄有田产,足够生活,为什么这么快就辞别而去?”儿妇说:“公爹所作所为违背天理,我以后生下孩子肯定是不肖之子,恐怕人家说是我生的,将受牵连。”周才美说:“照你所言,应当全部废除这套做法。”儿妇问用此法多少年了,周才美答:“大约二十多年了。”儿妇说:“你一定要留住我,就答应我用小斗量入,大斗量出,小秤短尺买物,大秤长尺卖物二十年,来偿还以前靠欺瞒获得的财物数量。”周才美感悟,高兴地答应她可以这样做。儿妇后来生了两个儿子,都科考及第。

祷告不雨

岁旱,有龙昌裔(一)者,家米数千斛,粜未既而有雨,米价稍贱。昌裔为文祷于神刚庙,祈更一月不雨。焚讫,还憩道亭。俄有黑云自庙后出,雷雨大至,昌裔震死亭外。官司简视髻中,得一纸书,则祷庙之文也。

【校勘】

(一)龙昌裔:此则又见于北宋徐铉《稽神录》。《稽神录》称龙昌裔为庐陵人。

【译文】

天大旱,有个叫龙昌裔的人,家中有数千斛米,粮食尚未卖完,天就下雨了,米价渐渐低了。昌裔作文到金刚神庙中祷告,祈求上天一个月不下雨。烧完祈祷文,龙昌裔返回路边亭里休息。一会儿有黑云从庙后出来,接着雷雨交加,龙昌裔被震死在亭外。官府检查他的尸体时,从发髻中找到一张写着字的纸,原来是他祷告神灵所作的文章。

行善得良嗣

江右①舒翁,馆②楚③二年,偕乡里同舟归。登岸散步,闻一妇哭甚哀,问故,曰:"夫负官银十三两,将鬻吾以偿,幼儿失哺必死,故悲耳。"翁曰:"舟中皆塾师,每人一两,足完汝事矣。"返告同行,皆不应,翁遂捐两年束脩尽与之。未至家三舍④,粮竭,众争非之,亦有怜而招之食者,翁不敢饱。及抵家,语妇云:"吾忍饥二日矣,速炊饭。"妇云:"安得米乎?"翁云:"借之邻。"云:"借已频,专候汝归偿耳。"翁告以捐金之故,妇云:"如此则寻常家饭可觅同饱也。"遂携篮往山中采苦菜,和根煮烂,同食一饱。夜寝,妇梦人呼云:"今宵食苦菜,明年产状元。"遂促翁(一)告之,翁曰:"此神告我也。"是夜有孕,明年生子芬⑤,果状元。

【校勘】

(一)翁:此则又见于明代袁了凡《祈嗣真诠》,"翁"后有"觉而"二字。

【注释】

①江右:江西的别称,古时在地理上以西为右,江西以此得名。 ②馆:设馆授徒。 ③楚:即楚地,指的是古楚国所辖之地,后来引申为湖南、湖北附近区域。 ④三舍:古代一舍三十

里，三舍为九十里。 ⑤芬：即舒芬，字国裳，号梓溪，明代进贤（今属江西）人，经学家，正德十二年（1517）状元，有《舒文节公全集》

【译文】

江西有位姓舒的先生，在楚地开馆授徒二年，和同乡一起乘船回家。在登岸散步的时候，他听到一妇女哭得伤心，问她原因，回答说："我丈夫欠官银十三两，要卖我来还钱，幼儿失去我的哺育肯定会死，所以悲伤。"先生说："船上坐的都是私塾的老师，每人捐一两银子，能够解决你的问题。"返回告诉同行，同行却都不答应，于是先生就把自己两年教书的酬金全部送给这位妇女。离家还有九十里路，粮食吃光了，众人争着指责他，也有可怜他给他饭吃的，先生从不敢吃饱。到家后，先生对妻子说："我已经忍饿两天了，快点做饭。"妻子说："到哪儿弄米呢？"先生说："向邻居借。"妻子回答说："已经多次向邻居借米，专等你回来还人家呢。"先生把捐银的原因告诉了妻子，妻子说："既然这样，咱们就吃一顿家常饭吧。"于是携带篮子到山中采来苦菜，带根煮烂，都吃了顿饱饭。夜里休息时，妻子梦见有人说："今宵食苦菜，明年产状元。"于是就推醒先生告诉他这件事，先生说："这是神灵告诉我的。"这夜妻子怀孕，第二年生下儿子舒芬，舒芬后来果然中了状元。

贬死朱崖

李德裕[①]谪朱崖[②]，题望阙亭云："独上江亭望帝京，鸟飞犹是半年程。碧山也恐人归去，百匝千遭绕郡城。"因游禅院，见壁上挂十余葫芦，问僧曰："是何药物？"僧曰："皆人骨灰也，乃太尉当轴时，为释憾贬死者焚骨贮此，俟其子孙来取耳。"公惨然如失，返走心痛，是夜卒。

【注释】

①李德裕:字文饶,赵郡赞皇(今河北赞皇)人,晚唐著名宰相,牛李党争中李党领袖。 ②朱崖:崖州,今海南岛。

【译文】

李德裕被贬到崖州,在望阙亭题诗说:"独上江亭望帝京(都城长安),鸟飞犹是半年程。碧山也恐人归去,百匝千遭绕郡城。"在游览禅寺时,见墙壁上挂着十多个葫芦,问僧人说:"这是什么药?"僧人回答说:"都是人的骨灰,是太尉(李德裕曾官居太尉)当权时,为解恨贬谪此处而死的人,其骨灰贮存在这里,等待他们的子孙来取。"李德裕听后神情凄惨,如有所失,在返回的路上心痛,这天夜里死去。

存心仁厚

杨自惩①为县吏,存心仁厚。家贫,馈遗一无取。遇囚乏食,多方济之。一日,有新囚数人待哺②,家又缺米,给囚则家无食,自顾则囚乏粮。商之妇,妇曰:"囚从何来?"曰:"自杭来,菜色③可掬。"妇因撤己之米,煮粥以食囚。后生二子守陈④、守阯⑤,俱为名臣。

【注释】

①杨自惩:明朝鄞县(今浙江宁波)人,曾为县吏,宅心仁厚。②待哺:等待食粮。 ③菜色:指因主要用菜充饥而导致营养不良的脸色。 ④守陈:即杨守陈,字维新,号镜川,明朝鄞县(今浙江宁波)人,弘治年间,官至吏部右侍郎。 ⑤守阯:即杨守阯,字维立,号碧川,明朝鄞县(今浙江宁波)人,官至南京吏部右侍郎,曾与兄守陈对掌两京(南京、北京)翰林院。

【译文】

杨自惩做县吏,存心仁爱厚道。家里贫穷,但对他人的馈赠一无所取。遇到犯人缺食物,他便想方设法帮助犯人们。一天,有几个刚来的囚犯等待食粮,可杨自惩自己家中又缺米,给了囚犯,全家就没吃的,自己享用,囚犯就没有粮食。他与妻子商量,妻子问:“囚犯从什么地方来?”杨自惩回答说:“从杭州来,满脸都是菜色。”妻子就拿出自己要吃的米,煮粥让囚犯们吃。后来,生下守陈、守阯二子,他们长大后都成为当时有名的大臣。

狗头妇人

河南妇人养姑不孝。姑两目盲,妇以蚯蚓为羹食之,姑怪其味,藏一脔示儿,儿见号泣。俄雷雨暴作,失妇所在。少顷,从空堕地,身及服玩如故,而头变为白狗。夫斥去之,后乞食而死。

【译文】

河南一位妇人供养婆婆不孝。婆婆两眼失明,这位妇人就用蚯蚓做羹让婆婆吃,婆婆觉得羹味很怪,就藏起一小块肉让儿子看,儿子见后号啕大哭。不一会雷雨大作,这位妇人不知去向。又过了一会,妇人从空中掉了下来,身体服饰如故,而头变成了白狗的脑袋。丈夫把她休掉,后来她到处讨饭而死。

同舟异报

元郭思承(一)为司理①,居官慈厚。有法司②元珍,枉法虐民。郭与元合舟还里,元让前舱与郭装家属,元人在后。至中流,忽风起昼昏,众见水中鬼使,凿船为两截。前舱郭船浮江面顺流，径到岸侧；元后船人口行囊，即时沉没。同舟异报如此！

【校勘】

(一)郭思承：此则又见于《金刚般若波罗蜜经感应传》。据此，郭思承曾寄居绍兴府，任温州参军。

【注释】

①司理：司理参军的简称，主管狱讼刑罚。 ②法司：指司法官吏。

【译文】

元朝人郭思承做司理，待民慈祥仁厚。有个叫元珍的法司，贪赃枉法，肆虐百姓。郭与元一起坐船返还故里，元把前舱让给郭及其家眷，元及其家人在后舱。船到中流时，忽然起了大风，天也阴暗下来，众人看到水中有鬼使，把船凿为两截。前舱即郭思承与家人所坐的船体浮在江面上，顺流而下，一直到岸边；元珍所坐的后舱连同人口行李，当时就沉没了。同坐一条船却有如此不同的报应！

茅季伟诗

茅季伟(一)诗云："欺诳得钱君莫羡，得了却是输他便①。来往报答甚分明，只是换头不识面。多置田庄广修宅，四邻买尽犹嫌窄。雕墙峻宇②无歇时，几日能为宅中客？造作田庄犹未已，堂上哭声身已死。哭人尽是分钱人，口哭元来③心里喜。"

【校勘】

(一)茅季伟：此则又见于明代高濂的《遵生八笺·清修妙论笺》。茅季伟即茅容，字季伟，东汉贤士，陈留(今河南开封南)人。从诗的体例看不该是汉人的作品。或曰此诗为唐初诗僧王梵志所作，庶几近是。

【注释】

①输他便：由他便。 ②峻宇：高大的屋宇。 ③元来："原来"的本字。

【译文】

略。

马森之父仁厚

马恭敏公森[1]之父，年四十诞子。甫四岁，眉目如画，保若拱璧。偶婢抱出门，失手跌伤左额死。封君[2]呼婢奔避，自抱死儿入曰："吾自误跌死。"妇惊痛，撞封君倒，死者数四，索婢挞之无有。婢归母家，言其故，感泣吁天："愿公蚤[3]生贵子。"次年，果生恭敏，左额宛然[4]赤痕。

【注释】

①马恭敏公森：即恭敏公马森，字孔养，明朝怀安人，谥恭敏。②封君：封建时代因子孙显贵而受封典者。此指马森之父。③蚤：通"早"。 ④宛然：清晰的样子。

【译文】

恭敏公马森的父亲，四十岁上得子。儿子长到四岁，眉目如画般清秀，看护得像拱璧一样。婢女偶尔抱他出门，失手跌伤他的左额致死。马森之父让婢女逃走避开，自己抱着死儿回家说："我不慎将孩子跌死。"妻子又惊惧又痛心，用头撞马森之父，昏死过去几次，找婢女责打，却又找不到。婢女回到自己家里，说出回家的原因，家人感激涕零，向苍天呼吁："希望先生早生贵子。"第二年，果然生下恭敏公马森，左额上有很清晰的红色斑痕。

潘其宣报

新城镇屠潘其者，多行不义，教人斗讼，攘[①]人钱物，淫人女妇，小拂意则怨讟[②]神天。忽死，经昼夜复苏，呼妻子，集亲邻，曰："吾见阎君，阎君谓死者受报，生者不知，以故受者方苦，作者仍炽，即宣之大圣[③]金口[④]，载之龙藏[⑤]宝函[⑥]，尚疑而不信，良可悲愍。今潘其恶极，暂假此人以告万众。"遂操刀自割其阴，曰："此宣淫报。"自刳出双目瞳子，曰："此瞋视仙佛父母，及目成[⑦]男女[⑧]报。"自断其舌，曰："此欺妄骂诅报。"自斫其手，曰："此屠宰众生报。"自剖腹剜心，曰："此阴险残贼[⑨]报。"远近观传，妻子耻之，捍外人勿入，其呼曰："吾受命阎君示众，汝捍何为？"宛转[⑩]六日，体无完肤，乃死。

【注释】

①攘：侵占，偷窃。 ②怨讟（dú）：怨恨诽谤。 ③大圣：佛教称佛、菩萨。 ④金口：对他人之口或言语的敬称。 ⑤龙藏：相传龙宫藏的佛教经典。 ⑥宝函：指盛佛经、典册及贵重首饰等的匣子。 ⑦目成：眉来眼去，以目传情。 ⑧男女：指男女之间的性事。 ⑨残贼：凌虐，迫害。 ⑩宛转：拖延。

【译文】

新城镇有个叫潘其的屠夫，多行不义，教唆人们争斗诉讼，侵夺别人钱物，奸淫他人妻女，有一点不满意的地方就怨恨诽谤神天。他忽然死去，经过一昼夜又苏醒过来，大声喊他的妻子儿女，召集亲戚邻居，说："我见到了阎王，阎王说死去的人受报应，活着的人却不知道，所以做坏事死后受报应的人正在受苦，而活着做坏事的人还是肆无忌惮地做坏事，即使佛爷金口劝导，龙藏宝函上记载着，还是怀疑，不相信，真是值得怜悯。现在潘其罪大恶极，暂且借此人来告诫芸芸众生。"于是就提刀自割其下体，说："这是宣扬奸淫的报应。"

自己挖出双眼瞳仁，说："这是怒视仙佛父母，以及眉目传情构成男女奸情的报应。"自断其舌，说："这是欺妄咒骂别人的报应。"砍断自己的手，说："这是屠宰众生的报应。"自己剖腹剜心，说："这是阴险凌虐迫害别人的报应。"远近的人都在观看传说，妻子孩子认为这很耻辱，挡住外人不让进，潘其大声喊道："我受阎王的命令前来示众，你们为什么挡住别人不让进呢？"这样拖延了六天，潘其体无完肤，才死去。

行不欺心

周状元旋①之父，多子而贫，馆富翁家。翁无子，欲令妻求种。召饮，酒半，佯入睡，令妻出陪，曰："君多男，妾冒耻求种。"某愕然遽起，而门闭不得出，以指书空云："欲借人间种，恐妨天上人。"妻启门放之。是秋，中乡榜②。太守梦迎状元，幡上写"欲借人间种"二语。明年大魁③报至，太守往贺，因诘所梦，讳之而不言。

【注释】

①周状元旋：即周旋，字仲规，号畏庵，明朝永嘉（今浙江温州）人，正统元年（1436），明英宗钦点状元。　②乡榜：科举乡试的录取名单。　③大魁：指科举时代的状元。

【译文】

状元周旋的父亲，儿子多而家境贫寒，在一富翁家教书。富翁无子，想让妻子借人种。富翁召周旋之父饮酒，酒喝过半，假装入内房睡觉，让妻子出来陪周旋的父亲，富翁妻子说："先生儿子多，我冒耻向你借人种。"周旋父亲非常惊愕，马上起身要走，而门已被锁，出不去，周父用指头在空中写道："欲借人间种，恐妨天上人。"富翁妻子开门放他出去。这年秋天，周旋乡试中榜。太守梦见迎状元，见旗上写着“欲借人间种”那两句话。第二年周旋考中状元的消息传来，太守去祝贺，顺便问及梦中情况，周父避而不谈。

仁心得福报

龙山数军人修筑茶园，白蛇(一)大如拱，竞锄击之。一余姓者劝勿杀，众不从，攫毙之。来旦，有白衣女子，携一篮下岭，众往夺，余亦不随。其篮内盛一颗蕈①，光嫩玉色，女戟手②曰：“清平时有盗！”垂泣而去。军人烹食。余忽头痛就寝，梦女子云：“此蕈有毒，君不害我，我岂害君？”余惊觉，众已食讫，皆呕血死，惟余存焉。

【校勘】

(一)白蛇：此则又见于北宋陈纂撰《葆光录》，此二字前有“见”字。

【注释】

①蕈(xùn)：蘑菇。　②戟手：伸出食指和中指指人，以其似戟，故云。常用以形容愤怒或勇武之状。

【译文】

龙山几个军人修筑茶园，看到有条白蛇有两手相合那样粗，争着用锄击打它。有一位姓余的军人劝大家不要杀它，大家不听，最后抓住并打死了白蛇。第二天早上，有位身着白衣的女子，提篮子下山，大家争着去夺篮子，姓余的军人没参加。篮内有一颗蘑菇，像白玉一样光嫩，女子戟手说：“太平时代还有强盗！”说罢哭着离开。军人拿蘑菇做饭。姓余的军人忽然感觉头痛，然后睡下，梦见女子说：“这颗蘑菇有毒，你不害我，我怎么能害你？”姓余的人惊醒时，众军人已吃完，后来他们都吐血而死，只有姓余的存活下来。

食猴得报

新安士人入黄山读书，恒喜捕猕猴食之，人称为“黄山天子宰割诸侯”。后三年归家，值妇产甚艰，竟产一猕猴而死。

【译文】

新安（地名）一读书人到黄山中读书，经常喜欢捕捉猕猴食用，人称为“黄山天子宰割诸侯（猴）”。三年后回家，正好碰上其妻子难产，最后生下一只猕猴而死去。

仁心济物

台州应尚书①习业山中。一夕，闻鬼语：“某妇人夫久客不归，翁始逼嫁，明夜缢此，吾得代矣。”公潜卖田得银四两，即伪作其夫之书，寄银还家。父母见书，疑手迹不类，既而曰：“书可假，银不可假，想儿无恙。”妇遂不嫁。后子归，夫妇如初。公又闻鬼语曰：“吾当得代，奈此秀才坏吾事。”傍一鬼曰：“何不祸之？”曰：“上帝以此人心好，命作阴德尚书矣，吾何得祸之？”应果官至尚书。

【注释】

①应尚书：即应大猷，字邦升，号容斋，明朝仙居（今属浙江）人，嘉靖年间官至刑部尚书。

【译文】

台州应尚书早年在山间研习学业，一天夜里，听到鬼说：“有位妇女的丈夫长期在外不归，公公开始逼她改嫁，明天晚上要在这里上吊，我能找到替身了。”应公偷偷卖掉田地得银四两，就以那位妇女丈夫的名义写信寄银回家。丈夫的父母见到书信，怀疑笔迹不像儿子的，一会儿又说：“信可以是假的，但银子不会是假的，想来儿子不会有什么事。”于是那位妇女就没有再嫁。后来儿子归来，夫妻团聚如初。应公又听鬼说：“我要得到替身，无奈这秀才坏了我的好事。”旁边一鬼说：“为什么不祸害他？”这鬼回答说：“天帝认为此人心地好，让他做阴德尚书，我怎么能祸害他？”后来应公果然官至尚书。

通籍赖放鲤

周存(一)喜放生，尝作《放鲤》诗，末云：“倘若成龙去，还施润物功。”后入试，题为“白云向空尽”。诗成，苦无结，忽忆鲤诗，因改云：“倘若从龙①去(二)，还施润物功。”遂得通籍②。

【校勘】

(一)周存：此则又见于《林下诗谈》。据此，周存为中唐德宗时期诗人。

(二)去：《林下诗谈》作“出”。以《林下诗谈》为佳。

【注释】

①从龙：旧以龙为君象，因以称随从帝王或领袖创业。
②通籍：谓记名于门籍，可以进出官门。后来成为做官的代称。

【译文】

周存喜欢放生，曾经作《放鲤》诗，诗最后说：“倘若成龙去，还施润物功。”后来参加科举考试，题目为“白云向空尽”。诗作成，苦于没有尾句，忽然回想起《放鲤》诗，于是就改为：“倘若从龙去，还施润物功。”于是得到了官位。

逆行遭报

萧怀武①为中团院②使，盖军巡职也。捕盗年多，官位甚隆,积金巨万。所管中团百余人,每名各私养十余辈,或聚或散,人莫能测,呼之曰狗。至于深坊③僻巷马医、酒保、乞丐、佣作及贩卖童儿辈,并是其狗。民间有偶语④者,官中罔不知。又有散在州郡及勋贵家当庖、看厩、御车、执乐者,皆是其狗。公私动静,无不立达于怀武。杀人不知其数,蜀破之初,有与己不协及积金藏镪⑤之夫,皆捕逐杀之,冤声载道。后郭崇韬⑥入蜀,人有告怀武谋变者,一家无少长,尽戮于市。

【注释】

①萧怀武:五代前蜀人,曾任前蜀中团院使,祸害蜀地百姓多年。 ②中团院:亦称“寻事院”,为刺探情报的机构。 ③坊:里巷(多用于街巷的名称)。 ④偶语:相聚议论或窃窃私语。 ⑤藏镪:藏有很多银子。镪,意为钱串,引申为成串的钱,后多指银子或银锭。 ⑥郭崇韬:字安时,代州雁门(今山西代县)人,五代十国时期后唐名将,曾平定前蜀。

【译文】

萧怀武为中团院使,这大概是军中巡捕职位。他多年捕盗,官位尊崇,财产积累数万。他所管辖的中团院有百余人,每人都私养十多名手下,时聚时散,人们都不知道他们干些什么,都称他们是“狗”。以至于在深坊僻巷中的马医、酒保、乞丐、雇工及小商小贩等,都是他们的“狗”。老百姓中只要有相对私语的,官方没有不知道的。还有散布在州郡地方以及功勋贵族之家中当厨师、当马夫、驾马车、演奏乐器的,都是中团院的“狗”。无论是公事还是私事,没有不立刻传达到怀武那里的。怀武杀人无数,前蜀灭亡前,与自己不睦的,以及积金藏银多的,都抓起来杀掉,喊冤的声音充满道路。后来郭崇韬进入蜀地,有人告发萧怀武想要谋反,全家一百多口,不分老少都在闹市上被杀。

好生乃长生诀

富人王冠[(一)]习房中术[①]，自置婢妾十余，恣意淫毒。俟有娠将产，以药攻孩提，入臼中和[②]药，杵烂为丸；或购别生幼孩烹之，惨酷不忍言。事发，属刑部，比拟[③]采生折割[④]，凌迟处死，噍类[⑤]无遗，而家墟矣。咄咄[⑥]枭獍[⑦]，杀人求生，能逃天刑乎？岂知好生为长生诀也？

【校勘】

(一)王冠：此则又见于明代陈良谟的《见闻纪训》。据此，王冠为南京一顽鄙富翁。

【注释】

①房中术：为道教倡导的男女性生活方面的养生术。 ②和(huò)：拌和。 ③比拟：等同。 ④采生折割：旧时一种捕杀生人，折割其肢体，取五官脏腑等用以合药敛财的罪恶行为。 ⑤噍(jiào)类：能吃东西的动物，这里是指活着的人。 ⑥咄咄：感叹声，表示感慨。 ⑦枭獍：此指狠毒暴戾的人。旧说枭为恶鸟，生而食母；獍为恶兽，生而食父。

【译文】

富人王冠研习房中术，自己购买了十多个女仆，恣意奸淫残害。等她们怀孕将生产时，用药打下胎儿，放在石臼中与药拌和，然后捣烂做成药丸；有时购买别人生的孩子烹食，那残忍刻酷无法用语言表达。事发后交付刑部审理，判处等同采生折割罪，凌迟处死，家人没有一个活口，他家成了废墟。唉！狠毒暴戾的人杀人求生，能逃过上天的惩罚吗？难道不知道好生才是长生的秘诀吗？

行善增寿

吕琪春日郊行，遇一已故府隶，出纸示曰：“我充东岳[①]役夫，今承批提人，汝亦有名。汝当以家事干毕，伺我提完，将一月即至矣。”琪归语子曰：“吾平生三事未了：某五丧未举，欲殡(一)未能，一也；某女二十未嫁，欲嫁未能，二也；某路经年②倾圮③，欲葺理未能，三也。”亟④出囊毕此，继治后事，杜门候死。历数月无异，诸子谓安也。后除夕，复遇前卒，揖曰：“前有免提牌至，云汝阳世有三善，得释，加二十年寿。”琪后果越二十年始卒。

【校勘】

(一)殡：此则又见于《德育古鉴》，“殡”字前有“代”字。吕琪为明代弘治时期人。

【注释】

①东岳：即东岳大帝，又称泰山神。　②经年：多年或好几年。　③倾圮(pǐ)：坍毁，倒塌的意思。　④亟(qì)：屡次。

【译文】

吕琪春天到郊外游玩，遇到一位已故的府隶，拿出一张纸给他看，说：“我在东岳大帝那里听差，现在承大帝批示，前去提人，批示中也有你的名字。你应当先把家事办完，等我将其他人提完，一个月将尽，就来提取你。”吕琪回到家里对儿子说：“我这一生还有三件事未办：某人五个亲人的丧事不能办理，我想代他办好安葬的事，还没有做，这是其一；某女年到二十，还没出嫁，我想把她嫁出去，还没有办，这是其二；某条道路年久失修，我想修整一下，还没有办，这是其三。”于是，他多次出钱请儿子完成这三件事，接着又料理后事，闭门等死。几个月过去，没有变故，几个儿子都认为没事了。后来，在除夕夜，吕琪又遇到前次遇到的差役，差役作揖说：“前次有免提牌到了，免提牌上说你在阳世有三件善行，可以免提，再给你加二十年寿命。”吕琪果然二十年后才死去。

逆行暴毙

王宗黯[①]贪贿。寿日,部下皆献货[②]为贺,独巫山令裴垣以民贫无献。宗黯大怒,召裴至,诬以他事,生沈[③]滟滪堆[④]水中。三日尸不流,宗黯遣人挽尸而下,经宿复上,卓立波面,正视衙门。黯不自安,竟得疾暴卒。

【注释】

①王宗黯:前蜀高祖王建假子,本姓吉,名谏,隶王建帐下为牙将,景福元年(892)破杨守厚有功,赐姓名王宗黯。 ②货:财物。 ③沈:同“沉”。 ④滟滪堆:俗称燕窝石,古代又名犹豫石,位于白帝城下瞿塘峡口,因航运障碍,于1958年冬炸除。

【译文】

王宗黯贪污受贿。在过生日的时候,部下都贡献财物来祝贺,只有巫山令裴垣以百姓贫困为由没有献礼。王宗黯大怒,把裴垣招来,用其他的事来诬陷他,把活着的裴垣沉到滟滪堆附近的水中。尸体在此停留三天不流下,宗黯派人将尸体拉下,一夜过去又漂了上来,高高地直立水面,正视衙门。王宗黯内心不安,最终得病突然死去。

《化书》作者

谭峭[①],字景昇。因游三茅[②],过金陵,见齐丘子[③]曰:“予《化书》[④]之变化无穷,愿子序而传之。”齐丘以酒虐景昇醉,裹以革囊,投之深渊。渔人获剖之,一人鼾睡正浓,大呼乃觉,曰:“我谭景昇也,齐丘夺我《化书》,沉我于渊,今《化书》将无行乎!”渔人曰:“行久矣。”曰:“《化书》已行,吾不复人世[(一)]矣。吾睡囊中得大休歇,烦再缝投之。”渔者如言。齐丘后为唐相,成大功,然不得令终。

【校勘】

(一)人世:据明代陆容《菽园杂记》,当为"入世"之误。"人"与"入"字因形近致讹。

【注释】

①谭峭:唐末五代著名道家学者,泉州府清源县(今属福建莆田)人,著有《化书》。 ②三茅:此指句容之句曲山(今江苏句容之茅山)。西汉景帝时期,茅盈、茅固、茅衷弟兄三人在句曲山修道拯民,故称三茅。 ③齐丘子:即宋齐丘,本字超回,改字子嵩,豫章(今江西南昌)人,历任吴国和南唐左右仆射平章事,晚年隐居九华山,谥缪丑。 ④《化书》:著名道家著作,唐末五代谭峭撰。因曾被宋齐丘窃为己有,故旧名为《齐丘子》。

【译文】

谭峭,字景昇,因游茅山,过金陵时见到宋齐丘,说:"我的《化书》变化无穷,希望你作序,使它得以传播。"宋齐丘用酒将谭景昇灌醉,然后用皮囊将其裹住,投入深渊。一位渔夫拾到皮囊后打开,发现一人正在鼾睡,大声呼喊,那人才醒来,说:"我是谭景昇,宋齐丘夺去了我的《化书》,把我投入深渊,现在《化书》该不会没有流传吧!"渔夫说:"已流传很久了。"谭景昇说:"《化书》已流传,我就不再返回人世了。我要在囊中好好休息,麻烦你再缝好皮囊,投入水中。"渔夫按照他说的办了。宋齐丘后来担任南唐宰相,成就了很大的事业,但是不得善终。

志仁免难得福

徽商王志仁三十无子。其姑夫风鉴①多奇中。一日见仁,愀然②曰:"汝冬当大难,奈何?"王素神其术,亟往苏敛资。归旅肆中，晚霁散步，见一妇抱子投水，王亟呼渔船，曰："救此与二十金。"渔舟竞救之，遂如数与金。问其故，妇曰："夫佣工度日，畜一豕以偿租。昨估③来，值夫他出，遂鬻之，不意皆假银也。夫加棰楚，且无聊生，不如死耳。"仁倍价周之。妇归，泣告于夫。夫意其诳也，与妇同诣质焉。至则仁已就寝。夫令妇扣门，曰："投水妇特来致谢。"王厉声曰："汝少妇，吾孤客，昏夜岂宜相见？"其夫始悚然曰："吾夫妇同在此矣。"仁乃披衣出见。才启户，忽闻倒墙声，卧榻已压碎矣。夫妇感叹。仁归家，姑夫大骇曰："子气色异常，必行大阴德，非独免难，且能获福，勿忧无子也。"果生三子，登第。享富贵二十余年。

【注释】

①风鉴：相面术。 ②愀然：形容神色变得严肃或不愉快。③估：古同"贾"，商人。

【译文】

徽州商人王志仁三十岁还没有儿子。他姑夫给人相面，多神奇应验。一天姑夫见到王志仁，神色不悦地说："你冬天当有大难，怎么办呢？"王志仁一向认为姑夫的相面之术很神奇，赶紧前往苏州聚敛资财。回到旅店中，傍晚雨停散步，看见一位女子抱着孩子投入水中，王志仁赶紧呼叫渔船，说："能救这母子的，给二十金。"渔夫争着去救人，王志仁最后如数给钱。问投水的缘故，那女子说："丈夫给人打工度日，家里养了一头猪，打算用来交租。昨天，商人到来，碰上丈夫有事出门，我就把那头猪卖给了商人，不料商人给的都是假银子。丈夫毒打我，现在也无法生存，不如死了算了。"王志仁用两倍的钱周济她。女子回家，哭着告诉丈夫。丈夫怀疑她撒谎，就和妻子一起到王志仁那里对质。夫妇来到的时候，王志仁已经就寝。丈夫让妻子敲门，说："投水的女子特意前来致谢。"王志仁厉声说："你是少妇，我是孤身旅客，黑夜怎方便相见？"那女子的丈夫这才吃惊地说:“我夫妻都在这里。”王志仁于是披衣出门相见。他才打开门,忽然听到墙壁倒塌的声音,一看卧榻已被压碎了。夫妇感激赞叹。王志仁回到家乡,姑夫非常吃惊地说:“你气色异常,一定做了大有阴德的事,不只免除了灾难,而且能得到福分,不要为没有儿子担忧了。”王志仁果真生有三个儿子,后来这三个儿子科举中第。王志仁自己享富贵二十多年。

卞三韭贞心

卞三韭博学善诗,馆于怀氏。有女常窥之,卞不顾。一日晒履于庭,女作书纳其中,卞得即托故归。或(一)以诗赞曰:“一点贞心坚匪石,春风桃李莫相猜。”卞答书辨其无此事。其子谌①及曾孙锡②,皆登进士。

【校勘】

(一)或:此则亦见于褚人获的《坚瓠三集·卞三韭》。据此,诗句作者为袁怡杏。袁怡杏,即袁祥,字文瑞,号怡杏,明代思想家袁了凡的祖父。

【注释】

①谌:即卞谌,字信卿,嘉善(今属浙江嘉兴)人,明弘治十五年(1502)进士,授广信府(今江西上饶)推官。　②锡:即卞锡,字叔孝,嘉善人,嘉靖丙辰(1556)进士,官中书舍人,选吏部稽勋主事。

【译文】

卞三韭学识广博,擅长作诗,在一姓怀的人家教书。怀家有一女子常常窥视他,卞三韭不看她一下。一日,卞三韭在院子里晒鞋子,那女子写了一封情书放在鞋子中,卞三韭发现后借故辞馆回家。有人用诗句称赞他说:“一点贞心坚匪石,春风桃李莫相猜。”卞三韭答书分辨没有这回事。他的儿子卞谌及曾孙卞锡都考中了进士。

床下义气

洪武中,有校尉①与邻妇通。一晨,校瞯②夫出,即入门登床。夫复归,校伏床下。妇问夫何故复回,夫曰:"天寒,思尔熟寝,恐伤冷,来添被耳。"乃加覆而去。校忽念:"彼爱妻如此,乃忍负之!"即取佩刀杀妇去。有卖菜翁常供蔬妇家,至是入叫,无人即出。邻里为夫告累,执卖菜人抵之。狱成,将弃市。校出呼曰:"妇是我杀,奈何累人?"监决人引见上,备奏其事,愿就死。上曰:"杀一不义,生一无辜,可嘉也。"即释之。

【注释】

①校尉:明代的低级军官名。 ②瞯(jiàn):窥探。

【译文】

明朝洪武(朱元璋年号)年间,有一校尉与邻妇私通。一天早晨,校尉窥探到邻妇的丈夫外出,就进门上床寻欢。丈夫又回来了,校尉只得藏在床下。妇人问丈夫为什么又回来,丈夫回答说:"天气寒冷,想你睡得很熟,担心你被冻坏,回来给你添加被子。"于是,那丈夫为妻子盖上被子就离开了。床下的校尉忽然想到:"那人这样疼爱妻子,这妇人竟然忍心辜负他!"就拔出佩刀杀了那妇人,然后离去。有卖菜的老头常给这妇人家供应蔬菜,这时候进门呼叫,无人应答,就走出来。邻里担心被妇人的丈夫告官受牵累,就抓住卖菜人去抵罪。官府将卖菜人问成死罪,将要杀死示众。临刑前,校尉出来喊道:"妇人是我杀的,为什么牵累他人?"监斩人将校尉引见给皇上,校尉详尽地说明了情况,愿意受死。皇上说:"杀了一个不义的妇人,救活了一个无罪的人,值得嘉奖。"就把校尉释放了。

孝感获宝袋

常村一媪老而盲。其妇一日炊未熟，子呼往田所，妇嘱姑毕其炊。媪盲无睹，饭成，误扪溺器贮之。妇归不敢言，先取中洁者食姑，次以饷夫，其亲器臭恶者乃以自食。良久，天忽昼瞑，觌面①不相见，妇暗中若为人摄去。俄顷开明，乃在近舍林中，怀腋得小布囊，贮米三四升，适足供朝哺②。明旦视囊，米复如故，宝之至终身。

【注释】

①觌（dí）面：当面，迎面。 ②朝哺：犹朝晡，指早晚餐食。

【译文】

常州某村中一妇人年老眼瞎。一天，儿媳妇正在做饭，饭还没熟，儿子就叫儿媳妇到田里去，儿媳妇于是嘱咐婆婆把没做熟的饭做熟。老妇人眼瞎看不见，饭做好后，误拿尿盆盛放。儿媳回来后不敢说明，先取中间干净的饭给婆婆吃，再取次干净的给丈夫吃，那紧贴尿盆发臭的自己来吃。过了好长时间，本是白昼，天却忽然黑下来，对面不见人，儿媳妇好像暗中被人抓去。不久后，天空又放光明，儿媳妇发现自己在靠近家中的树林里，怀中多了一个布袋子，盛有三四升米，恰好够做早饭晚饭。用完后，第二天早晨看那袋子，米又像当初一样多，于是儿媳妇将这袋子珍藏终身。

假人洗冤

泗州蒋成屠沽①于鸭嘴湖。有客以竹荷包袱宿其店，成毙之，匿金致富。既十余年，逢端午宴客，成忽举“青丝系粽，汨罗江里吊忠魂”属诸客对。一人号古涧者，先夕梦人教云，明日当对“紫竹挑包，鸭嘴湖边谋客命”，叮咛曰：“能言之，管取获利。"古涧举以答。成失色,席散,以二十金灭口。古涧亦不深求,归以语妻,妻曰:"此冤鬼假子雪耳,不言将有祸。"首之州,成遂服辜。取客尸于湖,如生。

【注释】

①屠沽:亦作"屠酤"。指以屠牲卖酒为业者,用为对出身微贱者的蔑称。

【译文】

泗州有个叫蒋成的人在鸭嘴湖屠牲卖酒。有个客人用竹竿挑着包袱住到他的店里,蒋成把客人害死,占有了客人的金钱而致富。过了十多年,恰逢端午节,蒋成置酒宴客,忽然拿"青丝系粽,汨罗江里吊忠魂"要求众位客人对句。有个号古涧的人,前一天夜里梦到有人告诉他说,明天应当拿"紫竹挑包,鸭嘴湖边谋客命"来对句,并且叮嘱说:"能说出来,管保你获利。"古涧就拿梦中的句子来对。蒋成听后大惊失色,散席后,用二十两银子封住古涧的嘴。古涧也没有深究,回去告诉了妻子,妻子说:"这是冤鬼借你的嘴来洗雪冤屈,不说的话会有灾祸。"古涧就到泗州告发,蒋成认罪。从湖里找到冤死客人的尸体,那尸体就像活人的身体一样。

还金钏

罗伦[①]领乡荐[②]北上,宿旅舍。仆拾一金钏[③],匿不以告。行两日,伦谓仆曰:"路费不足,奈何?"仆曰:"无虑。"出金钏告以故。伦大怒,欲亲赍付还。仆屈指曰:"如此往返,会试[④]无及矣。"伦曰:"此物必婢仆失遗,万一主人考讯致死,是谁之咎?吾宁不会试,不可令人死非命也。"竟返至其家,果系一婢泼洗面水,钏在水中,误投于地。主母疑婢,鞭笞流血,几次寻死。夫复疑妻私匿,辱骂无休,妻亦愤怒,欲投缳。公至,出钏还之,全此两命。一家感激,街邻观叹者如堵。急复趋京,已二月初四,仓皇投卷。是科,状元及第。

【注释】

①罗伦:字应魁,一字彝正,号一峰,吉安永丰(今属江西)人,明宪宗成化初年状元及第,著名理学家。 ②领乡荐:简称“领荐”,指乡试中举,也即考中举人。 ③金钏:金镯子。 ④会试:古代科举制度中的礼部考试,应考者为各省的举人及国子监监生,录取者称为“贡士”,第一名称为“会元”。

【译文】

罗伦考中举人后北上京师考进士,住在旅店里。他的仆人捡到一只金钏,私藏起来,没有告诉罗伦。走了两天,罗伦告诉仆人说:“路费不够了,怎么办呢?”仆人说:“不用忧虑。”于是拿出金钏,把原委告诉罗伦。罗伦大怒,要亲自带金钏交还原主。仆人屈指一算说:“这样往返一趟就来不及参加会试了。”罗伦说:“这东西一定是婢女失落的,万一主人拷打审问致人死命,这是谁的过错呢?我宁可不参加会试,也不可让人死于非命。”最终回到失主家里,得知确实是一婢女泼洗脸水时,把遗落在水中的金钏一起误泼到了地上。主母怀疑婢女偷了金钏,把婢女打得流血,致使婢女几次寻死。丈夫怀疑妻子私藏,辱骂不止,妻子也愤怒,想上吊自杀。罗伦到了,拿出金钏交给失主,保全了两条性命。失主全家人都感激罗伦,观看赞叹的街坊邻居非常多。罗伦紧急赶往京城,到达京城时已是二月初四,匆忙参加考试。在这次科考中,罗伦考中了状元。

借房客

陆平泉[①]谓余[(一)]云:“造物是房子主人,我们是借房子居住的。若限定几年便不许住了,此谓大限。”余曰:“不尽然,若借房人安分守法，不得罪主人，彼此相得，容再住数年，亦有此理。”

【校勘】

(一)余：此则来源于晚明陈继儒的《笔记》。故“余”当指陈继儒。

【注释】

①陆平泉：即陆树声，字与吉，号平泉，明朝松江华亭(今属上海)人，万历朝官至礼部尚书。

【译文】

陆平泉先生对我说：“造物是房子主人，我们是借房子居住的。如果限定几年就不许住了，这就是大限已到。”我说：“不都是这样，如果借房人安分守法，不得罪房子主人，彼此和睦，房子主人再容他多住几年，也有这个道理。”

人心天理不可置

《纪训存赏》①云：正德己卯，余北上至王家渡②，同泊数舟皆同辈也。俄舟人与土人殴，捽至乃余家僮焉。薄责之，谕遣土人去。同年某遽赫然③怒曰：“咄，尔何人？敢集多人上官舟行劫，反语舟人殴邪？缚之！”其人叩首哀乞，移时④始叱去。在坐咸啧啧称其才，而某亦扬扬有矜色，语余曰：“兄何迂哉？今之为官须智略，‘人心天理’四字用不得矣。”余怃然不答。后其人除绍兴府推官⑤，果惟恣胸臆，煅炼⑥罗织，含冤无数。后升刑部主事，仍加甚焉，竟以考察谪佐沔阳。无何，疽发背，洞胸而死，无子。其身后事问其乡士夫，咸颦蹙不忍言也。吁！“人心天理”四字讵可置哉？

【注释】

①《纪训存赏》:即陈良谟所著的《见闻纪训》。陈良谟,字士亮,一字宾日,号练塘,明末鄞县(今浙江宁波)人,官至四川道监察御史。 ②王家渡:在今北京通州漷(huǒ)县镇。 ③赫然:发怒的样子。 ④移时:过了半晌。 ⑤推官:明朝为知府的佐贰官,掌理刑名、赞计典。 ⑥煅炼:拷打折磨。

【译文】

《纪训存赏》说:正德(明武宗年号)己卯年,我北上到王家渡,同时靠岸的几条船乘坐的都是同辈人。一会儿,船上的人与当地人发生斗殴,把船上的人揪上来一看,发现是我的家僮。于是我轻责仆人,让他打发当地人离开。座中,我的某位同年很快站起来对当地人大怒说:"哎!你们是什么人?敢集结这么多人上我们的官船打劫,反而说是船上人打你们吗?把这些人捆起来!"那些人叩头哀求,过了半晌才呵斥他们离开。在座的人都啧啧称赞其才干,而那位同年也洋洋自得,有些夸耀的神色,对我说:"老兄你怎么如此迂腐?现在做官要用智谋胆略,'人心天理'四字是用不得的。"我有些失意,没有回答。后来,那位同年被授予绍兴推官,果然随心所欲,拷打折磨,编织罪名,陷人于罪,被冤的人无数。后来,他升为刑部主事,变得比以前更厉害,最终因考核不好被贬到沔阳(今湖北仙桃)做佐贰官。不久,他背上长了恶疮,胸部烂透而死,没有子嗣。向他同乡的士大夫问起他的身后事,都皱眉不忍心说。唉!"人心天理"四字难道可搁置不管吗?

世多迷途之故

善恶之报有速有迟。迟者人不及见,即见之,其寻常顺逆,既谓常事不察。其大迪吉①大逆凶,真耸动人者,是可信矣;又援他事不尽验者以自眩[②]自疑,沉豫[③]不反。就使阅历既久,觉悟或生,而人已老,习已成矣。少年豪气政[④]炽,又复不信。此世所以多迷途也。

【注释】

①迪吉:吉祥,安好。 ②自眩:亦作"自炫"。炫耀自己,自我吹嘘。 ③沉豫:此处指沉迷。 ④政:通"正"。

【译文】

善恶的报应有快有慢。慢的当事人来不及看到,即使能够看到,那些平常的顺利和挫折,已经认为是寻常事而不加以明察。那些大吉大凶的事,真能让人震惊的,这是可信的;又援引其他不全应验的事来自我炫耀自我怀疑,沉迷不返。即使阅历增加,觉悟偶尔产生,而人已经老迈,习性已经养成。年轻人豪放之气正盛,又不相信报应的事。这就是世上多迷途的原因。

义门郑

浦江义门[①]郑氏先世尝列十木柜:五柜贮经史,训族子;五柜贮兵器,备不虞[②]。中榜[③]"孝友堂",乃建文君[④]笔也。永乐初,或诬建文君匿其家,遣使廉之。使者未至三日前堂榜因索朽坠地,撤之。使者至,莫可踪迹。及发柜,惟见经史,遂不尽发。事闻,乃斩诬者。噫!使当时堂榜不坠不撤,十柜尽发,而兵器见焉,则郑之祸叵测矣。于以见孝友之家,鬼神实阴骘[⑤]之也。

【注释】

①义门:在中国历史上,由于儒家伦理的影响,许多大家族累世同居,被朝廷奉为社会楷模,赐为"义门"。 ②不虞:意外的变故。 ③中榜:匾额。 ④建文君:即建文帝朱允炆,明朝第二

位皇帝,年号建文,故后世称建文帝。 ⑤阴骘:暗中相助。

【译文】

浦江(今属浙江金华)义门郑氏先世曾经陈列十个大木柜:五个柜子贮藏经书史籍,用来教导本族子弟;五个柜子贮藏兵器,来防备意外的变故。牌匾"孝友堂"是建文帝亲笔所写。永乐(明成祖朱棣年号)初年,有人诬陷建文帝藏在郑家,朝廷派人去查访。在使者到达三天前堂中的匾额因绳索朽烂落地,郑家就把牌匾撤下了。朝廷使者到后,没有发现有关建文帝的线索。等到打开柜子,只发现了经书史籍,就没有把所有的柜子打开验看。查访结果上报到朝廷,于是朝廷斩杀了诬陷的人。唉!假使当时堂上的牌匾不坠落不撤下,十个柜子全部打开,兵器就会露出来,那么郑家的灾祸就难以推测了。在这里可以看到对于孝友的家庭,鬼神确实会暗中相助。

董卓燃脐

董卓①尝至郿②行坞③,施帐幔饮设,诱降北地④反者数百人,于中杀之。先断其舌,次斩手足,次凿其眼目,以镬⑤煮之,未及得死,偃转⑥杯案间。会者战栗,亡失匕箸,而卓饮食自若。及为吕布⑦尸于市,天时始热,卓素充肥,脂流于地。守尸吏燃火置卓脐中,光明达曙,如是积日。

【注释】

①董卓:字仲颖,凉州陇西临洮(今属甘肃)人,东汉末年军阀和权臣。 ②郿:古地名,在今陕西眉县东北,曾为董卓封地。 ③坞:即郿坞,董卓迁都至长安后,在长安以西二百五十里处建的院邸。据《后汉书 · 董卓传》:董卓筑坞于郿,高厚七丈,与长安城相埒,号曰"万岁坞",世称"郿坞"。坞中广聚珍宝,积谷为三

十年储。自云:“事成,雄据天下;不成,守此足以毕老。” ④北地:指北地郡,其地域大致在今陕西、甘肃、宁夏一带。 ⑤镬(huò):古代的大锅,常作为烹人的刑具。 ⑥偃转:仆倒转动。⑦吕布:字奉先,五原郡九原县人(今属内蒙古),东汉末年名将,割据群雄之一。

【译文】

董卓曾经到郿坞巡行,施设帷帐饮宴,诱降北地郡反叛的几百人,在座中处决了他们。先割断他们的舌头,接着砍断手脚,然后凿瞎他们的眼睛,最后用大锅把他们烹杀,没立即死掉的,在杯盘食案间仆倒翻转。参与宴会的人吓得打哆嗦,掉了汤匙和筷子,董卓却像平时一样吃喝。等到后来董卓被吕布陈尸在闹市上,当时天气已经炎热,董卓平素肥胖,尸体腐烂,油脂流到地上。看守的小吏在董卓的肚脐中放置灯草点燃,用来照亮到天明,像这样持续了好几天。

崔浩戮辱

崔浩①非毁佛法,而妻郭氏敬好释典,时时诵读。浩怒,取而焚之,捐灰厕中。及浩幽执,被置槛内,送于城南,使卫士数千(一)人溲②其上,呼声嗷嗷,闻于行路。自宰司③之被戮辱④,未有如浩者。

【校勘】

(一)千:据《北史·崔浩传》,当为“十”之误。

【注释】

①崔浩:字伯渊,清河郡东武城(今属山东)人,官高至司徒,是北魏太武帝最重要的谋臣之一。 ②溲(sōu):排泄小便。③宰司:谓百官之长,处宰辅之位者。 ④戮辱:受刑被辱。

【译文】

崔浩诋毁佛法，而他的妻子郭氏喜好佛典，时不时在家诵读。崔浩大怒，把郭氏的佛经拿来烧了，又把灰倒在厕所里。等到崔浩被囚禁，关在木笼里，送到城南，（看管官员）让数十个卫士在他头上撒尿，崔浩痛苦的哀嚎声，路人都能听到。自古以来，做宰相受刑被辱，没有比得上崔浩的。

安世免祸

刘安世①守正不阿，数触章惇、蔡汴(一)等。惇与汴必欲置之死，因使者入海岛，讽令②过安世，胁使自裁。又擢一豪吏③为转运判官④，使杀之。判官未至，梅守先遣其客来安世所，劝其善自为计。安世不动，对客饮酒谈笑，徐书数纸，付其仆，曰："我死依而行之。"客密从仆所窃视，皆经纪⑤同贬当死者之家事甚悉。判官未至而中途呕血死，故安世得免焉。

【校勘】

（一）蔡汴：据《宋史》，当为"蔡卞"。蔡卞，字元度，北宋兴化军仙游（今属福建）人，为奸相蔡京胞弟。

【注释】

①刘安世：字器之，号元城，魏（今属河北）人，北宋后期大臣，以直谏闻名，被时人称为"殿上虎"。有《尽言集》等。 ②讽令：婉言劝使。 ③豪吏：依仗权势的官吏。 ④转运判官：简称"运判"，北宋始于转运使、发运使下设判官，职位略低于副使。⑤经纪：料理，安排。

【译文】

刘安世坚守正道刚正不阿，多次冒犯章惇、蔡卞等。章惇和蔡下一定要置刘安世于死地，趁使者入海南岛之机，婉言劝使者责备刘安世，威胁他自杀。(他们)又提拔了一个依仗权势的官吏做转运判官，让其杀掉刘安世。转运判官还没有到任，梅州知州先派门客来到刘安世那里，劝他早做打算。刘安世不为所动，与门客饮酒谈笑，后来写下了几张纸，交给仆人，说："我死后，按纸上所写去做。"那门客暗中追随仆人偷看刘安世所写内容，发现都是详尽安排一起被贬谪预计会死掉的同僚的家庭事务。转运判官还没到任就在路上吐血死掉了，所以刘安世得以免死。

跋　语

译注《昨非庵日纂》的初衷纯出于因缘凑泊。十几年前,我读申家仁的《〈世说新语〉与人生》一书时,读到《昨非庵日纂》里的一段话:“处富贵之地,要知贫贱的痛痒;当少壮之日,须念衰老的辛酸;居安乐之场,当体患难人景况;处旁观之地,要知局内人苦心。”很喜欢这段话,按图索骥,就找《昨非庵日纂》来读。当时我找到的本子是《昨非庵日纂文白对照全译》(上、下册)。在阅读过程中,我发现《昨非庵日纂》这部古籍包罗宏富,具有很大的社会价值与文献价值;同时感到《昨非庵日纂文白对照全译》本衍夺错漏之处甚多,学术含量很低。因此,就发愿整理出一部既有较高学术价值,又能有较多社会受众的《昨非庵日纂》的本子,以使这部古籍发挥出最大的社会作用。

此后,我又四方搜寻《昨非庵日纂》的其他版本,并仔细阅读甄别,发现《续修四库全书》影印明崇祯刊本是最全的本子,于是以此为底本做整理《昨非庵日纂》的准备工作。正式写作始于2014年夏天,到今天出版,历时已近四年。四年来,青灯黄卷,茹檗饮冰,没有对中国传统文化深挚的爱是难以坚持下来的。

在此书的写作过程中,得到过同事邢培顺君、成益方君、刘立华君的指点与帮助。在出版过程中,向群编辑为此书的完善,付出了大量心血,使得此书增光添彩良多。她对工作精益求精、一丝不苟的态度,让我深为感佩。在《昨非庵日纂译注·一集》出版之际,深深感激帮助过我的人,深深感激为此书出版做出贡献的人。

图书在版编目(CIP)数据

昨非庵日纂译注. 一集 / 王立东著. -- 济南 : 齐鲁书社, 2018. 4

ISBN 978-7-5333-3939-5

Ⅰ. ①昨… Ⅱ. ①王… Ⅲ. ①笔记小说—小说集—中国—明代 Ⅳ. ①I242.1

中国版本图书馆 CIP 数据核字(2018)第 042544 号

昨非庵日纂译注·一集

ZUOFEIAN RIZUAN YIZHU YIJI

王立东 著

主管单位 山东出版传媒股份有限公司
出版发行 齊魯書社
社　　址 济南市英雄山路 189 号
邮　　编 250002
网　　址 www. qlss. com. cn
电子邮箱 qilupress@ 126. com
营销中心 (0531)82098521　82098519
印　　刷 日照日报印务中心
开　　本 880mm × 1230mm　1/32
印　　张 29
插　　页 6
字　　数 728 千
版　　次 2018 年 4 月第 1 版
印　　次 2018 年 4 月第 1 次印刷
印　　数 1-800
标准书号 ISBN 978 - 7 - 5333 - 3939 - 5
定　　价 **98.00** 元(上、下册)